출애굽기 강해설교

제 1 권

출애굽기 강해설교 1권

2024. 2. 4 | 초판 발행

지 은 이 | 김승석
펴 낸 곳 | 시온출판사
등 록 | 제2013-000015호
주 소 | 경기도 성남시 분당구 정자일로27, 204호
전 화 | 031-713-0807
팩 스 | 070-4275-5320
홈페이지 | www.zionbook.co.kr
이 메 일 | jjeun76@daum.net
ISBN | 979-11-974053-3-4

값 25,000원

저작권자 ⓒ 2024, 김승석

이 책의 전부 또는 일부 내용을 재사용하려면 사전에 저작권자와 펴낸 곳의 동의를 받아야 합니다.
잘못된 책은 구입하신 곳에서 바꾸어 드립니다.

출애굽기 강해설교

제 1 권

김승석 목사

시온출판사

 ## 출애굽기 강해설교를 펴내면서

　우리가 세계 역사를 가만히 살펴보면 **모든 순간이 사람의 눈에는 보이지 않는 창조주 하나님에 의해 세심하게 섭리되어 왔음**을 알 수 있습니다.
　그 숱한 제국들과 군왕들이 마치 연극에서 1막에 나온 다음에는 그 막의 무대와 배우들이 자취를 감추고 다음 막이 나오면서 새 무대, 새 배우가 나오는 것처럼 한때 사람들을 떠들썩하게 했다가는 조용히 사라져버렸습니다. 모든 연극이 감독이나 연출자를 통해 세심하고 치밀하게 계획하고 준비하고 누군가를 출연하게 함으로써 이루어지듯이 **인류 역사와 세상만사도 우연히 되는 것은 하나도 없고 하나님이라는 감독이 계셔서 그에 의해 세심하게 섭리됨**으로 이루어지는 것입니다.
　단 한두 시간에 걸친 연극도 반드시 감독이나 연출자에 의해서 만들어지는데 이 어마어마한 우주 만물의 역사가 어찌 감독이 없이 저절로 이루어지겠습니까? **누군가가 세상 만물을 한 손아귀에 쥐고 질서정연하고 세심하게 움직이고 있으니** 저 우주 공간에 떠 있는 무수한 별들이 자전과 공전을 일정하게 하고 태양계를 비롯한 수많은 소우주들이 일정한 거리와 인력을 유지하고 있는 것입니다.
　또 예나 지금이나 남녀가 결혼하면 자식을 낳고, 자식을 낳으면 그가 시간이 흐름에 따라 일정한 과정을 밟아 성장하고, 또 햇빛과 물과 공기와 산천초목들이 **일정한 법칙에 따라** 끊임없이 생성되는 수많은 사건들이 어찌 저절로 이루어진다고 생각할 수 있겠습니까?
　작은 컵 하나도 분명히 어떤 사람들에 의해서, 어떤 재료가 어떤 과정을 거쳐서 만들어진 것임을 누구도 부인할 수 없는데 **어찌 이 어마어마한 우**

주 만물의 역사가 저절로 만들어지고 우연히 움직여진다고 생각을 할 수 있겠습니까?

그리고 이 세상 모든 역사가 이렇게 예나 지금이나 질서정연하게 움직여지는 것을 볼 때 **이 세상 모든 역사를 주관하시는 분은 여럿이 아니라 한 분임**을 알 수가 있습니다. 만약 세상 사람들이 흔히 말하는 것처럼 여러 신들이 그들 각자가 하고 싶은 대로 이 세상을 움직이고 있다면 그들의 상반되는 입장 때문에 지금까지 우리가 보아온 것처럼 만유의 질서가 존재할 수 없고 결코 이 세상 역사가 이처럼 일사불란하고 질서정연하게 움직여질 수가 없습니다.

누구든지 성경을 자세히 연구하고 깨달으면 지금까지 이루어진 모든 우주 만물과 인류의 역사가 **하나님께서 성경에 예언하시고 말씀하신 대로 이루어져왔고 이루어지고 있음**을 알 수 있습니다. 또한 **모든 과학의 기초 이론과 지혜들이 이 성경으로부터 흘러나왔음**을 알 수가 있습니다. 그러므로 과연 뭘 좀 아는 과학자라면 이 성경을 결코 무시하지 않으며 하나님의 존재와 그 능력에 대해 결코 경솔한 태도를 취하지 않습니다.

그리고 현재 이 세상 사람들이 누리는 모든 과학의 이기는 **조상대대로 성경을 통해 하나님을 알고 살아온 사람들에 의해서** 나왔음을 주목해야 합니다. 또한 성경을 더 자세히 연구해보면 **하나님은 이 세상의 큰 역사뿐 아니라 우리 한 사람 한 사람에 대해서도 우리가 상상할 수 없을 정도로 세심하게 섭리하고 계심**을 알 수가 있습니다.

하나님은 **수천 년 전에 있었던 사건과 지금 벌어지고 있는 사건들을 사전에 어떤 목적을 위해서 연관지어두시고 한 치의 오차도 없이 섭리하고** 계십니다. 이처럼 하나님은 작은 섭리들을 하나님의 섭리라는 더 큰 무대 위에서 어느 하나도 오차나 실수가 없이 **치밀하고도 정확하게 연출**하셔서 결국 **모든 섭리를 완전하게 마무리 지으시는 분**이십니다.

우리는 지금부터 **이 출애굽기를 통해 하나님께서 어떻게 모든 것을 섭리하고 계시는지** 본격적으로 살펴보겠습니다.

따라서 이 출애굽기를 「**하나님의 섭리**」 라는 부제를 달아 상세하게 해석하고 설명하도록 하겠습니다.

출애굽기라는 명칭은 70인 역에서 **엑소더스**(Exodus)에서 유래되었고 그 뜻은 **출발**입니다. 히브리 원문에서는 이 책 이름이 '웨엘레 쉐모드'인데 그것은 "이것들이 이름들이다" 입니다. 곧 "이들이 애굽으로 내려간 야곱의 아들들의 이름들이다" 입니다.

이는 출애굽기가 이스라엘 자손들의 애굽 탈출 이야기로부터 시작되고 있음을 보여줍니다. 이스라엘 백성들이 한 민족을 형성했다는 것은 새로운 창조였습니다. 태초에는 물속에 잠겨있던 땅이 거기에서 나온 후에 아름다운 것으로 가득 차게 되었음과 같이 이스라엘 백성들도 처음에는 애굽에서 종살이를 했으나 하나님의 권능으로 해방되어 나온 후에는 새로 창조된 하나님의 백성들이었던 것입니다.

출애굽기는 창세기의 연속입니다. 따라서 출애굽기의 저자도 창세기를 기록한 모세입니다.

창세기의 첫 부분은 하나님께서 어떻게 친히 이 세상을 조성하셨는가를 우리에게 보여줍니다. 그러나 이 출애굽기의 첫 부분은 하나님께서 친히 어떻게 이스라엘 민족을 조성하셨는지와, 세계와 이스라엘 민족의 형성은 하나님께서 영광 받으시기 위함임을 설명해주고 있습니다(사43:21).

창세기에서는 세상 만물의 창조를 역사적으로 읽을 수 있는데 출애굽기에서는 그 세상 만물 속에서 사람들을 구속하시는 것을 상징적으로 보여주고 있습니다.

출애굽기는 떠남과 출발을 의미하는 것으로 이스라엘 자손들이 애굽을 떠나는 이야기로부터 시작됩니다.

시작 또는 기원을 의미하는 창세기에 떠남과 출발을 의미하는 출애굽기가 이어지는 것입니다. 하나님께서는 성경 66권 중에 맨 앞의 성경인 창세기를 통해 하나님께서 어떻게 세상 만물을 조성하셨는지, 우주 만물의 창조에 대한 엄청난 사실들을 명확하게 기록해 주셨습니다. 그리고 사람을 창조하시고 그 후에 사람들이 범죄하여 낙원에서 쫓겨나고 이 세상에 거하게 되면서 그 후손들의 역사를 자세하게 기록해 주셨습니다. 그리고 마지막 부분에 아브람을 선택하셔서 하나님의 선민 이스라엘 백성을 이 땅에 조성하기를 시작하셨다는 것으로 창세기를 마무리하셨습니다.

그리고 그 후 모세로 하여금 이 출애굽기를 기록하게 하시며 하나님의 선민인 이스라엘 백성들이 어떻게 조성되었는지 그들이 어떻게 하나님의 사랑을 입으며 번성하는지를 자세하게 기록하게 하셨고 하나님께서 아브라함에게 약속하신 대로 어떻게 그 젖과 꿀이 흐르는 가나안 땅으로 그 백성을 인도하시는지를 매우 사실적으로 기록하게 하셨습니다.

하나님께서 우주 만물을 창조하실 때부터 아브라함을 선택하시고 하나님의 선민을 일으키시기 시작하는 때까지는 **참으로 길고도 오랜 세월**이었습니다. 그에 비해서 이스라엘 백성들이 애굽에서 번성하게 되고, 애굽에서 탈출하여 가나안에 이르기까지의 시간은 **매우 짧은 세월**이었습니다. 그럼에도 불구하고 하나님께서는 **창세기보다 출애굽기를 훨씬 상세하고 사실적으로 기록하게** 하셨습니다.

그것은 우주 만물의 창조와 인류 태초의 역사도 다 하나님께서 섭리하시고 이루신 것인데 **하나님께서 아브람을 선택하여 하나님의 선민인 이스라엘 백성을 번성하게 하시고 그들을 가나안에 이끄신 사실이 더욱 중요한 사실임**을 보여주고 계십니다.

창세기가 없었다면 인간들은 우주 만물의 조성에 대해, 그리고 그 초창기 인류 역사에 대해 아무것도 제대로 알 수 없었습니다. 모세가 주전 약 3500년경에 존재하던 사람인데 우주 만물이 창조된 이후 한참의 세월이 지난 다음 모세 때 와서야 하나님은 그 모든 사실을 창세기를 통해 상세하게 기록하게 하셨습니다. 그러나 하나님은 **그것보다도 법죄로 말미암아 모든 인류가 영원히 멸망당할 수밖에 없었던 비극적인 역사에서 그 일부라도 선택하셔서 하나님의 선민이 되게 하시고 그들을 구속하시고 영원한 생명을 누리게 하신 사실**을 이 출애굽기로부터 본격적으로 사람들에게 알게 하신 것입니다. **그 거룩한 하나님의 구속의 섭리가 기록된 첫 번째 성경이** 바로 이 출애굽기입니다. 따라서 이 출애굽기는 하나님께서 아브라함을 통해 이스라엘 백성들을 조성하시고 그들이 애굽에서 탈출하여 가나안에 이르게 하신 사실만을 보여주는 것이 아닙니다. 하나님께서 **예수 그리스도가 이 땅에 오시기 전과 그 후에 존재하던 모든 선택된 하나님의 자녀들을 어떻게 구속하시고 천국 시민이 되게 하시는가**를 아주 사실적으로 깨우쳐주고 계십니다.

이 출애굽기에 기록된 역사적인 사실들은 한결같이 **하나님의 선택된 사람이 어떻게 하여 모든 죄를 사함받고 영생 구원을 얻게 되는가를** 명확하게 깨우쳐줍니다. 또한 **선택된 한 사람이 예수 그리스도를 믿고 구원 얻게 되는 과정**을 분명하게 알게 해주십니다.

출애굽기는 복음 진리를 역사적이면서 구체적으로, 또한 실증적으로 알게 해줌으로써 하나님의 구속 사업에 대해 매우 세심하고 충분히 깨닫고 알게 해줍니다.

특히나 애굽에서 탈출한 이스라엘 백성들의 대부분이 가나안에 들어가지 못하고 도중에 멸망 당했다는 사실은 **하나님께 선택을 받았으나 끝까지 이기고 견디고 남아 천국 문에 도달하는 사람들이 매우 적다**는 것과 죄인이 영생복락을 누리게 되는 것이 **결코 쉽거나 간단한 일이 아니라는 사실**을 아주 분명하게 깨우쳐줍니다.

그러므로 모든 성도는 이 출애굽기를 상세하게 연구하고 깨달음으로써 '나는 과연 애굽에서 해방된 사람인가? 내가 이 세상에서의 광야 생활을 제대로 하고 있는가? 가나안에 들어간 사람들과 같은 사람이 되고 있는가?' 엄격하게 살펴봐야 합니다.

바로 이를 위해 하나님께서 이 두 번째 성경인 출애굽기를 우리에게 주신 것입니다.

더욱이 출애굽기 속에 담겨 있는 **성막**에 관한 말씀은 **하나님의 구속 사업**에 대해 아주 상세하고 명확하게 깨우쳐줍니다. 성막은 성경 **66권에 기록하신 하나님의 모든 거룩한 진리와 비밀을 함축하고 있는 그야말로 보물창고요, 보물상자**입니다.

따라서 이 출애굽기 강해설교에서 성막 부분은 별도로 제작하여 '**성막 강해설교**'로 출판했습니다. 그러므로 이 출애굽기 강해설교에서는 성막에 관한 내용은 다루지 않겠습니다.

자! 지금부터 하나님께서 이 출애굽기를 통해 사람들에게 알게 해주시는 것이 무엇인지 살펴보겠습니다.

저자 김 승 석 목사

차 례

제 1 권

제 1 강	출1:1~7	애굽으로 간 야곱의 가족 - 19
제 2 강	출1:8~14	고난을 당하는 이스라엘 백성1 - 28
제 3 강	출1:15~22	고난을 당하는 이스라엘 백성2 - 35
제 4 강	출2:1~4	모세의 출생 - 44
제 5 강	출2:5~10	물에서 건져진 모세, 요게벳의 신앙 - 53
제 6 강	출2:11~15	이스라엘 백성을 돕는 모세 - 62
제 7 강	출2:16~25	이스라엘 백성의 부르짖음을 들으신 하나님 - 72
제 8 강	출3:1	호렙산으로 모세를 부르신 하나님 - 81
제 9 강	출3:2~3	여호와의 사자가 불붙은 떨기나무에서 나타남 - 91
제 10 강	출3:4~6	하나님께서 모세의 이름을 부르심 - 99
제 11 강	출3:7~8	나는 내 백성을 구해주려고 내려왔다 - 109
제 12 강	출3:8~11	너는 가서 내 백성을 인도해내어라 - 120
제 13 강	출3:12~13	내가 너와 함께 있겠다 - 129
제 14 강	출3:13	하나님의 이름에 대하여 어떻게 대답해야 합니까? - 139
제 15 강	출3:14~20	스스로 있는 분이 너를 보내셨다 하라 - 149
제 16 강	출3:18~22	내가 애굽에 큰 능력을 보여줄 것이다 - 158
제 17 강	출3:21~4:1	애굽 사람으로 이 백성에게 큰 은혜를 입게 하리라 - 168
제 18 강	출4:2~7	모세에게 보여주신 증거1 - 180
제 19 강	출4:8~11	모세에게 보여주신 증거2 - 190
제 20 강	출4:12~14	모세의 변명과 하나님의 책망 - 200
제 21 강	출4:15~17	너는 이 지팡이로 이적을 행하라 - 209
제 22 강	출4:18~20	애굽으로 돌아가는 모세 - 220
제 23 강	출4:21~23	애굽으로 돌아가서 모든 기적을 일으켜라 - 230
제 24 강	출4:22~24	이스라엘은 나의 맏아들이다 - 241
제 25 강	출4:25~28	모세에게로 온 아론 - 250
제 26 강	출4:29~31	이스라엘 백성이 모세와 아론을 믿음 - 260
제 27 강	출5:1	내 백성을 보내서 광야에서 나에게 절기를 지킬 수 있게 하여라 - 269
제 28 강	출5:1~2	여호와가 누구냐? - 281
제 29 강	출5:3~5	우리 하나님께 제사를 드리러 가도록 허락하소서 - 291

제 30 강	출5:6~18	이스라엘 백성을 더 모욕하는 바로 왕 - 302
제 31 강	출5:19~6:1	모세와 아론을 원망하는 이스라엘 백성 - 312
제 32 강	출6:1~5	너는 내가 바로에게 하는 일을 보리라 - 321
제 33 강	출6:6~9	내가 약속했던 땅으로 너희를 인도해내리라 - 331
제 34 강	출6:10~13	애굽 왕 바로에게 가서 내 말을 전하라 - 341
제 35 강	출6:13~27	이스라엘의 족보 - 351
제 36 강	출6:29~7:7	내가 너를 바로 왕 앞에서 하나님과 같게 하겠다 - 363
제 37 강	출7:8~13	기적을 보여주신 하나님 - 374
제 38 강	출7:14~18	첫 번째 재앙-물이 피로 변함1 - 383
제 39 강	출7:19~8:2	첫 번째 재앙-물이 피로 변함2 - 391
제 40 강	출8:3~13	두 번째 재앙-개구리 재앙 - 400
제 41 강	출8:14~19	세 번째 재앙-이 재앙 - 410
제 42 강	출8:19~24	네 번째 재앙-파리 재앙 - 421
제 43 강	출8:25~32	바로 왕의 대답과 모세의 책망 - 430
제 44 강	출9:1~11	다섯 번째 재앙-애굽의 가축이 죽는 재앙- 438
제 45 강	출9:8~17	여섯 번째 재앙-종기 재앙1 - 446
제 46 강	출9:8~11	여섯 번째 재앙-종기 재앙2, 일곱 번째 재앙-우박 재앙1 - 454
제 47 강	출9:17~26	일곱 번째 재앙-우박 재앙2 - 465
제 48 강	출9:19~22	일곱 번째 재앙-우박 재앙3 - 475
제 49 강	출9:22~28	일곱 번째 재앙-우박 재앙4 - 485
제 50 강	출9:29~35	일곱 번째 재앙-우박 재앙5 - 495
제 51 강	출10:1~2	너희는 내가 여호와인 줄을 알리라 - 504
제 52 강	출10:3~6	모세가 메뚜기 재앙에 대해 예고함 - 514
제 53 강	출10:7~11	바로 왕이 "너희 장정만 가서 여호와를 섬기라" 함 - 523
제 54 강	출10:10~15	여덟 번째 재앙-메뚜기 재앙1 - 532

제 2 권

제 55 강	출10:12~15	│	여덟 번째 재앙-메뚜기 재앙2
제 56 강	출10:16~19	│	바로 왕의 고백과 간청
제 57 강	출10:18~20	│	바로 왕이 또 약속을 어김
제 58 강	출10:21~23	│	아홉 번째 재앙-어두움의 재앙
제 59 강	출10:23~26	│	바로 왕이 "어린 것들만 데리고 가라" 함
제 60 강	출10:24~10:26	│	모세는 "짐승도 다 데리고 가야 한다" 함
제 61 강	출10:27~11:3	│	바로가 너희를 여기서 내보내리라
제 62 강	출11:1~3	│	이스라엘 백성이 애굽인들에게서 은금 패물을 받아가지고 나오게 하심
제 63 강	출11:4~10	│	모세가 마지막 재앙을 경고함
제 64 강	출11:8~12:5	│	이스라엘 백성이 유월절을 지키게 하심1
제 65 강	출12:3~5	│	이스라엘 백성이 유월절을 지키게 하심2
제 66 강	출12:3~5	│	이스라엘 백성이 유월절을 지키게 하심3
제 67 강	출12:7	│	이스라엘 백성이 유월절을 지키게 하심4
제 68 강	출12:7~10	│	이스라엘 백성이 유월절을 지키게 하심5
제 69 강	출12:11~14	│	이스라엘 백성이 유월절을 지키게 하심6
제 70 강	출12:15~20	│	이스라엘 백성이 무교절을 지키게 하심
제 71 강	출12:17~23	│	이스라엘 백성이 유월절과 무교절을 지키게 하심
제 72 강	출12:24~25	│	유월절과 무교절을 자자손손 영원히 지키라 하심
제 73 강	출12:26~28	│	이스라엘 백성이 명령대로 행함
제 74 강	출12:29~34	│	열번째 재앙-애굽 사람의 모든 장자와 짐승의 첫 새끼를 죽임, 바로 왕의 항복
제 75 강	출12:31~34	│	바로 왕이 이스라엘 백성을 재촉하여 내보냄
제 76 강	출12:35~39	│	여호와께서 애굽인들로 하여금 이스라엘 백성이 구하는 대로 주게 하심
제 77 강	출12:37	│	이스라엘 백성이 하나님께 순종한 결과1
제 78 강	출12:37~38	│	이스라엘 백성이 하나님께 순종한 결과2
제 79 강	출12:39~40	│	이스라엘 백성이 하나님께 순종한 결과3
제 80 강	출12:41~42	│	약속하신 대로 이루시는 하나님
제 81 강	출12:43~13:2	│	유월절, 무교절과 첫 태생의 규례1
제 82 강	출13:1~5	│	유월절, 무교절과 첫 태생의 규례2
제 83 강	출13:6~9	│	유월절, 무교절 지키는 법을 자손 대대로 가르치라

제 83 강	출13:6~9	I	유월절, 무교절 지키는 법을 자손 대대로 가르치라
제 84 강	출13:10~18	I	처음 난 것을 여호와께 바쳐야 할 이유
제 85 강	출13:17~19	I	지름길이 아닌 광야길로 돌아가는 이스라엘 백성
제 86 강	출13:19	I	요셉의 유골을 가지고 나옴
제 87 강	출13:20~22	I	구름기둥, 불기둥으로 인도하심1
제 88 강	출13:21~22	I	구름기둥, 불기둥으로 인도하심2
제 89 강	출14:1~4	I	비하히롯 앞에서 진을 치라고 명하심
제 90 강	출14:5~9	I	이스라엘 백성을 뒤쫓는 바로 왕
제 91 강	출14:10~12	I	원망하는 이스라엘 백성
제 92 강	출14:13~14	I	모세가 "여호와께서 베푸실 구원을 보라" 함
제 93 강	출14:14~16	I	지팡이를 내밀어 바다가 갈라지게 하라
제 94 강	출14:15~16	I	이스라엘 백성이 마른 땅 위로 바다를 건널 수 있을 것이다
제 95 강	출14:17~20	I	이스라엘 진을 보호하는 하나님의 사자
제 96 강	출14:21~24	I	홍해가 갈라지고 마른 땅이 됨
제 97 강	출14:25~28	I	바로의 모든 군대가 바다에 빠져 죽음
제 98 강	출14:26~15:1	I	이스라엘 백성은 여호와의 큰 능력을 봄
제 99 강	출15:1~8	I	모세의 노래1
제100강	출15:9~21	I	모세의 노래2
제101강	출15:22~26	I	마라의 쓴 물이 단 물이 됨
제102강	출15:25~26	I	나의 모든 율법과 규례를 지켜라
제103강	출15:27~16:3	I	이스라엘 백성이 또 다시 모세와 아론을 원망함
제104강	출16:4	I	백성이 나가서 일용할 것을 날마다 거두어라
제105강	출16:5~8	I	"매일 저녁에는 고기를, 아침에는 빵을 주실 것이다" 함
제106강	출16:9~12	I	나는 이스라엘 자손의 원망함을 들었다
제107강	출16:13~14	I	저녁에는 메추라기가, 아침에는 이슬이 내림
제108강	출16:14~18	I	여호와께서 백성에게 주어 먹게 하신 양식
제109강	출16:20~24	I	여섯 째 날에는 갑절의 식물을 주심

제 3 권

제111강	출16:33~36		만나 항아리를 증거판 앞에 두라
제112강	출16:35~17:2		모세가 "너희가 어찌하여 여호와를 시험하느냐" 함
제113강	출17:3~4		모세가 "이 백성에게 어떻게 하리이까?" 하고 하나님께 호소함
제114강	출17:5~7		맛사의 반석에서 물이 나오게 하심
제115강	출17:8~9		르비딤에서 아말렉과 전쟁을 하게 됨
제116강	출17:9~12		하나님의 지팡이를 잡고 산 꼭대기에 선 모세
제117강	출17:12		모세의 손이 내려오지 않게 한 아론과 훌
제118강	출17:12~14		오늘의 일을 책에 기록하여 기념하게 하라
제119강	출17:15~16		여호와 닛시
제120강	출18:1~6		모세의 장인 이드로가 모세에게로 옴
제121강	출18:6~8		그동안의 모든 일을 장인에게 말하는 모세
제122강	출18:8~10		이드로가 여호와를 찬양함1
제123강	출18:9~13		이드로가 여호와를 찬양함2
제124강	출18:14~16		모세의 재판을 지켜본 이드로
제125강	출18:16		모세는 율례와 법도로 백성을 재판함
제126강	출18:17~22		이드로가 모세에게 재판통치의 개혁을 제안함1
제127강	출18:21~27		이드로가 모세에게 재판통치의 개혁을 제안함2
제128강	출19:1~6		여호와께서 시내산에서 모세를 불러 말씀하심
제129강	출19:7~11		이스라엘 백성을 성결케 하시는 하나님
제130강	출19:12~25		산꼭대기에 강림하셔서 모세를 부르시는 하나님
제131강	출20:1~3		십계명을 주시는 하나님1
제132강	출20:4~7		십계명을 주시는 하나님2
제133강	출20:8~12		십계명을 주시는 하나님3
제134강	출20:12		십계명을 주시는 하나님4
제135강	출20:13~19		십계명을 주시는 하나님5
제136강	출20:20~26		제2계명을 반복하여 명령하시는 하나님
제137강	출21:1~14		백성이 지켜야 할 법을 주시는 하나님1
제138강	출21:15~32		백성이 지켜야 할 법을 주시는 하나님2
제139강	출21:33~22:13		백성이 지켜야 할 법을 주시는 하나님3

제140강	출22:14~31		백성이 지켜야 할 법을 주시는 하나님4
제141강	출23:1~9		백성이 지켜야 할 법을 주시는 하나님5
제142강	출23:10~20		안식년과 3대 절기를 지키는 법
제143강	출23:21~28		하나님께 순종할 때 주시는 복들
제144강	출23:29~33		너희는 그 땅 주민들과 그들의 신들과 언약하지 말라
제145강	출24:1~8		모세가 모든 말씀을 기록하고 돌 열두 개를 쌓음
제146강	출24:9~14		내가 쓴 가르침과 명령이 적혀있는 두 돌판을 주겠다
제147강	출24:15~18		안식일 지킬 것을 다시 명령하심
제148강	출31:16~32:1		하나님께서 친히 쓰신 증거판 둘을 모세에게 주심
제149강	출32:1~5		아론이 금 송아지를 만듦
제150강	출32:6~10		네가 인도한 네 백성이 끔찍한 죄를 짓고 있다
제151강	출32:11~16		모세의 간절한 기도
제152강	출32:17~21		모세가 크게 노하여 두 돌판을 산기슭에 내던짐
제153강	출32:22~28		레위 자손이 삼천 명 가량을 죽임
제154강	출32:27~32		모세가 또 다시 간절히 기도함
제155강	출32:33~33:3		나는 너희와 함께 올라가지 아니하리라
제156강	출33:4~7		너희는 장신구를 떼어내라
제157강	출33:8~13		모세와 얼굴을 맞대어 말씀하심
제158강	출33:14~18		내가 친히 함께 가리라
제159강	출33:19~34:2		네가 내 등을 볼 것이다
제160강	출34:3~7		모세가 두 번째 돌판을 가지고 시내산으로 올라감
제161강	출34:7~10		주는 우리와 동행하옵소서
제162강	출34:11~17		이스라엘 백성이 가나안 땅에서 지킬 명령
제163강	출34:18~29		3대 절기 지킬 것을 다시 명령하심
제164강	출34:29~35		얼굴 피부에 광채가 나는 모세
제165강	출34:33~35:3		안식일 지킬 것을 다시 명령하심

제 1 권

제 1 강

애굽으로 간 야곱의 가족

〈출1:1~7〉
1야곱과 함께 각각 자기 가족을 데리고 애굽에 이른 이스라엘 아들들의 이름은 이러하니 2르우벤과 시므온과 레위와 유다와 3잇사갈과 스불론과 베냐민과 4단과 납달리와 갓과 아셀이요 5야곱의 허리에서 나온 사람이 모두 칠십이요 요셉은 애굽에 있었더라 6요셉과 그의 모든 형제와 그 시대의 사람은 다 죽었고 7이스라엘 자손은 생육하고 불어나 번성하고 매우 강하여 온 땅에 가득하게 되었더라

〈더 정확한 번역〉

▍ 5절/ 야곱의 자손은 모두 70명이었다. 야곱의 아들 요셉은 이미 애굽에 가 있었다.

여기에서는 야곱과 함께 애굽에 내려간 가족들을 '**70인**'이라 했습니다.
사도행전 7장 8절에 열두 족장의 이름들이 나오는데 **그 이름들은 성경에 자주 반복되어** 등장합니다. 이는 **하나님께서 이스라엘 백성들을 얼마나 소중하게 여기시고 사랑하시는가**를 보여줍니다.
애굽에 내려갔던 아브라함의 가족이 70명이었다는 것은 창세기 46장 27절에 계수된 바와 같이 **이 땅에 살던 민족들의 숫자**와 같습니다.
모세는 신명기 32장 8절에서 "지극히 높으신 자가 민족들에게 기업을 주실 때에, 인종을 나누실 때에 **이스라엘 자손의 수효대로** 백성들의 경계를 정하셨도다" 했습니다. 따라서 애굽 땅에서 증가된 이스라엘 백성의 수효를 보면 후일에 크게 번창한 백성들이라도 **그들의 시작은 얼마나 보잘것없었는지** 알 수 있습니다.

▍ 6절/ 요셉과 그의 모든 형제와 그 시대의 사람은 다 죽었고

아브라함, 이삭, 야곱에 이어 이스라엘 자손의 대표적인 인물로 거론되는 **요셉**도 죽었고 그 시대의 모든 사람은 차례로 죽었습니다.
우리가 명심할 일은 나 자신이나 나와 피를 나눈 형제들, 그리고 부모님들과 우리 주변에서 나보다 나이가 많든지 적든지 상당한 시간 동안 알고 지

내던 모든 사람도 **하나님의 정하신 때가 되면 이 세상을 떠난다**는 것입니다. 지금 우리와 한 집안에서 함께 생활하고 있는 가족들과 그 외 우리가 알고 있으며 함께 이 세대를 살고 있는 **모든 사람이** 차례차례 이 세상을 다 떠나게 됩니다. 현재 대한민국의 인구가 5,000만 명이 넘고 전 세계의 인구는 70억이 넘는데 **현재 생존하고 있는** 모든 사람이 차례로 이 세상에서 다 사라지고 마는 것입니다.

이런 사실은 우리 모든 사람에게 나를 포함한 모든 사람이 **언제까지나 이 땅에 존재할 수 없고 창조주 하나님께서 정하신 때에 태어났다가 정하신 때에 죽게 된다**는 사실을 깨우쳐줍니다.

그러므로 **모든 사람은 하나님께서 한 사람도 예외 없이 그 생사를 거룩한 뜻 가운데서 철저하게 주장하신다**는 사실을 **알아야** 하고 **그 앞에서 겸손하게 살아가야** 합니다.

또한 **하나님께서 정해주신 출생과 사망을 염두에 두어야** 하며 이 세상에서 더 가지려 하고 더 높아지려 하며 자랑하려고 애쓰는 모든 것은 **내가 죽는 날 하나도 남김없이 하나님께서 다 거두어 가신다**는 사실을 잊지 말아야 합니다. 그리고 **이 땅에서 죽은 후에 영원히 천국 또는 지옥으로 가게 된다**는 사실도 반드시 기억해야 합니다.

우리 모든 사람은 이 모든 일을 유일하신 하나님께서 전적으로 주관하신다는 사실을 명심하고 **하나님의 존귀하심과 능력과 통치 앞에서 겸손해야** 합니다.

> 7절/ 이스라엘 자손은 생육하고 불어나 번성하고 매우 강하여 온 땅에 가득하게 되었더라

〈더 정확한 번역〉

> 이스라엘 백성은 자녀를 많이 낳아 그 수가 크게 늘어났다. 그들은 매우 강해졌고 애굽은 그들로 가득 차게 되었다.

애굽에서 이스라엘 백성들의 수는 **놀랍게 증가했습니다.**
"자녀를 많이 낳아 그 수가 크게 늘어났고 매우 강해졌고 애굽은 그들로 가득 차게 되었다"고 했습니다.

이 표현들은 이스라엘 민족이 **애굽에서 비교적 짧은 시간에** 크게 번성한 것을 강조합니다. 처음에 70명뿐이었던 민족이 어느 순간 엄청나게 번성했다는 것입니다.

여기서 우리가 좀 더 알아야 할 사실이 있습니다.
(1) 이스라엘 백성의 수는 요셉의 시대에도 꾸준히 증가했지만 그가 죽은 후에는 더욱 급속히 늘어났습니다.

당시 예수 그리스도를 예표한 인물로서 이스라엘 백성들에게 중요한 영향을 미쳤던 요셉은 때가 되자 세상을 떠났습니다. 이스라엘 백성은 절망에 빠질 뻔 했으나 하나님께서는 그들의 인구를 더 급격히 증가되게 하심으로 요셉의 보호와 은택 대신 그 많은 인구로써 그들의 방패가 되게 하셨습니다.

오늘날도 예수 그리스도께서 십자가에 죽으신 후에 복음적인 이스라엘 사람들, 즉 우리 하나님의 백성들이 더욱더 증가되었습니다. 요셉이 사망한 이후에도 하나님의 특별한 은혜가 이스라엘에게 임했듯이 예수 그리스도의 죽으심은 그를 믿는 모든 사람에게 더욱 복된 영향을 미치게 되는 것입니다. 그야말로 한 알의 밀이 땅에 떨어져 죽음으로써 많은 열매를 맺게 되는 것과 같습니다(요12:24).

(2) 이스라엘 백성의 놀라운 번성은 오래전에 그 조상들에게 하셨던 약속의 성취입니다.

아브람에게 "큰 민족이 되리라"고 약속하신 하나님은 불과 70명에 지나지 않았던 야곱의 가족(이스라엘 민족)을 430년 만에 장정만 60만 명으로 늘어나게 하셨습니다.

여기서 우리가 깨달을 것이 있습니다.
첫째, 때로는 하나님께서 약속을 어기시는 것처럼 보이지만 그것은 하나님께서 백성들의 신앙을 시험하고 하나님의 능력을 더욱 돋보이게 하시기 위함입니다.

그러므로 우리는 하나님의 약속이 우리가 원하는 대로 신속하고 매끄럽게 성취되지 않는 것처럼 보일 때도 아브라함처럼 확실한 믿음을 보여 드려야 합니다. 즉 의심하거나 낙심하지 말고 모든 면에서 가장 탁월하신 하나님을 신뢰하며 기다려야 합니다. 많은 성도들이 이것을 제대로 못해서 하나님을 의심하고 낙심하다가 약속하신 온갖 은총을 잃어버리고 있습니다.

둘째, 하나님의 약속은 때로 더디게 보일지라도 언제나 확실합니다.
하나님은 약속하신 것을 우리에게 가장 적당한 때에 가장 적절한 방법으로 가장 복되게 이루어지게 하십니다. 우리는 어떤 형편과 처지에서든지 우리 하나님은 전지전능하시고 완전하시고 의로우시고 거룩하시고 선하신 분임을 결코 잊지 말아야 합니다.

따라서 우리는 이러한 하나님 앞에서 우리의 생각과 뜻을 앞세우지 말아야 합니다. 그렇게 하는 것은 하나님을 아직도 잘 모르며 신뢰하지 않고 있음을 드러내는 것입니다. 그런 사람은 아직 불신자이거나 어린아이 신자입니다.

5절 이하를 보면 요셉과 그 세대 사람들이 다 죽었는데 그 후손들은 번성하며 애굽 전역에 가득 차게 되었다고 했습니다.

하나님은 요셉과 그 아버지 야곱이 애굽에 이민 오기 전에 야곱뿐 아니라 그 아버지 이삭과 또 그 아버지 아브라함에게 그들의 후손이 번성하여 바다의 모래처럼 많게 해주겠고 그 후손들을 통해 세계 만민이 복을 누리게 해주겠다고 약속하셨습니다.

하나님은 이 약속을 야곱과 그 가족이 애굽에 온 것을 시작으로 실행해주심으로써 그들로 하여금 큰 민족을 이루게 하신 것입니다. 그들은 애굽 왕이 "이스라엘 백성이 너무 많아서 그들은 우리보다도 강해졌다(9절)"고 말할 만큼 많아졌습니다.

겨우 70명이었던 민족이 얼마나 자식을 많이 낳고 번성했는지 모세가 태어날 무렵에는 애굽 사람들의 수보다 더 많아지고 강해졌습니다.(이스라엘 백성이 430년 동안 애굽에서 살았는데 모세가 80세가 돼서야 이스라엘을 해방시켰으므로 430년에서 약 100년을 뺀 330여년 동안 70명의 인구가 수백만 명으로 불어난 것입니다.)

이것은 참으로 하나님께서 놀랍게 복 주심의 결과이며 섭리입니다. 하나님은 이렇게 아브라함과 이삭과 야곱에게 약속한 복을 애굽이라는 이국땅에서 실행해주셨습니다.

하나님께서 우리에게 무엇을 약속하셨다면 그것은 반드시 이루어집니다. 비록 내가 현재 도무지 앞이 내다보이지 않는 암담한 처지에 있다 할지라도 불가능이 없으신 하나님은 반드시 내게 약속하신 대로 이루어주십니다. 문제는 약속을 받은 내가 그것을 얼마나 확실히 믿느냐 하는 것입니다.

아브라함과 이삭과 야곱은 하나님의 약속을 결코 의심하지 않고 언제나 믿었습니다. 아브라함이 죽을 때 아들 이삭에게 하나님의 약속을 상기시키면서 그대로 아들에게 축복해주었고 이삭도 죽을 때 아들 야곱에게 똑같이 했습니다. 야곱도 그렇게 했습니다.

야곱은 죽기 전에 요셉의 아들 에브라임에게 "**이스라엘 족속이 너로 축복하기를 하나님이 너는 에브라임 같고 므낫세 같게 하시리라 하리라**(창48:20)" 했습니다. 야곱은 자기 자손이 많아지리라고 분명히 믿었으므로 '**이스라엘 족속**'이라는 말을 사용했습니다. 이는 또한 그 많은 자손이 에브라임을 축복의 표본으로 삼아 말할 것임을 의미합니다.

그뿐 아니라 야곱은 요셉에게 "**나는 죽으나 하나님이 너희와 함께 계시사 너희를 애굽에서 인도하여 너희 조상의 땅 가나안으로 돌아가게 하시리라**(창48:21)"고 말했습니다. 야곱은 자기 자손들이 가나안으로 돌아가게 되리라고 하신 하나님의 약속도 **굳게 믿고** 있었습니다. **요셉은 이런 믿음을 그대로 이어받았습니다.**

그래서 요셉이 죽을 때 자기 아버지가 한 것처럼 자식들의 손을 자기 환도뼈 아래에 놓고 "**내가 죽으면 너희가 가나안으로 돌아갈 때 내 뼈를 그곳으로 가져다가 장사지내줄 것을 맹세하라**" 했습니다. 요셉도 자기 자손들이 가나안으로 돌아갈 것을 **굳게 믿고** 있었던 것입니다.

아브라함과 이삭과 야곱과 요셉에게 이어 내려오는 '하나님의 약속에 대한 굳은 믿음'이 이스라엘 백성이 다른 나라에서도 번성하고 번영하는 복이 이루어지게 했습니다.

아브라함과 이삭과 야곱에게 이렇게 **단순한 몇 마디 말씀으로** 약속해주신 하나님은 오늘날도 이 성경 말씀을 통해서 단순한 몇 마디 약속을 우리에게 주십니다.

아브라함과 이삭과 야곱이 **하나님으로부터 단 몇 마디의 말씀을 받고 의심하지 않고 끝까지 믿었던 것처럼** 우리도 내게 주신 약속(확신)을 **끝까지 믿고 나가야** 합니다. 그렇게 하면 믿는 대로 이루어집니다.

우리가 또한 알 것은 **하나님의 약속은 내가 믿을 때** 비로소 이루어진다는 사실입니다. 아무리 하나님의 약속이요, 내게 주신 확신이라도 **내가 그것을 믿지 못하는 동안에는** 그 실행이 **연기**됩니다. 내가 **믿다가 안 믿다가** 하는 것은 **안 믿는 상태**임을 입증하는 것이요, 그런 상태에서는 그 약속과 확신이 성취될 수 없습니다.

아브라함과 이삭은 자손이 그렇게 번성하는 것을 경험해보지 못했습니다. 그래도 그들은 **죽는 순간까지** 하나님의 약속을 믿었고 그것을 **자식들에게 확신시켜 주었습니다.** 이런 믿음이 그 후손으로 하여금 남의 나라에서 그 나라 사람들보다 더 번성하고 번영하게 한 것입니다.

그런데 **하나님께서 이스라엘 백성을 애굽에서 번성하게 하신 이유**가 무엇일까요?

(1) 그들에게 약속된 가나안은 이스라엘 자손들이 그토록 번성할 수 있는 **실제적인 여건이 아직 마련되지 않았기 때문**이었습니다.

아마 그들이 가나안 땅에 머물러 있었다면 약 330년 동안 70명에서 수백만 명으로 늘어날 만큼 충분한 식량과 생활필수품을 얻을 수 없었을 것입니다. 그러나 애굽에는 나일이라는 천혜의 강이 있어서 웬만한 가뭄에도 농사가 잘 되었고 더구나 야곱 자손들이 살았던 고센 땅은 나일강 삼각주에 위치한 기름지고 넓은 땅이었습니다.

하나님은 **당시 지역적, 기후적 형편을 고려하시고** 야곱의 후손들이 단시일 내에 번성할 수 있는 **최적지로** 그들을 이끌어 주셨던 것인데 그 일을 위해서 **요셉이 애굽의 종으로 팔려가게** 하신 것입니다.

누가 이런 **하나님의 깊은 섭리**를 상상이라도 했겠습니까?

야곱은 가장 사랑하는 아들이 애굽에 종으로 팔려간 것도 몰랐거니와 그 **요셉이 바로 하나님이 자기에게 약속해주신 복을 실현시키기 위해** 하나님에 의해 애굽으로 보내진 것은 꿈에도 생각할 수 없었습니다. 오히려 오랜 세월 동안 사랑하는 아들을 잃은 슬픔에 사로잡혀 있었습니다. **하나님의 섭리**는 이렇게 믿음 좋고 머리 좋은 야곱도 **알아차리지 못할 정도로 말없이 조용하게, 치밀하게 진행된 것**입니다.

(2) 가나안에 살고 있던 일곱 족속이 **멸망을 당할 시기가 아직 안 되었기 때문**이었습니다.

아브라함이 가나안에 처음 도착했을 때 그 땅에는 이미 여러 족속이 대대로 살고 있었습니다. 그들은 **극심히 우상을 섬기는 족속들**이었습니다. 그러나 **당시만 해도 그 족속들이 멸망 당할 시기는 아직 아니었습니다.** 하나님은 그들의 악이 **극에 달할 때까지, 즉 아귀까지 찰 때까지** 그들을 유예시켜 두신 것입니다. 그러다가 **더 이상 그들의 악을 놔둘 수 없을 때가 되자** 이스라엘 족속을 들어서 그들을 공격하게 하셔서 진멸하셨습니다.

우리가 성경을 읽을 때 하나님께서 여호수아와 그 군대에게 가나안 족속을 씨도 없이 죽여 없애라고 하신 명령이 무자비하게 생각되기도 합니다. 그러나 그것은 **하나님께서 무자비하신 것이 아니라 그들의 죄악이 그 정도로 극에 달했기 때문**이었습니다.

하나님은 결코 이유 없이 벌하지 않으십니다. **악을 행한 바에 따라 판단하시고 적절하게 처벌**하십니다.

이런 원칙은 하나님께서 **특별히 사랑하시는 사람들에게도 똑같이 적용**됩니다. 가나안 족속을 진멸했던 **이스라엘 백성이 타락하자** 하나님은 앗수르, 바벨론, 로마 제국을 사용하셔서 무참히 멸망시키시고 포로생활을 하게 하셨습니다.

우리는 이처럼 **행한 대로 반드시 보응을 받게 된다는 사실을 명심하고 하나님과 하나님의 뜻을 저버려서는 안 됩니다.**

하나님은 **이스라엘을 애굽에서 해방시키시는 섭리 속에서 다른 한쪽으로는 가나안 족속들의 극에 달한 죄악에 대한 징계를 동시에 섭리**하신 것입니다.

하나님은 이렇게 복을 주실 자에게 복 주시고, 벌 내릴 자에게 벌을 주시는데 그 상반되는 것들이 **하나님의 탁월한 지혜와 섭리 속에서 서로 이가 딱 맞게 움직이게** 하십니다.

누가 이러한 하나님을 무시하고 거역할 수가 있겠습니까?

(3) 하나님께서 이스라엘 백성을 애굽에서 번성하게 하신 이유는 패역하고 교만한 애굽 제국을 멸망시키시기 위함이었습니다.

애굽은 오랫동안 세계 역사의 중심지 역할을 했습니다. 동시에 **우상숭배의 낙원**이었습니다. 하나님은 **야곱의 자손들이** 그 나라에 들어와서 살게 하심으로써 **하나님의 존재와 능력을 보다 똑똑히 보여주시고** 그 다음에는 **그들의 죄악에 대해 벌하시고자** 하신 것입니다.

그래서 이스라엘 백성이 오랜 역사 속에서 번영을 자랑하던 애굽 백성보다 단시일 안에 더 번성하고 강하게 해주셨고, 모세를 통해 엄청난 이적과 기적을 행하게 하셔서 **그들이 믿는 어떤 신들도 하나님과 그 능력을 당해 낼 수 없음을 알게** 해주셨습니다. 그리고 그들이 가지고 누리던 재물들을 **하나님의 백성들이 취하여 누리게** 해주셨고, **이스라엘이 애굽에서 해방되어 나오는 과정 속에서 애굽 왕과 그 나라의 세력은 완전히 무너지고 망하게** 하셨습니다.

(4) 하나님은 이 세상에서 누리는 육신적 번영이 아무것도 아님을 깨닫게 해주셨습니다.

애굽은 우상숭배의 나라요, 이스라엘 백성이 처음으로 번영을 누린 세계는 **인간의 도성**이었습니다. 따라서 그곳의 **문화와 풍습과 정신세계는 대부분 하나님을 모르는 이방인들의 것이었습니다.** 하나님의 백성들도 어쩔 수 없이 그 이방인의 세계에서 섞여서 살았으나 하나님께 큰 복을 받아 현세적 번영을 누릴 수가 있었습니다.

그러나 이 세상에서의 번영은 **그들을 언제까지나 만족시켜주지 못하고 오히려 그것 때문에 더 괴로움을 당하게** 되었습니다.

이스라엘 백성들이 애굽에서 큰 민족이 되고 세력이 강해졌는데 **바로 그 사실 때문에** 애굽 왕과 그 백성들이 두려워하고 시기한 나머지 그들을 대적하고 핍박했습니다. 그래서 결국 이스라엘 사람들 마음속에는 재산이고 뭐고 다 없어져도 좋으니 이 고통스러운 현실에서 해방되기만을 간절히 원하게 됩니다.

이렇게 해서 하나님은 이스라엘 백성들로 하여금 **현세적이고 육신적인 번영이 결코 자신의 삶의 모든 문제를 해결해주지 못한다는 사실과 자신들에게 진정으로 필요한 것은 하나님의 도우심과 인도임을 깨닫게** 하신 것입니다.

아마 애굽에서 태어난 야곱의 후손들은 그 문명과 번영을 보면서 자기들도 열심히 배우고 일해서 속히 저들처럼 돼보고자 노력했을 수도 있습니다. 그러나 그것이 어느 정도 성공했다하더라도 **그 결과는 만족과 행복이 아니라 더 고통스럽고 비참한 지경에 빠지는 것**이었습니다.

오늘날도 이 세상 문명과 물질적인 번영을 보면서 세상 학문을 배우느라고, 세상의 지위와 재물을 얻으려고 밤낮을 가리지 않고 애쓰는 사람들이 대부분입니다. 그래서 이것저것 많이 가지기도 하고 누리기도 합니다. 그러나 그 누구에게도 만족과 행복은 없고 **자기도 모르는 사이에 점점 비참한 처지로 떨어지고** 있습니다.

따라서 많은 사람, 특히 제법 이것저것 가져보고 누려본 사람들 중에는 **명예고 재산이고 다 없어도 좋으니 제발 모든 고통과 근심에서 해방되어 살 수만 있으면 원이 없겠다고 여기는 사람들**이 점점 늘고, 나아가서 '어딘가 진정한 만족과 기쁨을 주는 삶이 있을 텐데…'하면서 막연하게나마 그것을 찾고자 하는 사람들이 많습니다.

현세적인 것으로 만족을 추구하려는 것은 종이로 만든 칼을 가지고 쇠뭉

치를 자르려는 것과 같고, 몇 갤런의 기름으로 끝없이 날아가려는 비행기와 같습니다.

처음에는 그 종이칼이 움직여주고, 비행기가 멋지게 하늘을 날아주지만 잠시 후에 종이칼은 찌그러져 버리고, 기름 떨어진 비행기는 추락하고 맙니다.

현세적인 것만 열심히 추구하는 사람들의 인생은 다 이렇습니다.

하나님은 **거룩하신 섭리를 이루시기 위해** 이스라엘 백성이 애굽에서 번성하게 한 것입니다. 하나님의 섭리는 **참으로 오묘**합니다.

제 2 강

고난을 당하는 이스라엘 백성1

〈출1:8~14〉

8요셉을 알지 못하는 새 왕이 일어나 애굽을 다스리더니 9그가 그 백성에게 이르되 이 백성 이스라엘 자손이 우리보다 많고 강하도다 10우리가 그들에게 대해 지혜롭게 하자 두렵건대 그들이 더 많게 되면 전쟁이 일어날 때에 우리 대적과 합하여 우리와 싸우고 이 땅에서 나갈까 하노라 하고 11감독들을 그들 위에 세우고 그들에게 무거운 짐을 지워 괴롭게 하여 그들에게 바로를 위해 국고성 비돔과 라암셋을 건축하게 하니라 12그러나 학대를 받을수록 더욱 번성하여 퍼져나가니 애굽 사람이 이스라엘 자손으로 말미암아 근심하여 13이스라엘 자손에게 일을 엄하게 시켜 14어려운 노동으로 그들의 생활을 괴롭게 하니 곧 흙 이기기와 벽돌 굽기와 농사의 여러 가지 일이라 그 시키는 일이 모두 엄하였더라

■ 8절/ 요셉을 알지 못하는 새 왕이 일어나 애굽을 다스리더니

여기 나오는 '**요셉을 알지 못하는 새 왕**'에 대해 어떤 학자들은 그가 힉소스 왕조를 물리치고 들어선 제 18왕조(B.C 1560~1350)에 속하는 투트모세 1세였다고 합니다. 그리고 그의 딸 하쳅수트가 모세를 기른 공주였다고 합니다.
그때까지는 이스라엘 백성들에게 있어서 애굽이 그래도 행복한 안식처이고 정착지였는데 요셉을 아는 왕이 죽자 모든 것이 달라지게 되었습니다.
이 땅에서 우리에게 만족을 주던 처소는 언제까지나 그럴 수 없고 얼마든지 우리에게 재난의 처소가 되기도 합니다. 우리에게 위로를 주던 것들이 오히려 우리에게 가장 큰 십자가가 되기도 합니다. 우리 주변 사람들과 그들의 부모들은 **한동안 신실한 친구였지만** 어느 순간 원수가 되기도 합니다. 그동안 우리를 사랑하던 사람들이 우리를 미워하는 사람으로 돌변하기도 합니다.
우리 모든 성도는 이런 사실을 명심하고 이 땅에 사는 동안에 사람이나 직장이나 그 무엇이 나에게 영원한 안식과 기쁨이 되리라고 생각해서는 안 됩니다. 우리는 땅에 있는 것은 바라보지 말고 언제나 천국을 바라보며 살아가야 합니다. 그것을 제대로 하지 못하는 성도는 반드시 **실망**과 **고통**을 당하게 됩니다.

"요셉을 알지 못하는 왕이 일어났다" 했습니다.

여기서 우리가 또 알아야 할 것이 있습니다.

모든 애굽 사람이 요셉을 좋아했고 그래서 이스라엘 백성들에게도 친절을 베풀었지만 요셉이 죽자 **얼마 되지도 않아** 그들은 요셉과 그들이 요셉을 통해 누렸던 큰 혜택에 대해 잊어버렸습니다.

우리 하나님의 사람들이 불신자와 우상숭배자들에게도 큰 은혜를 끼치고 좋은 업적을 남기더라도 그와 그 후손들은 그것을 언제까지나 기억해주지 않습니다. 그 모든 중요한 사실들은 **그 부패 타락한 심성들을 통해 역사하는 사탄의 역사로 인해** 매우 신속하게 기억에서 사라지게 됩니다.

그러므로 우리 하나님의 사람들은 결코 사람들을 기쁘게 하는 것만 해서는 안 됩니다. 우리는 **언제나 하나님을 기쁘시게 하는 일**에 최대의 관심을 가져야 합니다. 사람들은 얼마든지 변하고 악해지고 배신하기도 하지만 **하나님은 의로우시므로 우리가 행한 사랑의 행위와 수고를 결코 잊지 않으십니다**(히6:10).

만일 우리가 사람들을 위해서만 일을 한다면 우리의 업적은 아무리 크더라도 **우리가 죽을 때** 함께 다 사라져 버립니다. 우리가 **하나님을 위해** 선한 일을 한다면 우리의 그 업적은 **결코 사라지지 않고 영원히** 우리 뒤를 따를 것입니다.

모세가 애굽 왕 앞에 섰을 때 그 왕이 모세에게 말하기를 "나는 여호와를 알지 못하노라(출5:2)"고 했습니다. 모세가 만났던 그 왕은 애굽 백성 전체에게 베풀어준 요셉의 은혜를 새까맣게 잊어버렸습니다.

우리가 열심히 하여 사람들에게 큰 은혜를 끼쳐도 그 업적은 결코 오래가지 못합니다. 그럼에도 불구하고 우리는 이 땅에 살아있는 동안 **하나님의 거룩한 뜻 가운데서** 불신자, 우상숭배자들에게도 요셉이 한 것처럼 선을 베풀어야 합니다. 그래야 그들이 우리로 말미암아 그래도 살아갈 수 있게 되는 것입니다.

> 9절/ 그가 그 백성에게 이르되 이 백성 이스라엘 자손이 우리보다 많고 강하도다
> 10절/ 우리가 그들에게 대해 지혜롭게 하자 두렵건대 그들이 더 많게 되면 전쟁이 일어날 때에 우리 대적과 합하여 우리와 싸우고 이 땅에서 나갈까 하노라 하고
> 11절/ 감독들을 그들 위에 세우고 그들에게 무거운 짐을 지워 괴롭게 하여 그

■ 들에게 바로를 위해 국고성 비돔과 라암셋을 건축하게 하니라

〈더 정확한 번역〉

■ 9절/ 그 백성에게 이르되 이 백성이 너무 많아서 그들은 우리보다도 강해졌다.
10절/ 자, 우리가 그들에 대해 무슨 계획을 세워야겠다. 그렇지 않으면 그들이 더 많아져서 전쟁이 일어날 때에 우리 대적과 합하여 우리와 싸우고 이 땅에서 나갈까 염려된다 하고
11절/ 애굽 사람들은 이스라엘 백성에게 힘든 일을 시켰다. 이스라엘 백성을 다스릴 노예 감독들을 두었고 그들은 이스라엘 백성에게 강제로 일을 시켜서 물건을 쌓아둘 수 있는 창고 성 비돔과 라암셋을 바로를 위해 건축하게 했다.

애굽 왕 바로가 **이스라엘 백성들을 가혹하게 핍박한 이유**가 나옵니다.

(1) 이스라엘 백성들이 애굽 사람들보다 훨씬 많아졌기 때문이었습니다.

"이스라엘 백성이 너무 많아서 그들은 우리보다 강해졌다(9절)" 했습니다. 그 앞에서는 "이스라엘 백성은 자녀를 많이 낳아 그 수가 크게 늘어났다. 그들은 매우 강해졌고 애굽은 그들로 가득 차게 되었다(7절)" 했습니다.

하나님의 기적적인 도우심에 따라 이스라엘 백성의 수는 급격하게 불어났고 애굽이 그들로 가득 찰 정도가 되었습니다. 따라서 바로 왕을 비롯한 애굽 사람들은 그 급격하게 불어난 이스라엘 백성들은 자기들에게 위험한 민족이며 자기들 영토에 해로운 민족이라 판단하고 야만적으로 핍박할 구실을 찾았던 것입니다. 또한 애굽 사람들은 이스라엘 백성들이 그때까지는 그들에게 노예로서 그들에게 많은 부를 축적시켜 주었는데 그들이 창대해짐으로 말미암아 애굽에서 떠나지 않을까 하는 염려를 가지게 된 것입니다. 그것은 10절에서 바로가 직접 한 말에도 분명하게 나타납니다.

그러나 **이스라엘 백성들, 즉 아브라함, 이삭, 야곱을 통해 세우시는 하나님의 교회를 대적하는** 바로와 애굽인들의 술책은 하나님께서 그 교회에 주신 약속을 폐기하고자 한 것이므로 모두 허사가 돼버립니다. 하나님의 뜻은 언제나 반드시 이루어집니다.

(2) 바로 왕은 이스라엘의 인구 증가를 막기 위해 계책을 마련합니다.

"우리가 무슨 계책을 세워야겠다. 그렇게 하지 않으면 우리에게 큰 위험이 닥칠 것이다" 하고 생각했습니다.

여기서 우리가 알아야 할 것이 있습니다.

1) **이스라엘 백성들의 번창이 당시 최강국이었던 애굽 국민들에게는 근심**

거리가 되었으며 그들에게 큰 타격이 될 것이라고 여기게 되었습니다. 따라서 이것을 막기 위해 애굽인들은 악한 책략을 동원한 것입니다.

오늘날도 하나님의 교회와 하나님의 백성들이 하나님의 사랑과 복을 받아 번창하면 그것이 불신자, 우상숭배자들에게는 근심거리가 됩니다. 또한 그것이 자신들에게 타격이 될 것이라 여기고 본능적이다시피 악한 계획을 세우고 교회와 하나님의 백성들을 방해하고 핍박합니다.

우리가 하나님의 사랑과 복을 받아 잘될 때 뿐만 아니라 가난하고 어려운 처지에 있을 때도 마찬가지입니다. 이것이 바로 그들의 주인인 사탄이 창세 때부터 벌여온 일입니다.

그러므로 우리 모든 성도는 이런 사실을 기억하고 형편이 좋을 때나 그렇지 못할 때를 막론하고 이 모든 것에 대해 끊임없이 대비해야 합니다.

2) 애굽 사람들은 악한 계획을 세우고 하나님의 백성들을 핍박하면서도 스스로 지혜롭게 처신하고 있다고 생각합니다.

그러나 그들의 우매함은 얼마 가지 못하여 만천하에 드러나게 됩니다.

따라서 우리 하나님의 백성들은 불신자와 우상숭배자들이 우리를 괴롭히더라도 그것이 언제까지나 지속되지 않으리라는 사실을 확신해야 합니다. 우리가 참고 견디면 반드시 이스라엘 백성들처럼 해방의 날을 맞이하게 됩니다. 우리 성도들의 삶은 인내하는 삶입니다.

(3) 애굽 사람들은 이스라엘의 번창을 막기 위해 그들을 억압하고 가혹한 방법을 택했습니다.

이스라엘 백성들은 애굽 사람들에게 대항하거나 싸우려 하지 않았습니다. 그러나 애굽 사람들은 악한 방법으로 이스라엘의 번창을 막으려 했습니다.

1) 애굽 사람들은 이스라엘 백성들을 가난하게 만들고자 했습니다.

따라서 그들은 무거운 세금을 부과하고 고된 노역을 시키기로 했습니다.

그리고 이스라엘 백성들을 노예로 만드는 효과적인 방법을 택했습니다.

아마도 당시 이스라엘 백성들은 애굽 사람들보다 더 근면했을 것입니다. 따라서 바로는 이스라엘 백성들에게 큰 고역이 될 수 있는 일거리를 생각했는데 그것이 바로 애굽의 모든 수확물을 보관할 수 있는 창고를 짓는 일이었습니다.

국고성 비돔은 나일강과 홍해를 연결하는 지역에 있고 라암셋은 고센 땅 안에 있었습니다(창47:11).

바로는 **감독들을 두어** 이스라엘 백성들의 노동을 감시하고 **심히 괴롭히게** 했습니다.

감독들은 이스라엘 백성들을 혹사시켜서 생활의 고통을 당하게 했습니다. 그렇게 하여 **그들의 정신력을 파괴시키고 그들이 가진 훌륭한 자질을 없애고자** 했습니다. 또한 그들의 건강을 파괴시켜 수명을 단축시키고 그 백성의 수효를 줄이고자 했습니다.

그뿐 아니라 **그들의 자녀는 나면서부터 노예로 만들었는데 이는 이스라엘 백성들이 결혼을 포기하게 하기 위함**이었습니다.

그리고 이스라엘 백성들을 히브리 민족에서 이탈시켜서 **애굽 사람으로 병합시키고자** 했습니다. 그들로 하여금 자신이 히브리 민족이라는 사실이 기억에도 남지 않도록 하여 이스라엘이라는 이름조차 도말시키려 했습니다.

그 이후에 나오는 이스라엘 백성들의 처사를 볼 때 그들은 바로의 이 악한 의도에 어느 정도 **나쁜 영향**을 받았음이 틀림없습니다. 그리고 이스라엘 백성 중 많은 사람들이 **애굽 사람들과 야합하여 우상숭배에도 동참하게** 되었습니다.

이스라엘 백성들이 애굽에서 다른 신들을 섬겼다는 사실은 그 후에 성경에 나옵니다(수24:14). 출애굽기에서는 나타나 있지 않지만 하나님께서 그들이 애굽에 있는 동안에 저지른 우상숭배 때문에 그들을 진멸시키려 하셨던 사실을 읽을 수 있습니다(겔20:8).

그럼에도 불구하고 대부분의 이스라엘 백성들은 **자신의 정체성을 어느 정도 지켰고 애굽인들과 섞이지 않았으며 그들의 관습과 구별되게 살았습니다.**

이것 또한 **하나님께서 그들을 사랑하심으로 보호하시고 도와주신 섭리**였습니다. 이스라엘 백성들이 애굽에서 살고 있는 동안에 이렇게 한 사람도 이탈됨이 없이 민족의 정체성을 잘 지키는 일에 부실했어도 하나님은 **아브라함, 이삭, 야곱**과 약속하신 대로 그 선택하신 백성들에게 **끊임없는 보호와 도우심의 손길**을 드리우셨던 것입니다.

오늘날도 예수 그리스도를 믿는 믿음을 가지고 있다면 그들이 비록 이 모양 저 모양으로 세속화되어 있을지라도 **하나님이 정하신 기한 속에서는** 그들도 성숙한 하나님의 백성들과 함께 긍휼과 자비와 은총을 입게 하십니다. 이처럼 하나님은 **자비와 긍휼이 넘치는 분**이십니다.

그러나 그런 자비와 긍휼을 언제까지나 베푸시는 것은 아닙니다.

하나님께서 정하신 기한이 마쳐지기까지 치료되고 변화되고 성숙하지 못하면 그러한 이스라엘 백성들이 가나안에 들어가지 못하고 광야에서 엎드러진 것처럼 하나님의 심판을 면할 수 없게 됩니다.

그러므로 교회 안에 들어온 사람들은 사탄을 상징하는 바로와 불신자, 우상숭배자들을 상징하는 애굽 백성들에게 **물들거나 변질되지 않도록** 정신 똑바로 차리고 신앙생활해야 합니다.

> 12절/ 그러나 학대를 받을수록 더욱 번성하여 퍼져나가니 애굽 사람이 이스라엘 자손으로 말미암아 근심하여
> 13절/ 이스라엘 자손에게 일을 엄하게 시켜
> 14절/ 어려운 노동으로 그들의 생활을 괴롭게 하니 곧 흙 이기기와 벽돌 굽기와 농사의 여러 가지 일이라 그 시키는 일이 모두 엄하였더라

〈더 정확한 번역〉

> 12절/下 애굽 사람이 이스라엘 백성들을 더욱 두려워하여
> 13절/ 이스라엘 백성에게 더욱더 고된 일을 시키고
> 14절/下 이스라엘 백성들의 일은 더욱 힘들게 되었다.

12절에 **"학대를 받을수록 더욱 번성하여 퍼져나갔다"** 했습니다.

학대가 점점 더 강해짐에도 불구하고 놀랍게도 이스라엘 백성들의 수는 더욱 많아지고 그들은 번성하고 창성했습니다.

이것이 애굽 백성들에게는 더욱 괴롭고 심히 근심스러운 일이 되었습니다.
하나님께서 개입하여 그렇게 되게 하셨는데 폭군 바로가 어찌 이것을 막을 수 있겠습니까?

우리는 다음 사실을 명심해야 합니다.
(1) 우리 성도들에게 있어서 **고통의 시기는 곧 성장의 시기가 됩니다.**

교회와 하나님의 백성들은 억압을 받으면 받을수록 더욱 성장합니다.

교회 역사를 보면 박해가 심한 시대일수록 가장 힘차게 확장되었습니다. 그야말로 순교자의 피는 흘리면 흘릴수록 복음과 교회의 씨앗이 더 많은 곳에 확실하게 뿌려졌습니다.

그러므로 **우리 성도들은 우리 앞에 언제나 편하고 좋은 것만 있기를 원해서는 안 됩니다.** 사탄은 이 세상에 존재하는 한 시간이 지날수록 **더 발악적으로 하나님을 대적합니다.** 따라서 이 땅의 교회와 성도들은 시간이 지날수록 불신자와 우상숭배자들에 의해 **점점 더 많은 환난과 핍박을 당하게** 됩니다. 그런 일을 당할 때 우리도 인간이므로 괴롭지 않을 수 없으나 **그런 환난**

과 핍박도 **하나님의 허락하심이 없으면** 결코 우리에게 올 수 없음을 기억하고 **더 용기를 가지고 그것과 싸워 이겨야** 합니다. 그런 과정에서 **비록 피를 흘리게 될지라도** 그만큼 우리 주님은 놀라운 승리의 깃발을 휘날리게 하십니다. 그러므로 우리 모든 성도는 **항상 기뻐하고 범사에 감사할 수 있는 튼튼한 신앙**으로 무장되어야 합니다.

(2) **하나님을 반역하고 그의 백성들을 대적하는 사람들은 그들이 하는 모든 것이 허사를 경영할 뿐이며 그들에게 더 큰 괴로움을 가져올 뿐**입니다 (시2:1).

그 누구도 **하나님께서 함께하시고 번성하게 하는 사람들**을 싸워서 이길 수 없습니다. 만약 그들이 그런 일을 계속 한다면 그들은 **참패의 수치와 쓰라림을 더 만나게** 될 것입니다.

하나님께서는 **아직 출애굽하지 않은 이스라엘 백성들의 상황을 통해** 이 거룩한 진리를 우리 모든 하나님의 백성에게 확실히 깨우쳐주고 계십니다.

제 3 강

고난을 당하는 이스라엘 백성2

〈출1:15~22〉
15애굽 왕이 히브리 산파 십브라라 하는 사람과 부아라 하는 사람에게 말하여 16이르되 너희는 히브리 여인을 위해 해산을 도울 때에 그 자리를 살펴서 아들이거든 그를 죽이고 딸이거든 살려두라 17그러나 산파들이 하나님을 두려워하여 애굽 왕의 명령을 어기고 남자 아기들을 살린지라 18애굽 왕이 산파를 불러 그들에게 이르되 너희가 어찌하여 이같이 남자 아기들을 살렸느냐 19산파가 바로에게 대답하되 히브리 여인은 애굽 여인과 같지 아니하고 건장하여 산파가 그들에게 이르기 전에 해산하였더이다 하매 20하나님이 그 산파들에게 은혜를 베푸시니 그 백성은 번성하고 매우 강해지니라 21그 산파들은 하나님을 경외하였으므로 하나님이 그들의 집안을 흥왕하게 하신지라 22그러므로 바로가 그의 모든 백성에게 명령하여 이르되 아들이 태어나거든 너희는 그를 나일 강에 던지고 딸이거든 살려두라 하였더라

> 15절/ 애굽 왕이 히브리 산파 십브라라 하는 사람과 부아라 하는 사람에게 말하여
> 16절/ 이르되 너희는 히브리 여인을 위해 해산을 도울 때에 그 자리를 살펴서 아들이거든 그를 죽이고 딸이거든 살려두라

〈더 정확한 번역〉
> 16절/ 그 자리를 살펴서 ⇒ 분만대 위에서 살펴보고

바로는 이스라엘 백성이 번성해감을 보고 **더욱 분개**했습니다. 따라서 그들의 번성을 와해시키기 위해 **야만적이고 불인정한 방법을 고안하고 명령**했습니다. 즉 **이스라엘 백성의 어린아이들을 살해하는** 것이었습니다. 그는 어리석고 악한 목적을 달성하기 위해 순진무구한 아기들을 죽이는 짓을 **서슴없이** 했습니다.

우리가 여기서 깨달을 것이 있습니다.
(1) **예수 그리스도를 믿어 사람이 변화되기 전에는 인간의 부패하고 타락한 마음속에 잔인성이 가득합니다.**

여인의 후손(예수 그리스도와 성도들)**에 대항하는 뱀의 후손**(사탄에 속한 사람들)**의**

영혼 속에 있는 **적개심**은 인간성 자체를 말살시키고 인간들이 가끔이나마 조금의 긍휼을 가지는 것조차 완전히 상실하게 만듭니다.

바로가 이스라엘 백성들을 박해하려고 행한 이 일만큼 포악하고 피에 굶주린 행위는 없습니다. 약 3500년 전의 사람들도 이렇게 잔인하고 사악했는데 그 이후의 사람들은 어떻겠습니까?

그러므로 우리 성도들은 **나도 예수 믿기 전에는 바로 저런 사람이었는데 예수 믿고 사람과 삶이 변화되고 예수 그리스도의 지체가 됨으로써** 포악하고 잔인한 성품을 제거할 수 있다는 사실에 대해 참으로 감사해야 합니다. 그리고 우리 주변에 있는 절대 다수의 사람들은 아직 예수를 알지도 못하는 불신자, 우상숭배자들입니다. 우리는 그들과 한 집 안에서 살고 직장이나 학교에서 친구처럼 지내지만 그들 속에는 얼마든지 **잔인성과 포악성이 자리잡고 있다**는 것을 알아야 합니다.

따라서 우리는 **그들이 거듭나서 예수 믿고 새 사람이 되기 전에는 결코 그들과 멍에를 같이해서는 안 됩니다**. 사탄이 마음만 먹으면 얼마든지 그들을 이 바로와 애굽 사람들처럼 만들 수가 있습니다.

그렇다고해서 우리는 **불신자와 우상숭배자들을 언제나 죄악시하고 멀리하거나 원수로 삼아서는 안 됩니다**. 이것이 바로 우리가 **이 땅에 사는 동안에 짊어져야 할 큰 짐**입니다. 중요한 것은 **우리가 불신자, 우상숭배자들 틈에서 거룩한 정체성을 잊어버리고 하나님 백성의 자리에서 이탈되는 시험에 빠지지 않도록 항상 깨어서 조심하는 것**입니다.

우리는 참으로 **호랑이 굴에 들어가 있는 것**과 마찬가지이므로 **영적으로 일 순간도 안일하거나 무방비상태에 있어서는 안 됩니다.**

(2) 마귀의 사람들 앞에서는 아기들이 가진 순진함마저 속수무책이었습니다.

아기들의 순결한 피는 낭자하게 흘려져 애굽 땅에 뿌려졌습니다.

이런 일은 훗날 이스라엘 사람인 헤롯 왕도 똑같이 했습니다. 그들이야말로 **사내아이를 삼키려고 서 있는 큰 붉은 용**(계12:3~4)**의 대리자**임을 입증하는 것입니다.

유대 총독 빌라도는 예수님에게서 아무런 흠도 찾을 수 없다고 공언한 후에도 그를 십자가에 못 박아 죽이도록 내어 주었습니다. **사악한 인간들이 죽일 수 있는 것은 단지 몸뿐**이라는 사실은 참으로 다행한 일입니다.

그러므로 우리는 저들이 극도로 핍박하여 우리 육체를 죽이더라도 결코 영혼마저 패배해서는 안 됩니다. 우리가 이 땅에 사는 동안에 육체적으로는 불신자, 우상숭배자들 앞에서 끊임없이 멸시와 핍박을 받고 죽임을 당할지라도 시간이 지날수록 영적으로 더욱 강자가 되어야 하며 예수 그리스도를 확실하게 닮아가야 합니다. 이것을 끝까지 잘하는 사람만이 천국으로 들어가게 됩니다.

수백만의 이스라엘 백성들이 하나님의 권능의 도우심을 받아 애굽에서 해방되었고 전무후무한 이적과 기적의 도우심으로 가나안으로 갈 수 있었습니다. 그러나 그 영혼이 치료되고 변화되고 무장하고 성숙하지 못함으로써 그들은 그만큼 끊임없이 범죄할 수밖에 없었고 끝내 그것을 극복하지 못하여 가나안의 약속된 복을 받아 누릴 수 없었습니다. 즉 이런 사람들은 결코 구원받을 수 없다는 말입니다.

나는 지금 끝까지 가나안을 향해서 제대로 가고 있는 사람인지 정신 똑바로 차리고 살펴보시기 바랍니다.

산파들에게 "남자 아이가 태어나면 죽이라"는 명령이 내려졌습니다.

(1) 산파들에게 이스라엘 아기들을 죽이도록 명령한 것은 바로가 세운 살인 계획에 잔악성을 더하는 일이었습니다.

바로는 가장 잔악한 일을 산파들에게 강요했습니다.

"히브리 산파 십브라라 하는 사람과 부아라 하는 사람에게 말했다(15절)" 했습니다.

산파 두 여인의 이름이 특별히 기록되어 있습니다.

이스라엘 백성들이 애굽을 떠나기 약 80년 전이었던 당시에는 이 두 산파들이 많은 히브리 여인들을 보살핌에 있어서 가장 유능했던 것 같습니다.

이 산파들은 "히브리 산파들"이라 했습니다.

바로는 그들도 자기처럼 잔악한 사람이 될 수 있고 그런 일에 앞장 서주리라고 믿었던 것입니다. 그러나 이 일이야말로 하나님께서 이스라엘의 번성을 막으려는 악인의 의도를 무산시키기 위해 배후에서 깊이 관여하시고 섭리하신 일이었습니다.

바로는 갓 태어난 아이들을 다 죽이겠다고 결심하고 명령했지만 그 일이 결코 성공할 수 없도록 하나님께서 섭리하셨습니다. 아무리 간악한 자라도

하나님의 섭리의 손길에서 벗어날 수 없습니다.

우리 모든 성도는 **이 능력있는 섭리의 손길을 잠시도 잊지 말아야** 하며 모든 일을 할 때 전적으로 하나님을 의지하고 하나님의 편에 서서 하나님의 백성답게 해야 합니다. 이렇게 할 수 없다면 결국 그는 가나안으로 가는 일에 성공할 수 없습니다.

(2) 바로의 잔악한 명령에 대해 산파들은 **불복종했습니다**(17절).

산파들은 "**하나님을 두려워했다**"고 했습니다.
그 여인들은 **하나님의 율법을 중하게** 여겼습니다. 바로보다 하나님의 진노를 더 무서워했으므로 아이들을 살려준 것입니다.
인간의 명령이 하나님의 명령에 조금이라도 위배된다면 우리는 인간의 명령이 아니라 하나님의 명령에 복종해야 한다는 사실을 명심해야 합니다.
이 세상의 어떤 권세도 우리를 우리 주 하나님께 범죄하도록 강요하거나 그 범죄를 정당화할 수 없습니다. 하나님에 대한 두려움이 우리 마음을 지배할 때는 그 두려움이 인간을 두려워하는 부질없는 공포의 함정에서 우리를 확실하게 보호해줍니다.

여기서 우리는 그 산파들의 **신앙**을 볼 수 있습니다.
산파는 출산하는 일을 돕는 사람으로서 높은 신분이나 많은 지식을 가지도 않았습니다. 이러한 여인도 하나님 앞에서 죄 짓는 것을 두려워하고 인간의 부당한 명령에 무릎을 꿇지 않았습니다. 그런데 **많은 것을 배우고 상당한 지위에 있으며 심지어 거룩한 사명과 직분을 받은 사람들이 죽음의 위협에 직면한 것도 아닌데 별것도 아닌 인간들의 명령을 하나님의 명령보다 두려워하여 타협하고 굴종**하는 경우가 많습니다. 이런 사람들은 **이 여인들보다 못난 사람들**입니다.

그러므로 우리 모든 성도는 **지식이나 명예나 권세나 부를 차지하기 위해** 애쓰기보다 **어떤 불의 앞에서도 하나님을 섬기는 신앙과 말씀을 지키는 일에 조금도 변함이 없는 사람으로 철저히 가다듬고 치료되고 변화되고 무장되고 성숙해져야** 합니다. 그런데 뭘 좀 가졌다고 하는 사람일수록 이런 일을 매우 게을리합니다. 그러므로 예수께서 말씀하시기를 **부자들이 천국에 가는 것은 낙타가 바늘귀를 통과하는 것보다 어렵다**고 하신 것입니다.

(3) 바로 왕의 질책에 **산파들이 변명한 내용이 나옵니다**(18,19절).

바로가 "너희가 어찌하여 이같이 남자 아기들을 살렸느냐?" 하자 산파가 대답하기를 "히브리 여인은 애굽 여자들보다도 훨씬 건장하여 산파가 그들에게 이르기 전에 해산하더이다" 했습니다.

이 말씀에서 **히브리인들이 생육하고 번성하는 이유**가 다시 명백하게 설명되고 있습니다. 히브리 여인들이 해산할 때 그 고통은 쉽고 빨리 끝났으며 산모나 어린아이가 다 건강하여 산파의 도움을 별로 필요로 하지 않았음을 짐작할 수 있습니다.

이 산파들은 하나님의 손길이 자기들에게도 같이 하심을 알았고, **하나님의 은총을 받아서 왕에게 불복종할 용기를 가졌으며**, 또 바로 앞에서 **자신을 변명할 수 있는 지혜**를 가졌습니다.

어떤 고대 유대인들은 이 사실에 대해 산파가 출산하는 사람에게 오기 전에 그들은 하나님께 기도했으며 하나님께서 응답하셔서 무사히 출산하게 하셨다고 설명합니다.

그 어떤 조력자보다도 전지전능하신 하나님은 어려운 가운데에 있는 백성에게 가장 신속하고 완벽한 도움을 주십니다.

우리 모든 성도는 이 히브리 산파들과 이스라엘 여인들처럼 크고 작은 어려움들을 앞에 놓고 **하나님께 기도해야** 합니다. 그 전에 먼저 하나님은 전지전능하시며 나와 내 가족을 선택하시고 사랑하고 계심을 **확실하게 믿어야** 합니다. 그런 믿음도 없이 무턱대고 어려울 때마다 "하나님 도와주세요" 한다고 해서 하나님께서 이런 특별한 은총으로 도우실 수는 없습니다.

예수 믿고 하나님의 자녀가 되었다고 하면서 **숱한 문제들 앞에서 머리를 굴리고 인간적인 수단을 강구하려고 하지 말고 무엇보다 먼저 하나님께 모든 것을 아뢰고 도우심과 인도를 간절히 구해야** 합니다. 이것을 제대로 하는 사람들은 아무리 세상에 죄악이 가득 차고 악한 사람들이 많이 있다 할지라도 **결코 그들에게 동화되거나 비굴하게 무릎을 꿇거나 하나님의 영광을 가리지 않습니다.**

많은 성도가 **기도하면 되는데** 기도를 게을리하고 안 함으로써 이런 불쌍한 사람들이 되는 것입니다.

(4) 하나님께서는 산파들이 **하나님의 백성을 믿음으로 도운 행실에 대해 보상해주셨습니다**(20, 21절).

"하나님이 그 산파들에게 **은혜를 베푸셨다**" 했습니다.

하나님은 당신이 사랑하시는 사람에게 베풀어진 친절에 대해 하나님 자신에게 베푼 것으로 여기시고 반드시 보답해주십니다.

더욱이 "그 산파들은 하나님을 경외하였으므로 하나님이 그들에게도 자녀를 많이 주셨다" 했습니다.

산파들은 이스라엘 백성들의 자손보다 더욱 번창하는 은총을 받았습니다. 이는 단지 자손들의 숫자만 많아진 것이 아니라 그들이 하는 모든 일에도 번성하게 하셨음을 의미합니다. 산파들이 죽음을 무릅쓰고 이스라엘 각 가정의 가계가 이어지게 했으므로 그에 따른 보상으로 하나님께서는 그들의 집을 열심을 다해 왕성하게 하신 것입니다.

이렇게 하나님의 백성에게 봉사하면 그 백성들이 받는 보상보다 더 큰 보상을 받습니다. 하나님의 보상은 사람이 하나님 앞에서 행한 근본 자세와 관련성이 깊습니다. 즉 그 산파들은 바로 왕보다 하나님을 두려워하고 사랑해서 목숨을 걸고 동족들을 도왔기에 그토록 자자손손 영육 간에 번창하는 은총을 누리게 되었습니다. 만약에 그 산파들이 어딘가 하나님이 보시기에 합당하지 않고, 그래서 하나님 앞에서 잘못을 했다면 결코 이런 특별한 은총으로 보상받을 수 없었을 것입니다.

참으로 행한 대로 갚아주시고 심은 대로 거두게 하시는 하나님이심을 여기서도 분명히 볼 수 있습니다.

하나님을 무엇보다도 두려워하며 사랑한다는 것은 우리가 이 땅에서도 영육 간에 번성하게 되는 가장 확실한 방법임을 기억해야 합니다.

하나님은 아브라함이 말씀에 순종하여 독자 이삭까지 서슴없이 드리려고 한 후에 "이제는 네가 나를 경외하는 줄을 안다"고 선언하셨습니다. 그리고 아브라함의 앞길을 세심하게 돌보시고 자자손손에게 온갖 은혜와 복을 약속하실 뿐 아니라 이루어주셨습니다.

하나님을 경외함이 얼마나 우리에게 중요한 것인지를 이 출애굽기에서 확실하게 깨우쳐주십니다. 참으로 우리가 하나님께서 인정하실 만큼 누구보다도 무엇보다도 하나님을 두려워하고 사랑할 줄 안다면 이 땅에 사는 동안에 더 이상 염려하고 두려워할 것이 없습니다.

내가 과연 이런 사람이 되기 위해 구체적으로 계획을 세워서 열심을 다하고 있는지, 내 자식들이 그렇게 하고 있는지 정신을 가다듬고 세밀하게 살펴봐야 합니다.

▎ 22절 / 그러므로 바로가 그의 모든 백성에게 명령하여 이르되 아들이 태어나거든 너희는 그를 나일 강에 던지고 딸이거든 살려두라 하였더라

〈더 정확한 번역〉

▎ 下 "히브리 사람들에게 남자아이가 태어나면 너희는 그를 나일 강에 던지고 딸이거든 살려두라" 했다.

바로가 히브리 산파들에게 했던 명령은 은밀하게 내려졌습니다. 그런데 여기에 와서는 애굽에 있는 모든 사람에게 명령하여 히브리인에게서 남자아이가 나거든 나일강에 던져서 죽이라 했습니다. 바로는 **오랜 시간이 걸리지 않아 더욱 잔인해졌습니다.**

하나님을 대적하는 자들은 '**지극히 높으신 자의 성도들을 괴롭게 하기 위해**' 쉴 틈도 없이 전력을 다한다는 것을 기억해야 합니다(단7:25). 그러나 그럴수록 "**하늘 보좌에 앉으신 이가 그들을 비웃으실 것이다**" 했습니다(시2:4).

하나님께서 하시는 일을 방해하고 반대하는 자의 그 행위가 강화될수록 하나님께서 하시는 일은 더욱더 강력해집니다.

바로는 이스라엘의 모든 남자 아기를 일시에 죽이고자 했으나 그 일은 성공하지 못했고 하나님은 오히려 훗날 애굽에 있는 모든 이스라엘 백성을 그의 수중에서 해방시키는 모세를 **바로 그 왕의 궁중에서 양육되게** 하셨습니다. 말을 바꿔서 하면 **바로의 그 악한 명령은 장차 자기가 가장 두려워하는 일을 앞장서서 이루어나갈 사람, 가장 큰 타격을 입힐 사람을 자기 궁으로 끌어들여 잘 양육되게 한 것입니다.** 그러기에 바로와 같은 자들이 하나님을 대적하는 일에 대해 **하나님은 크게 비웃으실 수밖에** 없습니다. 마귀가 아무리 간악하게 계략을 만들어 사람을 움직여 하나님의 백성들을 없애려 하고 하나님의 섭리를 무산시키려 해도 **그 모든 일은 시작부터 철저하게 무산**되며 **오히려 하나님 편에 더 큰 영광을 가져다주게** 됩니다.

하나님의 섭리는 이렇게 사람들이 상상할 수 없는 하나님의 지혜로 놀랍게 성사됩니다. 그러므로 우리 모든 성도는 **어떤 세력도 하나님의 섭리를 조금도 무산시킬 수 없다는 사실을 알고 하나님을 대적하는 어떤 세력과 극악한 행위들 앞에서도 결코 낙심하거나 두려워할 필요가 없습니다.** 지금도 **이 놀라우신 하나님께서 우리 하나님의 백성들을 중심으로 모든 것을 섭리하고** 계시는데 우리 하나님이 이런 분이라는 사실을 알지 못하고 믿지 못하여 언제나 감사와 찬송과 영광을 돌려드리지 못한다면 얼마나 한심한 일입니까?

그런데 교회 안에 이런 성도가 너무 많이 있습니다.

우리는 지금까지의 말씀들을 통해 **하나님의 섭리**에 대해 좀 더 알아야 합니다.

하나님의 백성들은 학대를 받을수록 더욱 번식하고 강성했습니다. 하나님의 복을 받아 누릴 때는 아무리 방해가 와도 하나님이 주시는 복만큼은 조금도 위축되지 않고 오히려 더 커지게 됩니다.

하나님께서 같이하시고 복을 주시는 사람들을 대적하고 괴롭히면 하나님의 사람들은 그것 때문에 더 큰 복을 누리게 되고 괴롭히는 자들은 큰 화를 면치 못합니다.

그러므로 언제나 하나님만 믿고 의지하고, 하나님 보시기에 정직하고 충실한 사람이 되면 어떤 환난이나 방해도 오히려 그만큼 복과 유익이 된다는 사실을 기억하시기 바랍니다.

애굽 왕과 그 백성들이 이스라엘을 핍박하는데 이스라엘은 오히려 더 번성하자 그들은 **더 심한 고역**을 시켰습니다. 그런데 바로 그런 행위는 하나님으로 하여금 이스라엘을 더 빨리 해방시키게 하고, 애굽은 더 빨리 망하게 하는 계기에 불과했습니다.

2장에는 애굽 왕이 더 극심하게 고역을 시켜서 **이스라엘 백성들이 탄식하며 부르짖으므로** 하나님은 아브라함과 이삭과 야곱에게 약속하신 것을 기억하시고 모세를 부르시는 광경이 나옵니다. 이스라엘 백성은 점점 더 심한 고역을 당하게 되었을 때 '하나님이 우리를 잊으셨나보다, 우리를 버리셨나보다' 하고 생각했을 것이나 사실 그 **고통스러운 상황은** 그들을 더 빨리 해방시키고자 하시는 하나님의 섭리였습니다.

또 애굽 왕은 심한 고역을 시켜서 이스라엘을 약화시키려 했으나 사실은 그 꾀에 자기가 걸려서 속히 넘어지게 하는 하나님의 섭리하에 그리했던 것입니다.

우리 하나님의 사람들도 때로는 전혀 예측하지도 못했고, 바라지 않던 시련이나 역경을 만날 수가 있습니다. 그러나 그때마다 우리는 **하나님의 생각과 내 생각에는 큰 차이가 있을 수 있다**는 것과 하나님의 생각대로 되는 것이 언제나, 반드시 나에게 유익과 복이 된다는 사실을 알아야 합니다.

야곱이 가장 사랑하는 아들 요셉을 잃었던 것이나, 요셉이 형들에게 팔려서 애굽의 종살이를 하게 됐던 것이나, 이스라엘 백성들이 극심한 고역으로 인해 탄식하며 울부짖게 된 것은 당시 그 당사자들에게는 분명히 불행이요, 고통이었으나 사실은 오히려 **상상도 못할 복된 순간들**이었으며, 자기들이 느끼는 것과는 **정반대**였던 것입니다.
 하나님은 그 사랑하시는 사람들, 하나님만을 믿고 순종하는 사람들에게 이렇게 섭리하십니다.

 그러므로 우리는 **오히려 편안하고 풍족할 때 긴장하고 조심해야** 합니다. 편안하고 풍족할 때 하나님을 사랑하고 의지함이 식어집니다. 그러나 하나님을 전적으로 사랑하고 의지하는 가운데서 갑자기 시련이나 역경이 와서 나를 크게 괴롭힌다면 나는 이제 상상하지 못하던 은혜와 복을 누릴 때를 코앞에 만난 것입니다. 이때 중요한 것은 **더 뜨겁게 하나님을 찾고 의지하고 그 이스라엘 백성들처럼 하나님을 향해 부르짖는 것**입니다.
 이스라엘 백성이 처음 고역을 당할 때는 하나님께 부르짖지 못했습니다. 그런데 점점 더 고역이 심해지자 2장 23절을 보면 **"탄식하며 부르짖었다", "그 부르짖는 소리가 하나님께 상달됐다"**고 했습니다. 그때가 되어서야 하나님께서 그들을 권념하시고 모세를 부르셨습니다.
 그러므로 하나님은 이스라엘 백성들이 점점 더 고역 당하는 것을 허용하심으로써 **"하나님이여! 우리를 불쌍히 여기시고 구원해주소서!"** 하고 **그들 스스로 하나님을 찾아 부르짖도록 섭리하셨습니다. 그들과 보다 분명한 관계를 가지고자** 하신 것입니다.

 어려움이나 괴로움을 만났을 때, 특히 **어려움이 점점 심해지거나 계속될 때 우리는 무엇보다 먼저 하나님을 찾아 부르짖으라는 하나님의 섭리**임을 알아차려야 합니다. 만약 그 이스라엘 백성들이 이렇게 **하나님께 부르짖기를 더 미뤘다면** 하나님께서 모세를 부르시는 일도 연기되었을 것입니다.

 그러므로 성도들이여!
 이 **하나님의 섭리**를 깊이 염두에 두시기 바랍니다.
 나 자신의 전부, 내 생애 전체, 사소한 것부터 큰 것에 이르기까지 **모두가 하나님의 섭리 무대 속에 있음**을 명심하기 바랍니다.
 이 하나님을 분명하게 주인 삼고 순종하는 사람이 되어서 이 하나님의 섭리 무대에서 언제나 유익과 복을 받아 누리는 **주연 배우들**이 되고 **주연 생애**가 되기를 예수 이름으로 축원합니다.

제 4 강

모세의 출생

〈출2:1~4〉
1레위 가족 중 한 사람이 가서 레위 여자에게 장가 들어 2그 여자가 임신하여 아들을 낳으니 그가 잘 생긴 것을 보고 석 달 동안 그를 숨겼으나 3더 숨길 수 없게 되매 그를 위해 갈대 상자를 가져다가 역청과 나무 진을 칠하고 아기를 거기 담아 나일 강 가 갈대 사이에 두고 4그의 누이가 어떻게 되는지를 알려고 멀리 섰더니

제 2장

▌ 1절/레위 가족 중 한 사람이 가서 레위 여자에게 장가 들어

　모세의 부모는 다 **레위인**이었습니다.
　야곱은 창세기 49장에서 레위가 치욕의 상황에 처할 것을 예언했습니다. 그러나 그 후 모세는 레위의 후손으로 태어났고, 이 사실이야말로 **허물 많은 육신의 모양을 입으시고 우리로 인해 저주를 받으실 예수 그리스도**를 상징하는 것이었습니다.
　레위 지파는 **모세의 출생**으로 **다른 지파와 구별**되기 시작했으며 그 후 여러 가지 면에서 **뛰어나게** 되었습니다.

　'**레위 가족 중 한 사람이 가서 레위 여자에게 장가들어**' 아들을 낳았다는 기록에서 우리는 **하나님의 놀라운 섭리**를 알아차려야 합니다.
　여기에 나오는 아들이 바로 **모세**인데 그의 출생에 대해 성경에서 첫번째로 말씀하시는 사실은 **그 부모가 레위 사람들이라**는 것입니다.

　이때는 하나님께서 이스라엘 백성에게 십계명이나 율법을 주시기 전입니다. 그리고 아직 하나님께 제사드리는 법도 구체적으로 알려주시지 않아서 레위인만 제사장의 직분을 수행하도록 제도화되지 않은 때였습니다.
　그런데 그때에도 이스라엘 백성들은 제사장을 세우고 하나님께 제사드리는 생활을 했습니다. 아브라함과 이삭과 야곱이 하나님께 제사를 드렸었기

때문에 그 자손들도 조상으로부터 배운 대로 했습니다.

2장 16절에서도 "모세의 장인 될 사람 이드로가 미디안의 제사장이었다" 했습니다.

그리고 4장 24절을 보면 하나님께서 할례를 받지 않은 모세를 죽이시려 하자 그의 아내 십보라 즉, 미디안 제사장 이드로의 딸이 그것을 알아차리고 자기 아들의 양피를 베어 모세 앞에 던짐으로써 남편을 구했습니다. 이것을 보면 이드로는 할례가 무엇인지 알았던 제사장이었음을 알 수 있습니다.

그러나 그때는 하나님께 드리는 제사가 구체적으로 제도화되지 않았던 때였습니다. 하나님은 잠시 후에 모세를 통해 율법과 율례와 계명을 주시려고 계획하고 계셨고 그 중 율례에서 레위 자손만이 제사장의 성직을 수행하게 하시고자 계획하셨기 때문에 **모세를 미리 레위 자손이 되게** 하신 것입니다. 그렇게 하여 처음부터 **모세의 권위**를 세워주셨습니다.

이런 일은 모세 자신이 이 세상에 **존재하기도 전에** 벌써 **하나님께서 계획하시고 추진하신** 것이었습니다. **모세 스스로는 전혀 알 수도 없는 가운데서** 하나님은 그를 레위 자손으로 보내셨습니다.

우리가 누구의 자식으로 이 땅에 태어났든 그것은 **우리 각자에 대한 하나님의 놀라우신 섭리** 속에서 이루어진 것입니다.

모세가 '기왕이면 하나님의 복을 가장 많이 받은 에브라임의 후손으로 태어났으면 좋았을 텐데 왜 레위 자손일까?'고 원망하지 않은 것처럼 우리도 더 좋은 부모의 자식으로 태어나지 못했다고 불평해서는 안 됩니다.

내가 누구의 자식으로 태어났든지, 지금 누구와 가족을 이루고 있든지 그 모든 것이 하나님의 탁월한 지혜와 섭리 속에서 이루어졌음을 깨닫고 내 부모, 내 가족, 내 이웃을 **귀중히 여기고** 그 속에서 **책임을 성실히 감당해야** 합니다.

하나님께서 우리 각자에게 **적절한 처지를 만나게 해주셨다는 사실**을 기억하고 그 가운데에서도 하나님을 신뢰하고 감사히 여겨야 합니다. 또한 덜 좋아보이는 처지 속에서 더 좋은 환경에 있는 사람들보다 **더 좋은 결실을 이루어** 하나님으로부터 큰 상급을 얻고자 하는 **지혜와 믿음**을 가져야 합니다.

주인으로부터 한 달란트 받은 종은 두 달란트, 다섯 달란트 받은 종을 보며 **불평하는 마음**으로 그것을 땅에 파묻어두었다가 그 한 달란트마저 빼앗기고 내쫓겼습니다. 그 한 달란트만이라도 열심히 활용해서 한 달란트만 더 남겼어도 그는 칭찬을 받고, 더 많은 상급을 받고, 주인의 잔치에 함께 참여할 수 있었을 것입니다(마5:14~30).

우리는 나보다 많이 받은 사람만 생각할 것이 아니라 나보다 더 적은 것을 가지고 하나님 앞에서 충실하게 일하는 사람도 있음을 생각해야 합니다.

성경은 인간들이 자기 마음대로 쓴 것이 아니라 하나님께서 저자들에게 영감을 주셔서 기록하게 하신 하나님의 계시입니다.

이 구약과 신약을 가만히 살펴보면 대부분의 기록이 창세 시대로부터 그 이후의 인류 역사를 마치 연속극을 보여주듯이 연속적으로 설명해주고 있습니다. 수많은 인류 역사적인 기록들을 통해 우리가 두드러지게 발견할 수 있는 것은 하나님께서 태초부터 그 이후의 모든 인류 역사를 치밀하고 일관성 있게 섭리하신다는 사실입니다.

수많은 역사 중에서 중요한 부분들만을 발췌해서 모은 듯한 이 성경이 결국 우리에게 뚜렷하게 알게 해주는 것은 그토록 오래되고 방대한 인류 역사 전체를 하나님께서 한 손바닥 위에 올려놓고 그 뜻대로 주도면밀하게 움직이고 계신다는 사실입니다.

우리는 이 말씀을 통해 하나님의 섭리가 얼마나 놀라운지를 깨닫고 그 섭리 속에서 각자 하나님과의 관계를 분명히 마련해야 합니다. 그리고 우리 각자의 사명을 잘 감당해 나감으로써 참으로 복되고 영광스러운 인생이 되어야 합니다.

하나님의 섭리를 깨닫지 못하고 살아가는 인생은 내가 왜 존재하며 어디서 무엇을 어떻게 하고 있는 존재인지 도무지 알지 못하는 돌멩이나 나무들의 생애와 같습니다. 하나님의 섭리를 깨닫게 되면 나의 인생이 얼마나 중요하고 가치 있는지 알게 됩니다. 그뿐 아니라 내 존재의 목적이 겨우 한평생 나와 내 가족을 먹고 살게 하는 것이 아니라 하나님과 다른 사람들과의 긴밀한 관계 속에서 하나님께서 정하신 중대한 역할을 감당하는 것임을 깨닫게 됩니다. 따라서 이런 사람의 인생은 하나님과 다른 사람들과 긴밀해지는 가운데 활기차고 의미심장해집니다.

1장 15절 이하에서 애굽 왕이 이스라엘 백성들의 번성이 두려운 나머지 산파들에게 명령하기를 "이스라엘 여인들이 아이를 낳으면 여자면 살리고 남자는 죽이라" 했습니다. 이때 하나님은 산파들의 마음을 감동시키셔서 아이들을 죽이지 못하게 하셨는데 이것 또한 결국 모세를 살리시려는 하나님의 섭리였습니다.

하나님은 아브라함과 이삭과 야곱에게 주신 약속대로 이스라엘 민족이 번성하게 해주셨고 또 그들이 애굽의 학대를 받자 애굽에서 해방시켜주시려고 해방자 모세를 보내셨습니다. 그런데 애굽 왕이 그 두 가지 하나님의 계획에 정면 도전을 하자 하나님은 나약하기 그지없는 여자 몇 사람, 즉 산파들을 통해서 그 당시 세계 제1의 권력을 가진 강력한 도전자의 명예를 납작하게 만들어 버리셨습니다.

하나님과 하나님의 섭리를 알지 못하고 오히려 그것에 도전하는 사람은 이렇게 수치와 낭패를 맛봅니다. 그러나 하나님과 하나님의 섭리와 함께할 줄 아는 사람은 아무리 엄청난 세력이 그를 해치려고 달려들어도 결코 머리카락 하나도 상하지 않게 됩니다. 하나님과 그 섭리에 도전하는 자가 수치와 낭패를 경험하고 있는 동안에도 하나님과 그 섭리와 함께하는 사람은 하나님의 은혜와 놀라운 영광과 복을 누리게 됩니다.

그리고 여기서 또 분명하게 알게 되는 사실이 있습니다.
하나님은 그 사랑하시는 사람들이 이 땅에 태어나기도 전부터 그들을 위해 모든 것을 준비해두시고 그들을 위주로 인류 역사를 섭리 하십니다.

모세가 태어날 무렵 애굽에서는 이스라엘 백성의 사내아이들은 모두 죽어야 하는 잔인한 법이 제정되고 실행되고 있었습니다. 그러나 하나님은 모세가 태어나기도 전에 산파들을 감동시켜서 모세가 해를 입지 않도록 사전 작업을 다 해놓으셨습니다.

비록 세계 제1의 강대국 왕이 방해하는 입장에 있었지만 하나님은 모세 한 사람을 위해서 그 왕의 방해 공작이 수포로 돌아가도록 섭리 하셨습니다.

> 2절/ 그 여자가 임신하여 아들을 낳으니 그가 잘 생긴 것을 보고 석 달 동안 그를 숨겼으나

모세의 부모에게 이미 있었던 미리암과 아론은 그 살생법이 있기 전에 태어나서 별다른 위험 없이 키워졌습니다. 그러나 모세가 태어날 때 그의 어머니는 큰 근심에 쌓여 있었습니다. 자기가 낳은 자식을 살인자에게 내어 주는 것은 부모에게 큰 고통입니다.

그러나 모세는 **후일에 그 아비의 집에 큰 영광**이 됩니다.

하나님께서는 때때로 우리 앞에 다가오는 큰 근심이 결국 우리에게 큰 기쁨과 영광이 되는 일로 섭리해주십니다.

바로 왕의 극악함이 절정에 있을 때 비로소 이스라엘의 구원자가 태어난 것입니다.

악한 인간들이 교회를 파멸의 구렁텅이로 빠뜨리려고 할 때 **하나님은 교회에 구원을 예비하고** 계셨습니다. 후일에 이스라엘을 속박의 소굴에서 이끌어 낼 모세는 **바로의 광포의 희생제물로 떨어질 위험**에 처해 있었습니다. 그러나 **이것은 하나님께서 그 악한 자들의 손에서 하나님의 백성들을 구원하기 위해 거룩한 열심으로 섭리하셨던 것**뿐입니다.

모세의 부모는 모세가 **특별한 아이**임을 알았습니다. 즉 **하나님의 특별한 은총을 받은 아이**임을 깨달은 것입니다.

하나님은 때때로 하나님께서 세우신 위대한 뜻을 대행하도록 계획하신 사람들에게 하나님의 특별한 은총을 베풀어주십니다. 따라서 훗날에 하나님은 이스라엘 백성들을 위해 **삼손을 강하게** 하셨고(삿13:24~25), **사무엘과 함께하**셨고(삼상2:18), **다윗에게 영육 간에 큰 은혜와 능력을 베푸셨으며**(삼상17:37), 바울의 제자 **디모데에게는 그가 태어날 때부터 함께하셨습니다**(딤후3:15).

아기 모세는 **"잘 생겼다"** 했습니다.

갓 태어났을 때 남달리 인물이 좋았다는 말인데 이는 모세가 **애굽의 공주에게 발견될 때 그 마음에 쏙 들게 하시려는 하나님의 섭리**였습니다.

공주는 아기가 히브리 사람의 아이라는 사실을 알았는데(6절) 그 외모에 호감을 느끼지 못했다면 위험을 무릅써가며 자기 아이로 삼겠다고 마음먹을 수 없었을 것입니다. 따라서 하나님은 모세를 잘생긴 아이로 태어나게 하신 것입니다.

그 후에는 모세의 용모에 대한 말씀은 나오지 않습니다. 다만 다 자란 다음에 이스라엘 백성을 학대하는 애굽 관리를 쳐서 죽였다는 말씀이 나오는데 애굽의 왕자로 자랐고 당시 세계 제1의 학문과 무술을 연마했기 때문에 충분히 가능한 일이었습니다.

하나님은 **아기 모세의 인물은 그가 죽음을 면하고 살아서 하나님의 백성들을 구원할 자가 되는 목적으로만** 사용되게 하셨습니다.

우리가 인물이 좀 잘났다면 **그것은 하나님의 선한 뜻을 이루는 데에 사용**

해야 합니다. 결코 육신적이고 세상적인 목적으로 사용해서는 안 됩니다. 그렇게 한다면 종종 우리는 하나님의 뜻을 오히려 거스르고 나뿐 아니라 다른 사람들이 범죄하게 하는 결과를 낳을 수가 있습니다.

그리고 인물 좋은 것은 하나님께서 그 뜻을 이루시는 데에 그다지 좋은 조건이 아닙니다. 사람들 눈으로 보기에 좋은 것은 죄를 유발하는 경우가 많기 때문에 하나님은 인간의 눈으로 보기에 좋은 것을 귀하게 여기거나 중요하게 사용하시지 않습니다.

하나님은 형들보다 인물이 뛰어나지 못한 다윗을 인물 좋은 사울보다 더 귀하게 쓰셨습니다. 그런데 그런 다윗이 하나님의 은총으로 왕이 된 후에는 그 자신이 인간의 눈으로 보기 좋은, 인물 좋은 여인을 탐하다가 큰 오점을 남겼습니다.

우리 하나님의 사람들은 인물 좋은 것을 좋아하지 말아야 하고 겉으로 지나치게 좋게 보이려고 애쓸 필요가 없습니다.

하나님은 인물이나 외관을 중요히 여기시지 않습니다.

모세의 부모는 모세를 '석 달 동안' 은밀하게 숨기며 키웠습니다.

히브리서 11장 23절에 "모세의 부모가 그들의 믿음으로 모세를 숨겼다"고 기록되어 있습니다.

그들은 살아있고 역동적인 신앙을 소유하고 있었습니다. 그들은 태어난 모세를 보고 하나님의 어떤 경륜과 위대한 일에 아주 중요한 뜻이 있다고 생각했습니다. 모세의 부모는 이스라엘의 보존과 구원에 대한 약속을 믿었으며 그 약속이 그들로 하여금 믿음으로 행동하게 했습니다. 발각되면 생명까지도 잃을 수 있었으나 용기를 가지고 왕의 명령을 거역해가며 하나님께 특별한 은총을 받은 아기를 숨겨서 키운 것입니다.

하나님의 약속을 확실하게 믿는 신앙은 결코 취소될 수 없으므로 그 믿음이야말로 하나님의 놀라운 은총을 차지하는 일에 촉진제가 됩니다.

하나님 앞에서의 의무는 우리들의 몫이고 그 결과는 하나님의 몫입니다.

하나님에 대한 신앙은 사람을 사로잡는 모든 두려움에서 해방되게 해줍니다.

> 3절/ 더 숨길 수 없게 되매 그를 위해 갈대 상자를 가져다가 역청과 나무 진을 칠하고 아기를 거기 담아 나일 강 가 갈대 사이에 두고
> 4절/ 그의 누이가 어떻게 되는지를 알려고 멀리 섰더니

〈더 정확한 번역〉

> 3절/ 갈대 상자 ⇒ 파피루스 상자
>   갈대 사이에 두고 ⇒ 큰 풀들 사이에 두고

모세의 부모는 왕의 명령을 두려워하지 않았지만 아기를 계속 숨겨서 키우는 것은 아기의 생명을 보호하는 가장 좋은 방법이 아님을 알았습니다.

여기 나오는 '**파피루스**'는 나일 강가에서 자라는 손가락만큼 굵은 삼각형의 줄기로서 꽤 높이 자란다고 합니다. 그것은 섬유질이 많아 그것으로 파피루스라는 종이를 만들기도 하고 배도 만들었습니다.

'**역청**'은 식물의 기름으로 만든 것으로 아스팔트와 유사합니다. 그리고 '**나무 진**'은 파피루스 상자에 발라서 물이 스며들지 않도록 한 것입니다.

모세의 부모가 모세를 파피루스 상자에 담아서 나일 강가 큰 풀들 사이에 둔 이유는 그 강에 바로의 딸이 목욕하러 온다는 사실을 알고 그 공주가 아기를 주워다 기르지 않을까 하는 **소망을 가지고** 한 것입니다. 이것 또한 폭군 바로를 두려워하지 않고 하나님만 두려워하는 모세의 부모에게 있었던 **탁월한 신앙과 영적 분별력의 처사**입니다.

사람을 두려워하지 않고 여호와를 의지하는 자에게는 **평탄한 길이 열립니다**(잠29:25).

모세의 부모는 모세의 누이 미리암으로 하여금 얼마 떨어지지 않은 곳에 있게 하여 **모세가 어떻게 되고 누구의 손에 넘겨지는지 살피게** 했습니다.
하나님께서는 하나님의 목적을 성취하시려고 모세 가족들의 **마음을 감화 감동하셔서** 이렇게 하게 하셨습니다. 즉 모세가 바로의 딸의 손에 들어가게 하고 그 절박한 위험에서 그가 구해짐으로써 그 당시 **버려진 하나님의 교회**(이스라엘 백성들)**를 구원하시는 실례**를 보여주신 것입니다.

(1) **하나님께서는 이스라엘의 버림받은 자들을 특별히 보살피셨습니다.**

부모도 모세를 감히 계속 보호할 수 없었으나 **여호와께서 그를 붙드셨고 지켜주셨습니다.**

(2) **어려운 때에 하나님과 하나님의 섭리를 의지하는 믿음의 모험**을 하는 것은 **훌륭하며 복된 일**이 됩니다.

모세의 가족들이 그때 모세를 버렸다면 그것은 **하나님의 섭리에 어긋나는 일**이 됐을 것입니다. 그러나 그들이 **모세를 상자에 넣어 공주가 나오는 강가**

에 띄운 일은 **그들 속에서 역사하시는 하나님의 섭리에 따른 것**이었습니다. **"믿음의 모험이 없이는 하나님께서 주시는 특별한 은총을 가질 수 없다"** 는 사실을 우리는 깊이 깨달아야 합니다. 많은 성도가 **하나님의 존재와 그 섭리를 도무지 믿지 못하고 믿음의 모험을 도무지 할 줄 모르므로** 모세를 통해 모세의 부모와 이스라엘 백성들 전체가 받은 놀라운 복을 도무지 받아 누리지 못합니다.

하나님의 백성들은 **하나님의 섭리를 잘 알고 그것을 전적으로 신뢰하고 시시때때로 거룩한 모험을 해야** 합니다. 특히 **사람을 구원하는 전도의 사명을 수행할 때**는 더욱이 그렇게 해야 합니다. 인간의 눈으로 볼 때 이것저것 다 준비되고 안심할만하다고 여겨질 때만 전도하려고 하면 그런 사람은 누구도 구원할 수 없습니다. 만약 모세의 부모가 전적으로 하나님과 하나님의 섭리를 믿고 거룩한 모험을 하지 않았다면 모세와 이스라엘 백성들이 어떻게 되었겠습니까?

모세의 부모가 모세의 누이인 미리암에게 강물에 띄운 상자가 어떻게 되는지 멀리 숨어서 보게 했다고 했는데 이것은 그들이 **하나님께서 모세를 살게 해 주실 것을 믿음으로 기대했음**을 보여줍니다.

과연 그 믿음의 기대대로 모세는 살게 되었고 **전과 비교할 수 없는 훨씬 좋은 환경에서 자라게** 되었습니다.

우리는 **어떤 괴로움이나 슬픔을 만났을 때** 그저 슬퍼하고 원망할 것이 아니라 **그 일을 통해 하나님께서 나에게, 또는 나를 통해 무엇을 하시려는지 분별해야** 하며 믿음을 가지고 **사태의 진전을 관찰해야** 합니다. 그렇게 할 때 **내가 깨달아야 할 것은 깨닫게 해주시고 내가 상상도 못할 결과를 하나님께서 연출해 내십니다.**

그런데 이렇게 하지 못하고 믿음이 없어서 슬퍼하기만 하고 인간의 생각을 앞세우고 행하며 원망하거나 의심한다면 참으로 **놀라운 것들을 놓치거나 망쳐버리게** 됩니다.

보잘것없는 파피루스 상자에 담겨 물에 떠내려갔던 아이가 모세라는 이름을 가진 이스라엘 백성 전체를 해방시킨 **해방자요, 선지자**가 되었습니다.

모세는 **장차 오실 메시야 예수 그리스도의 모형**이 되었습니다(마12:13). 예수께서도 이 땅에 오셨을 때 수많은 아이들이 학살을 당하는 가운데 기적적으로 보호되셨습니다. 객지에서 마구간에서 태어나시고 천한 신분으로 자라서 선택된 모든 하나님의 백성을 죄와 영원한 멸망에서 구원해주실 구원자 요, 선지자 중 선지자가 되셨습니다.

누가 그 당시에 이런 엄청난 하나님의 섭리를 조금이라도 상상할 수 있었겠습니까?

하나님은 이렇게 수천 년 전에 어떤 사람들을 통해 일어났던 사건들과 지금 이루어지고 있는 사건이 서로 밀접한 연관이 있게끔 섭리하시기도 합니다. 즉 모세 당시의 사건과 오늘날 우리가 예수 믿고 신앙 생활하는 사건은 서로 연결된 것이요, **하나의 사건**입니다. 얼마나 신비하고 오묘합니까?

하나님은 이렇게 **시간과 공간을 초월해서** 인류 역사 속에서 나타나는 모든 사건을 **섭리의 큰 무대 위에 올려두고 연출**하십니다.

우리는 **이 하나님을 철저히 믿고 의지해야** 합니다. 그리고 **하나님의 섭리를 분별하고 그것에 순응해야** 합니다. **이 하나님을 중심으로부터 뜨겁게 사랑하고 신뢰하고, 그 말씀에 전적으로 순종해야** 합니다. 그렇게 하여 **하나님과 그 섭리를 내 것이 되게** 해야 합니다. 그렇게 하지 않는 사람들은 **하나님과 그 섭리의 바깥에서 무엇을 해보려고 하는 어리석은 사람**입니다.

제 5 강

물에서 건져진 모세, 요게벳의 신앙

〈출2:5~10〉
5바로의 딸이 목욕하러 나일 강으로 내려오고 시녀들은 나일 강 가를 거닐 때에 그가 갈대 사이의 상자를 보고 시녀를 보내어 가져다가 6열고 그 아기를 보니 아기가 우는지라 그가 그를 불쌍히 여겨 이르되 이는 히브리 사람의 아기로다 7그의 누이가 바로의 딸에게 이르되 내가 가서 당신을 위하여 히브리 여인 중에서 유모를 불러다가 이 아기에게 젖을 먹이게 하리이까 8바로의 딸이 그에게 이르되 가라 하매 그 소녀가 가서 그 아기의 어머니를 불러오니 9바로의 딸이 그에게 이르되 이 아기를 데려다가 나를 위하여 젖을 먹이라 내가 그 삯을 주리라 여인이 아기를 데려다가 젖을 먹이더니 10그 아기가 자라매 바로의 딸에게로 데려가니 그가 그의 아들이 되니라 그가 그의 이름을 모세라 하여 이르되 이는 내가 그를 물에서 건져내었음이라 하였더라

> 5절/ 바로의 딸이 목욕하러 나일 강으로 내려오고 시녀들은 나일 강 가를 거닐 때에 그가 갈대 사이의 상자를 보고 시녀를 보내어 가져다가
> 6절/ 열고 그 아기를 보니 아기가 우는지라 그가 그를 불쌍히 여겨 이르되 이는 히브리 사람의 아기로다
> 7절/ 그의 누이가 바로의 딸에게 이르되 내가 가서 당신을 위하여 히브리 여인 중에서 유모를 불러다가 이 아기에게 젖을 먹이게 하리이까
> 8절/ 바로의 딸이 그에게 이르되 가라 하매 그 소녀가 가서 그 아기의 어머니를 불러오니
> 9절/ 바로의 딸이 그에게 이르되 이 아기를 데려다가 나를 위하여 젖을 먹이라 내가 그 삯을 주리라 여인이 아기를 데려다가 젖을 먹이더니

모세의 어머니가 아기 모세를 나일 강 큰 풀들 사이에 둔 것은 모든 것을 절망하여 아기를 버린 것이 아닙니다. **하나님을 전적으로 신뢰하는 그는 결코 절망하지 않았습니다.** 그의 신앙은 **언제나 소망으로 달음질하게** 했습니다.

모세의 모친은 아기를 살릴 곳이 **왕궁뿐**임을 깨달았습니다. 하나님께서 **하나님을 믿고 폭군을 두려워하지 않는 그에게 이런 깨달음을** 주신 것입니다. 하나님께서는 **하나님을 믿고 요동하지 않는 사람에게 지혜를 주시기로 약**

속하셨습니다(약1:5~8).

모세의 어머니는 **바로의 딸이 나일 강가에 목욕하러 오던 사실도 알았고 자신의 아기가 그 공주를 통해 왕궁에서 잘 양육될 것이라 믿었습니다**. 그래서 아기를 파피루스 상자에 담아서 그 강가에 두고 적당한 거리의 지점에서 그 누이로 하여금 지켜보도록 했습니다.

모세의 모친은 **이 모든 것에 있어서 하나님의 도우심을 확실히 믿고 있었습니다. 그 이후의 일은 그가 믿은 대로 실현**되었습니다.

여기서 **모세가 멸망의 처지에서 구원받았음**이 설명되고 있습니다.

장차 위대하게 될 인물이 **이 세상에 태어나자마자 처했던 환경은 참으로 비참했습니다**. 만일 공주에게 발견되지 않았다면 틀림없이 굶주려서 죽었을 것입니다.

만일 모세가 다른 사람의 손에 넘겨졌다 하더라도 그들은 모세를 제대로 양육할 수 없었을 것입니다. 그러나 **바로 그때 하나님은 다른 사람이 아닌 바로의 공주를 이 버려진 아기가 있는 곳에 인도하셨고 그 아이를 불쌍히 여기게 하셨습니다**.

아기의 울음소리가 공주의 마음을 움직였던 것입니다.

여기서 우리가 또한 깨달을 것이 있습니다.

하나님은 **모세를 보살피고 구원해주심으로써 참으로 불우한 처지에 처해 있던 이스라엘 백성들에 대한 긍휼하심을 보여주기 시작**하셨습니다.

불쌍한 사람의 고통을 알아주고 그를 돌보고 도와주는 것은 사람으로서 당연히 할 일입니다. **우리 역시 하나님께서 어린 시절부터 우리를 둘러싸고 있던 수많은 위험들로부터 지켜주시고 보호해주셨습니다**. 우리는 그 하나님께 **참으로 감사를 드려야** 합니다.

하나님께서는 종종 그 대적들 중에서 자기 백성을 위해 일할 사람들을 일으켜 세우셨습니다. 바로는 이스라엘 백성을 잔혹하게 멸망시키려 했으나 **그의 딸 공주**는 히브리인의 아이를 동정하여 살려주었습니다. 더욱이 그 공주는 **자신도 모르게 이스라엘 백성들의 구원자를 아주 기쁘게 열심을 다해 양육**했습니다.

하나님의 섭리는 이렇게 **놀랍습니다**.

상자를 발견한 바로의 딸은 모세를 **자기가 키우겠다고 결심했습니다**.

모세의 누이는 이때 **훌륭한 기지를 발휘**하여 모세의 어머니를 유모로 추천했고 바로의 딸은 그것을 온당하게 여겼습니다. **이 또한 하나님께서 친히 개입하시고 인도하심**이었습니다.

이렇게 하여 모세는 **최상의 유모인 생모에게 젖을 먹으며 생모의 정성 어린 사랑과 보살핌으로 성장하게** 되었습니다. 이것은 모세에게도 큰 유익이 되었을 뿐 아니라 **그 어머니에게도 말할 수 없는 기쁨**이 되었습니다. 모세의 어머니는 그 아들을 죽음에서 살리게 되었을 뿐 아니라 아무 두려움 없이 그와 항상 함께 있을 수 있었습니다. 따라서 모세의 부모는 공주를 위해 그를 양육하며 공주의 아들로서 받는 온갖 혜택에 대해 하나님께 감사했을 것입니다.

바로의 딸의 아들이 된 모세는 **궁정의 고귀한 사람들과 자라며 궁정의 최상의 교육과 지도를 받고 또한 수재들의 도움으로 애굽의 모든 학문에 능통하게** 되었습니다(행7:22).

이 모든 일은 **모세 부모의 신앙에 대한 하나님의 응답**이요, **신비로운 인도하심**이었습니다. 진정한 신앙은 **이렇게 아름다운 열매를 가져옵니다.**

우리는 이 모든 일을 통해 **하나님의 섭리가 사랑하시는 자들에게 어떻게 다방면으로 완벽하게 성사되는지** 알 수 있습니다.

우리는 여기에서도 **하나님의 섭리**를 깨달을 수 있습니다.
(1) **하나님은 때때로 가난한 자를 진토에서 일으키셔서 방백들 중에 세우십니다**(시113:7~8).

태어날 때에는 미련하고 가난했던 많은 사람들을 **놀라운 섭리로써** 마지막에 가서는 상좌에 앉게 하셔서 사람들로 하여금 가장 높은 곳에 계신 하나님의 통치하심을 알게 하십니다.

(2) **하나님은 하나님의 위대한 역사를 이루도록 계획하신 사람들을 찾아내어 미리 자격을 구비하게 하셔서 준비시키십니다.**

모세는 왕이 되기에 필요한 모든 것을 갖추었을 뿐 아니라 애굽 궁정의 수준 높은 교육을 받음으로써 **가장 뛰어난 역사책인 성경을 기록하기에 적합한 사람**이 되었습니다. 또한 나중에 **하나님의 이름으로 이스라엘 백성들을 해방시키기 위해 그 왕궁에 파견된 하나님의 전권대사로서의 자격**도 갖추게 되었습니다.

> 10절/ 그 아기가 자라매 바로의 딸에게로 데려가니 그가 그의 아들이 되니라 그가 그의 이름을 모세라 하여 이르되 이는 내가 그를 물에서 건져내었음이라 하였더라

그의 이름은 **모세**라고 지어졌습니다.

유대인들은 모세가 할례를 받을 때 그의 아버지가 그 이름을 '요아김'이라고 지었으나 **바로의 딸**은 그를 모세, 곧 **'물에서 건져낸 자'** 라고 불렀다고 말합니다.

유대 백성들에게 율법을 수호하는 사람의 이름을 애굽 여인이 지었다는 사실은 **후대 이방 사람들에게 하나님께서 좋은 징후를 보여주신 것**입니다. 또 모세가 궁중에서 교육을 받은 것은 이사야 49장 23절 말씀, 즉 **"열왕이 네 양부가 될 것이며 왕비들이 네 유모가 되리라"** 는 약속이 이행된 것이었습니다.

하나님은 애굽의 공주를 통해서 '모세'라는 이름을 지어주게 하셨습니다. 이것을 위해 하나님은 **모세가 강물에 띄워지게** 하셨고, 또 **그렇게 하기 위해 애굽 왕이 이스라엘 남자아이들을 다 죽이라고 명령하게** 하셨습니다.

하나님은 이렇게 해서 **모세라는 이름을 얻게 하여** 그는 **하나님의 백성들을 애굽에서 건져낼 해방자**라는 사실을 **애굽 사람들과 이스라엘 사람들에게 알게** 해주셨습니다.

그러나 당시 모든 사람들은 모세라는 이름을 그저 물에서 건져냈다는 의미로만 알 뿐 이스라엘의 해방자라고는 도무지 눈치채지 못했습니다.

만약 공주가 그 모세라는 이름이 하나님의 권능을 힘입어 이스라엘 백성을 애굽에서 해방시킨다는 의미를 알았다면, 그 때문에 자기 가문인 애굽 왕조가 멸망당하게 된다는 사실을 알았다면 결코 그 이름을 모세라고 짓지 않았을 것입니다. 그리고 위험을 무릅써가며 그 아이를 소중하게 기르지도 않았을 것입니다.

하나님은 하나님의 백성들에게 고통을 준 자들을 징벌하셨는데 **그들을 멸망하게 하고 그들 손에서 하나님의 백성들을 건져낼 해방자를 그들 왕의 궁전에서 고이고이 자라게** 하신 것입니다.

이 얼마나 **무섭고 놀라운 보복**입니까? 결국 애굽 사람은 **하나님의 백성**

들을 해롭게 하다가 나중에는 자기들 손으로 키운 호랑이의 밥이 된 것입니다.

하나님과 하나님의 사람을 대적하는 자들은 결국에는 그들이 열심히 도모하는 그것으로써 스스로 멸망을 당합니다. 하나님과 하나님의 뜻을 저버리며 마음대로 사는 사람들은 열심히 무엇을 도모하는 가운데에서 처음에는 소원대로 원하는 것들을 가지게 되는데 언젠가는 지금까지 가지게 된 모든 것과 자기 자신을 봉땅 삼켜버릴 사자를 찾고 만나게 됩니다.

하나님과 그 명령을 무시하고 자기 마음대로 사는 사람은 허술한 배를 타고 망망대해를 헤매는 어부와 같습니다.

대해를 누비며 많은 고기를 잡아 항구로 돌아가려고 하는데 배 밑창에 하나둘 구멍이 뚫리기 시작하여 미처 항구에 닿기도 전에 애써 잡은 물고기뿐 아니라 자기 자신마저 다 잃어버리게 됩니다.

오늘날도 하나님의 섭리는 도무지 깨닫지 못하고 자기 욕심만 채우려고 쉬지 않고 애쓰며 일하는 사람들이 많은데 이런 사람들은 결국 모든 것을 고스란히 잃어버리게 됩니다.

그러므로 무엇을 하든지 무작정 애쓸 것이 아니라 하나님과 그의 섭리를 분별할 줄 알고 그에 순응하면서 해야 합니다. 그렇게 하는 사람은 말할 수 없는 고통을 겪는 것까지도 사실은 정반대로 기뻐 될 순간이 되게 해주십니다.

모세의 가족들은 하나님께서 세워두신 놀라운 계획과 섭리를 전혀 눈치채지 못하고 큰 슬픔 가운데 떠내려가는 자식과 동생을 바라보았습니다.

우리 인간들은 이렇게 아둔합니다. 우리는 하나님을 믿는다고 하면서도 당장 눈앞에 어떤 슬픈 사건이 나타나면 그 뒤에 숨어있는 하나님의 종으신 섭리는 조금도 눈치채지 못하고 여지없이 슬퍼합니다. 그럼에도 불구하고 하나님은 우리를 위해서 언제나 좋으신 계획을 세우시고 끝까지 추진해 나가십니다. 우리는 한참 지나고 난 다음에야 '이것도 하나님께서 내게 복으로 주신 것이었구나' 하고 깨닫습니다.

그러므로 우리는 바로 하나님의 이런 놀라운 복을 누리고 있음을 깨닫고 기쁠 때뿐 아니라 괴롭고 슬플 때도 감사하고 기뻐해야 합니다. 만약 우리가 즐거울 때만 감사하고 괴로울 때는 감사하지 못한다면 그만큼 나는 언제나 나를 위해 좋은 계획을 세우시고 추진하시는 하나님을 너무나 모르는 것이고, **그만큼 그 하나님을 믿지 못하고 있다**는 **증거**가 됩니다.

우리는 여기서 모세의 어머니인 **요게벳의 신앙**을 좀 더 살펴봐야 합니다. 요게벳은 그 이름이 성경에 많이 나오지 않기 때문에 기억하기 쉽지 않습니다. 우리 앞에는 **많은 위대한 신앙의 선배**들이 있었습니다. 후대의 사람들에게 잘 알려진 사람들만 훌륭한 신앙을 가진 것이 아닙니다. 오히려 잘 알려지지 않은 사람들로서 하나님께 큰 상을 받을 만한 사람들이 많았습니다.

베드로를 예수께로 인도한 사람은 **안드레**였지만 베드로는 안드레보다 더 훌륭한 제자가 되었을 뿐 아니라 열두 제자 중에 수제자가 되었습니다.

미국의 유명한 부흥사 무디를 하나님의 참 일꾼이 되도록 인도한 사람은 사람들이 별로 잘 알지 못하는 **킴발**이라는 사람이었습니다. 영국의 유명한 부흥사 스펄전 목사를 회개시킨 사람도 이름 모를 감리교 전도사였다고 합니다.

우리는 하나님께서 모세로 하여금 위대한 하나님의 종이 되게 하시는 과정에서 들어쓰신 요게벳이라는 여인을 주목해야 합니다.

요게벳의 신앙은
(1) **큰 환난 때 붙잡은 분명한 신앙**이었습니다.

요게벳은 **하나님 보시기에 아름다운** 것을 분별했습니다.
히브리서 11장 23절에 "**믿음으로 모세가 났을 때에 그 부모가 잘 생긴 아이임을 보고 석 달 동안 숨겨 왕의 명령을 무서워하지 않았다**"고 했습니다.
요게벳뿐 아니라 남편인 **아므람**도 아기 모세의 얼굴이 하나님 보시기에 아름다웠음을 식별했습니다(행7:20). 이는 그들과 함께해주시는 **성령의 감동**으로 된 것입니다. 그러기에 그들은 죽는 것을 두려워하지 않고 그 아기를 감추어 기르기로 결심했습니다.

예수를 잉태했던 마리아가 세례요한의 어머니 엘리사벳을 찾아갔을 때 **엘리사벳의 뱃속에 있던 아이가 뛰놀았다**고 했습니다(눅1:39~44). 아이가 뱃속에서 뛰는 일은 여느 임신부들에게서 얼마든지 있을 수 있지만 이것은 **성령에 의한 일**이었습니다. 따라서 그 말을 들은 마리아는 일찍이 천사가 자기에게 찾아와 메시야를 잉태하게 되리라고 말해준 것에 대해 **더욱 확신을 가지게** 되었습니다.

사무엘이 이새의 일곱 아들들을 만나보고 모두 하나님께서 택하지 않으신 줄 알았으나 막내 아들은 기름부음을 받기에 합당한 사람임을 안 것도 **성령**

께서 말씀하셨기 때문입니다(삼상16:12~13).

하나님 보시기에 아름다운 것은 어떤 것일까요?
하나님께서 택하여 세우셨으므로 하나님께 헌신된 모습으로써 아름다운 것입니다. 모세는 하나님께 헌신하고 이스라엘의 지도자로 일할 사람으로 태어났습니다. 모세는 자라나서 **바로의 공주의 아들이라 칭함을 거절하고 도리어 하나님의 백성과 함께 고난 받기를 잠시 죄악의 낙을 누리는 것보다 더 좋아했습니다. 또한 그리스도를 위해 받는 능욕을 애굽의 모든 보화보다 더 큰 재물로 여겼고 애굽을 떠나 임금의 노함을 무서워하지 않고 보이지 않는 자를 보이는 것같이 하여 참았습니다**(히11:24~27).

히브리 여자들은 남자아이를 낳으면 모두 나일강에 빠뜨려야 하는 무서운 환난이 왔을 때 요게벳은 **그 환난을 이길 수 있는 길**을 찾았습니다.
요게벳은 **믿음으로** 모세의 용모에 나타난 신령한 아름다움을 **식별**했고 그것을 근거로 하여 왕의 명령을 두려워하지 않고 아기를 **구출할 계획을 세우고 담대하게 실행**했습니다. 요게벳은 그만큼 **심령이 맑았고 성령의 감화 감동의 은사가** 남달리 특별한 사람이었습니다.

요게벳은 **하나님 보시기에 아름다운 것, 즉 하나님의 거룩한 뜻을 모든 결정과 행위의 근거로 삼았습니다.** 그는 모정으로 인해서도 용감할 수 있었으나 **신령한 것을 위주로** 모든 일을 결정하고 행했습니다.
이런 점 역시 **하나님 보시기에 아름답게 되어** 당시 여인들 중에 **최고의 영광과 기쁨**을 누리게 된 것입니다.

성도는 환난을 만났을 때 **하나님께서 기뻐하시는 것이 무엇인지, 그것을 어떻게 통과할지를 확실하게 깨달을 수 있어야** 합니다. 환난의 때에는 보통 사람들의 심리가 동요되어서 육에 속한 것을 위해 잘못된 선택을 합니다. 그럴 때 성도들은 **하나님께서 기뻐하시는 것을 성령의 감화 감동으로 깨달아** 알고 요게벳처럼 **그것을 단단히 붙잡아야** 합니다.
또한 환난 때에는 많은 사람이 혈연관계에 생명을 걸기도 합니다. 혹은 애국적인 동기에 집중하기도 하며 혹은 사회정의를 위한다는 명목으로 하나님의 뜻과는 상관없이 엉뚱한 일을 일으키기도 합니다.
그러나 우리 성도들은 **그것들보다 더 중요한 것, 즉 하나님께서 뜻하시고 계획하시고 기뻐하시는 것이** 있음을 알아야 합니다. 성도 중에도 하나님 앞에서의 아름다움을 식별할 줄 모르는 사람이 많습니다.

(2) 결단성이 있는 신앙이었습니다.

요게벳은 왕의 명령에 굴하지 않고 아기 모세를 보호하기로 **결단**을 내렸습니다. 그 결단은 위험한 일이었습니다.

우리 믿음의 사람들은 **어떠한 위험이라도 무릅쓰고 거룩한 결단**을 내려야 할 경우들을 많이 만납니다. 신앙은 사탄이 지배하다시피하고 있는 이 세상에서 온갖 위기의 환경으로 둘러싸여 있습니다.

여호수아도 모든 난관 중에서 **오직 하나님 한 분만을 택하는 신앙적 결단을 내려야 한다**는 의미에서 이렇게 말했습니다.

"그러므로 이제는 **여호와를 경외하며** 성실과 진정으로 그를 섬길 것이라 너희의 열조가 강 저편과 애굽에서 섬기던 신들을 제하여 버리고 **여호와만 섬기라** 만일 여호와를 섬기는 것이 너희에게 좋지 않게 보이거든 너희 열조가 강 저편에서 섬기던 신이든지 혹 너희의 거하는 땅 아모리 사람의 신이든지 너희 섬길 자를 **오늘날 택하라 오직 나와 내 집은 여호와를 섬기겠노라**(수24:14~15)".

요게벳은 아기를 숨긴 일이 발각되면 가족 전체가 죽음을 당할 수도 있지만 **아들에 대한 하나님의 뜻을 깨닫고 어떤 십자가도 지고 그 뜻을 따르기**로 한 것입니다.

누구든지 하나님을 믿고 따르려면 자기를 포기해야 합니다. 그 이유는 **사람은 다 거짓되되 오직 하나님은 참되시기 때문**입니다(롬3:4). 이렇게 사람이 자기를 포기하고, 즉 **자기를 부인하고 자기 십자가를 지고 주님의 뜻을 믿고 따를 때 그 믿음은 결코 헛되지 않게** 됩니다.

요게벳이 죽기를 불사하고 행한 믿음의 행동은 훗날에 **상상할 수 없었던 놀라운 열매**를 거두었습니다.

1) **우리가 믿음으로 하나님을 섬길 때 많은 경우 너무 오래 걸리는 것처럼 여겨질 수 있습니다.**

우리가 볼 때 하나님은 우리가 수고하는 것을 오랫동안 **놔두시다가 하나님이 정하신 어느 때에 가서야** 좋은 열매를 거두게 하시는 일이 많습니다. 그런데 하나님께서 이렇게 하시는 것이 **우리에게는 가장 좋은 것**이 될 수가 있습니다. 나중 되는 자로서 먼저 될 수 있습니다.

2) **믿음의 사람이 오래 수고하는 동안에도 위로를 받을 수 있는데 그것은 그가 하나님을 자기의 하나님으로 택하는 거룩한 결단을 내림으로써 하나님**

께서 그의 하나님으로 역사하시기 때문입니다.

하나님은 하나님을 자신의 하나님으로 택하고 그 하나님의 뜻을 이루기 위해 목숨이라도 바치며 믿음으로 행하는 사람에게 그 개인의 하나님이 되어주십니다.

그런 성도의 행함은 영적으로 부요를 가져다줍니다.

요게벳은 하나님을 자기의 하나님으로 믿고 결단을 내리고 하나님의 뜻대로 행하여 점점 더 영적으로 큰 영광과 기쁨을 맞게 된 것입니다.

하나님께서 살아계신다는 것을 인정하기만 하고 그 하나님을 자신의 하나님으로 모시지 않는 사람은 하나님이 가지신 것들을 자신의 것으로 누리지 못합니다. 그것은 마치 돈을 금고에 가득 담고 있는 은행이 있어도 그 은행과 내가 분명한 관계를 맺지 않는 사람은 그 혜택을 도무지 누릴 수 없는 것과 같습니다.

3) 진정한 신앙생활은 하나님의 은혜로 됩니다.

요게벳이 놀라운 신앙의 결단을 내리게 된 것도 하나님께서 그렇게 할 수 있도록 은혜를 주셨기 때문입니다.

우리도 이 땅에서 신앙생활을 하며 거룩한 결단을 내리고 비록 수고롭더라도 그 길을 택하여 나아가기를 사모하고 힘써야 합니다.

우리는 그 길을 가는 도중에 바울과 같이 "오호라 나는 참으로 괴로운 사람이로다" 하며 탄식할 일도 얼마든지 있습니다. 그러나 우리가 하나님의 은혜를 입어 그 길을 끝까지 가기만 하면 우리 믿음의 선조들이 받았던 놀라운 은총을 우리도 받을 수 있습니다.

그러므로 우리가 성공적인 신앙생활을 하려면 온전히 하나님의 은혜가 시시때때로 내게 주어져야 함을 알고 그 은혜를 사모하며 나가야 합니다. 따라서 이런 사람은 "하나님이여! 나를 이렇게 저렇게 도와주옵소서. 나를 하나님의 뜻대로 이끌어 주옵소서" 하고 날마다 순간마다 기도하게 됩니다. 이렇게 날마다 하나님께 기도하기를 힘쓰지 않는 사람은 모든 것이 하나님의 은혜로 된다는 사실을 아직 깨닫지 못하고 있는 사람입니다.

제 6 강

이스라엘 백성을 돕는 모세

〈출2:11~15〉
11모세가 장성한 후에 한번은 자기 형제들에게 나가서 그들이 고되게 노동하는 것을 보더니 어떤 애굽 사람이 한 히브리 사람 곧 자기 형제를 치는 것을 본지라 12좌우를 살펴 사람이 없음을 보고 그 애굽 사람을 쳐죽여 모래 속에 감추니라 13이튿날 다시 나가니 두 히브리 사람이 서로 싸우는지라 그 잘못한 사람에게 이르되 네가 어찌하여 동포를 치느냐 하매 14그가 이르되 누가 너를 우리를 다스리는 자와 재판관으로 삼았느냐 네가 애굽 사람을 죽인 것처럼 나도 죽이려느냐 모세가 두려워하여 이르되 일이 탄로되었도다 15바로가 이 일을 듣고 모세를 죽이고자 하여 찾는지라 모세가 바로의 낯을 피하여 미디안 땅에 머물며 하루는 우물 곁에 앉았더라

> 11절/ 모세가 장성한 후에 한번은 자기 형제들에게 나가서 그들이 고되게 노동하는 것을 보더니 어떤 애굽 사람이 한 히브리 사람 곧 자기 형제를 치는 것을 본지라
> 12절/ 좌우를 살펴 사람이 없음을 보고 그 애굽 사람을 쳐죽여 모래 속에 감추니라

〈더 정확한 번역〉
> 11절/ 자기 형제들에게 나가서 ⇒ 자기 백성인 히브리 사람들을 찾아가서
> 자기 형제를 치는 것을 본지라 ⇒ 자기 형제를 모질게 때리는 것을 보았다.

모세는 장성한 후에 이스라엘 백성들의 고역하는 현장을 찾아갔습니다. 동족인 하나님의 백성을 위해 무언가 돕기로 결심하고 간 것입니다.
그는 애굽 사람이 자기 동족을 모질게 때리는 것을 보고 **의분으로 애굽 사람을 쳐죽여서** 모래 속에 감추었습니다. 이 모세의 행위는 자기 동족에 대한 정의감, 그리고 동정심으로 한 것이 사실입니다.
그러나 그가 동족을 위해 첫번째로 한 이 행동은 하나님의 사랑으로써 한 것도 아니었고 하나님께서 가장 합당하게 여기시는 것도 아니었습니다.
우리는 일반적으로 히브리인인 모세가 자기 동족이 애굽 사람에게 모질게 얻어맞는 것을 보고 정의감과 동정심으로 그 애굽 사람을 응징한 것은 정당하고 잘한 일이라고 여길 수 있습니다.

그러나 **하나님 편에서 볼 때**는 그렇지 않습니다. 아무리 동포를 위하는 일이라 할지라도, 또 모세가 그 백성들을 구원하기 위해 보내진 하나님의 사람이었지만 **인간적인 감정에 치우쳐서 사람을 쳐죽이기까지 한 것은 하나님 앞에서 결코 잘한 일이 아닙니다.**

여기서 모세는 **자신의 사명**, 즉 하나님께서 이스라엘 백성들을 구원하기 위해 자기를 세우셨다는 **그 사명을 감당하기 위한 일을 시작**했습니다.

바로의 궁전에서 생애의 첫 40년을 보낸 그가 이제는 그야말로 하나님의 거룩한 뜻에 따라 행동으로 옮기기 시기가 온 것입니다.

따라서 모세는 대담하게 하나님의 백성들의 원망을 지지하고 옹호하며 나섰습니다.

"**모세가 장성한 후에 한번은 자기 백성인 히브리 사람들을 찾아가서 그 고역하는 것을 보았다**(11절)"는 말씀에 대해 히브리서 11장 24절 이하에 자세히 설명되어 있습니다.

(1) 모세는 **애굽 왕궁의 영화와 쾌락을 멸시했습니다.**

그는 바로의 딸의 아들이라 칭함을 **거절하고 그곳을 떠났습니다.** 그는 출세의 좋은 기회를 가질 수 있었고 왕궁에 있다는 이점을 이용해서 이스라엘 백성들에게 아주 효과적인 봉사를 할 수도 있었습니다.

모세는 자기를 길러준 바로의 딸에게 감사하는 마음으로 순종을 해야 했으나 **이러한 모든 인간적인 거센 유혹과 이유를 다 물리치고 믿음으로 영예로운 승리를 선택**했습니다. 그는 **바로의 딸의 아들이 되는 것보다 아브라함의 아들이 되는 것**이 훨씬 영예롭고 유익하다고 생각한 것입니다.

(2) 모세는 **속박당하고 있는 불쌍한 동포에게 관심을 보였습니다.**

모세는 **그들과 함께 고난받는 길**을 택했습니다. 그는 그런 고난을 피할 수도 있었지만 그들의 괴로운 멍에를 보고 동정했을 뿐 아니라 그들과 함께 그 멍에를 지겠다고 결심했습니다. 이 모세가 선택한 처음 행위는 하나님 앞에서 잘한 것은 아니었으나 **동족을 돕겠다고 나선 그 결심이 비로소 그가 하나님의 거룩한 뜻을 따라 이스라엘 백성의 구원자가 되는 길을 걷기 시작한 것**입니다.

우리도 신앙생활하면서 **가장 영예롭게 선택할 것과 멸시할 것이 무엇인지 분별하고 선택해야** 합니다.

하나님께서 나에게 주신 사명이 무엇인지 깨닫는다면 내가 그것을 어떻게 수행할지에 대해 관심을 기울여야 합니다.

모세는 이스라엘 백성을 돕는 일에 관심이 있었기에 노예살이의 현장을 직접 찾아갔습니다. 그는 하나님께서 자기에게 주신 사명을 감당하기 위해 무엇을 어떻게 할지 깊은 관심을 기울여 모색했고 실행했습니다.

오늘날 많은 성도가 이 일을 너무나 제대로 할 줄 몰라서 하나님께서 자기에게 주신 거룩한 사명, 자기가 걸어갈 영광스러운 길을 첫걸음도 내딛지 못하고 허송세월을 하거나 아예 그 길을 잃어버리기도 합니다.

(1) 모세는 자신의 사명을 감당하기 위해 동족을 도왔으나 오히려 동족(히브리인)과 다투게 됩니다.

우리 하나님의 백성들이 함께 고통을 받아야 할 일이 있을 때 우리가 연합되는 것은 간단한 일이 아님을 알 수 있습니다.

하나님의 백성이 되었으나, 즉 예수 그리스도를 믿었으나 하나로 연합될 정도로 모두가 치료되고 변화되고 성숙되지는 못하기 때문입니다. 그런 차이들 때문에 믿음의 사람들이 연합하지 못하고, 하나님이 주신 것으로 만족하지 못하고 육체의 정욕을 따라 필요 이상의 것을 원하며 하나님을 원망하다가 대부분의 사람들이 저주를 받아 가나안에 들어가지 못하고 죽었습니다.

우리는 이 사실을 결코 잊지 말아야 합니다.

나도 옛날 이스라엘 백성들처럼 하나님이 주시는 것으로 만족하지 않고, 하나님의 말씀으로 만족하지 않고, 하나님께서 주신 구속과 영생으로 만족하지 않고 오히려 세상 것들을 더 좋아하고 귀중하게 여기고 그것들을 더 차지하겠다고 힘쓰고 애쓰지는 않는지 정신차리고 살펴보아야 합니다. 왜냐하면 계속 그렇게 살아간다면 옛날 이스라엘 백성들처럼 중도에 모든 것을 잃어버리고 멸망할 것이기 때문입니다.

그러므로 성도들이 자기를 부인하지 않고 자기 십자가를 지지 않고 주님을 제대로 따라가지 않는 삶이 얼마나 위험한지 절실히 깨달아야 합니다.

이 일을 제대로 하지 못하고, 자신이 이 일을 제대로 할 수 없는 사람이라는 사실조차 모르고 그저 시간마다 하나님 앞에 나와 형식적인 예배를 드리면서 속으로는 하나님께서 주신 것으로 만족할 줄 모르고, 감사하지 못하고, 필요 이상의 것을 차지하려고 애쓰는 사람들이 참으로 많습니다. 그들의 결과가 어찌 되겠습니까?

이스라엘 백성들은 '정욕으로 쓰려고 구하던 것'을 얻을 수 있었으나 그것으로 누리는 즐거움은 **잠깐이었고 그들이 당한 손실은 너무 크고 영원했습니다.** 그야말로 **전부를** 잃어버렸습니다.

우리가 주목할 것은 그들이 그렇게 된 이유는 '**탐욕을 냈기 때문**'입니다. **탐욕을 내다가 '하나님을 불신하고 원망하고 울었습니다.'**

그러므로 **탐욕**은 우리에게 **참으로 큰 적**입니다.

아담과 하와의 불행, 사울과 다윗 왕과 삼손의 불행이 다 **탐욕 때문에 닥쳐왔습니다.**

우리 성도들은 **무엇을 먹을까 마실까 입을까를 생각하기보다 날마다 내 안에 탐욕이 자리 잡고 있지 않은가? 탐욕이 더 커지고 있지 않은가? 더 많아지고 있지 않은가? 정신차리고 살펴보아야** 합니다.

내 안에 탐욕이 점점 많이 자리 잡고 있는데도 알아차리지 못하고 그것의 조종을 받아 끊임없이 더 가지고 더 누리려고 애쓰는 사람은 결코 그가 원하는 대로 될 수 없으며 오히려 하나님의 진노를 당하게 됩니다.

모든 교회와 목사와 교회지도자들은 **예배드리러 나온 모든 사람에게 이 사실을 수시로 강력하게** 깨우쳐줘야 합니다.

그러나 오늘날 많은 목사와 교회지도자들이 그 반대로 하고 있습니다. 사람들이 어제보다 오늘 더 많고 더 큰 탐욕을 가지고 예배에 참석하며 그 탐욕이 이루어지는 일에 하나님이 협조하고 무조건 그들의 소원대로 이루어지게 해달라고 기도하고 있는데 **그러한 그들을 칭찬하고 격려하며 온갖 복을 빌어준다면** 그것이 얼마나 하나님 앞에서 불합당하며 경거망동하는 행동입니까? 그런데 이런 목사와 교회들에 많은 사람이 몰려들 때 분별력이 없는 사람들은 그곳이 '**큰 교회**'라 하고 그 목사를 '**성공한 목회자**'라고 말합니다. 참으로 어처구니없는 일입니다. 그 영혼이 **얼마나 어둡고 잠자고 병들어 있으면** 그렇게 되겠습니까?

예배드리러 나온 사람들 속에 탐욕이 가득한 것을 알아보지 못하고 엄하게 지적하고 책망하며 각자 그 탐욕을 속히 마음에서 뽑아버리도록 외치고 돕지 않는 목사는 결코 하나님의 종이 아닙니다.

나는 혹시 이런 목사가 아닌가 정신 똑바로 차리고 살펴보시기 바랍니다.

> 13절/ 이튿날 다시 나가니 두 히브리 사람이 서로 싸우는지라 그 잘못한 사람에게 이르되 네가 어찌하여 동포를 치느냐 하매
> 14절/ 그가 이르되 누가 너를 우리를 다스리는 자와 재판관으로 삼았느냐 네가 애굽 사람을 죽인 것처럼 나도 죽이려느냐 모세가 두려워하여 이르되 일이 탄로되었도다

〈더 정확한 번역〉
> 13절/ 네가 어찌하여 동포를 치느냐 ⇒ 왜 너와 한 핏줄인 사람을 때리느냐?
> 14절/ 모세가 두려워하여 이르되 일이 탄로되었도다 ⇒ 모세는 '내가 한 일이 탄로났구나' 생각했다.

　모세는 동족을 때린 히브리인에게 사려 깊은 책망을 했습니다. 결코 그 사람이 화를 낼만큼 거칠게 말하지도 않았습니다. 그런데 그 사람은 **모세가 정당한 꾸짖음에 수긍하기는커녕** 전날에 모세가 히브리인을 학대하는 애굽 사람을 죽인 일로 오히려 비난하며 "나도 죽이려느냐" 하며 **반발**했습니다.
　정당한 책망을 참지 못하는 것은 자기가 지은 죄악이 탄로난 것에 대해 **반항하는 것**이며 자기 잘못을 뉘우치기보다는 오히려 그것을 지적하고 책망하는 사람에게 **또 다른 악을 행하게** 됩니다. **정당한 책망과 충고를 거역하는 사람은 자기가 무엇을 하는지 바로 알 수 없으며 무엇이 자기에게 유익이 되는지 알 수 없습니다.**
　그 히브리인은 모세가 자기와 같은 노예 신분이 아님을 알았을 것입니다. 그럼에도 불구하고 모세에게 **도전**했습니다.
　당시 모세는 세계 최강국인 애굽의 왕자였고 노예를 벌할 수 있는 권위를 가지고 있었습니다. 모세는 그가 책망에 순응하고 자기가 하고자 하는 일을 잘 협조해주리라고 생각했을 것입니다. 그러나 그 히브리인은 모세를 밀쳐내버렸습니다.
　결국 그 사람은 **모세로 하여금 이스라엘을 해방하는 사람이 되는 것을 거절하고 모세를 밀쳐버리는 일을 모든 이스라엘 백성을 대표하여 한 것**처럼 되었습니다.
　분명히 모세는 이스라엘 백성들의 해방자로 접근한 것인데 그들은 **모세를 멸시**했습니다. 그 결과 **저들의 해방은 40년이나 연기**되었습니다.
　모세는 히브리인의 악한 말로 인해 **크게 배신감**을 느꼈지만 이스라엘 백성 전체를 악하다고 생각하고 더 이상 그들과 상관없다고 생각하거나 그들을 돕지 않겠다고 생각한 적은 없습니다.

모세는 그의 첫 번째 행위가 하나님 앞에서 합당하지 않았음을 이미 깨달았을 것입니다. 하나님께서 위대한 해방자로 세우신 모세에게 그것을 깨닫게 하지 않으셨을 리가 없습니다.

우리가 사명을 수행할 때 얼마든지 교회 안에 있는 훌륭한 친구들이나 동역자들의 반대나 실망에 부딪히고 심지어 가장 가까운 형제들에게서 공격을 받을 수 있습니다. 예수님께서도 얼마든지 그런 일을 당하셨습니다. 지금도 예수님은 구원하시고자 하는 수많은 사람으로부터 여전히 배척을 받고 계십니다. 하물며 예수의 제자요, 종이요, 일꾼인 우리가 교회 안에서 언제나 환영을 받고 대접을 받으리라고 생각할 수 있겠습니까?

우리 모든 성도, 특히 하나님의 일꾼들은 이런 사실을 항상 명심하고 교회 안에 아직도 치료되지 못하고 변화되지 못하고 성숙하지 못한 사람들이 얼마든지 있어서 내가 아무리 일을 잘하고 충성스럽게 하더라도 그들로부터 배척을 받고 미워함을 받고 얼마든지 배신도 당할 수 있다는 사실을 알고 있어야 합니다. 그리고 결코 낙심하거나 의심하지 말아야 하며 나에게 그런 일을 한 사람들을 미워하거나 저버리지 말아야 합니다.

만약 모세가 그랬다면 하나님은 그를 이스라엘 백성들의 해방자가 되게 하시기 전에 그런 합당하지 못한 부분이 깨지고 치료되고 변화되도록 먼저 역사하셨을 것입니다.

하나님은 모세가 미디안으로 도망간 후에 40년간이나 목동 생활을 하게 하셨습니다. 성경에 구체적으로 기록되지 않았지만 하나님께서는 그 긴 시간 동안 그가 애굽에서 도망 나올 수밖에 없었던 잘못에 대해 반성하고 고치게 하셨을 것입니다. 뿐만 아니라 온 세상 사람들에게 하나님만이 유일하신 신이요, 전지전능하신 하나님이라는 것과 이스라엘 백성들을 어떻게 최강국의 억압에서 해방시키는가를 확실하게 보여줄 전무후무한 선지자요, 해방자요, 구원자가 되는 치료, 훈련, 연단, 무장, 성숙하게 하셨을 것입니다. 그러느라고 자그마치 40년이나 걸렸습니다.

그러므로 좀 더 귀하고 거룩한 일에 쓰임 받기를 원하는 사람들은 치료, 변화, 무장, 성숙도 되지 못한 채 그 일을 하겠다고 덤벼들어서는 안 됩니다. 하나님은 결코 그것을 허용하지 않으십니다.

> 15절/ 바로가 이 일을 듣고 모세를 죽이고자 하여 찾는지라 모세가 바로의 낯을 피하여 미디안 땅에 머물며 하루는 우물 곁에 앉았더라

모세는 자기가 사람을 죽인 일이 탄로 난 것을 깨닫고 **바로를 피해 미디안으로 도망**갔습니다. 그런데 사실 이 일은 **하나님께서 모세를 미디안 광야로 보내신 것**이었습니다.

이렇게 하여 이스라엘 백성들은 그 후 40년 동안 모세에 대해서는 아무것도 들을 수 없게 됩니다. 이스라엘의 평화의 날은 이렇게 해서 **연기**되었고 **모세도 그들의 눈에 숨겨지게** 되었습니다.

자신의 모든 것을 버리고 구출해내려고 했던 동족에게 비난을 받았다는 사실은 모세에게 **매우 커다란 시련**이 아닐 수 없었습니다. 그는 이미 하나님의 백성과 함께 고난받기를 택하였고 장차 오실 메시야가 당하는 치욕을 그도 감수하기로 했습니다. 그런 그가 이스라엘의 해방자로 태어나서 그 사명을 수행하기 위한 첫 출발은 이렇게 **고통을 당하는** 것이었습니다.

우리 그리스도의 사람들은 우리와 같이 예수 그리스도를 믿고 신앙 생활하는 사람들, 그리고 동역하는 사람들로 인해 **배신을 당하고 핍박을 당할 때 그들에 대해 나쁜 마음을 갖지 않도록** 주의해야 합니다.

또한 교회 안에 있는 가장 훌륭하고 믿을 만한 사람들도 **그들이 성숙하지 못한 바에 따라** 우리가 하는 일에 대하여 많이 반대하고 공격할 수도 있다는 사실을 잊지 말아야 합니다. 예수님 자신도 **건축자들에게서 버림을 받은 돌**이 되셨고 지금도 예수께서 구원하시고자 하는 자들에게서 여전히 배척을 받고 계십니다.

인간적으로 볼 때 모세의 그 상황은 매우 고통스러운 일이지만 **실상은 모세가 하나님께서 주신 거룩한 사명을 잘 감당할 수 있도록 도와주는 일**이 되었습니다.

우리 하나님은 아직도 여러 가지 문제가 많은 성도 간의 말다툼까지도 **그들 모두에게 선이 되도록 이끄십니다.**

모세는 일신상의 안전을 위해 도망쳤습니다.
(1) 모세는 **자신의 생명을 보존하려는 생각에서 도망했습니다.**

신약에는 모세가 도망친 것이 **믿음으로 된 일**이라고 기록되어있습니다(히 11:27). 이는 **우리가 하나님 앞에서 의무를 다하려다가 어려움과 위험에 처할 경우 하나님께서 합당한 보존책을 강구해주신다**는 사실을 깨닫게 해줍니다.

모세는 세상의 부귀영화와 개인적으로 누릴 수 있는 것들을 버리는 일, 그리고 자기를 약하게 하고 괴롭히는 것들에 대해서는 두려워하지 않았으나 자기 앞에 열려있는 하나님의 섭리의 길을 따르는 것에서는 두려움을 가지고 있었습니다.

우리가 **믿음으로** 하나님께 순종하고 충성하기 위해 나 자신이 가지고 누릴 수 있는 것들을 기꺼이 포기하는 일은 잘할지라도 하나님께서 더 큰 뜻을 이루도록 나를 **더 큰 어려움의 골짜기로 신속하게 몰아가실 때**는 두려움을 느끼게 됩니다.

하나님은 그 일꾼들이 아니라 **하나님의 뜻을 기준으로 하여** 계획하시고 이끄십니다. 그러기에 우리는 그동안 이미 여러 차례 어려움을 만나면서 목숨을 기꺼이 걸었다 하더라도 **하나님께서 사람의 생각과 전혀 다른, 보다 크고 놀라운 뜻**을 이루시기 위해 우리를 이끄실 때는 그동안에 겪었던 두려움보다 **훨씬 큰 것**을 경험하게 됩니다.

그러므로 우리 하나님의 일꾼들은 **하나님께서 우리를 더 크고 어려운 상황으로 이끄실지라도 그 모든 두려움을 이겨내며 끝까지 순종하고 충성할 수 있는 사람**으로 끊임없이 가다듬어지고 치료되고 무장되고 성숙되어야 합니다.

그런데 우리가 아무리 그 일을 잘한다 할지라도 **우리 인간의 노력과 힘만으로는 끝까지 모든 것을 완수할 수 없습니다.** 따라서 하나님께서는 **우리에게 성령의 충만함**을 약속하셨습니다.

(2) 하나님은 거룩한 목적을 위해서 **우리 인간의 모든 생각과 지혜를 훨씬 뛰어넘는 섭리**로 이끄십니다.

당시 이스라엘 백성들은 모든 상황이 하나님 보시기에 아직 성숙되지 않았습니다. 즉 때가 되지 않았습니다.

이러한 일은 **우리 사람의 안목과 지혜와 지식으로는 도무지 정확하게 알 수가 없습니다.** 그러기에 우리는 하나님께서 모세에게 하셨던 것처럼 **권능의 손으로** 사람으로서는 도저히 헤아릴 수 없는 하나님의 섭리를 잘 따라가도록 **도와주시는 은총**을 입어야만 합니다.

하나님께서는 **모세를 비로소 호렙산에서** 부르십니다.

미디안으로 도망간 모세는 이제 **하나님을 직접 만나고 거룩하고 영광스러운 사명을 받는 자리로 나아간 것**입니다. 그것도 바로가 자기를 죽일까봐 **서둘러 도망한 것처럼** 하나님은 모세를 빠르게 부르셨습니다.

히브리서 11장 27절에 보면 "모세가 왕의 진노를 두려워하지 않았다" 했는데 여기 14절에서는 "바로를 두려워했다"고 기록되어 있습니다.

그러나 이것은 **하나님의 섭리의 길을 따르기 위해 하나님께서 주신 거룩한 두려움**이었습니다.

하나님은 때때로 우리가 느끼는 것과 생각하는 것과는 전혀 다르게 하나님의 섭리의 길에 들어서서 빨리 하나님께 나아가게 하려고, 황급하게 달려가도록 신령한 두려움을 주십니다. 하나님은 그렇게 해서라도 우리를 하나님 앞으로 이끄시고 우리를 새롭게 하여 거룩한 뜻을 이루게 하시니 우리는 이 하나님을 전적으로 신뢰할 수가 있습니다.

하나님께서는 모세가 처음에 이스라엘 백성을 도우려고 나섰을 때 **오히려 실수하여 도망하게 하신 일에는 더 크고 놀라운 경륜**이 있었습니다.

아직 이스라엘 백성들이 해방될 만큼 때가 성숙되지 않았기 때문입니다. 또한 애굽의 죄악의 분량이 아직 아귀까지 차지 못했기 때문입니다.

그 히브리인들도 하나님께 살려달라고 울부짖을 정도로 충분히 욕을 당하지 않고 있었고 그 인구도 하나님이 정하신 수에는 도달하지 못했습니다. 뿐만 아니라 **모세 자신**도 이스라엘 백성을 바로와 애굽에서 해방시킬 수 있는 거룩한 하나님의 사람이 되기 위해 아직 시간이 필요했습니다. 따라서 **하나님의 그 거룩한 때가 오기까지는** 모든 것이 **당분간 연기되도록** 하나님께서 **친히 섭리**하신 것입니다.

하나님은 세상만사 모든 것이 절대로 우연히 이루어지는 법은 없으며 사소한 것에서부터 아주 큰 것에 이르기까지 **철저하게 하나님의 섭리에 의해 이루어짐**을 여기서부터 분명하게 보여주고 계십니다.

미디안 사람들은 **아브라함의 후손으로서** 그들 중에는 **하나님을 잘 섬기는 사람**이 있었습니다. 하나님은 모세로 하여금 거기서 안전을 찾게 해주셨습니다. 이렇게 하나님께서는 **모세와 이스라엘 백성들을 위해 하나님을 잘 섬기는 아브라함의 후손으로서의 미디안 사람들을 예비**해두셨습니다.

후일에 모세는 이스라엘 백성을 이 미디안으로 지나가도록 인도했습니다. 모세는 그곳에서 40년 동안이나 살았으므로 지리적으로나 여러 면에서 잘 알고 탁월하게 인도했을 것입니다.

이 또한 **하나님의 세심하고 완벽한 섭리**를 보여줍니다.

애굽에서 도망친 모세는 미디안에 이르러 어느 날 어느 우물 곁에 앉아 있었습니다. 그때 그의 처지는 왕궁에서 화려하게 지냈던 것에 비하면 크나큰 변화가 아닐 수 없었습니다. 하나님은 모세를 **전혀 다른 상황으로 이끄시고 하나님의 뜻대로 준비시켜 나가셨습니다.**

모세가 발견한 그 우물 또한 결코 우연한 것이 아니라 **하나님께서 오래전부터** 모세를 위해 예비해 놓으신 것이었습니다.

참으로 **모세의 족적 하나하나가** 치밀한 하나님의 섭리에 의한 인도하심이었습니다.

제 7 강

이스라엘 백성의 부르짖음을 들으신 하나님

〈출2:16~25〉
16미디안 제사장에게 일곱 딸이 있었더니 그들이 와서 물을 길어 구유에 채우고 그들의 아버지의 양 떼에게 먹이려 하는데 17 목자들이 와서 그들을 쫓는지라 모세가 일어나 그들을 도와 그 양 떼에게 먹이니라 18그들이 그들의 아버지 르우엘에게 이를 때에 아버지가 이르되 너희가 오늘은 어찌하여 이같이 속히 돌아오느냐 19 그들이 이르되 한 애굽 사람이 우리를 목자들의 손에서 건져내고 우리를 위하여 물을 길어 양 떼에게 먹였나이다 20아버지가 딸들에게 이르되 그 사람이 어디에 있느냐 너희가 어찌하여 그 사람을 버려두고 왔느냐 그를 청하여 음식을 대접하라 하였더라 21모세가 그와 동거하기를 기뻐하매 그가 그의 딸 십보라를 모세에게 주었더니 22그가 아들을 낳으매 모세가 그의 이름을 게르솜이라 하여 이르되 내가 타국에서 나그네가 되었음이라 하였더라 23여러 해 후에 애굽 왕은 죽었고 이스라엘 자손은 고된 노동으로 말미암아 탄식하며 부르짖으니 그 고된 노동으로 말미암아 부르짖는 소리가 하나님께 상달된지라 24하나님이 그들의 고통 소리를 들으시고 하나님이 아브라함과 이삭과 야곱에게 세운 그의 언약을 기억하사 25 하나님이 이스라엘 자손을 돌보셨고 하나님이 그들을 기억하셨더라

> 16절/ 미디안 제사장에게 일곱 딸이 있었더니 그들이 와서 물을 길어 구유에 채우고 그들의 아버지의 양 떼에게 먹이려 하는데
> 17절/ 목자들이 와서 그들을 쫓는지라 모세가 일어나 그들을 도와 그 양 떼에게 먹이니라
> 18절/ 그들이 그들의 아버지 르우엘에게 이를 때에 아버지가 이르되 너희가 오늘은 어찌하여 이같이 속히 돌아오느냐
> 19절/ 그들이 이르되 한 애굽 사람이 우리를 목자들의 손에서 건져내고 우리를 위하여 물을 길어 양 떼에게 먹였나이다

미디안은 **미디안 족속**들이 살고 있는 땅입니다. **미디안 족속은 아브라함이 그두라를 통해 낳은 자손**으로서(창25:1~2,4) 엘란만의 동쪽에 살다가 점점 모압쪽으로 퍼져 나갔습니다(민22:4,7). 하나님은 모세로 하여금 도망하게 하실 때도 **아무데나 가게 하시지 않고** 아브라함의 또 다른 자손들이 살고 있는 이곳으로 그의 마음과 발걸음을 인도하셨습니다. 그리고 **하나님께서 예**

비하신 한 우물에서 쉬게 하셨고 바로 거기서 **그곳 제사장의 일곱 딸을 만나게** 하셨습니다.

모세는 그들이 우물에서 양들에게 물을 먹이고 있는데 다른 목자들이 괴롭히는 것을 보고 그 딸들을 도와주었습니다.

이 또한 **치밀하고도 세밀한 하나님의 섭리** 가운데 이루어진 일입니다.

18절에서 그 딸들의 아비인 미디안 제사장의 이름이 "르우엘"이라고 했는데 3장 1절에 보면 "**이드로**"라고 기록되어 있습니다.

또한 사사기에서는 모세의 장인을 "**호밥**"이라고 했습니다(삿4:11).

모세의 조상 야곱이 수리아에서 정착지를 얻었듯이 **모세는 하나님의 인도하심을 따라** 미디안에서 정착지를 얻고 살게 되었습니다.

우리는 이 모든 사실을 통해 **하나님의 백성들은 하나님의 섭리에 의해 세심하고도 거룩한 인도하심을 받게 됨**을 깨닫고 큰 용기를 얻을 수 있습니다.

그다지 중요해 보이지 않고 우연한 일로 보이는 사건도 우리 하나님의 백성들의 경우에는 후일에 그것이 하나님의 탁월하신 지혜로써 선하신 목적을 위해 마련되었다는 사실과 **우리에게 중대한 의미를 주는 일**임이 밝혀집니다.

우리에게는 결코 우연한 일은 없으며 사소한 일처럼 보이는 것 또한 우리 삶에 큰 행복의 전환점이 됩니다. 우리 스스로 궁리하고 애를 쓰는 것으로 내버려두시지 않고 우리의 육체와 영혼과 모든 삶을 세심하게 계획하시고 준비하시고 이루시는 **전지전능하시고 완전하시고 선하시고 의로우신 우리 하나님의 섭리**는 이토록 **특별하고 복된 것**입니다. 그러므로 우리는 **항상 하나님께 감사와 찬송과 영광을 돌리며 살아야** 합니다.

여기에서 **르우엘의 일곱 딸**에 관한 설명이 나옵니다.

그들은 시골에서 양치는 생활을 하고 있었으므로 **순진**하고 **겸손**했습니다.

16절에 "**그들은 그들의 아버지의 양 떼를 먹였다**" 했습니다.

아버지가 제사장이었다면 마치 목사의 자녀들이 여러모로 **겸손**과 **근면**에 있어서 모범이 되어야 하는 것처럼 그들도 그리했음을 알 수 있습니다.

그 딸들은 아비가 불러오게 하기 전에는 이 낯선 애굽사람 모세를 집으로 청하지 않았습니다. 그토록 이들은 **정숙한 여인**들이었습니다.

하나님은 미디안으로 간 모세로 하여금 아무나 만나게 하시지 않고 **앞으로**

모세와 더불어 하나님의 큰 뜻을 이룰 수 있는 사람들을 만나게 하신 것입니다. 그렇게 하시기 위해 **모세가 만난 사람들도 미리 여러 가지로 성숙시키시고 준비하게** 하셨습니다.

하나님은 이렇게 사랑하시는 백성들을 위해 **그들을 도울 자들도 한편에서 세심하게 예비하시고 준비하고** 계십니다.

이 젊은 여인들이 감당할 수 없는 **어려운 상황**을 만났습니다(17절).

모세는 당시 최강국의 왕궁에서 자랐지만 이때 그가 어떻게 처신해야 하는지를 금방 알아차렸습니다. 그는 **자기가 목격한 잘못된 일들을 기꺼이 나서서 수습**했습니다. 이런 행동은 장차 어려움 당하는 사람들을 잘 돕는 지도자가 되기 위한 **훌륭한 예습**이었습니다.

정상적인 교육을 받은 사람들은 천한 처지에서 살고 있는 사람들에 대해 문외한이 되어서는 안 됩니다. 왜냐하면 우리는 하나님께서 우리로 하여금 어떤 신분의 사람들을 위해 일하게 하시고 그들을 어떻게 섬기도록 인도하실지 모르기 때문입니다.

모세는 또한 **선을 행하기를 좋아했습니다.**

그는 심신이 매우 피곤했지만 "일어나 그들을 도와 그 양 떼에게 먹였다" 했습니다. **직접 나서서** 르우엘 딸들의 양 떼에게 물을 먹여주었습니다. 모세는 그때 **훌륭한 본**을 그들에게 보여준 것입니다.

하나님의 섭리가 **우리를 어떤 처지로 내모시든지** 우리는 거기에서 우리 자신과 주변에 있는 사람들에게 **유익을 주는 선한 판단과 행동을 해야** 합니다. 그리고 우리가 **원하는** 바의 선을 행할 수 없을 때도 우리는 다른 사람들에게 유익을 줄 수 있는 선을 기꺼이 실행해야 합니다. 이렇게 함으로써 **작은 일에 신실한 자**는 더욱 큰 일을 위탁 받게 됩니다.

어떤 성도들은 주변에서 도움이 필요한 사람을 보면서도 **나에게 직접적으로 유익이 되지 않는다고 생각되면 무관심하고 그냥 지나쳐버립니다.** 이런 행동은 앞으로 **큰일을 위해 부름을 받고 쓰임 받을 수 있는 사람이 아님을 하나님 앞에서 스스로 드러내는** 것입니다.

> 20절/ 아버지가 딸들에게 이르되 그 사람이 어디에 있느냐 너희가 어찌하여 그 사람을 버려두고 왔느냐 그를 청하여 음식을 대접하라 하였더라

모세의 봉사 행위는 **훌륭한 대가**를 받게 됩니다.

르우엘은 모세가 베푼 선한 일을 듣고 즉시 **집으로 초대**했습니다. 바로를 피해 애굽에서 떠나온 지 얼마나 되었는지 알 수 없으나 그동안 춥고 굶주리고 누울 곳도 없던 그가 **비로소 한 의로운 사람의 집에 초대되어 융숭한 대접을 받았습니다.**

모세는 **단 한 번의 선행**으로 즉시 미디안 방백의 친절과 호의로 보상을 받았습니다. 그 방백은 그를 자기 집에 유하게 할 뿐 아니라 얼마가지 않아서 자기의 사위로 삼습니다.

하나님은 이렇게 **그의 사랑하는 자녀들에게 베풀어진 친절**에 대해 반드시 **보상**해주십니다. 결코 선을 행한 자들이 상급을 잃어버리게 하지 않으십니다.

> 21절/ 모세가 그와 동거하기를 기뻐하매 그가 그의 딸 십보라를 모세에게 주었더니
> 22절/ 그가 아들을 낳으매 모세가 그의 이름을 게르솜이라 하여 이르되 내가 타국에서 나그네가 되었음이라 하였더라

모세는 **미디안 제사장의 딸 '십보라'를 아내로 취하게 되었습니다.**

이 결혼은 향후 모세의 인격과 거룩한 사명 수행에 **큰 영향**을 주게 됩니다. 그동안 다분히 육적인 민족주의로 기울어졌던 모세의 정신을 **세계 만민을 귀하게 여기는 정신으로 확대시키는 또 하나의 하나님의 섭리**였습니다.

모세는 아들을 낳자 이름을 '게르솜'이라 했습니다. "타국에서 나그네가 되었다"는 뜻입니다.

하나님께서 모세에게 가정을 일으켜주셨지만 모세는 **자기가 나그네로 지내던 땅을 기억해야** 했습니다. 모세가 이렇게 미디안에서 정착하게 된 것은 **전적인** 하나님의 섭리입니다.

하나님께서 모세를 애굽에서 얼마동안 피신시키신 것은 **하나님의 백성에게 고통의 날에 숨을 곳을 마련**해주시기 **위함**이었습니다. 뿐만 아니라 **하나님 자신이** 땅에서나 하늘에서나 친히 그들의 **지성소**가 되시어 그들을 보호해주시기 위함이었습니다.

또한 하나님은 **모세로 하여금 장차 이루실 위대한 역사를 위해 준비시키시려고** 계획하셨습니다. 장인의 양을 치던 미디안의 세월은 그가 **앞으로 감당**

해야 할 이스라엘 백성들의 구원자가 되는 일에 **큰 도움**을 주게 됩니다. 이때 모세에게는 자기 소유의 양은 한 마리도 없었으나 그럼에도 불구하고 하나님께서는 *사랑하시는 양들을 어떻게 보살피고 인도해야 하는지를* **오랫동안 터득하게** 하신 것입니다. 모세가 40여 년간 양을 쳤으나 그 양이 그의 소유가 아니었듯이 그가 하나님께서 불러가시기까지 보살피고 인도할 양인 이스라엘 백성도 *자기 개인의 양이 아니라* **하나님의 양들**입니다.

하나님은 이런 놀라운 사실을 여기서부터 분명하게 보여주십니다.

(1) 모세는 도망 다니는 삶에서 가난을 익힘으로써 가난에도 능히 대처하는 방법을 배우게 되었습니다.

하나님께서는 **귀하게 사용하실 모세를 먼저 철저하게 낮추셨습니다.**
모세가 애굽에 계속 있었다면 그는 당시 세계 최고의 부강국인 애굽을 다스리는 왕이 되고 온갖 부귀영화를 차지하고 누릴 수 있었습니다. 그러나 하나님께서는 모세가 한 사람을 때려 죽이게 됨으로 혈혈단신으로 그 모든 것으로부터 **서둘러서 도망하게** 하셨습니다. 그리고 미디안에서도 **장인의 양들을 돌보는 자로** 낮추셨습니다. 참으로 애굽의 왕자로 있을 때와 이때의 처지는 하늘과 땅의 차이입니다. 하나님은 모세를 이토록 **철저하게 낮은 자가** 되게 하심으로 장차 **가장 높은 자리로 이끄신** 것입니다.

(2) 하나님은 모세에게 하나님을 향한 신앙을 키워주시고 깊이 명상하는 법을 가르쳐주셨습니다.

그동안 애굽 왕궁은 모세로 하여금 훌륭한 신사로, 학자로, 정치가로, 군사 전략가로 성장되어 인간적으로 크게 유익하게 했지만 그곳에서 할 수 없던 한 가지가 있었습니다.

그것은 **모세가 앞으로 하나님과 교통하는 자가 되어서 하나님께서 계시하시는 모든 일을 완벽하게 수행하는 것**이었습니다. 미디안에서의 **양치는 생활과 고독과 은둔은 그를 더욱 영육 간에 성장**시켰습니다.

모세는 **미디안에서의 명상과 수련**을 통해 많은 사람을 통치할 준비가 되었고 **신앙적으로는** 호렙산에서 **하나님과 긴밀히 교제하는 준비**가 이루어졌습니다.

모세는 호렙산에서 그 생애 중 **상당한 시간**을 보내며 **하나님과 홀로 대면하며** 왕궁에서 맛보지 못했던 **크고 놀라우며 신령한 기쁨과 영광**을 누렸습니다.

우리 모든 하나님의 사람도 예수 그리스도를 영접할 때부터 하나님께서 들어 쓰시기에 합당한 자가 되기 위해 하나님께서 계획하시고 이끄시는 명상과 수련의 시기를 거쳐야 합니다. 더 나아가서 보다 더 하나님을 가까이 만나고 긴밀히 교통하며 하나님의 세심한 지시와 인도를 받고 권능을 힘입어 하나님의 모든 뜻을 이룰 수 있는 사람으로 성장되어야 합니다.

이런 과정을 제대로 거치지 못한 사람들은 하나님의 거룩한 섭리 속에서 참으로 귀하고 영광스럽게 쓰일 수가 없습니다.

그러므로 우리는 이 땅의 것들을 더 가지고 누리고 높아지려고 애쓸 것이 아니라 모세처럼 하나님의 이끄심을 따라 걸어가는 것을 간절히 사모하고 기도하여 바로 그것을 소유해야 합니다.

> 23절/ 여러 해 후에 애굽 왕은 죽었고 이스라엘 자손은 고된 노동으로 말미암아 탄식하며 부르짖으니 그 고된 노동으로 말미암아 부르짖는 소리가 하나님께 상달된지라

〈더 정확한 번역〉

> 下 신음하며 도와 달라고 부르짖었더니 하나님께서 그들의 소리를 들으셨다.

모세가 이렇게 미디안에서 하나님의 세심한 섭리 속에 정착할 뿐 아니라 이스라엘 백성의 구원자로서 영적으로, 육적으로 잘 준비되고 있는 동안에 애굽에 있는 이스라엘 백성들에게는 속박이 계속되었습니다.

어느 순간부터 애굽인들은 이스라엘 백성의 수가 팽창하는 것에 대해 그다지 문제시하지 않은 것 같습니다. 왜냐하면 애굽인들은 히브리인들의 노동력을 최대한으로 이용하여 부유하게 되었기 때문입니다. 그만큼 **히브리인들의 처지는 점점 더 고되었습니다.**

만약 모세가 미디안에서 양이나 치고 있는 것에 대해 한탄하며 애굽을 그리워하고 돌아갔다면 어찌 되었을까요? 사형은 면할지 모르지만 기껏해야 동족들처럼 벽돌이나 찍으며 온갖 고된 일을 해야 했을 것입니다.

우리 성도들은 하나님께서 거룩한 섭리에 따라 나를 어떤 지경으로 이끄시든지 그 이전에 누리던 것들을 생각하며 다시 그 상황으로 돌아간다면 더욱 불행해질 수밖에 없다는 사실을 알아야 합니다. 그리고 하나님께서 나를 가장 적절하고 복된 길로 안전하게 이끄심을 확실히 믿으며 항상 기뻐하고 범사에 감사하며 그 길로 나아가야 합니다.

"이스라엘 백성들이 고된 노동으로 말미암아 신음하며 도와 달라고 부르 짖었더니 하나님께서 그들의 소리를 들으셨다" 했습니다.

드디어 이스라엘 백성들은 **극심한 고통으로** 인해 하나님을 생각하고 찾기 **시작**했습니다. 지금까지 그들은 너무 고통스러운 생활을 하고 있었지만 하나님은 안중에도 없었습니다. 그리고 자기도 모르게 애굽 사람들처럼 우상을 섬기는 것에서도 돌아설 줄 몰랐습니다. 그러나 그들에게 가해지는 고통이 점점 심해질 때 그들은 하나님께 도와달라고 호소하게 되었습니다.

하나님은 **이스라엘 백성들의 속박을 풀어주시기 전에 그들이 먼저 하나님을 찾고 부르짖게** 하셨습니다. 그리고 그들이 섬기던 **우상숭배에서 돌아서게** 하셨습니다.

하나님은 **우리가 이 땅에서 힘들고 괴로울 때 우리로 하여금 하나님을 기억하게** 하고 하나님을 **향하게** 하고 하나님을 **찾고 도와달라고 부르짖게** 하십니다. 하나님을 찾고 하나님께 부르짖는 것이야말로 우리의 **모든 고통에서 해방되는 첫 발걸음**이 됩니다.

많은 성도가 이것을 제대로 알지 못합니다.

이미 여러 가지 채찍으로 맞고 있으면서도 어느 정도 괴롭지 않으면 하나님을 찾아 부르짖기를 **미룹니다**. 그것은 그들이 **점점 더 고통의 구렁텅이로** 스스로 빠지는 일이 됩니다.

그러므로 우리는 **어려운 일이 있을 때뿐 아니라 쉬지 않고 기도**해야 합니다. 그리고 **크고 작은 어려움을 당할 때마다** 인간의 수단과 노력을 앞세우기 전에 **모든 것을 하나님께 아뢰며 도와달라고 호소해야** 합니다. 이것을 잘하지 못하는 성도들은 예수 그리스도를 믿어 하나님의 자녀가 되었음에도 불구하고 **왕궁 바깥에서 포악한 자들에게** 상하고 찢기며 신음하며 사는 어리석은 백성이 됩니다.

언제나 모든 것을 하나님께 먼저 아뢰고 하나님께서 도와주시고 보호하시고 이끌어주시기를 간절히 구하고 있다면 그 사람이야말로 **가장 안전하고 복된 길을 가고 있는 사람**입니다.

하나님은 **하나님의 백성들이 이렇게 언제나 하나님을 찾고 하나님과 의논하며 하나님께 간절히 구하기를 기다리고** 계십니다. 또 그렇게 하는 것을 **기뻐하십니다.**

▎24절/ 하나님이 그들의 고통 소리를 들으시고 하나님이 아브라함과 이삭과 야곱에게 세운 그의 언약을 기억하사
▎25절/ 하나님이 이스라엘 자손을 돌보셨고 하나님이 그들을 기억하셨더라
〈더 정확한 번역〉
▎25절/ 하나님이 이스라엘 백성의 고통을 보시고 그들에게 관심을 가지셨다.

하나님께서 "그들의 고통 소리를 들으셨다" 했습니다.
(1) 하나님은 그들의 부르짖는 고통의 소리를 들으셨습니다.

하나님은 압박받는 백성들의 부르짖는 소리를 분명하게 들으셨습니다. 그리고 그 백성의 고통에 대해 복수해주시기로 하셨습니다. 하나님은 그들을 신음하게 하는 멍에와 그 고통 속에서 갈급히 찾는 소리를 들으셨고, 더 나아가 그들 속에서 그들을 위해 중재하시는 성령의 탄식을 들으셨습니다.

(2) 하나님은 아브라함과 이삭과 야곱에게 세운 언약을 기억하셨습니다.

하나님의 그 언약은 이스라엘 민족을 가나안 땅으로 인도하시는 것을 내용으로 한 언약입니다(창15:16, 46:4). 하나님께서 그 백성을 구원하시는 것은 무엇보다도 '그의 언약대로' 실행하시기 위함입니다.

구원은 하나님의 선택과 언약에 근거합니다. 그런데 하나님께서 우리의 구원을 이루어가시는 도중에 우리의 부르짖는 기도가 절대적으로 필요합니다.
우리가 보기에 종종 하나님은 우리에게 약속하신 것을 잊고 계신 것처럼 보이나 영원히 그 약속을 마음에 두고 계십니다. 그리고 우리의 공로가 아니라 바로 그 약속(언약)을 유념하시고 그 안에서 하나님의 백성들을 위해 친히 행동하십니다.

그러므로 우리 하나님의 백성들은 성경을 통한 하나님의 약속을 가장 소중하게 여겨야 하며 어떤 일이 벌어져도 하나님은 그 약속대로 모든 것을 친히 이루고 계신다는 사실을 믿고 감사해야 합니다.

그런데 그 약속이 속히 실현되지 않는다고 의심하고 낙심하는 사람들이 많습니다. 이런 사람들은 그 약속 성취의 놀라운 은총을 결코 받아 누릴 수 없습니다.

(3) 하나님께서는 그 백성의 고통을 보시고 그들에게 관심을 가지셨습니다.

이제 하나님께서는 고통스러워하는 당신의 백성들을 굽어 살피시고 도와주시는 일을 구체적으로 실행하십니다.

천지 만물을 창조하신 하나님, 이 지구를 비롯하여 우주 만물을 통치하시고 주관하시는 하나님께서 **겨우 백 년쯤 살다가 갈 사람, 불신자, 우상숭배자들보다도 모든 면에서 뛰어나지도 못한 '선택하신 사람들'에게 관심을 기울인다**는 것은 그 자체가 *놀라운 사랑*이요, *은혜*입니다.

진실로 예수 그리스도를 믿고 그 주님의 뒤를 성실히 따라가는 성도들은 누구나 *이 놀라운 하나님의 관심의 대상*입니다. 이런 사람들이 어찌 이 세상에서 내버려진 바 되겠습니까? 어찌 그들을 악인들이 마음껏 하도록 내버려두시겠습니까?

우리는 날마다 순간마다 우리에게 거룩한 관심을 기울이시는 하나님을 기억해야 합니다.

세상 만물을 두루 감찰하시고 운행하시는 *하나님의 눈*이 그 옛날 애굽 사람들이 보기에 *천하디 천한 히브리인들 위에 머물고* 있었습니다. 뿐만 아니라 그 관심의 초점이 그들에게 맞춰져 있었습니다. 바로 **이런 사실이 노예 생활하던 이스라엘 백성들에게 참으로 놀랍고 영광스러운 일이 이루어지게 하는 가장 분명한 원인**이 되었습니다.

하물며 하나님을 더 기쁘시게 하는 사람들이 있다면 하나님께서 그런 사람에게 얼마나 더 큰 관심을 기울이시겠습니까? 그런 사람이 다른 사람들에 비해 얼마나 놀라운 사랑과 은총을 입겠습니까?

그러므로 우리 모든 성도는 성도로서 하나님의 이 놀라운 관심을 받는 것에 머무르지 말고 **그중에서도 더 큰 관심을 받을 수 있는 사람으로 치료되고 변화되고 무장되고 성숙되어야** 합니다. 그리하여 **더욱더 하나님을 기쁘시게 하는 사람이 되어야** 합니다.

내가 과연 지금 이렇게 하고 있는지 잘 돌아보기 바랍니다.

제 8 강

호렙산으로 모세를 부르신 하나님

〈출3:1〉
모세가 그의 장인 미디안 제사장 이드로의 양 떼를 치더니 그 떼를 광야 서쪽으로 인도하여 하나님의 산 호렙에 이르매

제3장

> 1절/ 모세가 그의 장인 미디안 제사장 이드로의 양 떼를 치더니 그 떼를 광야 서쪽으로 인도하여 하나님의 산 호렙에 이르매

모세의 생애는 **40년씩 셋으로 구분**할 수 있습니다.
첫 번째 40년은 그가 바로 **왕궁의 왕자로 지내던** 시기이고, 두 번째 40년은 **미디안에서 목자 생활을 하던** 때이며, 세 번째 40년은 **이스라엘 백성의 지도자로 사명을 수행하던** 시기입니다.

이제 모세는 비로소 이스라엘 백성을 애굽에서 해방하여 인도해내라는 하나님의 명령을 받게 됩니다. 그것이 두 번째 **40년** 기간을 끝낼 때였습니다.

하나님께서는 자신이 사용하실 사람들을 거룩한 뜻 가운데서 미리 부르시고 그 뜻을 이루게 하시기 위해 준비시키십니다.

모세는 처음부터 이스라엘의 해방자라는 사명을 가지고 태어났지만 **80세**가 되기까지는 하나님을 만나지도 못했고 명령을 구체적으로 듣지도 못했습니다.

미디안은 호렙산에서 가까운 곳입니다. 호렙산은 **시내산**을 말합니다.

하나님께서는 모세가 40년 동안이나 미디안 광야에서 목동생활을 하고 있을 때, 즉 애굽 사람들이 보기에 **가장 비천한 일**을 하고 있을 때 그를 부르시고 만나주셨습니다.

모세는 개인 소유가 전혀 없이 장인의 양 무리를 치던 처지에서 **수백만 명이나 되는 이스라엘 민족을 애굽에서 건져내는 인도자의 사명을 받게 되었**

습니다.

 만일 모세가 애굽 왕궁에서 왕자로 머물렀다면 애굽의 권세를 잡았을지도 모릅니다. 그러나 그랬다면 그가 어찌 이스라엘을 해방시킬 수 있었겠습니까? 더구나 그것은 **하나님의 뜻이 아니었습니다**.

 이스라엘 민족은 **신약 시대의 교회를 예표하는 광야 교회**였습니다. 하나님의 교회는 세상 세력에 의해 세워지는 것이 아니며 세상 사람들에 의해 하나님의 백성들이 구원되는 것도 아닙니다. 그러므로 선민인 이스라엘 백성들의 구원을 위한 지도자는 **오직 하나님의 권능**으로만 그 일을 해야 합니다.

 "모세가 그의 장인 미디안 제사장 이드로의 양 떼를 치더니" 했습니다.
 하나님께서 모세를 부르실 당시 모세는 **장인 이드로의 양 떼를 치고 있었습니다**. 그 장인은 **미디안 제사장**이었습니다.

 이제부터 하나님께서 이스라엘 백성들을 애굽에서 해방시키기 위해 모세를 부르시는 광경이 소개되는데 여기서 우리는 **놀라운 하나님의 섭리**를 발견할 수 있습니다.

 모세는 애굽에 있는 동안에 이스라엘 백성들과 함께 지내며 자라지 못했습니다. 그는 태어난 지 3개월 만에 파피루스 상자에 넣어져서 강물에 떠내려가다가 애굽의 공주에게 발견되어서 그때부터 애굽 왕궁에서 자랐습니다.

 그러나 하나님은 그의 **생모**를 유모로 만나게 하셨고 그 생모를 통해 "**너는 애굽 사람이 아니고 하나님의 선민 이스라엘 사람이다**"는 것과 "**너는 하나님만을 섬기며 살아야 한다**"는 것을 몰래 배우며 자랐습니다.

 그런데 모세가 다 자란 후에 자기 동족을 도우려하다가 애굽 사람 한 명을 죽이고는 미디안 광야로 **도망하게** 되었습니다. 그는 갑자기 비참한 도망자의 신세로 몰락했을 때 실망하고 좌절한 나머지 하나님을 저버리고 살 수도 있었습니다. 따라서 하나님은 모세로 하여금 **미디안에 사는 사람 중에 하나님을 잘 섬기는 제사장 이드로를 만나게** 해주시고 **그의 사위가 되어 그의 집안에 살면서 계속해서 하나님을 섬기며 살도록 섭리하셨던 것입니다**.

 모세가 애굽에서 도망쳐 미디안의 어느 우물가에 앉아 쉬던 바로 그 시간에 미디안 제사장 이드로의 딸들이 양 떼를 몰고 와서 그 우물에서 물 먹이려고 했던 것과 바로 그 때 다른 목동들이 이드로의 딸들에게 다툼을 일으킨 것, **이 모든 것은 모세로 하여금 아브라함의 자손으로서 하나님을 잘 섬기는 제사장 이드로의 사위가 되어서 계속해서 하나님 중심으로 살게 하려는**

하나님의 섭리 속에서 이루어진 일들이었습니다.

낯선 땅 미디안의 어느 한 우물가에 우두커니 앉아있었던 바로 그 일이 제사장 이드로의 사위가 되는 계기가 될 줄 모세 자신은 알 턱이 없었습니다. 또 이드로의 일곱 딸 중의 하나가 그 우물가에서 다른 목동들과 다투던 그 순간이 자기에게 최고의 신랑을 만나는 결정적인 계기가 되고 있었다는 것도 전혀 예측할 수 없었습니다. 제사장 이드로 역시 그 **사건 때문에** 장차 이스라엘의 해방자요, 하나님의 선지자 중의 선지자가 될 모세라는 걸출한 사람을 사위로 삼게 되리라고는 꿈에도 몰랐던 것입니다.

이 **미디안 우물가의 사건**은 모세가 도피 생활 중에서도 이드로의 사위가 되어서 하나님을 잘 섬기게 하시려는 **하나님의 중차대한 계획과 섭리** 속에서 된 것입니다. 모세는 하나님을 점점 더 잘 섬기며 살게 되었고 제사장 이드로는 **점점 더 모세에게 큰 유익**이 되는 일을 했습니다.

이스라엘 백성이 애굽에서 나온 후에 그 수많은 백성들 사이에 문제가 발생할 때 그 모든 사건을 모세가 일일이 재판해주었는데 그러다보니 아침부터 저녁까지 재판하느라고 너무 분주하고 피곤했습니다. 그때 하나님께서는 장인 이드로로 하여금 사위에게 지혜로운 방법을 가르쳐주게 하셨습니다. 이스라엘 백성 중에서 장로들을 세우게 하고 천부장, 백부장, 오십부장, 십부장을 세우게 해서 중대한 사건이 아닌 웬만한 사건들은 그들이 처리하게 한 것입니다. 그런데 이스라엘 백성 중에서는 감히 모세에게 이런 일을 권면할 수 있는 사람이 없었습니다. 그래서 하나님은 **일찌감치** 모세의 장인을 제사장이 되게 하셔서 제사장으로서, 그리고 모세의 장인으로서 사위를 잘 가르칠 수 있도록 **이미 계획**하셨던 것입니다.

하나님은 사랑하시는 사람, 하나님이 쓰시고자 하는 사람이 비록 큰 과오를 저지르고 비참한 신세가 되었을 때도 그 모든 순간이 그 사람에게 **유익하고 선이 되도록 섭리**해주십니다.

그 사람이 비참한 환경 속에서 누구를 만나게 되고 관계를 맺게 된다면 **하나님은 그들이 그 사람에게 꼭 필요하고 유익한 사람들이 되도록 역사해주십니다.**

모세가 광야에서 양을 치는 처녀와 결혼하여 그 가족들과 함께 살게 되었을 때 '내가 애굽에서 훌륭한 집안의 미인을 골라 결혼하여 살 수 있었는데 이것이 도대체 뭐란 말인가?' 하고 생각할 수 있었습니다.

그러나 그가 미디안 제사장의 사위가 된 일이야말로 **참 잘된 일**이었습니다.

　모세가 이스라엘 백성들을 해방시키기 위해 애굽으로 갈 때 아내와 두 아들을 데리고 갔다가 나중에는 그들을 친정으로 돌려보냅니다. 장인 이드로는 모세가 가족을 데리고 애굽으로 떠날 때에도 그들을 위해 **축복기도를 해주었고, 나중에 모세가 아내와 아들들을 친정에 되돌려 보낼 때도 잘 받아주었고 모세가 미디안에 올 때까지 신앙 안에서 잘 보살펴주었습니다.** 만약에 모세가 애굽에서 바로와 싸울 때 그의 가족이 가까이 있었다면 바로와 신하들이 그들을 악용할 수도 있었을 것입니다. 그러나 하나님께서는 그들을 이드로에게 보내서 모세가 그 백성들을 무사히 애굽에서 해방시킬 때까지 **안전하게 보살핌 받을 수 있게** 해주셨습니다. 또한 제사장 이드로가 자기 사위를 위해 얼마나 열심히 기도했겠습니까? 모세에게는 **가장 적절한** 장인이었던 것입니다.
　또한 만약 모세가 애굽 귀족의 사위가 되고 애굽 처녀와 결혼해서 아이들을 낳았다면 입장이 곤란했을 것입니다.

　우리는 지금의 처지가 어떻든 내 주변에서 나와 긴밀한 관계를 맺고 있는 사람 모두가 **나에게 꼭 필요하고 소중한 사람들**이라는 사실을 깨달아야 합니다. 하나님은 지금 **내 가족, 주변에 있는 성도들을 통해서** 나에게 진정한 유익과 복이 되게 해주십니다.
　그러므로 어떠한 일이 있어도 **지금의 내 가족이나 이웃, 친구들을 미워하거나 무시하거나 멀리해서는 안 됩니다.** 항상 그들과 **신앙 안에서 좋은 관계를 유지하며 신의를 잘 지키고 그들에게 변함없는 사랑과 관심을 베풀어야** 합니다. 누구든지 미워하거나 적으로 삼거나 배신하는 사람은 **주변 사람을 통해 주시는 하나님의 은총을 받아 누릴 수 없습니다.**

　그리고 우리는 될 수 있는 대로 내 주변의 사람들이 **하나님을 잘 섬기게 되도록 열심을 다해 도와야** 합니다. 모세가 하나님을 잘 섬기는 사람 이드로와 그 가족을 만났기 때문에 하나님의 위대한 일꾼이 될 수 있었음을 기억하시기 바랍니다.
　더욱이 젊은이들은 **반드시 믿는 사람과 결혼할 수 있도록 기도해야** 합니다. 결혼하고 싶은 사람이 보이면 서두르지 말고 그 사람을 **우선 예수 믿게 한 후에** 결혼해야 합니다. 배우자와 그 집안사람들이 믿는 사람들일 때 얻는 유익은 **매우 큽니다.**

모세가 하나님을 만날 당시에 **"양 떼를 치더라"** 했습니다.

양을 치는 것은 애굽 사람들에게는 천한 일이었습니다. 따라서 애굽 사람이 그 사실을 안다면 모세에게는 부끄러울 일이었습니다. 그때 모세는 오랜 기간 들판에서 양을 치며 자기 신세를 비참하게 생각했을지 모릅니다.

모세는 세계 최고의 학식이 있었고 무술 실력이 있었으므로 얼마든지 다른 생업을 가지고 살 수도 있었습니다. 마음만 먹는다면 소왕국을 만들어서 왕노릇하며 살 수도 있었을 것입니다.

그러나 그는 **40년 동안이나 목동생활**을 했고 그 긴 세월은 **자신을 수련하는 아주 고귀한 시간**이었습니다. 이것은 **모세가 제사장 이드로를 장인으로 삼은 결과**입니다.

모세의 40년 목동생활에 역사하신 **하나님의 큰 섭리**를 살펴보겠습니다.
(1) **하나님은 모세를 영육 간에 철저히 단련시키셨습니다.**

하나님께서는 모세가 40년 동안이나 낮에는 뙤약볕과 싸우고 밤에는 들짐승들과 싸우면서 과거 애굽에서의 화려하고 다양했던 생활습성과 인간적이고 세상적인 것들을 **다 버리고 잊게** 하셨습니다. 또 한참 젊었을 때 가졌던 **용기와 패기**, 마음만 먹으면 못할 것이 없을 것 같던 **자만심과 교만함**, 그 속에 있는 **부패하고 합당하지 못한 것들을 40년이라는 세월 속에서 말끔히 청소해내게** 하셨습니다. 그래서 모세로 하여금 **속이 텅 비고 지극히 단순하고 겸손한 사람**이 되게 하셨고 그다음에야 그를 친히 부르셔서 애굽으로 가라고 명하셨습니다. 그때는 모세가 얼마나 나약하고 겁쟁이가 되었는지 감히 하나님의 명령을 계속 거절할 정도가 되었습니다.

하나님은 지금도 귀하게 쓰실 사람들을 다듬으십니다.
자기가 잘난 줄 알고 인간적이고 부패한 속성들이 가득한 사람을 **한동안 비참한 지경으로 내모십니다.** 그가 가지고 있던 **하나님 앞에서 방해거리가 되는 모든 것이 무용지물이 되게** 하시고 **속수무책의 상태**에 빠지게도 하십니다. 그 사람에게 하나님 보시기에 합당하지 못한 것이 많을수록 하나님은 **이런 작업을 길게 하시고 더 강도있게** 하십니다. 하나님께서 새로운 것으로 채우실 수 있을 정도로 그 사람 속에 들어찼던 세상적이고 인간적인 요소들을 **다 청소하게 하셔서 그 속이 텅 비도록** 만드십니다. 하나님 앞에서 **지극히 단순하고 겸손하고 깨끗한 자**가 되게 하십니다. 그런 다음에 하나님은 그 사람을 **조용히 부르십니다.** 이제 그 사람의 인생은 **전적으로 하나님께서**

함께하시고 사용하시는 거룩하고 영광스러운 인생이 됩니다.

우리가 명심할 것은 내 속에 세상적이고 인간적인 것들, 즉 하나님 보시기에 합당하지 못한 것들이 청소되지 않는 한 **내가 아무리 이런저런 포부와 소망을 품어도 결코 이루어질 수 없다**는 사실입니다.

태어나기 전부터 이스라엘 백성들을 해방할 구원자가 되도록 정해지고 출생한 모세도 **40년 동안이나 광야생활을 하게 하심**으로 그 속을 청소하게 하셨습니다. 그토록 훌륭한 모세도 그처럼 철저히 다듬으셨는데 그와 견줄 수도 없는 우리는 오죽하겠습니까?

자신이 하나님 앞에서 얼마나 거짓되고 불합당한지, 그 속에 하나님 보시기에 추한 것들이 가득 차 있는 것을 발견할 줄 모르고 그저 돈 모으려고 하고, 좋은 학교 가려고 하고, 더 높아지려고만 애쓴다면 **그 사람은 그만큼 다듬는 작업을 길게 받아야 할 사람**입니다.

우리 각자가 자신을 얼마만큼 파악하고 가다듬느냐에 따라서 하나님께서 다듬으시는 시간은 짧아질 것입니다. 그 시간이 지나가고 내가 다듬어진 다음에야 나를 비참하고 고통스러운 처지에서 부르시고 하나님의 일꾼으로 사용하신다는 사실을 깨닫게 될 것입니다.

저는 목사로서 지금까지 살아오면서 수많은 목사와 전도자 또는 선교사로 세우심을 받은 사람들을 만나고 보았습니다. 그 중 어떤 분들을 보면 자기를 기꺼이 희생하면서까지 애써 사명을 수행하고 맡은 일을 열심히 하면서도 **순간순간 경솔하고 엉뚱한 행동**을 합니다. 그때마다 깨닫게 되는 것은 그 분들도 하나님께서 사랑하시고 세우시고 사용하시는 일꾼임이 틀림없지만 그들이 **이전에 좀 더 철저하게 깨지고 치료되고 변화되고 무장하고 성숙되지 않음으로 인해** 거룩한 일에 부르심을 받고 쓰임 받는 중에도 **많은 부작용이 생기고 쓰라림을 당하게 된다**는 사실입니다.

그러므로 우리는 **하나님이 마음껏 들어 쓰시기에 합당한 사람**이 되기 위해 하나님의 일에 뛰어들기 전에 모세처럼 **성령의 인도하심을 따라** 철저하게 깨지고 치료되고 변화되고 무장하고 성숙되어야 합니다. **다소 시간이 걸리더라도 그것을 잘하고 난 후에 하나님의 일을 한다면** 그런 준비가 잘 되지 못한 채로 일찍 시작하여 오랜 시간 동안 일하는 것 같으나 많은 시행착오를 저지르고 하나님의 영광을 가리는 것보다 **비록 짧은 시간에라도 참으로 많은 사람을 유익하게 하고 하나님께 큰 영광을 돌려보내는 사람**이 됩니다.

하나님께서 나를 가다듬으시고 치료하시고 변화시키시고 성숙시키시는 시간이 길어질수록, 또는 그 강도가 커서 고통스러울수록 우리는 **하나님께 감사드려야** 합니다.

(2) 하나님께서는 모세로 하여금 그 후 40년 동안 하나님의 백성을 양처럼 기르며 인도하도록 훈련하셨습니다.

이스라엘 백성들이 애굽에서 가나안에 이르기까지 40년이라는 세월동안 모세가 그들을 잘 양육하며 인도하게 하시려고 40년 동안이나 양치기 일을 하며 **목자다운 목자**가 되게 하셨습니다. 사람인 이스라엘 백성들의 목자 일을 40년 동안이나 하는 것에 비하면 양치기 40년은 오히려 짧았습니다. **하나님의 지혜**와 **통찰**은 이토록 놀랍습니다.

우리는 **하나님에 의해 다듬어지는 기간**이 앞으로 내가 감당해야할 어떤 중대한 일과 연관이 있다는 것을 기억하며 잘 참고 견뎌야 합니다. 그 고통과 시련의 기간이 있기에 나중에 하나님께서 정하신 기한 동안 거룩하고 중대한 일을 감당할 수 있는 것입니다.

그러므로 우리에게 큰 성공을 이루는 데 있어서 **시련과 고통의 생활은 필수적으로 있어야 할 부분**입니다. 이것을 아는 성도들은 하나님의 뜻에 따라 오는 시련과 고통을 즐거이 받아들이고 한 순간 한 순간을 성실하게 임합니다.

따라서 성도는 **기쁠 때나 괴로울 때나** 그저 감사하며 기뻐하며 나아갑니다. 왜냐하면 **하나님께서 언제나 나를 사랑하시고 나에게 매사가 유익과 복이 되게 해주심을 확신**하기 때문입니다.

하나님은 모세가 양을 안전하게 지키고 잘 먹고 자라게 하는 일을 **40년 동안이나 열심히 하게** 하심으로써 나중에 하나님께서 양 떼로 삼은 수백만의 백성들이 자기 멋대로 하려 하고 욕심과 기분에 따라 움직일 때 **잘 참고 견디며 참된 목자로서 그들을 인도**하게 하셨습니다.

이 얼마나 **적절하고도 위대한 훈련**입니까?

오늘날도 우리가 각자가 **다른** 환경 가운데서 **다양하게 훈련**을 받고 있습니다.

그것이 어떤 것이든 탁월하신 **하나님께서 나를 위해 정하신 가장 적절한 훈련**임을 알아야 합니다. 지나놓고 보면 '그 고통스러웠던 경험이 정말 필요한 것이었구나' 하고 하나님께서 나를 위해 하신 일에 감탄하게 됩니다.

그러므로 **지금 내가 겪고 있는 시련과 고통을 잘 받아들이고 순응해서 나 자신이 가다듬어지고 치료되고 변화되고 무장되고 성숙되어야** 합니다. **그것**

을 잘하는 만큼 하나님께서 불러서 쓰실 때 고통과 괴로움의 눈물을 덜 흘리게 될 것입니다.

모세의 도피생활은 사람의 눈으로 볼 때 큰 환난이며 실망과 좌절감에 빠질 일이었습니다. 그러나 지금까지 설명한 것처럼 **인간의 생각과 하나님의 섭리는 크나큰 차이**가 있습니다.

그러므로 우리 성도들은 지금 나의 사정과 형편이 어떻든지 **내가 하나님을 진정으로 주인 삼고 있는 한** 그 모든 것이 나에게 유익하고 꼭 필요한 것임을 잠시도 잊지 말아야 합니다. 그리고 우리가 치료되고 변화되고 무장하고 성숙하기 위해 고된 훈련의 터널을 지날 때 **지금 내가 고된 만큼 하나님께서 장차 얼마나 크고 놀라운 결과를 만나게 하실지 기대해야** 합니다.

이러한 기대는 하지 않고 그저 두려워하고 원망하고 실망한다면 그 사람은 **사탄에게 사로잡히고 있는 사람**입니다. 걸핏하면 염려하고 두려워 떨며 원망하는 사람은 결코 **영적으로나 육적으로 성장할 수 없습니다**. 이런 사람은 **하나님의 일을 할 만큼 자격이 없고 준비가 되어있지 않음**을 스스로 드러내고 있는 것입니다. 우리는 아무리 큰 시련과 역경을 당한다 할지라도 **그것을 훨씬 능가하는 큰 영광**이 우리를 기다리고 있다는 기대와 믿음을 가지고 그 고통의 터널을 힘차게 통과해야 합니다.

평소에 훈련과 연습을 잘한 선수가 시합에 나가서 승리하듯이 평소에 모든 생활 속에서 **하나님 보시기에 합당한 사람이 되는 자기 훈련**을 잘하는 사람이 분명히 성장하고 성공합니다.

"양 떼를 광야 서쪽으로 인도하여 하나님의 산 호렙에 이르렀다" 했습니다.

모세는 어느 날 무심코 하는 행동처럼 양 떼를 광야 서쪽으로 인도했습니다. 그렇게 당도한 곳은 바로 **하나님의 산 호렙**이었습니다.

그때까지 호렙산은 아직 모세나 하나님의 백성들에게 별다른 의미가 없었습니다. 그러나 이제 이 산은 하나님과 모세와 이스라엘 백성 사이에 **큰 의미가 부여되는** 산이 됩니다. 바로 이 산에서 하나님께서 **이스라엘의 해방자 모세를 친히 부르시고 그에게 큰 권세와 능력을 주셔서** 애굽으로 보내십니다. 그리고 나중에는 이 산 아래에 이스라엘 백성들을 불러 모으시고 **그들이 지켜보는 앞에서 바로 이 산에서 모세에게 계명과 율법과 율례를 정해 주십니다.**

이 산은 **하나님께서 친히 모세를 통해 자기 백성과 접촉하시는 곳이요**, 복의 언약을 이 산에서 주심으로써 하나님께서 자기 백성과 직접적이고 구체적인 관계를 맺으시는 산입니다. 또한 이 산은 **하나님께서 자기 백성을 구원할 구원자를 보내시는 하나님의 구속사업을 최초로 온 세상에 구체적으로 알게 해주시는 곳**이 됩니다.

호렙산은 하나님께서 친히 임재하셔서 이러한 놀라운 섭리를 펼쳐 보이는 산이므로 여기에서 특별히 '**하나님의 산**'이라고 표현했습니다.

그런데 이 산은 **미디안 광야**에 있습니다.

즉 모세가 애굽에서 **미디안 광야로 도망한 것**, 또 모세가 미디안의 목동이 되어서 양에게 풀을 먹이려고 **서쪽으로 움직인 것**도 하나님의 섭리하심이요, 그렇게 해서 하나님의 산으로 **특별히 정해놓으신 호렙산에 모세가 접근하게끔** 또한 섭리하신 것입니다.

이 모든 것은 모세가 미리 계획한 일들이 아닙니다.

모세가 환난 가운데서 정신없이 도망가는 그 발걸음조차 **하나님의 보이지 않는 손**이 그를 부르시고 만날 산이 있는 곳으로 **정확하게 이끄신 것**입니다. 그 하나님의 손은 모세가 애굽 왕궁에서 편안하게 지내고 있을 때는 **그가 살인자가 되고 실패자가 되어 도망자가 되게끔 이끄신 손**이었습니다. 누가 이러한 사실을 눈치나 챘겠습니까? 하나님은 그때부터 이미 **이 호렙산에 오셔서 기다리고 계셨던 것**입니다.

그런데 모세가 미디안 광야에 와서 이 호렙산에 접근할 때까지는 자그마치 **40년**이라는 세월이 흘렀습니다. 하나님은 이 만남을 미리 다 계획해두셨지만 그 전에 바로 곁에 있는 미디안 광야에서 **40년** 동안이나 양을 치면서 훈련을 쌓게 하셨습니다.

하나님은 이렇게 **우리가 이해할 수 없을 정도로 인내심 있게 기다리는 분**이십니다. 애굽에서 고통 속에 부르짖는 이스라엘 백성을 생각하면 모세를 서둘러 부르실 만도 한데 하나님은 **모세가 과연 이스라엘의 해방자요, 선지자가 되기까지, 또 애굽에서의 모든 것이 무르익을 때까지 40년** 동안이나 참고 기다리셨던 것입니다. 하나님께서는 **모세와 이스라엘 백성들에게 가장 적절하고 최대한 유익**하게 해주고 계셨습니다.

우리가 **이러한 하나님의 섭리를 깨닫는다면 우리 마음먹은 대로 무엇이 빨리 이루어지지 않는다고 조급할 필요는 없습니다**. 내가 일 년 동안 무엇을 위해 놓고 기도했는데도 아직 이루어지지 않았다고 낙심하거나 의심하지 말아야 합니다.

　우리는 지금 내가 어디에서 살고, 어디에 몸을 담고 있든지 **결코 우연이 아니라** 그 모든 것이 **하나님께서 특별한 섭리 가운데서** 나와 내 주변의 모든 사람에게 **가장 적합하고 유익하게끔 인도하셨음**을 명심해야 합니다. 이것을 명심하지 못하고 **섣부르게** 판단하고 결정하고 계획하고 자기 멋대로 함으로써 하나님을 실망시키고 심지어 진노하시게 만들고 하나님의 눈 밖에 나는 사람들이 얼마나 많은지 모릅니다.

　아직 내가 결정적으로 하나님의 부르심과 명령을 접하지 못했더라도 지금 내가 살고 있는 이 현장 **바로 옆에** 하나님께서 나를 부르시고 만나주실 산 호렙이 있고 **거기에는 이미 하나님께서 나를 기다리고 계심**을 또한 잊지 말아야 합니다.

　때가 되면, 즉 **내가 쌓을 훈련을 다 쌓고 준비가 되면** 반드시 하나님의 보이지 않는 손이 그 예비하신 하나님께서 기다리시는 호렙으로 나를 이끌어 주실 것입니다.

　예수 그리스도를 믿고 주인 삼고 순종하고 충성하는 성도들은 지금 **점점 그 하나님의 산 호렙으로 가까이 가고 있는 사람들**입니다. 우리는 언젠가 **하나님께서 정하신 때에** 하나님의 산 호렙에 도달하여 하나님을 만나고 보다 더 구체적으로 하나님의 지시와 명령을 받고 큰 권능을 입어 **전혀 새로운 인생**을 살게 될 것입니다.

제 9 강

여호와의 사자가 불붙은 떨기나무에서 나타남

〈출3:2~3〉
2여호와의 사자가 떨기나무 가운데로부터 나오는 불꽃 안에서 그에게 나타나시니라 그가 보니 떨기나무에 불이 붙었으나 그 떨기나무가 사라지지 아니하는지라 3이에 모세가 이르되 내가 돌이켜 가서 이 큰 광경을 보리라 떨기나무가 어찌하여 타지 아니하는고 하니 그 때에

> 2절/ 여호와의 사자가 떨기나무 가운데로부터 나오는 불꽃 안에서 그에게 나타나시니라 그가 보니 떨기나무에 불이 붙었으나 그 떨기나무가 사라지지 아니하는지라

〈더 정확한 번역〉
▋ 사라지지 아니하는지라 ⇒ 타서 없어지지 않았다.

2절 이하에서는 **하나님께서 어떻게 모세를 부르시는가**를 설명합니다.

하나님은 모세가 애굽 왕궁에서 자라 40세가 되도록 단 한 번도 그를 부르시거나 만나주시지 않으셨습니다. 그가 미디안 광야로 도망가서 목동생활을 하던 40년 동안에도 마찬가지였습니다. 모세가 **80세 노인이 된 다음에야** 하나님은 호렙이라는 산에서 그를 부르시고 만나주시고 비로소 애굽으로 보내셨습니다.

하나님께서 모세를 부르시고 만나시는 장면은 매우 간단하게 기록되어 있습니다. 그런데 이 기록들 속에는 **놀라운 하나님의 섭리**가 담겨 있습니다. "**여호와의 사자가 모세에게 나타났다**" 했습니다.

여호와의 사자라는 말은 특별히 창세기에 많이 나옵니다(창16:7, 21:17, 22:11~12, 31:11, 48:16). 그 하나님의 사자는 **하나님을 대리한 존재임과 동시에 하나님 자신으로** 칭했습니다. 그리고 나타난 모습은 **사람의 모습**이었습니다(창18:1~15, 32:24~32).

그러므로 그 '**여호와의 사자**'는 장차 신약시대에 **인간의 몸을 입고 오실 그리스도**를 계시하는 것입니다. 하나님은 이렇게 옛적부터 우리를 찾아오시되 **자신을 낮추셔서 우리와 접촉하실 수 있는 사람의 모습으로** 오셨습니다.

예수 그리스도는 구약시대의 하나님의 백성에 대해서도 이렇게 **계시자**이시며 **구원자**이셨습니다. 우리가 하나님을 만나고자 할 때 **진실하고 거룩하기만 하면** 그 하나님은 우리를 만나주십니다.

이렇게 구약성경에서도 **성자 하나님**으로 이 세상에 오셔서 활동하셨던 기록이 많이 나옵니다. 구약시대에도 성자 하나님, 성령 하나님께서 성부 하나님과 언제나 함께 일하셨습니다.

옛날 소돔과 고모라성을 멸망시킬 때도 세 **천사**가 아브라함이 사는 곳으로 왔는데 그 천사들은 바로 **성삼위 하나님**이셨습니다.

"**여호와의 사자**"가 "**나타나셨다**"는 존칭어로 표현되어있습니다. 만약 여기에 여호와의 사자가 천사라면 결코 성경에 하나님을 대해 말하는 것처럼 존칭어로 기록될 수 없습니다.

또 이 여호와의 사자가 "**떨기나무 불꽃 가운데서 나타나셨다**"고 했는데 4절에 "**하나님이** 떨기나무 가운데서 그를 불러 이르시되" 라고 했습니다.

2절에서도 떨기나무 불꽃 가운데서 나타나신 분이 여호와의 사자라고 했는데 4절에서는 그 떨기나무 가운데서 모세를 부르신 이가 **하나님**이라고 분명히 말씀하고 있습니다.

그러므로 2절에 나오는 여호와의 사자는 **하나님**이십니다.

그런데 그 하나님은 특히 "장차 이 세상에 오실 예수 그리스도", 즉 "**성자 하나님**"이심을 2절과 4절 말씀이 분명히 설명해주고 있습니다.

"**여호와의 사자가 떨기나무 가운데서 나타나셨다**"는 말씀과 "**불꽃 가운데서 나타나셨다**"는 말씀, 또 "그 떨기나무의 불에 나무가 타서 없어지지 않았다"는 말씀이 이 '**여호와의 사자**'가 예수 그리스도임을 아주 의미심장하게 깨우쳐주고 있습니다.

(1) "**떨기나무 가운데서 나타났다**"는 말씀은 장차 예수께서 죄인들을 구원하실 터인데 **그 일을 성취하기 위해 많은 고난을 당할 것**을 보여줍니다.

떨기나무는 일종의 가시나무입니다. 예수님은 **이 세상에 인간의 몸을 입고 오실 때부터 고난의 길**을 걸으셨습니다. 거룩하신 하나님이 '**가장 천한 신분**'으로 오시고, 객지의 마구간에서 태어나시고, 가난한 생활 속에서 자라셨고, 비로소 구세주로서 활동하실 때도 헐벗고 굶주리고 침 뱉음을 당하고 매 맞고 멸시와 천대를 당하셨습니다. 그리고 마지막에는 **가시 면류관**을 쓰시고 머리에서부터 피를 흘리며 죽임을 당하셨습니다.

애굽에서 고통에 시달리는 이스라엘 백성들을 구원할 해방자로 보내시려고 모세를 부르신 하나님은 어떤 분이신가?

저주받은 세상 속에서 시달리며 살고 있는 하나님의 선택된 백성들을 구원하기 위해 장차 인간의 몸을 입고 이 땅에 오셔서 온갖 쓰라린 고통을 당하실 예수 그리스도이십니다.

하나님께서 이스라엘을 애굽에서 해방시키기 위해 모세를 부르실 때 우선 모세의 눈에 제일 먼저 보인 것은 '**떨기나무**'였습니다.

하나님이 떨기나무 가운데서 나타나셨다는 말씀은 **모세를 해방자로 처음 부르셨을 때만 나옵니다.** 그냥 불기둥의 형상으로 임하시고 모세를 부르실 수도 있는데 왜 굳이 떨기나무 가운데서 나타나셨을까요?

가시떨기 나무 가운데서 모세를 부르셨다는 것은 '**예수 그리스도의 고난을 예표**'합니다. 또한 이제 이스라엘 백성을 애굽에서 해방되게 하시는 분이 바로 **예수 그리스도**이심을 알게 해줍니다. 나아가서 모세 한 사람을 통해 이스라엘이 해방되는 것처럼 '**온갖 고난을 당하실 예수 그리스도에 의해서**' 모든 **하나님의 백성이 영생 구원을 얻게 되리라는 사실을 깨우쳐줍니다.**

(2) "**떨기나무 불꽃 가운데서 나타나셨다**"고 했습니다.

여기 **불꽃**은 **떨기나무**에 붙어서 타오르는 불로서 '**무서운 하나님의 진노**'를 의미합니다. 즉 장차 예수께서 이 땅에 오셔서 선택된 백성들의 모든 죄를 **대신 담당하심으로써 하나님의 무서운 진노를 받아** 죽임을 당할 것을 보여주는 말씀입니다.

(3) 그 떨기나무는 "**불에 타서 없어지지 않았다**" 했습니다.

여호와의 사자는 그때 **모세가 알아들을 수 있는 말**로 말했습니다. 이 타서 없어지지 않는 불은 **하나님의 임재와 영광**을 나타내는 **하나님의 현현**을 보여주고 있습니다.

모세는 그 불이 그동안 알던 불과는 다르다는 것을 알게 되었습니다.

하나님은 **모세를 통해 이스라엘 백성을 해방시키시기 전에 먼저 그들의 모든 죄를 깨끗이 용서받게 하는 작업**을 하십니다. **그 백성들의 죄로 인한 형벌을 예수 그리스도가 대신 당하게 하심으로써** 그들이 불타서 없어지지 않고 생존하게 하셨습니다.

하나님께서는 모세를 부르시고 이스라엘 백성들의 해방자로 보내시려 할 때 **이 놀라운 섭리**를 보여주고 있습니다.

그런데 그 불은 울창한 나무숲이 아니라 **볼품이 없는 가시덤불**, 즉 떨기나무에서 보였습니다. 이것 또한 하나님께서 **세상에서의 약자와 멸시 받는 자들**을 택해서 지혜로운 자들을 부끄럽게 하신다는 사실을 깨우쳐주고 있습니다.

모세도 40세까지는 세계 최강대국의 왕자였으나 **철저하게 낮아져서** 일개 목자에 지나지 않을 때 하나님께서 그를 부르시고 만나주시고 이스라엘의 해방자로 보내셨습니다.

떨기나무에 불이 붙었으나 타서 없어지지 않은 것은 **이스라엘 백성들이** 뜨거운 불이 타고 있는 벽돌 가마 곁에서 **완전히 해방될 것**을 의미합니다.

하나님은 이를 통해 교회가 가끔 극심한 혼란에 빠지지만 **절망에 처하지 않고**, 버림을 받는 것 같으나 결코 멸망하지 않음을 보여주십니다.

하나님은 불신자, 우상숭배자들, 즉 하나님이 선택하지 않으신 사람들에게는 그들의 모든 죄악에 대해 **소멸하는 불**, 즉 불타서 없어지게 하는 진노를 당하게 하십니다. 그러나 하나님께서 선택하시고 예수 그리스도로 말미암아 구속하신 백성들은 그 진노의 불이 **메시야 예수 그리스도에게 대신 임함으로써** 그들은 타서 없어지지 않고 **영생**하게 하십니다.

불에 타서 없어지지 않는 떨기나무는 **예수 그리스도의 고난과 죽으심이 결코 무용한 일이 아니고 예수께서 다시 살아나심으로써** 그를 믿는 자들도 영생을 얻게 된다는 사실을 보여줍니다.

모세처럼 성부 하나님의 뜻에 따라 이 세상에 오셔서 구원자의 역할을 완벽하게 수행하실 분이 **예수 그리스도라**는 의미에서 **여호와의 사자**라고 표현하신 것입니다.

하나님의 섭리가 얼마나 오묘합니까? 그 당시 모세도 이런 놀라운 비밀을 확실히 몰랐습니다. 이 출애굽기를 기록한 모세도 자기가 직접 목격한 것인데도 여기 담긴 엄청난 하나님의 지혜와 섭리를 알 수 없었습니다. *이런 비밀은 이제* **예수 그리스도를 알고 믿게 된 우리**, 즉 **신약시대 성도들**이나 확실히 알아차릴 말씀이었습니다.

하나님은 이렇게 약 1500년이 지난 다음에야 '**오신 예수 그리스도**'를 믿은 성도들이 알아차릴 비밀을 그 옛날 모세를 해방자로 부르실 때 알게 해주신 것입니다.

그러므로 모세와 그 당시 이스라엘 백성들의 삶이 오늘날 우리들의 삶과 결코 무관하지 않습니다. 이를테면 그들은 **하나님의 구원사업**이라는 **하나님의 거대한 섭리의 무대**에서 **3막**이나 **4막**에 해당되는 연극을 한 것이고, 오늘날 우리는 그것을 이어받아서 **10막**이나 **20막**을 연극하고 있는 것입니다. 따라서 예수 그리스도를 통해 선택된 하나님의 백성들을 구원하신다는 **기본적인 시나리오는 예나 지금이나 동일하게 전개되고** 있습니다.

많은 사람들이 모세가 떨기나무 불꽃 가운데 나타나신 하나님의 부르심을 받은 것이 이런 엄청난 비밀을 담고 있는지를 모르고 무심코 지나치고 있습니다.

옛날 모세를 부르시고 이스라엘 백성의 해방자로 보내신 분도 **예수 그리스도**이십니다. 그리고 그 후 하나님께서 모세를 통해 율법과 계명과 율례를 주셔서 이스라엘 백성들로 하여금 지키게 하셨는데 그것도 **오실 예수 그리스도를 믿고 따르도록** 하신 것이었습니다. 또한 과연 율법과 계명과 율례를 끝까지 그대로 지켜 행한 자들만이 가나안에 들어가게 하신 것도 그들이 **오직 오실 예수 그리스도만을 끝까지 믿고 따름으로써 본향에 들어가게** 하신 것입니다.

그러므로 구약 성도들도 오실 예수 그리스도를 믿은 것입니다. 예나 지금이나 이 고통스러운 세상에서 해방되고, 지옥이 아니라 천국에 들어갈 수 있는 방법은 **예수 그리스도만을 믿고 순종하는 것**입니다.

모세와 그를 통해 주신 하나님의 법을 믿고 순종하던 사람들만이 고통스러운 노예생활에서 해방되고 젖과 꿀이 흐르는 땅을 차지했고, 그렇지 않은 사람들은 이스라엘 사람이나 애굽 사람을 막론하고 멸망을 당했습니다.

마찬가지로 **예수 그리스도와 하나님의 말씀을 믿고 순종하는 자들만이 모든 고통에서 자유를 얻고, 새로운 세계와 생활을 찾아 누리게** 됩니다. 반면에 예수 그리스도와 하나님의 말씀을 믿지 않고 자기 욕심과 세상 방식대로 사는 사람은 누구든지 실패하고, 더 고통스러워지고, 결국에는 영원한 멸망에 떨어지게 됩니다.

그리고 이 출애굽기 3장 2절을 통해서 하나님께서 모든 사람에게 알게 해 주시는 사실이 있습니다.

인간의 몸을 입고 오셔서 죄인들을 대신하여 온갖 고난을 당하시고, 십자

가에 달려 죽으신 예수 그리스도, 그리고 사망을 이기고 부활하신 예수만이 **진정한 구원자요**, **그 예수를 구세주로 믿고 순종하는 자만이 구원을 얻는다**는 사실입니다.

이스라엘을 해방시키기 위해 부르심을 받은 **모세가 만나고 보게 된 하나님**은 놀라운 위력이 있는 무기나 군대를 거느린 분이 아니고, 돈도 아니요, 마리아, 베드로, 바울도 아니고, 석가모니나 마호메트도 아니며 **오직 인간의 몸을 입고 이 땅에 오셨다가 온갖 고통을 당하시고 죽임 당하셨다가 부활하실 예수 그리스도**이셨습니다.

이스라엘 백성들이 칼 한번 휘둘러보지도 않고 가축 중에 무엇 하나 뺏기거나 죽지도 않고 깨끗하게, 완전히 해방되게 하신 분은 바로 **떨기나무 불꽃 가운데서 모세 앞에 나타나신** 그 예수 그리스도뿐이었습니다.

여러분, 지금 무엇을 **진정한 주인**으로 삼고 있습니까?

모세가 이 떨기나무 불꽃 가운데서 예수 그리스도를 만나고, 그를 주인 삼고, 순종하지 않았다면 그는 결코 이스라엘의 해방자가 될 수가 없었고 목동 생활에서조차 벗어날 수 없었습니다.

여러분, 돈이나 사람이나 세상의 것들을 만나서 그것들을 주인 삼고 종노릇하지 마십시오. 그것들은 결코 우리의 문제를 **하나도** 해결해주지 못합니다. 오히려 우리가 **그것들을 주인 삼는 만큼** 불만족과 고통은 더해질 뿐입니다.

그러나 모세가 예수 그리스도를 진정으로 만나고 주인 삼고 순종하자 **이스라엘의 해방자**가 되었고, 수많은 이스라엘 백성들을 **말할 수 없는 고통에서 구해냈습니다.**

예수를 확실히 만나고 그 예수를 철저하게 주인 삼기를 바랍니다.

그동안 내 속에 들어 앉아있던 허영의 주인, 돈의 주인, 쾌락의 주인을 쫓아버리고 예수 그리스도만을 주인 삼고 그의 말씀에 순종하시기 바랍니다. 그리고 이것을 위해 날마다 기도하시기 바랍니다.

호렙이라는 산, 미디안 광야, 이드로 가족들의 미디안 정착, 모세의 피신, 호렙산의 떨기나무… 이런 것들이 지금까지 설명한 것처럼 **놀라운 하나님의 섭리를 위해 준비되었던 것**입니다. 모세가 **예수 그리스도에 의해 부르심을 받게 하기 위해서** 참으로 가지각색의 것들이 **준비**되고 **동원**되었습니다.

우선 **모세의 인생 경로**를 살펴보면 아주 어릴 때 바구니에 담겨 떠내려 가던 신세, 애굽 왕궁에서 왕자로 자라는 신세, 사람을 죽이고 도망하는 신세, 애굽 왕자의 신분에서 비천한 목동으로 전락하여 40년 동안 생활하는 신세… 이런 인생 경로가 **하나님에 의해서 준비되었고**, 그 다음에 미디안 제사장 이드로와 그 딸들이 **준비된** 것입니다. 그런가 하면 **이드로의 양떼와 우물이 준비되었습니다**.

이처럼 **사람은 물론이고** 많은 것들이 모세가 예수를 만나고 부르심을 입는 **도구들로 사용**되었습니다.

선택되지 못한 사람에게 있어서는 숱한 만남이 그들을 **더 부패하게 만들고, 그들과 예수 그리스도의 사이를 점점 떼놓게** 되지만 선택된 사람들의 모든 만남과 상황들은 기필코 예수 그리스도와 가까워지게 하고 만나게 해 주는 것이 됩니다.

그동안 저와 여러분이 어떤 사람들을 만나며 지내왔고, 무슨 산, 무슨 강, 무슨 동네를 만나 살고, 무슨 동물이나 식물들을 만나 왔고, 무슨 처지들을 겪어왔든지 그 모든 만남은 여러분과 예수 그리스도를 **연결해주는 도구들**이었음을 깨닫기 바랍니다.

그러므로 우리 성도들은 **어떤 만남에 대해서도 원망이나 불만을 품어서는 안 됩니다**. 그 모든 만남이 **반드시 나에게 유익과 복이 되는 것임을 믿고 하나님 중심, 교회 중심, 말씀 중심의 생활에서 조금도 이탈하지 말아야** 합니다.

만약 모세가 그 목동생활에 대해 끊임없이 원망과 불만을 품었다면 도중에 그 생활을 버리고 다른 생활에 빠졌을 것이고 그렇게 했다면 결코 호렙산에서 예수 그리스도를 만나지 못했을 것입니다. 나는 지금 어떤 사람인가 살펴보시기 바랍니다.

> 3절/ 이에 모세가 이르되 내가 돌이켜 가서 이 큰 광경을 보리라 떨기나무가 어찌하여 타지 아니하는고 하니 그 때에

〈더 정확한 번역〉
> 돌이켜 가서 이 큰 광경을 보리라 ⇒ 가까이 가서 이 이상한 일을 살펴봐야겠다.

모세는 말하기를 "내가 가까이 가서 이 이상한 일을 살펴봐야겠다. 떨기나무가 어찌하여 타지 아니하는고" 했습니다.

모세가 호렙산에서 본 그 광경은 **참으로 이상한 일**이었습니다. 그 떨기나

무는 시내 산에 많이 있는 나무라고 합니다. 그런데 나무에 불이 붙어서 활활 타오르고 있는데 나무가 타서 없어지지 않는 것입니다.

그 나무는 **가시만 달려 있는 나무**인데 그것은 **죄 많은 이스라엘 백성**을 상징합니다. 동시에 그들을 진정으로 해방시켜 줄 **메시야**를 상징했습니다. 그 **놀라운 하나님의 섭리를 담고 있는 불붙은 떨기나무를** 모세가 보았을 때 그것은 도무지 이해할 수 없는 신기하고도 이상한 일이었습니다.

하나님은 그 놀라운 광경을 모세에게 보여주시면서 모세로 하여금 **큰 호기심**을 가지게 하셨습니다. 하나님은 때때로 이렇게 **선택된 사람들**로 하여금 쉽게 이해하고 깨달을 수 없는 신기한 일을 보고 경험하게 함으로써 큰 호기심을 가지고 하나님께로 다가오게 하십니다. 그러기에 이 호기심은 **거룩한 호기심**입니다. 하나님은 이렇게 **우리 모든 하나님의 선택된 사람**을 거룩한 호기심을 가지도록 강하게 역사하시고 이끌어주심으로써 **도저히 알 수 없는 하나님과 하나님의 나라를 알고 믿게 해주십니다.**

우리는 이 은혜에 대해 참으로 감사드려야 합니다.

모세가 그 이상한 일을 보고서도 호기심을 갖지 못하고 그냥 돌아가버렸다면 그와 이스라엘 백성에게는 아무 일이 일어나지 않았을 것이며 하나님의 크고 놀라우신 섭리를 역행하는 일이 되었을 것입니다.

우리는 불붙은 떨기나무가 타서 없어지지 않는 것보다 **더 놀랍고 신비로운 하나님의 임재와 부르심이 담긴 이 성경 말씀을** 점점 더 큰 호기심을 가지고 대해야 합니다. **이 말씀이야말로 읽으면 읽을수록, 들으면 들을수록 점점 더 크고 거룩한 호기심을 가지게** 해줍니다. 그럼에도 불구하고 성경으로 가까이 나아오지 않는다면 그것은 하나님께서 모세에게 신기하고 놀라운 광경을 보여주시며 거룩한 호기심을 가지도록 강력하게 이끌어주시는데 **곧바로 등을 돌리고 돌아가 버리는 것과 같습니다. 얼마나 어리석고 불쌍한 사람입니까?**

우리는 **하나님과 하나님의 모든 진리에 대해** 더욱더 거룩한 호기심을 기울여야만 합니다.

제 10 강

하나님께서 모세의 이름을 부르심

〈출3:4~6〉
4여호와께서 그가 보려고 돌이켜 오는 것을 보신지라 하나님이 떨기나무 가운데서 그를 불러 이르시되 모세야 모세야 하시매 그가 이르되 내가 여기 있나이다 5하나님이 이르시되 이리로 가까이 오지 말라 네가 선 곳은 거룩한 땅이니 네 발에서 신을 벗으라 6또 이르시되 나는 네 조상의 하나님이니 아브라함의 하나님, 이삭의 하나님, 야곱의 하나님이니라 모세가 하나님 뵈옵기를 두려워하여 얼굴을 가리매

▎4절/ 여호와께서 그가 보려고 돌이켜 오는 것을 보신지라 하나님이 떨기나무 가운데서 그를 불러 이르시되 모세야 모세야 하시매 그가 이르되 내가 여기 있나이다
〈더 정확한 번역〉
▎그가 보려고 돌이켜 오는 것을 보신지라 ⇒ 그가 그 나무를 살펴보려고 올라 오는 모습을 보셨다.

하나님께서는 불붙은 떨기나무로 가까이 오는 모세를 향해 "**모세야, 모세야**" 하고 그 **이름**을 부르셨습니다.

이는 하나님께서 **처음으로 모세를 직접 만나주신 장면**입니다. **하나님은 모세를 이미 알고 계시고 모세 개인을 상대로 그 이름을 직접 불러주심으로써 그를 얼마나 친근히 하고 사랑하고 계시는지를** 보여주신 것입니다.

하나님께서는 그 백성을 단체적으로 만나주실 뿐 아니라 종종 **개인별로 그 이름을 불러주십니다**. 하나님께서 사무엘을 부르실 때도 그 이름을 불러주셨고(삼상3:4~10) 엘리야도 그의 이름을 불러주셨습니다(왕상19:9). 또한 부활하신 주님께서 마리아의 이름을 불러주셨고(요20:16) 바울을 부르실 때도 "**사울아, 사울아**" 하셨습니다(행9:4).

하나님께서는 이때부터 모세에게 **큰 은혜**를 베푸셔서 그를 가까이 이끌어 주셨고 모세는 즉시 부르심에 응답하여 **하나님을 만나게** 된 것입니다. 모세가 떨기나무와 불타는 것을 목격하고 거룩한 호기심을 가지고 좀 더 자세히 알아보려고 가까이했을 바로 그때 **하나님은 모세의 이름을 부르시며** 이제

그가 해야 할 일을 알게 하십니다. 만일 모세가 그저 순간적인 호기심을 가지고 더이상 가까이 가보지도 않고 지나쳤다면 하나님께서 그에게 아무 말씀도 하시지 않으셨을 것입니다. 그러나 모세가 **하나님께로 가까이 다가가**자 하나님은 그의 이름을 불러주셨습니다.

하나님을 만나고 하나님과 교제하고자 하는 사람들은 **하나님께 가까이 나아가야** 합니다. 그리고 하나님과 그 능력과 영광을 나타내시고자 하는 순간에 **딴청 부리지 말고 그 임재하신 하나님께 더욱 집중해야** 합니다.
기쁨으로, 열심히 하나님을 찾는 사람들은 하나님을 찾게 되고 그러한 사람들은 **상상도 못할 놀라운 은총을 베풀어주시는 하나님을 만나게** 됩니다.

하나님은 친히 모세의 이름을 부르셨습니다. 모세가 들은 이 음성은 그가 지금까지 보았던 어떤 광경보다, 보고 경험했던 어떤 것보다 참으로 그를 **놀라게 했습니다.**

하나님께서 개인을 상대로 이름을 부르시며 말씀하신다는 것은 **그 순간부터 하나님의 놀라운 영광이 함께하는 것**을 의미합니다. 또한 그 이전에는 도무지 상상도 할 수 없었던 놀라운 하나님의 세계 안으로 불러들이시는 것입니다. 그러므로 **하나님께서 누군가를 상대로 이름을 불러가며 부르신다면 그 사람은 그때부터 이 세상에서는 상상도 할 수 없고 맛볼 수 없는 영광을 차지하게** 됩니다.

모세가 그 이상한 광경을 좀 더 자세히 보려고 접근하는데 **그와 동시에 하나님께서 모세가 접근해오는 것을 보셨다** 했습니다.

그런데 모세를 보신 분은 '**여호와**'라고 했고, 곧이어 떨기나무 가운데서 그를 부르신 분은 '**하나님**'이라 했습니다.

다가가는 모세를 보신 '**여호와**'는 **성부 하나님**이십니다. 그리고 불붙은 떨기나무에서 모세를 부르신 '**하나님**'은 앞에서 설명한 대로 **성자 하나님**, 즉 **예수 그리스도**이십니다. 그렇다면 **지금 모세를 부르시는 하나님은 성삼위 하나님이심**을 알 수 있습니다.

하나님의 사람 개개인을 위해 언제나 성부, 성자, 성령 삼위일체 하나님께서 함께 일하고 돌보아주고 계십니다. 여기 4절에서는 **성령 하나님**이 개입되지 않은 것처럼 보이지만 잠시 후에 **성령 하나님의 능력이 모세의 손과 지팡이를 통해 수시로 나타납니다.** 즉 모세에게는 **이미 성삼위 하나님께서 함께해주시고 돌봐주시기를 시작하신 것입니다.**

이것은 오늘날 **우리 모든 성도에게도** 마찬가지입니다.

성부께서 우리 모든 삶에 대하여 '**세심히 계획**'하시고, **성자**께서 친히 '**우리의 주인이요, 책임자요, 목자가 되어주셔서 필요한 모든 것을 제공**'해주시고, **성령**께서 '**능력으로 우리를 구체적으로 도우시며 인도**'해주십니다.

그러므로 **이런 삼위일체 하나님을 주인 삼고 사는 사람**은 두려워하거나 염려할 것이 없습니다.

이러한 하나님을 주인 삼지 못해서 자기가 일일이 다 계획하고, 자기가 모든 부족한 것을 보충하려 하고, 한정된 자기 능력으로 숱한 문제와 싸우고 해결하려 하면 **수많은 시행착오**와 **실패**와 **어려움**을 당할 수밖에 없습니다.

그러므로 우리 모든 성도는 **나의 모든 인생과 그 설계를 하나님께 맡겨야** 합니다. 그것이 바로 **자기를 부인하고 주님을 따라가는 것**입니다. 그리고 **모든 부족한 부분을 하나님께서 채워주실 것을 기대**하며 **능치 못함이 없는 하나님의 능력의 도우심을 항상 구해야** 합니다.

이러한 사람이 참으로 형통한 길을 걷고 진정한 기쁨과 평안을 누립니다. **하나님께 맡겨야 할 것을 내가 하려고 하니** 부진하고 어려운 것입니다. 그것은 철부지 어린아이가 부모가 할 일까지 자기가 하겠다고 덤벼드는 것과 같습니다. 또한 **하나님은 우리가 무엇을 하고 있는지 언제나 환히 보고 아시는 분**임을 명심해야 합니다.

"여호와께서 그가 그 나무를 살펴보려고 올라오는 모습을 보셨다" 했습니다.

하나님은 그 사랑하시는 자가 언제, 어디서, 어떻게 행실하고 있는지, 또 어디로 가고 있고 어디에 있는지 **단 한 순간도 빼놓지 않고 관찰하고** 계십니다.

어떤 사람들은 '하나님께서 나 같은 것에게 관심이 있으시겠는가?' 하고 생각합니다. 그러나 하나님은 **지옥 갈 자들까지도** 모든 것을 유심히 보고 계십니다. 그리고 천국 갈 사람들, 사랑하시는 자들에 대해서는 **선하고 복된 길로** 인도해주시려고 **유심히 관찰**하고 계십니다. 그러시다가 우리가 **다듬어지고 성숙한 자가 되면** 그때는 모세처럼 부르시고, 대화를 나눠주시고, 사명을 주시고, 능력도 주셔서 사용하십니다. **그때부터** 이 사람은 본격적인 하나님의 일꾼으로 쓰임을 받게 되고 놀라운 역사를 일으키며 많은 사람을 구원하고 유익을 끼치게 됩니다.

나는 아직도 그저 하나님의 관찰 속에서 테스트를 받고 있는 사람은 아닙니까? 또한 그 숱한 테스트에서 **자꾸 불합격하여** 계속 또 다른 테스트를 받으며 하나님의 관찰 속에 머물러 있지는 않습니까?

이제는 그 모든 하나님의 시험에서 **합격하고** 이제는 **하나님의 관찰의 시간이 끝나고** 구체적으로 부르심을 받아 하나님을 만나고 사명과 권세와 능력을 받고 귀하게 쓰임 받는 성도가 되어야 합니다.

계속해서 테스트나 받아야 하고 관찰의 대상으로 남아있는 한 그 사람은 그저 목동 생활에서 벗어나지 못할 것입니다. 이제 **합격을 받아서** 모세처럼 하나님의 섭리 무대에서 주연 배우로 사용되는 사람이 되시기 바랍니다.

모세가 불타는 떨기나무를 좀 더 자세히 알아보겠다고 다가간 **행동**은 하나님을 만나고 놀라운 은총을 받는 순간이 되었습니다.

예수 믿고 구원받은 사람이 만나게 되는 모든 사건, 즉 어떤 사람과 만나거나, 어떤 광경을 보거나, 무엇을 느끼는 등의 **모든 것 중 무의미한 것**은 없습니다.

하나님께서 모세를 부르시려고 **기다리셨던 것**처럼 하나님은 우리가 당하는 모든 사건을 통해 반드시 우리를 부르시고 거룩한 길로 인도해주시고자 기다리고 계십니다.

그러므로 아무리 하찮은 대화나 사소한 사건도 성도는 결코 예사롭게 보아 넘겨서는 안 됩니다. 그 모든 것 속에서 **하나님의 음성**을 들을 수 있어야 하고, **하나님의 섭리**를 발견하고, 깨달아야 합니다. 이런 성도는 **매사에 신중하고 진지하게** 임하며 어느 것이든 결코 적당히 대하지 않습니다. 이런 사람이라야 하나님은 수시로 만나주시고, 하나님의 음성을 듣게 하시며, 날마다 순간마다 하나님의 깊은 섭리를 발견하게 하시고 사용하십니다.

모세가 **80세가 되어서야** 하나님은 그 이름을 불러주셨습니다.

선택된 사람은 하나님께 **부르심을 받고 사명을 받아 능력있게 일하며 자기 구실을 다할 때**가 있습니다. 그때가 언제일지 정확하게 알 수 없으나 우리는 그 '**거룩하고 복된 때**'가 날 위해 **정해져 있음**을 믿고 **그때가 되기 전에 잘 준비해야** 합니다.

우리 모든 성도도 **이렇게 하나님에 의해 쓰임 받기 위해서 만세 전부터 선택되고 예수 믿게 된 것**입니다. 결코 나 자신과 내 가족의 생계유지만을 위해 그렇게 된 것이 아님을 잊지 마시기 바랍니다.

우리도 하나님께서 "아무개야" 하고 구체적으로 나의 이름을 불러주시며 거룩한 사명을 받고 하나님의 일꾼으로 영광스럽게 쓰임 받는 성도가 되기 위해 늘 **깨어 기도하며 준비**해야 합니다.

모세가 하나님께 "내가 여기 있나이다" 함으로써 그는 과연 **하나님과 대화를 나누기 시작**했습니다.

우리도 이렇게 **하나님께서 나를 불러주시고 나도 하나님께 대답함으로 진정한 하나님과의 대화**가 이루어지기를 간절히 사모해야 합니다. "아무개야" 하는 하나님의 부르심을 받고 "내가 여기 있나이다" 하는 대화만 이루어진다면 그 사람의 인생은 **전혀 새롭고 놀랍게** 됩니다.

그런데 하나님께서는 때가 되어 나의 이름을 불러주시는데 나는 **그 음성을 듣지도 못하거나, 들었어도 대답할 수 없다면** 얼마나 불쌍한 사람입니까?

하나님께 선택되고 성령으로 말미암아 그 영혼이 거듭나서 예수 그리스도를 확실히 알고 믿게 되어 모든 죄를 사함받고 하나님의 자녀가 되었음에도 불구하고 **10년, 20년이 지나도록 하나님께서 내 이름을 부르시는 것을 도무지 감지할 수 없고 그 하나님께 "내가 여기 있나이다" 하고 분명히 대답하지 못하여** 하나님과의 관계를 분명하게 맺지 못하는 성도들이 많습니다.

왜 그렇게 되었을까요?

분명 그 사람은 **불붙은 떨기나무로 가까이 가지 않고 세상 다른 것들에 더 관심 있고, 그것에게 더 호기심이 있어서 다른 곳으로 가고 있기 때문**입니다. 그가 이렇게 하는 한 결코 하나님을 만날 수 없으며 거룩한 사명을 받고 그 능력을 힘입어 놀라운 일을 하는 사람이 될 수 없습니다.

그래서 주님은 "너희가 나를 따르려거든 **먼저 자기를 부인하고 자기 십자가를 지고 나를 따를 것이니라**" 하셨습니다. 내가 '**철저한 자기 부인**'이 되지 못하여 불붙은 떨기나무로 가다가 **곁길로 새고 오히려 반대방향으로 가고 있지는 않은지** 정신차리고 살펴보시기 바랍니다. 내가 만약 그런 사람이라면 나는 지금 그리스도를 따르는 사람이 아니고 내 이름을 부르시는 하나님께로 향하는 사람도 아닙니다. **하나님이 정하신 때까지** 그것을 고치지 않는다면 영원한 멸망을 면할 수 없게 됩니다.

우리에게 참으로 소중한 것은 세상 것들이 아닙니다. **불붙은 떨기나무**입니다. 그 떨기나무로, 즉 **예수 그리스도께로 날마다 가까이 나아가야** 합니다. 내가 아직 단 한 번도 하나님의 부르심 앞에서 "내가 여기 있나이다" 라고 대답하지 못하지 않았는지 돌아보시기 바랍니다.

> 5절/ 하나님이 이르시되 이리로 가까이 오지 말라 네가 선 곳은 거룩한 땅이니 네 발에서 신을 벗으라

'**거룩한 땅**'이라 하신 이유는 **그곳이 하나님께서 모세 앞에 나타나신 장소**이기 때문입니다.

또한 "**네 발에서 신을 벗으라**" 하신 것은 **모세가 땅에서 살면서 하나님 앞에서 더럽혀졌음**을 가리키는 말씀입니다.

모든 사람은 이 땅에 사는 순간마다 **알게 모르게 하나님 앞에 범죄하여 더러워집니다**. 우리는 이 땅에 태어나면서부터 **전적으로 부패 타락한 죄인**일 뿐만 아니라 **모든 행실이 하나님 앞에서 더러운 죄가 될 수밖에 없는 존재**들입니다. 그러므로 우리가 하나님 앞으로 나아간다면 **우리 자신과 행실을 조금도 내세우거나 의지할 것이 없습니다**. 그야말로 우리가 하나님 앞에 설 때는 맨발로 서듯이 서야 합니다.

우리는 더러워진 신발을 벗듯이 우리의 행한 모든 잘못된 것들을 하나님 앞에 설 때마다 회개해야 합니다.

우리 스스로는 하나님 앞에서 잘한 것이라고 여기는 것조차도 그 가운데에도 옳지 않은 것이 얼마든지 있습니다. 그러므로 우리가 잘했다고 여기는 것까지도 하나님 앞에서 벗어야 합니다.

이사야 64장 6절에 "**무릇 우리는 다 부정한 자 같아서 우리의 의는 다 더러운 옷 같으며**" 했습니다.

우리 자신과 우리의 모든 행위는 율법 아래에서 다 더럽혀졌으므로 하나님 앞에 설 때는 그것들을 완전히 벗어야 합니다. 그래야 '평안의 복음의 신'을 신을 수 있습니다(엡6:15).

그러므로 우리가 **하나님 앞에 설 때는 잘못한 것도 벗어야 하고, 잘했다고 생각하는 것 중에서도 벗어야 할 것이 많습니다**. 즉 우리는 신을 벗듯이 우리의 옛사람을 벗어버려야 합니다. 우리는 우리 마음속에서 떠오르는 몇 가지 죄만 원통히 여길 것이 아니라 그 죄를 범할 수밖에 없는 우리 자신 전체가 그 죄의 유발자인 만큼 우리 자신 전체를 원통하게 여기며 하나님 앞에서 벗어버려야 합니다. 즉 철저하게 하나님 앞에서 회개하여 거룩해져야 합니다.

이것은 오직 예수 그리스도만을 확실하게 자신의 구주로 영접하는 사람만

이 할 수가 있습니다. 즉 예수를 확실히 믿음으로써 예수의 영인 성령을 받은 사람만이 이러한 모든 사실을 깨달을 수 있습니다. 또한 하나님 앞에서 저지른 모든 잘못에 대해 회개할 뿐 아니라 그 수많은 잘못을 저지를 수밖에 없던 자신을 거룩하게 만들어 갈 수 있습니다. 그것은 우리 자신의 힘으로는 불가능하고 우리를 지으신 그리스도의 영(성령)만이 하실 수 있습니다.

이제 모세는 타서 없어지지 않는 떨기나무, 즉 예수 그리스도를 접하게 됨으로써 하나님 앞에서 거룩한 사람이 됩니다. 이후에 모세와 그 인생은 완전히 새로워지며 그가 상상도 못하던 영광스러운 세계로 부름을 받고 쓰임을 받으며 나아가게 됩니다.

예수 그리스도를 확실하게 영접한 모든 사람은 이렇게 예수 그리스도를 만남으로써 모든 부정한 것을 버리고 거룩하고 영광스러운 삶을 살게 됩니다.

> 6절/ 또 이르시되 나는 네 조상의 하나님이니 아브라함의 하나님, 이삭의 하나님, 야곱의 하나님이니라 모세가 하나님 뵈옵기를 두려워하여 얼굴을 가리매

"나는 네 조상의 하나님이니 아브라함의 하나님, 이삭의 하나님, 야곱의 하나님이니라" 하셨습니다.

여기서 하나님은 모세를 처음으로 만나주시면서 자신이 어떤 분이신가를 분명하게 깨우쳐주십니다.

아브라함과 이삭과 야곱은 이미 천국에 있는 사람들입니다. 하나님은 모세에게 자신을 알게 하실 때 이미 천국에 가 있는 모세의 조상의 하나님이심을 분명하게 말씀해주십니다.

이것은 하나님의 백성들에게 나타나시는 하나님은 친히 세우신 계약의 하나님이라는 사실을 처음부터 깨우쳐주시는 것입니다. 이것은 특히 이제 하나님께서는 아브라함, 이삭, 야곱에게 약속하신 대로 그 자손인 이스라엘 백성들을 젖과 꿀이 흐르는 가나안 땅으로 보내시겠다고 모세에게 분명하게 선언하시는 것입니다.

하나님께서는 옛적부터 하신 말씀(성경)으로써 선택하신 백성들을 만나주시고 하나님이 누구시며 그 백성들에게 하신 약속이 무엇인지 알게 하십니다. 그러므로 우리 모든 하나님의 백성은 그 하나님의 약속을 전적으로 신뢰하고 살아야 합니다.

그래서 예수님도 종종 말씀하시기를 "네 믿음대로 되라" 하셨고(마9:29) "네 믿음이 너를 구원하였다"고 하셨습니다(마9:22, 15:28, 막10:52, 눅7:50).

하나님은 **사람의 눈으로 보이지 않는 유일하신 신인데 그분이 선택하신 사람들과 관계하시는 유일한 방법으로 하나님께서 기록하게 하신 말씀**을 주셔서 그들이 예수 그리스도가 **'하나님께서 약속대로 보내주신 메시야이심'을 믿게 하신 것**입니다.

따라서 우리 모든 믿음의 사람은 **하나님의 계약에 의해** 모든 죄를 용서받고 구원을 얻게 된 사람들입니다.

이렇게 하나님은 **옛적부터 선택하신 자들에게 말씀해주시고 그대로 이루시는 계약의 하나님**이십니다.

우상을 만든 사람들은 자기가 무슨 진리를 만들어서 그것을 신이 준 진리라고 가르칩니다. 그러나 그것은 어디까지나 그 **사람들에게서 나온 것**입니다. 그러므로 그것은 **결코 계약이 아니고 약속도 아니며 우상을 섬기는 사람들은 그 우상을 아무리 열심히 믿고 따라도 그것으로부터 어떤 약속도 받을 수 없으며 아무것도 얻을 수 없습니다.**

하나님께서 이미 천국에 가 있는 아브라함과 이삭과 야곱이 이 땅에 존재하는 것처럼 자신을 그들의 하나님이라고 말씀하신 것은 **그들이 지금도 분명히 존재하고 있고 하나님은 그들과의 약속을 이루고 계심을 보여주신 것**입니다.

아브라함과 이삭과 야곱의 하나님은 불타고 있는 떨기나무, 즉 **장차 오실 예수 그리스도의 하나님**이심을 처음부터 보여주셨습니다. 뿐만 아니라 이렇게 그 예수처럼 부활하고 영생하는 사람들, 하나님께서 선택하시고 사랑하신 사람들, 그들과 그들 자손에게 **놀라운 복을 약속**하셨음을 깨우쳐주시면서 그들은 하나님이 정하신 때에 부활하여 그 육체도 영원히 하나님과 함께 복락을 누리게 되리라는 사실을 암시하신 것입니다.

하나님께서 이스라엘 백성들의 조상의 하나님이 되시겠다는 약속이 그 조상들에게 주어졌으니 그 약속은 분명히 **미래의 행복**을 내포하고 있는 것입니다. 하나님은 **아브라함과 이삭과 야곱에게 하신 약속을 간직하고 계시며** 그들의 영원한 도성을 마련하셨기 때문에 언제나 자신을 **그 약속받은 자들의 하나님**이라고 나타내고 계십니다.

모세를 애굽의 해방자로 부르시는 하나님은 **그 조상들에게 하신 특별한 약속을 성취시키기 위해** 그를 부르셨음을 알게 하십니다.

하나님과 우리 하나님의 백성들의 계약 관계는 우리가 아무리 곤경에 빠져 있을 때도 가장 좋은 도움이 되고, 그 약속을 믿는 우리에게 참으로 큰 용기를 줍니다. 그러므로 우리는 자신이 하나님 앞에서 연약하고 무지무능함을 인식하게 될수록 하나님께서 주신 약속을 믿으며 언제나 소망을 가지게 되고 위로를 받을 수가 있습니다.

예수 믿는다고 하면서 하나님께서 자기에게 무슨 약속을 주셨는지를 확실히 알지 못하고 믿지 못하는 사람들이 있습니다. 그런 사람은 교회를 열심히 다닌다고 해도 하나님과 약속에 의한 계약 관계를 가지지 못한 사람이고 아무리 어려운 처지에서도 진정한 소망과 위로를 받을 수가 없는 사람입니다.

성도라고 하면서도 하나님의 약속이 무엇인지도 모르고, 자신이 그 약속을 받았다는 것도 모르고, 그 약속을 확실히 믿지 못하고 사는 사람들이 있습니다. 그런 사람들은 자신이 예수를 믿었으므로 영원한 천국이 보장되었다는 것도 확실히 믿을 수가 없습니다. 성도는 하나님의 약속을 바탕으로 하여 사는 사람들이고 그 약속을 의지하여 영원한 소망을 바라보며 나아가는 사람들입니다. 그러므로 하나님의 약속을 모르거나 믿지 못하는 사람들은 성도가 아니고 천국 시민도 아닙니다.

모세는 이 말씀을 들으면서 '내가 하나님을 만나고 있구나'라고 깨닫게 되었고 두려운 나머지 얼굴을 가렸습니다. 방금 전까지는 타지 않는 떨기나무의 불을 신기하게 여기고 놀라워했는데 이제는 그 속에 하나님이 와 계심을 알고 두려워할 수밖에 없었습니다. 즉 모세는 성삼위 하나님을 비로소 대하게 되었고 그 앞에서 자신이 얼마나 보잘것없는 존재인지를 깨닫고 그 하나님을 마주 대하는 것을 두려워하여 얼굴을 가린 것입니다.

아무리 모세처럼 하나님이 선택하신 사람이요, 하나님이 사랑하시고 귀하게 들어 쓰실 사람이라 해도 하나님을 더욱 알게 될수록 그 하나님이 두려워지는 것입니다. 우리는 하나님을 분명히 인식하면 할수록 그 하나님에 대한 존경과 경건한 두려움으로 그야말로 엎드려 경배할 수밖에 없습니다. 하나님을 참으로 두려워하며, 그 누구보다도, 무엇보다도 존귀하게 여기며 엎드려 예배할 줄 모르는 사람은 아직도 하나님을 도무지 모르고 있는 사람입니다.

하나님으로부터 복된 계약의 말씀을 더 많이 알게 될수록 그러한 사람은 하나님을 더 존귀하게 여기며 두려워하게 됩니다. 내가 그 하나님의 약속을 불신하거나 어기면 무서운 징벌을 받게 된다는 사실을 깨닫게 되면서 두려워하는 마음으로 말씀 앞에 겸손하게 순종하며 살게 되는 것입니다.

성삼위 하나님, 계약의 하나님을 만나게 된 모세는 이제부터 **하나님을 경외하며** 그 명령대로 순종하고 복종하는 삶을 살게 됩니다. 그로써 **놀라운 하나님의 뜻이 이루어지게** 됩니다.

우리 믿음의 사람들이 **이렇게 하나님을 경외하며 순종하고 복종하는 자가 되기 전에는** 모세와 같이 하나님의 거룩한 뜻을 이루는 영광스러운 삶을 살 수 없습니다. 그리고 **결코** 약속된 땅 가나안에 들어갈 수 없습니다.

제 11 강

나는 내 백성을 구해주려고 내려왔다

〈출3:7~8〉
7여호와께서 이르시되 내가 애굽에 있는 내 백성의 고통을 분명히 보고 그들이 그들의 감독자로 말미암아 부르짖음을 듣고 그 근심을 알고 8내가 내려가서 그들을 애굽인의 손에서 건져내고 그들을 그 땅에서 인도하여 아름답고 광대한 땅, 젖과 꿀이 흐르는 땅 곧 가나안 족속, 헷 족속, 아모리 족속, 브리스 족속, 히위 족속, 여부스 족속의 지방에 데려가려 하노라

▌ 7절/ 여호와께서 이르시되 내가 애굽에 있는 내 백성의 고통을 분명히 보고 그들이 그들의 감독자로 말미암아 부르짖음을 듣고 그 근심을 알고

〈더 정확한 번역〉
▌ 여호와께서 이르시되 "내가 애굽에 있는 내 백성의 고통을 분명히 보고 노예 감독들이 내 백성을 때릴 때 그들이 울부짖는 소리를 들었다. 나는 그들이 얼마나 괴로워하는지를 알고 있다."

모세는 하나님의 명령에 따라 신을 벗고 하나님의 존귀하심을 대하며 두려워 얼굴을 가렸습니다. **하나님께서는 비로소 이스라엘 백성들을 애굽에서 해방시켜야 하는 특별한 임무를 모세에게 말씀**하십니다.

모세가 40년 동안 미디안에 있을 때 이스라엘 백성들의 고역은 **점점 심해졌고 그들은 더욱 절망할 수밖에 없었습니다.** 그들은 그 40년 동안 바로에게 점점 더 억울한 일을 당하면서도 바로에게 항거할 수 없고 어느 법정에서도 호소할 수가 없었습니다. 그야말로 누구도 그들 편에서 도와줄 수가 없었습니다.

그러나 하나님께서는 그들의 상황을 **보셨습니다.**
"내가 애굽에 있는 내 백성의 고통을 분명히 보았다" 하셨습니다. 뿐만 아니라 **"내가 노예 감독들이 내 백성을 때릴 때 그들이 울부짖는 소리를 들었다. 나는 그들이 얼마나 괴로워하는지를 알고 있다"** 하셨습니다.

하나님은 이렇게 이스라엘 백성들이 애굽에서 어떻게 고통을 당하고 있는지 **보고 계셨으며** 그들의 울부짖는 소리를 **듣고 계셨습니다.**

하나님께서는 **하나님의 백성들이 은밀한 중에 당하는 고통까지도** 분명히 보고 계시며 알고 계십니다. 그리고 그들의 **부르짖는 기도를 분명히 들으십니다.**

하나님께서는 이스라엘 백성들이 살려달라고 부르짖을 때를 **기다리고 계셨습니다.**

그러므로 우리 하나님의 사람들은 크고 작은 어려움을 만날 때 **하나님께 부르짖어야** 합니다. 이것을 제대로 하지 못하여 하나님의 도우심을 받지 못하는 성도들이 많습니다.

3장 5절 이하에는 시내 산에서 모세가 **80세가 되어서야** 부르신 하나님께서 **최초로 모세와 대화를 나누시는 장면**이 기록되어 있습니다.

시내산에서 모세가 하나님과 대화하는 내용이 4장 17절까지 나오는데 그 대화는 세 부분으로 나누어집니다.

이 최초의 대화 내용을 자세히 살펴보면 **하나님**과 **하나님의 섭리**에 대해서뿐 아니라 **하나님과 인간과의 관계와 차이점**을 분명히 발견할 수 있습니다.

"애굽에 있는 내 백성들의 울부짖는 소리를 들었고 그들이 얼마나 괴로워하는지를 알고 있다" 하셨습니다.

하나님은 애굽에 있는 **하나님의 백성을 주시해보셨습니다.**

하나님은 이스라엘 백성이 요셉 치하에서 편안하게 지낼 때도, 그 후손들이 400년 동안 애굽 사람들에게 극심한 고역을 당할 때도 그들을 '**내 백성**'으로 삼고 계셨습니다. 이스라엘 백성 중에는 '하나님께서 우리를 떠나셨나보다'고 생각하는 사람들이 많았겠지만 **하나님은 결코 그들을 떠나신 적이 없었습니다.** 통치자와 주변 환경이 달라졌을 뿐 그들의 **하나님은 달라지신 것이 없었습니다.**

오늘날도 하나님은 한번 선택하시고 예수 그리스도를 믿어 하나님의 자녀가 된 우리를 **단 한 순간도** 떠나신 적이 없이 "너는 내 백성이다" 말씀하시며 돌보아주고 계십니다. 비록 우리가 지난날과 현재에 고통과 시련이 있을지라도 그 순간도 하나님은 우리를 당신의 백성으로 삼으심에 **조금도 변동이 없으십니다.**

그러므로 우리가 어떤 상황에 처해 있더라도 하나님은 언제나 나의 아버지, 나의 하나님으로 계신다는 사실을 기억해야 합니다. **그런 인식이 부족하거나 없는 사람**은 조금만 어려움이 와도 하나님 대신에 다른 것을 의지하고 따라갑니다. 그리고 **하나님의 명령과 뜻에 순종하기보다 자기의 어리석은 생각과 세상 방식을 따라갑니다.**

지식의 근본은 **하나님을 바로 아는 것**입니다. **하나님을 신뢰하지 않는 이유는 그분이 어떤 분인지 모르기 때문입니다.** 하나님이 자신의 하나님임을 모르는 사람은 **가진 자** 같아도 실상은 아무것도 없는 자요, 높은 자 같으나 실상은 가장 비참한 존재입니다.

하나님은 "애굽에 있는 내 백성이 얼마나 괴로워하는지를 알고 있다" 하셨습니다.

하나님은 그들이 어떤 형편에서 어떤 생활을 하고 있는지도 분명히 알고 계십니다. 따라서 그 사랑하시는 자들이 슬픔과 괴로움을 당하고 있을 때 결코 방관하지 않으시고 그들의 아픔에 **동참**하시고, 그 **원인을 찾아내서 해결**해주십니다. 그 원인이 그들의 죄악 때문이라면 **그들이 반드시 깨닫고 회개하도록 이끄시고 그 아픔의 때를 감하시거나 중단시켜**주십니다. 그리고 그들을 직접적으로 괴롭게 하고 해되게 한 자들에게는 적절히 원수를 갚아주십니다.

하나님은 이렇게 그 사랑하시는 자들이 비록 죄악으로 인해 고통을 당할 때도 **그들 편이 되셔서** 그들을 복된 길로 이끌어주십니다. 이것이 이 세상에 펼쳐지는 **하나님 섭리의 특징**입니다. 그러므로 우리는 *이런 하나님을 전적으로, 무조건 믿고 의지할 수가 있습니다.*

그런데 여기 7절에서 꼭 알아야 할 것이 있습니다.

하나님은 백성들의 고통을 상세히 보신 것만으로 해결책을 마련해주신 것이 아닙니다. **그들이 하나님께 부르짖는 것을 듣고 나서** 구체적으로 도우시겠다고 말씀하셨습니다.

하나님은 **우리가 고통을 통해** 깨달을 바를 깨닫고, 회개할 바를 회개하고, 앞세우고 의지하던 모든 우상숭배에서 떠나 하나님만을 찾고 의지하게 되기를 기대하고 계십니다. 그리고 **우리가 과연 그렇게 할 때** 반드시 우리의 문제를 해결해주십니다.

이스라엘 백성이 극심한 고역을 당하게 된 것은 모세가 태어나기 전부터였습니다. 그런데 하나님은 **그들이 하나님께 부르짖는 것을 듣고서야** 모세를 시내산에서 부르시고 그들에게 보내주셨습니다. 그렇게 해서 그들이 고역을 당한 기간은 **모세의 나이가 80세가 될 때**까지였습니다. 하나님은 *이*

스라엘 백성이 하나님께 부르짖기 전까지는 **80년 동안 아무런 조치를 취하지 않으셨습니다.**

오늘날도 계속해서 시련과 부진 속에 살면서도 하나님께로 돌아와서 부르짖어 구하기를 **꺼리거나 미루는 사람들**이 많습니다. 또 하나님께 구하기는 해도 **하나님께 진정으로 돌아오지 않고, 전적으로 하나님을 신뢰하지 않고,** 발등의 불이나 끄고자 하는 사람들도 많습니다.

하나님은 이런 사람이 당하는 고통이 아무리 커도 그가 **하나님께로 돌아오고 전적으로 순종하기 전에는** 구체적으로, 근본적으로 돕지 않으십니다. 왜냐하면 그는 하나님께서 도와주셔도 **그 후에 또 계속해서 하나님을 떠나서 살 것이고,** 그만큼 더 많은 죄를 지을 사람이기 때문입니다. 그래서 하나님은 그를 근본적으로 하나님의 사람으로 만들기 위해 계속해서 고통과 부진 속에 굴리십니다.

9절에서도 하나님께서 애굽 사람의 학대를 보았다고 말씀하시기 전에 "**이스라엘 자손의 부르짖음이 내게 상달했다**"는 말씀을 먼저 하십니다.

하나님을 향한 부르짖음이 하나님으로 하여금 그 고통을 보시게 한 것입니다.

하나님께 부르짖음의 위력이 여기에 있습니다.

아무리 강한 힘도 하나님께 부르짖는 사람을 이기지 못합니다.

나중에 이스라엘 사람들이 걸핏하면 하나님을 원망하고 배반하니 하나님께서 그들을 다 죽이고 모세를 통해서 새로운 민족을 일으키겠다고 하셨을 때 **모세 한 사람이** 땅바닥에 엎드려 부르짖어 기도함으로써 이스라엘 백성들이 살게 되었습니다.

진정한 믿음을 가진 한 사람의 부르짖음은 이처럼 무섭고 능력이 있습니다. 바로 그것이 한 나라와 민족의 흥망성쇠를 좌우하기도 합니다.

오래전에 아버님께서 오랫동안 시무하셨던 소록도 교회들을 얼마간 다녀오면서 참으로 감사하고 감격스러운 일이 있었습니다.

소록도에 있는 동안 네 교회를 다니며 새벽기도회를 인도했는데 그때마다 대표기도하는 성도가 저와 우리 교회 이름을 정확하게 언급하며 간절히 기도했습니다. 한번은 어느 교회에서 평일 오후의 기도모임에 와서 인도해주고 기도제목을 알려달라는 부탁을 받았습니다. 가보니 주일 낮 예배 때처럼 성도들이 가득히 모여서 찬송을 부르고 있었습니다. 제가 들어가자 수많은 성도가 모여 일제히 "할렐루야~! 감사합니다!" 하고 소리를 질렀습니다. 잠시 기도하고 고개를 들었더니 맹인인 대표자가 큰 소리로 말하기를 "목사님! 저희는 날마다 이 시간에 모여서 기도하는데 목사님과 충만교회를 위해서도 꼭 기도하고 있습니다. 이번에 내려오셨다기에 꼭 한번 모시고 같이 기도하고 싶었습니다" 했습니다. 그러자 또 모두가 "할렐루야" 하고 외쳤습니다. 그들은 모두 환하게 웃으며 저를 바라보고 있었습니다. 참으로 고맙고 감격스러운 일이었습니다. 그래서 혼신의 힘을 다해서 3시간 동안 그들과 함께 기도했습니다. 그렇게 오랫동안 기도했는데 그들은 조금도 지루하거나 피곤한 기색도 없었고 다 끝났는데도 계속 질문도 하고 대화를 나누고자 했습니다. 그리고 반가워하며 인사하고 또 인사하면서 저를 배웅해주었습니다. 마지막으로 그 대표자가 말하기를 "목사님! 우리가 직접 돕지는 못하지만 우리 마음은 항상 목사님과 충만교회에 있습니다. 그러니 날마다 부르짖는 수백 명의 기도 복병들이 있다는 것을 아시고 담대하게 나아가십시오" 했습니다. 저는 눈물이 핑 돌만큼 감격했습니다.

나중에 아버님께 들어보니 그중 절반은 맹인들인데 대부분이 신유의 은사도 있고 기도에 영력이 있어서 영적으로 잘못된 사람이 교회 직분을 맡으려 하거나 맡고 있을 때 그들이 가서 잘못을 지적해주어 고치게 하거나, 직분을 맡지 못하도록 당회장께 공동으로 건의하기도 한다 했습니다.

당시 그분들의 나이가 평균 60세였는데 바로 그들의 기도로 소록도 교회가 수많은 기적 속에 놀라운 일들을 했던 것입니다. **그들의 부르짖는 기도가** 저와 우리 교회를 위해서 날마다 하나님께 드려지고 있었습니다. 분명히 이것은 하나님께서 저와 우리 교회에 크게 복 주고 계심인 줄 믿습니다. 그 한센병 환자 성도들은 이렇게 날마다 우리를 위해서 기도해주시는데 우리는 내가 속한 교회와 나 자신을 위해서도 기도하기를 게을리한다면 얼마나 하나님 앞에서 불합당한 일입니까? 참으로 하나님을 경외하며 하나님께서 함께 하시는 그 수백 명의 소록도 교회 성도들이 이 목사와 우리 교회를 위해 기도해줌으로써 저와 우리 교회는 원근각처 전 세계까지 달려가 끊임없이 복음을 전할 수 있었습니다.

이렇게 **믿음으로 간절히 부르짖는 기도는 위력이 있습니다.**

하나님께 돌아와서 부르짖으면 될 텐데 계속 시련과 고통을 받으면서도 부르짖지 않는 성도는 **아직도 하나님보다 자신이나 다른 것을 더 신뢰하고 있는 사람**이고, 따라서 **하나님은 그런 사람을 기뻐하지 않으십니다.** 그래서 그

시련 속에 좀 더 내버려두십시오. 심지어 시간이 지날수록 문제와 고통이 더 심해지게 되기도 합니다. 이럴 때 해결방법은 자존심이고 체면이고 다 내버리고 하나님께 부르짖는 것뿐입니다.

감사한 것은 **우리가 부르짖으면 반드시 응답해주신다**는 사실입니다. 우리 성도에게는 이런 **복된 보장**이 항상 준비되어 있습니다. 이것이 또 **하나님의 섭리**입니다.

여러분, **하나님께서 먼저 내게 와주시기를 기다리지 말고 내가 하나님께 먼저 나아가야** 합니다. 하나님께서 먼저 나를 찾아 주실 것을 기다리지 말고 **내가 먼저 하나님을 찾아 구해야** 합니다.

> 8절/ 내가 내려가서 그들을 애굽인의 손에서 건져내고 그들을 그 땅에서 인도하여 아름답고 광대한 땅, 젖과 꿀이 흐르는 땅 곧 가나안 족속, 헷 족속, 아모리 족속, 브리스 족속, 히위 족속, 여부스 족속의 지방에 데려가려 하노라

〈더 정확한 번역〉

> 나는 그들을 애굽 사람들에게서 구해주려고 내려왔다. 나는 그들을 그 땅에서 인도하여 내고, 그들을 넓고도 좋은 땅으로 인도하여 갈 것이다. 그곳은 젖과 꿀이 넘쳐흐를 만큼 비옥한 땅인데 곧 가나안 족속, 헷 족속, 아모리 족속, 브리스 족속, 히위 족속, 여부스 족속의 지방에 데려가려 한다.

"내가 그들을 애굽 사람들에게서 구해주려고 **내려왔다**" 하셨습니다.

이 말씀은 이스라엘 백성들을 구원하고자 하는 **하나님의 확실한 결의**와 그 일을 이루시기로 **마음에 두고 계셨음**을 드러내는 말씀입니다. 따라서 이 말씀은 **조속히, 효과적으로** 그 일을 이루고야 말겠다는 것을 암시하시는 것입니다.

하나님께서 어떤 특별한 일을 하시기 위해 "**내려오신다**"고 말씀하면 그 일은 전능하신 하나님에 의해 반드시 이루어집니다.

"**하나님께서 내려오시겠다**"는 말씀은 **예수 그리스도께서** 선택된 하나님의 백성들을 구원하시고자 **육신을 입고 하늘 보좌로부터 내려오시는 것**을 상징합니다.

예수 그리스도께서 죄 없는 인간의 몸으로 이 땅에 오셨다는 것이야말로 하나님의 선택된 자들이 그를 믿어 모든 죄를 용서받고 구원얻게 하는 일을 확실하게 이루시겠다는 **하나님의 분명한 결의**를 드러내고 있습니다. 따라서 **그 예수께서 이 땅에 오심으로** 하나님의 백성들을 위한 구원 계획은 반

드시 이루어졌으며 또 완성됩니다.

우리 모두가 하나님의 백성이요, 하나님의 거룩한 뜻을 이루는 일꾼들이요, 마귀의 세력과 싸우는 군사들인데 그 모든 일을 확실하게 이루기 위해서는 이렇게 **하나님께서 오셔서 함께해주셔야** 합니다. 하나님이 함께하시지 않는 모든 일과 계획은 결코 완벽하게 성사될 수 없습니다. **하나님께서 오셔야만** 완전하신 하나님에 의해 그 개입하시는 일들이 **완전하게 이루어집니다.** 그러므로 우리 모든 하나님의 백성(일꾼)은 이렇게 **하나님이 오셔서 함께 해주시는 자들**이 되어야만 합니다.

성삼위 하나님께서 이스라엘 백성을 **구해주시려고 내려오지 않으시면** 단 한 사람도 해방될 수가 없습니다. 하나님께서 오심으로써 **이스라엘 백성은 단 한 사람도 예외 없이 애굽 사람들의 수중에서 해방되는 것입니다.**

여기 하나님께서 이스라엘 백성들을 인도하여 들이시겠다는 **장소**에 대해 **팔레스틴에 거주하는 여러 민족의 이름**이 나옵니다.

출애굽기 23장 28절 이하에서는 세 민족만 거론했고 창세기 15장 19절 이하에서는 열 민족을 거론하고 있습니다.

하나님은 여기에서 **가나안 족속, 헷 족속, 아모리 족속, 브리스 족속, 히위 족속, 여부스 족속**을 분명히 거론하시며 그들이 살고 있는 땅에 이스라엘 백성을 들이고 그곳을 차지하게 하겠다고 말씀하셨습니다. 이는 **이스라엘 백성이 차지할 땅은 명확하게 지정되어 있었음**을 보여줍니다.

한 민족을 정복하기도 어려운데 이렇게 많은 민족을 정복하게 하시고 그 땅을 차지하게 하신다는 것은 **이스라엘 백성들만의 힘으로는 불가능한 일**입니다. 즉 그들에게 **내려오셔서 함께하시는 하나님의 권능으로 성취되게 하시겠다**는 것입니다. 하나님은 이렇게 여러 민족을 정복하게 하려고 이스라엘 백성들에게 **오셔서 함께해주셨습니다.**

오늘날 우리가 하나님의 거룩한 명령과 뜻을 따라 전도를 비롯한 여러 가지 일들에 순종하고 복종하며 나갈 때 사람의 생각으로는 도저히 불가능해 보이는 일들도 얼마든지 할 수 있습니다. 그 이유는 옛날 이스라엘 백성들에게 오셔서 함께하시던 그 하나님이 우리와 함께하시기 때문입니다. 중요한 것은 그 **하나님께서 "내가 너희들과 내려와서 함께하겠다"**고 하시는 약속을 분명히 받는 것입니다.

그러므로 **모든 하나님의 일꾼은** 하나님께로부터 **"내가 너와 함께하겠다"**

하는 **확약을 분명히 받을 수 있는 사람으로 준비되어야** 합니다.

　하나님께서 그런 약속을 아무에게나 주시는 것이 아니라 **하나님께서 선택하시고** 80년 동안이나 **훈련하시고 연단하신** 모세에게 해주셨음을 우리는 주목해야 합니다. 준비도 되지 않은 사람, 하나님을 만날 수도 없으며 함께 해주실 자격을 갖추지 못한 사람을 하나님께서 부르시고 "내가 너와 함께하겠다"고 하시는 일은 결코 없습니다.

　하나님은 가나안 땅에 사는 여섯 족속의 이름을 나열하시면서 이스라엘 백성들을 그 땅으로 인도하겠다고 말씀하심으로써 **이스라엘에게 줄 땅을 구체적으로 밝히셨습니다**. 그 족속들도 성정은 같은 인간이지만 하나님은 **이스라엘 백성들을 그들과 아주 다르게 하나님의 백성으로 여기셨습니다**. 하나님은 뜻하시기만 하면 **불경건한 자들의 것을 성도들의 소유가 되게** 하십니다.

　이스라엘 백성들이 애굽에서 고통스럽게 살고 있을 때 하나님을 믿지도 않고 우상숭배하는 가나안의 여섯 족속들은 넓고 광대하면서 젖과 꿀이 흐르는 땅을 차지하고 있었습니다.

　불신자들이나 경건하지 못한 사람들이 때로는 믿는 자들보다 더 좋은 환경에서 살 수 있습니다. 그러나 그들이 하나님의 백성이 아닐 때 그들의 그 좋은 환경과 안락함은 **시간이 되면 잃어버리고 빼앗기게** 됩니다. 그러나 하나님의 백성들은 하나님께서 **뜻하시고 허락하시기만 하면** 무엇이든지 그들의 소유가 됩니다.

　그러므로 우리 하나님의 백성들은 **불신자들이나 불경건한 자들의 안락한 생활을 보며 마음 상하거나 동경할 필요가 없습니다**. 그렇게 한다면 경건 생활을 떠나 그들의 불경건함을 따라가게 됩니다. 성도들이 세속화되는 이유가 바로 여기에 있습니다.

　성도들은 불경건한 자들의 안락을 보며 마음 상할 것이 아니라 **그들의 불순종과 불경건을 보며 마음이 상해야 합니다**. 불순종과 불경건의 결과는 **수치**와 **잃어버림**과 **실패**요, 순종과 경건의 결과는 **영광**과 **진정한 윤택함**과 **기쁨**, 그리고 **진정한 성공**입니다.

　하나님께서 가나안 여섯 족속을 내쫓고 이스라엘 백성에게 그 땅을 주시는 일은 **하나님의 공의대로** 되는 일입니다. 이스라엘이 그 민족들을 정복하는 것은 부당한 침략이 아니었습니다. 그 민족들은 **그동안 온갖 죄악을 지어왔으며 이제 하나님께서 더 이상 참고 보실 수 없고 멸망시키실 때가 된**

것입니다. 하나님은 그 일을 이스라엘 백성들을 통해 하신 것입니다. 말하자면 당시 이스라엘 백성들은 그 가나안 족속들을 벌하시는 **하나님의 도구로 쓰였던 것**입니다.

하나님께서 어떤 사람이나 집단을 벌하신다면 결코 부당하게 하시거나 공연히 하지 않으십니다. 그 죄악이 **아귀까지 차는 것을 기다리셨다가 종래 회개하지 않으면** 다른 사람들을 통해 그들을 징벌하십니다. 그러므로 징벌을 받은 개인이나 집단은 결코 하나님께서 하게 하시는 일 앞에 부당하다고 항거할 수 없습니다.

하나님은 또한 가나안 족속들의 멸망에 있어서는 하나님의 백성인 이스라엘 백성들을 사용하셨지만 그 이스라엘 백성들이 범죄하고 그 죄가 아귀까지 찰 때까지 회개하지 않으면 **이방백성들을 통해서라도 징벌**하셨습니다.

하나님은 심은 대로 거두게 하시고 행한 대로 갚아주심에 있어서 **조금도 차별이 없게** 하십니다. 참으로 하나님은 **공의로운** 분이십니다.

하나님께서는 이스라엘 백성들을 "**넓고 좋은 땅으로 인도하겠다**", 그 땅은 "**젖과 꿀이 흐를 만큼 비옥한 땅이다**" 하셨습니다.

여기에서 **하나님의 놀라운 섭리**를 또다시 볼 수 있습니다.

이스라엘 백성들은 400년 동안이나 애굽에서 노예살이를 하며 헐벗고 굶주렸을 뿐 아니라 말할 수 없는 고통을 당했습니다. **이스라엘 백성들이** 그런 상황에 있을 때에 가나안 땅은 그 여러 족속들을 통해 참으로 좋은 땅으로 기경되고 있었고 젖과 꿀이 넘쳐흐를 만큼 비옥하게 되어가고 있었습니다. 즉 이스라엘 백성들은 기나긴 세월동안 괴로움을 겪고 있었지만 **하나님은 그들을 위해 그 당하던 처지와 전혀 다른 낙원과 같은 세상을 준비하고** 계셨습니다. 그런데 그 일을 **하나님도 모른 채 온갖 우상숭배를 일삼는 가나안 족속들을 통해 하신 것**입니다.

그들의 죄가 아귀까지 차서 그들은 더 이상 그 땅을 차지하고 그 풍요로움을 누릴 수 없을 때가 되자 하나님은 **그 때를 맞추어서** 이스라엘 백성들을 해방시키시고 그 땅을 정복하게 하신 것입니다.

이스라엘 백성들은 가나안 땅을 넓고 비옥한 땅으로 만드는 일에 조금도 수고하지 않았습니다. 그들이 한 일은 애굽 땅에서 폭군에 의해 온갖 고초를 당하며 그들과 상관없는 건축물들을 만들 뿐이었습니다. 그런데 그동안 하나님께서 그들의 자자손손 차지하고 부귀영화를 누릴 수 있는 땅을 **가나**

안 족속들을 통해 부지런히 가꾸고 준비하게 하신 것입니다. 얼마나 기묘하고 놀라운 일입니까? 이스라엘 백성들이 400년 동안이나 고초를 당하면서 울부짖고 있을 때 이런 사실을 꿈이라도 꾸었겠습니까?

그런데 하나님은 아주 세심하게 이 일을 성사시키고 계셨던 것입니다.

그러므로 예수 그리스도를 확실하게 믿고 모든 죄를 사함 받아 하나님의 자녀가 된 사람들은 하나님께서 영육 간에 필요한 모든 것을 끊임없이 준비하고 계신다는 사실을 기억해야 합니다. 비록 그들이 잘못해서 벌을 받고 있는 동안에도 하나님께서 그들을 버리시지 않는 한 하나님은 그들이 상상하지도 못할 만큼 영육간의 모든 것을 준비하고 계시는 것입니다. 그리고 그들이 그것을 차지하기 합당한 사람이 되면 하나님은 어김없이 아낌없이 친히 좋은 것들을 제공해주십니다.

그러므로 우리가 참으로 정신차리고 할 일이 무엇이겠습니까?
하나님을 잊어버린 채로 하나님의 명령과 뜻을 무시하며 부패한 정욕에 빠져서 세상 것들을 더 가지고 누리려고 애쓸 것이 아니라 날마다 우리의 주인이시고 우리가 누릴 만복의 근원이신 하나님을 찾고 그 분의 말씀에 귀를 기울이고 그대로 잘 순종하며 살아가야 합니다. 그것이 당장 인간의 눈으로 볼 때에는 우리들이 바라는 것들이 우리 앞에 바로 쌓이는 것 같아 보이지 않지만 분명 하나님께서는 정하신 때에 우리가 받아 누려야 할 것들을 아주 좋은 것으로, 젖과 꿀이 넘쳐 흐르는 것으로 우리에게 안겨주십니다.

그러므로 이런 하나님을 믿지 못하고 들은 말씀을 무시하고 하나님을 기쁘시게 하지 않고 정욕에 빠져 마귀를 기쁘게 하는 사람들은 참으로 어리석은 사람들입니다.

하나밖에 없는 아들을 죽여가면서 우리를 자녀로 삼으신 하나님께서 우리가 이 땅에 살면서 필요한 것들을 어찌 충분하게, 가장 좋게 마련해주시지 않고 제공해주시지 않겠습니까? 끝까지 예수 그리스도를 믿고 따르는 자들에게는 가나안 정도가 아니라 우리가 상상조차 할 수 없었던 천국이 예비되고 제공되는 것입니다.

하나님은 우리가 예수 그리스도를 확실하게 믿고 철저하게 자기를 부인하고 자기 십자가를 지고 끝까지 주님의 뒤를 따르는 일이 얼마나 복된 일인지 여기서 분명히 우리에게 깨우쳐주십니다.

하나님을 주인삼고 충성하며 사는 사람들은 분명히 하나님께서 마련하신

"넓고도 좋은 땅"으로 인도될 것이며 **"젖과 꿀이 넘쳐흐를 만큼 비옥한 땅"**에서 살게 될 것입니다. 그것은 *이 죄악과 슬픔이 많은 세상에서도* 얼마든지 주어집니다.

참으로 신앙생활을 제대로 하고 똑바로 하는 사람들은 *이 세상에서도* **천국의 삶**을 얼마든지 살아가게 해주시는 것입니다.

제 12 강

너는 가서 내 백성을 인도해내어라

〈출3:9~11〉
9이제 가라 이스라엘 자손의 부르짖음이 내게 달하고 애굽 사람이 그들을 괴롭히는 학대도 내가 보았으니 10이제 내가 너를 바로에게 보내어 너에게 내 백성 이스라엘 자손을 애굽에서 인도하여 내게 하리라 11모세가 하나님께 아뢰되 내가 누구이기에 바로에게 가며 이스라엘 자손을 애굽에서 인도하여 내리이까

■ 9절/ 이제 가라 이스라엘 자손의 부르짖음이 내게 달하고 애굽 사람이 그들을 괴롭히는 학대도 내가 보았으니

〈더 정확한 번역〉
■ 上이제 가라 내가 이스라엘 백성들이 부르짖는 소리를 들었고

하나님께서 "**이스라엘 백성들이 울부짖는 소리를 들으셨다**", "**애굽 사람들이 그들을 괴롭히는 학대도 보았다**" 했습니다.

여기서 또 다시 **이스라엘 백성을 애굽에서 구출하셔야 할 동기**에 대해 말씀하십니다. 곧 그 백성들이 거기에서 **심한 고통을 당하고 있는 것**과 그들이 **하나님께 부르짖어 기도한 것**입니다.

여기에서도 하나님께서 이스라엘 백성을 애굽에서 **언제 해방하실 것인지** 분명히 나옵니다.

그때는 바로 그들이 하나님께 울부짖을 때입니다.

하나님은 **이스라엘 백성들이 한결같이 살려달라고 울부짖기를 기다리셨던 것**입니다. 모세가 팔십 세가 되도록 애굽 사람들의 학대가 있었으나 그들은 **하나님께서 움직이실 만큼 울부짖지 않았습니다**. 급기야 **애굽 사람들의 학대가 극에 달하자** 모든 이스라엘 백성들이 절실한 마음으로 살려달라고 하나님께 부르짖게 되었습니다.

결국 애굽 사람들의 극심한 학대가 모든 이스라엘 사람들을 하나님께 살려달라고 울부짖게 했고 그때서야 하나님께서 그들을 애굽에서 해방하시는 일을 시작하신 것입니다.

우리 하나님의 백성들은 크고 작은 어려움이 올 때마다 **무엇보다 먼저 하**

하나님을 찾고 회개해야 할 것을 확실하게 회개하며 부르짖어야 합니다. 그 부르짖음이 하나님 보시기에 받아들일만하지 못하면 하나님은 우리에게 **더 큰 어려움과 고통이 임하도록 허용**하셔서 우리로 하여금 전적으로 하나님을 찾고 부르짖게 하십니다. 우리가 **하나님에 대한 신뢰가 부족**하고 **무엇보다 하나님을 찾고 간절히 부르짖는 마음이 부족한 것**이 문제인 것입니다.

> 10절/ 이제 내가 너를 바로에게 보내어 너에게 내 백성 이스라엘 자손을 애굽에서 인도하여 내게 하리라

〈더 정확한 번역〉

> 이제 내가 너를 바로에게 보내려 하니 가거라. 가서 내 백성 이스라엘 사람들을 애굽에서 인도해내어라.

하나님께서 **모세를 바로에게 보내겠다고 하셨습니다.**

하나님은 여기에서 하나님의 백성을 해방시키시기 위해 **싸우는 대상을 바로 왕**으로 정하셨음을 드러내십니다. 세계 최강대국의 군대나 탁월한 문명이 아니라 **오로지 바로 왕**을 상대로 싸우시겠다는 것입니다.

과연 하나님은 모세를 보내셔서 열한가지 이적과 기적을 행하게 하심으로 이스라엘을 해방시키셨는데 그 모든 일을 **바로 한 사람을 상대로** 전개하셨습니다.

여기에서도 하나님은 **놀라운 섭리**를 보여주고 계십니다.

이 세상에서는 하나님께서 표적으로 삼는 원수는 오직 사탄입니다.

하나님은 아담과 하와가 에덴동산에서 쫓겨난 때부터 이 세상을 멸망시킬 때까지 **오로지 이 사탄을 표적으로 대적하시고 싸워 물리치시는 것**입니다.

하나님께서는 **오로지 모세를 보내셔서** 바로를 상대하여 그의 세력을 꺾고 거기에 속박되어있던 하나님의 백성들을 구원하셨습니다. 이처럼 하나님은 **오직 예수 그리스도만을 통해 사탄의 세력을 꺼꾸러뜨리시고 그 선택된 백성들을 약속의 땅 천국으로 인도하시는 것**입니다.

사람의 눈으로 볼 때에는 모세 한 사람을 당시 최강국인 애굽으로 보내고 최고의 강자인 바로를 상대로 싸우게 하신 것은 너무 무모해보입니다. 사람의 눈으로는 결코 이길 수 없는 싸움처럼 보입니다. 그러나 그 **모세 한 사람은 우주 만물을 만드시고 운행하시는 하나님께서 보내신 사람**입니다. 수많은 군사나 대단한 무기를 붙여주시지 않았으나 "내가 너를 바로에게 보

낸다" 하신 것으로 모세는 그 누구도 당해낼 수 없는 강력한 해방자가 되는 것입니다. 애굽의 그 많은 군사들과 탁월한 무기와 기술도 하나님이 보내시는 한 사람 모세와 싸워서 결코 이길 수 없었습니다.

이것은 오늘날도 마찬가지입니다.
하나님께서 하나님의 백성 중 한 사람을 보내시고 "내가 무엇을 위해 너를 보낸다" 하시면 그 사람을 당해낼 세력이나 사람은 없습니다.
우리 모든 성도들은 이런 사실을 잊지 말고 하나님께서 나에게 무엇을 명령하시든지, 어디 가서 무엇을 하라 하시든 우리는 누구도 무엇도 두려워해서는 안 되며 이것저것이 부족하다고 항변해서도 안 됩니다.

하나님은 모세에게 "내가 너를 바로에게 보내겠다"고 말씀하셨습니다.
이것은 모세에게 있어서 인간적으로 가장 상대하기 어려운 사람을 만나게 하시고 싸우게 하시기 위함이었습니다. 이 명령을 받은 모세는 참으로 죽을 각오를 해야 하고 인간적으로 다시 생각하거나 상대하고 싶지 않은 과거로 돌아가서 엄청난 일을 해야 하는 것입니다.

하나님께서는 모세로 하여금 인간적으로 부담스러워하던 것과 인위적으로 형성된 장벽을 헐어버리게 하셨습니다. 인간적으로 부담스럽고 거리껴지는 것들이 있을 때 하나님의 뜻을 효율적으로 이루어나갈 수 없습니다. 그러므로 하나님은 그런 것들을 가지고 있는 사람으로 하여금 그것부터 해결하게 하십니다. 하나님께서 이루실 뜻 앞에는 그 어떤 것도 걸림돌이 되어서는 안 되기 때문입니다.

모세는 하나님께서 애굽으로 가라고 하셨을 때 자기 한 사람을 보내서 애굽 왕을 상대로 싸우게 하시고 이스라엘 백성을 구원해내게 하시리라고 전혀 생각하지 못했을 것입니다. 하나님께서는 얼마든지 다른 방법을 사용하실 수도 있으셨지만 모세 한 사람으로 하여금 그로서는 가장 거리껴지고 힘든 방법으로 그 거룩한 일을 수행하게 하셨습니다. 그것은 모세가 가진 가장 취약한 부분들이 다 드러나야 하는 것이었고 다시 생각하고 싶지 않은 과거의 쓰라린 패배의 현장으로 들어가야 하는 것이었습니다.
이것이 바로 하나님께서 모세를 이스라엘 백성의 해방자로 보내시는 방법이었습니다.
하나님은 모세의 인간적인 취약점과 과거의 패배를 애굽의 왕 앞으로 보내시는 것이 아니라 그 모든 것이 속에서 다 사라져 버린 새 사람 모세를 보내시는 것입니다.

우리가 거룩하신 부르심을 받고 사명을 받아 감당할 때 그 전에 있었던 취약점이나 생각하고 싶지 않던 괴로운 경험들을 앞세운다면 하나님의 뜻은 그 하찮은 것들로 말미암아 욕되게 됩니다. **하나님의 일꾼은 하나님께 부름을 받기 이전에 가졌던 인간적인 모든 부끄러운 것들을 다 내버리고 그야말로 텅 빈 자신으로 만들어** 하나님 앞에 서야 합니다. 인간적인 것, 즉 지식이나 경험이나 기술이나 돈이나 그 무엇이라도 하나님께서는 거룩한 뜻을 이루는 데 주무기로 사용하시지 않습니다.

그러므로 우리는 그런 인간적인 것들을 갖춰서 하나님의 일꾼이 되려하고 하나님의 거룩한 뜻을 이루는 데에 쓰임받기를 원해서는 안 됩니다. 오히려 하나님은 모세가 **애굽에서 가졌던 모든 것을 다 내려놓고 잊어버리게 하신 후에** 아무것도 없는 모세를 부르시고 "내가 너를 보내겠다" 하시며 모든 뜻을 완벽하게 이루신 것입니다.

하나님께서는 **"내 백성 이스라엘 사람들을 애굽에서 인도해 내겠다"** 하셨습니다.

하나님은 당시 애굽에서 사백 년 동안이나 멸시천대를 받으며 노예생활을 하던 이스라엘 백성들만을 **'하나님의 백성'**으로 삼아주셨습니다.

여기서도 하나님은 **모든 사람이 아니라 하나님께서 선택하신 사람들만을 하나님의 백성으로 삼으신** 것을 분명하게 보여주고 계십니다.

애굽에서 노예살이하던 이스라엘 백성들은 애굽사람들뿐 아니라 주변 나라 사람들이 보았을 때 **매우 누추하고 비천하고 무기력한 족속들**로 보였습니다. 그런데 하나님께서는 바로 그들을 **'내 백성 이스라엘 사람들'**이라고 온 세상 앞에서 천명하신 것입니다.

그들은 **이렇게 하나님께 큰 은총을 입었으나 그 사실도 분명히 알지 못했습니다.** 그들은 지독한 노예살이를 하며 신세를 한탄하며 굶주림과 고통 속에서 슬퍼하며 하루하루를 보냈습니다. 그러나 그들은 아브라함과 이삭과 야곱의 자손으로서 하나님의 선택된 백성들이었습니다. 하나님은 때가 되매 **예수 그리스도를 예표하는 모세 한 사람**을 보내셔서 그들의 처지를 세상에서 **가장 영광스럽고 복된 처지로** 만드셨습니다.

우리 예수 믿고 구원받은 모든 사람들은 **다 이렇게 도무지 헤아릴 수 없는 하나님의 놀라운 섭리 속에서 하나님의 백성으로 선택받고 구원얻게 된 것**

입니다. 그러므로 우리 중 그 누구도 자기를 자랑하거나 높일 수 있는 사람은 없습니다. 우리 모든 그리스도인은 이 세상을 떠나는 날까지, 영원히 오직 성삼위 하나님께 감사와 찬송과 영광을 올려드려야 합니다.

> 11절/ 모세가 하나님께 아뢰되 내가 누구이기에 바로에게 가며 이스라엘 자손을 애굽에서 인도하여 내리이까

〈더 정확한 번역〉
> 모세가 하나님께 아뢰되 내가 누구이기에 그런 일을 합니까? 어찌하여 제가 바로에게 가서 이스라엘 백성을 인도해내야 합니까?

하나님의 음성을 직접 듣게 된 모세의 반응은 하나님과 사람이 대화하는 가운데 나타날 수밖에 없는 것을 보여주고 있습니다.

우선 모세는 "내가 누구이기에 그런 일을 합니까?" 했습니다.

이것은 거룩하시고 전지전능하신 하나님 앞에서 인간으로서 그렇게 할 수밖에 없는 대답이었습니다.

모세의 이 대답은
(1) 하나님 앞에서 겸손한 모습을 보이는 것이었습니다.

모세가 사십 년 전에 한참 용기백배했을 때에는 자신의 능력으로 이스라엘 백성을 구하려고 했지만 완전히 실패했습니다. 모세는 그 실패를 통해 자신이 하나님께서 자기에게 주신 사명을 수행하기에 얼마나 보잘것없는 사람인지를 잘 알게 되었습니다. 그러므로 이제 비로소 하나님께서 모세를 만나주시며 하시는 명령을 사양하지 않을 수 없었습니다. 그것은 모세로서 하나님 앞에서 정직함을 드러내는 것이었습니다.

진정한 종들은 정직을 수반합니다. 하나님 앞에서 내가 얼마나 보잘것없는 존재인지를 깨닫게 되는 사람들은 언제나 하나님 앞에서 겸손할 수밖에 없고 만용을 부릴 수 없고 정직할 수밖에 없습니다.

예수 믿고 구원받았다는 사람이, 하나님을 아버지라 부르는 사람이, 거룩한 사명을 받았다는 사람이 하나님과 사람 앞에서 겸손하지 못하다는 것은 그는 아직도 하나님을 너무나 모르고 있다는 것을 드러내는 것이며 동시에 자신이 얼마나 교만한 사람인가를 드러내는 것입니다. 그런 사람은 결코 하나님 앞에서 정직한 자가 될 수 없습니다.

많은 목사들과 하나님의 일꾼들이 너무나 쉽게 자신을 나타내려 하고 자

랑하려 하고 높임받고 대접받으려 하는데 그 자체가 **자신을 너무 모르는 것**이고 **겸손하지 못하며 정직하지 못한 자임을 스스로 드러내는 것입니다.**

  이런 사실도 모른 채 여전히 그렇게 하는 사람은 참으로 가장 불쌍한 사람이요, 하나님은 결코 그런 사람을 그냥 놔두지 않으십니다. 그래도 하나님께서 그를 사랑하시고 쓰려하신다면 무엇보다도 그로 하여금 **꼬꾸라져서 하나님을 두려워할 줄 알며 겸손한 자가 되게** 하시고 먼저 하나님 앞에서 **정직하게 만드십니다.** 그러느라고 어떤 사람은 **극심한 괴로움**을 당하기도 합니다. 그러나 그렇게 해서라도 그가 회개하고 치료되고 변화된다면 그 사람은 하나님께로부터 **큰 은혜와 사랑을 받은 사람**입니다. 그러나 종래 치료되지 못하고 변화되지 못한 채 하나님의 종 노릇을 하려고 한다면 하나님께서는 **결코 그러한 자들이 원하는 대로 내버려두지 않으십니다.**

  1) **모세는 당시에 하나님께서 명령하시는 일을 수행하기에 가장 적합한 인물이었습니다.**

  모세는 당시 최강국의 왕자로 자라면서 학식과 지혜와 지식, 경험과 용기 등이 탁월했습니다. 모친으로부터 교육을 받음으로써 신앙도 어느 이스라엘 백성 못지않게 탁월했습니다. 그러나 정작 하나님께서 직접 만나주시고 사명을 명하실 때 **"내가 누구이기에 그런 일을 하겠습니까?"** 라고 말씀드린 것입니다.

  하나님 앞에서 부르심을 받고 쓰임을 받기 적합한 인물일수록 하나님 앞에서 "내가 대체 어떤 인물이기에 그런 일을 할 수 있겠습니까?" 하는 자세를 가지는 것이 정상입니다. 그런 사람이 하나님의 귀한 일을 하기에 적절한 자격자인 것입니다.

  2) **하나님께서 모세에게 명하신 일은 사람으로서 할 수 있는 일 중에 매우 어려운 일이어서 누구보다도 모든 것을 잘 갖춘 모세도 두려울 수밖에 없는 일이었습니다.**

  하나님 안에서 정상적으로 성장한 일꾼일지라도 사람들을 영육 간에 구원하는 일이나 하나님의 교회와 천국을 위해 하나님께서 특별히 명하시는 사명을 감당하기에는 **매우 부족하다는** 것을 본인 스스로 깨달을 수밖에 없습니다.

  이렇게 하나님 앞에서 정상적으로 치료되고 변화되고 무장되고 성숙한 사람일수록 그는 하나님 앞에서 거룩한 사명을 감당하기에 매우 부족한 사람임을 잠시도 잊을 수 없습니다. 그런 사람이 어찌 하나님과 사람 앞에서 자만하고 교만하고 자기를 나타내고 자랑하고 높아지려하고 대접받으려 할 수 있겠습니까?

3) 모세가 사십 년 전에 이스라엘 백성들을 구원하기 위해 애굽사람을 죽일 때는 용기가 충천했습니다.

그러나 정작 **자신에게 나타나시고 거룩한 사명을 명하시는 하나님 앞에서는** 아무 용기가 없는 사람처럼 되어 있었습니다.

선한 사람일수록, 영혼이 치료되고 변화되고 성숙해가는 사람들일수록 하나님 앞에서 거룩한 사명을 부여받을 때 인간적인 용기는 아무것도 아님을 깨닫게 됩니다. 그러므로 이러한 사람은 **자신이나 자신이 가지고 있는 그 무엇도 거룩하고 놀라운 하나님의 명령을 수행하기에 불가능하다**는 것을 확실히 알게 되며 그럼에도 불구하고 그 명령에 순종하려 할 때 **전적으로 하나님을 의존**하지 않을 수 없습니다. 이런 사람은 **사람 수나 돈이나 권세나 그 무엇도** 자신을 진정으로 도울 수 없다는 것을 알게 되고 그런 것을 찾지 않게 됩니다. 이런 사람은 **명령하신 하나님, 섭리의 주관자이신 하나님을 전적으로 의지하며 그분의 보호와 인도와 도우심을 간절히 구하게** 되는 것입니다.

4) **이런 모세가** 그때부터 하나님이 명하신 일을 해냅니다.

하나님은 **겸손하고 정직한 자에게** 은혜를 베푸시고 함께하십니다.

이렇게 모세처럼 **과거의 자신이 가지고 있던 모든 것을 청소해내고 철저하게 겸손하고 정직한 사람이 될 때** 비로소 하나님의 일꾼이 되고 하나님의 도우심을 받아 하나님의 명령을 얼마든지 완수할 수 있게 됩니다.

그러므로 우리 모든 성도는 **우선 내 안의 청소할 것들을 청소하고 철저하게 낮아지고 정직한 자가 되어야** 합니다. 전적으로 하나님을 의존하는 사람이 되어야 합니다. 아직도 자신의 그 무엇을 내세우려하고 세상의 것들을 사용하여 일하려는 사람은 하나님의 일을 하기에 **불합당한 사람**입니다.

(2) 모세가 **하나님의 거룩한 일을 하기에는 너무나 합당하지 못한 부분이 많다**는 사실을 스스로 드러내는 것이었습니다.

모세는 **하나님께서 자신을 보내시는 것이 아니라 자기가 스스로 가는 것처럼 생각**하고 있었던 것입니다.

우리도 **하나님께서 명령하셔서 하게 하신 것을 내가 계획하고, 내가 알아서 다해야 하는 것처럼 착각**할 때가 많습니다. 이것은 **또 하나의 교만**입니다.

모세는 겸손하고 정직한 사람이 됐음에도 불구하고 **아직도 교만함이 남아**

있었던 것입니다.

'내가 누구이기에' 라는 말을 어찌 감히 하나님 앞에서 할 수 있단 말입니까? 그 말은 **하나님 앞에서 자기를 낮추는 말이 아니라 오히려 높이는 말**이었던 것입니다. 모세는 하나님이 창조주이시고 전지전능하신 분이라는 사실을 너무도 모르고 있음을 드러내는 것입니다. 그러므로 모세의 그 말은 **하나님 앞에서 교만**이 아닐 수 없습니다.

모세가 어떻게 해방자의 일을 할 수 있겠습니까? **하나님이 하게 하시고 함께하시니** 가능한 것입니다.

"**하나님께서 하라시면 나 같은 것이라도 할 수 있겠습니다**" 라고 말씀드리는 것이야말로 **자신을 낮추는 것**입니다.

그러므로 우리 하나님의 일꾼들은 하나님 앞에서 "나는 못합니다. 내가 어떻게 합니까?"라는 말을 함부로 할 것이 아니라 "**나는 한심한 사람이나 하나님께서 하라시면 하겠습니다**", "**하나님께서 함께하시면 할 수 있습니다**" 라고 해야 합니다. 이것이 진정 **자신을 알고 하나님을 알며 신뢰하는 것**입니다. 하나님을 제대로 알지 못하고 자신을 낮춘다면 그것은 **색깔만 다른 또 하나의 교만**입니다.

(3) 아직도 하나님보다 애굽의 왕 바로를 더 두려워함을 드러내는 것이었습니다.

하나님과 하나님의 명령보다 **사람이나 세상풍습이나 세상권세나 먹고 살 것이 더 두려운 사람**이 많습니다. 이런 사람들은 옛날 모세처럼 **인간적인 사고방식이나 형편을 내세워서** 하나님의 명령과 뜻을 자꾸 거절하게 됩니다.

이런 사람들은 하나님 앞에서 자꾸 변명하게 되고 사람의 비위를 맞추는 데에는 매우 눈치빠르게 행동합니다.

모세가 시내산에서 처음 하나님을 만날 때만 해도 **하나님보다 애굽 왕을 두려워했습니다**. 그러나 나중에 하나님을 무엇보다 두려워하는 사람이 되자 **애굽 왕을 조금도 두려워 하지 않고 지팡이 하나만 가지고 가서 그와 싸워 이겼습니다**.

모세가 거룩하시고 전지전능하신 하나님과 만나서 대화를 나누는 이 첫 번째 장면을 보면 그때만 해도 인간적인 사고방식을 지니고 있어서 계속해서 하나님 명령 앞에 말대꾸하고 변명하는 모습을 볼 수 있습니다. 그래서 그는 결국 **하나님께 책망을 받고** 애굽으로 가는데 그 후의 모세를 보면 다시는 이런 모습을 보이지 않습니다. 그때부터는 **선지자중의 선지자요**, 당시 세계 제1의 나라 애굽을 멸망시키고 이스라엘 백성들을 상처하나 입지 않고 수백만 명을 고스란히 해방시키는 **하나님의 종**이 되었습니다.

그러므로 우리 모든 하나님의 사람은 **결코 세상 것들이 나의 주인이 되지 않게** 해야 합니다. 그리고 그런 것들이 아직도 내 안에 존재하면 **사정없이 내쫓고** 하나님을 나의 주인으로 삼아야 합니다. 그것만이 우리 모두가 하나님 앞에 부르심 받고 쓰임 받고 영광스러운 길을 걷는 방법입니다.

하나님을 무엇보다 두려워할 줄 아는 사람은 다른 것은 결코 무섭지 않습니다. 또한 하나님을 두려워할 줄 아는 사람은 **그 누구와도 싸워서 이깁니다.**

그러나 하나님을 두려워할 줄 모르는 사람은 사람이나 세상의 것들을 두려워하고 그 누구도 무엇도 이기지 못하고 **언제나 패배자**요, **낙오자**가 되고 맙니다.

제 13 강

내가 너와 함께 있겠다

〈출3:12~13〉
12하나님이 이르시되 내가 반드시 너와 함께 있으리라 네가 그 백성을 애굽에서 인도하여 낸 후에 너희가 이 산에서 하나님을 섬기리니 이것이 내가 너를 보낸 증거니라 13모세가 하나님께 아뢰되 내가 이스라엘 자손에게 가서 이르기를 너희의 조상의 하나님이 나를 너희에게 보내셨다 하면 그들이 내게 묻기를 그의 이름이 무엇이냐 하리니 내가 무엇이라고 그들에게 말하리이까

> 12절/ 하나님이 이르시되 내가 반드시 너와 함께 있으리라 네가 그 백성을 애굽에서 인도하여 낸 후에 너희가 이 산에서 하나님을 섬기리니 이것이 내가 너를 보낸 증거니라

〈더 정확한 번역〉
> 下이 산에서 하나님을 예배하게 될 것이다. 이것이 내가 너를 보낸 증거이다.

이스라엘 백성의 해방자 되기를 두려워하며 사양하는 모세가 용기를 얻도록 하기 위해 하나님께서는 "**내가 반드시 너와 함께 있으리라**" 하셨습니다.

(1) 하나님께서는 친히 모세와 함께 하시겠다고 약속해주셨습니다.

이 약속이야말로 모세가 그 거룩하고 힘든 사명을 수행함에 있어서 **충분했습니다.**

한 사람의 구원도 하나님께서만 성취하실 수 있는데 하물며 수백만 명이나 되는 백성들을 애굽에서 구원하시는 일은 그야말로 **하나님께서만 하시는 일**이었습니다. 그런데 이제 **그 하나님께서 모세와 함께해주시겠다고 약속하셨습니다. 모세가 그 거룩한 사명을 수행하기에 절대적이고 완전한 보장**이 된 것입니다.

여기에서 하나님이 우리에게 깨우쳐주시는 것은 처참할 정도로 연약한 지경에 처한 사람일지라도 **하나님을 믿는 믿음 안에서는 담대해지고 하나님의 능력으로 힘을 얻을 수 있으며 놀라운 일을 행할 수 있다**는 사실입니다. 자기에게는 자신이 없더라도 **하나님께 대해서는** 확실한 믿음을 가질 수 있다는 것도 깨우쳐주십니다.
 '하나님의 함께하심', 즉 '하나님의 임재'는 보잘것없는 자에게도 명예를 안겨주시고, 연약하고 무능한 자에게는 지혜와 힘을 주시고, 아무리 큰 어려움조차도 아무것도 아닌 일로 만들어줍니다.

 (2) 하나님께서는 한 가지 말씀으로 모세와 함께하시고 모세를 보내셨다는 증거를 확신하게 해주셨습니다.

 "네가 그 백성을 애굽에서 인도하여 낸 후에 너희가 이 산에서 하나님을 예배하게 될 것이다. 이것이 내가 너를 보낸 증거이다" 하셨습니다.
 모세에게 주신 이 확실한 증거는 미래에 대한 것이었습니다. 즉 이스라엘 백성이 애굽에서 나와서 호렙산에서 하나님께 예배하게 되는 것이었습니다.
 모세는 이스라엘의 해방자로 출발할 확신과 용기를 얻기 위해서 그에게 주시는 하나님의 파견증이 필요했습니다. 하나님은 '미래의 사건'을 들어서 파견증으로 삼으신 것입니다.
 하나님의 말씀은 미래에 대한 것도 현재 실현된 것과 같이 확실합니다. 따라서 미래에 그 일이 하나님의 말씀대로 이루어질 때 그것을 보게 되는 하나님의 사람들에게 확신을 더욱 공고히 하게 되는 것입니다.

 (3) 하나님께서 이스라엘 백성들로 하여금 애굽에서 나오게 하셔서 지금 모세에게 명하시고 약속하시는 장소(호렙산)에서 하나님을 다시 만나고 예배하게 하리라고 말씀해주신 것입니다.

 모세를 만나주시고 명령해주신 바로 그 산에서 하나님께 예배할 수 있다는 것은 그야말로 무엇에도 구애받거나 방해받지 않고 하나님을 섬길 수 있는 문이 활짝 열리게 하시는 것입니다.
 우리 하나님의 사람들이 시시때때로 하나님을 마주하여 예배할 수 있다는 것은 이 험악한 세상에서도 우리에게 자유의 문을 활짝 열어두신 증거임을 깨달아야 합니다.
 하나님께서는 이스라엘 백성들이 애굽에서 예배하게 해주리라고 하시지 않았습니다. 거기서 확실하게 해방되어 지금 모세에게 약속해주시는 그 장소에서 예배하게 하심으로써 그들이 모든 억압에서 해방되어 자유 가운데 예배하게 하신 것입니다.
 예수 그리스도로 말미암아 모든 죄에서 해방되어 진정한 자유를 얻은 하나님의 백성이 되기 전에는 누구도 하나님을 만나고 하나님이 받으시는 예배를 드릴 수 없습니다. 아직도 교회 문 앞에서 돌아다니거나 안으로 들어와서도 참으로 하나님을 만나고 하나님께서 받으실만한 예배를 드릴 수 없는 사람들은 아직도 사탄과 죄악의 노예가 되어 모든 자유를 잃어버리고 있는 사람들인 것입니다. 얼마나 불쌍한 사람들입니까?

하나님께서 우리에게 하나님께 예배할 수 있는 기회와 믿음을 주셨다면 그것은 우리를 위해 마련하신 또 다른 큰 은총들에 대한 복되고 희망을 주는 증거입니다.

진정으로 예수 그리스도를 영접하고 모든 죄를 사함 받고 하나님의 자녀가 되어 하나님께서 받으시는 예배다운 예배를 드릴 수 있는 사람들은 그 놀라운 은총을 받을 뿐 아니라 하나님의 자녀가 된 사람들을 위해 하나님께서 예비하신 더 크고 많은 은총들을 얼마든지 누릴 수 있게 되는 것입니다. 그러므로 진정으로 하나님께 예배할 수 있는 사람들은 시간이 지날수록 하나님께 더 큰 은혜와 복을 받는 모습을 모든 세상 사람들 앞에서 보여주는 일이 되는 것입니다.

우리가 참된 믿음을 가지고 얼마든지 모여서 예배다운 예배를 드릴 수 있다는 것이 얼마나 복되고 영광스러운 것인지를 잊지 말아야 합니다. 그런데 어찌 그런 것을 세상 하찮은 일 때문에 게을리 할 수 있겠습니까?

예배를 대수롭지 않게 여기고 예배에 지각하거나 결석하거나 불성실하게 임하는 사람들은 하나님께서 주시는 말로 다할 수 없는 은총, 그리고 앞으로 주실 모든 것들을 욕되게 하는 사람들입니다.

그런데 이런 사람들이 교회 안에 너무 많이 있습니다.

(4) 하나님은 모세에게 "내가 반드시 너와 함께 있으리라" 하셨습니다.

여기서 하나님은 모세를 인간이 인간을 타이르듯 하십니다.
"얘야, 내가 너와 함께 해줄 테니 어서 가거라" 하시는 것입니다.
그리고 이미 모세가 이스라엘 백성을 인도해낸 것처럼 "네가 그들과 함께 바로 이 산에서 나를 섬기리라"는 말씀까지 하셨습니다.

인간들은 앞의 일을 걱정하고 하나님께서 이루시는 거룩한 일에 대해 엄두도 내지 못하고 있을 때, 그래서 하나님 앞에서 그 명령을 따르기를 주저하고 있을 때 하나님은 그 다음에 이루어질 것까지 다 아시고 추진해나가십니다. 하나님의 계획과 하시는 일은 항상 우리보다 훨씬 앞서가고 있음을 명심해야 합니다.

따라서 우리는 **결코 하나님의 말씀과 뜻보다 내 생각이나 내 욕심을 앞세워서는 안 됩니다.**

여기서 **하나님은** 하나님이 선택하시고 부르시고 사랑하시는 사람과 **정녕 함께하심**을 보여주십니다.

"내가 반드시 너와 함께 있으리라"는 말씀은 "내가 너와 함께 있음을 확실히 알고 믿으라"는 말씀입니다.

그리고 하나님께서는 **한순간이나 제한적으로만 함께하시는 것이 아니라 언제 어디서나 반드시** 함께해주신다는 말씀입니다.

우리 성도들은 나 스스로가 하나님을 거리감 있는 하나님으로 만들지 말아야 합니다. 그것이야말로 **스스로 하나님을 멀리하고 있다는 증거**입니다. 또 나 자신이 하나님을 제한된 하나님으로 만들지 말아야 합니다. 그것은 그만큼 내가 **하나님을 신뢰하지 않고 있다는 증거**가 됩니다.

내게 은혜나 능력이 부족하다면, 무엇이 잘 안되고 있다면 **나에게 문제가 있다**는 것임을 알아야 합니다. 그러므로 **성숙한 성도는 모든 문제의 책임을 나에게 돌립니다.** 그것이 사실입니다.

하나님은 언제나 완전한 사랑과 은총과 능력을 주시는 분입니다. 문제는 **내가 하나님을 잘 모르고 있고 신뢰하지 못하고 있기 때문**에 내게 보이는 하나님은 인색해 보이고 멀리보이고 부족해 보이는 것입니다.

이제 우리 모든 성도는 **하나님은 언제 어디서나 나를 '하나님의 백성'으로 삼으시며 끊임없이 돌보시고 함께해주신다는 것을 잠시도 잊지 말고 의심하지 말아야** 합니다. 그리고 **하나님은 우리가 어떤 형편에 처해있는지도 분명히 보고** 계십니다. 그러면서 **우리가 하나님을 찾고 의지하며 부르짖어 기도하기를 기다리고** 계십니다. **문제가 있을수록 무엇보다 먼저 하나님을 찾고 기도해야** 합니다. 그러면 하나님은 반드시 그 부르짖음에 응답해주십니다.

그리고 **하나님은 뜻하시고 허락하시기만 하면** 그 무엇도 우리의 것이 되게 해주십니다. 불신자들이나 불경건한 자들의 안락한 생활을 보며 **그들을 따라가려 하지 말고 하나님의 마음에 꼭 드는 신자다운 신자가 되기를 힘쓰고** 그것을 위해 날마다 기도해야 합니다. 그리고 언제나 하나님 앞에서 인간의 교만과 그릇된 사고방식을 벗어버리고 하나님의 뜻과 주신 사명에 **순종하고 충성하는 내가 되도록 끊임없이 나를 치료하고 성숙시켜야** 합니다. 결코 사람이나 세상의 무엇을 두려워하지 말고 **하나님을 두려워함으로써** 계속하여 하나님 앞에 쓰임받고 승리하는 사람이 되시기 바랍니다.
하나님은 **이런 사람에게 언제 어디서나 모든 영역 속에서 함께해주십니다.**

> 13절/ 모세가 하나님께 아뢰되 내가 이스라엘 자손에게 가서 이르기를 너희의 조상의 하나님이 나를 너희에게 보내셨다 하면 그들이 내게 묻기를 그의 이름이 무엇이냐 하리니 내가 무엇이라고 그들에게 말하리이까

하나님께서는 비로소 모세로 하여금 **이스라엘 백성을 애굽에서 해방시키는 해방자로서 구체적으로 준비하게** 하십니다. 아울러 그 일을 할 수 있는 **권위와 자격**을 하나님께서 주고 계시는 것입니다.

하나님께서는 우선 모세에게 "너희의 조상의 하나님이 나를 너희에게 보내셨다" 하라고 말씀하십니다.

그러자 모세가 하나님께 말씀드리기를 "그들이 나에게 묻기를 그의 이름이 무엇이냐? 하리니 내가 무엇이라고 그들에게 말하리이까?" 했습니다.

모세는 어려서부터 자신은 이스라엘 백성의 해방자가 되리라는 교육을 받으며 자랐고 비로소 어느 정도 나이가 들어 그 일을 시작하려고 했을 때 오히려 애굽 사람 하나를 때려 죽게 했습니다. 그 후에 이스라엘 백성이 "네가 누구관대 이런 일을 하느냐?" 하고 질책할 때 모세는 명확하게 대답할 수가 없었습니다.

모세는
(1) **"너를 보낸 신이 누구냐?"**에 대한 **확실한 답**을 얻기를 구했습니다.
(2) **"네가 우리를 애굽에서 해방시키리라는 보장이 무엇이냐?"**에 대한 **확실한 답**도 얻고자 했습니다.

1) 하나님께서 모세를 애굽에 보내서 이스라엘 백성들에게 하나님께서 그들을 해방시키리라고 말씀하실 때 **400년이 넘도록 애굽에서 살아온 그들이 듣기에는 불가능한 일이었습니다.**

이스라엘 백성들은 애굽에서 사백 년 넘게 살았으면 그 땅 거민과 다를 바 없었고 노예로 살았지만 거기에 삶의 뿌리를 내리고 자자손손 거기서 살았던 것입니다. 그런데 갑자기 어느 한 사람이 와서 하나님께서 너희를 해방시켜주신다고 말할 때 쉽게 납득하거나 받아들이기 어려운 것입니다.

2) **그 엄청난 일을 단 한 사람이 와서 해낼 것이라는 말을 더욱 믿기 어려웠습니다.**

80세나 된 모세가 잘 훈련되고 강한 군대를 데리고 온 것도 아니고 **단지 지팡이 하나를 들고 와서** 그 강대국 애굽에서 이스라엘 백성을 해방시킬 것이라는 말을 믿을 수 없었던 것입니다.

3) 만약 모세가 말한 신이 애굽의 신들보다 더 강력하다면 생각해볼 여지가 있다고 여긴 것입니다. 그래서 모세는 "너를 보낸 신이 누구냐?"하고 물을 것이라 생각한 것입니다.

4) 모세는 이스라엘 백성들이 이 모든 것에 대한 증거를 요구할 것을 예상했습니다.

이것은 누구보다도 **하나님께서 잘 알고 계셨습니다.** 그래서 하나님은 모세에게 이스라엘의 조상들의 하나님이 어떤 분이신지 그 증거를 보여주시기 시작하신 것입니다.

여기서 우리 하나님의 백성, 특히 하나님께 부르심을 받고 거룩한 사명을 수행하는 일꾼들이 알아야 할 것이 있습니다.

(1) **하나님께 부르심을 받고 명령을 수행하고자 하는 사람은** 하나님이 누구이신지 확실히 알아야 **합니다.**

이런 거룩한 준비가 완벽해야 합니다. 결코 어설퍼서는 안 됩니다. 이것이 하나님의 일꾼들이 하나님의 명령을 수행하기에 **필수요건**입니다. 뿐만 아니라 이것이야말로 하나님의 일꾼으로서 하나님께서 주시는 권위와 자격을 확실히 갖추는 것입니다.

(2) **하나님의 일꾼들은 모세처럼** 하나님으로부터 확실하게 지시를 받아야 **합니다.**

그야말로 **하나님** 보좌에 나아가 하나님을 만나야 합니다. 그렇지 않고 어찌 눈으로 볼 수도 없는 존귀하신 하나님의 증인이 될 수 있으며 그 명령을 수행할 수 있겠습니까?

(3) **우리는 하나님의 증인, 하나님의 일을 하는 일꾼으로서 거룩한 일을 수행할 때마다** 모든 사람에게 하나님의 이름과 그 하나님의 유일하심과 전지전능하심을 증거해서 분명하게 알게 해주어야 **합니다.**

모세는 바로 **이런 준비를 확실하게 했고**, 하나님께서도 모세로 하여금 그런 준비를 확실하게 하고 애굽으로 가게 하신 것입니다.

모든 하나님의 일꾼은 내가 지금 이런 **거룩한 준비**를 제대로 하면서 일을 하고 있는지 영의 눈을 떠서 자신을 살펴보기 바랍니다.

하나님은 모세에게 "**나는 너희의 조상의 하나님이다**" 라고 이스라엘 백성들에게 말하라고 하셨습니다.

이 말은 지금 모세를 이스라엘의 해방자로 보내시는 하나님은 **여러 신 중의 하나가 아니라 우주 만물을 창조한 창조주시요, 인간의 타락이후 법죄에 대해 엄히 다스리시는 하나님이시며, 아브라함을 부르시기 전까지 그들을 내버려두시는 암흑시기가 되게 하신 분이요, 때가 되자 아브라함을 선택하시고 이삭과 야곱의 자손들을 하나님의 선민으로 하나님의 백성으로 선택하신 분이요, 유일하신 신임**을 밝히고 계시는 것입니다.

따라서 하나님은 결코 이방인들이 생각하는 여러 신들 중 하나가 아님을 먼저 이스라엘 백성들에게 깨우쳐주십니다. 그리고 **그들의 조상 아브라함, 이삭, 야곱에게 언약을 세우시고 때가 되면 그 약속을 반드시 이루신다는 사실을** 또한 확실히 깨우쳐주고자 하신 것입니다.

그런데 하나님께서 모세를 애굽에 보내실 때만 해도 이스라엘이 알아야 할 하나님이 어떤 분이신지를 **이 정도 간단한 말씀**으로만 알게 하셨습니다.

이스라엘 백성들의 하나님은 **창조주시며 유일한 신이요, 전지전능하시며, 모든 것의 주관자**(섭리자)**요, 약속의 하나님이심**을 이제부터 **점점 더 자세히 알게** 하시는 것입니다.

사람이 하나님을 처음 만날 때 하나님이 어떤 분이신지 다 알 수 없으나 그 부패하고 타락한 영혼이 **거듭나고 치료되고 변화되고 성숙되어감에 따라** 점점 분명하게 알게 됩니다. 즉 예수 그리스도를 확실하게 믿어 **성령이 그에게 오셔야만** 그 성령의 도우심으로 하나님을 점점 더 알 수 있게 되는 것입니다.

옛날 이스라엘 백성들에게는 그들이 모세를 하나님께서 보내주신 해방자로 받아들이고 순종하며 따를 때 언제나 구름기둥, 불기둥으로 함께하신 것이 바로 이런 의미였습니다.

이스라엘 백성들은 **오직 그 구름기둥과 불기둥을 따라야만** 했습니다. 성령이 함께하시고 보호하시고 인도하시는 것이 없이는 아무것도 할 수 없고 결코 하나님께서 약속하신 가나안에 들어갈 수 없습니다.

출애굽의 모든 사실은 **선택된 사람이 구원얻는 과정**을 세밀하게 보여줍니다.

그러므로 모든 성도는 **성막과 더불어 출애굽기**를 세밀하게 배우고 깨달아야 합니다.

우리는 지금 호렙산에서 하나님과 모세가 나누었던 **첫 번째 대화**를 살펴보고 있는데 하나님께서는 마치 사람이 사람을 타이르듯이 **모세를 타이르시**는 것을 볼 수 있습니다.

이제 13~22절까지는 **두 번째 대화 내용**이 나옵니다.

여기서는 **하나님은 과연 어떤 분이신지**(누구이신가)와 **모세가 이스라엘 백성들에게 무슨 말을 해야 하고, 바로 왕에게 무슨 말을 해야 할지**를 말씀합니다. 그리고 놀라운 것은 바로 왕이 쉽사리 응하지 않음으로써 **여러 가지 재앙**을 내리실 것이고, 그것 때문에 그 나라가 망할 것이며, 이스라엘 백성들은 많은 재물을 얻어서 해방 될 것을 하나님은 모세를 만난 **첫 순간에** 분명하게 알려주신 것입니다.

하나님은 호렙산에서 모세를 부르셔서 최초로 그와 대화를 나눠주실 때 **앞으로 하나님께서 모세를 통해 어떻게 역사하여 이스라엘이 해방될 것인지 그 모든 상황을 미리 다 알게** 해주신 것입니다.

하나님은 모세가 우선 이스라엘 백성들을 만나 그들에게 어떤 일을 해야 할지, 그 다음에 애굽 왕을 어떻게 만나야 하고 무슨 말을 해야 할지를 **상세하게 말씀**해주셨습니다. 그뿐 아니라 그 이후의 상황과 최종적으로 어떻게 될지도 미리 확실하게 알게 해주셨습니다.

여기서 우리가 깨달을 것이 있습니다.

(1) **하나님은 미래에 일어날 일을 사전에 계획**하시고, 그 모든 것을 **이미 다 알고 계시며** 따라서 미래의 모든 역사가 하나님의 뜻을 완전히 이루는 것이 되도록 **모든 대책을 다 마련해두고** 계십니다.

이렇게 미래에 대해 완전히 꿰뚫어 아시는 분은 **하나님뿐**이십니다.

이 세상에도 점쟁이들이 있습니다. 그들 중 대부분은 눈치와 경험으로 사람을 속이는 점을 치지만 어떤 점쟁이들은 **악령에게 사로잡혀서** 사람의 운세를 점쳐주는데 상대방의 **과거사실**에 대해 놀라울 정도로 정확하게 말해줍니다. 그것은 귀신들도 이성적인 존재여서 과거 사실을 확실하게 알고 있기 때문입니다. 그러나 귀신들은 **미래에 대해서는 가까운 미래에 대해서만** 어느 정도 짐작할 뿐 상세히 알 수 없습니다. 귀신들도 본래 **하나님에 의해 피조된 이성적 존재**였지만 타락했기 때문입니다.

피조된 존재는 결코 미래를 꿰뚫어 알 수 없습니다. 천사나 귀신도 **하나님에 의해 피조된 이성적 존재이기 때문에 하나님께서 가르쳐주시지 않는 한 알 수 없습니다.** 따라서 점쟁이를 통해 악령의 힘을 빌어 미래에 대해 알려고 할 때 **어처구니없는 속임수**에 넘어가는 것입니다.

마귀는 많은 사람들을 이런 엉터리 점궤에 넘어가서 **헛된 삶을 살게** 합니다.

미래를 계획하시고 영원한 미래를 꿰뚫어 아시는 분은 창조주요, 사람을 포함하여 모든 존재들을 섭리하시고 주장하시는 하나님 한 분뿐이십니다. 하나님은 누가 장차 어떤 일에 대해 어떻게 말하고 행동할지까지도 미리 다 아십니다.

많은 사람들이 말하기를 "아담이 선악과를 따먹은 것도 하나님께서 다 각본을 만들어 놓고 한 것이 아니냐? 그래서 선악과 사건은 아담만의 책임이 아니다"고 말합니다.

하나님이 사전에 아담으로 하여금 선악과를 따먹도록 계획하시고 추진하셨기 때문에 아담이 선악과를 따먹은 것은 결코 아닙니다. 그렇다면 모든 책임은 다 하나님께 있습니다.

그러나 하나님은 **아담을 이성없는 짐승처럼 대우하시지 않기 위해서** 그가 무죄 상태에서 선악을 선택할 수 있는 이성을 주셨습니다. 그리고 그가 악을 선택할 경우 얼마나 무서운 결과가 주어질 것인가를 사전에 경고하시면서 악을 선택하지 말고 선을 선택하도록 충분하게 충고하고 가르쳐주셨습니다. 그런데도 아담은 **악을 선택한 것입니다.**

그런데 놀랍게도 **하나님은 아담이 결국은 그렇게 될 것을 미리 다 아셨습니다.** 따라서 그 악화된 사태에 대한 대비책까지 하나님은 창세전에 미리 마련해 놓으신 것입니다.

사람들은 또 말하기를 "하나님이 그토록 아담이 악을 선택할 것을 미리 아셨다면 왜 사전에 악을 선택하지 않도록 막지 않으셨는가? 왜 하나님이 악을 선택하도록 방관만 하셨는가?" 하고 말합니다. 그러나 그것은 "왜 하나님이 인간을 선택의 여지도 없는 기계적인 존재로 만들지 왜 선택할 수 있는 이성적 피조물로 만들었습니까?" 하는 말과 같은 것입니다.

하나님은 장차 우리가 선을 행할지, 악을 행할지 미리 다 아실 수 있습니다. 따라서 우리가 아직 선을 행하지 않은 상태일 때 장차 행할 선에 대해서 그 상급을 이미 **준비**해두고 계십니다. 마찬가지로 **하나님은 우리가 장차 행할 악에 대해서도 그에 대한 응분의 대가를 마련**해두고 계시는 것입니다.

19절 이하에도 보면 하나님은 바로 왕이 하나님의 뜻을 거역하고 이스라엘 백성들을 해방시켜주지 않을 것이라고 모세에게 **사전에 알게** 해주셨고 그로 인해 **여러 가지 재앙**을 내리셔서 **그 나라를 멸망시키실 것**이라고 말씀해주셨습니다.

하나님은 이렇게 우리 한 사람 한 사람의 미래와 우리 가정과 우리나라와 세상의 미래에 대해서 **꿰뚫어** 알고 계십니다. 그리고 **모든 사람의 선과 악에 대한 대가도 이미 다 준비해두고 계십니다.** 얼마나 놀라우신 분이십니까?

이런 사실을 아는 사람들은 하나님을 두려워 할 줄 알게 되어서 언제 어디서나 신중하고 진지하게 살아갑니다. 그리고 **결코 하나님을 무시하거나 업신여기지 않습니다.**

제 14 강

하나님의 이름에 대하여 어떻게 대답해야 합니까?

〈출3:13〉
모세가 하나님께 아뢰되 내가 이스라엘 자손에게 가서 이르기를 너희의 조상의 하나님이 나를 너희에게 보내셨다 하면 그들이 내게 묻기를 그의 이름이 무엇이냐 하리니 내가 무엇이라고 그들에게 말하리이까

　(1) 하나님은 미래에 일어날 일들을 사전에 계획하시고, 그 모든 것을 이미 다 알고 계시며, 따라서 미래의 모든 역사가 하나님의 뜻을 완전히 이루는 것이 되도록 모든 대책을 다 마련해두고 계십니다.

　(2) 하나님은 언제나 그가 사랑하시는 사람들에게 유리하도록 모든 역사를 섭리해나가십니다.

　16,17절을 보면 하나님은 이스라엘 백성들에게 당신이 이스라엘의 하나님이라고 말씀하시면서 "너희가 애굽에서 당한 일을 보았노라" 하시면서 "이제 내가 너희를 애굽에서 인도해내어 젖과 꿀이 흐르는 땅에서 살게 하리라" 하셨고, 또 그 땅에 살고 있는 여섯 족속의 이름을 구체적으로 나열하심으로써 그들을 쫓아내고 그 땅을 이스라엘 백성들에게 주시겠다고 말씀하셨습니다.

　사실 인간적인 면에서 보면 애굽 왕이 이스라엘 백성을 학대한 것은 당연한 것입니다. 요셉 때 70명이었던 야곱가족이 불과 350년 만에 수가 급속도로 번성하여 애굽사람들보다 많아지니 애굽의 왕으로서는 두려워하지 않을 수 없고, 따라서 그들을 제재할 수밖에 없었던 것입니다. 그러나 하나님은 어디까지나 야곱자손들의 편이셨습니다. 애굽사람들이 이스라엘 사람들을 학대한 것은 인간적으로는 당연한 일이었으나 하나님께서는 하나님의 백성들을 학대하는 것을 용납하지 않으신 것입니다.

　또 가나안에 살고 있던 족속들도 따지고 보면 이스라엘 사람들과 다를 것이 없는 사람들이었습니다. 그런데도 하나님은 그 여러 족속들을 진멸하게 하시고 그 땅을 이스라엘이 차지하게 했습니다.

왜 이렇게 이스라엘 백성들이 **특별한 대우**를 받은 것일까요? 그들이 애굽 사람들이나 가나안 족속들보다 선하고 잘났을까요? 우리가 성경을 보면 이스라엘 사람들은 변덕이 심하고 배반을 잘하고 간사하고 악한 사람들임을 알 수 있습니다. 그런데 왜 그런 특별한 대우를 받았을까요?

그것은 그들이 '**하나님에 의해 선택되고 하나님께서 특별하게 대우해주시기로 약속해주신 사람들**'이었기 때문이었습니다.

오늘날도 우리가 **어떤 특별한 은총을 받아 누리고 있다면 그것은 내가 선하거나 잘났기 때문이 아니라 내가 하나님에 의해 특별히 선택되고 사랑받았기 때문**입니다.

내가 **하나님께 선택된 자요, 하나님의 사랑을 입은 자**라면 그 이상 바랄 것은 없는 것입니다. 왜냐하면 하나님은 언제 어디서나 나의 편이시고 나에게 유리하게 섭리하시기 때문입니다. 하나님은 지금 내 앞의 상황이 **인간적으로 기쁘든지, 괴롭든지 모든 것이 합력하여 나에게 복과 유익이 되도록** 섭리해주십니다.

중요한 것은 내가 **과연 얼마나 하나님께 사랑을 받는 사람인가** 하는 것입니다.

누가 뭐라 해도 **하나님께 남달리 사랑받는 사람**이 바로 가장 행복한 사람입니다. 이스라엘 백성들이 때때로 하나님께 범죄할 때 하나님은 그 이웃에 있는 **이방민족을 사용하여 그들을 징벌**하게 하셨습니다. 그러나 그 이방민족들은 **하나님이 사랑하시는 백성들을 괴롭게 한 것에 대해 반드시 때가 되면 벌을 받았습니다.** 이정도로 하나님은 **그 사랑하시는 자들의 하나님**이 되셔서 섭리해주십니다.

그러므로 여러분, 다른 무엇을 쌓고 얻으려하기보다 **하나님의 사랑이 내게 더 뜨겁고 크게 내려지도록 신경쓰고 힘쓰기** 바랍니다.

과거 역사들을 공부해보면 인간적인 욕망을 채우느라 많은 사람들과 나라들이 시대를 거듭하며 애써왔지만 아무리 한 때 이것저것을 만들고 누리던 사람이나 제국들도 **하나님의 사랑을 받지 못했을 때 여지없이 무너지고 멸망했습니다.**

그러나 이스라엘 민족을 보십시오.

저들이 **그토록 하나님을 배반하고 거역했어도 아브라함과 이삭과 야곱에게 약속하신 대로 하나님이 이스라엘의 편이 되어주셔서 그 기구한 역사 속**

에서도 중동에서 제 1의 강대국이요, 잘사는 나라로 명맥을 유지하고 있고 그들이 지금도 세계의 두뇌 역할을 하고 경제적 실권을 장악하고 있습니다.

그러나 한 때 세계를 주름잡으며 이스라엘 백성들을 없애버리려고 하던 통치자나 나라들은 **한결같이 비참한 최후**를 만났습니다.

예나 지금이나 하나님은 선택하시고 사랑하시는 자들에게 유리하게 섭리해나가십니다. 그러므로 **우리의 장래가 안전하고 복되게 하기 위해서는 하나님의 사랑을 입는 사람이** 되어야 합니다.

우리 가정이나 교회나 나라나 복된 미래를 설계하려면 반드시 **하나님이 내 가정, 교회, 나라의 편이 되게 해야** 하고 그 하나님의 사랑을 특별히 받아 누리게 되어야 합니다. 지금 아무리 그럴듯해보이고 무사해보여도 하나님의 사랑이 떠나있는 개인이나 교회나 나라는 **잠시 후에 꺼져버릴 등잔불**입니다.

하나님이 특별히 사랑하시는 각자가 되고 가정이 되고 교회가 되도록 우리는 열심히 기도하며 최선을 다해야 합니다.

(3) 하나님은 사랑하시는 사람들이 유익과 복을 누리도록 모든 생활을 깨우치시고 지도해주십니다.

이스라엘 백성이 **애굽에서 번성한 것은 하나님께서 하신 일**이었습니다. 그들이 **애굽사람들에게 극심한 고역을 당한 것도** 하나님께서 그들이 깨달을 것을 깨닫고 하나님과의 관계를 분명히 가지도록 하시기 위함이었습니다.

또 모세가 강물에 떠내려가던 신세와 애굽 왕자로 자란 것, 사람을 죽이고 미디안광야에 도망가서 양치며 지낸 것들이 인간적으로 볼 때는 비극으로 점철되는 복잡한 인생여정이었지만 그것은 **모세가 하나님께서 쓰실만한 인물이 되게 하시기 위해, 그 모든 것이 모세에게 꼭 필요하고 유익하게** 하셨던 것입니다.

그런데 이스라엘 백성들이 고역을 당하고 있을 때, 모세가 비참한 생활을 할 때 애굽과 가나안 족속들은 세계 제일의 문명국을 이루고 살거나 기름진 땅에서 부유하게, 안락하게 살고 있었습니다. 그 당시 세상 사람들이 보기에 이스라엘 백성과 모세는 가장 불쌍한 사람들이고 그들이 믿는 하나님은 없는 것처럼 여겨졌을 것입니다.

그러나 잠시 후 이스라엘 백성이 부와 자유를 얻어 가나안으로 나아가는 순간에 강대국 애굽은 멸망일로에 떨어지고, 모세가 하나님께 부르심과 보내심을 받을 때 세계 제일의 실권자 바로는 비참한 패배자의 길에 들어서게 됐고, 가나안 족속들은 죽음의 행진곡을 들으며 죽음의 골짜기로 나아가고 있었던 것입니다.

그러므로 불신자들과 불경건한 자들이 부와 안락을 누리고 있는 동안 성도들이 시련과 역경 속에서 살게 될 때 결코 낙심하거나 하나님을 저버릴 일이 아닙니다. 그것들을 잘 소화해서 내가 **깨달을 바와 개선할 바를 신속히 깨닫고 개선하고 자신과 삶을 하나님이 보시기에 합당하게 다듬어야** 합니다. 그렇게 하면 **하나님의 임재하심과 지도하심이** 세심하게 나에게 주어지고 나의 모든 발걸음이 복되게 해주십니다.

이제 이스라엘 백성이 사백여 년 동안 극심한 고난을 받으면서 많은 것을 깨닫고 하나님을 찾아 부르짖게 되고 모세가 사십 년 광야생활로 하나님의 종으로서 원숙한 일꾼이 되자 하나님은 모세를 이스라엘 백성에게 보내셨고, 모세가 어떤 순서로 어떻게 일할지 세심하게 가르쳐주시고 인도해 주셨습니다.

일단 우리 성도들이 **하나님 보시기에 합당한 자가 되고 하나님의 사랑을 받아누릴 준비가 되면** 하나님은 내가 생각하지도 못했던 것까지 깨우쳐주시고 가르쳐주시고 내 생활, 내 행동을 코치하셔서 가장 적절하게 살아가고 일하게 만들어주십니다. 그런 인생의 결과는 볼 것도 없이 멋지게 성공하는 것입니다.

오래 전에 우리 갈보리선교단이 강원도에 있는 4개의 도시 경찰서와 탄광촌에 가서 전도한 적이 있습니다. 몇 달 동안 기도로 준비하고 첫날 예정된 원주경찰서에 갔는데 공교롭게도 유치장을 수리하는 중이라 유치인들을 경찰관들의 사무실 옆 방에 수용하고 있었습니다. 경무과장은 경찰들의 사무가 방해될 수 있으니 그냥 돌아가는 것이 좋겠다고 했습니다. 나는 첫 순간부터 헛걸음해서는 안 된다는 생각에 그 장소를 보게 해달라고 요청했습니다. 가보니 방안에 죄수들이 가득 있었고 그 앞의 넓은 방에 여러 경찰들과 민간인들이 마주 앉아 사무를 보고 있었습니다. 나는 경찰들과 민간인들에게까지 복음을 전할 수 있는 좋은 기회라 생각하고 "조용히 진행할 테니 과장님이 양해만 해주시라"고 했습니다. 한참의 설득 끝에 결국 설교만 하기로 하고 시작했는데 어느 순간부터 경찰관들과 민간인들까지 우리 쪽을 바라보며 열심히 듣고 있었습니다. 그래서 자연스럽게 찬양도 부르고 모든 프로그램을 다 진행하며 마음껏 전도했습니다. 집회를 마친 후에는 경무과장과 직원들이 고마워하고 환대해주었습니다. 만약 그때 유치장 수리 기간이 아니었다면 유치인들 외에 경찰들과 일반 사람들에게는 전도하지 못했을 것입니다.

참으로 하나님께서는 **협력하여 선이 되도록** 역사하셨습니다.

그리고 강릉경찰서에 갔는데 경목 목사님이 우리 다음날 일정이 삼척경찰서라는 말을 듣고 "거기보다는 동해경찰서가 더 크니 거기서 집회를 해달라"고 하셨습니다. 미리 약속했던 삼척경찰서 때문에 난감해하던 순간 삼척경찰서에서 전화가 왔습니다. 거기에 현재 유치인이 한 사람도 없으니 오지 말라는 내용이었습니다. 타이밍이 얼마나 적절합니까?

하나님께서 **사전에 역사해주셔서** 동해경찰서 서장이 직접 우리를 영접하고 직원들은 우리를 귀빈을 접대하듯이 해주었습니다. 그리고 **말씀을 전할 때마다 성령께서 강하게 역사해주셔서** 우선 우리 단원들이 크게 은혜를 받고 뜨겁게 전도했습니다.

또 내가 어느 경목 목사님께 수요일 저녁에는 어느 교회에 가서 찬양전도를 하고 싶다고 말씀드렸는데 마침 그 분은 강원도 인곡이라는 깊은 골짜기로 왕래하며 탄광촌에서 무보수로 목회하는 분이셨습니다. 그래서 수요일 저녁에는 두 시간 동안이나 산골길을 달려가 예배를 인도하게 되었는데 그 때 나는 '기도'에 관한 말씀을 준비했습니다. 그런데 마침 그 교회는 온 교인이 70일 철야기도를 하는 중이었습니다. 하나님께서는 우리를 이렇게 세밀하게 인도해주셨습니다. 또한 성령께서 큰 감동을 주셔서 그 성도들뿐 아니라 우리 역시 많은 은혜를 받았습니다. 참으로 은혜충만한 가운데 전도도 하고 구경도 하고 실컷 먹기도 하고 돌아왔습니다.

날씨 역시 매우 좋아서 밤에는 우리끼리 해변에 앉아 찬송도 부르고 통성기도를 했는데 많은 사람들이 우리 주변에 모여서 구경했고 어떤 이들은 같이 찬송했습니다. 그동안 기도한 대로, 또 내 생각보다 치밀하고 훌륭하게 우리 선교단을 하나님께서 이끌어주시고 인도하셨습니다.

하나님은 **사랑하시는 자들이 언제 어디서나 유익과 복을 누리며 하나님의 뜻이 성취되도록 깨우쳐주시고 발걸음마다 인도**해주십니다. 그리고 **모든 것을 적절하게 준비**해두시고 언제나 그 사랑하시는 자들보다 **한걸음 앞서 가며 인도**해주십니다.

여러분, 이 하나님을 철저하게 믿고 의지하시기 바랍니다.

아직도 내 속과 생활에 남아있는 **다른 주인들을 속히 버리고** 하나님을 내 주인으로 삼기 바랍니다. 그리고 그 하나님께서 내 미래의 모든 것을 다 아시며 모든 것에 대한 대책을 마련해두심을 믿고 **모든 것을 맡기시기** 바랍니다.

또한 하나님은 언제 어디서나 나에게 유리하도록 섭리하고 계심을 **굳게 믿으시기** 바랍니다.

어떤 상황에서도 염려하지 말고 원망하지 말고 **담대하고 기뻐하며 나가기** 바랍니다. 그리고 하나님께서 매사에 유익과 복을 누리도록 항상 나를 깨우치시고 인도하고 계심을 알고 순간마다 주어지는 하나님의 음성과 이끄심에 **민감하게 순응**하시기 바랍니다. 그러면 여러분은 더욱 뜨겁고 충만한 하나님의 사랑을 입게 될 것이며 그 삶을 통해 놀라운 하나님의 뜻이 성취될 것입니다.

12,13절을 보면 하나님께서는 방금 전에 모세에게 **"내가 정녕 너와 함께 할 것이라"** 고 하시면서 **"내가 이스라엘 백성을 애굽에서 인도하여 바로 이 산에서 나에게 영광을 돌리게 되리라"** 고 하셨습니다. 그때 모세는 "이스라엘 백성들이 하나님의 이름이 무엇이냐고 물을 때 뭐라고 대답해야 합니까?" 하고 묻습니다. 그것은 아직도 하나님의 명령에 무조건 순종하지 못하고 **자기 머리에서 떠오르는 문제점을 제기하며 말대답**을 한 것입니다.

그러면서도 모세는 분명히 자기 입으로 **"너희 조상의 하나님이 나를 너희에게 보내셨다"** 고 말했습니다. 그는 자기를 호렙산에서 부르시고 애굽으로 보내시는 분이 자기 조상의 하나님, 즉 아브라함과 이삭과 야곱의 하나님이심을 알고 있었음에도 불구하고 **아직도 그 자신이 그 하나님이 누구신지, 과연 어떤 분이신지 확실히 모르고** 있었습니다. 모세는 **40년 동안이나** 광야에서 목동생활을 하면서 하나님의 선지자의 훈련을 쌓아온 사람입니다. 그토록 훈련과 연단을 받은 사람이 지금은 떨기나무가 불에 타서 없어지지 않는 놀라운 광경을 보면서 하나님을 만나 음성을 직접 듣고 대화를 나누면서도 아직도 **하나님이 누구신지 잘 모르고 있었고, 무조건 그 말씀에 순종할 자세가 되어 있지 않았습니다.** 모세는 자신이 "하나님이 누구십니까?" 하고 묻는 대신에 이스라엘 백성이 그렇게 물을 것이라고 말한 것입니다.

인간은 **이처럼 어리석고 부패한 존재**입니다.

많은 사람들이 어떤 신기한 표적이나 이적을 눈으로 보고싶어하고 그것을 보면 하나님을 믿겠다고 말하지만 과연 깜짝 놀랄 표적이나 기적을 눈으로 똑똑히 봐도 **그 심령이 변하지 않는 한** 결코 하나님을 알지 못하고 믿지 못합니다.

영육이 속속들이 부패한 우리 사람들은 아무리 큰 표적이나 기적을 봐도 그 순간 놀랄 뿐 결코 그것을 보고 하나님을 믿을 만한 순수성이 없습니다. 말하자면 잉크로 더럽혀진 물 한 컵에 깨끗한 물 한 방울을 떨어뜨리면 그 부분만 잠시 깨끗하다가 잠시 후면 그 한 방울마저 잉크 물과 섞이게 되는 것과 같습니다. 더러운 물은 깨끗한 물을 계속 깨끗한 채로 담고 있을 수 없는 것입니다. 빨간 색 안경을 쓰고 보면 다 빨간 색으로 보일 뿐입니다. **사람의 영혼이 새로워지지 않는 한** 하나님과 진리에 대해 분명히 알 수 없습니다.

거듭나지 못하고, 여전히 더러운 안경을 낀 채 그것을 통해 하나님과 그 진리를 바라볼 때 결코 하나님이 보이지 않으며 하나님의 진리가 도무지 받아들여질 수 없습니다. 그러므로 심령이 **거듭나야** 합니다. 죄악의 색이 있는 안경들을 **벗어버려야** 합니다.

모든 불순종은 불신앙에서 나옵니다. 하나님이 누구신지 확실히 알고 믿으면 결코 하나님의 말씀에 불순종할 수 없습니다. **신앙이 없거나 부족하니** 순종하지 못하는 것입니다. 그런데 신앙을 확고히 가지지 못하는 것은 **거듭나지 못했기 때문입니다.** 깨끗해진 물이 깨끗한 물을 보존할 수 있듯이 **거듭나야 신앙이 그 심령 속에 계속해서 자리잡을 수 있습니다.**

모세는 하나님께서 '자기 조상의 하나님'이라는 말까지 하면서도 **하나님에 대해 잘 모르고** 있었습니다. 하나님은 첫 번째 대화에서 **하나님이 어떤 분이신지 분명하게 보여주셨습니다.** 하나님은 모세가 어느 날 양떼를 몰고 광야 서편으로 갔을 때 **이미 호렙산에서 기다리셨고 부르셨습니다.** 그것을 통해 하나님은 모세가 지금까지 걸어온 인생길이 **모두 하나님의 치밀한 섭리 속에서 이루어졌음을 알게** 해주신 것입니다. 또 떨기나무가 불에 타 없어지지 않는 광경으로 거기에 임재하시고 모세를 불러주셨는데 그것은 바로 **예수 그리스도에서 모세를 부르신 것이요, 장차 하나님께서 예수 그리스도를 통해 모든 선택된 백성들을 구원해내신다는 구원섭리를 보여주신 것입니다.**

또 하나님은 3장 6절에서 **"내가 바로 네 조상의 하나님이라. 그리고 아브라함과 이삭과 야곱을 선택하고 그들과 그 후손에게 놀라운 복을 약속한 하나**

님이라"고 가르쳐주셨고, 7절 이하에서는 **하나님이 이스라엘 백성의 고통을 보고 부르짖음을 들으셨으며 이제 그들을 애굽에서 해방시켜서 가나안 족속들이 살고 있는 땅으로 인도해 들이고 아브라함과 이삭과 야곱에게 약속하신 것을 그대로 이루실 하나님**이라고 분명히 모세에게 말씀해주셨습니다.

그런데도 모세는 지금 "**하나님의 이름이 무엇입니까?**"라고 묻고 있는 것입니다.

그런데 놀라운 것은 **모세의 이런 모습에도 하나님은 그를 떠나버리시지 않고 그 속을 훤히 아시면서도 응대해주셨습니다.**

그런데 보십시오.

이 두 번째 대화에서 하나님에 대해 의구심을 나타내던 모세가 "**그들이 나를 믿지 아니하며 내 말을 듣지 않을 것입니다**(4:1)"라고 또 말합니다. 세 번째 대화에서는 **자신에 대해 의구심**을 나타낸 것입니다. 그래도 하나님은 또 그 말대꾸에 응대해주십니다. 그랬더니 모세가 이번에는 **자기가 말에 능치 못하다며 궁색하기 짝이 없는 말대꾸까지 합니다**(4:10). 그러자 하나님은 **책망**하시면서 가게 하십니다. 하나님은 이렇게 **오래 참으시면서** 우리 어리석은 사람들을 이끌어주십니다.

그런데 모세가 이렇게 계속 하나님께 말대꾸를 하고 불순종하는 태도를 가짐으로써 하나님께서 **아론**을 붙여주셨는데 결국은 그 아론이 금송아지를 만들어서 그 일로 인해 수많은 이스라엘 백성이 죽고 모세가 40일 동안 시내산에서 기도하며 받은 두 돌판이 깨지고 다시 만들어야 했습니다. 또 아론이 미리암과 함께 모세의 권위에 도전하는 일도 벌어졌습니다.

우리가 믿음이 없거나 부족해서 하나님의 말씀에 말대꾸하고 불순종하며 시간을 낭비할 때 그래도 하나님은 우리를 상대해주시고 이끌어주시지만 그 말대꾸와 불순종과 시간낭비에 대해 반드시 **대가를 치러야 할 때**가 옵니다. **하나님은 우리의 행위 하나하나에 대해 선악을 분명히 분별하시고 갚으십니다.** 모세가 하나님을 전혀 믿지 않은 것은 아니지만 **한구석이나마 믿지 못**하는 부분이 있음으로써 그 불신앙이 또 다른 불신앙을 낳고 점점 더 크게 불순종에 빠지게 된 것입니다. 따라서 그는 하나님으로부터 급기야 **책망**을 받았고 나중에는 그것 때문에 큰 쓰라림과 고통을 당했습니다.

여러분 꼭 기억하십시오.

우리가 가진 불신앙이 크든 작든 **불신앙은 또 다른 불신앙을 만들고**, 따라서 내 생활은 **더 크게 불순종하는 생활이 된다**는 사실입니다. 그러나 신앙은 **또 다른 신앙을 만들어 점점 더 크게 순종하는 생활을 만듭니다.** 이것이 진정한 신앙생활입니다.

모세는 하나님의 말씀을 들으면서 여러 가지 의구심이 생길 때 "저의 의구심을 벗게 하시고 하나님의 명령에 순종하게 도와주소서" 하고 구했어야 했습니다.

무엇이든지 다 하실 수 있는 하나님께 자기의 문제를 기도할 줄 모르고 전능하지 못하신 하나님처럼 여기면서 자기 문제만 실컷 늘어놓으며 하나님의 말씀에 자기 생각을 내세우고 회피하려는 습관이 우리 모두에게도 있습니다. 그것이 바로 아직 **나 자신이 하나님보다 앞서있다는 증거**이며 **불행을 자초**하는 것입니다.

여기서 꼭 알아야 할 것이 있습니다.
당시 이스라엘 백성들의 신앙상태가 너무도 보잘것없었습니다.
모세가 하나님이 누구이신지 다 설명해주었는데도 그들이 "**마음의 상함과 역사의 혹독함을 인해 듣지 않았다**" 했습니다(6:9).

그들은 모세가 자기들 앞에서 지팡이가 뱀이 되었다가 다시 지팡이가 되고, 또 모세의 손이 문둥병이 들었다가 다시 낫는 기적을 보면서 하나님의 말씀을 들었는데도 **그 말씀을 믿지 않았습니다.**

겨우 그런 신앙이었으므로 그들은 모세에 의해 하나님의 능력으로 **해방되기는 했으나 그 후에 계속해서 하나님과 모세를 믿지 못하고 원망하고 경거망동했습니다.** 결국 애굽에서 20세 이상으로 나온 남자들은 여호수아와 갈렙 외에는 가나안에 들어가지 못하고 광야에서 다 죽었습니다.

그러나 여호수아와 갈렙은 **성숙한 신앙인**이었습니다. 그들은 **모세를 만난 첫 순간부터 모세의 입에서 나오는 모든 말씀을 믿고 순종**했습니다. **끝까지 섣불리 말하거나 함부로 행하지 않았습니다.** 이런 사람들만이 약속된 땅을 차지했습니다.

그 이스라엘 백성들은 400년이나 고역을 당하면서 **하나님을 찾아 부르짖은 사람들**이었습니다(2:23). 하나님은 그 부르짖음을 듣고 모세를 그들의 해방자로 보내주셨습니다. 그러나 **그들의 신앙은 하나님의 모든 말씀을 믿고 순종할 만한 믿음은 아니었던 것입니다.** 그래서 가나안에 도착하기도 전에 **하나님을 배반**하다가 수많은 사람들이 다 죽고 말았습니다.

여러분, 믿음의 모양만 갖추고 신앙생활해서는 안 됩니다. **한구석으로만 하나님을 믿고 한구석으로만 순종해서는 안 됩니다. 전적으로 하나님을 믿고, 하나님의 말씀이라면** 그대로 받아들이고 즉시 순종하고 복종하는 믿음이 되어야 합니다.

그렇지 않으면 **언젠가는** 그 한구석의 믿음마저 사라지고 하나님을 배반하게 됩니다.

이제 와서 새삼스럽게 "하나님의 이름이 무엇입니까?" 묻는 사람이 되지 말고 **그동안 듣고 체험한 것을 통해 하나님을 확실히 알고 믿으시기** 바랍니다.

그리고 더 이상 말대꾸나 의심, 궁색한 변명만 하지 말고 지금까지 내가 알고 깨달은 것을 **지금 당장 실천하고 순종**하기 바랍니다. '무엇을 해야 되는데…' 하면서도 하지 않고 자꾸 다른 것을 찾거나 궁리하는 것은 지금 모세가 하는 행동과 같습니다. 그런 행동은 결코 하나님을 기쁘시게 하지 못합니다.

제 15 강

스스로 있는 분이 너를 보내셨다 하라

〈출3:14~18〉
14하나님이 모세에게 이르시되 나는 스스로 있는 자이니라 또 이르시되 너는 이스라엘 자손에게 이같이 이르기를 스스로 있는 자가 나를 너희에게 보내셨다 하라 15하나님이 또 모세에게 이르시되 너는 이스라엘 자손에게 이같이 이르기를 너희 조상의 하나님 여호와 곧 아브라함의 하나님, 이삭의 하나님, 야곱의 하나님께서 나를 너희에게 보내셨다 하라 이는 나의 영원한 이름이요 대대로 기억할 나의 칭호니라 16너는 가서 이스라엘의 장로들을 모으고 그들에게 이르기를 여호와 너희 조상의 하나님 곧 아브라함과 이삭과 야곱의 하나님이 내게 나타나 이르시되 내가 너희를 돌보아 너희가 애굽에서 당한 일을 확실히 보았노라 17내가 말하였거니와 내가 너희를 애굽의 고난 중에서 인도하여 내어 젖과 꿀이 흐르는 땅 곧 가나안 족속, 헷 족속, 아모리 족속, 브리스 족속, 히위 족속, 여부스 족속의 땅으로 올라가게 하리라 하셨다 하면 18그들이 네 말을 들으리니 너는 그들의 장로들과 함께 애굽 왕에게 이르기를 히브리 사람의 하나님 여호와께서 우리에게 임하셨은즉 우리가 우리 하나님 여호와께 제사를 드리려 하오니 사흘길쯤 광야로 가도록 허락하소서 하라

> 14절/ 하나님이 모세에게 이르시되 나는 스스로 있는 자이니라 또 이르시되 너는 이스라엘 자손에게 이같이 이르기를 스스로 있는 자가 나를 너희에게 보내셨다 하라

하나님께서는 **"나는 스스로 있는 자이다"** 라는 말씀을 두 번이나 하셨습니다.
하나님은 이렇게 말씀하심으로 **자신에 관한 가장 중요한 부분**을 사람들에게 스스로 밝히셨습니다.

〈1〉 이 말씀은 **'여호와'**라는 **하나님의 고유명사**를 가르쳐주신 것입니다. 그 이름의 뜻은

(1) **'하나님은 자존자이시다'입니다.**

하나님은 자기 스스로 계시는 분임을 스스로 말씀하십니다. 하나님은 스스로 자신을 존재하게 하신 분이십니다. **다른 아무것에도 의존하지 않는 분**이

십니다. 하나님은 **'절대적으로 말씀'하시는** 분이십니다. 그분은 모든 피조물, 그리고 인간과 천사 이상이십니다. 하나님은 **"나는 스스로 존재하는 자이다(I am that I am)"**라고 말씀하심으로써 **"하나님은 자존자이시므로 자족하시며 모든 것에 부족함이 없으시다"는 사실**을 선포하십니다.

(2) **"하나님은 영원하신 분이시다"** 입니다.

과거나 현재나 미래에도 **영원히 변함이 없는 분**이시라는 말입니다.
하나님은 **이제도 계시고 전에도 계시고 장차 오실 분**이십니다(계1:4). 또한 **"알파와 오메가**(처음이요 나중)**"**이십니다(계1:8).
이 하나님이 바로 아브라함과 이삭과 야곱에게 계시하신 **계약의 하나님**이십니다.

(3) **"하나님은 사람이 찾는다고 하여 발견될 분이 아니라"**는 것입니다.

그 이름은 **하나님에 관한 인간의 모든 물음을 막아버리는 이름**입니다.
우리는 사람들에게 하나님이 어떤 분이시냐고 물을 수 없습니다. 왜냐하면 그 누구도 하나님을 **스스로 알 수 없기 때문**입니다. 하나님이 **그 자신을 사람에게 알게 해주셔야** 사람들이 비로소 알 수 있습니다. 그러나 완전하지 못한 인간으로서는 완전하게 알 수 없습니다.
그러므로 우리는 하나님에 대해 '**스스로 계시고 영원히 변함없이 계실 하나님이시다**'는 정도로 아는 것으로 만족해야 합니다. 참으로 사람이 하나님에 관해 듣고 알 수 있는 것은 **아주 작고 부분적**입니다.

(4) **"하나님은 그가 하신 모든 약속에 신실하시고 진실하시다"** 입니다.

하나님의 본성이 그러하시듯 **하나님의 말씀**도 그러하기 때문입니다. 하나님은 거짓말하는 인간과는 전혀 다른 존재이십니다.

하나님께서 **"나는 스스로 있는 자니라"** 하신 말씀은 다음과 같은 중요한 진리를 깨우쳐주십니다.
(1) **하나님은 사람이나 이 세상에 있는 것들처럼 누가 낳거나 만들어서 존재하는 분이 아니라**는 것입니다.

"나는 스스로 있는 자다" 라는 말 자체가 **피조된 사람의 사고력으로는 도저히 100% 깨달을 수 없는** 말입니다. 그 의미를 완전히 이해할 수 있다면 그가 바로 하나님이 될 것입니다.

만들어진 기계는 그것이나 그것을 만든 사람에 대해서 아무리 말해주어도 그 모든 것을 이해할 수 없습니다. 그것이 사람이 되어봐야 자기를 만든 사람이 누구인지를 제대로 알 수가 있을 것입니다.

피조된 존재는 스스로 존재해본 경험이 없기 때문에 스스로 존재한다는 것을 결코 이해할 수 없습니다. 그렇다고 해서 피조된 존재가 "스스로 존재하는 일은 있을 수 없다"고 할 수도 없습니다. 우리 사람이 100% 이해할 수 없는 존재는 존재하는 것이 아니라고 말할 수도 없습니다. 우리가 **이해하지 못할 뿐 그 존재가 없는 것이 아닙니다.**

(2) **하나님은 스스로 존재할 수 없던 것들을 존재하게 하는 분**이라는 의미가 있습니다.

하나님은 **스스로 계시면서** 우리 사람들을 포함하여 우리 눈앞에 보이는 **모든 것들을 만들어내신 분**이십니다.

(3) **"나는 모든 피조들을 마음대로 주장한다"는 의미도 있습니다.**

우주만물을 존재하게 하시는 하나님은 **그것들을 얼마든지 사라지게도** 하십니다. **성장하게 하시다가 쓰러져 버리게도** 하십니다.

사람이 하나님께 "당신은 도대체 누구십니까?" 하고 묻는다면 하나님은 이렇게 설명하실 수밖에 없습니다.

> 15절/ 하나님이 또 모세에게 이르시되 너는 이스라엘 자손에게 이같이 이르기를 너희 조상의 하나님 여호와 곧 아브라함의 하나님, 이삭의 하나님, 야곱의 하나님께서 나를 너희에게 보내셨다 하라 이는 나의 영원한 이름이요 대대로 기억할 나의 칭호니라

〈더 정확한 번역〉
■ 대대로 기억할 나의 칭호니라 ⇒ 대대로 나를 기억할 표가 될 것이다.

하나님은 **"나는 너희 조상의 하나님이다"** 라고 말씀하십니다.
모세나 이스라엘 백성들이 하나님에 대해 우선 그렇게 알아야 한다는 것입니다.
이 말씀에도 아주 중요한 의도를 하나님께서 드러내고 계십니다.

(1) **조상들**(아브라함, 이삭, 야곱)**의 하나님에 대한 신앙을 모세와 이스라엘 백성들이 가져야 한다**는 것을 깨우쳐주십니다.

하나님께서 이스라엘 백성들을 애굽에서 해방시키려 하실 때 **그들은 하나**

님께서 원하시는 것을 알아야 했습니다. 그것은 그들의 조상인 아브라함과 이삭과 야곱이 하나님께 대해 가진 신앙을 그들도 소유하는 것입니다. 조상들의 신앙이 그들에게서 소생되는 것이야말로 그들이 애굽에서 해방되고 하나님께서 약속하신 땅으로 가기에 절대 필요한 것이었습니다.

이스라엘 백성들이 그 신앙을 전혀 가지지 못한다면 그들은 하나님의 약속의 은총을 받을 자격이 없고 애굽에서 해방되거나 약속된 땅 가나안에 들어갈 수 없습니다.

죄인이 죄와 사탄의 굴레에서 해방되고 하나님께서 약속하신 온갖 은총을 누리며 영생복락을 누리려면 반드시 하나님이 누구이신가를 알며 그 하나님을 믿는 믿음을 가져야만 합니다. 스스로 존재하는 하나님이 아닌 다른 헛된 신들을 섬기거나 하나님을 끝까지 부인하고 거역하는 사람들은 아무리 도를 닦고 선행을 많이 한다 할지라도 결코 하나님의 백성이 아니며 하나님의 약속과는 상관이 없고 결코 천국에 들어갈 수 없습니다.

그래서 하나님은 이스라엘 백성들을 애굽에서 해방시키시고 약속하신 가나안 땅으로 인도하시기에 앞서서 그들로 하여금 하나님은 스스로 계신 분임을 그들의 조상들처럼 확실히 알고 믿기를 원하셨습니다.

(2) 하나님은 조상들에게 하신 약속을 이행하는 분이심을 이스라엘 백성들이 알게 하시는 것이었습니다.

하나님은 아브라함과 이삭과 야곱의 이름을 직접 열거하시며 자신은 그들의 하나님이심을 명확하게 밝히셨습니다. 이 세 사람은 계약을 위임받는 자들로서 그 계약의 증인들입니다. 따라서 하나님은 계약을 위임받은 이스라엘의 조상들이 있었다는 것과 그들이 그 증인임을 이스라엘 백성들에게 알리시며 그 약속을 이제부터 조속히 이루시겠다고 천명하신 것입니다.

그러므로 이제부터 이스라엘 백성들은 하나님과의 계약 관계를 확실하게 마음에 두어야 하며, 그 약속을 영광스럽게 여겨야 하고 결코 망각하지 말아야 합니다.

하나님께서 약속하신 것을 친히 기억하시고 계약을 위임받은 사람들이 그것을 기억하고 의심없이 믿는다면 그 약속은 반드시 이루어질 뿐만 아니라 하나님과 그 약속의 위임자인 우리가 함께하게 됩니다.

따라서 하나님으로부터 약속을 받은 사람들이야말로 참으로 복된 존재이며 영광스러운 존재가 됩니다.

이렇게 조상의 하나님과 그 조상들에게 하나님께서 약속하신 것을 **받아들이고** 믿는 자들은 **하나님에 대해 반드시 잘 알아야** 됩니다.

예수 그리스도를 믿은 우리 성도들은 하나님과 잠시도 연관을 끊을 수 없는 존재들입니다. 그러므로 우리는 반드시 하나님과 하나님의 약속을 **기억해야** 하며 **믿어야** 합니다. 그리고 **하나님의 뜻에 따라 살아야** 합니다.

기계가 그것을 만든 사람과 그 목적을 망각한 채 움직인다면 그 장래는 비참해질 수밖에 없습니다. 마찬가지로 **하나님에 의해 만들어진 사람이 만드신 하나님과 그 뜻을 무시하고 제멋대로 살 때 그 인생은 비참해지지 않을 수 없습니다.**

그러므로 사람에게는 **하나님을 아는 것이 지혜와 지식의 근본**입니다. 아무리 공부를 많이 했고 똑똑하다 할지라도 **유일하신 하나님을 모르고 산다면 참으로 알아야 할 것을 모르는 무지하고 어리석은 사람**입니다. 이런 사람은 별 유익이 없는 것을 안다고 자랑하며 살다가 결국은 다 허무한 인생이었음을 깨달을 날이 오고 허망한 가슴을 움켜잡고 이 땅에서 사라지고 맙니다.

이렇게 '**스스로 계신 하나님**', '**아브라함, 이삭, 야곱의 하나님**'이 모세에게 또 이르시기를 "스스로 있는 자가 나를 **너희에게 보내셨다고 하라**" 하셨습니다.

이 말씀 또한 **참으로 영광스러운 말**입니다.

"모세야, 너는 그렇게도 내가 누구인줄 모르느냐? 나는 너희 사람들이나 세상 것들처럼 누가 낳거나 만들어진 존재가 아니요, 스스로 존재하며, 사람과 세상 만물을 만든 자다. 그 모든 것을 마음대로 주장하는 자다. 이스라엘 백성이 애굽에서 큰 민족이 되고 바로가 애굽의 왕이 되게 하고 이제 그 바로의 손에서 이스라엘을 해방시킬 자가 바로 나다. 이런 내가 너를 이스라엘 백성에게 보내는데 너는 왜 쓸데없는 소리만 하느냐?" 하시는 것입니다.

하나님께서는 지금도 저와 여러분을 향해 이렇게 말씀하십니다.

"나 스스로 존재하는 하나님이 **너를 선택했다.** 인간과 세상 만물을 창조하고, 그 모든 것의 생사를 마음대로 주장하는 내가 **너와 함께한다.** 그리고 스스로 존재하는 내가 **너에게 지금의 길로 가게 하고 지금의 사명을 맡겼노니 너는 담대하라.**"

여러분, 우리는 결코 우연히 존재하거나 어쩌다가 이 세상에 나온 사람들이 아닙니다.

스스로 계신 하나님께서 저와 여러분을 이 세상에서 거룩한 뜻을 이루기 위해 존재하게 하셨고, 지금까지의 인생길을 걸어오게 하셨고, 지금도 이끌어주고 계시고, 앞으로도 하나님의 뜻에 따라 이끄시며 사용하실 것입니다. "나 스스로 있는 자가 너를 보냈노라" 하시는 이 하나님의 음성을 똑똑히 들으시기 바랍니다. 나는 하나님에 의해 보내졌고, 하나님의 손에 붙잡혀 있고, 하나님께서 쓰고 계시는 사람임을 깨닫고 그 사실을 결코 잊지 마시기 바랍니다. 이것을 보고 깨달을 줄 모르고 잊어버리니 자꾸만 나 자신을 하나님과 관계없는 사람처럼 여기고, 하나님의 손에서 빠져 나가려고 하고, 쓸데없는 것들의 종노릇을 하며 살게 됩니다. 계속해서 그런 생활을 한다면 득볼 것이 아무것도 없습니다.

만약 이스라엘 백성들이 모세가 이런 모든 사실을 알게 해주었는데도 그것을 들으려고도 하지 않거나 받아들이지 않았다면 그들의 장래가 어떻게 되었겠습니까?

"너는 너를 이스라엘 자손에게 보내신 이는 너의 조상의 하나님, 곧 아브라함의 하나님, 이삭의 하나님, 야곱의 하나님 여호와라" 하시면서 "이것이 나의 영원한 이름이요, 대대로 나를 기억할 표가 될 것이다" 라고 하셨습니다.

여기서 우리가 주목할 것은
(1) 하나님은 모세를 이스라엘 자손에게 보내시며 "아브라함과 이삭과 야곱의 하나님이라"고 말하라 하신 것입니다.

"아브라함의 하나님, 이삭의 하나님, 야곱의 하나님"이라고 말씀하신 것은 하나님께서 아브라함과 그 아들 이삭, 그의 아들 야곱에게 약속하신 거룩한 복을 반드시 이루어주시는 분임을 강조하는 말씀입니다.

하나님께서는 우리가 하나님은 스스로 계시며 만물을 창조하시고 주장하시는 분이시며, 선택된 자들에게 그 복을 반드시 이루어주시고 누리게 해주시는 분임을 알기를 원하십니다.

하나님은 우리 모든 성도에게 틀림없이 복을 약속해주셨습니다. 그리고 그것을 반드시 이루어주시고 누리게 해주십니다. 그런데 우리가 잘못할 때는 그것에 대해 반드시 벌을 주십니다. 그러나 그것은 우리가 이 세상에 있는 동안에만 잠깐 당하는 것이요, 더욱이 그 벌은 우리를 망하게 하려 함이 아니라 우리로 하여금 더 많은 복을 누리게 하고, 예비된 복을 받아 누리게 해주시기 위한 것입니다.
　하나님은 언제나 모든 것이 우리에게 유익과 복이 되게 해주시는 참 좋으신 분입니다. 따라서 우리는 절망적인 상황에서도 결코 낙심하지 않으며 슬퍼하지 않고 오히려 기뻐하고 감사할 수가 있습니다.

　(2) 아브라함의 하나님, 이삭의 하나님, 야곱의 하나님이라는 이름이 하나님의 영원한 이름이요, 대대로 기억할 하나님의 표입니다.

　하나님은 성도들에게 약속한 복을 반드시 이루어주시고 누리게 해주시는데 그것을 한순간만이 아니라 영원히 주시는 분이라는 말씀입니다.
　'대대로 하나님을 기억할 표'라 하셨는데 하나님은 이런 분이라는 사실을 나 혼자서만 알고 살 것이 아니라 내 자손들도 알게 해야 하고, 그렇게 할 때 하나님은 또 우리 자자손손이 약속된 복을 누리게 해주신다는 말씀입니다.
　우리에게 온갖 복을 약속해주시고 그것을 반드시 이루어주시고 누리게 하시는 하나님을 우리는 잠시도 잊지 말며 굳게 믿어야 합니다. 왜 자꾸 그것을 의심하고 잊어버린단 말입니까?
　진정한 복은 오직 스스로 계신 하나님, 약속하신 것을 반드시 이루어주시는 하나님만이 주실 수 있고 이루실 수 있습니다. 그러므로 결코 하나님이 아닌 다른 것을 의지하거나 복을 기대하지 말아야 합니다.
　그리고 우리 자식들이 이 하나님을 확실히 알고, 믿고, 순종하도록 우리는 세상 그 어떤 것보다 이런 것들을 철저하게 가르쳐야 합니다. 자녀들이 학교 공부를 잘하면 좋은 직장은 다닐 수 있을지 모르나 하나님께서 주시는 복은 하나님을 섬길 줄 알고, 하나님의 약속을 믿으며, 그 말씀에 순종하는 사람들에게 주어지는 것입니다.
　지금 내 자녀들이 이런 사람이 되고 있는가? 내가 이런 자녀로 잘 훈육하고 있는지 잘 살펴보시기 바랍니다.

> 16절/ 너는 가서 이스라엘의 장로들을 모으고 그들에게 이르기를 여호와 너희 조상의 하나님 곧 아브라함과 이삭과 야곱의 하나님이 내게 나타나 이르시되 내가 너희를 돌보아 너희가 애굽에서 당한 일을 확실히 보았노라
> 17절/ 내가 말하였거니와 내가 너희를 애굽의 고난 중에서 인도하여 내어 젖과 꿀이 흐르는 땅 곧 가나안 족속, 헷 족속, 아모리 족속, 브리스 족속, 히위 족속, 여부스 족속의 땅으로 올라가게 하리라 하셨다 하면
> 18절/ 그들이 네 말을 들으리니 너는 그들의 장로들과 함께 애굽 왕에게 이르기를 히브리 사람의 하나님 여호와께서 우리에게 임하셨은즉 우리가 우리 하

나님 여호와께 제사를 드리려 하오니 사흘길쯤 광야로 가도록 허락하소서 하라
〈더 정확한 번역〉
16절/ 내가 너희를 돌보아 너희가 애굽에서 당한 일을 확실히 보았노라 ⇒ 드디어 내가 너희를 찾아왔다. 그리고 나는 애굽에서 너희가 겪고 있는 일을 똑똑히 보았다.
17절/ 上이미 약속했던 바와 같이 나는 너희를 애굽에서 당하는 고통으로부터 이끌어내어 젖과 꿀이 넘쳐흐를 만큼 비옥한 땅
18절/ 임하셨은즉 ⇒ 나타나셨다.

16절 이후부터는 하나님께서 **모세가 할 일에 대해 보다** 구체적으로 지시하십니다. 그리고 그렇게 함으로써 **모세가 할 일이 성공되리라는 사실 또한 미리 알게** 해주십니다.
(1) **모세로 하여금 이스라엘 장로들에게 하나님의 말씀을 전달하게 하십니다.**

하나님은 먼저 이스라엘의 지도자인 장로들이 하나님이 하신 말씀을 확실히 깨달아 알고 믿게 하십니다. 그 일을 함에 있어서 모세는 **하나님께서 하게 하신 말씀들을 조금도 빠짐없이 전달해야** 했습니다.

하나님의 일꾼들, 특히 목사들은 **하나님의 말씀을 그대로, 정직하게, 빠짐없이 전달하는 일을 첫 번째 의무로 알고 충실히 수행해야** 합니다. 이 일을 제대로 하지 못하는 일꾼이나 목사들은 **처음부터 하나님께 불충한 죄를 저지르고 있는 것입니다.**

만약 모세가 그 말씀들을 제대로 전달하지 않았다면 결코 그가 하는 일이 성공할 수 없었을 것이며 모세는 그 거룩한 일을 계속 수행할 수 없었을 것입니다.

오늘날 목사로, 하나님의 일꾼으로 부름 받은 사람들 중에 **이런 어처구니 없는 잘못을 저지름으로써 처음부터 하나님의 일을 그르치는 큰 죄를 범하고 하나님의 눈밖에 나는 사람들**이 많습니다.

"이미 약속했던 바와 같이 나는 너희를 애굽에서 당하는 고통으로부터 이끌어내어 젖과 꿀이 넘쳐흐를 만큼 비옥한 땅 곧 가나안 족속, 헷 족속, 아모리 족속, 브리스 족속, 히위 족속, 여부스 족속의 땅으로 올라가게 하리라"고 말하라 하셨습니다.

이 말씀은 이스라엘 백성들이 애굽에서 해방되는 일에 대한 **충분한 설명**이

되었습니다. **하나님께서 약속하셨으니** 그대로 이루어지는 것입니다. 이스라엘 백성들과 장로들은 우선 그것부터 알고 믿어야 합니다.

사람들은 말과 행실이 얼마든지 다르지만 **하나님은 전혀 그렇지 않으십니다. 하나님께서 한번 뜻을 정하셨다면 누구도 그것을 막거나 돌이킬 수 없습니다.**

하나님은 "네가 그렇게 말하면 그들이 네 말을 들으리라(18절)" 하셨습니다.

40년 전처럼 이스라엘의 장로들에게서 배척당하거나 추방당하지 않으리라는 것이었습니다.

모세를 해방자로 보내시는 하나님은 **이스라엘 백성들의 귀와 마음을 여셔서 듣게 하십니다.** 이렇게 **하나님께서 무슨 뜻을 정하시고 말씀하신다면** 그것을 받는 사람들은 그 눈과 귀와 마음이 열려서 그것을 받아들일 수밖에 없으며 반드시 성취됩니다.

그러므로 복음과 하나님의 말씀을 전하는 사람들은 **그것이 하나님의 말씀임을 믿는다면** 주저함이 없이, 두려워하지 말고, 가감하지 말고 그대로를 정확하고 담대하게 전해야 합니다.

제 16 강

내가 애굽에 큰 능력을 보여줄 것이다

〈출3:18~22〉
18그들이 네 말을 들으리니 너는 그들의 장로들과 함께 애굽 왕에게 이르기를 히브리 사람의 하나님 여호와께서 우리에게 임하셨은즉 우리가 우리 하나님 여호와께 제사를 드리려 하오니 사흘길쯤 광야로 가도록 허락하소서 하라 19내가 아노니 강한 손으로 치기 전에는 애굽 왕이 너희가 가도록 허락하지 아니하다가 20내가 내 손을 들어 애굽 중에 여러 가지 이적으로 그 나라를 친 후에야 그가 너희를 보내리라 21내가 애굽 사람으로 이 백성에게 은혜를 입히게 할지라 너희가 나갈 때에 빈손으로 가지 아니하리니 22여인들은 모두 그 이웃 사람과 및 자기 집에 거류하는 여인에게 은 패물과 금 패물과 의복을 구하여 너희의 자녀를 꾸미라 너희는 애굽 사람들의 물품을 취하리라

> 18절/ 그들이 네 말을 들으리니 너는 그들의 장로들과 함께 애굽 왕에게 이르기를 히브리 사람의 하나님 여호와께서 우리에게 임하셨은즉 우리가 우리 하나님 여호와께 제사를 드리려 하오니 사흘길쯤 광야로 가도록 허락하소서 하라
> 19절/ 내가 아노니 강한 손으로 치기 전에는 애굽 왕이 너희가 가도록 허락하지 아니하다가
> 20절/ 내가 내 손을 들어 애굽 중에 여러 가지 이적으로 그 나라를 친 후에야 그가 너희를 보내리라

〈더 정확한 번역〉
> 18절/임하셨은즉 ⇒ 나타나셨다
> 19절/강한 손으로 치기 전에는 ⇒ 큰 능력을 보기 전에는
> 20절/그러므로 나는 애굽에 큰 능력을 보여줄 것이다. 내가 그 땅에서 기적을 일으킬 것이다. 그런 일이 있은 뒤에야 그가 너희를 보내리라.

하나님께서는 모세로 하여금
(1) **이스라엘 장로들에게 하나님의 말씀을 전달하게** 하셨습니다.
(2) **이스라엘 장로들과 함께 애굽 왕 바로에게 가서 하나님의 명령을 전달하게** 하셨습니다.

하나님은 그들로 하여금 **처음부터 강력한 요구가 아니라 매우 점잖은 차원**

의 방법으로 명령을 전달하게 하셨습니다. 도무지 하나님의 말씀을 듣지 않을 사람에게도 **매우 유순하고 신사적인 태도로** 먼저 대하게 하신 것입니다. **"우리가 당신에게 청하오니 우리를 가게 해주시오"** 했습니다.

더욱이 모세와 이스라엘 장로들이 요구한 것은 하나님께 경배드리기 위해 시내산까지만 가게 해달라는 것이었습니다. 만약 이스라엘 백성들이 애굽에서 떠나야 할 이유가 가나안에 가서 정착하기 위함임을 처음부터 말했다면 어리석고 악한 바로는 더욱 거칠게 거절했을 것입니다. 그럼에도 불구하고 그 유순하고 타당성 있는 요구를 거절하였으니 그것이야말로 **하나님께 용납받을 수 없게** 되고 결국 이스라엘 백성들이 바로와 그 나라를 완전히 떠나는 것을 **정당화시켜주는** 일이 되었습니다. 바로가 이스라엘 백성이 시내산에 가서 하나님께 제사드리는 것을 허락하지 않는다면 이스라엘 백성들은 바로의 허락 없이 가나안 정착을 위해 떠나는 것이 오히려 당연하게 됩니다. **하나님께서 죄인들에게 주시는 부르심과 명령은 그들에게 매우 신사적이고 합당한** 것입니다. 그리고 **매우 유순해보이고 설득력 있게** 전달됩니다. 그러므로 그것에 대해 듣는 자는 순순히 받아들여야 합니다.

하나님께서는 **하나님이 하라시는 대로 말하면 결국 성공하리라는 사실**을 이미 모세에게 말씀해주셨습니다. 그러나 모세는 바로가 하나님의 말씀을 듣지 않을 것이라고 했습니다, 하나님께서도 권능의 손으로 바로를 치시지 않고는 그가 결코 듣지 않으리라는 사실을 알고 계셨습니다.

19절에 "내가 아노니 큰 능력을 보기 전에는 애굽 왕이 너희가 가도록 허락하지 아니할 것이다. 그러므로 나는 애굽에 큰 능력을 보여줄 것이다. 내가 그 땅에서 기적을 일으킬 것이다. 그런 일이 있은 뒤에야 그가 너희를 보내리라" 하셨습니다.

하나님께서는 이미 확실히 아시면서도 마음이 완악한 자들에게도 **사자를 보내십니다.** 하나님께서 그들을 돌이키게 하여 그들이 살게 되기를 원하시기 때문입니다.

그러므로 **하나님께 명령을 듣는 자들은 그저 그 명령을 순순히 받아들이고** 하나님께서 강한 손으로 치시는 것을 면해주시기를 기대해야 합니다. 그러나 그들에게는 그렇게 할 능력이 전혀 없습니다. 지극히 완악한 자라도 하나님의 명령을 순순히 받아들이고 순종하게 되려면 **하나님께서 그렇게 하도록 그 사람에게 역사해주셔야만** 합니다. 모든 성도는 바로 **이런 하나님의 특별한 은총을** 입어 주 예수 그리스도를 믿고 모든 죄를 사함 받고 영생 구원을 얻게 된 것입니다. 그러므로 그 구원 받음에 대해 결코 누구 앞에서도 자신을 자랑할 수가 없습니다.

(3) **하나님께서는 바로 왕에게 하나님의 명령을 전달하게 하시면서 하나님에 대해 '히브리 사람의 하나님 여호와'라고 알리게 하셨습니다.**

이 칭호는 5장 3절, 7장 16절, 9장 1절, 13절, 10장 3절에도 나타납니다. 이런 표현은 그 하나님은 애굽 사람들이 생각하고 있는 **신들 중에 하나가 아니고 아브라함, 이삭, 야곱에게 나타나주시고 약속해주신 유일하신 하나님**임을 깨우쳐주는 것입니다. 따라서 '히브리 사람의 하나님 여호와'는 그 당시만 해도(예수 그리스도께서 이 땅에 오시기 이전 시대) 아브라함, 이삭, 야곱의 자손, 즉 히브리인들의 하나님이지 **그 하나님이 자신을 누구라고 전혀 밝혀주신 적이 없는 다른 족속들은 결코 알 수 없는 분이심**을 깨우쳐주는 말씀입니다. 하나님은 세상의 수많은 족속이 생각하는 어떤 신들과는 **전혀 다른 참 신**이십니다. 다른 족속들이 말하는 신이라는 것들은 그들 마음속에서 지어낸 것이고 결코 히브리인의 하나님처럼 스스로 계시는 분이 아닙니다. 또 **마귀와 귀신들이 있지도 않은 신을 생각하며** 사람들에게 들려주고 보여주게 하여 만들어진 것에 불과한 것들입니다.

출애굽시대에만 해도 여호와 하나님은 **많고 많은 민족 중 멸시와 천대를 받는 한 민족의 하나님**이었으나 **그분만이 영원 전부터 영원까지 계시고, 스스로 계시며, 우주 만물을 지으시고, 사람을 포함한 모든 것을 주관하시고 통치하시는 하나님**이십니다.

예로부터 세계 어느 나라든 **부패 타락한 인간들이 사탄의 도움을 받아** 있지도 않은 신들을 고안해내고 여러 가지 형상으로 만들어 섬겨왔는데 그중 서양 사람들이 말하는 여러 신들은 주로 희랍신화에서 나온 산물들입니다.

희랍신화에 제우스, 주피터를 비롯하여 바다인 신, 땅의 신, 물의 신, 불의 신이니 하는 수많은 신이 나오는데 그중에 주피터가 가장 힘이 세고 나머지 신들을 어느 정도 움직일 수 있는 것처럼 묘사됩니다. 그러나 그 나머지 신들도 결코 주피터가 마음대로 하거나 없애버릴 수는 없는 존재이며, 그들은 언제나 공생 공존하고 때로는 서로 주도권을 잡기 위해 싸우는 것으로 묘사하고 있습니다. 그 자체가 그 모든 것들은 **모든 권세와 능력을 가진 전지전능한 신이 아님을 드러내고** 있습니다.

그러나 그 **히브리인의 하나님, 우리가 성경을 통해 알고 믿고 있는 하나님**

은 **유일하신 신이요, 그 외에는 어떤 신도 없습니다.** 따라서 그 하나님은 어떤 신들과도 **공존할 수도 없는 존재**입니다. 사람이 만들어낸 신이라는 것들은 **마귀의 산물**일 뿐이고 마귀와 그 세력들이 아무리 이 세상에서 활발하게 활동하고 있을지라도 그들은 **결코 하나님의 도전자가 될 수 없으며 하나님과 동등한 위치에 있을 수 없습니다.** 그들도 **하나님에 의해 다스림을 받고 영원한 멸망에 처할 존재들**입니다.

하나님께서 모세를 통해 애굽 왕 바로에게 **"히브리인의 하나님 여호와"**라고 알리게 하신 것은 **바로에게 가장 두렵고 떨어야 할 일**이었습니다. 하나님께서 **약한 인간 바로**에게 무엇을 명령하시는데 만약 **그 명령에 항거하거나 대적한다면 그는 지구상에서 가장 불쌍한 자가 될 수밖에 없는 것**입니다.

바로와 애굽 사람들과 다른 모든 민족은 이 하나님을 전혀 알지 못했고, 그들 눈에 하나님은 당시 가장 비천한 삶을 살고 있는 백성들의 신에 불과하게 보였으나 이제는 그 '**히브리인의 하나님**'이 이스라엘 백성들을 통해 우상을 섬기는 나라와 민족들을 멸하시는 일을 **구체적으로 시작하고** 계시는 것입니다.

그러므로 모세와 이스라엘 장로들을 애굽으로 보내셔서 바로 왕에게 하나님의 명령을 전달하게 하신 것은 그 바로 왕과 애굽 사람들뿐 아니라 **전 세계 모든 사람에게** 참으로 두려운 일이 되는 것입니다. 그동안 오랫동안 하나님께서 그 자신을 어느 누구에게도 드러내지 않으셨다가 **비로소 모세와 이스라엘 백성들을 통해 드러내신다**는 것은 다른 모든 나라와 민족에게 두렵고 떨리는 일이 아닐 수 없는 일이었습니다.

그런데 그 하나님께 부르심을 받고 명령을 받아 전달하는 모세와 이스라엘의 장로들도 그분이 **이런 하나님이심을 너무도 모르고** 있었습니다.

예수 그리스도를 믿고 있는 우리 성도들도 마찬가지입니다.

우리는 아직도 너무나 어리석고 부패 타락한 부분들이 남아있기에 성경을 통해 하나님이 누구이신가를 끊임없이 보고 듣지만 그 하나님에 대해 **극히 일부분만 알고 있을 뿐** 실체를 충분히 알지 못합니다. 만약 하나님에 대해 어느 정도만이라도 제대로 알게 된다면 그 사람은 무엇보다 먼저 **그 하나님이 두려워 떨지 않을 수 없게** 됩니다.

어찌 2미터도 안 되는 조그마한 피조물이, 그것도 전적으로 부패하고 타락했던 인간이 이 놀라우신 하나님을 쉽게 알 수 있으며 제대로 알 수 있겠습니까? 그러므로 성경 말씀을 깊이 깨달으며 하나님을 점점 더 알게 된 사람이야말로 인간으로서 **가장 영광스럽고 복된 사람**이 된 것입니다.

(4) "**히브리 사람의 하나님 여호와께서 우리에게 나타나셨다. 우리가 우리 하나님 여호와께 제사를 드리려 하오니** 사흘 길쯤 광야로 가도록 허락하소서 하라" 하셨습니다.

하나님께서 이스라엘 백성으로 하여금 **해방되게 하시는 목적**은 어디까지나 그들이 하나님 여호와께 '**예배를 드리게 하기 위함**'이었습니다.

바로 그것을 위해 이스라엘 백성을 애굽에서 해방시키시고 가나안에 가서 거주하도록 하신 것입니다. 이스라엘 백성이 더 이상 고통을 당하지 않고 살기 좋은 땅에 가서 풍요롭게 사는 것이 궁극적인 목표가 아니었습니다.

만세전에 선택을 받고 성령으로 거듭나서 예수를 확실히 믿어 하나님의 자녀가 된 사람들은 결코 이 세상에서 보다 더 나은 환경에서 부귀영화를 누리게 하려는 목적으로 된 것이 아님을 깨달아야 합니다. 오히려 구원받은 성도들은 그동안 자기와 돈과 사람과 세상것들을 섬겼던 것에서 **완전히 빠져 나와서**, 그것들과는 결별하고 **오직 성삼위 하나님만을 섬기고 그 말씀대로 지키고 맡겨주신 사명을 감당하는 것**, 그렇게 함으로써 **날마다 순간마다 하나님께 감사와 찬송과 영광을 돌려드리는 것**을 자기의 본분으로 삼아야 하며 그 일을 **가장 기쁘고 즐거워해야** 합니다.

예수를 믿고 구원받았음을 확신하는 성도들 중에 아직도 이렇게 하지 못하는 사람들이 많습니다. 그 이유는 그들이 **아직도 애굽에 있기 때문**입니다. 또는 **애굽에서 해방되어 나왔을지라도 오직 하나님만을 섬기며 예배하기를 사모하지 못하고 애굽을 동경하며 차라리 애굽으로 돌아가서 살면 좋겠다고 말하는 사람들과 같은 사람들**입니다. 그들의 말로가 어떻게 되었습니까? 이렇게 어처구니없는 신앙생활 아닌 신앙생활을 하는 성도들이 너무도 많습니다.

우리 모든 성도는 **예수 믿은 이후에도 애굽에서처럼 무엇을 마실까 먹을까 입을까 즐길까를 고민하거나 그것들을 더 달라고 기도해서는 안 됩니다**. 그것을 계속 구하는 것은 **이방인들이나** 하는 일이라 하셨습니다. 즉 애굽에 있는 사람이라는 말입니다. 가나안을 향해서 가지만 **가나안에 도달하지 못한 사람**입니다.

그러므로 **나는 지금 어디에 있는지** 영의 눈을 떠서 살펴보시기 바랍니다. 예수 믿고 구원받았다고 생각하지만 **여전히 바로의 치하에서 애굽에서** 노예살이 하고 있지 않은지, 예수 그리스도의 인도를 따라 가나안을 향해 가고 있지만 여호수아와 갈렙처럼 기쁘고 즐겁게 하나님의 말씀대로 순종하며 모세만을 성실히 따라가지 못하고 **애굽을 동경하며 원망, 불평하고 불순종하기를 일삼고 있는 사람**은 아닌지 정신차리고 살펴보시기 바랍니다.

정상적으로 신앙생활하는 사람은, 즉 **영적으로 꼬꾸라지고 치료되고 변화되고 무장하고 성숙해가는 사람은 오직 그 가나안을 바라보면서** 비록 광야인 이 세상에서 살면서 **철저하게 자기를 부인하고 자기 십자가를 지고 주님의 뒤만을 끝까지 따라가야** 하고 세상의 그 어떤 일보다도 **성도들과 모여서 하나님께 감사와 찬송과 영광을 돌려드리는 일, 회개하며 기도하는 일, 성도들을 뜨겁게 사랑하며 하나 되는 일, 하나님이 기뻐하시는 일을 성도들과 더불어 열심히 하는 것**을 가장 중요하게 여기며, 우선순위에 두고, 기쁘고 즐겁게 하는 사람이 되어야 합니다.

내가 만약 이런 사람이 아니라면 나는 지금 **애굽에 있거나 아니면 광야 생활 속에서 끊임없이 불순종하고 원망 불평하다가 멸망당하는 사람들의 길을 가고 있는 것**입니다. 그런 가운데서 아무리 좋은 집을 가지고 좋은 소득을 거두고 아이들이 좋은 학교를 다니고 있다 할지라도 **조만간 모든 것을 잃어버리게** 됩니다. 그야말로 옐로우카드가 아니라 **레드카드**가 내 앞에 드리워져 있는 것입니다.

하나님께서 모세를 통해 바로에게 "**우리 하나님 여호와께 제사를 드리려 하오니 사흘길쯤 광야로 가도록 허락하소서**"라고 말하게 하신 것은 결코 바로를 속이는 것이 아니었습니다. 그의 강퍅한 심령에 우선 **시험적으로 점잖게 하나님의 뜻을 알게 하시는 것**이었습니다. 이것은 하나님께서 **강퍅한 바로를 취급하시는 방법**이었습니다.

하나님께서는 이스라엘 백성으로 하여금 애굽에서 아주 떠나 가나안에 들어가도록 인도하실 계획을 세우셨으나 바로에게는 그 내용을 다 알리지 않으셨습니다. 하나님은 이렇게 그 모든 비밀을 가지고 악한 자를 다루실 수 있는 **주권**을 가지고 계십니다.

또한 하나님은 바로에게 신사적으로 명령하시면서도 애굽에서 해방되어 가나안에 정착할 이스라엘 백성들이 가장 중점적으로 할 일은 **하나님께 예배하는 것임을** 그에게도 **천명**하신 것입니다.

이렇게 **하나님의 백성들이** 이 세상에서 가장 중요하게 해야 할 일은 하나님을 예배하는 것임을 구원받은 사람들뿐 아니라 세상 모든 사람까지도 알게 하신 것입니다. 그토록 하나님은 그 구원하신 백성들의 예배를 참으로 원하시고 기뻐하십니다.

그런데 예수 믿고 구원받은 사람이 어찌 이토록 하나님이 원하시고 기뻐하시는 일을 게을리하며 억지로 하며 싫어할 수 있습니까? 내가 만약 그런 사람이라면 나는 아직도 애굽에 있거나 애굽에서 해방되어 가나안으로 향하고 있으면서도 끊임없이 하나님을 불신하고 불순종하고 원망 불평하는 옛날 광야에서 멸망당한 이스라엘 백성들과 같은 사람입니다. 참으로 무서운 말씀이 아닐 수가 없습니다.

(5) "그러므로 나는 애굽에 큰 능력을 보여줄 것이다. 내가 그 땅에서 기적을 일으킬 것이다. 그런 일이 있은 뒤에야 그가 너희를 보내리라" 하셨습니다(20절).

애굽은 마귀의 세계, 바로 왕은 마귀를 의미합니다.

마귀와 그 세계는 하나님께서 선택하시고 사랑하시는 사람들을 결코 기꺼이 하나님 앞에 내어놓을 수 없습니다. 그들의 본성이 결코 그렇게 할 수 없는 것입니다. 따라서 그들에게는 기필코 하나님께서 큰 능력으로 다스리는 일이 있어야만 합니다.

한 사람이 예수 믿고 구원얻는 일은 그 사람을 지배하고 다스리고 있는 마귀의 세력에 하나님의 큰 능력이 나타나 대적하심으로써 가능합니다. 그런 일은 결코 사람이 할 수 없습니다.

이스라엘 백성들이 바로와 애굽에서 깨끗이 해방되는 일은 이스라엘 백성들이 어떤 수단과 방법을 사용해도 불가능했습니다. 오직 하나님께서 큰 능력을 보여주시며 바로와 애굽을 지심으로써 가능한 한 일이었습니다.

그런데 하나님은 그 일을 예수 그리스도를 예표하는 모세 한 사람을 보내서 다 하셨습니다. 즉 우리가 모든 죄를 사함 받고 마귀의 세력에서 해방되고 약속된 땅 가나안, 천국으로 들어가는 일은 바로 예수 그리스도를 통해, 하나님의 큰 권능에 의해 이루어지는 것입니다.

그러므로 예수 그리스도를 믿고 구원받은 사람은 자신을 사로잡고 지배하던 마귀의 세력에게 하나님의 큰 권능이 나타나 물리쳐주시는 놀라운 권능의 역사를 이미 경험한 사람입니다.

그런데 그 자신은 그런 놀라운 사실을 충분히 알지 못합니다. 그래서 하나님은 예수를 확실히 믿은 사람에게 성령을 주심으로 감화와 감동으로써 하나님이 누구이시며 하나님이 어떻게 나를 마귀의 세력에서 해방되게 하시고 구원얻게 하셨는지를 점점 더 확실하게 깨닫게 해주십니다. 그러므로 예수 그리스도를 확실하게 믿어 성령을 받아야만 그 하나님의 놀라운 은총을 비로소 알 수가 있습니다. 예수 그리스도를 확실하게 믿지 못하여 성령을 받지 못한 사람은 아무리 성경지식을 많이 알고 있고, 성경을 잘 가르치고 설교하는 것 같아도 자기가 하나님의 큰 권능에 의해 자기를 사로잡고 있던 마귀의 세력이 격파되고 구원되었음을 확실히 깨달아 알 수 없습니다. 그러므로 이런 사람들은 진정으로 하나님께서 받으실 수 있는 예배도 드릴 수 없습니다.

우리가 이렇게 하나님의 크신 권능이 나를 위해 나타나셨고 이제 나로 하여금 하나님이 누구신지를 점점 더 알고 믿음이 자라게 하시며 그 믿음으로써 하나님께서 받으실 만한 예배다운 예배를 날마다 드릴 수 있게 하신 **하나님의 은혜에 날마다 더욱더 감사드려야** 합니다. 그러니 이렇게 구원을 확실하게 받은 성도가 하나님께 예배하는 일을 더디게 하거나 게을리하거나 억지로 할 수가 있겠습니까?

> 21절/ 내가 애굽 사람으로 이 백성에게 은혜를 입히게 할지라 너희가 나갈 때에 빈손으로 가지 아니하리니
> 22절/ 여인들은 모두 그 이웃 사람과 및 자기 집에 거류하는 여인에게 은 패물과 금 패물과 의복을 구하여 너희의 자녀를 꾸미라 너희는 애굽 사람들의 물품을 취하리라

〈더 정확한 번역〉
> 22절/ 여인들은 모두 그 이웃에 사는 애굽 사람과 그 집에 사는 애굽 여자에게 은 패물과 금 패물과 의복을 **구하여 너희의 자녀를 꾸미라.** 이렇게 너희는 **애굽 사람들이 준 것을 받아 가지고 애굽을 떠나게 될 것이다.**

하나님은 이 두 절의 말씀을 통해 우선 그 옛날 이스라엘 백성들에게 **참으로 중요한 진리**를 깨우쳐주십니다. 또한 **후대의 모든 하나님의 사람에게도 결코 잊지 말아야 할 진리**를 깨우쳐주고 계십니다.

(1) **하나님께서는 이스라엘이 애굽에서 말할 수 없는 고통을 당하며 노역한 것에 대한 충분한 대가를 받으며 나오게 하셨다**는 것입니다.

1) **하나님은 이스라엘 백성들을 노예로 부렸던 애굽 사람들에게서 많은 것을 받아가지고 나오게 하셨습니다.**
2) **뿐만 아니라 애굽 여자들에게서 여자들에게 소중하고 중요한 것들을 다**

받아가지고 나오게 하셨습니다.

22절에 '은 패물과 금 패물과 의복'을 구하라고 하셨는데 이것은 이스라엘 백성들이 애굽 사람들에게서 받아가지고 나와야 할 것 중 대표적인 것입니다. 하나님은 이스라엘 여인들로 하여금 그 당시 어느 가정이든 중요하게 여기던 금, 은, 동, 철과 각종 보물들, 그리고 여인들이 소중하게 여기던 각종 의복과 장신구들, 아름다운 천과 실들을 다 받아가지고 나오게 하셨습니다. 가장 고가의 물품들도 원하는 대로 다 가지고 나오게 하심으로써 이스라엘 백성들이 광야생활에서 필요한 모든 물품을 다 받아서 나오게 하셨습니다.

말하자면 이때부터 애굽 백성들에게는 그동안 그들이 그토록 소중하게 여기던 보물들과 그들이 자랑하며 즐겁게 사용하던 모든 물품을 이스라엘 백성에게 다 내어놓게 하신 것입니다. 수백 년 동안 애굽 사람들만이 보물들을 소유하고 각종 진귀한 장식품들로 치장하고 화려한 의복을 입고 값비싼 생필품들을 가지고 생활했는데 그러는 동안 이스라엘 백성들은 헐벗고 굶주리며 노예 생활을 하고 있었습니다. 그런데 어느 날 갑자기 그 모든 것이 정반대로 뒤바뀌어 꿈에도 상상할 수 없는 일들이 벌어진 것입니다.

하나님은 때가 되자 한순간에 다 보상받게 해주셨습니다.

(2) "모든 귀한 것으로 자녀들을 꾸미라" 하셨습니다.

하나님께서는 이스라엘 백성 중에 한참 감수성이 예민한 아이들과 청소년들이 부모들이 노예생활하는 가운데 자신들도 그런 처지에서 살게 된 것을 경험하며 애굽의 아이들과 청소년들만이 귀한 것을 가지고 누렸던 것에 대한 서운함과 서글픔을 기억하시고 특별한 보상을 해주셨습니다. 애굽의 아이들과 청소년들이 했던 것처럼 이제는 그들도 얼마든지 값비싸고 아름다운 옷을 입고 여러 장신구로 치장하게 된 것입니다.

하나님은 이렇게 이스라엘의 장년들뿐 아니라 그 자녀들의 처지와 심정도 세심히 헤아려주셔서 부모들이 해결해줄 수 없는 것들을 한순간에 해결해주셨습니다.

그것은 하나님께서 이스라엘 백성들의 하나님이 되어주시면서 이루어졌습니다. 부모가 자식을 책임지고 돌보듯이 하나님은 선택하신 자들을 인간 부모와 비교할 수 없을 정도로 더 세심하고 완벽하고 충분하게 돌봐주시는 것입니다.

그러므로 우리 신앙의 부모들이 먼저 하나님을 전적으로 주인삼고 의지하

는 사람이 되어야 합니다. 그렇게 함으로써 하나님께서 자녀들을 확실하게 보살펴주시도록 해야 합니다. 신앙을 가진 부모라고 하면서 이것을 제대로 하지 못한다면 그 부모는 자녀들에게 **참으로 못할 짓**을 하고 있는 것입니다.

자녀들에게 유산을 많이 물려주려고 하기보다 **하나님과 하나님 신앙**을 확실한 유산으로 물려주어야 합니다.

자녀들 또한 부모로부터 물려받은 하나님과 신앙의 유산을 **가장 귀하게 여겨야** 합니다. 그리고 자기가 누리고 있는 온갖 은총들이 자기가 잘해서가 아니라 **부모와 조상들 덕분**임을 잊지 말아야 합니다.

또한 **그 거룩한 전통**을 잘 이어가야 합니다. 이것을 못하는 자녀는 **참으로 불효자식**이요, 배은망덕한 사람입니다.

우리 모든 장년과 그 자녀들은 **이 땅을 살아가는 동안 하나님을 주인삼고 하나님께 잘 순종하는 것**을 가장 고귀한 일로 삼기 바랍니다. 이것에서 실패하는 부모와 자녀들은 하나님의 자녀로서 받아 누려야 할 온갖 은총들을 받아 누릴 수 없게 됩니다.

제 17 강

애굽 사람으로 이 백성에게 큰 은혜를 입게 하리라

〈출3:21~4:1〉
21내가 애굽 사람으로 이 백성에게 은혜를 입히게 할지라 너희가 나갈 때에 빈손으로 가지 아니하리니 22여인들은 모두 그 이웃 사람과 및 자기 집에 거류하는 여인에게 은 패물과 금 패물과 의복을 구하여 너희의 자녀를 꾸미라 너희는 애굽 사람들의 물품을 취하리라 1모세가 대답하여 이르되 그러나 그들이 나를 믿지 아니하며 내 말을 듣지 아니하고 이르기를 여호와께서 네게 나타나지 아니하셨다 하리이다

▌21절/ 내가 애굽 사람으로 이 백성에게 은혜를 입히게 할지라 너희가 나갈 때에 빈손으로 가지 아니하리니
▌22절/ 여인들은 모두 그 이웃 사람과 및 자기 집에 거류하는 여인에게 은 패물과 금 패물과 의복을 구하여 너희의 자녀를 꾸미라 너희는 애굽 사람들의 물품을 취하리라

〈더 정확한 번역〉
▌22절/여인들은 모두 그 이웃에 사는 애굽 사람과 그 집에 사는 애굽 여자에게 은 패물과 금 패물과 의복을 구하여 너희의 자녀를 꾸미라. 이렇게 너희는 애굽 사람들이 준 것을 받아 가지고 애굽을 떠나게 될 것이다.

하나님께서는 본문 말씀을 통해 **후대의 모든 하나님의 사람에게도** 결코 잊지 말아야 할 진리를 깨우쳐주십니다.

(1) **하나님은 이스라엘이 애굽에서** 말할 수 없는 고통을 당하며 노역한 것에 대한 충분한 대가를 받고 나오게 하셨습니다.
(2) "모든 귀한 것으로 자녀들을 꾸미라" 하셨습니다.
(3) **이스라엘 백성들이 애굽 사람들에게 받은 모든 것들은** 하나님께서 애굽을 여러 가지 능력으로 다스리심을 통해 **얻게 된 것입니다.**

바로는 하나님께서 모세를 통해 하시는 명령을 계속 거절하고 점점 강퍅한 마음을 가졌습니다. 이것은 사람들의 눈으로 보기에는 이스라엘의 해방이 늦어지고 어려워지는 것처럼 보였으나 하나님은 완벽하게 이루실 뿐 아니라 이스라엘 백성으로 하여금 애굽의 모든 좋은 것을 받아 가지고 나오게 하시는 거룩한 작업을 하고 계셨던 것입니다.

바로가 강퍅하고 하나님의 명령을 거절할수록 하나님은 이스라엘 백성들로 하여금 더 많은 보상을 받게 하셨습니다.

1) 하나님을 자신의 하나님으로 모시는 사람들은 자신은 생각지도 못한 것들까지 예비하시고 공급하시는 은총을 누리게 됩니다.

그것이 바로 그들이 하나님의 백성이라는 증거를 하나님이 친히 보여주시는 것입니다. 뿐만 아니라 그렇게 하심으로써 하나님이 그들의 하나님이심을 모든 사람에게 알게 하십니다.

2) 불신자들이나 악인들이 하나님의 백성들을 박해하면 하나님은 때가 되면 그들로 하여금 하나님의 백성들에게 그 모든 대가를 지불하게 하십니다.

그러므로 어떤 일이 있어도 신앙을 잃거나, 불신하거나, 의심하거나, 낙심하거나, 원망 불평하지 말아야 합니다.

더욱이 하나님과 하나님의 거룩한 뜻을 위해 악한 자들에게 괴롭힘을 당한다면 그런 사람들은 영육 간에 최고의 보상을 받게 됨을 기억해야 합니다.

3) 하나님은 가해자와 피해자 사이에 공평을 이루게 하십니다.

압박하는 자들은 압박을 받는 자들에게 다 갚아줘야 할 때를 반드시 맞이하게 됩니다. 바로 그것을 위해 때가 되면 하나님의 강압이 그들에게 임합니다. 그러므로 부당하게 압박하는 일을 안심하고 저질러서는 안 됩니다.

(4) 하나님께서 이때 애굽 사람들로부터 좋은 것을 많이 얻게 하신 것은 이스라엘 백성들로 하여금 성막을 세우게 하시기 위함이었습니다.

1) 애굽 사람들이 400년 동안이나 이스라엘 백성에게 고역을 시켰는데 하나님은 그들이 그렇게 한 만큼 성막이라는 거룩한 선물을 이스라엘 백성에게 주시려고 그 많은 물품을 준비하게 하시고 그것을 이스라엘 백성들이 얻게 하셨습니다.

이스라엘 백성들의 오랜 고역이 헛되지 않게 해주신 것입니다.

2) 하나님은 성막에 필요한 것뿐 아니라 광야 생활에 필요한 것들도 충분히 주셨습니다.

애굽 사람들에게 온갖 보물과 물품들을 받아가지고 나온 이스라엘 백성들은 하나님께서 그렇게 해주신 이유가 **성막을 세우기 위한 것이었음을 나중에나마 깨달았습니다.** 그래서 그들은 모세를 통해 성막을 만들라는 하나님의 명령을 들었을 때 성막을 짓기 위해 필요한 물품을 **아낌없이** 드렸습니다.

성도들은 **영육 간에 받아누리는** 온갖 은총들에 대해 **하나님의 거룩한 뜻을 깨달아야** 합니다. 하나님이 주시는 것을 온전히 나와 내 가족들만을 위해 써도 된다고 생각하면 안 됩니다. 그 중에는 하나님을 위해 써야 할 것들이 포함되어 있습니다.

그러므로 하나님의 백성들은 **하나님께서 쓰실 것들은 하나님이 정하신 때에 아낌없이 쓰시도록** 해야 합니다. 이것을 제대로 하지 않으면 그것은 하나님께서 그 뜻을 이루기 위한 목적으로 주신 것들뿐만 아니라 그로 인해 그들이 살면서 필요한 것들을 주신 **은혜를 망각했거나 거부하거나 묵살하는 것**이 됩니다. 어찌 이런 사람이 하나님의 은혜와 사랑을 계속 받을 수 있겠습니까? 교회 안에 이런 사람들이 많습니다.

3) 이스라엘 백성이 하나님께서 예비해주신 것으로 하나님을 잘 섬길 때 하나님은 그들에게 부족할 것이 없게, 안전하게 지켜주셨습니다.

그러나 그들이 하나님께 불순종하고, 하나님을 진노하시게 할 때 **그 많은 재물뿐만 아니라 목숨까지도 광야에서 잃어버리고 하나님의 약속에서 제외되었습니다.**

하나님께서 영육 간에 주신 것들을 계속 유지하고 그 혜택을 받아 누리기를 원한다면 **하나님을 언제나 주인 삼고 살고 그것들을 가지고 먼저 하나님을 기쁘시게** 해야 합니다. 그렇게 할 수 있는 사람으로 **날마다 말씀과 기도로써 변화되고 성숙해야** 합니다. 언제나 어린아이처럼 자기밖에 모르는 성도로 머물러있어서는 안 됩니다.

4) 하나님은 이스라엘 백성들에게 물질을 의지하고 살면 안 된다는 사실을 확실히 깨우쳐주셨습니다.

이스라엘 백성이 하나님의 명령에 **순종하기로 하자** 하나님은 일순간에 풍성한 물질을 얻게 하셨습니다. 하나님의 백성은 물질이 아니라 **하나님을 먼저 의식하고 의지하며 순종해야 한다**는 사실을 깨우쳐주신 것입니다. 하나님의 백성들이 하나님을 전적으로 주인 삼고 순종하며 잘 섬기기만 한다면 하나님은 얼마든지 **그 권능으로 물질을 풍성히 얻게** 해주십니다. 그렇게 하실 수 있는 하나님은 하나님만을 주인 삼고 순종하며 잘 섬겨야 할 사람이 하나님을 잊어버리고 배신하고 진노하게 한다면 또한 순식간에 모든 것을 잃어버리게도 하십니다.

그런데 많은 성도가 하나님을 제대로 모르고 하나님의 뜻도 헤아릴 줄 모르며 하나님의 말씀에 불순종하고 불충하면서 하나님보다 다른 것들을 더 사랑하며 더 많은 물질을 가지고 누리고자 애쓰고 있습니다. 이런 사람들이 그 불신앙과 그 사고방식과 잘못된 생활 습성을 고치기 전에는 하나님께서 예비하신 온갖 은총들을 결코 누릴 수 없습니다.

광야 생활을 하던 이스라엘 백성들이 "애굽에서는 여러 가지 음식을 먹었는데 여기서는 만나와 메추라기만 먹는다"며 불평하고 하나님과 그 명령(약속)을 저버리고 애굽으로 돌아가자고 했습니다. 그렇게 함으로써 그들은 하나님의 돌보심과 인도, 그리고 가나안을 차지할 수 있는 영광을 스스로 차버렸습니다. 그들이 하나님의 명령과 약속을 버리고 애굽으로 돌아가자 할 때 하나님께서 그들을 버리셨습니다. 그들은 그동안 하나님께 받아 누리던 것을 다 잃게 되고 40년 동안이나 광야를 돌면서 두려움 속에 죽어갔습니다.

그러므로 우리는 무엇이 우리에게 가장 소중한지를 알고 잊지 않아야 합니다. 또한 하나님을 전적으로 신뢰하고 순종하는 것이 가장 소중한 일임을 알아야 합니다. 그리고 자녀들에게도 이것을 날마다 주야로 가르쳐야 합니다.

4장

1절/ 모세가 대답하여 이르되 그러나 그들이 나를 믿지 아니하며 내 말을 듣지 아니하고 이르기를 여호와께서 네게 나타나지 아니하셨다 하리이다

〈더 정확한 번역〉

下 "여호와께서 네게 나타나지 아니하셨다" 라고 하면 어떻게 합니까?

4장에서는 하나님께서 이스라엘 백성을 애굽에서 이끌어내는 위대한 권능의 역사를 설명합니다.

모세는 하나님께 "그러나 그들이 나를 믿지 아니하며 내 말을 듣지 않을 것입니다" 라고 했습니다.

(1) 모세는 이스라엘 백성들이 자신을 믿지 않음을 알고 있었습니다. 따라서 그들이 자기 말을 듣지 않을 것이라고 생각했습니다.

종종 하나님께 부름을 받은 일꾼 자신이 거룩한 하나님의 일 앞에 방해가

되고 장애가 됩니다. **그럼에도 불구하고 하나님은 그들을 부르시고 사용하십니다.**

이 사실을 우리 모든 하나님의 일꾼이 알아야 합니다. 즉 하나님께 부름을 받고 쓰임을 받는다 할지라도 **결코 완벽해서 그런 은총을 누리는 것이 아닙니다.**

내가 많은 결점을 가지고 있으나 긍휼과 자비가 풍성하신 하나님께서 나를 부르시고 사용하신다는 사실이 가장 **중요**합니다. 나의 부족한 면을 충분히 다 알고 계시는 하나님께서 나를 부르시고 하나님의 거룩한 명령을 수행하게 하신다면 전지전능하신 하나님께서 나의 문제 되는 부분들을 친히 해결하실 것임을 믿어야 합니다.

모든 일꾼은 하나님께 부름을 받고 거룩한 일을 수행할 때마다 **이 중요한 사실을 먼저 명심해야** 합니다.

꽤 현명하고 훌륭한 사람들일지라도 그들이 하나님의 명령을 수행할 때 사람들에게 좋은 평을 받기보다는 그보다 훨씬 못한 평판을 받게 됩니다. 그러나 이 일에 대해 불만스러워하지 않아도 됩니다. 나쁜 평판을 하던 사람들까지도 결국에는 하나님께서 함께하시고 하나님의 능력이 나타나는 것을 보게 되면서 부끄러워할 것이기 때문입니다.

그러므로 하나님의 일꾼들은 사람들에게 훨씬 나쁜 평판을 받고, 또 부족한 면들을 끊임없이 나타내 자신에게 실망하더라도 **전지전능하신 하나님께서 나를 부르시고 명하시고 사용하고 계신다는 사실을 기억하며 용기를 얻어야** 합니다. 하나님의 일꾼들은 **그 하나님만 생각하며** 끝까지 성실하게, 겸손하게, 충성을 다해야 합니다.

(2) 하나님은 모세에게 부족한 면이 있음을 아시고 우선 모세부터 모든 것에 확신을 가지게 해주십니다.

하나님은 이스라엘 백성들이 모세와 그의 말을 믿게 되는 일도 **같은 방법으로 해결**하십니다.

모세가 **하나님을 처음 만났을 때 하나님을 곧바로 믿거나 명령을 곧바로 알아들을 수 없었지만, 하나님에 의해 모든 것을 확실하게 믿고 애굽으로 가게 된 것처럼** 이스라엘 백성들도 그런 과정이 필요했습니다. 하나님께서도 그 문제를 아시고 확실하게 해결해주십니다.

하나님은 우리가 부르심을 받고 명령을 수행할 때 **우리가 염려하는 부분들**

을 더 **잘 알고** 계십니다. 그러므로 우리는 앞으로 일어날 수 있는 문제들에 대해 염려하며 하나님께 말대꾸할 필요가 없습니다. 하나님께서 **이미 모든 것을 준비하고 계획하고 계시기 때문**입니다.

모든 것은 **하나님께서 말씀하신 대로** 반드시 이루어집니다. 하나님의 말씀이 떨어지자마자 즉시 우주 만물이 존재하게 된 것처럼 **하나님의 말씀이 곧 현실**이요, 그 말씀 자체가 **능력**입니다. 그러므로 우리는 **하나님의 말씀을 의심해서는 안 됩니다.**

(3) 모세는 "이스라엘 백성들이 여호와께서 네게 나타나지 아니하셨다고 할 것입니다" 했습니다.

1) 모세는 하나님 앞에서 **겸손**을 보였습니다.
하나님께서 모세를 만나주시고 명령하셨지만 모세는 **거룩한 일을 수행하는 일에 대해 자신이 없었음**을 보여줍니다. 모세가 하나님을 믿지 못한 것이 아니라 **자신에게 부족한 점이 있음을 깊이 깨닫는 태도**를 나타낸 것입니다.

하나님의 일꾼들은 모든 것을 갖추고 있거나 유능해서 부름을 받은 것이 아니라 **전적으로 하나님의 권능에 붙들려서** 모든 일을 수행하게 됩니다. 따라서 모세는 하나님 앞에서 피동적일 수밖에 없었습니다.

하나님께 부름을 받고 봉사할 수 있는 필수적인 자격은 하나님 앞에서 자기를 내세우지 않는 것입니다.

2) 그러나 **모세의 이 대답은 아직 그의 믿음이 허약함**을 드러내는 것이었습니다.
모세가 호렙산에서 처음으로 하나님을 만나서 대화를 나누고 지금 세 번째 대화를 나누는데 이 역사적인 순간에 모세가 하나님 앞에서 시작한 말은 **"그러나"**였습니다.

하나님은 모세와의 대화를 통해
1. 하나님은 떨기나무가 불에 타서 없어지지 않는 **신비로운 광경으로 임재하셔서** 모세와 대화를 나눠주셨습니다.
2. 하나님은 "**나는 아브라함의 하나님이요 이삭의 하나님이요 야곱의 하나님**"이라 누누이 말씀하시며 이스라엘 백성의 조상에게 약속한 것을 이제 이루어주시겠다고 분명히 **말씀**해주셨습니다.
3. "**내가 정녕 이스라엘 백성들의 고통과 부르짖음을 보고 들었다**"고 하셨습니다.

4. **"내가 정녕 너와 함께 하리라"**고 모세에게 약속해주셨습니다.
5. **이스라엘 백성을 젖과 꿀이 흐르는 가나안 땅으로 인도하겠다**고 말씀하셨습니다.
6. **"내 이름은 여호와 하나님이다"**, 즉 스스로 계시며 만사만물을 통치, 주관하시는 분임을 깨우쳐주셨습니다.
7. 모세가 **바로 왕에게 나아갈 방법**을 가르쳐주셨습니다.
8. **바로 왕이 나타낼 반응을 미리 알려주셨습니다.**
9. **그것에 대한 하나님의 계획을 미리 알려주셨습니다.**
10. **결국은 이스라엘 백성들이 많은 재물까지 얻고 애굽에서 해방되리라**고 말씀해주셨습니다.

모세는 하나님께 많은 설명과 약속과 격려와 명령을 듣고서도 아직도 무언가 미심쩍어 **"그러나"** 라고 말대꾸하였습니다.

아직도 그의 신앙이 **얼마나 허약한지**를 보여줍니다.

하나님을 향한 믿음이 없거나 허약한 사람은 하나님의 진리와 음성을 직접 들어도 믿지 못합니다. 그에게 들리는 진리와 음성이 거짓이어서가 아니라 **듣는 영혼과 귀가 거짓되기 때문**입니다. 그러므로 이런 사람에게 진리를 들려줄 때 마치 돼지에게 진주를 던지는 격이 됩니다.

많은 사람이 **거짓에는 익숙하나 진리를 듣기에는 너무 어둡고 미숙**합니다. 그만큼 **그들의 심령은 거짓되고 어두워져 있습니다.**

모세가 이렇게 하나님께 이의를 제기한 것은 **이스라엘 백성이 자기의 말을 듣지 않을 것이라고 여겼기 때문**입니다.

모세는 아직 하나님의 능력을 행할 수 있는 지시를 받지 않았습니다. 그렇다고 하여 이러한 이의 제기가 정당화될 수 없습니다. 왜냐하면 하나님께서 이미 **"그들이 네 말을 들으리라**(3:18)"라고 말씀하셨기 때문입니다.

모세는 40년 전에 이스라엘 백성이 자기의 말을 듣지 않았음을 기억하고 있었습니다. 그래서 그러한 일이 또다시 일어날까 두려웠습니다.

과거의 실망이 현재의 낙담으로 나타나는 경우들이 많습니다. 그러므로 하나님의 일꾼들은 과거의 부정적인 경험 때문에 하나님의 일을 수행하면서 낙담하는 시험에 빠지지 않도록 조심해야 합니다.

하나님께서는 모세가 세 번째 대화에서도 **"그러나"** 하면서 말대꾸를 했지만 **책망하지 않으셨습니다.** 하지만 곧바로 **충분하게 증거를 보여주셨음에도**

불구하고 말대꾸할 때 하나님은 모세를 책망하셨습니다.

여기서 우리가 알아야 할 것이 있습니다.

(1) **하나님의 일꾼들에게 가장 중요한 것은 하나님을 잘 알고, 확실한 믿음을 가지는 것입니다.**

(2) **모든 일은 내가 아닌 하나님이 하실 것을 아는 겸손한 자세를 가져야 합니다.**

내가 하나님 앞에 나서고 나의 힘으로 하나님의 일을 하려고 하면 실패하고 수치를 당하게 됩니다. 그리고 **그만큼 하나님의 뜻을 거스르는 큰 죄를** 범하게 됩니다. 따라서 하나님께서는 나로 하여금 이러한 죄를 범하지 않을 수 있는 사람이 되게 하셔서 사용하시기 위해 **철저하게 낮추십니다.** 이 과정을 제대로 통과하지 못한 사람은 귀하고 영광스러운 일에 쓰임을 받을 수 없습니다.

(3) **하나님의 일꾼들은 하나님께서 책망하시는 말씀을 잘 들어야 합니다.**

하나님께서 참고 참으시다가 책망하시는 말씀을 모세가 알아듣지 못했거나 무시했으면 어찌 되었겠습니까? **하나님의 책망은 하나님께서 나를 사랑하신다는 확실한 증거**입니다. 그러므로 책망을 들을 때마다 기분 나빠하지 말고 **오히려 감사해야 합니다. 하나님께 책망 듣기를 싫어하고 회피하는 어리석은 자가 되지 말아야 합니다.** 그것은 하나님 앞에서 **교만한** 자임을 드러내는 것입니다.

우리는 **말씀을 대할 때마다 내가 하나님 앞에서 얼마나 부족하고 연약하고 어리석고 부패한 존재인지 깨달아야 하며, 하나님께서 나를 책망하시고 경고하시는 말씀을 민감하게 들을 줄 알아야** 합니다.

그러나 많은 하나님의 일꾼들이 그 **영혼이 어둡고 잠자고 병들어** 있어서 이것이 잘되지 않습니다. 그러므로 **날마다 영혼이 점점 변화되어야** 합니다. 이것을 위해서 **성령께서 내 안에 오시고 늘 깨우쳐주시고 감화 감동해주십니다.** 그런데 성령의 깨우쳐주심과 감화 감동을 **끊임없이 묵살하는** 사람들이 많습니다.

(4) **모세가 순종하기 시작할 때부터 놀라운 역사가 일어났습니다.**

모세는 하나님과 모든 말씀에 대해 **더욱 확신을 가지게 되었고 점점 더 큰 역사를 일으키는 사람**이 되었습니다.

그러므로 내가 아직 충분히 변화되지 못하고, 믿음이 너무 작다고 낙심하면 안 됩니다. **작은 믿음이라도 하나님께 순종하고 나갈 때 권능의 역사가 일어나고 믿음이 커집니다.**

그러므로 처음 신앙 생활하는 사람이나 아직 믿음이 연약한 사람들은 "하나님, 제가 아직은 충분히 변화되지 못하고 믿음이 보잘 것 없으나 저로 하여금 하나님의 말씀을 순종하고 지켜나갈 수 있도록 도와주세요" 하고 매일 기도해야 합니다.

우리의 모든 생활 중에서 **순종**이 가장 중요합니다. 순종은 **목적지에 도달하는 첩경**이요, **모든 문제 해결의 열쇠**입니다.

반대로 우리의 모든 행실 중에서 **불순종이 가장 나쁩니다.** 불순종은 **목적지에서 점점 멀게 하는 길**이고 **또 다른 문제 발생의 원인**이 됩니다. 그러므로 하나님께 불순종하면서 무엇이 잘되기를 바라는 것은 참으로 어리석은 일입니다.

저와 여러분은 하나님 앞에서 "**그러나**" 가 아니고 "**그러시다면**", 또는 "**그렇게 말씀하시니 하겠습니다**" 해야 합니다.

갈릴리 바다에서 어부로 일했던 베드로는 어느 날 밤새도록 아무것도 잡지 못했습니다. 그런 그에게 예수께서 "**깊은 데로 가서 그물을 내려 고기를 잡으라**"라고 말씀하시자 그는 놀랍게도 "**선생님, 우리들이 밤이 새도록 수고하였으되 잡은 것이 없지마는 말씀에 의지**하여 내가 그물을 내리리이다" 하고는 피곤한 몸을 이끌고 바다 복판으로 나가서 그물을 던졌더니 고기가 너무 많이 잡혀서 그물이 찢어질 정도가 되었습니다(눅5:4~6). 이런 **순종의 사람 베드로는 나중에 예수님의 수제자가 되고 천국열쇠를 맡은 사람**이 되었습니다.

또 베다니에 사는 나사로가 죽어서 무덤에 장사된 지 나흘이나 되어 악취가 멀리까지 풍기고 있었을 때 예수께서 무덤 앞에 서시고 "**돌을 옮겨놓으라**"고 말씀하셨습니다. 그 동생 마리아와 마르다가 사람들을 시켜 **그대로 했더니** 죽은 오빠가 살아나는 놀라운 복을 받았습니다(요11:1~44).

또 베데스다 연못가에 있던 38년 된 병자 앞에 예수께서 오셔서 "**일어나라, 그리고 네 자리를 들고 걸어가라**" 하시는 명령이 떨어지자 병자가 그 명령대로 힘을 다하여 일어날 때 벌떡 일어서게 되었고 자리를 들고 걷게 되었습니다(요5:2~9).

또 가나 혼인잔치 집에서 예수께서 **"항아리마다 아귀까지 물을 채우라"** 하셨을 때 그 집사람들이 **순종하자** 모든 물이 최고급 포도주가 되었습니다(요2:1~11).

하나님의 말씀에 순종하는 사람은 불가능이 가능해지는 체험을 하게 됩니다. 따라서 이런 사람들이 신앙이 점점 자라게 되어 교회의 주인공이 됩니다. 하나님의 말씀에 순종을 더디하는 자는 스스로 불가능이 가능해지는 일을 더디하게 만드는 사람입니다. 하나님 앞에서 "그러나, 그러나" 하면서 불순종하는 사람들은 **받았던 복과 받을 복을 상실해버리고 하나님께 책망이나 벌을 받습니다.**

하와가 하나님의 명령에도 불구하고 "그러나, 그러나" 하면서 선악과에 접근할 때 마귀 유혹에 빠져 끔찍한 죄를 저지르고 말았습니다(창3:1~6).

부자 청년 니고데모는 십계명을 잘 지키며 신앙생활하던 사람이었습니다. 그런데 그는 그에게 주어진 부유함을 자기만을 위해 쓰는 사람이었습니다. 따라서 예수께서 "**네 소유를 팔아 가난한 자들에게 나눠주라**" 하셨는데 그 말씀에는 순종하지 않고 근심하며 돌아가 버렸습니다(마19:16~22). 그는 예수님의 말씀에 불순종하여 **더 큰 것을 얻게 되는 기회를 잃어버린 것**입니다.

사울 왕은 이방 민족의 모든 것을 멸절시키라는 하나님의 명령에 "그러나, 그러나" 하면서 제사에 쓰겠다고 가축들을 끌고 왔습니다. 그 결과 하나님은 **그를 버리셨고 비참한 종말을 고했습니다**(삼상15:20~23).

도마는 다른 제자들이 부활하신 예수님이 오셨었다고 말하자 "**그러나 나는 내 눈으로 직접보고 내 손으로 그 상처를 만져보기 전에는 못 믿겠다**"고 하다가 예수님께 **책망**을 들었습니다(요20:25~27).

모세가 '그러나' 하면서 "**그들이 나를 믿지 아니하며 내 말을 듣지 아니하고 이르기를 여호와께서 네게 나타나지 아니하셨다고 하면 어떻게 합니까?**" 한 말은 어디까지나 **인간의 생각**입니다.

우리가 아는 과거나 현재나 미래를 하나님은 모를 수 있다고 여겨서는 안 됩니다. 하나님께서 동쪽으로 가라 하셨다면 하나님은 우리가 동쪽으로 가는 것이 **가장 합당함을 미리 아시고 그리 가라 하신** 것입니다. 이것을 깨닫고 믿는 사람이 **지혜 있는 사람**입니다.

 탁월한 스승에게서 배운 한두 가지 지식을 자랑하는 제자보다 그 스승의 탁월함을 인정하고 모든 말을 잘 받아들이고 겸손히 순종하는 사람이 지혜 있는 제자입니다.

 모세가 이스라엘 백성들의 반응을 짐작했다면 그는 하나님께서도 이미 아시고 명령하셨음을 알았어야 했습니다. 어찌 내가 내다보는 것을 하나님께서 못 내다보시겠습니까? 이것이 **부패 타락한 인간들의 어리석음**입니다. 이런 어리석음에 사로잡혀서 자꾸만 **자기 지식을 내세우며 불순종하는 사람**들이 너무나 많습니다.

 하나님의 생각은 언제나 우리 모두의 생각보다 앞서있고 탁월하십니다.
 4장 29절 이하를 보면 "모세가 하나님의 모든 말씀을 전하고 이적을 행하니 이스라엘 백성이 믿으며 하나님께 경배했다" 했습니다. 모세의 생각은 틀렸습니다.

 인간의 생각과 하나님께서 하시는 일은 아주 다릅니다. 인간의 생각이 맞았다고 할지라도 **하나님께서 다르게 말씀하신다면 결과적으로는 반드시 하나님의 말씀대로 됩니다.** 인간의 생각은 어디까지나 하나의 생각일 뿐이지만 **하나님의 뜻과 그 말씀은 바로 실재**입니다. 다만 **현재 보이는 실재**이든지 **미래에 있을 실재**일 뿐입니다.

 만약 우리가 볼 때 현실과 하나님의 말씀에 차이가 있다면 우리는 **하나님이 그 차이를 해결할 충분한 조치를 준비하고 추진하신다**는 사실을 알아야 합니다. 이것을 알지 못하고 믿지 못해서 현실과 하나님의 말씀이 큰 차이가 있다고 여기며 하나님의 말씀을 버리고 현실을 좇아서는 안 됩니다. 그것이 바로 **불신앙**이고 **불신자**입니다. 그러한 버릇 때문에 **부진한 삶**을 살 수밖에 없습니다.

 하나님께서 차이점을 해결할 대책도 세워놓지 않고 엉뚱한 명령이나 한다고 여기는 그 자체가 하나님께 대한 큰 불신이고 **어리석음**입니다. 따라서 그렇게 여기는 사람들은 아무것도 누릴 수가 없습니다. 내 앞에 벌어지고 있는 현실이 세상 사람들이 생각하는 대로 되고 있다 할지라도 **결국은 하나님의 말씀대로 종결된다고 확신하는 사람**이 하나님을 믿는 사람입니다. 전적으로 하나님만 믿고 그 말씀에 절대복종하는 자가 바로 **하나님의 사람**이요, **하나님과 동행하는 사람**입니다.

그렇지 않다면 그는 사람을 믿는 사람입니다. 이 사람은 **하나님이 가는 길과 전혀 다른 길로 가는 사람**입니다. 이런 교인들이 교회 안에 많습니다.

여러분, 하나님의 말씀 앞에서 결코 "그러나 그러나" 하면서 속으로라도 말대꾸하며 불순종하지 마십시오. **"하나님께서 그렇게 말씀하시니 내가 하겠습니다"**라고 대답하십시오. 그리고 **즉시 실천**하시기 바랍니다. 그런 사람이 모든 문제의 해결을 받고 형통하며 예비하신 복을 누리게 됩니다.

제 18 강

모세에게 보여주신 증거1

〈출4:2~7〉
2여호와께서 그에게 이르시되 네 손에 있는 것이 무엇이냐 그가 이르되 지팡이니이다 3여호와께서 이르시되 그것을 땅에 던지라 하시매 곧 땅에 던지니 그것이 뱀이 된지라 모세가 뱀 앞에서 피하매 4여호와께서 모세에게 이르시되 네 손을 내밀어 그 꼬리를 잡으라 그가 손을 내밀어 그것을 잡으니 그의 손에서 지팡이가 된지라 5이는 그들에게 그들의 조상의 하나님 곧 아브라함의 하나님, 이삭의 하나님, 야곱의 하나님 여호와가 네게 나타난 줄을 믿게 하려 함이라 하시고 6여호와께서 또 그에게 이르시되 네 손을 품에 넣으라 하시매 그가 손을 품에 넣었다가 내어보니 그의 손에 나병이 생겨 눈 같이 된지라 7이르시되 네 손을 다시 품에 넣으라 하시매 그가 다시 손을 품에 넣었다가 내어보니 그의 손이 본래의 살로 되돌아왔더라

하나님께서는 이스라엘 백성들을 해방시키는 모든 일을 모세에게만 맡기지 않으셨습니다. 여기에서도 하나님은 그 백성의 구원을 **하나님의 단독 역사로 이루심**을 계시하셨습니다.

우선 모세에게 '**양을 치던 지팡이**'를 가지고 출발하도록 명하셨습니다. 그 지팡이는 보잘것없는 물건이지만 하나님은 **모세를 애굽으로 보내실 때부터** 바로 그 지팡이를 통해 권능을 나타내심으로써 **하나님은 아무것도 아닌 것을 가지고도 모든 일을 하신다는** 것을 보여주십니다.

[1] 하나님은 "**네 손에 있는 것이 무엇이냐?**" 하셨습니다.

(1) 모세의 손에 들려있는 것은 **지팡이**였습니다.

하나님은 모세에게 그렇게 물으심으로써 모세의 시선이 자신의 손에 쥐어진 **지팡이에 모이게** 하셨습니다.

우리는 하나님께 부름을 받고 명령을 수행할 때 뭔가 대단한 것이 있을 것이라 기대하며 그것을 찾고자 합니다. 그러나 그때마다 하나님은 **우리의 눈에 하찮아 보이는 것을 통해 거룩한 뜻을 이루십니다.**

모세의 손에 들려진 것이 마른 막대기에 불과했던 것처럼 하나님께서 들어 쓰고자 하시는 무엇인가가 사람의 눈으로 볼 때는 참으로 보잘것없습니다.

하나님은 이처럼 부르심과 명령을 받는 나 자신이 어떤 사람도 인정하고 높여줄 수 없는 보잘것없는 사람임을 알게 하십니다. 그리고 사람들이 흔히 생각하는 것처럼 돈이나 사람이나 권력을 가지고 하나님의 뜻을 이루게 하시지 않습니다. 단지 나 혼자, 또는 한두 사람이, 혹은 아무것도 없는 가운데에서(한 끼 식사할 돈도 없는 상태로) 하게 하십니다.

이것은 그 거룩한 뜻이 이루어졌을 때 내가 잘나거나 나를 돕는 사람이 많아서, 돈이나 무슨 권력으로써가 아니라 전적으로 하나님의 능력에 의해 이루어졌음을 나와 모든 사람이 보고 알게 하고자 하심입니다.

그러므로 하나님께 부름을 받고 명령을 받은 사람들은 인간적인 사고방식으로 세상의 것들을 더 구하지 말아야 합니다. 하나님께서 아무것도 없는 상황에서 보잘것없는 나를 통해 어떤 권능으로 이루실지를 기대하며 그저 순종하고 충성해야 합니다.

그런데 많은 일꾼들이 이것을 깨닫지 못하고 "무엇, 무엇을 주시면 명령을 수행하겠습니다" 하여 결국 충성되고 능력 있는 종으로 쓰임 받지 못합니다.

(2) 모세의 지팡이를 기적의 도구로 사용하셨습니다.

1) 하나님의 능력으로 마른 나무가 살아있는 생물이 되었습니다.

하나님의 명령에 순종하자 지팡이가 살아있는 뱀이 되었다가 다시 지팡이가 되었습니다.

여기서 하나님은 모세로 하여금 무에서 유가 되게 하시고, 죽은 것이 다시 살아나게 하시는 하나님의 창조능력을 시각적으로 보여주심으로 다시 한번 깨우쳐주셨습니다.

이미 말라버린 막대기가 살아있는 뱀이 된다는 것은 인간의 상식과 과학으로는 도저히 납득할 수 없고 입증할 수 없는 일입니다. 하나님은 그렇게 하실 수 있다는 것을 인간의 상식을 앞세우는 모세에게 보여주셨습니다. 또 그 일을 친히 하신 것이 아니라 믿음이 부족한 모세의 손에 의해 이루어지게 하셨습니다.

이때 애굽의 술사들도 이 일을 흉내 냈지만 모세가 만든 뱀이 그것들을 다 삼켜 버렸습니다. 그리고 그들의 뱀은 다시 나무가 되지 못했습니다. 그들은 사탄의 힘을 빌어 하나님의 능력을 흉내 낼 수는 있으나 하나님처럼 할 수는 없습니다.

그 무엇도 하나님이 될 수 없다는 것을 인류역사가 끊임없이 증명하고 있습니다.

모세는 방금 전까지 이스라엘 백성이 자기 말을 믿지 않을 것이라 여기고 걱정했으나 하나님은 모든 것을 준비하시고 이루신다는 것을 보여주셨습니다.

그러나 모세의 영의 눈은 아직도 이것을 제대로 볼 줄 몰랐습니다.

영의 눈이 어두운 사람은 인간의 생각, 염려, 걱정에 쉽게 빠집니다. 그래서 하지 않아도 되는 고생을 하며 하나님의 일을 하기도 합니다. 그리고 하나님 앞에서 계속 말대꾸하고 심지어 불평을 늘어놓습니다. 이것이 바로 아직도 악령이 틈타고 있다는 증거입니다. 그러므로 영혼이 깨어나고 치료되어야 합니다.

우리에게 있어 문제는 돈이 없고 직업이 보잘것없고 학벌이 좋지 않은 것이 아니라 나의 영혼의 눈이 감겨서 하나님과 그의 섭리를 도무지 보지 못하고 엉뚱하게 생각하고 말하고 행동하는 것입니다. 하나님께서는 우리의 영안이 열리지 않기 때문에 형통함과 진정한 행복을 누릴 수 없다는 것을 깨닫게 하십니다.

모세가 하나님 앞에서 망설이고 있는 동안에 애굽에서는 수백만의 이스라엘 백성들이 극심한 고역으로 눈물과 땀을 흘리고 있었습니다.

성도의 불신앙 생활 자체가 우리 안팎에 있는 문제들을 악화시키고 내 안팎의 사람들이 누려야 할 행복과 영광을 지연시킵니다.

그러므로 내가 지금 어떤 처지에 있고 무슨 경험을 하며 살고 있든지 먼저 하나님의 섭리를 발견하고 하나님의 음성을 들을 수 있어야 합니다.

우리가 보고 경험하는 모든 것에 결코 우연은 없습니다. 모든 사건, 모든 삶의 현실 속에서 하나님의 뜻을 깨닫고 주저함 없이 신속하게 순종하고 충성해야 합니다. 근심, 걱정만 하고 두려워하며 건너뛴다면 그 사람은 잠시 후에 그보다 더 큰 장애물을 만나게 됩니다.

2) 모세가 하나님의 명령대로 행하니 기적이 나타났습니다.

그전에는 모세의 지팡이를 통해 어떤 일도 일어난 적이 없었습니다.

하나님께서 시키는 대로 하면 불가능도 가능해집니다. 내가 못할 일, 상상도 못할 일이 성사됩니다. 그러므로 어떤 일보다 먼저 할 일은 하나님께 순종하는 것입니다.

3) 이 일은 하나님께서 모세에게 영예를 부여하셨음을 입증했습니다.

지팡이가 뱀이 되고 뱀이 도로 지팡이가 되는 일은 모세가 하나님의 능력을 받았음을 실증해주는 일이었습니다. 이제 모세에게는 영적인 권위가 주어진 것입니다.

하나님은 연약하고 보잘것없는 사람이라도 하나님을 절대적으로 의지하고 그의 명령과 뜻대로 순종하는 사람에게는 능력과 권위를 주십니다. 그리고 하나님께서 함께하시는 증거들이 반드시 나타나게 하십니다. 따라서 이런 사람이 상대하는 사람들은 거듭나고, 확실한 믿음을 가지게 되고, 치료되고 변화되고 성숙되는 일이 구체적으로 보이게 됩니다. 하나님께서 보내신 사람, 함께하시는 사람, 하나님께 정직하게 순종하는 사람은 어떤 형태로든지 하나님의 능력이 나타나게 하십니다. 결코 실패하거나 패배하거나 수치를 당하게 하지 않으십니다.

그러나 하나님께서 보내시지 않은 사람, 거짓말하는 사람, 불순종하는 사람에게는 이런 능력과 권위가 주어지지 않습니다. 하나님께서 함께하시지 않는 사람은 아무리 사람들에게 인기를 얻고 칭찬을 받고, 그래서 많은 사람이 그에게 모여도 결코 이와 같은 일을 할 수 없습니다.

그래서 바울도 고린도 교회에게 "너희들의 말이 아니라 능력이 있는가를 보겠다" 했습니다.

(3) 하나님이 모세를 통해 나타내신 이 기적은 이스라엘의 해방을 명령하신 증거입니다.

때때로 하나님은 연약한 사람들을 하나님의 일꾼으로 삼으셨음을 확신시키시기 위해 기적을 보여주십니다.

그러나 성도들과 일꾼들은 기적만 기대하면 안 됩니다. 그런 사람들은 기적이 더 이상 안 보이면 하나님께 대한 믿음이 약해질 수 있습니다.

그러므로 주님께서도 "눈으로 보지 않고 믿는 자가 더 복 있는 자다" 하셨습니다.

말씀을 읽고 들음으로써, 삶을 통해서, 또한 일반 계시들을 통해서 하나님을 향한 믿음이 성장해야 합니다. 이런 사람은 아무리 환난과 고난 속에서도 날마다 어디서나 하나님을 신뢰하며 순종하고 충성합니다.

3절에 "여호와께서 이르시되 그것을 땅에 던지라 하시매 곧 땅에 던지니 그것이 뱀이 된지라 모세가 뱀 앞에서 피했다" 했습니다.

뱀은 **마귀**를 상징하는데(창3:15) 여기에서는 **애굽 왕의 왕권**을 상징합니다. 하나님께서 모세를 애굽에 보내려 하실 때 애굽 왕의 왕권이 하나님의 백성을 대적하고 있었습니다. 여기 "모세가 뱀 앞에서 피했다" 했는데 그것은 이전에 모세가 바로 왕을 피하여 미디안 광야로 도망했던 것을 상기시키기도 합니다.

모세는 자기 손에 있던 지팡이가 뱀이 되었을 때 **무서워서 피했습니다.** 하나님은 **모세가 그처럼 보잘것없는 존재임을 스스로 깨닫게 하신** 것입니다.

그러나 **모세가 다시 하나님의 명령에 순종하여 뱀의 꼬리를 잡자 그 뱀이 다시 지팡이가 되어서 그의 손아귀에 꼼짝없이 붙들려졌습니다.**

하나님은 "모세야, 네가 무엇을 알고 무엇을 할 수 있겠느냐? 너보고 하라는 것이 아니다. 내가 한다. 너는 지금처럼 내 말에 순종만 해라" 하시는 것이었습니다.

그러면서 하나님은 5절에서 "**아브라함의 하나님, 이삭의 하나님, 야곱의 하나님 여호와**" 라고 다시 확실하게 알게 해주십니다.

즉 "모세야, 나는 네 조상들에게 약속했던 복을 이제 구체적으로 이루어줄 것이다. 그러니 너희들은 나를 의심하지 말고 믿어라. 그리고 나의 명령에 순종해라" 하시는 것입니다.

하나님께서는 언제나 하나님의 백성들에게 **많은 복을 약속해주셨으며 약속대로 반드시 이루십니다.** 단 우리 성도들, 하나님의 일꾼들이 얼마나 하나님께 순종하느냐에 따라서 이루어집니다. 그래서 순종이 제사보다 낫다고 하시는 것입니다. 하나님께서는 **우리가 하나님의 명령과 뜻에 잘 순종하여 약속하신 온갖 사랑과 복을 받아 누리게 되기를 원하시고 기뻐하십니다.**

그런데 오늘날 많은 성도들이 이것을 깊이 깨닫지 못하고 있습니다.

시시때때로 모여서 예배를 드린다고 하지만 도무지 하나님께서 받으실 수 없는 예배가 대부분이어서 하나님은 "제발 다시는 나를 역겹게 하고 괴롭게 하는 예배를 드리지 마라" 하고 책망하십니다. 그리고 "나에게 시시때때로 그런 엉터리 예배를 드리려고 애쓰지 말고 하루하루 살아가면서 내가 너희에게 준 말씀을 지켜라. 그리고 불쌍한 자들을 도와줘라. 그것이 네가 나에게 드리는 영적인 예배다. 나는 그것을 기쁘게 받는다. 너희들이 그것을 제대로 한다면 나는 너희에게 약속한 온갖 복을 아낌없이 내려줄 것이다" 하십니다. **하나님의 책망과 명령의 말씀**을 영의 귀로 알아들을 수 있어야 합니다. 그러나 오늘날 이렇게 할 수 있는 사람이 너무나도 적습니다.

▌6절/ 여호와께서 또 그에게 이르시되 네 손을 품에 넣으라 하시매 그가 손을 품에 넣었다가 내어보니 그의 손에 나병이 생겨 눈 같이 된지라
▌7절/ 이르시되 네 손을 다시 품에 넣으라 하시매 그가 다시 손을 품에 넣었다가 내어보니 그의 손이 본래의 살로 되돌아왔더라

〈더 정확한 번역〉

▌7절/ 그의 손이 본래의 살로 되돌아왔더라⇒그의 손이 전처럼 깨끗해졌다. 몸의 다른 살과 똑같아진 것이다.

모세의 손 자체가 **기적을 행하는** 손이 되었음을 보여주셨습니다.

모세가 자기 손을 품에 넣으니 그 손에 나병이 발했고 다시 품에 넣었다 빼니 이전처럼 깨끗해졌습니다.

(1) 이는 모세가 **하나님의 능력으로** 애굽인들에게 무서운 질병을 주게 될 것이며 **그의 기도에 의해서만** 그 질병이 물러가게 될 것을 미리 보여주신 것입니다.

하나님은 하나님의 능력이 함께하는 사람을 통해 **불순종하는 자들과 하나님을 대적하는 자들**에게 무서운 재앙을 내리기도 하십니다. 그리고 **그 사람의 기도에 의해** 그 재앙이 물러가게도 하십니다. 이런 일은 성경에 얼마든지 기록되어 있습니다.

(2) 애굽에 있는 이스라엘 백성들은 **영육 간에 나병환자나 다름없이** 되었습니다.

그들은 오랜 세월 동안 죄로 오염되었고, 애굽의 압제로 인해 힘이 거의 다 소진되었습니다. 민수기 12장 12절에 **"나병에 걸려 살이 반이나 썩어 모태로부터 죽어서 나온 자와 같다"** 한 모습이었던 것입니다.

하나님은 그들이 **모세의 품속으로 들어와서 그가 전하는 말씀대로 순종할 때** 영육 간에 깨끗하게 되고 모든 고통은 사라질 것을 모세에게 보여주신 것입니다.

죽은 것과 다를 바 없이 된 사람들이 **예수 그리스도의 대속의 은총으로** 영육 간의 모든 질병과 고통에서 해방됩니다. 이처럼 죄인은 오직 예수 그리스도를 믿고 그 대속의 은혜 안에 들어올 때만 구원받습니다.

모세는 **하나님께서 하라시는 대로 함으로써 모든 일이 순조롭게 진행**되었습니다.

구원받을 사람들, 영육 간에 치료 받을 사람들, 모든 죄와 고통에서 해방되기를 원하는 사람들은 모세처럼 하나님의 말씀에 단순하게 순종해야 합니다. 예수께서도 순종하는 것을 배우셨다 했습니다.

"손이 몸의 다른 살과 똑같아졌다" 했습니다.

모세에게 순종하는 사람, 즉 예수 그리스도만을 구주로 영접하는 사람은 범죄의 구렁텅이와 모든 저주 가운데서 살았다가 하나님께서 원래 사람을 만드셨을 때의 상태로 돌아가게 되는 것입니다.

그러므로 죄인들은 우선 하나님께서 지엄하게 명하시는 대로 예수 그리스도만을 자신의 구주로 영접해야 하며 그 후에도 성경을 통해 주신 모든 말씀대로 순종하고 복종해야 합니다. 그렇게 함에 있어서 인간의 부패하고 어리석은 사고방식을 사용하여 말씀을 따지고 계산하지 말고 단순하게 순종하는 것을 잘 배워야 합니다. 이렇게 할수록 그의 생활은 참으로 순탄하고 즐거운 삶이 됩니다. 그러나 자꾸 인간의 생각, 즉 마귀가 주는 생각에 사로잡혀 하나님의 말씀 앞에서 '그러나, 그러나' 하면서 단순하게 순종하기를 주저하거나 거부하는 사람들은 그만큼 부진하고, 괴롭고, 어렵게 됩니다. 나는 이런 사람이 아닌가 돌아보시기 바랍니다.

(3) 모세는 이 기적을 자기의 능력이 아닌 하나님의 권능으로, 자기의 영광이 아닌 하나님의 영광을 위해 행했음을 보여줍니다.

나병에 걸린 모세의 손은 결코 자랑할 것이 못됩니다. 하나님은 모세가 뱀의 기적은 믿지 않을지라도 이 기적은 믿으리라고 기대하신 것입니다. 하나님께서 크고 작은 다양한 기적을 보여주시는 것은 하나님께서 그 말씀을 확신시켜주시기 위함입니다. 하나님은 말씀의 진실하심을 보여주시기 위해 증거를 아낌없이 보여주십니다.

눈같이 희어졌다는 것은 나병이 오래되어서 그 독기가 속에서 겉으로 다 나온 정도가 되었음을 의미합니다. 그렇게 오래 걸려서야 나타나는 증상이 모세가 손을 품에 넣었다가 빼는 짧은 순간에 나타났습니다.

하나님은 이 외에도 모세에게 이르시기를 "만약 이런 이적으로도 부족하다면 너는 하수를 조금 떠다가 땅에 부으라. 그러면 피가 되리라(9절)"고 말씀하셨습니다.

하나님께서 모세에게 보여주신 세 가지 기적에는 깊은 의미가 담겨있습니다.

(1) 지팡이가 뱀이 되는 기적
"하나님은 죽은 것이 산 것이 되게 하시는 분이시요, 죽은 동물이 산 동물이 되게 하시는 분이시다", 즉 **만물을 창조하신 분**이심을 알게 하셨습니다.

(2) 모세의 손이 문둥병이 걸리는 기적
하나님은 **사람을 나게도 하시고 죽게도 하시며 건강하게도 하시고 병들게도 하시는 분**, 즉 **사람의 모든 것을 뜻대로 주장하시는 분**임을 알게 해주셨습니다.

(3) 물이 피가 되는 기적
하나님이 모든 생명의 근원이심을 알려주셨습니다.
"하수를 땅에 부으라, 그러면 피가 되리라" 하신 것은 물이 어느 육체 안에서가 아닌 땅에서 피가 되는 것을 의미합니다.
하나님은 이 세 가지 기적을 통해 **하나님은 모든 것을 만드시는 분이요, 모든 것을 그 뜻대로 주장하시는 분**이라는 사실을 우선 모세에게 똑똑히 알게 해주신 것입니다.

그런데 이런 기이한 일들이 **모세의 손에 의해서** 다 이루어졌습니다.
하나님께서 **명하시는 대로 순종했더니** 그 모든 것이 이루어졌습니다. 모세가 같은 장소인 호렙산에서 하나님의 명령없이 자기 손을 품에 넣었다 뺐다고 해서 그 손에 나병이 생겼다 없어질 리는 만무합니다. 그러나 **하나님의 말씀에 순종하여 그대로 했더니** 멀쩡했던 손에 지독한 나병이 나타났습니다.
하나님의 말씀에 순종하여 행하는 것과 하나님의 말씀과 상관없이 행하는 것은 똑같은 일이라도 큰 **차이**가 있습니다. 하나님의 말씀에 순종하여 행한 것이면 반드시 기적과 복을 누리게 되지만 **말씀과 상관없이 하는 것이면** 같은 일이라도 그 자체가 이미 하나님께 불순종하는 것이므로 그 행위는 **또 하나의 악한 행위**가 되는 것입니다.

하나님의 말씀에 상관없이 행한 것은 반드시 응분의 처벌을 면치 못합니다. 그래서 하나님과 그 말씀을 믿지 않고 무시한 채 선을 행한다고 해도 그것은 결코 하나님께 인정받을 수 없으며 결코 상 받을 일이 못 됩니다.
하나님의 말씀이 주어졌는데도 그것을 무시하고 행하는 것은 마치 자식을 지극히 사랑하는 부모가 그 자식에게 사랑이 듬뿍 담긴 선물을 주는데 자식이 그것을 거부하고 도무지 믿을 수 없는 사람이 주는 그와 비슷한 것을 받겠다고 하는 것과 같습니다.

또한 하나님께서 주시는 좋은 선물을 계속 거부하면서 하나님으로부터 많은 것을 빼앗아 가지겠다고 힘쓰는 것과 같습니다.

여러분, 하나님의 말씀이 내 귀에 들려졌으면, 알았으면 머뭇거리지 말고 즉시 순종하시기 바랍니다. 하나님의 말씀에 순종하는 것은 하나님이 주시는 좋은 선물을 내 것으로 받아 가지는 것입니다. 하나님께 순종하지 않는 사람은 단 하나도 하나님으로부터 진정으로 복되고 좋은 선물을 받아 누릴 수가 없습니다.

그런데 하나님께서 이 세 번째 대화에서 하신 명령은 당시 모세가 집중하고 있는 일과는 거리가 먼 것이었습니다. 모세는 어떻게든 자신이 이스라엘의 해방자로 보내지지 않기를 바라는 상황이었는데 하나님은 "지팡이를 던지라, 잡으라, 네 손을 품에 넣었다 빼라, 다시 넣었다 빼라, 하수를 육지에 쏟아부어라" 하셨습니다. 이 명령은 당시의 모세에게 엉뚱해보이면서 어린 아이 장난 같은 명령이었습니다.

하나님은 지금도 때때로 우리에게 우리가 처한 현실과는 거리가 멀고 엉뚱해보이는 명령을 하십니다. 식량이 떨어져서 먹고 살 일이 걱정이고, 아이들에게 필요한 돈이 없어서 안타까워하고 있는데 그런 처지에 있는 나에게 하나님은 큰 소리로 명령하십니다.

"안식일부터 거룩하게 지키라", "소득의 1/10은 내 것이니 그것을 내게로 가져와라", "지금 네 옆에 어려운 사람이 있으니 가서 도와줘라", "기도해줘라", "이런 일을 열심히 해라" 하고 명령하십니다. 바로 이때 각 사람의 믿음이 그대로 드러나게 됩니다.

많은 사람이 이러한 때 하나님의 명령에 순종하지 못함으로써 다 된 밥을 상하게 만들고 다 된 이삭을 썩게 만듭니다.

옛날 나병에 걸린 나아만 장군이 하나님의 사람 엘리사 선지자에게 가서 자기 병을 고쳐달라고 했을 때 그는 얼굴도 내밀지 않고 시종을 시켜서 "저 강물에 가서 일곱 번 목욕하라 해라"고 말했습니다. 나아만 장군은 자기처럼 높은 신분의 사람이 많은 선물과 부하들을 이끌고 먼 길을 와서 식민지 사람인 엘리사에게 왔으면 황급히 마중을 나와서 공손히 절하며 환부에 손을 얹고 기도해줄 것이라 생각했는데 그의 시종을 통해 그런 말을 들었으니 얼마나 화가 치밀었겠습니까? 그러나 그는 그 무례해 보이고 엉뚱한 명령에 순종했습니다. 그러자 그의 나병이 깨끗하게 나았습니다.

하나님은 때때로 **내가 힘들고 어려울 때 더 힘들고 엉뚱해보이는 일을 하라고 명령**하십니다. 그때 불평하거나 원망하거나 등을 돌리지 말고 '**기왕에 어렵고 괴로운데 하나님의 말씀에 순종하고 보자**' 하고 눈을 딱 감고 순종해야 합니다.

옛날 **사렙다 과부**가 그렇게 했습니다.

가루가 자기 아들과 떡을 딱 한번 해먹을 만큼밖에 남지 않았을 때 엘리야 선지자가 그 집에 와서 말하기를 "내가 배가 고프니 먹을 것을 가져오라" 했습니다. 이때 보통 여인 같았으면 "당신은 왜 하필 이처럼 가난한 과부 집에 와서 얻어먹습니까? 그것도 마지막으로 아들과 함께 딱 한 번 먹고 죽을 것을 내놓으라고 합니까?" 하고 화를 냈을 것입니다.

그러나 이 여인은 생각하기를 "나와 내 자식은 어차피 한 번만 더 먹고 죽으려했던 것이니 저 어르신에게 대접해드리자" 하고는 **정성껏 대접**했습니다. 그 결과 여인은 집에 **기름과 가루가 마르지 않고 계속 넘쳐나는 복**을 받아 누렸습니다.

하나님의 명령에는 반드시 복을 수반하고 있습니다.

그러므로 여러분, **아무리 형편이 어려워도, 또 지금 내게 하시는 명령이 아무리 엉뚱하게 느껴져도 당장 순종하고 단순하게 실행으로 옮기시기 바랍니다**. 그런 사람이 복을 누리고 영육 간에 성장합니다.

제 19 강

모세에게 보여주신 증거2

〈출4:8~11〉
8여호와께서 이르시되 만일 그들이 너를 믿지 아니하며 그 처음 표적의 표징을 받지 아니하여도 나중 표적의 표징은 믿으리라 9그들이 이 두 이적을 믿지 아니하며 네 말을 듣지 아니하거든 너는 나일 강 물을 조금 떠다가 땅에 부으라 네가 떠온 나일 강 물이 땅에서 피가 되리라 10모세가 여호와께 아뢰되 오 주여 나는 본래 말을 잘 하지 못하는 자니이다 주께서 주의 종에게 명령하신 후에도 역시 그러하니 나는 입이 뻣뻣하고 혀가 둔한 자니이다 11여호와께서 그에게 이르시되 누가 사람의 입을 지었느냐 누가 말 못 하는 자나 못 듣는 자나 눈 밝은 자나 맹인이 되게 하였느냐 나 여호와가 아니냐

■ 8절/ 여호와께서 이르시되 만일 그들이 너를 믿지 아니하며 그 처음 표적의 표징을 받지 아니하여도 나중 표적의 표징은 믿으리라
〈더 정확한 번역〉
■ 下 첫 번째 기적은 못 믿을지라도 이 두 번째 기적은 믿을 것이다.

첫 번째 기적은 하나님께서 모세에게 이스라엘을 해방시키는 **사명을 주셨음을 확증**해주는 것이었습니다. 그러나 이 두 번째 기적은 이스라엘 하나님께서 **구원하시리라는 확증**으로 주신 것입니다. 따라서 첫 번째 기적은 믿지 않을지 모르나 두 번째 기적은 이스라엘 백성들이 믿으리라 하신 것입니다.
하나님의 일꾼은 하나님께서 부르시고 명하셔서 하나님의 일을 수행하게 된 증거를 확실히 보여줘야 합니다. 먼저 그 **자신이 그 확신이 있어야** 합니다. 하나님께서 나를 부르시고 나에게 거룩한 사명을 주셔서 내가 그 명령에 순종하여 일하고 있다는 **확증과 확신**이 없이 일하는 사람들은 종종 **하나님의 일과 하나님의 명령을 수행하는 것이 아니라 사람의 일을 하고 자기의 일을 합니다.** 하나님의 일을 한다하더라도 스스로도 확신이 없으므로 **믿음으로 자신 있게 수행할 수가 없습니다.**
그러므로 모든 하나님의 일꾼은 **하나님께서 나를 부르시고 세우시고 거룩한 사명을 주셨음을 확신하며 그 확증을 가져야 합니다.** 이것이야말로 하나님의 일꾼들에게 있어서 **첫 번째 요건**입니다.

모든 구원받은 사람들도 마찬가지입니다.

하나님께서 나를 선택하시고 거듭나게 하시고 예수 그리스도를 믿게 하심으로 모든 죄를 사함받고 구원받게 하심으로써 내가 하나님의 자녀가 되었음을 **확신**해야 합니다. 또한 하나님께서 나에게 거룩한 사명을 주셨다는 확신을 가져야 합니다. **시간이 지날수록 더 확실한 증거를** 소유해야 하며 그것을 더욱더 성장시켜야 합니다. 그렇게 하는 바에 따라서 **성령의 열매가 나타나게** 됩니다.

이러한 확신과 증거가 부실하거나 없는 교인들은 믿음이 자라날 수가 없으며 하나님께 순종하거나 그 사명을 제대로 수행할 수 없습니다.

> 9절/ 그들이 이 두 이적을 믿지 아니하며 네 말을 듣지 아니하거든 너는 나일 강물을 조금 떠다가 땅에 부으라 네가 떠온 나일 강물이 땅에서 피가 되리라

나일 강물이 피가 되게 하는 것은 그 **나일 강을 어머니로 삼고 모든 것이 그 강으로부터 주어진다고 믿고 그 강물을 신성시하던 애굽 사람들에게는 결정적인 멸망의 재앙이** 되는 것입니다. 애굽 사람들은 오랜 세월 동안 그 강물 때문에 어느 나라보다도 풍성한 농작물을 수확할 수 있었습니다. 그런데 이제 하나님께서 **모세로 하여금 그 물이 피가 되게 함으로써 그 강은 결코 그들의 어머니도 아니요, 그들이 신처럼 숭상할 수 없게 된 것입니다.** 하나님은 그들이 그토록 우상숭배하는 죄악을 범하고 하나님께 돌려드려야 할 감사와 찬송을 그 물 따위에 바침으로써 **하나님께서 때가 되매 그들에게 큰 재앙을 내리시는 것을 눈으로 똑똑히 보게 하시는 것**입니다.

하나님은 하나님께서 만드신 것들을 하나님보다 더 사랑하고 그것들에게 더 감사할 때 시대를 막론하고 그런 나라나 민족에게 반드시 멸망의 재앙을 내리셨습니다. 그럼에도 불구하고 아직도 대부분의 나라와 민족들이 산천이나 바다가 그들을 생존하게 하며 필요한 모든 것을 제공한다고 여기며 그것들을 신성시하고 섬기는데 하나님은 결코 그것을 방관하지 않으십니다. **때가 되면 그들이 하나님께서 그들에게 일반은총으로 주신 것들에 대해 욕되게 한 것만큼 그들과 자자손손에게 무서운 징벌을 내리십니다.**

그러므로 사람은 세상의 것들을 더 가지고 누리려고만 애써서는 안 되며, 세상의 것들을 하나님보다 더 소중하게 여기고 고마워하고 숭상해서는 안 됩니다. **무엇보다도 먼저 창조주 하나님을 알고 그 하나님을 섬길 줄 알며 감사하는 것을 배워야** 합니다. 이것이야말로 이성과 영혼을 가진(하나님의 형

상을 입은) **인간으로서 무엇보다도 먼저 해야 하고 기본적으로 해야 할 의무**입니다. 그런데 **이 가장 기본적인 의무를 잃어버린 자들은 사람이기를 포기한 것과 다름없으며 따라서 그들은 하나님으로부터 사람다운 사람의 대접을 받을 수 없게 된 것**입니다.

그러나 **하나님은 놀라우신 자비**로써 상당히 오랜 세월 동안 그들로 하여금 하나님이 만드신 것들을 먹고 마시며 누리게 해주셨습니다. 하지만 그 자비도 **때가 되면 멈춰지고 무서운 진노로 변하게** 됩니다.

모세는 앞의 두 가지 기적으로도 이스라엘 백성들이나 바로 왕이 **믿지 않을 때** 이 기적을 행하라는 명령을 받았습니다.

하나님에 대한 불신앙은 그것이 크든 작든 결코 용납될 수 없으며 그 불신앙만큼 반드시 더 큰 손실과 고통을 당하게 됩니다.

이스라엘 백성들에 대하여는 이미 하나님께서 "그들이 들을 것이다"라고 말씀하셨습니다(3:18). 하나님은 그들이 이렇게 **모세를 통해 주시는 하나님의 말씀을 듣고 하나님을 믿도록 하시기 위해** 이 기적들을 행하라고 명령하신 것입니다.

이 물이 피가 되게 하는 재앙은 **애굽과 바로 왕에 대한 재앙**이며 그들을 **다스리시는 수단**이었지만 무엇보다도 **이스라엘 백성들이 하나님을 알고 하나님께 대한 확신을 가지도록 도와주신 것**입니다.

이렇게 하나님께서는 벌을 받을 자들에게 재앙을 내리시는 가운데서도 선택하시고 사랑하시는 **하나님의 백성들에게는 그것이 하나님을 향한 믿음이 자라게 하고 더 잘 순종하게 하는 수단**이 되게 하십니다. 참으로 **모든 것이 합력하여** 하나님의 백성들에게는 **은혜와 복**이 되고 하나님께는 **영광이** 돌려지게 하시는 것입니다.

> 10절/ 모세가 여호와께 아뢰되 오 주여 나는 본래 말을 잘 하지 못하는 자니이다 주께서 주의 종에게 명령하신 후에도 역시 그러하니 나는 입이 뻣뻣하고 혀가 둔한 자니이다

〈더 정확한 번역〉

> 나는 입이 뻣뻣하고 혀가 둔한 자니이다 ⇒ 저는 말을 느리게 할 뿐 아니라 훌륭하게 말하는 법도 모릅니다.

모세는 **놀라운 하나님의 약속에도 불구하고 벌써 다섯 번째 하나님의 명령을 사양하는 말**을 했습니다(3:11,13, 4:1,10,13)

모세는 하나님께서 확실한 증거를 주시며 명령하실 때 **계속하여 뒷걸음질**

을 쳤고 마침내는 큰 실수까지 하게 됩니다. 이것은 이제 그가 하나님 앞에 겸손하거나 조심성이 있다고 말할 수 없게 만들었습니다. 이것은 지나친 비겁과 나태, 그리고 하나님에 대한 불신앙을 드러내는 것이었습니다.

"주여, 나는 본래 말을 잘 하지 못하는 자입니다" 했습니다.

그는 애굽에 있는 동안 당시 최고의 철학과 정치와 모든 지식을 공부한 사람입니다. 그런데도 그는 자신이 본래 말을 잘 하지 못한다고 변명하며 거룩한 하나님의 명령을 회피하려고 했습니다.

여기서 우리가 또 깨달아야 할 것이 있습니다.

(1) 하나님께서는 하나님의 일을 할 수 있을 만한 천성과 기교를 별로 갖추지 못한 사람들을 부르시고 그의 사자로 쓰십니다.

이것은 분명히 그 모든 것 가운데서 하나님 자신과 그 지혜와 능력이 더 영화롭게 나타나게 하기 위함입니다. 하나님은 말주변이 없는 사람들을 웅변가로 만들어서 쓰실 수도 있는데 종종 그렇게 하지 않으셨습니다.

예수님의 제자들은 결코 웅변가는 아니었습니다. 그들은 보통 사람들만큼이나 지식이나 기술을 가진 사람들도 못 되었습니다. 사도 바울도 학식 있는 사람으로 누구보다도 많은 것을 경험한 사람이었으나 그가 실제로 사람들에게 나서서 복음을 전파할 때는 그 말하는 것이 시원치 않았다 했습니다.

하나님께서는 인간적으로도 모든 것을 뛰어나게 잘 갖추고 할 수 있는 사람들이 아닌 사람들을 거룩한 뜻에 따라 선택하시고 부르시고 세우셔서 그 뜻을 이루게 하십니다. 그러나 그들은 하나님의 능력에 손에 붙잡혀 있는 사람들이고 말씀과 믿음과 성령이 충만하여 그 어떤 지식인보다도, 어떤 기술자보다도 하나님과 그 나라를 알리는 일에 뛰어나게 하셨으며 그들이 하는 말에 능력이 나타나 사람들의 심령골수가 쪼개지고 두려워 떨고 회개하고 주 예수를 영접하게 된 것입니다. 그리고 그들의 입과 손을 통해 놀라운 이적과 기적들이 나타나게 하셨습니다.

그러므로 하나님의 부르심을 받고 하나님의 일꾼이 된 사람들은
1) 나의 어떤 부족한 부분을 불충성하는 구실로 삼아서는 안 됩니다.

계속 그렇게 한다면 그것이야말로 전지전능하신 하나님을 모독하는 일이고 그 하나님께 큰 죄를 범하는 것입니다.

2) 내가 부족한 부분이 많더라도 하나님께서 함께하시면, 하나님께서 하라

고 하신대로 하면 이루어질 줄 믿어야 합니다.

우리 하나님의 일꾼들은 언제 어디서든지 내가 하나님께 쓰임받고 있을 때 내가 그 일을 할 만한 사람이 이미 되었기 때문에 부르시고 쓰시는 것이 아니라는 것과 지금까지 내가 한 모든 일은 **전적으로 하나님께서 친히 하신 것임**을 잊지 말아야 합니다.

그러기에 우리는 아무리 크고 위대한 일을 했다 할지라도 **결코 하나님이나 사람들 앞에서 자기를 나타내고 자랑할 수 없고** 그 누구의 칭찬을 받으려 해서도 안 됩니다. 모든 감사와 찬송과 영광은 **오직 하나님께 돌아가게 해야** 합니다.

이것을 제대로 할 줄 모르고 오히려 그 모든 것을 자기가 차지하는 **거짓 일꾼**들이 얼마나 많은지 모릅니다. 그것이 얼마나 큰 **죄**가 되겠습니까?

3) **모든 하나님의 일은 사람의 재주나 능력으로 하는 것이 아니라 하나님께서 친히 계획하시고 모든 것을 준비하시고 그 뜻대로 이루심**을 명심해야 합니다.

따라서 이런 큰 믿음과 부르심에 대한 확신이 없이 여기저기 찾아다니며 박사 학위 등 인간의 경력을 쌓느라 애쓰거나 인간의 지식과 그 무엇으로 하나님의 일을 하려고 해서는 안 됩니다. 많은 사람이 그런 것들을 가지고 하나님의 일을 한다고 하고, 꽤 큰 예배당도 짓고 많은 사람을 모아서 목회한다고 하지만 **이런 사람들을 통해서는 사람들이 거듭나고 깨어지고 치료되고 변화되고 성숙할 수 없습니다.** 왜냐하면 그들은 모든 것을 하나님께 맡기지 않고 **자기 지식이나 경험이나 스펙을 가지고 하려고 했기 때문**입니다. 그러니 **이런 자들은** 그 모든 결과에 대해 서슴없이 자기가 영광을 차지하는 것입니다. 이런 사람들이야말로 **하나님을 아직도 너무나 모르고 있는 사람들**입니다.

모세는 말하기를 "주여! 나는 본래 말을 잘 하지 못하는 자입니다. 주께서 주의 종에게 명령하신 후에도 그렇습니다. 저는 말을 느리게 할 뿐 아니라 훌륭하게 말하는 법도 모릅니다" 했습니다.

여기서 하나님 앞에서 더 크게 잘못하는 것은 **하나님께서 자기에게 명령하신 후에도 그것이 조금도 달라질 수 없다고 말한 것**입니다.

처음에는 "나 같은 것이 어떻게 이스라엘의 해방자가 되겠습니까?" 하고 말하더니 그 다음에는 "이스라엘 백성이 당신의 이름이 무엇이냐고 물으면 뭐라고 대답해야 합니까?" 했습니다. 모세는 자기도 하나님을 잘 모른다는 것을 구실로 하나님의 명령을 슬쩍 거절하려고 했고 그 다음에는 그들이 자기를 믿지 않을 것이라고 변명하다가 이제는 자기가 말이 능치 못하다며 회피하려고 했습니다. 그는 **지능적이고 교묘한 말재주로 하나님과 대화하고 있었습니다.**

모세가 참으로 자기가 어려서부터 말을 잘 못하는 사람이라는 것을 알고 있었다면 **하나님은 그 사실을 자기가 태어나기도 전부터 이미 알고 계시는 분임**을 알아야 했습니다.

이와 같이 **나는 아는데 하나님은 모르실 거라고 여기는 사고방식이** 우리에게도 있습니다. 그래서 때때로 **하나님께서 이미 나에게 응답하시고 명령하셨는데도 내 생각을 자꾸 되뇌며 고개를 갸우뚱 합니다.** 나를 하나님께서 만드셨고 기르셨고 거룩한 뜻대로 지금까지 내 인생을 이끌어 오셨는데 그 **하나님이 왜 내가 어떤 사람인지를 모르시겠습니까?** 이런 사람이야말로 **참으로 어리석은** 자입니다.

모세는 이렇게 구차하게 변명할 것이 아니라 "**하나님이여, 제가 본래 말주변이 없는 것을 아시오니 나를 도와주십시오. 그것을 믿고 가겠습니다**" 했어야 합니다.

믿음다운 믿음을 가진 사람과 그렇지 못한 사람의 행동은 이렇게 크게 다릅니다.

믿음이 없거나 보잘것없는 사람은 자기가 아는 것을 하나님은 모를 것처럼 여겨서 **자기 생각을 자꾸 앞세우고 부질없이 염려하고 근심하면서** 하나님의 명령을 무시하고 나갑니다. 그러나 **믿음다운 믿음을 가진 사람은 우선 하나님의 명령부터 앞세우고 순종해나갑니다.** 그러면서 자기의 문제점을 **하나님께 아뢰고 도와주시기를 간청**합니다. **노아**가 그런 사람이었고 **아브라함**과 **요셉**이 그런 사람이었습니다.

그러므로 우리는 하나님께서 나에게 명하실 때 "나는 이래서 못합니다. 이것이 부족해서, 이것이 없어서, 무엇이 안 되어서 못합니다" 하지 말아야 합니다. **그 모든 문제를 단숨에 해결하실 수 있는 분이 하나님이심을 믿는 믿음**을 나날이 키워야 합니다.

그리고 지금 **모세가** 두려워하는 것이 무엇이었습니까?
"내가 어떻게 감히 **바로 왕**과 상대해서 말을 하겠습니까?" 했습니다.
모세는 지금 **인간의 생사화복을 마음대로 주장하시는 하나님, 그 바로 왕**

올 마음대로 하실 수 있는 하나님 앞에서 꼬박꼬박 말대꾸 하면서 자기가 어떻게 바로 왕에게 가서 하나님의 말씀과 명령을 전달하겠느냐고 말하고 있는 것입니다.

바로 이때에도 모세는 전지전능하신 하나님보다 바로 왕을 더 두려워하고 있음을 드러냈습니다. 바로 그 사실 때문에 하나님의 명령에 그저 순종할 수 없었던 것입니다.

하나님에 대해 어려워할 줄도 모르고 두려워할 줄도 모르면서, 어떤 사람에 대해서는 어려워하고 그의 말에는 한마디도 대꾸 못하는 성도들이 얼마나 많은지 모릅니다.

우리가 두려워해야 할 존재는 오직 하나님뿐입니다. 하나님보다 사람을 더 두려워한다는 것이 바로 "나는 하나님을 믿지 못합니다" 하는 증거를 드러내는 것입니다. 그런 사람을 어찌 하나님께서 사랑하시고 함께해주시겠습니까?

하나님을 진정으로 두려워할 줄 모르는 사람은 결코 하나님의 명령에 제대로 순종할 수 없는 사람입니다. 이것이 그에게는 무엇보다도 가장 결정적인 문제점이요 단점이 되는 것입니다. 그 사람이 그러한 자신에서 벗어나지 못하는 한 하나님을 제대로 만날 수도 없으며 하나님이 예비해놓으신 영육간의 은혜와 복을 결코 받아 누릴 수가 없습니다. 그런데 이러한 목사와 교인들이 너무나 많습니다.

또 여기서 깨달을 것은 모세가 지금까지 놀라운 기적들을 보고 체험했으면서도 자기의 현재의 형편을 다시 생각할 때 아무것도 체험하지 못한 사람처럼 믿음 없는 말을 했다는 사실입니다.

믿음이 없는 사람은 아무리 놀라운 기적을 보고 체험해도 하나님의 말씀에 즉시 순종하지 않습니다. 순종은 믿음이 있어야 할 수 있습니다.

예수께서 말씀하시기를 "할 수 있거든이 무슨 말이냐 믿는 자에게는 능히 하지 못할 일이 없느니라(막9:23)"하셨습니다.

진정한 믿음은 할 수 없다는 말을 하지 않습니다.

'언제나 할 수 있다는 것'이 믿음의 모습이고 결과입니다. 문제점들이 보일 때 그것들 때문에 할 수 없다고 말하는 사람은 "나는 믿음이 없는 사람입니다" 라고 말하는 사람입니다. 믿음이 있는 사람은 문제가 보여도 그것이 내가 하나님께 순종하고 사명을 수행함에 있어서 문제가 될 수 없으며 내가 순종하며 충성하며 나갈 때 그것들을 하나님께서 얼마든지 해결해주실 수 있음을 믿고 문제가 보일수록 더 용기와 열심을 내서 충성**합니다.**

이스라엘 백성이 애굽에서 해방되어서 바란 광야까지 왔을 때 하나님은 족장들을 뽑아서 가나안에 정탐꾼으로 보냈습니다. 그때 믿음 없는 족장들은 가나안 거민들이 키도 크고 수도 많고 싸움도 잘하는 것을 보고 돌아와서 도저히 가나안을 정복할 수 없다고 결론을 내리고 와서 하나님과 모세를 원망하고 배신했습니다.

그러나 믿음의 사람 여호수아와 갈렙은 그 문제들을 똑같이 봤지만 그것들이 문제가 되지 않는다고 보았고 오히려 그 문제들 때문에 하나님과 그들이 더 큰 영광을 얻을 것이라고 믿었고 "하나님께서 우리와 함께 하시니 그들은 우리의 먹이다" 했습니다. 그들은 그 믿음대로 승리하고 영광을 얻으며 가나안을 정복했습니다. 그러나 믿음 없는 족장들은 그 가나안의 코앞에 오는 동안 말할 수 없는 고생을 했으나 가나안은 한발짝도 들여놓지 못하고 오히려 뒤돌아서 사막을 맴돌다가 차례로 죽었습니다.
믿음 없는 사람의 수고는 결국 이렇게 다 잃어버리는 것으로 종결짓는 것입니다.

> 11절/ 여호와께서 그에게 이르시되 누가 사람의 입을 지었느냐 누가 말 못하는 자나 못 듣는 자나 눈 밝은 자나 맹인이 되게 하였느냐 나 여호와가 아니냐

이제는 하나님께서 모세에게 진노하실 만한데 여전히 모세를 깨우쳐주십니다.
하나님 앞에서 지나치게 사양하는 것은 우리가 마땅히 해야 할 일에 있어서 큰 방해가 되고 장애가 됩니다. 뿐만 아니라 하나님께서 주시는 은총들에 대한 우리의 신뢰들을 약화시키게 됩니다. 따라서 결국은 하나님을 진노하시게 하는 일이 됩니다.
하나님은 부르시고 세우신 일꾼들이 그 명령에 순종하지 않는 것을 결코 선하게 여기지 않으십니다. 그리고 그런 사람에게 크고 중한 일을 맡기시고 그 일을 수행하도록 강제하지 않으십니다.

하나님은 계속해서 모세를 쓰시고자 하셨기에 긍휼과 자비를 베푸시며 계속해서 그를 깨우쳐주고 계십니다.
그러나 이러한 것도 마냥 하시는 것이 아니요, 정하신 기한 내에 순종하지 않으면 하나님은 분노하시고 책망하시고 다스리십니다.
그러므로 우리 모든 성도와 하나님의 일꾼은 하나님께서 나에게 어떤 명

령을 주시든지 모세처럼 토를 달거나 검손한 척하며 사양하지 말고 기꺼이 순종해야 합니다. 그래서 하나님은 이런 사람이 되게 하기 위해 우리 모든 사람들, 특히 귀하게 쓰실 사람들을 연단하시고 무장시키시고 성장시키시는 것입니다. 그래서 또 많은 고난을 허용하시는 것입니다.

여기에서 모세를 향한 하나님의 큰 긍휼과 자비하심을 볼 수가 있습니다. 하나님은 마치 어린아이에게 차근차근 설명해주시듯 하나님의 권능을 상기시키십니다.

"누가 사람의 입을 지었느냐 누가 말 못하는 자나 못 듣는 자나 눈 밝은 자나 맹인이 되게 하였느냐 나 여호와가 아니냐" 하셨습니다.

사실 모세도 하나님이 그런 분이라는 사실을 알고 있었습니다. 그러나 정작 하나님을 만나 뵙고 큰 명령을 받을 때 기꺼이 순종할 만한 하나님에 대한 충분한 인식과 믿음이 부족했던 것입니다. 하나님은 그의 이런 문제를 아셨기에 인자와 긍휼을 베푸셔서 모세를 도와주고 계시는 것입니다. 참으로 좋으신 하나님이십니다.

모세는 하나님에 대해 좀 더 충분히 알았어야 하며 더 큰 믿음을 갖췄어야 했습니다. 그러나 하나님께서 처음 모세를 부르셨을 때만 해도 그 거룩한 명령을 수행할 만큼 하나님을 잘 알지 못했으며 믿음이 시원치 않다는 것을 하나님께서 아셨던 것입니다. 따라서 하나님은 그를 책망하기 전에 친히 가르쳐주신 것입니다. 이것이 또한 우리 하나님의 백성들에 대한 하나님의 인내와 사랑입니다.

하나님은 한번 선택하신 자를 부족하다고 하여 쉽게 버리지 않으십니다. 못 깨닫는 자는 깨닫게 하셔서 반드시 사용하십니다. 그러므로 우리 모든 성도들은 이렇게 하나님께서 뜻대로 사용하실 만한 재목이 되게 하시려고 우리를 깨우치고 훈련하고 연단하시는 것을 잘 받아들이고 순응해야 합니다. 많은 사람들이 여기에 불성실하고 실패하여 큰 은총을 잃어버리고 있습니다.

만약 이때에 하나님께서 모세를 포기하셨다면 하나님이 아니라 모세가 큰 손해를 보게 됩니다. 하나님은 마른 막대기를 통해 모든 것을 하실 수 있는 분이십니다.

그러나 하나님께서 끝내 인내하시고 긍휼과 사랑을 모세에게 베풀어주심으로 모세는 가장 위대한 선지자가 되고 이스라엘의 해방자가 되었습니다.

하나님께서 모세에게 거듭하여 애굽으로 가라고 하실 때에 그는 **기뻐하고 즐거워하는 것이 아니라 괴로워**했습니다. 그는 그때만 해도 자기 생각대로 애굽에 가지 않는 것이 유익할 것이라고 여겼습니다. 그러나 **그의 생각은 아주 틀렸고** 하나님의 생각이 옳았던 것입니다.

그러므로 우리 모든 하나님의 백성은 하나님께서 무엇을 말씀하시고 명령하실 때 **내 생각으로는 도무지 이해가 되지 않아도** 완전하시고 전능하신 하나님을 신뢰하고 그저 순종하고 복종해야 합니다. 이런 사람이 되기 위해 우리는 **끊임없이 말씀과 기도로 준비해야** 합니다. 결코 이때의 모세처럼 **하나님과 다투어서는 안 됩니다.**

모세가 이렇게 **하나님과 엉뚱한 말을 하며 다투는 동안에 애굽에서 이스라엘 백성들은 극심한 고통을 당하고** 있었습니다. 우리가 하나님 앞에 어리석게 불순종하는 동안에 우리를 통해 구원을 얻고 하나님의 사랑을 입어야 할 사람들이 **그 모든 것을 누릴 수 있는 시간이 연기되고 있고 그만큼 그들은 더 큰 고통과 불행을 당하고 있다는 것**을 기억해야 합니다.

그래서 하나님께서는 우리가 모세처럼 자꾸 불순종하고 변명하는 사람이 되지 않게 하시기 위해서 하나님께서 **부르시기 전에 우리를 철저히 가다듬으시고 훈련하시고 성숙시키시는** 것입니다. 그러느라 우리는 인간적으로 **많은 눈물**과 고통을 겪지 않을 수 없습니다.

그러나 우리는 **하나님께서 우리에게 큰 사명과 명령을 주시기 전에 우리가 눈물과 고통을 삼켜가며 가다듬어지고 변화되고 무장하고 성숙되는 것**이 우리와 우리를 통해 은혜를 입어야할 모두에게 **얼마나 큰 복인가**를 알아야 합니다.

그러므로 **하나님께서 거룩한 뜻에 따라 나를 다른 사람보다 더 훈련하시고 연단하시고 낮추는 일을 하실 때** 우리는 **결코 낙심하지 말고 의심하지 말고 불평하지** 말고 오히려 나같이 부족한 사람을 하나님께서 더 크고 영광스러운 일에 쓰시려고 준비시키신다는 것을 알고 **감사해야** 합니다. 우리 모든 하나님의 사람들은 **항상 기뻐하고 감사해야** 하는 것입니다.

제 20 강

모세의 변명과 하나님의 책망

〈출4:12~14〉
12이제 가라 내가 네 입과 함께 있어서 할 말을 가르치리라 13모세가 이르되 오 주여 보낼 만한 자를 보내소서 14여호와께서 모세를 향하여 노하여 이르시되 레위 사람 네 형 아론이 있지 아니하냐 그가 말 잘 하는 것을 내가 아노라 그가 너를 만나러 나오나니 그가 너를 볼 때에 그의 마음에 기쁨이 있을 것이라

■ 12절/ 이제 가라 내가 네 입과 함께 있어서 할 말을 가르치리라
〈더 정확한 번역〉
■ 이제 가라⇒ 그러니 가거라.

모세는 하나님께서 자신의 영과 육을 만드신 창조주 하나님이심을 알고 믿었지만 스스로 **하나님의 명령을 수행하기에** 너무나 부족한 면이 있어서 그것을 자꾸 되뇌며 사양했습니다.

그러자 하나님은 모세가 더 이상 변명하고 사양하지 못하도록 결정적인 도움을 주시겠다고 대답하십니다.

"**내가 네 입과 함께 있어서 할 말을 가르치리라**" 하셨습니다.

하나님께서는 모세가 광야 사십 년 동안 목동생활을 하면서 그가 애굽에서 배우고 익혔던 것들이 많이 무가치하게 되었음을 아시고, 따라서 현재 모세가 당시 최고 강대국의 왕인 바로 앞에서 수많은 이스라엘 백성들을 해방시키기 위해서 담대하게, 달변으로 말할 자신이 없다는 것도 알고 계셨습니다. 그래서 그 해결책으로 모세의 입과 함께 계셔서 할 말을 가르쳐주시겠다고 하셨습니다. 모세의 입을 지으신 하나님께서 그 입과 함께하시겠다고 약속하시며 더욱이 그때마다 무슨 말을 어떻게 해야 할지 가르쳐주겠다 하신 것입니다.

모세는 자신의 영과 육을 만드신 하나님께서 그 둔한 입에 무슨 말을 어떻게 할 것인지 가르쳐주시겠다고 하신 말씀에 대해 더 이상 할 말이 없었습니다.

바로 이 순간 하나님께서 모세에게 다시 분명하게 약속하신 것은 "내가 너와 함께 있으리라" 하신 것입니다.

이 말씀은 이미 3장 12절에서 해주셨는데 모세가 바로 앞에서 두려워서 무슨 말을 어찌 해야 할지 그가 할 말을 가르쳐주실 정도로 모세와 함께하시겠다는 것을 반복하여 약속하신 것입니다. 하나님께서는 모세의 약점을 근본적으로 제거해주시지는 않았지만, 즉 그가 순식간에 달변가가 되게 하시지는 않았지만 그가 할 말을 가르쳐주시겠다는 것입니다. 즉 모세의 말을 잘하지 못하는 문제는 그대로 있게 하시면서 하나님께서 그가 할 말을 그 입에 담아주시겠다고 약속하심으로써 모세가 바로 왕 앞에서 가장 완벽하게 말할 수 있도록 해결책을 만들어주신 것입니다. 그러므로 이제부터 모세가 하나님의 명령을 수행하기 위해 누구 앞에 서든지 그가 무슨 말을 한다면 그보다 더 능력있게, 위력있게 말할 수 있는 사람은 없는 것입니다.

하나님의 대변자, 대언자로 일하고자 하는 사람은 이렇게 하나님께서 함께하시는 사람이 되어야 하며 그 입에 무슨 말을 어떻게 해야 할지 세심히 가르쳐주시고 친히 주장하시는 사람이 되어야 합니다. 그래야 하나님의 대변자, 대언자의 역할을 제대로 할 수 있습니다.

하나님께서는 전적으로 하나님을 신뢰하고 어떤 명령 앞에서도 주저하지 않고 기꺼이 순종, 복종하는 사람에게 그 누구도 대항할 수 없는 능력으로 함께해주십니다. 우리 모든 하나님의 일꾼들은 바로 이 은총을 입기 위해 전력을 다해야 합니다. 만약 내가 이런 은총을 입은 것이 확실하지 않다면 그 이유를 찾아내야 하며 그것부터 해결해야 합니다. 그러나 많은 하나님의 일꾼들이 이런 일을 너무 할 줄 모릅니다. 여전히 하나님께서 함께하시고 능력으로 주장하시는 사람이 되지 못했음을 확인하면서도 그 이유를 찾으려 하지 않으며 그것을 해결해주시도록 간절히 부르짖지 않는 것입니다. 이 또한 게으르고 불충한 처사입니다.

우리는 "내가 그들에게 할 말을 주리라(마10:19)" 하신 주님의 약속을 믿어야 합니다. 그리고 그 약속이 나의 것이 되게 해야 합니다.

하나님은 "그러니 가라" 하십니다.

"모세야, 이제 어리석은 고집을 더 이상 부리지 말아라. 네 부질없는 생각을 내 앞에서 앞세우지 말아라. 더 이상 피하려고 하지 말고 순종해라" 하신 것입니다. 그 이유는 모세의 영과 육을 지으신 하나님께서 그의 입과 특별히 함께하셔서 할 말을 친히 가르쳐 주실 것이기 때문이요. 그러므로 모세는 더 이상 말을 잘하지 못한다며 사양하거나 회피할 수 없게 하신 것입니다.

지금도 하나님은 믿음이 연약한 자, 아직도 자기 생각을 앞세우는 자에게 "그러니 가거라" 말씀하십니다. 그리고 "네가 내 말대로 하면 내가 함께하겠다. 네게 부족한 것이 있다면 내가 근본적으로 해결하도록 도와주겠다. 그러니 머뭇거리지 말아라" 하십니다.

많은 사람들이 "돈이 부족하다고, 누구 때문에, 건강 때문에, 환경 때문에 못합니다" 하고 말대꾸하고 불충하게 행합니다. 이런 사람들은 "전지전능하신 하나님, 이것이 나의 문제이오니 하나님이 해결해주옵소서. 이 문제를 하나님께 맡깁니다. 저는 그저 하나님의 명령에 순종하겠습니다" 해야 합니다. 그렇게 하지는 못하고 계속 변명하며 피하기만 하면 문제들은 결코 해결되지 않을 뿐 아니라 아무것도 할 수 없게 되고 하나님께 게으르고 불충한 죄인으로 낙인찍히게 됩니다.

"그러니 가라" 하시는 하나님의 음성을 똑똑히 들을 수 있는 사람이 되기 바랍니다.

"예! 이제는 가겠습니다" 하고 대답하기 바랍니다. 하나님은 당신에게 무엇을 하라고 명하실 때 미리 무거운 짐을 다 벗겨주시지 않는 경우가 많습니다. 그 무거운 짐을 다 지고 가면서 명령을 수행하라고 하십니다. 그 명령에 순종하고 나가기만 한다면 무거운 짐이 언제 사라졌나 싶게 해결될 것입니다. 그리고 친히 개입하시고 역사하시는 하나님의 능력을 보게 될 것입니다. 우리 모든 그리스도의 일꾼은 바로 이렇게 사역해야 하는 것입니다.

"수고하고 무거운 짐진 자들아. 다 내게로 오라. 내가 너희를 쉬게 하리라"고 예수께서 말씀하셨습니다.

수고하고 무거운 짐을 지지 않은 사람이 어디 있겠습니까? 수고하고 무거운 짐을 진 사람일수록 더 주님께 나아가고 그것을 주님께 맡기라는 것입니다. 그러면 맡아주시겠다는 것입니다. 즉 곧바로 그 문제를 해결해주시든지 모세에게 하신 것처럼 그 문제를 그대로 가지고 있으나 하나님께서 친히 개입하여 능력으로 모든 일을 완수할 수 있게 해주시는 것입니다.

왜 많은 성도들, 하나님의 일꾼들에게 진정한 평안과 안식이 없습니까? 왜 끊임없이 수고하고 무거운 짐만 지고 땀 흘리고 있습니까? 나 혼자 그 짐을 지고 가기 때문입니다. 아직 이 사람은 전지전능하신 하나님을 분명하게 만나지 못한 사람입니다. 그래서 자기 짐에 짓눌려서 도저히 그 명령을 수행하지 못하는 것입니다. 먼저 주님을 만나야 합니다. 그리고 주님이 함께

하시는 사람이 되어야 하고 참으로 무슨 말을 어떻게 해야 할지, 무슨 일을 어떻게 해야 할지 **주님의 인도와 지시**를 받으며 모든 일을 해야 합니다. 그러나 오늘날 이렇게 하는 사람이 매우 적습니다.

> 13절/ 모세가 이르되 오 주여 보낼 만한 자를 보내소서
> 14절/ 여호와께서 모세를 향하여 노하여 이르시되 레위 사람 네 형 아론이 있지 아니하냐 그가 말 잘 하는 것을 내가 아노라 그가 너를 만나러 나오나니 그가 너를 볼 때에 그의 마음에 기쁨이 있을 것이라

〈더 정확한 번역〉

> 13절/ 보낼 만한 자를 보내소서 ⇒ 제발 보낼 만한 능력이 있는 사람을 보내십시오.
> 14절/ 너를 만나러 나오나니 ⇒ 너를 만나기 위해 오는 중이다.

여기에서 모세는 이전처럼 무슨 이유를 말하지 못하고 하나님께서 주시는 명령을 또 **사양**하고 있습니다. 그러므로 하나님께서 그에게 비로소 **"노를 발하셨다"** 하셨습니다.

모세는 하나님께 말대꾸하기를 **"주여, 제발 보낼 만한 능력이 있는 사람을 보내십시오"** 했습니다.

누가 과연 보낼 만한 자인지를 하나님께서 가장 분명히 아십니다. *어찌 하나님의 판단을 보잘것없는 일개 인간이 자기 판단보다 못하다고 여긴단 말입니까?*

하나님께서는 호렙산에서 **오직 모세만을 불러서** 거룩한 명령을 주고 계시는 것입니다.

하나님은 **"내가 너 외에 다른 사람을 만나고 네게 한 것과 같이 명령하고 약속한 사람이 있다"**고 말씀하시지 않았습니다.

그러므로 모세도 지금 이스라엘 백성을 해방시키기 위한 해방자로 **하나님께서 오직 자신만을 부르시고 명령하고 계시다는** 사실을 모를 리가 없었습니다. 그런데 그 하나님 앞에서 그런 말씀을 드린 것입니다. 이 말은 **하나님도 부족한 면이 있어서 모세보다 더 능력이 있는 보낼 만한 자를 찾을 수 없다는 의미가 내포된** 것입니다. 어찌 이런 **불손한 말**을 할 수 있다는 말입니까?

그러므로 **믿음이 연약하고 성숙하지 못한 사람들**은 하나님의 부르심을 받고 영광스러운 자리에 설 때에도 이렇게 **하나님 앞에 불손하기 그지없는 생각과 말과 행동을 저지르게** 되는 것입니다. 이런 사람은 그야말로 **하나님의**

진노를 받지 않을 수 없습니다. 그래서 지금 모세도 하나님께서 진노하시며 말씀하시는 대상자가 된 것입니다.

믿음의 부족함과 교만은 모세처럼 분명히 하나님을 주님이라고 말하면서도 결코 하나님을 주인으로 삼지 않습니다. 하나님을 향해 '주여! 주여!' 하면서도 자기가 여전히 주인노릇을 하는 사람입니다. 즉 아직도 하나님을 불신하고 교만한 자로 있는 것입니다.

이런 사람들 중에는 자기는 하나님 앞에서 겸손한 자세를 취하고 있다고 생각하고, 하나님을 두려워할 줄 안다고 생각하지만 결코 그렇지 못한 사람들이 너무나도 많습니다.

그런데 이런 사람들이 하나님의 거듭되는 명령을 들으면서도, 하나님께서 나를 어떤 거룩한 목적을 위해 이끌고 가신다는 것을 알면서도 여전히 불신앙과 교만함으로 일관한다면 때가 되면 하나님께서는 진노를 발하십니다. 모세의 경우처럼 화를 내시는 것으로 그친다면 참으로 다행이지만 하나님께서 능력의 지팡이로 때리실 수 있습니다. 우리는 이런 자리에 이르지 않도록 깨어 있어야 하며 하나님의 도우심을 구해야 합니다.

그런데 여기서 우리가 미리 알아야 할 것이 있습니다.

이제 하나님께서 모세에게 그 형 아론을 붙여주셔서 그가 모세의 대언자 노릇을 하지만 나중에 엄청난 과오를 범하기도 합니다. 그가 백성들의 강요에 못 이겨 금송아지를 만들어주어 그로 인해 수많은 사람들이 하나님의 진노를 당해 죽는 일이 있었습니다. 만약 이때 아론이 모세의 동역자가 되지 않았다면 그런 끔찍한 사건은 없었을지 모릅니다.

거듭되는 모세의 사양으로 하나님이 어쩔 수없이 아론을 붙여주셨지만 그것은 분명히 모세 혼자서 모든 명령을 수행한 것만 못한 일이 된 것입니다. 하나님은 그 뜻을 반드시 이루시는데 그것을 나를 통해 하신다면 내가 머뭇거리고 게으름 피웠던 것만큼이나 수치와 고통을 당하게 됩니다.

그러므로 하나님의 모든 일꾼은 언제 어떤 명령을 주시든지 말대꾸하지 말고 핑계하지 말고 회피하지 말고 "예! 저는 아직도 여러 가지가 부족한 것을 주께서 아십니다. 그럼에도 불구하고 명하시니 나는 주님을 의지하고 순종하겠습니다" 하고 즉시 순종해야 합니다. 많은 사람들이 이것을 잘 못해서 열심히 일을 해놓고도 수치를 당하는 결과를 만나게 됩니다.

하나님은 참으로 완전하시다는 사실을 우리는 잠시도 잊어서는 안 됩니다.

하나님께서 모세에게 "노를 발하셨다" 했는데 모세가 하나님으로 하여금 노하시게 한 일이 두 번 있었습니다. 바로 여기에서와 므리바에서 하나님의 명령 앞에 신경질적으로 반석을 쳐서 물이 나오게 한 것입니다.

그처럼 위대한 선지자 모세도 하나님을 두 번씩이나 노하시게 함으로써 그토록 그리워하던 가나안 땅에 들어가지 못하는 수치와 고통을 당하고 죽었습니다.

하나님을 노하게 하는 자는 반드시 그만큼 쓰라린 대가를 치르게 됩니다. 결국 가게 될 것을, 순종하게 될 것을 왜 이런 쓰라린 대가를 치른답니까?

우리 모든 성도들과 하나님의 일꾼들은 어떤 경우에도 하나님을 노엽게 하지 말아야 합니다. 하나님이 노하시기 전에 속히 순종하고 복종합시다.

노하기를 더디하시는 하나님이 노하셨다면 그 상대자가 얼마나 하나님 앞에 못되게 굴었겠습니까? 그런 사람은 큰 죄인입니다.

그러므로 우리는 무엇보다 먼저 하나님을 철저하게 신뢰하는 믿음을 끊임없이 성장시켜야 합니다.

따라서 하나님께서 언제 어떻게 무슨 명령을 내리시든지 조금도 주저함 없이 순종하는 사람이 되기를 힘써야 합니다. 아무리 나 자신과 내 형편이 어려울지라도, 내 생각에 엉뚱한 명령이라 할지라도 군소리하거나 주저하거나 근심걱정하지 말고 당장 순종하기 바랍니다. 그렇게 할 때에 인간으로서는 도저히 불가능한 것들이 가능해지고 상상도 못하던 영광과 복을 충만하게 누리게 됩니다.

하나님은 "레위 사람 네 형 아론이 있지 아니하냐? 그가 말 잘 하는 것을 내가 아노라. 그가 너를 만나러 오는 중이다. 그가 너를 볼 때에 그의 마음에 기쁨이 있을 것이라" 하셨습니다.

모세가 계속 변명하며 순종하지 않으므로 하나님께서 결국 노를 발하셨지만 모세를 돌아가게 하지는 않으시고 차선책을 만들어주십니다.

(1) 하나님은 모세를 도울 사람으로 '레위사람 아론'을 붙여주십니다.

'네 형 아론'이 아닌 '레위사람 아론'이라 하셨습니다. 비록 하나님께서 처음 뜻하신 바는 모세와 아론이 함께 애굽으로 가는 것이 아니었지만 차선책으로서 우선 '레위 사람' 아론을 모세에게 붙여주신 것입니다.

여기에 하나님의 놀라운 섭리와 지혜가 담겨있습니다. 아론은 장차 이스라엘 백성들의 대제사장이 될 사람이고 그 자손들이 대대로 제사장이 됨으로써 그 집안이 제사장 집안이 되게 하여 이스라엘 백성들로 하여금 하나님을 잘 섬기도록 하시려는 것이었습니다.

이 방법은 차선책이었지만 하나님은 앞으로 이스라엘 백성들을 잘 인도하여 하나님의 율법을 따라 잘 섬기도록 대제사장의 사명을 수행할 사람을 모세에게 붙여주신 것입니다.

하나님은 우리가 즉각 순종하지 못해서 차선책을 마련해주실지라도 그것까지도 거룩한 뜻을 이루는 데 최선이 될 수 있도록 먼 미래를 내다보시며 섭리하십니다.

(2) 하나님은 '네 형 아론'을 붙여주겠다 하셨습니다.

하나님은 모세가 가장 믿고 가까이하던 사람, 즉 피를 나눈 형제를 모세의 동반자요, 동역자로 친히 선정하여 붙여주셨습니다. 비록 모세에게 진노하셨지만 그럼에도 불구하고 여전히 모세를 사랑하시고 아끼셨습니다.

참으로 하나님은 섬세하신 분이십니다.

(3) 하나님은 모세에게 '말 잘하는 아론'을 붙여주셨습니다.

"그가 말 잘하는 것을 안다" 하셨습니다.

모세는 자기가 말을 잘 못한다는 사실을 앞세워 하나님의 말씀을 사양했습니다. 하나님은 모세를 친히 만나주시고 약속해주시며 권능을 체험하게 해주셨음에도 그가 바로를 두려워하는 것을 보시고 모세보다 말을 더 잘하는 아론을 붙여주셨습니다.

형 아론이 동생 모세보다 말을 더 잘하게 된 것도 이때를 염두에 두신 하나님의 역사하심이었습니다. 하나님께서는 모세를 호렙산으로 부르시기 훨씬 전부터, 모세와 아론이 어렸을 때부터 먼 훗날에 바로 왕 앞에서 두려워서 말도 못할 모세를 예지하시고(미리 아심) 그 형 아론을 어떤 사람 앞에서도 침착하고 논리정연하게 말할 수 있도록 도우신 것입니다.

여기서 우리는 하나님은 모든 것을 미리 아시는 분임을 알 수 있습니다.

하나님은 이때뿐 아니라 인류의 시조인 아담과 하와에게 모든 것을 마음껏 지배하고 다스리게 하시고 단 한 가지를 준수하라고 명하셨는데 그들이 결국 그것을 순종하지 못할 것을 아셨습니다. 그래서 하나님은 메시야, 예수 그리스도를 통해 선택된 자들만은 영원한 멸망에 빠지지 않고 다시 에덴의 나라로 회복시켜주실 것을 예비하시고 계획하시고 섭리하셨습니다.

이 정도로 하나님은 태초부터 세말까지 모든 것을 예지하시는 놀라운 분이십니다.

"그가 너를 만나러 오는 중이다" 하셨습니다.

하나님께서 모세와 대화하시며 깨우치시는 동안에 **이미 아론이 모세가 있는 쪽을 향해 출발하게** 하셨습니다.

그리고 **"아론이 모세를 보면 그 마음이 기쁠 것이다"** 하셨습니다.

이것은 아론이 이전부터 **간절히 모세를 보고 싶게 하셨음**을 암시합니다.

하나님은 호렙산에서 모세를 부르시고 만나시고 대화하실 뿐 아니라 차선책으로 아론을 준비시키시고 이미 그곳을 향해 출발하게 하신 것입니다. 이 모든 것은 결코 우연이 아니라 **전지전능하신 하나님의 섭리하심**입니다.

우리는 하나님이 이렇게 놀라운 분이심을 **좀 더 잘 알아야** 하며 **전적으로 신뢰해야** 합니다. 그리고 그 하나님의 명령과 뜻이라면 **무조건 순종하고 충성해야** 합니다.

이렇게 하는 것이 세상에서 **가장 지혜로운 자**가 되는 길입니다. 또 모든 일을 **가장 신속하고 형통하게 하는 길**이며 **최선**이요, **가장 좋은 결과**를 만드는 방법입니다.

그러므로 우리는 우리 눈앞에 있는 것부터 달라고 구할 것이 아니라 이 놀라우신 하나님을 더 잘 알게 해달라고 기도해야 합니다. 그래서 **인류 역사상 가장 하나님 마음에 합하고 온갖 사랑을 다 받아누렸던 다윗이 늘 하던 기도가 "내가 하나님을 더 잘 알도록 가르쳐주소서"** 였습니다. 그는 **가장 소중한 것**이 무엇인지 제대로 알고 있었던 것입니다.

아직도 무엇을 먹을까 마실까 입을까를 근심하며 그것부터 달라고 구하는 성도들은 어린아이에 불과합니다.

하나님은 말씀하십니다.

"내 자녀가 된 너희들이 영적으로 육적으로 필요한 것이 무엇인지 **내가 너희보다 더 잘 알고 있다.** 나는 그 모든 것을 **이미 다 충분하게 예비하였다.** 너희가 할 일은 아직도 치료되지 못하고 변화되지 못하고 성장하지 못해서 내게 순종하지 못하고 충성하지 못하는 **자신을 깨우고 치료하고 변화시키고 성장시키는 일**이다. 또한 너희의 정욕대로 원하는 것을 빨리 달라고 구하지 말고 **먼저 내 말씀부터 지켜라.** 그리고 **내가 네게 준 사명부터 열심히 수행해라.** 즉 **먼저 나의 나라와 의를 구하라.** 그러면 네가 그토록 원하는 먹을 것, 입을 것, 쓸 것, 거할 곳을 내가 **충분히 주겠다.**"

따라서 주님은 또 이렇게 말씀하십니다.

"**너희가 참으로 이런 은총을 누리기를 원한다면 먼저 네 자신을 부인하고 너의 십자가를 지고 죽는 날까지 나를 따라야 한다**"

이 말씀 또한 "부패한 정욕이 원하는 것들을 만족시켜달라고 떼쓰고 구하지 말라. 그런 것들은 **전지전능한 내 앞에 내려놓고** 내가 **너희에게 새롭게 마련해놓은 인생의 복과 지혜를 받아 살아라. 즉 내가 너희에게 준 말씀부터 지키고 내가 너희에게 맡긴 일부터 열심히 수행해라. 그러느라고 환난과 핍박을 받거나 손해를 본다면 그것이 너희가 질 십자가**이다. 그것을 **던져버리지 말고 불의와 타협하지 말고 끝까지 십자가를 지고 나를 따르라. 그러면 내가 너의 의식주 문제를 책임지고 돌봐준다**" 하신 것입니다.

그런데 이런 것을 제대로 하려면 순간의 결심으로 안 됩니다. **전지전능하신 하나님, 우주만물을 만드신 하나님, 모든 것을 뜻대로 주관하시는 하나님, 우리의 과거와 현재와 미래를 다 알고 섭리주장하시는 하나님을 전적으로 신뢰하는 사람**이 되어야 합니다. 그렇게 되려면 하나님이 누구이신가를 알려고 힘쓰고 애써야 하며 그것을 간절히 구해야 합니다.

그런데 많은 성도들이 하나님을 더 잘 알기 위해서 주야로 말씀을 읽고 연구하지 않습니다. 그리고 잘못한 것에 대해 회개하지 않습니다. 하나님을 더 잘 알게 해주시라고, 내가 더 순종하고 사명을 충실히 감당할 수 있도록 도와주시라고 간절히 기도하지 않습니다. 이러한 일에 대부분의 성도들과 목사들이 실패하고 있습니다. 그래서 최선의 길을 걷고 최선의 결과를 누리는 사람이 점점 더 적어지고 있는 것입니다.

나는 어떤 사람인가 정신을 차리고 냉철하게 판단해보시기 바랍니다.

제 21 강

너는 이 지팡이로 이적을 행하라

〈출4:15~17〉
15너는 그에게 말하고 그의 입에 할 말을 주라 내가 네 입과 그의 입에 함께 있어서 너희들이 행할 일을 가르치리라 16그가 너를 대신하여 백성에게 말할 것이니 그는 네 입을 대신할 것이요 너는 그에게 하나님 같이 되리라 17너는 이 지팡이를 손에 잡고 이것으로 이적을 행할지니라

> 15절/너는 그에게 말하고 그의 입에 할 말을 주라 내가 네 입과 그의 입에 함께 있어서 너희들이 행할 일을 가르치리라
> 16절/ 그가 너를 대신하여 백성에게 말할 것이니 그는 네 입을 대신할 것이요 너는 그에게 하나님 같이 되리라
> 〈더 정확한 번역〉
> 15절/네가 할 말을 내가 가르쳐줄 테니 그것을 아론에게 가르쳐주어라. 너희 두 사람이 무슨 말을 하고 무슨 일을 해야 할지 내가 가르쳐줄 것이다.
> 16절/그가 너를 대신하여 백성에게 말할 것이니 너는 하나님께서 말씀하시는 것을 아론에게 전해라. 그러면 아론이 너를 대신해서 그 말을 할 것이다.

  "네가 할 말을 내가 가르쳐줄 테니 그것을 아론에게 가르쳐주어라. 너희 두 사람이 무슨 말을 하고 무슨 일을 해야 할지 **내가 가르쳐줄 것이다"** 하셨습니다.
  또한 "아론이 너를 대신하여 백성에게 말할 것이니 너는 하나님께서 말씀하시는 것을 아론에게 전해라. 그러면 아론이 너를 대신해서 그 말을 할 것이다" 하셨습니다.

  이 말씀들에서 우리가 알아야 할 것들이 있습니다.
  (1) **아론은 모세의 형이지만 기꺼이 모세의 협력자로 일했습니다.**

  아론은 어떤 경로로든지 모세에게 무슨 일이 있었는지를 **어느 정도 들어서 알고 있었을 것입니다.** 그리고 하나님께서는 아론이 **모세를 만나고 싶어 하는 간절한 마음을 가지도록** 하셨습니다. 뿐만 아니라 **자기가 형이지만 모세**

를 잘 돕고자 하는 겸손한 마음을 가지게 하셨습니다.

하나님의 일을 하려는 사람들은 우선 겸손한 자세를 가져야 합니다. 하나님은 교만한 자를 싫어하십니다. 교만한 자를 낮추시고 물리치십니다. 겸손한 자라야 하나님께 쓰임을 받을 수 있습니다. 하나님은 쓰실 사람을 부르시기 전에 그를 겸손하도록 만드십니다.

모든 하나님의 일꾼들은 항상 겸손함을 갖춰야 합니다. 고라의 사람들이 영육 간에 자랑할 것이 아무것도 없는 자들이요, 하나님 앞에서 패역한 자들이었기 때문에 스스로 교만에 빠짐으로써 거룩한 하나님의 백성의 대열에서 제외됐고 멸망을 당했습니다. 그들은 하나님의 가장 무서운 진노를 당해 땅이 꺼져서 그들과 그들의 자손들과 그들이 사용한 물건들까지도 땅에 매몰되고 이 세상에서 흔적도 없이 사라져버렸습니다.

하나님 앞에서의 교만이 얼마나 무서운 진노와 불행을 가져다주는지 우리는 잠시도 잊으면 안 됩니다.

(2) 아론은 모세보다 말을 잘했지만 모세보다 모든 면에서 우월하지는 못했습니다.

하나님께서는 그 당시 존재하는 모든 이스라엘 백성들 중에 모세를 지명하여 부르셔서 이스라엘의 해방자로 삼으셨습니다. 이런 점에서 아론은 모세와 견줄 바가 못 됩니다. 그 누구도 마찬가지였습니다.

그러므로 여기서 또 우리가 깨달아야 할 것은

1) 하나님께서 부르시고 사명을 주셨다는 사실은 본인에게는 가장 큰 영광이요, 힘이 됩니다.

한 나라의 왕이나 최고의 권세자가 어느 개인을 불러주고 어떤 일을 맡겨주면 영광이 되고 큰 힘을 얻게 되듯이 우주만물을 지으시고 모든 것을 뜻대로 주관하시는 하나님께서 부르시고 사명을 주신 것처럼 영광스러운 일이 없습니다. 그는 그 사명을 수행할 수 있을 힘을 하나님께 받게 된 것입니다.

2) 모든 사람은 하나님께서 부르시고 사명을 주신 사람을 존귀하게 여기고 그에게 순종해야 합니다.

나중에 모세의 형 아론과 누나 미리암이 모세가 잘못한 일에 대해 책망했는데 오히려 그들이 하나님께 큰 책망과 벌을 받았습니다.

우리는 하나님께서 부르시고 함께 하시는 사람을 잘 분별할 수 있도록 영적으로 성숙해야 합니다.

그리고 **하나님께 부르심을 받고 함께하시는 사람들과 함께 일하는 것을 두려워해야** 합니다. 그럼에도 불구하고 그들과 함께 일할 기회를 주신다면 아론과 미리암처럼 **큰 죄를 범하지 않도록** 조심하고 기도해야 합니다. 종종 많은 성도들과 일꾼들이 이런 사람들을 돕다가 **조심하지 못하여 큰 죄**를 범해 처음부터 하나님의 사람들을 만난 것만도 못한 불행을 당합니다.

 3) **하나님은 그 자녀들에게 똑같은 은사와 사명을 주시지 않습니다.**
 이 일은 **전적으로 하나님께서 친히 결정하시고 나눠주십니다.** 존귀하시고 거룩하신 하나님의 나누어주심을 우리는 **존귀하게 여겨야** 합니다.
 하나님께서 중요한 자리에 나보다 더 귀한 누군가를 세워주셨는데 **인간인 내가 그 사람을 함부로 하거나 낮추려고 할 수 없습니다.** 많은 사람들이 사탄의 시험에 빠져서 이런 큰 죄를 저지르고 있습니다.

 아담이 **마귀의 시험에 빠져** 하나님처럼 높아지려고 하다가 그와 그 모든 후손이 말할 수 없는 저주를 받았습니다.
 하나님께서 자녀들에게 거룩한 뜻을 따라 은사를 나눠주시는 것은 **하나님의 몸의 각 지체가 서로에게 유익하게 하고 돕게 하시기 위함**입니다(고전12:25).

 그러므로 우리는
 가. 하나님께서 **각자에게 은사를 주셔서 사명을 수행하고 있다**는 사실을 기억하고 **다른 지체들을 소중히 여기며 서로 조심히 대해야** 합니다.
 예수와 한몸이 된 그 누구도 **얕보거나 멸시하거나 저버리지** 말아야 합니다.

 나. 하나님께서 주신 은사를 **다른 지체에게 유익이 되게 사용해야** 합니다.
 결코 그 은사를 가지고 하나님의 일을 한다고 하면서 자기를 나타내고 자랑하려 하고 남용한다면 자기만 죄짓는 것이 아니라 **모든 지체가 유익하게 해야 할 사명을 저버린 것**입니다. 나아가서 하나님과 하나님의 뜻을 방해하여 **손해 보게 하는 큰 죄**를 저지르게 됩니다.

 다. 성도들은 **더 큰 은사를 받기 위해 사모하고 기도해야** 합니다.
 많은 성도들과 일꾼들이 더 큰 은사를 간절히 구하지만 받지 못하고 있습니다. 이런 사람들 중에는 **이미 주신 은사들을 헛되게 하거나 불충하게 수행함으로써** 하나님께 책망과 추궁을 받고 심지어 벌까지 받는 사람들이 있습니다. 하나님께서 정하신 때가 되기 전에 그것을 진정으로 회개하여 용서받아야 합니다. 그리고 그때부터라도 하나님이 주신 은사들을 충실히 사용하여 다른 지체들과 하나님의 몸에 유익을 끼쳐야 하며 하나님의 뜻을 더 잘 이루어야 합니다. 이것을 잘해서 하나님께 인정받게 될 때 더 큰 은사를 주십니다.

게으르고 악한 종에게는 이미 주신 것도 거두어가시며 때가 되면 반드시 그 받은 것들을 헛되게 한 것만큼 책임을 물으십니다.

이미 주신 은사들을 헛되게 하고 불충하게 수행함으로써 오히려 하나님께 책망을 받고 벌을 받는 성도들과 교회들이 많습니다. 그런데 이들은 이것을 해결하려고 하지 않고 '어떻게 하면 사람 수를 늘릴까?', '어떻게 하면 교회 건물을 더 확장할까?'에 관심을 기울이며 애쓰고 힘씁니다. 그렇게 해서 더 많은 사람들을 모으고 더 큰 시설을 갖추게 된다고 해도 그 시설들을 유효적절하게 사용하며 사람들을 훈련하고 치료하고 양육하는 일을 제대로 할 수 없습니다. 이런 교회는 모였다 흩어졌다 하고 하나되지 못하고 수시로 미워하고 배반하고 떠나버리게 됩니다.

라. 우리는 하나님이 주신 은사들을 가지고 일하면서 결코 자기 욕심이나 포부를 이루려고 해서는 안 됩니다.

이런 사람은 더 큰 은사를 받을 수 없습니다. 또한 하나님께서 주신 은사를 헛되고 욕되게 함으로써 하나님께 책망과 벌을 받을 뿐 아니라 거기에 더해 자기 욕심과 포부를 이루려고 한 또 다른 큰 죄를 쌓아가는 것입니다.

(3) 하나님께서 모세에게 하신 말씀은 모든 것을 하나님께서 전적으로 이루신다는 것을 깨우쳐주고 있습니다.

"너희 두 사람이 무슨 말을 하고 무슨 일을 해야 할지 내가 가르쳐줄 것이다" 하셨습니다.

하나님께서 함께하셔야 하나님의 일을 할 때 무슨 말을 어떻게 하고 무슨 일을 어떻게 할지를 정확하게 알고 할 수 있습니다. 결코 자신의 생각과 뜻과 방식과 힘으로 하지 않습니다. 하나님께서는 그런 것들을 기뻐하지 않으십니다.

하나님께서 함께하시는 사람이 되어야 하나님의 일을 할 수 있고 하나님의 뜻대로 할 수 있습니다. 하나님의 일을 하려고 하는 사람들은 이것을 항상 유념해야 합니다.

종종 "모든 것을 하나님께서 하신다" 라는 것과 "모든 것을 하나님께서 하라고 하신 대로 해야 한다"라는 것을 잊어버리고 **부패하고 어리석고 연약하기 그지없는 사람의 생각과 뜻과 사람의 것들, 즉 사람 수나 돈이나 권세로 하나님의 일을 하려고 하는 사람들**이 많습니다. 따라서 이들은 **끊임없이 실수하고 문제들을 발생**시킵니다. 이들이 무슨 일을 할 때 아무리 사람들 눈에 대단해 보여도 그것은 **모래 위에 세운 집**에 지나지 않습니다. 그런 것들은 결코 하나님께서 기뻐하시거나 받으실 수 없는 것입니다. 그리고 **남는 것이 없습니다.** 오히려 시간과 은혜를 **낭비하는 것, 하나님의 일을 그르친 것, 하나님의 영광을 가린 것**에 대해 때가 되면 반드시 책임을 져야 합니다. 모세가 하나님의 명령대로 반석을 쳐서 물이 쏟아져 나오게 했으나 **화를 내어 하나님의 영광을 가림으로 책망받고 벌을 받았습니다.**

그러므로 하나님의 일꾼들은 **무턱대고 일을 열심히 하려고만 할 것이 아니라 잠시도 하나님의 영광을 가리지 않도록 영혼이 활짝 깨어 있어야** 하며 **지극히 침착해야 하며 대소사 간에, 언행심사 간에 하나님의 세심한 인도와 도우심을 간절히 구해야** 합니다.

(4) 하나님의 일꾼들은 하나님께서 무슨 말을 하고 무슨 일을 할지 가르쳐 주신 대로 일해야 합니다.

하나님이 함께해주심, 하나님과의 교통이 하나님의 일꾼들에게 얼마나 필요한지 깊이 깨달아야 합니다. 이것이 없는 사람은 진정한 하나님의 일꾼이 될 수 없습니다.

그러므로 우리는 하나님이 함께하시고 하나님과 확실하게 교통하는 사람이 되기 위해 힘써야 하고 **이것을 위해 날마다 간절히 기도해야** 합니다.

하나님께서는 아무에게나 함께하시고 교통하시지 않습니다. 모세처럼 **하나님의 일꾼으로 선택하시고 불러주시는 사람**이 되어야 합니다. 그런데 모세도 모든 것이 완벽하게 갖춰진 사람은 아닙니다. 중요한 것은 **하나님께서 친히 선택하신 사람**이어야 합니다.

모세가 하나님을 만나고, 하나님의 말씀을 듣고, 하나님의 권능이 자신과 함께한다는 것을 분명히 체험했음에도 불구하고 하나님 앞에서 극히 불손한 행동을 했습니다. 이것은 **모세가 모든 것을 다 갖춘 사람이 아니라는 것을** 보여줍니다. **그럼에도 불구하고** 하나님은 모세가 태어나기 전부터 그를 이스라엘의 해방자로 **선택**하셨습니다.

그러므로 모세처럼 하나님께 분명히 부르심을 받고 하나님의 명령을 받은 사람은 그 누구보다도 **큰 영광**을 얻게 된 사람입니다. 이 사람은 **하나님의 선택하심과 명령에 대해 한순간도 잊지 않고 하나님께 경의를 표해야** 하며 **끊임없이 감사와 찬송과 영광을 돌려야** 합니다. 그리고 **자기가 받은 특별한 은총만큼 은총을 받지 못한 사람들보다 죽도록 충성해야** 합니다. 그렇게 하지 않는다면 은총을 받지 못한 사람들보다 **더 악한 자가** 됩니다.

그러므로 하나님께서 나를 불러주시고 사명을 주시고 들어서 쓰고 계신다는 것을 아는 사람은 **그런 것을 전혀 받지 못한 누구보다도 하나님을 두려워하며** 정신 똑바로 차리고 사명을 수행해야 합니다.

또한 내가 만일 그런 죄를 지었다면 그것은 큰 죄악이니 만사를 제쳐놓고라도 **그것부터 해결해야** 합니다. 큰 은혜를 입은 사람이면서 이런 큰 죄를 범한 사람이 그 죄를 회개하지 못하고 해결하지 못하고 계속 죄를 범한다면 얼마나 불쌍한 사람입니까?

(5) 우리는 하나님께서 부르시고 명령하실 때에 잠시도 지체하지 말고 순종해야 합니다.

무슨 말을 할지, 무슨 일을 할지 하나님께서 가르쳐주시지 않은 사람도 불쌍하지만 그것을 받았지만 **실행하기를 게을리하고 불순종하는 사람**이 더 불쌍한 사람입니다.

모세가 하나님의 명령을 거듭 사양하며 지체한 만큼 **애굽에 있는 이스라엘 백성들은 이루 말할 수 없는 고통을 당하고** 있었습니다. 모세가 지체하는 만큼 그들의 해방이 **지체되는** 것입니다. 이것이 어찌 **큰 죄**가 아니겠습니까? 그러니 모세가 계속 그렇게 했다면 그는 누구보다도 **큰 벌**을 받았을 것입니다.

그러므로 우리 모든 성도는 **하나님께서 무슨 말을 어떻게 하고 무슨 일을 어떻게 할지를 가르쳐주는 사람이 되기를 간절히 기도해야** 합니다. 그런데 아무나 그 은총을 받는 것이 아니므로 우리는 **그 은총을 받을 수 있는 그릇으로 자신을 날마다 준비하고 성숙시켜야** 합니다.

그런데 오늘날 이런 일을 제대로 할 줄 아는 사람, 또 무엇보다도 이것을 앞세울 줄 아는 사람이 너무 없습니다. 이것 또한 그들의 **영혼이 얼마나 어둡고 잠자고 병들어 있는가**를 드러내고 있는 것입니다. 심지어 많은 목사들조차도 그러합니다. 이제 모든 교회와 목사들은 이런 사실을 **신속하게 깨닫고 서둘러서 해결해야** 합니다.

우리는 또한 하나님께서 무슨 말을 어떻게 하고 무슨 일을 어떻게 해야 할지를 가르쳐주셨음에도 불구하고 하나님의 일을 게을리하고 불충하지 않도록 **날마다 깨어 조심해야** 하고 **쉬지 않고 기도해야** 합니다. 그리고 **자신이 깨어지지 못하고 치료되지 못하고 변화되지 못해서**, 아직도 자신을 부인하지 못하고 자기 십자가를 지고 주님을 따라가는 것을 잘 못함으로써 이런 큰 은총을 누리게 되는 일에 **역행**해서는 안 됩니다.

모든 목사는 이것을 누구보다도 **깊이 깨닫고** 성도들에게 **끊임없이 가르쳐야** 하고 **경계해야** 하고 **훈련해야** 합니다.

▪ 17절/ 너는 이 지팡이를 손에 잡고 이것으로 이적을 행할지니라

〈더 정확한 번역〉

▪ 네 지팡이를 가지고 가라. **그것을 가지고 기적을 보여라.**

이 간단한 말씀은 모세가 **말뿐 아니라 행동으로써** 그 거룩한 과업을 이행하라는 것이었습니다.

하나님께서 모세를 통해 나타내시는 능력은 말이 충분하고 불충분함에 상관없이 모든 것을 충분히 해결할 수 있는 수단이 되게 하신 것입니다.

"네 지팡이를 가지고 가서 그것을 가지고" 기적을 보이라고 하셨습니다. 누가 보더라도 그것은 양을 칠 때 사용하는 막대기일 뿐인데

1. **하나님은 바로나 세상의 누구도 모세를 무시하거나 업신여기지 못하게 하시려고** 그 지팡이를 가지고 기적을 보이라 하신 것입니다.

2. 인간도 아니고 짐승도 아닌 죽어있는 막대기, 마른 막대기, 즉 **하잘것 없는 것이 하나님의 사람의 손에 있다면 능치 못함이 없음**을 보여주신 것입니다.

모세는 **수십 년 동안 양을 치던 목동**이었습니다. 애굽인이 가장 천하게 여기는 일을 하던 사람이요, 보기에도 **초라하고 연약해 보이는 사람**이었습니다. 그러나 하나님께서는 모세를 당시 최고의 권력자인 바로 앞에서 **누구보다도 강한 사람**으로 나타나게 하신 것입니다.

모세의 지팡이는 애굽이 십여 세기 동안 이룬 그 어떤 탁월한 것보다도 **더 무섭고 강력**했습니다. 그것은 바로의 양옆에 높이 펼쳐있는 화려하고 위엄 있는 홀들과 번쩍이는 칼과 창을 가지고 있는 호위병들에 비해 **하찮았으나** 그 무엇도 감히 그 앞에서 자랑할 수 없는 '**권능의 막대기**'가 되게 하신 것입니다.

모세는 **하나님 앞에 계속 말대꾸 했으나 결국은 굴복하고** 애굽에 갑니다. 그런데 21절을 미리 보면 애굽으로 떠나고자 하는 **모세에게 하나님께서 당부하시는** 말씀이 나오는데 첫 번째 말씀으로 **"내가 너에게 그런 일**(기적)**을 할 수 있는 능력을 주었다"** 하셨습니다.

하나님은 모세가 애굽에 가기 전에 애굽에서 행할 기적들을 **다 알게** 해주셨습니다.

23절을 보면 "장자를 멸하는 기적까지 일으키라"고 하시는 말씀이 나오는데 그것을 보면 모세가 행할 능력을 다 알게 해주신 것입니다. 그리고 하나님은 그 모든 기적을 **행할 능력**을 모세에게 주셨습니다.

하나님은 이렇게 **모든 일을 사전에 완벽하게 계획하시고 준비하시고 추진하시고 완성케 하십니다.** 일을 맡아 수행하는 사람들은 그런 사실을 모두 알아차리지 못합니다.

그러므로 하나님의 일을 하는 사람들은 **하나님께서 무슨 일을 하라고 깨우쳐주시고 명하신** 일에 대해서는 **전적으로 하나님을 신뢰하고 즉시 수행해야** 합니다.

연약하고 타락하고 무지무능한 인간의 추측과 계산을 하나님 앞에서 내세우면 안 됩니다. 그렇게 하면 결국은 **"불가능합니다", "무리입니다"** 라는 생각만 하여 하나님 앞에서 불순종하고 말대꾸하게 됩니다.

하나님께서 여러 가지 기적을 미리 다 알게 해주시고 그 능력을 모세에게 주셨다 해도 **인간의 사고방식으로는** 그것만 가지고 당시 최강대국 왕을 굴복시키고 그들의 가장 중요한 자산인 수백만 명의 노예들이 깨끗이 해방되리라고 여겨지기 어려웠습니다.

그 당시 이스라엘 백성들 중에는 죄를 저질러 옥살이를 하는 사람도 있을 것이고 애굽사람들에게 빚을 진 사람도 있었을 것입니다. 이 모든 민형사상의 일을 단순히 처리하기 쉽지 않았을 것입니다.

해방되어 나온다 해도 가나안까지 가는 긴 여행 동안 남녀노소 수백만 명의 사람들이 먹고 마시고 사용할 물자들을 어떻게 충당할 것이며, 어떻게 안전하게 이동할 것이며, 의료와 경호경비는 어떻게 할지 등의 큰 문제들이 얼마든지 제기될 수밖에 없었습니다.

그런데 하나님은 **단순히 지팡이 하나만을** 모세의 손에 들려주시면서 이런저런 능력을 행하면서 이스라엘 백성들을 구해내라 하신 것입니다.

여기서 우리가 알아야 할 것이 있습니다.

우리는 **하나님**을 대할 때 **결코 인간에게 하듯이 해서는 안 됩니다.** **하나님은 전지전능하신 창조주이십니다.**

하나님께서 여러 가지 기적을 행할 능력을 주시지 않고 한마디 말로 "너는 애굽으로 가서 내 백성을 인도해내라" 하셨어도 "예" 하고 당장 순종해야 합니다.

나에게 "너는 가라, 무엇을 하라"고 명령하시는 하나님께서 어찌 그 모든 문제에 대한 **해결책도 없이 그런 명령을 하시겠습니까?**

하나님께서 천지만물을 **얼마나 기기묘묘하게, 방대하게 창조**하셨습니까? 또 그것들을 **얼마나 세심하고 질서정연하게 운행**하십니까? 누가 그처럼 엄청난 지혜와 통찰력을 지니고 있으며 지금까지 변함없이 세심하게 일할 수 있겠습니까?

하나님이 이런 분이심을 아직도 잘 모르고 믿지 못하니 그 말씀 앞에서 이것저것 생각하고 우물쭈물하는 것입니다. 하나님께서 나 같은 사람에게 무엇을 하라고 명령해주신 사실만으로도 **영광스러워하며 기뻐하며 순종해야** 합니다. 왜냐하면 하나님께서 그 일을 이루도록 **모든 것을 도우시고 해결해주시기 때문**입니다. 따라서 내가 **믿고 순종하기만 하면** 반드시 성공하고 승리할 것입니다.

그런데 이것을 확실히 믿고 순종하는 사람이 되는 것 또한 마른 막대기가 뱀이 되고 그 뱀이 다시 막대기가 되는 기적보다도 **더 큰 하나님의 권능에 의해** 내가 깨지고 치료되고 변화되고 성숙되어야 가능합니다.

하나님의 명령이 나에게 주어졌을 때 현실적으로 **여러 가지 부족한 부분들과 문제점들을 많이 발견하게** 됩니다. 크고 위대한 일을 해낸 사람들도 처음 하나님의 명령을 받았을 때는 여러 가지 **어려움과 문제점들이** 있었습니다. 그러나 **그들은 그것이 두렵다고 포기하거나 회피하지 않고 믿음을 가지고 순종했습니다.** 그들이 위대한 업적을 남길 수 있던 이유는 그들이 그렇게 할 수 있을 정도로 **치료되고 변화되고 무장하고 성숙한 사람이 되는 은총**을 입었기 때문입니다.

그러므로 내가 하나님의 어떤 명령 앞에서도 **즉시 순종할 수 있는 단순한 믿음**을 가지고 있다면 나도 그 위대한 사람들과 같은 **놀라운 은총을 입은 것**입니다.

모든 하나님의 일꾼은 **하나님의 명령이 들려올 때 "아멘" 하고 크게 화답하며 당장 순종할 수 있도록 하나님의 권능에 의해 내가 철저하게 낮아지고 깨지고 치료되고 변화되고 무장하고 성숙되기를** 간절히 구해야 합니다.

하나님은 그런 사람을 찾고 계십니다. 결코 스펙이나 쌓으려 애쓰고 인간의 지식이나 경험으로 일하려는 사람들, 돈이나 사람 수를 가지고 일하려는 사람을 찾지 않으십니다.

또한 하나님께서는 모세에게 "내가 네게 준 것을 다 행하라" 하셨습니다.

하나님은 모세 혼자서 다 하라고 하시지 않았습니다. 하나님이 시키신 일에 필요한 것을 완벽하게 마련해주시고 일하게 하십니다. 다만 하나님께서 마련해주시는 것들이 사람이나 돈처럼 우리 눈에 보이지 않을 뿐입니다.

만약 하나님께서 어느 개인이나 가정이나 교회에 일을 맡기셨다면 이 일을 위해 필요한 것들을 충분히 마련해두신 것입니다. 일을 맡은 당사자가 믿음을 가지고 순종할 때 마련해두신 것들이 하나하나 구체적으로 주어지고 나타나게 됨을 볼 것입니다.

나도 그동안 이런 체험을 많이 했습니다.

하나님께서 나에게 어떤 일을 맡겨주셨을 때 나는 이런 다짐을 합니다.

"하나님께서 내게 일을 맡겨주셨으니 내가 이 일을 하는 데 필요한 것이 있다면 반드시 이미 모든 것을 준비해두고 계신다. 문제는 내가 이 일을 최선을 다해 해야 하며 실수하지 않고 범죄하지 않고 하는 것이다. 내가 이렇게만 한다면 때마다 사람이든 돈이든 물건이든 필요한 것을 주시고 사용하게 해주실 것이다."

과연 하나님께서는 그때그때마다 영육 간에 필요한 것들을 반드시 채워주셨고 하나님께서 친히 개입하셔서 그 능력으로 완결하게 해주셨습니다.

믿음이 없어서 이런저런 근심걱정하며 즉각 순종하지 않으면 하나님께서 이미 마련해주신 것들을 보지도 못하고 만져보지도 못하고 잃어버리게 됩니다.

많은 성도들이 이같이 하나님 앞에서 잘못 처신함으로써 받을 것을 받고 사용할 것을 사용하면서 멋있게 일할 영광과 복을 상실하고 자신과 가족의 의식주 문제도 해결되지 못하여 급급해하는 사람들이 많습니다.

내게 좋은 직업이 없고, 재물이 없고, 학벌이 시원치 않아서, 또한 교회에 부자가 없고 사람 수가 적어서 하나님의 일을 멋있게 하지 못하는 것이 아닙니다. 하나님께서 **무엇을 하라고 깨우쳐주시고 명령해주셔도** 이것저것 이유를 대고 말대꾸나 하며 **당장 순종하지 못하는 것**이 가장 큰 문제입니다. 하나님께서 나를 당장 믿음으로 순종할 수 있는 사람으로 만들어주실 능력이 없습니까? 문제는 **하나님께서 나를 그렇게 만들려고 하시는데 그것마저도 내가 거절하고 회피하기** 때문입니다. 400년 동안이나 노예생활하던 수백만 명의 사람들이 당시 세계 최강대국의 손에서 해방되는 일은 참으로 놀라운 일이 아닐 수 없습니다. 그런데 이 놀라운 일이 **믿음의 사람인 모세 한 사람을 통해** 이루어진 것입니다.

비록 모세처럼 **처음부터 즉각 순종하지 못하더라도** 하나님께서 이렇게 저렇게 깨우쳐주시고 책망하시며 명령하실 때 이것저것 따지지 않고 순종하는 사람이 가정과 교회에 **하나둘 자리잡고 있어야** 합니다.

어떤 사람들을 보면 자신은 믿음이 없고 순종하지도 않으면서 자기가 속한 가정이나 교회가 성장되지 않는다고 불평합니다. 사람도 몇 명 되지 않는 가정과 교회에서 자기가 순종하지 않고 있는데 어찌 그런 가정과 교회가 성장되고 복되겠습니까?

하나님의 일에는 말이 필요한 것이 아니라 어떤 명령에도 즉각 순종함이 필요합니다. 하나님께 각종의 은혜를 받는 것 또한 인간의 힘과 노력과 방법이 아니라 **최선을 다해 순종함으로써** 받는 것입니다.

이렇게 **믿음다운 믿음**과 **순종다운 순종**이 부족하거나 없는 사람은 결코 하나님이 주시는 복을 받아 누릴 수 없으며 하나님의 일을 하는 대열에 설 수 없습니다. 믿음과 순종이 없는 사람이 소유하는 것은 **진정한 소유가 아닙니다.** 곧 다 잃어버리게 될 것입니다. 또 그런 사람이 누리는 기쁨도 **진정한 기쁨이 아니요,** 곧 고통과 슬픔으로 변할 것입니다.

하나님은 믿음다운 믿음을 가지고 순종다운 순종을 하는 사람을 위해 **필요한 모든 것을 다 예비하시며 아낌없이 주십니다.** 따라서 **이런 사람의 수가 매우 적을지라도 이들을 통해 모든 뜻을 성취하십니다.**

제 22 강

애굽으로 돌아가는 모세

〈출4:18~20〉
18모세가 그의 장인 이드로에게로 돌아가서 그에게 이르되 내가 애굽에 있는 내 형제들에게로 돌아가서 그들이 아직 살아 있는지 알아보려 하오니 나로 가게 하소서 이드로가 모세에게 평안히 가라 하니라 19여호와께서 미디안에서 모세에게 이르시되 애굽으로 돌아가라 네 목숨을 노리던 자가 다 죽었느니라 20모세가 그의 아내와 아들들을 나귀에 태우고 애굽으로 돌아가는데 모세가 하나님의 지팡이를 손에 잡았더라

> 18절/ 모세가 그의 장인 이드로에게로 돌아가서 그에게 이르되 내가 애굽에 있는 내 형제들에게로 돌아가서 그들이 아직 살아 있는지 알아보려 하오니 나로 가게 하소서 이드로가 모세에게 평안히 가라 하니라

모세는 이제 하나님의 명령에 순종하기로 하고 **행동으로 옮기게** 됩니다.
그런데 그가 먼저 한 일은 **장인 이드로에게 가서 애굽으로 돌아가는 것에 대해 허락을 받는 일**이었습니다.

여기서 우리가 알아야 할 것이 있습니다.
(1) 아무리 하나님께 특별한 은총을 입은 사람이라도 친족들과 이웃들에 대한 의무를 면제 받는 것은 아닙니다.

모세는 40년 동안이나 장인 이드로의 집에서 큰 은혜를 입었습니다. 따라서 그가 하나님의 명령을 받고 이스라엘의 해방자로서 애굽으로 가는 일에 대해 그 장인의 양해를 얻는 것은 마땅한 일이었습니다.
하나님의 사람들은 지극히 높으신 하나님께 절대적으로 순종하지만 그렇다고 하여 **인간관계에서 하나님께서 정해주신 윤리나 의무를 무시하지 말아야** 합니다.
하나님께 특별한 은총을 받는 사람은 **다른 사람들에 대한 의무나 예의에 있어 결코 다른 사람들보다 못하게 해서는 안 됩니다.** 특별한 은총을 입기 원하는 사람은 먼저 친족과 이웃들에게 **사랑을 받아야** 하고 더 나아가 **존경 받아야** 합니다.

그러나 이것도 인간적인 노력만으로 될 수 없습니다. **주야로 말씀을 묵상하고 깊이 깨달으며 쉬지 않고 기도함으로써 되어갑니다.** 다시 말하면 **하나님께서 도와주셔야** 이런 일도 제대로 할 수 있습니다. 우리 하나님의 백성들은 처음부터 끝까지, 사소한 일에서 큰 일에 이르기까지 **하나님께서 개입하시고 도와주셔야만** 하는 것입니다.

(2) 모세는 하나님을 만난 일로 이드로에게 자랑하지 않았습니다.

하나님으로부터 특별한 은총을 받는 것은 **참으로 영광스러운 일**이지만 그 일로 자신을 **자랑해서는 안 됩니다.** 시간이 지나면서 하나님께서 내게 어떠한 은총을 주셨는지 **사람들이 자연스럽게 점점 더 알게 되어야** 합니다. 따라서 그들도 **나의 모든 사역을 통해 하나님께 영광을 돌리게 되어야** 하고 **나를 점점 본받게 되어야** 합니다.

시간이 지나면서 그 사실을 입증할 만한 일들이 도무지 나타나지 않는 사람은 하나님께 특별한 은총을 입은 사람이 아닙니다. 더욱이 **자신을 나타내고 자랑하는 사람은 보잘것없는 사람**에 불과합니다.

(3) 모세가 장인에게 자신에게 일어난 사실을 모두 말하지 않은 것은 장인이 하나님 앞에서 범죄하거나 거룩한 일을 방해하지 못하게 하기 위함이었습니다.

이때의 모세는 이미 **영적분별력과 신중함**을 갖추고 있었습니다.

우리도 이런 사람이 되어야 합니다. 처음에는 믿지 못하고 변명하며 불순종하더라도 **하나님께서 깨우쳐주시는 바에 따라 점점 치료되고 변화되고 성숙되어야** 합니다.

많은 사람들이 이것을 제대로 하지 못해서 복되고 영광스러운 일을 놓치고 있습니다.

그러므로 하나님께서 언제 부르시고 깨우치시고 명령하시든지 **기본적인 준비**를 갖추고 있어야 합니다. 그리고 모세처럼 **처음부터 완벽하게는 아니더라도 점점 더 하나님께 순종할 수 있게 되도록 기도해야** 합니다.

(4) 모세는 이드로에게 "애굽에 있는 내 형제들에게 돌아가서 그들이 아직 살아있는지 알아보려고 합니다"라고 말했습니다.

이런 설명은 웬만한 사람들도 이해하고 받아들일 만한 것이었습니다.

모세는 자신의 장인으로 하여금 자신이 할 일에 대해 **방해자가 되게 하지**

않으려 노력하는 것을 볼 수 있습니다. 그는 이미 '무슨 말을 어떻게 할지'를 '하나님께서 가르쳐주시는 은총'을 입고 있었습니다.

1) 모세는 '애굽에 있는 내 형제들'이라고 말했습니다.

그저 '동족'이 아닌 '내 형제들'이라고 할 만큼 애굽에 있는 이스라엘 백성들에 대해 이전보다 더 뜨거운 애정을 갖게 되었습니다.

사십 년 동안이나 멀리 떨어져있었으므로 그들에 대한 기억이 희미해질 만한데 그들을 더 뜨겁게 사랑하게 됐고 그들에 대한 의무감과 책임감이 더 간절해진 것입니다.

하나님은 모세가 하나님께 순종하기로 결심하고 나서는 즉시 우선 그를 전혀 새로운 사람으로 변화시키신 것입니다. 하나님은 순종하기로 결심할 뿐 아니라 행동으로 옮기는 사람을 곧바로 잘 순종할 사람으로 치료하고 변화되고 무장시키시고 시간이 지날수록 점점 그렇게 하도록 하십니다. 그리고 하나님의 거룩한 뜻을 이룸에 있어서 필요한 것들을 다 마련해두고 계십니다. 우리 하나님의 일꾼들은 그런 것을 눈으로 보고 체험하며 신바람나게 하나님의 일을 할 수 있습니다.

그러나 의심하고 계속 불순종하는 사람들은 이런 체험을 할 수 없습니다.

2) "그들이 아직 살아있는지 알아보려 합니다" 라고 했습니다.

이제 모세의 관심은 그동안 극심한 노역과 박해로 얼마나 많은 형제들이 죽었겠나 하는 것입니다. 그래서 서둘러 가서 그것을 막아야겠다는 열정이 불타올랐습니다. 방금 전까지도 자신을 위해 한사코 변명하고 말대꾸하던 사람이 완전히 딴 사람이 되어 이제 진정으로 다른 사람을 아끼고, 돕고 싶은 열정으로 충만하게 된 것입니다.

하나님은 특별한 은총을 주시는 사람으로 하여금 우선 이런 사람이 되게 하십니다. 그래야 하나님의 크고 거룩한 뜻을 확실히 깨닫고 하나님의 권능과 영광을 온 세상에 확실히 알릴 수 있기 때문입니다.

그러므로 하나님께서 나를 부르시고 명령하실 때 지체하지 말고 즉각 순종하고 나서야 합니다. 이것을 잘 못해서 모든 것을 다 잃어버리게 되지 말아야 합니다.

3) 모세가 애굽으로 가는 것은 단지 이스라엘 백성이 살게 하는 것만이 아니라 그들과 그들이 기르던 가축들까지도 애굽과 바로에서 해방시키고 젖과 꿀이 흐르는 땅으로 인도하기 위함입니다.

이것을 장인 이드로에게 다 말해준다면 쉽게 이해하지 못할 것이 분명했습니다. 이때만 해도 이드로는 영적으로 모세와 견줄 만큼이 못되었으므로 모세가 갑자기 영웅심리나 급격한 심적 변화로 무모하고 불가능한 일을 하려 한다고 생각하고 적극 만류했을 수도 있습니다.

하나님도 어떤 사람을 부르시고 명령을 내리실 때 모든 것을 상세히 말씀해주지 않으십니다. 단지 몇 마디 말씀만 하시고 "가라"고 명령하십니다.
그러기에 모세도 하나님의 권능이 자기와 함께하는 것을 보고서도 변명하고 말대꾸하다가 결국 하나님께 책망을 받고서야 순종했습니다. 그래서 모세가 당시 **그 정도로나마 순종하는 사람이 되도록 광야 40년 동안 낮아지고 연단되며 치료되고 변화되고 무장되고 성장된** 것입니다.

그러나 **많은 사람들이 하나님께서 자기를 낮추시고 연단시키고 치료하시는 것을 제대로 소화하지 못하고 헛되게 함으로써 계속하여 하나님께서 낮춰주시고 연단하시고 성숙시켜주시는 은총을 누리지 못하고** 있습니다. 이는 **하나님의 거룩한 뜻을 이룰 수 있는 기회를 스스로 차버리는 것**입니다. 나는 어떤 사람인가 돌아보시기 바랍니다.

▌19절/ 여호와께서 미디안에서 모세에게 이르시되 애굽으로 돌아가라 네 목숨을 노리던 자가 다 죽었느니라

〈더 정확한 번역〉
▌上 여호와께서 모세가 아직 미디안에 있을 때에 이르셨다.

(1) 하나님은 모세에게 **시시때때로 나타나시고 말씀**해주셨습니다.

"여호와께서 모세가 아직 미디안에 있을 때에 이르셨다" 했습니다.
하나님께서 모세에게 **수시로 나타나셔서** 용기를 주셨음을 알 수 있습니다. 하나님께 순종하기로 결심하고, 하나님께서 함께하시는 사람은 **수시로 하나님과 교통하는 은총을** 누립니다. 이것은 그 사람에게 큰 **위로와 용기와 확신**을 갖게 해주고 **하나님의 일을 그르침 없이 하게** 하시기 위함입니다.
하나님께서는 함께하시는 사람들에게 **이런 증거들을** 분명히 보여주시기에 그들이 이런 은총을 입고 모든 일을 하나님의 뜻대로 완벽하고도 능력있게 수행할 수 있는 것입니다.

그러므로 **시대가 달라지고 사람도 바뀌지만 하나님은 예나 지금이나 부르신 사람들로 하여금 이같은 방법으로 하나님의 뜻에 합당하게 모든 일을 하

게 하십니다. 이 사람들은 하나님의 권능을 힘입어 하나님의 뜻을 완벽하게 성취할 수 있습니다.

하나님은 언제나 변함이 없는 분이시므로 시대와 사람이 달라져도 하나님의 뜻은 하나님께서 부르시고 함께하시는 사람들을 통해 **정확하게 성취**되는 것입니다.

(2) 하나님은 사람의 연약함을 아시기 때문에 쓰시고자 하는 사람을 안심시키시며 명령을 수행하게 하십니다.

1) **하나님은 모세를 안심시키셨습니다.**
"애굽으로 돌아가라. 네 목숨을 노리던 자가 다 죽었다" 했습니다.
모세가 하나님께 순종하기로 결심하고 장인에게도 허락을 받았지만 여전히 마음 한 구석에 두려움과 염려가 있었던 것입니다. 하나님은 이런 것들을 다 보시고 아셨습니다. 하나님은 **그런 그의 연약함을 책망하시지 않고** 오히려 안심시켜주셨습니다.

하나님은 누구를 부르시든지 그 사람에 대해 **속속들이 다 아십니다.**
연약함 때문에 하나님의 책망을 듣고서야 순종할 사람이라도 **하나님은** 그가 현재, 미래에 무슨 근심을 하게 될 것이고 무엇을 두려워할지 다 알고 계신 것입니다. 따라서 **그에 대한 대비책**도 마련하시고 도우십니다.

우리는 **이런 하나님을 점점 더 알아야** 하고 **믿음을 끊임없이 성장시켜야** 합니다. 이것을 잘 못하여 귀하게 쓰임 받아야 할 사람이 그렇게 되지 못하는 일이 많이 있습니다.

2) **"모세의 목숨을 노리던 자가 다 죽었다" 하셨습니다.**

가. 애굽에는 모세를 알고, 모세에 대한 하나님의 뜻도 알면서 그를 만나면 죽이려했던 사람들이 많았다는 것입니다.

사탄도 누가 하나님께 부름받고 쓰임받고 있다는 사실을 잘 알고 있습니다. 따라서 **나름대로 자기 사람들을 내세워서 하나님의 사람들을 해하려고 꾀합니다.**

사탄은 단지 모세 한 사람을 죽이기 위해 **많은 사람**을 준비시키는 것입니다. 사탄이 마음만 먹으면 에베소에서 바울에게 했던 것처럼 도시 안의 모든 사람을 충동시켜서 하나님의 사람들을 죽이려고 달려들게 할 수 있습니다.

그러므로 **하나님의 일꾼들은 이 모든 대적의 존재를 항상 염두에 두고** 그에 대한 **준비,** 즉 사람을 많이 확보하거나 학벌, 권세, 돈을 더 많이 준비하는 것이 아니라 모세처럼, 바울처럼 하나님이 함께하시는 사람이 되는 준비를 철저히 해야 합니다.

나. 하나님은 모세가 애굽으로 출발하기도 전에 그 모든 자들을 죽게 하셨습니다.

그야말로 모세 앞에 있던 장애물들을 다 치워주신 것입니다.

사람의 생사를 주장하시는 하나님이심을 우선 모세에게, 그리고 이스라엘 백성들과 모든 애굽사람들에게도 알게 하신 것입니다.

① 이 말씀은 모세에게 큰 용기와 담대함을 얻게 했습니다.

자기를 알고 죽이려던 장본인들을 하나님께서 다 제거하셨다니 얼마나 안심이 되고 위로가 되었겠습니까?

하나님께서는 이렇게 백성들이 처한 모든 유혹거리들을 샅샅이 아시고 그들 속에 있는 은밀한 두려움에 대비해서도 그들을 돕는 방법과 그들을 준비시키는 방법을 아십니다(시142:3). 우리가 알지도, 상상하지도 못하던 것을 계획하시고 이루시는 것입니다.

이런 하나님의 명령 앞에서 무엇을 두려워하며 염려하겠습니까?

② 하나님은 모세에게 하나님은 생사화복을 주관하시는 분이라는 사실부터 확실히 깨우쳐주셨습니다.

이는 우선 모세의 생사까지도 하나님의 손에 달려있음을 깨우쳐줍니다. 그리고 아무리 애굽과 바로의 힘이 강해도 하나님의 명령을 거역한다면 그들의 목숨 역시 아무것도 아님을 깨닫게 해주셨습니다. 이렇게 하여 하나님은 모세가 하나님의 사람으로서 더욱 담대하게 모든 일을 수행할 수 있게 해주셨습니다.

하나님의 사람들은 하나님이 이런 분임을 명심하고 잠시도 잊지 말아야 합니다. 이것을 잘 못하니 세상 사람이나 권력이나 협박을 두려워하고 타협하고 도망치게 되는 것입니다. 하나님의 사람이 이렇게 한다면 그 자체가 벌써 하나님의 이름과 영광을 크게 훼손시키는 것입니다. 그런 사람이 어찌 평안하겠습니까?

내가 그런 사람이 아닌지 돌아보시기 바랍니다.

③ 모세를 죽이려던 모든 사람을 죽게 하신 하나님은 모세를 도울 자들도 얼마든지 준비시키신다는 것을 깨우쳐주십니다.

하나님은 호렙산에서 모세를 부르시기도 전에 애굽에 여호수아와 갈렙 같은 사람들을 영육 간에 준비하게 하셨습니다. 그들로 하여금 애굽에서 극심한 노역에 시달리고 핍박을 당하면서 앞으로 출애굽하는 과정에서 어떤 환난이나 시련가운데서도 끝까지 변절하지 않게끔 치료되고 변화되고 무장하고 성숙되도록 하셨고 그렇게 해서 모세를 잘 돕도록 준비시키고 계셨던 것입니다. 더욱이 **여호수아**는 모세의 후계자가 될 사람으로서 이스라엘 백성들과 함께 가나안을 정복하게 하는 사람으로 준비시키신 것입니다.

누가 이런 것들을 이렇게도 세밀하게 미리 준비하겠습니까?

그러므로 우리 성도들과 하나님의 일꾼들은 **이 하나님을 전적으로 신뢰하는 사람으로 무장하기에 힘써야** 하고 **이를 위해 날마다 기도해야** 합니다.

> 20절/ 모세가 그의 아내와 아들들을 나귀에 태우고 애굽으로 돌아가는데 모세가 하나님의 지팡이를 손에 잡았더라

모세의 앞길에 방해되는 사람이 없을 것이라고 말씀하시며 애굽으로 가라고 명하신 하나님은 정작 모세에게는 **지팡이 하나만**을 가지고 가게 하셨습니다.

당시 세계 최강대국 애굽에서 약 300만 명의 이스라엘 백성들을 해방시키고 이끌어내야 할 모세가 애굽을 향해 가는 모습은 **매우 초라**했습니다. 인간적으로 생각해보면 적어도 수십만의 군사와 탁월한 지휘관들과 무기들을 갖춰야 할 대장군 모세의 휘하에는 **군사가 단 한 명도 없었고 무기도 단 한 자루의 칼이나 창도 없었습니다.**

더구나 그 모세는 애굽에서 **도망쳐서 숨어 지내던 광야에서 사십 년 동안 이나 양을 치던 목자**에 불과했습니다.

그런데 하나님께서는 우리의 시선이 **모세의 손에 들린 지팡이**에 모이게 하셨습니다.

하나님은 **마른 막대기**를 **'하나님의 지팡이'**가 되게 하셨습니다. 그 지팡이는 하나님께서 모세와 함께하시는 증거로써 **'능력의 지팡이'**로 만들어주신 것입니다. 그 지팡이가 모세에게 들려있다는 것은 **하나님과 권능이 함께 하고 있음**을 의미합니다.

그러나 그 사실은 **하나님과 모세만 알 뿐** 사람들의 눈으로 보기에는 그저 마른 막대기요, 양을 볼 때 사용하는 지팡이일 뿐이었습니다.

(1) **하나님은 지팡이 하나로도 모든 것을 할 수 있음을 보여주신 것**입니다.

하나님은 이 우주 만물을 창조하실 때 **그저 말씀만으로** 다 하셨습니다. 그런 하나님께서 지팡이라도 사용하신다면 얼마나 놀라운 일을 하시겠습니까?

1) **하나님은 지팡이만도 못한 사람**(지팡이는 죄와 죄성이 없음)**을** 선택하시고 부르시고 명령을 주셔서 **하나님의 뜻을 이루게 하십니다.**

그 사람은 모세의 손에 들려진 지팡이처럼 **하나님의 손에 붙잡힌 사람**이 되는 것입니다. 즉 또 하나의 '하나님의 지팡이'가 되는 것입니다.

그러므로 하나님께 선택되고 부르심을 받고 명령(사명)을 받은 사람은 **이전의 사람이 아닙니다.** 사람의 눈으로 보기에는 **여전히 어리석고 연약하며 죄악투성이인 사람**이지만 '하나님의 손에 붙잡힌 지팡이'가 되는 것입니다.

그러므로 하나님께 선택되고 부르심을 받고 명령을 받은 사람은 **영광의 사람**이 된 것입니다.

2) **이런 사람은 하나님께서 주신 특별한 은총을 잊어버리거나 헛되게 하지 말아야 합니다.**

모세의 손에 쥐어진 지팡이는 세상의 모든 지팡이들과 **아주 다른 특별하고도 영광스러운 지팡이**가 되었습니다. 모세도 그것이 **'특별한 하나님의 지팡이'**라고 알고 믿었기에 그것만 가지고 애굽으로 갈 수 있었던 것입니다.

내가 '하나님의 지팡이'가 된 것을 알지도 못하는 사람이 하나님의 사람 행세를 한다면 그 결과가 어떻게 되겠습니까? 또한 자기가 **'하나님의 지팡이'**가 된 것을 **처음에는 알았으나 그것을 잊어버리거나 의심하며** 하나님의 일을 한다는 사람은 또 어찌 되겠습니까? 그 사람은 **아무것도 아닌 것입니다.** 그런 사람은 '하나님의 지팡이'를 **잃어버렸거나 무능한 마른 막대기**가 되는 것입니다. 그럼에도 불구하고 자기가 '하나님의 지팡이'인 것처럼 **가장하고 위장하는 사람들**이 많습니다. 이런 사람들의 결국이 어찌 되겠습니까?

3) 처음에는 하나님의 선택과 부르심과 명령을 받아 '하나님의 지팡이'였는데 **시험에 빠지거나 게으르고 불충하여 그 영광을 빼앗기거나 잃어버리지 말아야** 합니다.

4) 모든 성도와 하나님의 일꾼들은 **'더 강력한 하나님의 지팡이'**가 되기 위해 **중단없이 힘쓰고 자신을 성장시켜야** 합니다.

내가 현재 '하나님의 지팡이'인지 살펴보기 바랍니다. 또 내가 **어느 정도로**

'하나님의 지팡이'로 사용되고 있는지 살펴보기 바랍니다. 만약 그것이 명확하지 않다면 이제부터라도 '하나님의 지팡이'가 되겠다고 결심하고 구체적으로 준비하고 부르짖어 기도하시기 바랍니다.

이런 것을 살펴볼 줄 모르고 '나도 집사, 장로, 목사가 되었으니 하나님의 능력이 함께하겠지' 하고 생각하며 무모하게 하나님의 사람 행세를 하려하지 말아야 합니다.

그러므로 모든 성도들과 하나님의 일꾼들은 '하나님의 지팡이'를 들고 하나님에 의해 보내심을 받고 하나님의 일을 하는 사람이 되기 위해 전력을 다해야 합니다. 우선 목사와 교회지도자들부터 이런 사람이 되어야 합니다. 그런 다음에 오고 오는 사람들을 이런 하나님의 일꾼으로 양육해야 합니다. 오늘날 이런 거룩한 순환이 정상적으로 되는 교회가 많지 않습니다. 따라서 교회 수는 늘어나고 교인은 늘어나고 있지만 '하나님의 지팡이'를 찾아보기가 너무 어려운 세상이 되고 있습니다.

(2) "모세가 그의 아내와 아들들을 나귀에 태우고 애굽으로 돌아갔다" 했습니다.

이 사실은 모세가 자기와 가족의 미래도 하나님의 명령 수행에 전부 맡기고 이제는 전적으로 하나님을 믿고 따르는 사람이 되었음을 보여줍니다. 하나님은 자신과 가족의 모든 것을 하나님과 그 명령과 약속에 맡길 줄 아는 믿음과 순종의 자세를 갖춘 사람에게 최고의 영광과 복을 누리게 해주십니다. 모세가 바로 그런 사람의 대표자가 된 것입니다.

> 마10:37 아버지나 어머니를 나보다 더 사랑하는 자는 내게 합당하지 아니하고 아들이나 딸을 나보다 더 사랑하는 자도 내게 합당하지 아니하며

〈더 정확한 번역〉

> 내게 합당치 아니하다 ⇒ 나의 제자가 될 자격이 없다.

〈신11:13~14〉
> 13절/ 내가 오늘 너희에게 명하는 내 명령을 너희가 만일 청종하고 너희의 하나님 여호와를 사랑하여 마음을 다하고 뜻을 다하여 섬기면
> 14절/ 여호와께서 너희의 땅에 이른 비, 늦은 비를 적당한 때에 내리시리니 너희가 곡식과 포도주와 기름을 얻을 것이요

"내가 오늘 너희에게 명하는 내 명령을 너희가 만일 청종하고 너희의 하나님 여호와를 사랑하여 마음을 다하고 뜻을 다하여 섬기면 모든 복을 더

해주신다"는 것입니다.

모세는 방금 전까지도 자신과 가족만의 안락을 위해 안간힘을 다했습니다. 그때는 아무 구실도 못했고 오히려 하나님 앞에서 말대꾸하다가 책망받고 하나님과 하나님의 명령을 회피하고 도망가려는 비겁한 사람이었습니다.

자신과 가족의 안일에만 전념하면 하나님의 명령에 순종할 수 없게 됩니다. 자신과 가족을 보면서 한걸음 더 나아갈 줄 아는 사람이 되어야 합니다.

하나님의 명령과 뜻을 이루기 위해 시간과 재물을 과감히 사용해야 합니다. 나와 내 가족만을 위해 모든 것을 사용하는 것은 **나누어가져야 할 것을 독차지해버리는** 또 하나의 큰 도둑질입니다.

모세가 **하나님의 명령에 순종해서 다른 사람들을 위해 희생하며 나서자** 가족들도 무사하고, 모세는 **가장 위대하고 능력있는 선지자**가 되고 **자기 민족들을 살려냈으며 자식들에게 본이 되는 아버지**가 된 것입니다.

그래서 하나님은 하나님을 믿는다고 하면서도 하나님의 뜻과 다르게 자신과 가족만을 위하는 사람을 '**개조해서 반드시 믿음으로 순종하게**' 만드십니다.

여러분, 혹시 나도 **하나님의 명령과 주신 사명에 아직 곧바로 믿음으로 순종하지 않고 하나님과 겨루거나 고집을 부리고 있지 않은지** 살펴보시기 바랍니다. 이제 그 고집을 스스로 꺾으십시오. 그렇지 않으면 **하나님께서 친히 꺾으십니다**. 그리고 **내가 고집을 부리는 동안에** 내가 누릴 복과 능력이 보류되고 있음을 명심하시기 바랍니다.

제 23 강

애굽으로 돌아가서 모든 기적을 일으켜라

〈출4:21~23〉
21여호와께서 모세에게 이르시되 네가 애굽으로 돌아가거든 내가 네 손에 준 이적을 바로 앞에서 다 행하라 그러나 내가 그의 마음을 완악하게 한즉 그가 백성을 보내 주지 아니하리니 22너는 바로에게 이르기를 여호와의 말씀에 이스라엘은 내 아들 내 장자라 23내가 네게 이르기를 내 아들을 보내 주어 나를 섬기게 하라 하여도 네가 보내 주기를 거절하니 내가 네 아들 네 장자를 죽이리라 하셨다 하라 하시니라

〈더 정확한 번역〉
> 21여호와께서 모세에게 이르시되 네가 애굽으로 돌아가거든 오늘 네게 보여준 기적을 일으켜라. 내가 네게 그런 일을 할 수 있는 능력을 주었다. 바로에게 기적을 보여주어라. 하지만 그는 완고하여 백성을 보내지 않을 것이다. 나는 그의 마음을 완고한 채로 그대로 둘 것이다.

하나님은 모세가 애굽에서 행할 일을 **미리 말씀**해주십니다.

하나님이 누구를 부르시고 명령을 하실 때 그 사람이 **모든 것을 다 알아서 하게 하시지 않습니다.** 하나님의 명령과 뜻 자체가 **너무도 존귀하기 때문에** 그 모든 준비를 **하나님께서 친히 하시고 친히 완결**시키십니다.

그러므로 **하나님께 부르심을 받고 명령과 사명을 받았음을 확인한 사람**은 즉시 **순종을 다해야** 합니다. 그 일을 하면서 "이것, 저것이 없습니다. 내 생각, 인간의 상식으로는 이해가 되지 않습니다" 해서는 안 됩니다. 그렇게 하는 것은 그 사람이 고꾸라지고 치료되고 변화되고 성숙되지 못했기 때문입니다.

하나님께서 모세에게 행하실 기적들을 분명히 말씀해주셨다는 것은 **모세가 그 당시 누구보다 큰 능력을 옷 입은 사람**이 되었음을 의미합니다.

모세가 애굽에서 모든 것을 버리고 떠났을 때 어리석다고 비웃는 사람도 있었을 것입니다. 그러나 지금 모세는 **바로의 딸이 그에게 주었던 것보다 더 큰 능력을 옷 입고** 돌아왔습니다. 그것은 **모세의 선택**이 모세에게 조금도 손해를 주거나 어리석은 것이 아니었음을 입증해주었습니다.

우리가 하나님께 부르심과 명령을 받고 순종하느라 이것저것 잃어버리는 것 같을지라도 **결코 그렇지 않습니다**. 하나님께 거룩한 명령과 사명을 받은 사람은 세상의 어떤 사람들보다 **영광스러운 사람, 큰 능력의 사람**이 되었음을 알고 **죽도록 충성**해야 합니다.

(1) 하나님께서는 모세에게 "내가 **네게 보여주고 명한 모든 기적을 다 일으키고 보여주라**" 하셨습니다.

1) 하나님께서는 모세가 무슨 기적을 나타낼 것인지 **미리 알려주셨습니다.** 하나님의 일을 할 때 **무엇을, 어떻게 할 것인지도** 하나님께서 친히 계획하시고 명하시는 것입니다. 설계자도, 공급자도, 그 모든 것을 이루시는 자도 하나님이십니다. 하나님의 사람은 **친히 하시는 모든 것에 다른 무엇을 더하거나 빼지 말아야** 하며 **한 치의 착오나 실수 없이 임무를 수행해야** 합니다.

하나님의 **모든 말씀**, 성경이 그렇습니다. 그것에 일점일획이라도 가하거나 감하는 사람은 **성경에 소개된 모든 저주**를 받으리라 하셨습니다. 이 말은 그렇게 하는 것이 **모든 벌을 받기에 충분한 죄**가 된다는 것을 의미합니다. 하나님께서 우주만물을 만드실 때 만약 누군가 창조역사에 개입하거나 간섭하여 무엇을 가감하려 했다면 우주만물이 지금처럼 '**하나님 보시기에 좋게**' 될 수가 없고 엉망이 되었을 것입니다.

따라서 하나님은 **누구도 그런 악행을 저지르도록 용납하지 않으십니다**. 그런데 **하나님의 명령을 수행한다는 사람**이 그 앞에서 가타부타하고 자기 욕심이나 의지나 인간의 방식으로 한다면 그가 **얼마나 불쌍한 사람**이 되겠습니까?

2) 하나님께서는 **그 정해주신 기적을 다 일으키라고 하셨습니다.**
하나님께서 정해주신 것은 **단 한 가지도 불필요하거나 과하거나 부족한 것이 없습니다.** 그러므로 다섯을 하라고 하시면 그 다섯을, 열을 하라고 하시면 열을 다 해야 합니다.

하나님께서 모세에게 보여주시고 일으키라 하신 기적들은 바로가 **항복하고** 이스라엘 백성들과 가축들까지 한 마리도 빠짐없이 해방되는 데에 **모자람이 없었습니다.** 다만 바로 왕이 계속 불순종했는데 하나님은 **그것까지도 다 미리 아시고** 섭리가운데 주장하셨습니다.

바로가 거듭 고집을 부린 것 역시 하나님께서 그 거룩한 일을 이루시는 데에 필요하셔서 그렇게 주장하신 것입니다. 그렇다고 해서 바로가 죄를 짓도록 하나님이 조장하신 것은 아니요, 바로와 그 백성의 죄악에 대한 징벌이었습니다.

하나님은 죄인들이 아귀까지 차도록 범죄하고 하나님을 시험하면 그에 대한 징벌로써 그들이 점점 더 완악함에 빠지는 것(이것은 사탄이 작용하는 일)을 내버려두십니다. 그러므로 죄에 죄를 더하고 있는데도 하나님이 침묵하고 계신다면 그 사람은 그 머리에 숯불을 계속 쌓는 것이 됩니다.

3) 하나님께서 모세에게 "바로 앞에서 기적을 다 행하라" 하신 것은 고통 중에 있는 이스라엘 백성을 한시바삐 구해주시고자 함이었습니다.
그래서 바로에게 가서 그 앞에서 기적을 행하라 하신 것입니다.
하나님은 사랑하시는 자들이 고통당하는 것을 결코 방관하거나 좋아하시지 않으십니다. 더욱이 그들이 울부짖을 때 서둘러 응답해주십니다.
당시 이스라엘 백성들이 날마다 하나님께 울부짖고 있었으므로 하나님은 모세로 하여금 바로를 상대로 싸우게 하신 것입니다.

하나님은 성도들의 부르짖는 기도에 신속히 응해주십니다.
'성도들의 부르짖는 기도'에 아합 왕과 이세벨이 비참하게 망하게 하셨고, '에스더와 모르드개가 생명을 다해서 하는 기도'에 하만의 목이 장대에 높이 달리게 하셨으며, '초대교회 성도들의 부르짖는 기도'에 성령대강림의 역사가 일어났고, '옥에 갇혔던 베드로의 옥문이 활짝 열리게' 하셨습니다. 성도 개인의 기도와 성도들이 합심하여 부르짖는 기도는 참으로 위력이 있습니다.
오늘날 성도들은 긴박한 상황을 만났어도 부르짖어 기도할 줄 모릅니다. 어쩔 수 없이 하는 기도가 아니라 생명을 걸고 믿음으로 간절히 부르짖어야 합니다. 이런 기도는 불가능을 가능하게 하고 원수들을 소멸하게 하며 각색 질병이 물러나게 합니다.

4) 하나님은 일으키게 하시는 기적들을 그들의 눈으로 다 보게 하라고 하셨습니다.
악인들은 하나님을 무시하고 부정하며 끊임없이 죄악을 저지릅니다. 하나님은 곧바로 그들을 다 벌하지 않으시며 참으로 오래 참으십니다. 그러나 그 시간이 길어질수록 그들은 계속해서 범죄하고 점점 더 큰 죄를 범합니다. 때가 되면 하나님은 그들의 사악한 눈으로 볼 수 없었던 하나님의 진노를 뚜렷하게 보게 하십니다. 그것은 그들이 생각한 것처럼 하나님이 안 계시거나 죽으신 것이 아니요, 여러 신 중에 하나가 아니고 유일하신 신이시요, 천지만물의 창조자요, 주관자요, 심판자이심을 그 부패하고 악한 눈으로도 똑똑히 보게 하시기 위함입니다. 저들이 죽기 직전까지도 볼 수 없었다면 그들이 죽어서 그 영혼이 그리스도 앞에 서게 될 때, 그들이 영원히 살아야할 지옥과 사탄과 악령들을 비로소 보게 될 때 기절초풍하며 아우성치고 통곡하고 이를 갈게 될 것입니다.

그러나 하나님의 백성들은 그 악인들에게 내려지는 기적들을 신령한 눈으로 보게 됩니다. 그들은 악인들에게 임하는 그 권능들을 보고 그야말로 하나님이 누구신지, 그들에게 약속된 낙원이 어떤 것인지를 점점 더 확실히 알게 되는 것입니다.

그런데 그 '신령한 눈'이 빨리 열리는 성도들이 있습니다.

이 사람들은 이 괴로운 세상 속에서도 그것을 보고 '신령한 기쁨, 즐거움, 감사와 찬송' 속에 살게 됩니다. 모세가 바로와 애굽 사람들 앞에서 기적들을 행할 때마다 그 이스라엘 백성들이 그랬던 것입니다.

나는 지금 애굽 사람들 속에 있는 사람인가? 아니면 이스라엘 사람들 속에 있는 사람인가를 살펴보시기 바랍니다. 만약 내가 아직도 유일한 구세주 예수(모세)편에 확실히 서있지 못하고 애굽 사람들 편에 서있다면 그들이 점점 더 고통과 슬픔 속에 빠져드는 것처럼 나도 그렇게 될 것입니다. 이런 사람들이 할 일이 무엇이겠습니까? 돈을 더 벌고 학벌을 쌓고 마음껏 여행 다니는 것이겠습니까?

(2) 하나님은 "바로가 완고하여 백성을 보내지 않을 것이다", "그 이유는 내가 그의 마음을 완고한 대로 그냥 놔둘 것이기 때문이다" 하셨습니다.

하나님께서 바로에게 이렇게 하신 것은

1) 애굽과 세상 모든 사람들에게 더 크고 놀라운 능력을 나타내셔서 하나님이 어떤 분이신지, 그 이름이 무엇인지 더 분명히 알게 하시기 위함이었습니다(롬9:17).

2) 모세와 이스라엘 백성들이 하나님의 예고대로 되는 것을 확실히 봄으로써 하나님을 향한 그들의 믿음을 강하게 하시기 위함이었습니다.

모세가 행하는 기적이 나타날 때마다 바로 왕과 애굽 사람들은 점점 더 두려워 떨게 됩니다. 그들이 그토록 섬기던 신들과 나일강도 아무 쓸모가 없다는 것을 보고 그들은 더욱 절망과 공포에 빠지게 됩니다.

그러나 모세와 이스라엘 백성들은 정반대가 됩니다.

모세의 손에 들려있는 지팡이로도 능치 못하심이 없는 역사를 이루시는 하나님, 모세의 입에서 나오는 말 한 마디가 얼마나 큰 능력을 나타내는지를 보면서 이제 그들은 세상의 그 무엇보다도 하나님을 우러러보고, 신뢰하고, 순종하게 되는 것입니다. 그러자 그들은 곧바로 400년 동안이나 겪었던 쓰라리고 고통스러웠던 노예생활에서 벗어나게 되었습니다.

이스라엘 백성들은 이제 하나님의 명령대로 하면 문제될 것이 없다는 사실을 깨닫고 모세를 따라 애굽을 떠났으나 그들은 하나님을 매우 빠르게, 쉽게 잊어버리게 됩니다. 그리고 그만큼 쉽게 자주 불순종하게 됩니다.

그러므로 눈앞에 보이는 기적을 체험했다고 다 되는 것이 아닙니다.

그야말로 우리는 눈으로 보지 않고서도 하나님을 전적으로 믿고 의지하는 사람으로 깨지고 치료되고 변화되고 무장되고 성숙되어야 합니다.

그러나 이 일은 스스로의 노력만으로는 불가능합니다. 그래서 하나님은 확실하게 예수 그리스도를 믿는 사람에게 성령을 보내주시는 것입니다. 그 성령을 받은 자만이 참으로 깨지고 치료되고 무장되고 성숙되어갈 수 있습니다.

그러므로 예수 그리스도에 대해 확실한 믿음이 없는 사람은 아무리 성경을 많이 읽고, 신학박사가 되고, 수십 년 동안 예배에 참석해도 믿음다운 믿음을 가질 수 없으며 끝까지 그리스도만을 믿고 섬기고 충성할 수 없습니다.

3) 그 모든 기적들은 모세와 이스라엘 백성들로 하여금 바로의 완고한 고집을 보고 놀라거나 낙담하지 않도록 해주시기 위함이었습니다.

하나님은 "바로를 완고하게 하겠다"고 미리 말씀해주셨습니다.

바로 왕은 자기가 압박하고 있는 백성들의 신음소리와 울부짖음을 알면서 마음을 완악하게 먹고 조금의 동정도 베풀지 않았습니다. 이제 하나님은 그의 마음을 더욱 완고하게 하심으로 더욱 강력해지는 권능행사를 통해 바로를 꼬꾸라뜨리시는 것입니다. 그리고 그렇게 될수록 모세와 이스라엘 백성들은 낙담이 아니라 확신과 기쁨으로 점점 더 넘쳐나게 되었습니다.

우리는 하나님의 사람들이 아무리 말씀으로 깨우치고 하나님의 능력을 맛

보게 해주어도 **헛수고가 되게 하는 사람들**을 끊임없이 만나게 됩니다. 우리는 그럴 때마다 **낙심하거나 놀라지** 말아야 합니다. 그런 자들일수록 그들을 **하나님의 능력의 손에 맡기고** 그저 하나님께서 명하신 대로 그들에게 말씀을 **전해주고** 하나님의 사랑을 **베풀어야** 합니다. 그럼에도 불구하고 **계속 완고하고 하나님이 정하신 때까지 종래 그 완고함을 꺾지 않으면** 바로와 애굽 사람들처럼 하나님의 심판을 받게 됩니다. 우리는 그들이 **그런 비참한 지경에 빠지기 전까지**는 그들이 하나님의 자비를 얻을 수 있게끔 최선을 다해야 합니다.

> 22절/ 너는 바로에게 이르기를 여호와의 말씀에 이스라엘은 내 아들 내 장자라
> 23절/ 내가 네게 이르기를 내 아들을 보내주어 나를 섬기게 하라 하여도 네가 보내 주기를 거절하니 내가 네 아들 네 장자를 죽이리라 하셨다 하라 하시니라

〈더 정확한 번역〉

> 22절/ 내 아들 내 장자라⇒내 맏아들이다.
> 23절/ 下 네가 이스라엘을 보내주지 않았으므로 내가 너의 맏아들을 죽일 것이다 하셨다 하라 하시니라

"이스라엘은 나의 맏아들이다."
하나님께서 모세로 하여금 바로에게 **제일 먼저 하게 하신 말씀**입니다.
하나님께서 이렇게 말씀하신 것은 **이스라엘은 세상 모든 민족 중에서 '하나님을 알고 섬기도록 택하신 성별된 민족'**이라는 사실을 바로와 세상 모든 민족들에게 알게 하시기 위함입니다.

하나님은 세상의 모든 사람들을 아담의 후손으로서 **이 땅에 존재하게** 하며 **하나님의 일반적인 사랑**(은총)을 입어 얼마든지 먹고 마시며 **생존하게** 하셨습니다. 그러므로 **모든 사람들은 하나님의 은혜를 입고 존재**하고 있는 것입니다.

그런데 그들 중에서 하나님은 이스라엘 백성들을 **선택하시고 하나님을 알고 섬기도록 '특별한 사랑'**을 허용하셨습니다. 그래서 **"나의 맏아들이다"** 하신 것입니다.

하나님은 모세를 바로에게 보내셔서 제일 먼저 하게 하신 말씀은 "네가 지금 세계 최강국의 왕이고 부귀영화를 누리고 있는데 **그것은 내가 네게 베푼 일반적인 은총**(사랑)**이다**. 그런데 너는 **내가 가장 사랑하는 내 맏아들인 이스라엘 백성들**을 노예로 부리고 있다. 이제 나는 내 맏아들을 너와 네 민족에

게서 해방시켜서 **그들을 위해 마련한 '젖과 꿀이 흐르는 땅'**으로 가서 나를 자유롭게 섬기게 하겠다" 하신 것입니다.

그야말로 바로에게 **엄청난** 사실을 말씀하시며 **특별한 명령**, 즉 이스라엘 백성들을 내놓으라고 서두를 꺼내신 것입니다. 그야말로 청천벽력 같은 무서운 명령을 내리기 시작하셨습니다.

여기서 우리가 깨달을 것이 있습니다.

(1) **하나님께서 모세를 통해 바로에게 이 말씀을 하실 때의 이스라엘 백성의 처지는 세상에서 가장 초라하고 비참했습니다.**

그럼에도 불구하고 하나님은 당시 **최강자인 바로와 최강국인 애굽보다** 그 **이스라엘 백성을 더 크게 대우하고 사랑하고** 계셨습니다. 이스라엘 백성들은 이런 사실을 **전혀 알아차리지 못하고** 있었습니다.

하나님의 섭리는 이렇게 신비하고 놀랍습니다. 하나님께서 무엇을 어떻게 하실지, 누구를 얼마나 사랑하고 계시는지 **말씀해주시지 않는다면** 아무도 하나님과 그 오묘하고 신비한 섭리를 결코 알 수 없습니다.

(2) **하나님은 누구의 간섭과 협력도 필요없이 정하신 뜻대로 다 이루십니다.**

이것도 하나님께서 **사람들에게 베푸시는 자비**요, **긍휼**입니다. 만약 하나님이 섭리하시는 일에 보잘것없고 부패타락한 인간을 개입시키시거나 그들의 협력을 받으려 하셨다면 세상은 점점 더 엉망이 되어버렸을 것입니다. **모든 것을 완벽하신 하나님께서 단독으로** 계획하시고 준비하시고 진행하시고 마무리하시니 그것이야말로 우리 인간들에게 베푸시는 **큰 자비**입니다.

(3) **이런 하나님을 알고 섬기는 사람들은 전적으로 하나님을 신뢰해야 합니다.**

하나님의 뜻과 명령에 그저 순종해야 합니다. 하나님께서 하시고, 명령하시는 일 앞에서 모세처럼 토를 달고 딴청을 부리지 말아야 합니다. 만약 누가 그렇게 한다면 그렇게 할수록 그와 그 주변에 있는 사람들까지 **불행과 손실**을 면할 수 없습니다.

(4) **하나님을 알고 섬기는 우리 성도들**(하나님의 맏아들)**은 현재 나의 상황이**

고되고 어려울지라도 우리 아버지 하나님은 우리가 태어나기도 전부터 우리에게 그 누구보다도, 어떤 민족보다도 특별한 사랑을 베풀고 계신다는 것을 기억해야 합니다.

이제 잠시 후에 이스라엘 백성이 당시 최강국인 애굽 백성들보다 더 복되고 강한 백성이 되고, 세계 최강자인 바로보다 모세가 훨씬 강하고 영광스러운 사람이 되는 일이 드러나기 시작합니다. 때가 되니 그렇게 하신 것입니다.

그러므로 우리 하나님의 백성들은 어떤 환난과 어려움 속에서도 이런 사실을 굳게 믿고 사는 성숙한 성도가 되기를 힘써야 합니다. 돈을 더 모으고 학벌을 쌓고 지위를 향상시키는 것이 우리에게 먼저 필요한 것이 아닙니다. 그런데 순서를 거꾸로 하는 어리석은 사람들이 많습니다. '하나님의 맏아들이 된 성도들'은 언제나 어디서나 그 하나님께 감사와 찬송으로 하나님께서 받으시기에 합당한 영적인 예배를 드리며 살아야 합니다.

하나님의 맏아들이 되어 특별한 보호 속에서 '젖과 꿀이 흐르는 땅'으로 가고 있는 사람이 옛날 이스라엘 백성들처럼 조금만 힘들고 괴로우면 하나님께 감사와 감격으로 예배드리는 것을 잃어버리고, 걸핏하면 실망, 낙담하고 원망, 불평하다가 모든 것을 잃어버리게 되지 말아야 합니다.

우리 모든 성도들은 이를 위해 쉬지 않고 기도해야 합니다.

돈을 모으고 학벌을 쌓고 쾌락을 누리려고 쉬지 않고 애쓰고, 그것이 잘 되지 않는다고 실망하고 낙담하고 원망하고 불평하는 어둡고 병들고 잠자는 영혼이 되지 않기 위해 날마다 말씀과 기도로써 깨어 있어야 합니다.

우리는 우리의 중심과 시선을 항상 유일하시고 선하시고 완전하신 목자 예수 그리스도께 의도적으로 집중시켜야 합니다. 그 무엇도 우리가 이렇게 하는 것을 방해하도록 허용해서는 안 됩니다. 이를 위해 우리는 하루도 빠짐없이 주야로 말씀을 묵상하며 쉬지 않고 기도해야 합니다. 그런데 세상 유혹들에 빠져서 이 일을 소홀히 하고 게을리하는 교인들이 많습니다.

하나님은 모세로 하여금 "이스라엘은 나의 맏아들이다"라고 말하게 하신 후에 곧바로 "그러므로 너 바로는 내 맏아들을 보내주어라"고 명령하게 하셨고(23절) 그렇게 해야 할 이유는 "그들이 나를 자유롭게 섬기게 하기 위함이다" 하셨습니다.

하나님은 그 맏아들이 애굽(사탄의 세계)과 바로(사탄)의 지배하에 살면서 하나님도 잘 모르고 하나님을 자유롭게 섬기지 못하게 하는 일을 **더 이상 허용하지 않으시겠다는 것**이었습니다.

그런데 하나님은 바로가 그 명령을 곧바로 순종하지 않을 것을 모세에게 **다시 알게** 하십니다. "내가 너에게 명령했는데도 내 백성을 보내서 나를 섬기지 못하게 하니 내가 **네 맏아들을 죽일 것이다**" 라고 말하게 하신 것입니다.

[1] 하나님께서 이스라엘 백성들이 오랜 세월동안 애굽에서 노예살이하는 것을 **허용하신 이유**는 다음과 같습니다.

(1) 아브라함, 이삭, 야곱의 자손들이 **하나님께서 세상에서 가장 기름지고 비옥하게 하신 땅**(그것은 애굽 사람들이 생각하는 것처럼 나일신이 그렇게 해준 것이 아님)**에서 번성하게 하시기 위함**이었습니다.

이스라엘 백성이 요셉의 치하에 있을 때를 제외하고 400년 동안이나 노예로 살기는 했으나 하나님은 그들을 **세계에서 가장 비옥한 땅에서 번성하게** 해주셨습니다. 이것이야말로 아브라함에게 약속하신 대로 이스라엘 백성들의 수가 하늘의 별처럼, 바다의 모래처럼 많게 해주리라 하신 대로 해주신 것입니다.

이것은 또한 그 약속이 당시 이스라엘 백성이 창대해지는 것만이 아니라 **장차 이스라엘 백성 중에 이 세상에 오실 예수 그리스도로 말미암아** 하나님의 백성들이 전 세계에 창대해질 것을 예표해주시는 것이었습니다.

여기에서도 하나님은 **약속의 하나님이심**을 분명히 보여주십니다.

구약시대에는 오직 이스라엘 백성만이 하나님의 아들이었으나 신약시대에는 **이방민족들도** 하나님의 자녀가 될 것임을 여기에서 벌써 알게 해주시는 것입니다.

바로는 '**하나님의 맏아들**' 이 자유롭게 하나님을 섬기지 못하게 하고 고통스럽게 하여 결국 **하나님의 마음도 아프게** 했던 것입니다. 하나님은 바로의 악행보다 **하나님의 백성들이 고통당하는 것이 더 마음 아프셨던 것**입니다.

(2) 온갖 우상숭배를 하며 하나님 앞에서 지극히 교만한 애굽과 바로 왕조를 **멸망시키시기 위함**이었습니다.

하나님은 이스라엘 백성이 400년 동안이나 노예살이하는 것을 **거룩한 섭리 속에서 허용**하셨는데 그와 동시에 오랜 세월동안 하나님께서 주신 많은 은총을 헛되게 하고 욕되게 한, 지극히 교만해진 대표적인 나라 애굽을 꼬꾸라지게 하신 것입니다.

하나님은 그 애굽을 멸망시키시는 일을 하나님께서 사랑하시는 믿아들을 오랜 세월동안 눈물과 땀과 피를 흘리게 한 죄를 물어서 하신 것입니다.

애굽이 다른 나라를 학대했어도 하나님은 그 죄를 물으셨을 것인데 '하나님의 아들'에게 그렇게 했으니 그 악행만큼이나 그곳에 진노를 쏟으시고 멸망케 하신 것입니다. 그 후 애굽은 다시는 세계 제 1의 강대국이 되지 못하고 약소국으로 전락합니다.

하나님께서는 세상에서 가장 악한 나라와 개인을 크게 벌주시는 방법으로 그들이 다름 아닌 하나님이 사랑하시는 나라와 사람을 대적하고 학대하는 자리로 나가도록 하십니다. 그들의 악행은 사탄이 하게 하는 것인데 하나님은 사탄이 그들로 하여금 그런 악행을 저지르게 하는 것을 허용하시는 것입니다.

하나님은 신자든 불신자든 더 큰 악을 저지르지 않고 더 큰 어려움에 빠지지 않도록 사탄이 마음대로 장난하지 못하게 막아주고 계십니다. 그런데 만일 하나님께서 그 보호막과 은총의 막을 잠깐 거두시기만 하면 사탄은 즉시 틈을 주지 않고 온갖 악행을 저지르게 하고 큰 어려움에 빠지게 합니다.

그러므로 어느 정도라도 건강하게 지내고 큰 어려움이 없이 살아가는 모든 사람들은 그 자비와 긍휼을 베푸시는 하나님께 감사드려야 합니다. 그러나 절대다수의 사람들, 심지어 하나님을 알고 신앙생활을 한다는 교회 안에 있는 사람들조차 그것을 제대로 할 줄 모릅니다. 이들은 믿는다는 모양은 가졌으나 실상은 우상숭배나 불신자들과 다를 바 없는 사람들입니다. 그들의 영혼은 어둡고 잠자고 병들어 있습니다. 이들은 성령에 의해 거듭나지 못한 사람들입니다.

(3) 이 모든 것을 통해 교회 안팎에 있는 세상 모든 사람들이 신은 오직 하나님뿐이심을 알게 하시기 위함이었습니다.

하나님은 이런 일을 이때뿐 아니라 인류역사 속에서 끊임없이 나타내보이셨습니다. 그러나 교회 안과 밖에 있는 대부분의 사람들은 그 모든 우상숭배의 악과 어리석음을 버리지 않았고 유일하신 하나님께로 돌이키지 않았습니다.

따라서 하나님은 하나님의 사람(복음전파자)을 끊임없이 저들에게 보내주어 좀 더 구체적으로 알아들을 수 있는 인간의 말로 하나님을 알게 하고 섬기게 하시는 것입니다.

그러므로 **모든 사람들은** 그 복음전파자가 하는 말을 듣고 믿어야 합니다. 그 말을 듣지 않는 사람들은 하나님의 백성이 될 가망이 없습니다.

그래서 지옥에 떨어진 부자가 죽은 사람 중에 한 명을 세상에 살고 있는 자기 형제들에게 보내어 자기처럼 지옥에 오지 않게 해달라고 아브라함에게 간청했을 때 "그들은 하나님께서 저들에게 보내어 복음을 전파하게 하신 자들의 말을 들어야 한다. 그 외에는 방법이 없다"는 대답을 듣게 된 것입니다.

그러므로 **복음전파자**들이야말로 이 땅에 생존하는 그 어떤 학자, 현자, 영웅보다 가장 위대한 존재입니다. 그 입에서 나오는 복음을 듣느냐, 듣지 않느냐에 따라 영원한 생사가 결정되기 때문입니다.

복음전파자들은 그 복음전파가 잠시도 쉬거나 주저하거나 중단없이 해야 할 일이며 세상의 어떤 일보다 중요하고 가치있는 일임을 기억하고 어떤 손해나 핍박도 무릅써가면서도 가장 먼저 하고 서둘러서 해야 할 일임을 명심하고 죽기를 불사하고 해야 합니다. 그렇게 하는 사람은 최상의 영광과 상을 본인뿐 아니라 자자손손 누리게 됩니다.

제 24 강

이스라엘은 나의 맏아들이다

〈출4:22~24〉
22너는 바로에게 이르기를 여호와의 말씀에 이스라엘은 내 아들 내 장자라 23내가 네게 이르기를 내 아들을 보내 주어 나를 섬기게 하라 하여도 네가 보내 주기를 거절하니 내가 네 아들 네 장자를 죽이리라 하셨다 하라 하시니라 24모세가 길을 가다가 숙소에 있을 때에 여호와께서 그를 만나사 그를 죽이려 하신지라

> 22절/ 너는 바로에게 이르기를 여호와의 말씀에 이스라엘은 내 아들 내 장자라
> 23절/ 내가 네게 이르기를 내 아들을 보내 주어 나를 섬기게 하라 하여도 네가 보내 주기를 거절하니 내가 네 아들 네 장자를 죽이리라 하셨다 하라 하시니라

〈더 정확한 번역〉
> 22절/ 내 아들 내 장자라 ⇒ 내 맏아들이다.
> 23절/ 下 네가 이스라엘을 보내주지 않았으므로 내가 너의 맏아들을 죽일 것이다 하셨다 하라 하시니라

[2] **하나님은 바로가 400년 동안 지배하고 노예로 부리던 백성을 그 어떤 것도 요구하지 못하고 깨끗이, 당장 내보내야 할 이유는 '그들이 하나님을 섬기게 하기 위함'임을 처음부터 분명하게 말씀하셨습니다.**

모세는 **바로 왕 앞에 설 때마다 계속** 이 말을 했습니다. 그런데도 바로가 이스라엘 백성들을 보내주지 않자 하나님은 **엄청난 징벌**을 바로와 애굽에게 내리셨습니다.

하나님은 하나님의 백성들이 때마다 그 앞에 나와 예배드리며 섬기기를 원하십니다.

뒤에 보면 **"하나님께 희생을 드린다"**, **"절기를 지킨다"** 하는 말씀이 계속 나옵니다. 하나님은 그 누구라도 하나님이 선택하신 백성이 하나님께 예배드리는 일을 방해하는 것을 **결코 방관하지 않으십니다.** 그리고 때가 되면 **반드시 그들이 저지른 악행보다 더 엄중하게** 벌하십니다.

그러므로 우리 성도들은 **하나님 앞에 시시때때로 모여서 예배드리는 일을 결코 소홀히 하지 말아야** 합니다. 또한 **이 세상에서 하나님께 예배드리는**

일보다 중요한 일은 없다는 사실을 명심해야 합니다.

우리는 하나님께서 바로 왕에게 이스라엘을 해방시키라고 명하신 이유는 그들로 하여금 **자유롭게 예배드리게 하시기 위함**이었다는 사실을 기억해야 합니다. 또한 **애굽이 패망한 이유**가 바로 왕이 이스라엘 백성들로 하여금 하나님께 자유롭게 예배드리지 못하게 한 것 때문임을 기억해야 합니다.

하나님은 우리에게 얼마든지 자유롭게 예배드릴 수 있도록 해주셨는데 우리가 그 일을 소홀히 한다면 그 또한 **하나님을 진노하시게 하는 일**입니다.

많은 성도들이 이것을 잘 알지 못하고 예배드리기를 소홀히 하고 세상일들 때문에 예배드리기를 게을리하거나 심지어 예배의 횟수와 시간을 서슴없이 줄이거나 없애고 있습니다.

내가 이런 사람이 아니었는지 돌아보시기 바랍니다. 만약 그렇다면 나는 큰 죄를 지었음을 깨닫고 참으로 **두려워 떨며 회개해서 용서받아야** 합니다.

(1) 사람이 하나님의 형상을 입고 이 세상에 태어나서 살게 된 궁극적인 목적은 하나님을 섬기고 하나님께 영광을 돌리는 것입니다.

사람들은 창세 이래 수십 세기 동안 **하나님을 저버리고 잊어버리고 사탄에게 지배당하며 끊임없이 범죄**했습니다.

하나님은 그들 모두를 깨끗이 없애버리실 수도 있었지만 만약 그렇게 되면 하나님의 처음의 뜻, 즉 하나님이 사람들을 통해 영광을 받으시는 일이 실패로 돌아가는 것입니다. 따라서 하나님은 **그들 중 아브라함, 이삭, 야곱을 택하시고 그 후손들을 하나님의 백성으로 삼으셨습니다.** 그런데 그들마저 바로(사탄)의 지배 아래에서 하나님을 자유롭게 섬기지 못하고 하나님께 영광을 마음껏 돌려드리지 못하게 되자, 하나님은 그 섭리에 따라 정하신 때가 되매 그들로 하여금 하나님을 자유롭게 섬기며 그 본연의 사명을 수행하게 하시려고 바로 왕에게 **"내보내라"** 명하신 것입니다.

(2) 하나님은 단도직입적으로 바로 왕에게 명령하실 수 있는 창조주이시고 **모든 섭리의 주재자이심**을 분명히 보여주십니다.

하나님은 이스라엘 백성을 해방시키시는 일에 있어서 **바로와 어떤 거래도 하지 않으셨습니다.** 그저 "내 뜻이 이러하고 이스라엘 백성은 내 맏아들이니 이제 당장 내보내라" 하고 **명령하실 뿐**이었습니다.

하나님은 이런 분이십니다. 그 뜻을 이루심에 있어서 그 어떤 사람과 의논하거나 협상하거나 협조를 필요로 하지 않으십니다. 바로 왕과 그 나라의 존재여부가 하나님 뜻에 온전히 달려있는 것입니다. 그런데 어찌 바로에게 무슨 양해를 구하고 협상을 하겠습니까? 만약 바로가 그 명령을 거절한다면 **하나님은 그를 단호히 다스리실 뿐**입니다.

[3] 하나님은 바로가 그 명령을 받아들이지 않고 이스라엘 백성들(하나님의 맏아들)을 내보내지 않고 계속 소유하겠다고 하면 '**바로의 맏아들을 죽이겠다**'고 말하게 하셨습니다.

결국 하나님은 바로의 맏아들뿐 아니라 **애굽의 모든 가정의 맏아들과 짐승의 첫새끼까지** 다 죽이셨습니다. 각 집의 모든 기운의 원뿌리를 말살시키신 것입니다.

애굽은 점점 열등하고 허약한 민족이 되었습니다. 하나님께서 아예 그 나라를 지구상에서 깨끗이 사라지게 하실 수도 있었지만 **자비와 긍휼**을 베풀어주신 것입니다.

(1) 악인들이 하나님의 사람(하나님의 맏아들)을 소유하며 마음대로 부리고 괴롭히며 착취하려 한다면 **하나님은 반드시 그들을 다스리십니다.**

(2) 악인들이 하나님의 사람과 맏아들을 괴롭힌 것보다 **하나님은 훨씬 무거운 형벌로** 그들을 다스리십니다.

그들이 하나님의 사람들에게 단지 무엇을 빼앗거나 눈물과 땀을 흘리게 했다면 하나님은 **그들이 가장 소중하게 여기는 것**들을 빼앗으십니다.

그래서 하나님의 사람들을 핍박하고 하나님을 대적한 통치자나 그 나라는 반드시 모든 것을 잃어버리고 멸망했습니다. 그들이 하나님의 사람들의 것을 빼앗은 것보다 **몇십 배, 몇백 배, 몇천 배나** 더 잃게 하셨습니다.

예로부터 하나님의 백성들을 괴롭히는 나라나 군주들은 **철저히 멸망**했습니다. 애굽과 바벨론, 앗수르제국과 로마제국이 그랬고 독일의 히틀러와 일본 제국주의와 불교를 장려하고 기독교를 억압했던 이 나라의 정권이 그랬습니다. 그러나 핍박과 압제에서 도망 온 하나님의 백성들을 도와주고 지켜준 나라들, 즉 미국을 비롯하여 유럽의 여러 나라들은 **크게 복 받고 창대**해졌습니다.

그러므로 우리 하나님의 사람들은 **어디서도, 어떠한 미움이나 학대 속에**

서도 **강하고 담대해야** 합니다. 결코 권력이나 불의 앞에 비굴하거나 타협하거나 무릎을 꿇어서는 안 됩니다. 그런데 종종 돈 몇 푼에 신앙을 헌신짝처럼 버리고, 마음껏 즐기며 살겠다고 **하나님의 명령과 사명을 던져버리고 신앙정절을 쉽게 저버리는 사람들**이 많이 있습니다. 참으로 **어리석고 불쌍한 사람들**입니다.

(3) **불신자나 우상숭배자들은 하나님의 백성들을 업신여기거나 괴롭히거나 빼앗거나 눈물나게 하지 않도록 조심해야** 합니다.

만약 그렇게 하면 **그만큼** 그들은 물론 **자자손손 엄청난 대가를 치러야** 하기 때문입니다. 그러므로 우리는 우리 하나님의 백성들을 핍박하고 대적하는 사람들을 **불쌍히 여겨야** 합니다. 그들에게 악으로 악을 갚아서는 안 됩니다.

> 24절/ 모세가 길을 가다가 숙소에 있을 때에 여호와께서 그를 만나사 그를 죽이려 하신지라

여기에 참으로 놀라운 말씀이 나옵니다.

하나님께서 거룩한 사명을 주시며 애굽으로 가게 하신 모세를 갑자기 죽이려 하신 것입니다. 이것은 모세로서도 **전혀 예상하지 못했던**, 그야말로 돌연적인 위기였습니다.

왜 하나님께서 이 때 모세를 죽이려고 하셨을까요?
(1) **모세의 아들이 아직 할례를 받지 못했기 때문**이었습니다.

모세가 아들에게 할례를 행하지 않았다는 것은 이스라엘의 해방자가 될 사람으로서 **큰 과오**가 되는 일이었습니다. 이스라엘 백성이 애굽에서 해방되는 일은 하나님께서 아브라함에게 하신 **약속의 실현**이었고(창15:13~16) **할례는 그 언약의 증표**였습니다.

창세기 17장을 보면 하나님께서 아브람의 이름을 **아브라함**으로 바꿔주시고 그와 그 후손에게 **큰 복을 약속**해주셨는데 바로 그때 아브라함의 모든 후손 중 남자는 태어난 지 8일 만에 그 성기의 양피를 베는 **할례를 행하라**고 명하셨습니다. 그 할례는 하나님과 아브라함 사이에 세운 **언약의 증표**라고 했습니다.

하나님께서 왜 할례를 행하라고 하셨을까요?

1) 할례는 남자의 신체 중에 성기의 표피를 베어내는 것인데 그 때 **쓰라린 아픔과 함께 피가 흘러나옵니다.**

이것은 **장차 이 세상에 예수 그리스도가 오셔서 온갖 고통을 당하시며 피를 흘리시고 그 육체까지 희생을 당하실 것을 예표**하는 것입니다.

구약 시대는 아직 예수께서 인간의 몸으로 오시지 않은 때였습니다. 하나님은 그 당시 하나님을 섬기는 사람들에게 장차 예수께서 이 땅에 오셔서 고난을 당하시고 십자가에서 피 흘려 죽으심으로써 죄인들의 죗값을 치러주시는 것을 예표하는 **할례예식**을 치르도록 하셨습니다. 그렇게 함으로써 '**오실 메시야**'를 믿고 죄사함을 받게 하신 것입니다.

그러므로 **구약시대의 성도들도 예수 그리스도를 믿은 것**이고 **그 예수의 대속의 공로로 죄사함을 받고 구원을 받은 것**입니다.

2) 할례는 **새 생명의 발생과 관련**이 있습니다.

즉 예수 그리스도를 믿음으로써 그 보혈의 은총으로 죄 씻음을 받는 자는 **새 생명을 얻는 것, 영생을 얻는 것**을 의미합니다.

3) **할례는 오직 하나님의 선택된 백성과 그 사람들이 이방인 중에서 값을 주고 산 사람들만이 받을 수 있었는데** 이것은 예수 그리스도의 보혈의 은총으로써 죄사함 받고 구원얻는 일은 **하나님께 선택되고, 하나님의 백성이 된 사람만이 누리는 복임**을 의미합니다.

따라서 이스라엘 백성들은 그 쓰라린 할례를 자기들만의 **특권**으로 여기고 영광스러운 마음으로 거룩하게 할례예식을 행했습니다. 그래서 아브라함 이후의 모든 아브라함의 후손 중 남자들은 반드시 이 할례를 받았습니다.

그런데 이스라엘 백성이 **오랜 세월동안 하나님을 잊어버리고, 고된 인생을 살면서 그 언약의 징표인 할례를 거의 잊고 있었습니다.** 따라서 모세도 **하나님의 거룩한 명령을 수행해나가려고 하는 마당에서까지도 그 아들의 할례를 잊고 있었습니다.** 따라서 하나님은 **출애굽의 대역사가 시작되려는 출발점에서** 우선 모세부터 그 언약의 거룩한 증표인 할례를 그 아들에게 시행하게 하신 것입니다.

여기서 우리가 깨달아야 할 것이 있습니다.

1) 할례가 얼마나 중요한지 하나님은 **모세의 생명을 위협하시면서까지 그것을 먼저 시행하게** 하셨습니다.

이로써 하나님의 백성이 하나님 앞에서 성결해지는 것이 육신적인 생명을 유지함보다 귀중함을 깨우쳐주셨습니다.

그러므로 우리 모든 성도들은 하나님의 백성과 하나님의 일꾼이 되기에 앞서서 먼저 성결한 자가 되어야 합니다.

① 우선 예수 그리스도를 나의 구주로 확실히 믿어서 예수 그리스도의 대속의 은총을 입어서 '의인'의 신분을 얻어야 합니다.

② 그 후 성령의 도우심을 받아 점점 더 성결해져야 합니다.

③ 이것을 함에 있어서 어떤 고통도 희생도 감내해야 합니다.

우리는 차라리 육신의 생명을 잃을지라도 결코 성결을 손상시키거나 빼앗기지 말아야 합니다.

그런데 많은 교인들이 이 세 가지를 너무나도 잘 못하고 있습니다. 예수를 믿는 확실한 믿음도 없고, 성령도 받지 못하여, 수 년, 수십 년 예배에 참석하고 심지어 교회에서 직분까지 맡아 일하고 있으면서 날마다 치료되고 변화되고 무장되고 성숙되지 못하는 사람들이 많습니다.

그리고 성결을 너무 쉽게 손상시키고 더럽히고 포기하고 있습니다. 이런 사람들은 하나님이 정하신 때까지 이를 해결하고 변화시키지 못하면 구원 받을 수도 없습니다.

엘리 제사장은 아들들의 성결보다 인간적으로 아들들을 하나님보다 사랑하고, 더러워지는 아들들을 소중히 여기다가 삼부자가 하루에 죽고 말았습니다(삼상2장).

2) 그리스도인들은 세상살이의 고됨과 정욕을 만족시키려는 어리석음 때문에 자신을 성결시키는 일을 소홀히 해서는 안 됩니다.

그러므로 교회 중심의 생활에 반드시 성공해야 합니다. 날마다 성도들과 함께 모이기를 힘쓰고 끊임없이 하나님의 은혜와 사랑과 긍휼에 대해 하나님께 뜨겁게 예배(감사, 찬송, 영광)드려야 합니다. 그리고 날마다 말씀과 기도로써 자신을 끊임없이 깨우고 밝게 하고 치료하고 성숙시키는 일에 힘써야 합니다.

그렇게 함으로써 또한 성도들과 예수 그리스도를 머리로 한몸되기를 힘써야 하고, 성도들(교회)과 함께 하나님의 명령을 열심히 수행하는 일을 세상의 생업, 학업, 취미생활, 여행 때문에 잠시도 중단하거나 미루거나 소홀히 하지 말아야 합니다.

하나님 중심, 말씀 중심, 교회 중심을 떠날수록 굶지 않고 살 수 있을지는 모르나 여지없이 성결을 잃게 되고 영생구원까지 잃게 됩니다.

하나님은 모세가 **애굽 땅에 당도하기 직전에** 모세의 아들로 하여금 할례를 받게 하셨습니다. 그리고 여호수아 5장을 보면 이스라엘 백성들이 요단강을 건너서 길갈이라는 곳에 이르자 하나님께서 여호수아에게 명하시기를 **"이스라엘의 모든 남자들에게 다시 할례를 행하라"** 하셨습니다.

이스라엘 백성이 애굽에서 나올 때에는 **이미 모든 남자들이 할례를 받았는데** 그 후에 여행 중에는 할례를 할 수 없으므로 광야생활 도중에 할례를 받지 못했던 것입니다. 그런데 애굽에서 나올 때의 장정들은 광야생활 중에 다 죽었고 지금 요단강을 건너 가나안 땅에 들어가는 장정들은 대부분 할례를 받지 못했기 때문에 하나님은 그들이 **약속된 땅 가나안을 차지하기 직전에** 반드시 할례를 받도록 명하신 것입니다.

하나님은 이로써 하나님 앞에서 성결되지 못한 사람은 **하나님의 종으로 쓰임받을 수 없고 특별한 복을 받아 누릴 수 없다**는 사실을 생생하게 후대의 우리 모든 성도에게 깨우쳐주십니다.

그 이스라엘의 장정들은 **모두 어려서** 할례를 받았어야 했습니다.

아이들이 어렸을 때 예수의 이름으로 세례를 받는 것은 매우 중요합니다. 그 때를 놓친 사람들은 어른이 되어서라도 **반드시 세례를 받아야** 합니다. 예수 그리스도를 믿고 죄 사함을 받아 구원얻는다는 사실을 우리는 **자녀들이 어려서부터 철저히 깨닫도록 가르쳐야** 합니다.

예수 그리스도를 믿는 확실한 믿음이 없이는 결코 하나님께서 약속하신 복된 세계로 들어가지 못합니다. 금은보석으로 장식하고 유치장 안에 갇혀있는 사람이 행복한 사람이 아니요. 비록 겉은 호화롭게 보이지 않지만 유치장과 상관없이 자유롭게 사는 사람이 행복한 사람입니다.

많은 부모들이 자식들로 하여금 금은보석으로 치장하게 하려는 데에는 여념이 없으면서 그 자식들이 점점 더 두꺼운 죄의 창살 속에 갇혀가는 것은 볼 줄 모릅니다. 많은 장년들이 자신과 가족들이 사형수들이 갇히는 감옥에 점점 갇혀가는 것을 볼 줄 모릅니다.

예수 그리스도를 믿어서 성결함을 입지 못하면 그 죄악의 쇠창살, 사형수 감옥에서 벗어나지 못합니다. 거기서 나오는 방법은 돈, 권력, 지혜로도 안 됩니다. 오직 예수 그리스도를 확실하게 믿음으로써만 됩니다. 그런데 이런

믿음을 가지려면 '쓰라린 고통과 자기 희생(할례)**'이 있어야** 합니다.

성기의 표피를 베는 아픔이 있고 피를 흘리고 살점이 떨어져나가는 희생이 있어야만 합니다. 이것은 그동안 저지른 죄에 대한 **당연한 대가**입니다. 그저 편안하게 아무런 희생없이 신앙생활할 수 있는 사람은 전혀 죄가 없는 사람이어야 하는데 그런 사람은 이 세상에 한 사람도 없습니다.

성도는 마땅히 **고난과 희생을 감당할 줄 알아야** 합니다. 온전한 믿음의 사람이 되는 데에는 **해산하는 수고와 고통이** 따르는 법입니다.

말씀을 통해 **'따가운 책망'**을 잘 들을 줄 알아야 합니다. 죄를 깨닫고 인식함으로써 **'상하고 애통하는 마음'**을 가져야 합니다. 그리고 **'그 죄를 고백하고 끊고 버리고 떠나는 아픔'**을 경험해야 합니다. 그 후에도 계속해서 **'숱한 시련과 연단을 받으며 성숙해야 하는 고통'**을 감내해야 합니다.

그뿐 아니라 우리가 보다 성숙한 하나님의 사람이 되고자 할 때 **'사탄의 다각적인 유혹과 공격'**을 당하게 되어 그것과 싸우느라고 여러 가지 고통을 겪어내야 합니다. 동시에 **나에게 주신 사명을 감당하느라고 끊임없이 땀 흘리고 수고해야** 합니다.

이런 수고와 고통이 없이는 결코 성숙하고 거룩한 신앙인이 될 수 없고 그 사망의 쇠사슬에서 벗어날 수 없습니다.

내가 그동안 아끼며 입었던 옷이 찢겨지고, 살이 찢어지는 희생이 있은 후에야 마귀의 손아귀에서 벗어나게 됩니다. 내가 그동안 그토록 소중하게 여기던 그 옷, 그 명예, 여러 가지 재미들을 악마의 손에 붙잡힌 채 요셉처럼 뒤도 돌아보지도 말고 떠나야 합니다.

이 **'끊고, 버리고, 떠나는 결단력'**이 부족함으로써 온전한 믿음과 신앙생활을 못가지고 못 누립니다. **하나님의 복의 관문**은 여전히 통과하지 못하고 그 관문 앞에서 서성이거나 아직도 한두 가닥의 쇠사슬에 매여서, 아직도 끊어버리지 못해서 나름대로 앞으로 나가려고 항상 애를 쓰고 있으나 반원을 그리며 맴도는 교인들이 많습니다. 그 줄을 계속 끊지 못한다면 조만간 기진맥진하여 주저앉게 될 것입니다.

하나님은 모세뿐 아니라 모세의 아들들이 할례받기를 바라셨다는 사실에서 우리는 **예수 그리스도의 보혈의 대속이 우리에게 반드시 필요함**을 분명히 깨닫게 하십니다. 이런 진리를 깨닫지 못하는 사람들은 왜 꼭 예수를 믿어야 하는지, 왜 선택된 백성이 꼭 할례를 받아야 하는지 이해하지 못합니다.

(2) 거룩한 사명을 수행하려는 모세가 아직 하나님의 그 거룩한 약속의 증표를 시행하지 않고 있음에 대해 하나님께서 진노하셨기 때문입니다.

여기서 우리가 또 깨달을 것이 있습니다.
1) 누구든지 하나님의 계명을 생략하거나 무시하는 것은 하나님을 진노하시게 하는 죄악입니다.

거룩하시고 완전하시고 공의로우신 하나님은 그분이 정한 법을 어기면 당시 가장 큰 은혜를 입게 하신 사람일지라도 여지없이 심판하십니다.

2) 사람이 세운 법도 어기면 세상에서 벌을 받아야 하는데 천지만물을 지으시고 모든 것을 주관하시는 하나님께서 세우신 법을 어기는 일은 결코 작은 죄가 아니고 큰 벌을 받을 죄가 됩니다.

하나님은 당신께서 선택하시고 '하나님의 맏아들'이 되게 하신 사람들이 하나님의 법을 어길 때 그것을 감찰하시고 크게 노여워하십니다.
단지 아들에게 할례를 행하지 않았다는 이유만으로 지금 큰 은혜를 베푸시고 하나님께서 함께하신다는 증거를 보여주시고 또 무슨 일을 어떻게 해야 할지, 무슨 말을 어떻게 해야 할지를 자세히 가르쳐주실 정도로 특별히 사랑하시는 모세를 죽이려고까지 하시며 노여워하셨습니다.
할례를 받지 않음이 우리가 보기에는 누구를 죽이는 것도 아니고 하나님을 떠난 것도 아닌데 죽이려고까지 하시는 하나님의 진노를 살 죄입니다.
그러므로 우리는 하나님의 법을 어기는 큰 악을 저지르는 것에 대해서 하나님께서 얼마나 더 크게 진노하실지 알아야 합니다. 알고 지은 죄가 모르고 지은 죄보다 더 크다고 하신 말씀을 잠시도 잊지 말아야 합니다. 또한 하나님의 법을 어기지 않는 것이 돈을 벌고 학벌을 키우고 지위를 높이는 그 어떤 일보다 우리의 행복에 직결되는 아주 중요한 일임을 깊이 깨달아야 합니다.

그러나 이것을 제대로 아는 성도가 너무 없습니다. 또 이런 사실을 끊임없이 세심하게 가르치는 목사와 교회지도자들이 너무도 없습니다.

그래서 오늘날의 교회들이 힘을 잃고 빛을 잃고 향기를 발하지 못하고 소금과 그리스도의 편지의 사명을 제대로 감당하지 못하고 있는 것입니다.

제 25 강

모세에게로 온 아론

〈출4:25~28〉
25십보라가 돌칼을 가져다가 그의 아들의 포피를 베어 그의 발에 갖다 대며 이르되 당신은 참으로 내게 피 남편이로다 하니 26여호와께서 그를 놓아 주시니라 그 때에 십보라가 피 남편이라 함은 할례 때문이었더라 27여호와께서 아론에게 이르시되 광야에 가서 모세를 맞으라 하시매 그가 가서 하나님의 산에서 모세를 만나 그에게 입맞추니 28모세가 여호와께서 자기에게 분부하여 보내신 모든 말씀과 여호와께서 자기에게 명령하신 모든 이적을 아론에게 알리니라

> 25절/십보라가 돌칼을 가져다가 그의 아들의 포피를 베어 그의 발에 갖다 대며 이르되 당신은 참으로 내게 피 남편이로다 하니
> 26절/여호와께서 그를 놓아 주시니라 그 때에 십보라가 피 남편이라 함은 할례 때문이었더라

〈더 정확한 번역〉
> 25절/ 上 십보라가 **돌칼**을 가져다가 모세의 아들에게 할례를 베풀고 잘라낸 살을 모세의 발에 대면서 말하되

십보라가 돌칼을 가져다가 모세의 아들에게 할례를 시행한 것은 훗날에 여호수아서 5장 3절에 보면 **이스라엘 백성들을 할례할 때 돌칼을 사용했던 것과 같습니다.** 이는 십보라가 아브라함의 후손들이 할례를 행하는 법을 알고 있었음을 보여줍니다. 그리고 십보라가 모세에게 **"당신은 참으로 내게 피 남편이로다"** 한 것은 십보라가 어린 아들의 양피를 베어 고통스럽게 피를 흘리게 된 다음에 모세가 하나님께 용서를 받고 생존하게 되었음을 의미하는 말입니다.

모세는 하나님의 명령을 받고 이스라엘의 해방자가 되었을 뿐 아니라 십보라의 남편으로서 생존하기 위해서도 **아들이 할례를 행함으로써 고통을 겪고 피를 흘려야 했던** 것입니다.

십보라가 아들의 양피를 베어서 그 살을 남편 모세의 발에 대면서 **'피 흘리게 하는 남편'**이라고 절규하게 됨으로써 하나님은 모세를 놓아주셨고 이

전처럼 그 가정에 평화를 주셨습니다. 뿐만 아니라 **이렇게 성결해진 다음의 모세는 하나님의 선지자 중의 선지자**요, **능력자 중의 능력자**가 되었습니다. 모세는 팔십 세가 되었는데도 **성결되지 못해서** 아내와 자식들에게도 큰 곤욕을 끼치고 수치를 당했습니다.

하나님 앞에서 성결하게 되는 것이 우리 모든 성도들에게 얼마나 중요한지를 가르쳐주고 있는 것입니다.

여기서 또한 우리가 배울 것이 있습니다.

(1) **남편**들은 가족 중 누구보다도 **예수의 보혈로 정결해져야** 그 자신과 가정이 복을 누리게 됩니다.

이 사건이 있기 전에도 모세는 분명히 하나님의 음성을 듣고 하나님의 일을 하겠다고 나섰습니다. 그러나 그가 **아직 성결함을 입지 못했으므로 큰 화를 입을 뻔**했습니다.

그것은 **모세뿐 아니라 그 가정 전체에 미치는** 화였습니다. 따라서 그 아내와 자식들이 크게 놀라고 두려워할 수밖에 없었습니다. 그때 아내 십보라의 재빠른 지혜로써 그 화를 면했고 이렇게 하여 **모세가 성결된 후에는 다시는 이런 일이 없었습니다.**

하나님은 한 가정을 대하실 때 **우선 가장을 중시하여 상대**해주십니다. 하나님께서 그를 그 가정의 **대표**로 세워주셨기 때문입니다.

아담이 **인류의 대표자**였으므로 그의 범죄가 전 인류의 범죄가 되었듯이 모든 선택된 자의 대표자인 아브라함의 순종이 그의 모든 후손에게 복이 된 것입니다.

오늘날도 어느 한 가정에서 **그 가장의 선과 악에 따라** 그 가정과 후손에게 적절히 보응하십니다.

그러므로 **우선 가장들이 하나님 앞에서 성결하고 합당한 자가 되고 순종 생활을 잘하는 것**은 참으로 중요한 일입니다.

어떤 남편들은 자기는 하나님을 잘 섬기지 않으면서 자기 아내나 자식만 예수 믿으라고 합니다. 그것은 **가족을 진정으로 사랑하지 않는 것**이요, **가장의 책임을 다하지 못하는** 행위입니다.

하나님께 자기 가정을 보여드린다고 하면서 얼굴은 내밀지 않고 발이나 손만 내미는 것이나 다름없습니다. 가장이 누구보다도 하나님 앞에서 성결되어야 합니다. 그렇지 않으면 **그 가족들로 하여금 법죄하게** 하고 더 나아가

수치와 곤욕을 당하게 합니다.

(2) 아내들은 **신앙 안에서 지혜로워야** 하며 **사려가 깊어야 합니다.**

십보라는 너무도 놀랄 일을 만났을 때 **신앙적인 지혜**를 발휘했고 그 지혜로운 행동이 남편과 그 가정을 구했습니다.
아내의 신앙적인 지혜가 남편과 가정에 결정적인 유익을 가져다준다는 사실을 우리 모든 여성도들은 잊지 말아야 합니다. 아내들은 남편이나 가정에 위기가 닥쳐왔을 때 신앙적인 지혜를 발휘해서 남편과 자식들을 구할 수 있어야 합니다.
세상적이고 교활한 인간의 지혜는 오히려 자신과 가족을 해하게 됩니다. 그 대표적인 예가 **하와**입니다.
때때로 사탄은 아내로 하여금 세상적이고 교활한 생각에 빠지게 해서 남편이나 후손들을 불행하게 합니다. 여인들은 참으로 이것을 조심해야 합니다.
그러므로 우리 여성도들은 신앙적인 지혜가 충만하기 위해 남편과 자식들 못지않게 **날마다 말씀 연구와 기도생활을** 부지런히 해야 합니다.

하나님께서 제사장 이드로의 딸을 모세의 아내로 주신 일 또한 **모세와 그 거룩한 사명을 위해 벌써부터 아주 중요한 섭리로 하신** 일이었습니다.

(3) 아내들은 남편 앞에서 말할 때 **신중하게 말하고 처신해야 합니다.**

십보라가 아들의 양피를 남편의 발에 대면서 **원망조**로 말했는데 성경에는 이에 대해 자세하게 기록되어있지 않지만 이것은 **모세의 아내로서 해서는 안 될 말**이었습니다.

모세가 그때까지 아들에게 할례를 하고 싶지 않아서 안한 것이 아니었습니다. 십보라는 하나님께서 그 아내인 자신에게라도 지혜를 주셔서 위기를 모면하게 하셨으니 **그저 감사하고 남편이나 아들에게는 오히려 위로의 말을 했어야** 했습니다.

하나님께서는 **우리 각자의 한 마디의 말, 하나의 행동으로도 그 사람을 어찌 대하실지 평가하고 결정하십니다.** 그리고 그것이 하나님 뜻에 거스르는 것이면 **단호하게 조치**하십니다. 그러므로 우리 모두는 언제 어디에서나 **말한 마디, 행동하나를 신중하게 하며 처신**해야 합니다. 그리고 이것을 위해 **늘 기도해야** 합니다.

결국 십보라는 **끝까지 남편을 도와서 이스라엘을 해방시키는 대열에 동참하지 못하고** 도중에 친정으로 보내졌습니다.

왜 그렇게 되었을까요? 하나님은 모세가 애굽으로 출발하려는 순간에는 **십보라가 너무도 중요한 역할로 그를 도울 사람이었기에 함께** 애굽으로 가게 하셨지만 이 십보라가 할례문제로 모세에게 한 말을 보시고 끝까지 모세와 함께할 만한 동역자가 아니라고 판단하신 것입니다. 이 또한 놀라운 일이 아닐 수 없습니다.

하나님은 **사랑하시는 자, 들어 사용하시는 사람을 위해서 이토록 모든 것을 치밀하게 섭리**하십니다. 그러므로 하나님께 사랑을 입고 거룩하게 쓰임받는 사람뿐 아니라 **그와 동행하는 모든 사람도 사려깊게 생각하고 말하고 처신해야** 합니다.

우리 신앙의 아내들은 **한 때 십보라와 같이 귀하게 쓰임받다가 중간에 그 은혜를 잃어버리지 않도록 말씀과 기도로써 늘 자신을 가다듬고 무장하고 성숙시켜야** 합니다. 그리고 **항상 덕이 되는 말, 경건한 말, 꼭 필요한 말을 하도록 힘써야** 합니다. 이에 대해 성차별이니 남성우월주의니 하는 말을 해서도 안 됩니다.

> 27절/ 여호와께서 아론에게 이르시되 광야에 가서 모세를 맞으라 하시매 그가 가서 하나님의 산에서 모세를 만나 그에게 입맞추니

놀라운 일이 있은 다음에 하나님은 모세와 멀리 떨어져 있는 아론에게 명령하십니다.

"광야에 가서 모세를 맞으라" 하셨습니다.

하나님은 모세의 거듭되는 변명과 사양 때문에 그 형 아론을 붙여주시겠다고 하셨습니다. 그리고 **그 전에 아론에게 모세를 만나보고자 하는 간절한 마음을 주셔서** 모세를 향해 오게 하셨습니다.

하나님은 **예지의 하나님**이십니다. 모세가 하나님의 명령에 어떻게 대답할 것인지, 모세가 바로 왕 대하기를 두려워하고 있다는 것도 **미리 다 알고** 계셨습니다.

하나님은 모세의 부족함과 연약함을 알고 계셨고 **그에 대한 대비책도 이미 마련**해두고 계셨던 것입니다. 이런 하나님이시기에 오늘날 모세와 견줄 수도 없는 어리석고 무지하고 무능하고 연약한 나와 같은 사람도 **불러주시고** 거룩한 사명을 주셔서 일꾼으로 사용하시는 것입니다. 이런 **하나님의 자**

비와 긍휼을 모든 성도들, 특히 모든 목사와 교회지도자들은 잠시도 잊지 말아야 합니다.

그런데 그런 사람이 어찌 사람들 앞에서 대접을 받으려 하고, 높아지려 하고, 자랑하려하고, 자기를 나타내려고 할 수 있겠습니까?

이런 사람들은 **누구보다도 어린아이**인 것입니다.

여기서 우리가 또한 깨달아야 할 것이 있습니다.

(1) **하나님은 모세가 성결해진 직후에야** 아론을 친히 만나주셔서 "모세를 맞으라" 하셨습니다.

아론이 모세의 대언자가 되는 것은 **이미 하나님께서 약속하시고 허락하신** 일입니다. 그런데 모세가 애굽으로 향해 출발하려는 순간에도 아론은 모세에게 나타나지 않고 있었습니다. **모세가 성결해진 다음에야 하나님은 즉시** 아론에게 명하신 것입니다.

하나님은 우리가 **하나님의 명령에 순종하는 자가 되고 성결해질 때** 우리에게 이미 약속해주신 것들을 **구체화 시켜주십니다.**

많은 성도들이 성경을 읽고 들으며 하나님의 약속을 받아들이고 믿었으나 그것이 구체적으로 이루어지지 않는 것은 바로 이런 이유때문이기도 합니다.

그러므로 우리 성도들은 **하나님의 약속을 받아들이고 믿을 뿐 아니라 우**선 내가 하나님께 순종해야 할 것, 해결해야 할 것을 **해야 하고 성결해져야** 합니다. 이것을 하지는 않고 그저 약속을 이루어달라고 억지를 부려서는 안 됩니다.

또한 목사들, 교회지도자들은 성도들이 이런 것을 잘 하도록 **수시로 깨우쳐주어야** 합니다. 그러나 오늘날 이런 하나님의 종들을 보기가 너무 어렵습니다.

(2) 아론은 **이때에야 비로소** 하나님을 만나고 하나님의 명령을 듣게 되었습니다.

하나님께서 아론을 만나주시고 명령해주신 것은
1) **어디까지나 모세를 염두에 두고 하신** 일이었습니다.

모세가 없었다면 굳이 아론을 만나주시고 명령하실 일도 없습니다. 모세에게 아론이 필요하므로 아론도 만나주시고 명령하셔서 모세에게 가게 하신 것입니다.

그러므로 아론은 형이지만 동생인 **모세를 위해 온전히 충성을 다해야 했습**니다. **만약에 그렇게 하지 않았다면 그는 하나님을 만나고 명령을 받는 그 큰 은총을 욕되게 하는 것**입니다.

우리도 시시때때로 하나님께서 내 앞에서 들어 사용하시는 하나님의 사람을 잘 도우라고 나를 만나주시고 명령을 주실 때 **그 사람을 잘 도와야** 합니다. 그 일을 소홀히 하거나 잘못하는 것은 **크나큰 죄악**입니다.

2) **아론에게 큰 영광**이었습니다.

그 영광도 **하나님께서 모세를 돕기 위해** 주셨습니다.

그러므로 만약 아론이 모세를 돕는 일을 최고의 영광으로 여기지 않거나 모세를 잘 돕지 않는다면 그 영광도 잃게 되는 것입니다.

우리가 **하나님과 하나님의 뜻을 위해** 하나님께 부르심을 받고 명령(사명)을 받는 영광을 얻게 된 것인데 그 일을 소홀히 하면 **그 영광을 잃게** 됩니다. 이런 사람들이 교회 안에 많이 있습니다.

(3) 하나님께서 아론을 만나주시고 명령하신 **거룩한 목적**이 있습니다.

1) **모세를 돕게 할 뿐 아니라 이스라엘 백성의 해방**을 위함이었습니다.

아론은 **모세의 조력자, 대언자**가 되는 영광뿐 아니라 모세와 함께 이스라엘을 해방하는 주역이 되었습니다. 이스라엘의 해방에 있어서 큰 공로를 세우게 된 것입니다.

2) **아론으로 하여금 장차 이스라엘의 대제사장이 되고 그의 후손들은 제사장이 되게 하시기 위함**이었습니다.

모세는 가나안에 들어가지 못하고 그 위대한 지도자의 사명을 여호수아에게 넘겨주어야 했지만 **아론의 후손들은 두고두고 이스라엘의 대제사장과 제사장**이 되어 거룩한 사명을 수행했습니다.

하나님은 **누구도 예측할 수도 없고 계획할 수도 없는 일을 계획**하시고 **성취**하십니다.

아론은 모세의 형이지만 여러 가지 면에서 모세와 견줄 수도 없었습니다. 그런데도 하나님은 **아론이 모세의 동역자로서의 사명을 잘 수행할 것을** 미리 내다보시고 이런 놀라운 뜻을 정하시고 그와 그의 후손에게 이루어주신 것입니다.

3) **하나님께서 아론을 만나주시고 명령해주신 때부터** 아론과 그 후손은 놀라운 은총과 영광을 입게 되었습니다.

오늘날도 **하나님이 친히 부르시고 만나주시고 말씀**(명령)**해주시는 사람들**이 있는데 그들은 **자신뿐 아니라 그 후손들도 큰 영광과 은총을 누리게** 됩니다. 하나님을 만나고 어떤 명령과 약속을 받는다는 사실은 이렇게 **복된** 것입니다. 우리 하나님의 사람들은 **이런 은총 입기를 사모해야** 하며 그 은총을 입을 수 있는 사람이 되기 위해 **전력을 다해야** 합니다.

만약 하나님께서 모세와 아론을 만나주시고 명령하시는 일이 없었다면 이스라엘의 해방도 없었을 것입니다.

그러므로 **하나님께서 만나주시고 명령해주시는 사람이** 존재하는 교회와 나라와 민족이 되어야 합니다. 그러한 교회와 나라와 민족은 거룩하신 하나님 나라 건설에 반드시 **자자손손 귀하게 쓰임을 받게** 됩니다.

> 28절/ 모세가 여호와께서 자기에게 분부하여 보내신 모든 말씀과 여호와께서 자기에게 명령하신 모든 이적을 아론에게 알리니라

〈더 정확한 번역〉

> 下 여호와께서 자기를 애굽으로 보내시면서 보여주신 기적들에 대해서도 말해주었다.

아론이 오자 모세는 **아론에게 미리 알려줘야 할 것들을 다** 말해주었습니다. "여호와께서 자기에게 무엇을 말씀하시며 애굽으로 가라 하셨는지"와 "여호와께서 자기를 애굽으로 보내시면서 보여주신 기적들에 대해서"도 다 말해주었습니다.

이것은

(1) 모세가 애굽으로 가는 것은 **여호와의 명령임**을 말해준 것입니다.

(2) 모세가 **애굽에 가서 할 일에 대해** 말해준 것입니다.

(3) 그 중대한 일을 위해 하나님께서 **보여주신 증표들**(기적들)을 말해준 것입니다.

아론이 모세를 도와서 할 모든 일들이 **전적으로 여호와 하나님의 뜻과 명령에 의한 것임**을 알게 한 것입니다.

우리는 **하나님과 하나님의 거룩한 뜻과 명령에 대해 먼저 알게 된 것이 있다면 동역자들에게 신속하고 정확하게 알게 해주어야** 합니다. 이렇게 함으

로써 인간의 체험을 넘어 하나님 안에서 서로 존중하고 서로를 충분히 이해하도록 노력해야 합니다. 또한 저들도 하나님의 그 거룩한 뜻과 명령을 수행하는 일에 동참케 함으로써 하나님께 영광을 돌리게 해야 합니다.

우리 모든 성도는 창조주 하나님의 뜻과 명령을 수행하는 사람들이므로 (1) 모든 것을 하나님의 뜻과 명령에 따라 해야 합니다.

그렇게 하려면 모세처럼 하나님께서 나에게 무엇을 하게 하시는지 하나님에 의해 확실히 알아야 합니다. 그것을 명확하게 알지 못한 상태에서 하나님의 일을 하면 확신이 없이 일하게 됩니다. 이런 사람은 조그만 유혹과 시련이 와도 쉽게 중심이 흔들리고 할 일을 잊거나 못하게 됩니다.

모세처럼 하나님께서 친히 명령과 뜻을 말씀해주시면 가장 좋겠지만 그렇지 못하다면 아론처럼 하나님께 명령을 분명히 받은 사람으로부터 정확하게 전달받아야 합니다.

오늘날은 확실하게 예수 그리스도를 영접한 성도들이 성경말씀을 읽고 들을 때, 그 안에 거하시는 성령에 의해 하나님의 명령과 뜻을 분명하게 들을 수 있습니다.

그리고 하나님의 명령과 뜻을 분명히 듣고 받은 사람을 만나게 해주셔서 특별하고도 거룩한 하나님의 뜻과 명령을 분명하게 전달받을 수 있는 사람으로 성장되어야 합니다. 모든 성도들은 이런 은총을 입을 수 있는 사람으로 잘 준비되어야 합니다.

(2) 모든 하나님의 일꾼들(성도들)은 무엇을, 언제, 왜 해야 하는지를 명확하게 알고 일해야 합니다.

한두 사람만이 아니라 동역자들 모두가 그렇게 할 수 있어야 합니다.
더 나아가서 모든 지체들이 그렇게 할 수 있을 정도로 교회에서 예수를 머리로 하여 한몸을 이룬 개개인이 치료되고 변화되고 무장되고 성숙되어야 합니다.

무엇을 언제 왜 해야 하는가를 정확하게 알지 못하는 개인과 그룹과 교회는 각각 다른 목표를 가지고, 다른 방법과 수단으로 하나님의 일을 하게 됩니다. 그렇게 되면 하나님의 뜻과 명령을 제대로 이루어드릴 수 없습니다.
그런데 오늘날 이런 성도와 교회와 단체가 많습니다.

(3) 우리는 위와 같이 할 수 있을 뿐 아니라 그 모든 것을 **어떻게, 어떠한 수단으로 하는지**를 분명히 알아야 합니다.

모세가 하나님의 뜻과 명령을 이루기 위해서 '**기적들**'을 행하도록 명령을 받고 그런 능력을 받게 된 것처럼 할 수 있어야 합니다.

하나님은 모세를 애굽으로 보내셔서 하나님께서 하라고 하신 말씀을 그대로 전하라고 하셨을 뿐 아니라 그에 따라 기적(하나님의 권능)을 행하여 보이게 하셨습니다. 모세가 바로 왕을 만나자마자 기적을 보이게 하셨고, 이스라엘 백성이 애굽에서 나와 가나안에 이르는 동안 끊임없이 기적이 나타나게 하셨고, 가나안을 정복할 때에도 마찬가지였습니다.

하나님의 권능의 역사(기적)**가 없이는** 이스라엘의 해방도, 가나안까지 가는 것도, 가나안을 정복하는 것까지도 불가능했습니다.

우리 그리스도인 한 사람 한 사람이 예수 믿고 구원얻는 **전 과정이 기적**입니다.

창세전에 선택을 받는 것, 성령에 의해 영혼이 재창조되는 것, 하나님께서 예수 그리스도로 하여금 인간의 몸을 입게 하셔서 이 땅에 보내시고 나의 모든 죄를 담당하게 하셔서 죽으시고 부활하게 하신 것, 내가 그 예수 그리스도를 확실히 믿는 것, 성령이 내 안에 오시는 것, 내가 날마다 치료되고 변화되고 성숙되어지는 것, 점점 거룩해지는 것, 예수 그리스도를 닮아가는 것, 모든 성도들과 내가 예수 그리스도를 머리로 한몸이 되는 것, 하나님께 부르심을 받고 하나님의 일꾼이 되는 것, 기도하는 것마다 헛되지 않는 것, 이 험한 세상에서 전도자가 되고 전도할 수 있게 하시는 것, 모든 기적의 역사를... 이 모든 것이 하나님의 권능의 역사의 결과입니다.

그러므로 우리는 **하나님의 모든 뜻과 명령을 수행**하려고 할 때에도 반드시 **이 하나님의 권능을 힘입는 사람**이 되어야 합니다. 이것이 또한 **내가 하나님의 명령을 받은 사람이라는 증거**가 됩니다. 그리고 이런 것이 바로 다른 종교의 사람들과 우리 하나님의 사람들의 일이 **전혀 다름을 확증**해보이는 것이 됩니다.

그래서 사도 바울이 고린도교회 지도자들이 잘못하고 있을 때 "**내가 너희에게 가면 너희가 얼마나 말을 잘하는지가 아니라 너희에게 하나님이 주신 능력이 있는지를 보겠다**" 한 것입니다.

거짓 종들의 특징은 말은 누구보다도 잘하지만 결코 하나님의 능력이 없다는 것입니다. 그들에게서 이적과 기적이 나타난다면 그것은 **악령들에 의한 것**일 뿐입니다.

그러므로 모든 하나님의 일꾼, 특히 목사들과 선교사들은 "**나도 하나님이 부르시고 명하신 하나님의 사람이다**"는 **확신**이 있어야 합니다. 그리고 '**하나님의 능력을 힘입고** 그것을 하나님의 뜻을 이루고 명령을 수행할 때마다 **나타내보이는 사람**'이 되어야 합니다.

하나님께서 친히 부르시고, 만나주시고, 명령해주시는 사람이 어찌 능력을 받지 않을 수 있겠습니까? 만약 이런 것을 믿지 못하고 이에 대해 다른 말을 한다면 그는 하나님께서 친히 부르시고, 만나주시고, 명령해주시는 사람이라고 인정할 수 없는 사람입니다. 더욱이 **하나님을 제대로 모르는 사람**이요, 믿지 않는 사람입니다.

제 26 강

이스라엘 백성이 모세와 아론을 믿음

〈출4:29~31〉
29모세와 아론이 가서 이스라엘 자손의 모든 장로를 모으고 30아론이 여호와께서 모세에게 이르신 모든 말씀을 전하고 그 백성 앞에서 이적을 행하니 31백성이 믿으며 여호와께서 이스라엘 자손을 찾으시고 그들의 고난을 살피셨다 함을 듣고 머리 숙여 경배하였더라

> 29절/ 모세와 아론이 가서 이스라엘 자손의 모든 장로를 모으고
> 30절/ 아론이 여호와께서 모세에게 이르신 모든 말씀을 전하고 그 백성 앞에서 이적을 행하니
> 〈더 정확한 번역〉
> 30절/ 그 백성 앞에서 이적을 행하니⇒모세는 모든 백성들 앞에서 기적들을 보여주었다.

모세와 아론은 드디어 애굽으로 갔습니다.
애굽에 도착해서 제일 먼저 한 일은
[1] '**이스라엘 장로들을 모으고 여호와께서 모세에게 이르신 모든 말씀을 전하는 것**'이었습니다.

하나님께서 모세를 애굽으로 보내신 이유는 이스라엘 백성들을 애굽에서 해방시키시기 위해서였습니다. 따라서 그 백성들에게 그들의 해방과 관련한 모든 말씀을 알게 해주는 것은 가장 먼저 할 일이었습니다.

(1) 이것은 하나님께서 이스라엘의 조상들에게 **약속하신 것을 잊으시거나 어기지 않으시고 이제 이루어주시겠다는 사실을 먼저 알려주는 것**입니다.

(2) 이스라엘이 해방되는 일은 **어디까지나 하나님의 계획과 뜻과 약속에 기인하여 이루어짐**을 알게 해주는 것입니다.

1) 우리 하나님의 백성들에게 이루어지는 모든 일은 결코 우연이 없으며 전적으로 **하나님의 뜻과 계획에 의해** 이루어집니다.

그러므로 **우리는 우리에게 이루어지는 모든 일을 신중하게 받아들이고, 귀하게 여겨야** 합니다.

이것을 알지도 못하고, 잘못 받아들이고, 잘못 처신함으로써 하나님을 실망시키고 노엽게 만드는 사람들이 많이 있습니다.

2) 우리는 하나님께서 이루시는 모든 일들이 **우리에게 가장 복되고 유익하도록 이루고 계심을 믿고 항상 기뻐하고 범사에 감사해야** 합니다.

인간적으로 불편하고 힘들다고 **원망불평하거나 범죄하지 말아야** 합니다.

3) **우리는 모든 일들이 하나님께 영광이 되게 해야** 합니다.

모든 일을 하나님께서 계획하시고 뜻하시고 이루고 계시는데 어찌 그것들을 가지고 특혜를 누리면서 하나님의 영광을 가릴 수 있겠습니까?

따라서 우리는 기쁠 때나 괴로운 때에도 모든 것이 하나님께 영광이 되게 하기 위해 **항상, 쉬지 말고 기도해야** 합니다. 이런 일은 잘할 생각도 못하고 그저 육신적인 것들에 치심하고 그것을 구하려고 모든 것을 다 써버리기 때문에 하나님께서 주시는 특별한 은혜들을 헛되고 욕되게 하여 하나님의 영광을 가리는 사람이 되는 것입니다.

(3) **그러므로 이스라엘 백성은 이 하나님의 거룩하고 위대한 일을 방해하는 것이 아니라 협력자, 동참하는 사람이 되어야** 합니다.

그래서 모세와 아론은 "이스라엘 자손의 모든 장로들에게" 그 모든 것을 말해준 것입니다.

그런데 대부분의 이스라엘 백성들이 **방해자**가 되고 심지어 하나님을 **배신**함으로써 약속된 놀라운 복을 **다 잃어버리고 도중에 죽고** 말았습니다. 아주 소수의 사람, 즉 애굽에서 나올 때 20세 이상 되어 나온 사람 중에 오직 여호수아와 갈렙 두 사람만이 그 거룩한 하나님의 일에 **협력자**와 **동참자**가 되어 **약속하신 젖과 꿀이 흐르는 땅을 차지**했습니다.

그런데 그 대부분의 이스라엘 백성들이 중도에 멸망하게 된 데에는 **믿음없는 지도자들이 믿음없는 말로 백성들을 크게 두려워하게 한 것**이 큰 원인이 되었습니다. 장로들이 **제 구실을 잘하지 못한 것**이 수많은 백성들이 죽는 원인이 된 것입니다.

그래서 하나님은 모세와 아론이 애굽에 도착하자마자 이스라엘 장로들을 다 모아서 하나님의 말씀을 전하게 하셨는데 그들이 **하나님의 거룩한 의도를 알아차리지 못하고 경거망동함으로써** 그들과 자손들 모두가 젖과 꿀이 흐르는 땅으로 들어가지 못하고 멸망하고 말았습니다.

그러므로 목사와 교회지도자들이 얼마나 중요한 위치에 있는가를 잠시도 잊지 말아야 합니다. 그리고 그 위치에서 하나님의 일꾼 노릇을 정신 바짝 차리고, 잠시도 해이해지지 말고 죽기까지 충성되게 해야 합니다.

나는 이런 목사인가, 이런 지도자인가 정직하게 살펴보시기 바랍니다.

여기서 우리 **모든 하나님의 일꾼들이 알아야 할 것이 있습니다.**

하나님의 일꾼들은

(1) **하나님께서 그 백성들을 위해 무엇을 계획하시고 뜻하고 계신지를 정확히 알아야** 합니다.

이것을 제대로 모르고 목회하고 전도하는 사람은 진정한 하나님의 일꾼이라고 할 수 없습니다. 이런 사람들은 **자기의 일, 사람들의 일을 하는 사람**이 될 수밖에 없습니다. **결코 하나님께 상 받을 수 없는 사람**입니다.

(2) **이를 위해 무엇보다 먼저 하나님의 말씀을 연구하는 일에 힘써야** 합니다.

더 나아가 모세처럼 **하나님께서 친히 말씀해주실 것을 간절히 기도해야** 합니다. 이런 일을 게을리하고 다른 일에 시간과 정성을 쏟기 때문에 모세와 아론과 같은 하나님의 진정한 종이 되는 은총을 누리지 못하고, 하나님의 백성을 하나님의 뜻에 따라 잘 보살피고 잘 이끌지 못하는 사람들이 많은 것입니다.

(3) **하나님께서 알게 해주시고 깨닫게 해주시고 친히 말씀해주신 것들을 하나도 잊지 말아야** 하고 **그 모든 것을 그대로 하나님의 백성들에게 말해주어야** 합니다.

하나님께서 알게 하시고 깨닫게 하시고 친히 말씀해주시는 것들에서 **무엇을 더하거나 빼는 사람들**이 있습니다. 또 그것을 **불충실하게 전하는 사람**들이 있습니다. 또 어떤 사람은 그것을 그대로 전해주면 사람들이 싫어하고 대적할까 두려워하여 입을 다물고 있거나 단지 몇 사람에게만 전해주는 사람이 있습니다.

이런 사람들은 **누구보다도 게으르고 악한 종**입니다.

[2] 모세는 말씀을 다 전한 후에 "모든 백성들이 보는 앞에서 기적들을 보

여주었다"** 했습니다.

그 이유는
(1) 이스라엘 장로들에게 전해주는 그 말씀들은 **자신들의 말이 아니라 여호와 하나님의 말씀임을 깨닫고 믿게 하기 위함**이었습니다.

아무리 하나님의 약속이고 하나님이 친히 하신 말씀이라도 그 **은총을 누릴 사람이 그것을 하나님께서 하셨다는 것을 모르거나 믿지 않는다면 아무것도 그들의 것이 될 수 없습니다.** 그래서 하나님은 호렙산에서 모세를 부르시고 명하실 때에도 **기적들을 보여주셨던** 것입니다. 이스라엘 장로들은 모세보다 **훨씬 영적으로 준비가 되지 못한 사람들**이므로 그들이야말로 하나님의 기적이 필요했던 것입니다.

(2) 이스라엘 백성이 애굽에서 해방되는 일은 **오직 하나님의 권능으로만 이루어지는 것임**을 처음부터 알게 하시기 위함입니다.

이스라엘의 출애굽은 계획 단계부터 가나안에 들어가기까지 전 과정이 **하나님의 단독 역사에 의한 것**이고 **하나님의 권능에 의해 이루어진다는 사실**을 하나님은 이스라엘 모든 백성과 온 세상 사람들도 알게 하시는 것입니다.

> 31절/ 백성이 믿으며 여호와께서 이스라엘 자손을 찾으시고 그들의 고난을 살피셨다 함을 듣고 머리 숙여 경배하였더라

〈더 정확한 번역〉
> 백성이 믿으며 여호와께서 자기들을 찾아오셨다는 것과 자기들의 괴로움을 알고 계시다는 말을 듣고 머리 숙여 경배하였다.

[1] **"백성이 그 기적들을 보고 믿었다"** 했습니다.

하나님께서 그들로 하여금 믿게 하기 위해 모세를 통해 기적을 나타내보이게 하시고 또 **그들의 마음을 열어 믿도록 역사하신 것**입니다.

아무리 기적을 보여주어도 하나님께서 그 마음을 열어주시지 않으시면 결코 믿지 못합니다.

하나님은 이제 이스라엘 백성을 애굽에서 해방시켜주시려고 그 장로들의 마음을 열어 믿게 하신 것입니다. **하나님께서 돕지 않으시면** 아무리 하나님의 선택된 백성이라도 아무 은총을 누릴 수 없습니다.

그러므로 우리 모든 그리스도인들은 내가 예수 그리스도를 믿고 구원얻게 되고 지금까지 그리스도인으로 존재하는 **모든 은혜들, 하나님의 도우심을**

기억하고 범사에 감사해야 합니다.

[2] 그들은 "여호와께서 자기들을 찾아오셨다는 것과 자기들의 괴로움을 알고 계시다는 말을 듣고 머리 숙여 경배했다" 했습니다.

(1) 이스라엘 백성들은 조상들을 통해 자기들이 하나님의 백성임을 어느 정도는 알고 있었으나 400년 동안 노예로 생활하며 하나님이 자신들을 버리셨다고 여기고 있었습니다.

그래서 그들 중 많은 사람들이 고통 속에서 하나님을 원망했습니다.
그런데 모세가 그들에게 와서 하나님의 말씀을 전해주고 그 증거로 기적들을 보여주자 "이제야 우리 조상의 하나님이 우리를 찾아오셨구나" 하고 깨닫게 된 것입니다.

하나님께 선택받은 사람이라도 거룩한 뜻에 따라서 일정한 기간 동안 극심한 어려움을 겪으며 지낼 수 있습니다. 그러나 때가 되어 성령에 의해 그 영혼이 거듭나고, 복음을 듣고, 깨닫게 될 때 천지만물을 지으신 하나님께서 자기를 찾아주시고 구원해주시는 사실을 알고 믿게 되는 것입니다.

또한 이미 신앙인이 되었으나 시험에 빠져서 극심한 고통을 겪고 있을 때 다시 하나님이 찾아오셔서 본래의 자리로 돌아가게 하시는 것을 경험하기도 합니다.

우리 하나님은 이렇게 당신의 사람들을 찾아주심으로써 우리가 구원을 얻고 하나님의 백성, 하나님의 자녀로 이 험악한 세상에서 존재하며 그 젖과 꿀이 흐르는 땅으로 나아가게 해주십니다.

(2) 이스라엘 백성은 하나님께서 자기들의 괴로움을 무관심하지 않으시고 다 알고 계심을 깨닫게 되었습니다.

그들은 자신이 당하고 있는 괴로움을 자기 자신이 가장 잘 알고 있다고 여기고 있었습니다. 그러나 사실은 하나님께서 그들의 고통을 더 세심하게 잘 알고 계셨습니다. 그만큼 하나님은 그 긴 세월 동안에도 잠시도 그들을 잊거나 외면하거나 버리지 않으셨습니다.

그들이 400년 동안이나 극심한 고통을 겪게 된 것은 하나님의 거룩한 뜻이 있었습니다.

1) 하나님은 애굽의 죄가 아귀까지 차서 그들을 고꾸라뜨리실 때까지 기

다리고 계셨습니다.

이스라엘 백성들이 큰 고통을 겪을 동안 애굽 사람들에게는 그래도 긍휼과 자비를 베푸셨습니다. 하나님은 선택하시지 않은 백성들에게도 오래 참으시고 긍휼과 자비를 베푸시는 분이십니다.

2) 하나님은 아브라함과 이삭과 야곱에게 약속한 땅에 살고 있던 가나안 족속들의 죄가 아귀까지 찰 때까지 기다리고 계셨습니다.

가나안 족속들은 그 400년 동안 이스라엘 백성들이 살기에 세상에서 가장 좋은 '젖과 꿀이 흐르는 땅'이 되도록 열심히 가꾸었습니다.

하나님이 가나안 족속들에게 오랫동안 긍휼과 자비를 베푸시는 한편 이스라엘 백성들로서는 손 하나 까딱하지 않았는데도 비옥한 땅이 되게 하신 것입니다.

하나님의 섭리는 이렇게 놀랍고 신비합니다.

하나님의 사람들이 아무리 고달픈 상황에 있을지라도 그 시간 동안 하나님은 다른 편에서 그들을 위해 끊임없이 좋은 것들을 준비하고 계십니다. 또한 하나님의 사람들에게는 모든 상황이 합력하여 선이 되게 하셔서 모든 것이 복이 되게 하시고 하나님께는 영광이 되게 하십니다.

하나님께서 불신자, 우상숭배자들에게도 그들이 애쓰고 힘쓴 만큼 일반 은총을 베푸셔서 풍요를 누리게 해주십니다. 그러나 때가 되면 그들이 범죄한 만큼 반드시 벌을 내리십니다. 그리고 그들이 애써서 이루어 놓은 것들은 하나님의 백성들에게 유익이 되고 복이 되게 하십니다.

'하나님의 섭리의 양면성'은 창세 이래 변함없이 이 세상에 끊임없이 나타나고 있습니다.

그러므로 우리 모든 그리스도인은 이 세상과 인류 역사의 주인공이 하나님의 사람들임을 잊지 말아야 합니다. 그리고 아무리 어렵고 힘든 상황에서도 의심하거나 원망 불평하지 말아야 합니다. 더욱이 하나님을 배신하는 어리석은 자가 되지 말아야 합니다.

(3) 하나님은 이스라엘 백성이 하나님을 찾고, 하나님을 의지하며 간절히 부르짖어 기도하기를 원하시고 기다리셨습니다.

하나님의 사람들은 상황이 어떻든지 늘 하나님을 주인 삼고, 하나님을 찾고, 예배하고, 기도하는 것이 우리의 행복의 첩경이요, 기반임을 잊지 말아야 합니다. 우리는 불신자, 우상숭배자들이 화려하게 사는 것을 보면서 위와 같은 것은 소홀히 합니다. 그러므로 우리는 그러한 시험에 빠지지 않도록 쉬지 않고 기도해야 합니다. 우리가 이것을 날마다 하지 못하면 쉽게 시험에 빠집니다.

이렇게 사는 사람들이 신속하게 다시 본래의 자리로 돌이키지는 않고 그 상태로 남아있습니다. 그러면서 하나님을 점점 더 잊어가고, 멀리하며, 세상에 휩쓸려가면서 지금 내가 원하는 것을 더 달라고 생떼를 씁니다. 이런 사람은 잘못된 자신과 생활을 말씀에 비추어보고 회개해야 합니다. 그러나 대부분의 사람들은 이런 것을 할 줄 모른 채 오히려 더 하나님을 의심하고 원망하고 불평합니다. 점점 더 하나님을 잊어가고 멀리하게 됩니다. 나는 이런 사람이 아닌지 돌아보시기 바랍니다.

여기서 우리가 깨달아야 할 것이 있습니다.

(1) 그리스도인들은 나 자신과 내 사정을 그 누구보다도 하나님께서 더 자세하게, 정확하게 알고 계신다는 사실을 잊지 말아야 합니다.

우리는 스스로를 가장 잘 아는 것 같지만 실상은 10%도 제대로 모릅니다. 그것을 잘 알 수 있는 능력이 우리에게는 없습니다. 따라서 내 형편, 즉 과거와 현재와 미래에 대해서 제대로 모르며, 안다고 해도 잘못 알고 있습니다.

그러므로 우리 그리스도인들은 항상 하나님을 전적으로 의존해야만 합니다. 이것을 얼마나 제대로 하느냐에 따라서 그 사람의 인생의 성패가 좌우됩니다.

우리는 눈앞의 현실에만 집착하지 말고 하나님을 더 잘 알기 위해서 힘써야 합니다. 하루도 거르지 말고 성경 말씀을 읽고, 연구하고, 배워야 합니다. 그리고 다윗처럼 하나님을 더 잘 알게 해달라고 날마다 기도해야 합니다.

다윗은 누구보다도 바쁘고 고달픈 생활을 했습니다. 그는 끊임없이 전쟁을 수행해야 했고, 이스라엘 백성뿐 아니라 정복한 나라의 백성들을 하나님의 뜻 가운데서 잘 보살펴야 했습니다. 또 수많은 사신을 접견하고 신하들과 수많은 회의를 해야 했습니다. 그러면서 개인적으로 하나님의 말씀을 공부하고 기도하기를 열심히 했습니다. 그리고 하나님을 더 잘 예배하기 위해 수천 명의 성가대를 만들고 키우고 자신이 직접 작사, 작곡도 했습니다. 그리고 성령의 영감을 받아 성경을 기록하는 일도 했습니다. 이렇게 다윗은 너무도 바쁜 나날을 보냈으나 그가 가장 하나님께 바라며 구한 것은 "하나님을 더 잘 알게 해주옵소서" 였습니다.

그 결과 다윗은 **인류역사상 영육 간에 최상의 복**을 다 받아 누렸습니다.

(2) 우리는 언제나 하나님의 뜻과 명령대로 모든 것을 해야 합니다.

내 생각과 뜻대로 하면 결과는 보잘것없이 되고 맙니다. 그러므로 우리는 작은 일이든, 큰 일이든 먼저 하나님께 말씀드리고 의논해야 합니다. 그리고 하나님의 뜻을 잘 알고 하나님의 인도를 **간절히 구해야 합니다.** 그래서 우리는 주야로 하나님이 주신 성경 말씀을 **연구하고 묵상해야 합니다.** 그 안에 시대를 막론하고 **하나님의 변하지 않는 대원칙**과 모든 방법이 기록되어 있습니다. 그러므로 우리는 우선 그것부터 잘 알아야 합니다.

그리고 **성령의 지시와 인도**를 자세히 받을 수 있어야 합니다. 이렇게 할 때 가장 좋은 결과가 나타납니다. 왜냐하면 **우리가 그렇게 하는 모든 일을 하나님께서 능력으로 도우시기 때문**이며 또 복을 내려주시기 때문입니다.

[3] 그때 비로소 이스라엘 장로들은 "머리 숙여 하나님께 경배했다" 했습니다.

(1) 하나님께서 만나주시고 도와주시는 것을 알게 된 사람은 **먼저 하나님께 경배를 드려야** 합니다.

하나님께 예배(감사, 찬송)**한다는 것은 그 사람이 하나님을 만난 사람**이고, **하나님의 사랑을 입은 사람**임을 가장 분명하게 나타내는 **증거**입니다.

끊임없이 하나님의 사랑과 긍휼과 자비를 받으면서 하나님께 예배할 줄 모르거나 즐겁게 예배하지 못하는 사람은 참으로 **염치없는 사람**이고 무지몽매한 사람입니다.

(2) 그러나 이때 이스라엘 장로들의 경배는 **하나님께서 인정하시고 기뻐하실 만큼 성숙하지 못했습니다.**

이들은 이후 더 큰 하나님의 권능의 역사를 계속해서 눈으로 보고 체험하게 되었으므로 그만큼 **더 뜨겁고 정성을 다한 예배를 드려야** 했습니다. 그런데 그들은 그렇게 하지 못했습니다. 그들은 조금만 힘들고 괴로우면 예배는커녕 서슴없이 **의심하고 불신하고 원망하고 불평**했습니다. 그래서 그들이 그렇게 한 것만큼 큰 화를 당했습니다.

그리스도인은 시간이 지날수록 **점점 더 많은** 하나님의 사랑과 긍휼과 자비를 입고 있다는 것을 깨달아야 합니다. 따라서 아무리 힘들고 괴로운 일을 만나도 이스라엘 백성들처럼 **경거망동하지 말아야** 합니다. **더욱더** 온 정성을 다한 예배를 드리기 위해 잘 준비하고 성숙해야 합니다.

이스라엘 백성들이 이것을 제대로 할 줄 모르고 가식적이고 형식적인 예배나 드리다가 하나님께 큰 징벌을 받고 심지어 멸망을 당했습니다.

많은 현대 교회들이 옛날 이스라엘 백성들처럼 합당하지 못한 예배를 드리고 있습니다. 건물을 더 크게 짓고 사람 숫자를 많게 하는 일부터 신경 써서는 안 됩니다. **끊임없이 저지르고 있는 어리석음을 속히 깨닫고, 회개하고, 예배다운 예배를 드려야** 합니다. 이 일은 **목사와 교회지도자들이 먼저 정신 차리고 해야** 합니다.

제 27 강

내 백성을 보내서 광야에서 나에게 절기를 지킬 수 있게 하여라

〈출5:1〉
그 후에 모세와 아론이 바로에게 가서 이르되 이스라엘의 하나님 여호와께서 이렇게 말씀하시기를 내 백성을 보내라 그러면 그들이 광야에서 내 앞에 절기를 지킬 것이니라 하셨나이다

(1) 모세와 아론은 이스라엘 장로들에게 하나님의 모든 말씀을 전한 후 곧 바로 바로 왕에게 갔습니다.

1) 모세와 아론이 그 누구도, 죽음도 두려워하지 않음을 알 수 있습니다.

하나님은 모세와 아론이 먼저 이런 사람이 되게 하신 후에 세계 최강자 바로에게 가게 하셨습니다.
하나님의 명령과 뜻을 준행하는 사람은 하나님 외에 그 누구도, 무엇도 두려워하지 않게 되어야 합니다. 그렇지 않으면 어떤 사람이나 권세나 핍박받는 것과 손해 보는 것을 두려워하여 하나님의 명령과 뜻을 즉시, 그리고 온전히 수행할 수 없습니다.
많은 사람들이 준비도 없이 하나님의 일을 함으로써 정직하고 충성된 일꾼이 되지 못합니다.
모든 하나님의 일꾼은 모세와 아론과 같은 사람이 되기 위한 준비와 훈련을 잘해야 합니다. 적어도 하나님께서 불러주셨다는 확신이 분명해야 합니다. 그리고 하나님과 긴밀하게 교통하는 사람이 되어야 합니다.
기도도 제대로 할 줄 모르고, 기도의 문이 열리지 않은 사람, 즉 하나님과 대화가 부실한 사람, 기도하지 못하게 하고 게으름 피우게 하는 악한 영도 물리치지 못하는 사람은 이런 일꾼이 될 수 없습니다.

2) 모세는 적의 우두머리부터 상대하여 싸우기 시작했습니다.

모세는 이스라엘의 해방을 위해 바로의 신하 중에서 힘이 있는 자나 재력이 있는 자나 영향력이 있는 사람을 먼저 찾지 않았습니다. 다른 나라의 통치자들을 만나서 협조를 구하지도 않았습니다. 가장 큰 권세를 가진 애굽 왕 바로를 곧바로 상대했습니다.

이것 또한 모세의 의도가 아니라 하나님께서 모세를 처음 부르셨을 때 **친히 말씀**해주셨습니다. 그리고 바로에게 무슨 말을 어떻게 하고, 무엇을 보여줄지 **상세히 가르쳐주셨습니다.** 하나님께서 이렇게 **지시**해주시고 **명령**해주시고 **기적의 증거들**을 주시지 않았다면 모세는 바로부터 상대할 수 없었을 것입니다.

그러므로 **하나님의 일꾼들은 하나님을 만나고 하나님께 명령을 받아야** 합니다. 모든 일은 **하나님의 뜻이 무엇인지 알고 처음부터 끝까지 하나님의 지시와 인도를 받으며** 해야 합니다.

이런 것은 옛날에나 가능한 일이 아닙니다. **하나님은 예나 지금이나 동일하시고 전혀 변함이 없으십니다.** 다만 지금은 **하나님께서 친히 부르시고, 만나주시고, 말씀해주시고, 확실한 증거를 보여주실 수 있는 사람이 너무 희귀할 뿐**입니다.

많은 일꾼들이 자기의 생각이나 계획으로 일을 하려하고, 사람들과 의논해서 하려하고, 돈이나 세상의 것들을 사용해서 하려고 합니다.

그렇게 하면서 '이것이 다 하나님의 일이니 형통하게 하시리라' 생각합니다. 그러나 그것은 처음부터 **사람의 계획**이고, **사람의 수단**으로 하는 것이므로 하나님께서 전적으로 함께해주시지 않습니다. 그 결과는 많은 시간과 물질과 인력이 **낭비**될 뿐입니다.

3) 모세가 먼저 바로를 상대하게 하신 것은 **장차 오실 예수 그리스도께서 악의 세력의 우두머리인 사탄을 상대로 싸우실 것**에 대한 예표입니다.

애굽 왕(사탄을 상징)이 모세가 태어나자마자 죽이려고 했고 헤롯 왕(사탄을 상징)도 예수 그리스도가 태어나자마자 죽이려고 했습니다.

그러나 모세가 바로를 상대로 싸워서 완승해 이스라엘 백성들이 깨끗이 해방된 것처럼 **예수 그리스도께서** 사망 권세를 깨뜨리심으로써 모든 하나님의 선택된 사람들이 완벽하게 영생구원을 얻게 되었습니다.

하나님은 모세가 애굽에 가자마자 바로부터 상대하게 하심으로써 세상 모든 사람으로 하여금 이런 놀라운 섭리를 알게 하셨습니다.

오늘날 하나님의 일꾼들도 사탄에게 붙잡힌 사람이나 권세가 아니라 **악의 우두머리인 사탄을 상대**로 싸우는 것입니다. 그러므로 우리도 모세처럼

하나님께서 함께하시는 사람이 되어야 사탄과 그 세력을 물리치고 이길 수 있습니다.

그런데 진정한 믿음을 소유하지 못한 사람, 하나님이 누구신지 분명히 알지 못하는 사람, 하나님을 경외하지 못하는 사람, 하나님이 함께하시는 증거가 확실하지 못한 사람들이 많습니다. 이런 사람이 하나님의 일을 하면 **사탄과의 싸움에서 항상 패배하게 됩니다.**

(2) 모세는 바로에게 말을 시작할 때 **"이스라엘의 하나님 여호와께서 이렇게 말씀하셨다"** 라고 했습니다.

모세는 바로에게 온 **가장 근본적인 이유**부터 밝히고 있습니다.

이제부터 모세가 하는 말과 일은 **"이스라엘의 하나님 여호와께서 하시는 것"** 임을 처음부터 분명히 말하는 것입니다.

"여호와 하나님, 즉 스스로 계시고 유일하신 하나님, 우주 만물을 지으시고 통치 주관하시는 하나님께서 너에게 이렇게 말하라고 하셨다"고 말하는 것입니다.

하나님께서 하게 하신 말씀이므로 모세는 당시 세계 최고 권력자에게 당당히 말할 수 있었으며 바로는 그저 들어야만 했습니다. 그런데 바로는 처음부터 **하나님 앞에서 해서는 안 될 말**을 함으로써 **큰 교만 죄와 불경 죄**를 저질렀습니다. 바로 스스로가 하나님께서 그를 엄중하게 다스릴 수밖에 없는 사람임을 확연히 드러낸 것입니다.

멸망당할 자들은 아무리 하나님께서 친히 상대하여 명령하셔도 **경거망동합니다.** 이러한 자들은 참으로 저주받은 자들입니다.

(3) 하나님께서는 **"이스라엘은 내 백성이다"** 라고 말하게 하셨습니다.

바로가 가장 먼저 들은 하나님의 말씀은 "이스라엘은 내 백성이다"입니다. 하나님은 바로가 종으로 삼고 있는 백성을 **"내 백성"** 이라고 하셨습니다.

고린도전서 1장 28절에 **"하나님께서 세상의 천한 것들과 멸시받는 것들과 없는 것들을 택하사 있는 것들을 폐하려 하신다"** 했습니다.

모세는 이스라엘 장로들에게 말할 때는 하나님을 **"너희 조상의 하나님"** 이라고 말하도록, 바로에게는 **"이스라엘의 하나님"** 이라고 말하도록 명령을 받은 것입니다. 여호와 하나님을 이렇게 지칭하여 말하는 것은 성경 중에서는 이곳이 처음입니다.

창세기에 "**이스라엘의 하나님**(창33:20)"이라는 표현이 나오는데 이때의 '이스라엘'은 '야곱'을 가리킵니다. 그러나 여기서 이스라엘은 **이스라엘 백성**을 지칭했습니다.

하나님은 이렇게 바로(사탄)**에게** "여호와 하나님은 이스라엘의 하나님이다"를 분명하게 말하게 하셨습니다. 이 말씀은 **하나님께서 이스라엘 백성들을 세상에 존재하는 모든 사람 앞에서** 자랑거리로 삼고 그들을 특별히 사랑하신다는 사실을 보여줍니다.

더욱이 3절에는 "**히브리인의 하나님**"이라고 더 분명하게 말씀하셨습니다. '**히브리인**'은 당시 애굽 사람들 사이에서 천한 사람의 대명사로 쓰이는 말이었습니다. 하나님은 그 나라 왕 앞에서 "**나는 너희가 그토록 천하게 여기는 히브리인들의 하나님이다**"라고 하셨습니다.

"**너희는 이스라엘 백성을 보잘것없이 여기고 그들에게 함부로 하고 있으나 여호와 하나님, 나는 너희들이 아니라** 바로 그 히브리인들의 하나님이요, 그들이 바로 내 백성이다"라고 자랑스럽게 말씀하고 계십니다.

이 세상에서 불신자, 우상숭배자들이 성도들을 무시하거나 멸시하는 일이 얼마든지 있습니다. 또 성도들의 처지가 그들보다도 더 어려운 상태에 있을 수 있습니다. 그러나 **여호와 하나님은 바로** 그 성도들의 하나님이시고 그들은 하나님께서 특별하게 사랑과 은총을 베푸시는 자들입니다.

그러므로 우리 성도들은 하나님이 그 어떤 귀족이나 부자의 하나님이 아니라 **나의 하나님이요, 나를 특별히 사랑해주고 계신다는 사실을** 언제나 확실하게 인식하고 거룩한 긍지를 가지고 살아야 합니다. 그리스도인들은 결코 하찮은 존재나 쓸데없는 존재가 아님을 잊지 말아야 합니다.

이스라엘 백성이 애굽 땅에 사는 동안 애굽은 세계 제일의 부강국을 이루고 살았습니다. 그러나 **이스라엘 백성이 그 땅에서 나오자마자 애굽은 쇠퇴일로에 빠졌고 지금까지도 후진국 신세에 벗어나지 못하고 있습니다.** 그리고 그들은 그 이후 언제나 이스라엘을 가장 두려워했습니다.

하나님의 백성이 가는(있는) **곳은** 반드시 번영했습니다. 애굽이 그랬고, 소아시아가 그랬고, 로마가 그랬고, 미국이 그렇습니다.

한국도 조상대대로 우상만 섬기며 지내는 동안에는 가난과 침략의 고통에서 벗어날 날이 없었습니다. 조선시대 후기에 **외국 선교사들이 이 땅에 들어와서 순교를 당하며 복음의 씨를 뿌려서 하나님의 사람들이 점점 늘어나**

자 이 땅에도 개화의 물결이 일어나기 시작했습니다. 그런데 일제강점기 때 **신사참배로 많은 성도들이 우상에 절하며 타락해버리자** 해방의 기쁨이 가시기도 전에 6.25라는 끔찍한 동족 살상의 전쟁을 치르며 전국이 초토화돼버렸습니다.

그러나 그때 성도들이 **다시 회개하며 굶주림 속에서도 열심히 전도하자 성도의 수는 급격히 늘어** 이 나라가 근대화를 이루기 시작했고 전체 인구의 약 20% 정도가 크리스천이 되니 급속도로 발전해서 세계를 놀라게 하고 있습니다.

내가 이 세상에서 사람들에게 얼마나 인정받고 얼마나 우월한 위치에 있느냐가 중요한 것이 아닙니다. **하나님께서 나를 향해 "나는 너의 하나님이요, 너는 내 백성이다" 하고 확실하게 말씀하시는 사람이 되는 것**이 가장 중요합니다.

그러므로 우리 성도들은 **하나님을 나의 하나님으로 확실히 삼는 자**가 되어야 합니다. 하나님께서 내 영혼의 귀에 "너는 나의 자녀이다. 나는 너의 하나님이고 너와 항상 함께한다" 하시는 말씀을 쟁쟁하게 들을 때 나는 **모든 것을 가진 자**요, **항상 복을 누리는 자**가 됩니다. 이런 사람은 인간의 눈으로 볼 때 **괴롭고 슬픈 일까지도 반드시 복이 됩니다.**
우리의 주 관심사는 **내가 지금 얼마나 하나님의 사람이 되고 있느냐**가 되어야 합니다.

세상 만물이 다 하나님의 것이고, 모든 족속, 모든 사람도 하나님의 지배 아래 있었으나 아담의 범죄 이후에 그 후손들이 다 죄인들이 되어서 마귀의 자식들이 되고 말았습니다. 하나님은 오랜 세월 동안 모든 사람을 그 상태 그대로 내버려두셨으나 **아브라함의 때 모든 죄인 중에서 아브라함과 그 자손을 선택하여 하나님의 백성이 되게** 하셨습니다.

하나님은 모든 인간이 멸망당하게 하실 수 있었으나 **하나님의 영광을 위해** 그들 중 얼마를 선택하여 하나님의 백성이 되게 하셨습니다.
그래서 하나님은 **정하신 때에** 하나님의 백성을 창대하게 하시려고 이스라엘 백성을 세상에서 가장 비옥한 땅, 애굽의 나일강 삼각주에 있는 고센에서 살게 하셨습니다. 그리고 **때가 되자** 모세를 보내서 그들을 해방되게 하시고 **아브라함과 이삭과 야곱에게 약속해주신 젖과 꿀이 흐르는 땅으로** 인도하셨습니다.

하나님은 바로에게 이런 하나님의 뜻을 알게 하시려고 **"이스라엘은 내 백성이다"** 하셨습니다.

즉 하나님은 많고 많은 족속 중에서 이스라엘 백성은 하나님께서 **특별히 선택한 하나님의 백성**임을 바로(사탄)에게 분명히 밝히시면서 **"그러므로 너는 더이상 내 백성을 지체하지 말고 내보내라"** 하고 명령하신 것입니다.

하나님께서 선택하신 사람들은 모두 '하나님의 백성'입니다. 그들도 다른 사람들과 마찬가지로 태어날 때부터 죄인이지만 그들은 **하나님께서 특별히 선택하신 사람**들입니다. 따라서 그들이 **예수 그리스도**(모세)를 만나기 전까지는 바로(사탄, 애굽)의 지배와 속박 아래에서 온갖 고통을 당하지만 **예수 그리스도**(모세)**를 만나고 자기의 구주**(해방자, 구원자)**로 받아들이면** 바로의 지배와 죄의 굴레에서 벗어나고 하나님의 백성의 자리로 돌아오게 됩니다.

그러므로 하나님께 선택된 사람들은 예수 그리스도(모세)를 만나기 전, 즉 사탄(바로, 애굽)에 얽매여 있는 동안에도 그들은 **'하나님이 선택하신 하나님의 백성'**입니다. 이런 사람은 하나님께 선택되지 못한 사람들과는 **근본적으로 아주 다른 사람들**입니다.

이스라엘 백성이 애굽에서 오랜 세월 동안 고통당하며 신음하고 있을 때도 **그들은 하나님의 백성**이었고, **하나님의 시선**은 그들에게서 떠난 적이 없었으며, 고통 속에서도 하나님은 그들을 위해 **'젖과 꿀이 흐르는 땅'을 계속해서 준비하고** 계셨습니다.

모든 그리스도인(이미 해방된 자)은 어떤 형편과 처지에 있든지 **하나님의 사랑의 시선**이 끊임없이 나에게 드리워지고 있다는 것과 우리가 **예상도 하지 못하는 좋은 것들**을 하나님이 다 준비하고 계심을 명심하고 살아야 합니다. 그러므로 **우리는 항상 기뻐하고 범사에 감사하며** 살아야 합니다.

(4) **하나님은 그들을 내보내야 하는 이유**가 **"광야에서 내 앞에 절기를 지켜야 하기 때문이다"** 하셨습니다.

하나님께서 이스라엘을 **특별히 선택하셔서 하나님의 백성이 되게 하신 목적**은 **그들이 여호와 하나님을 섬기게 하시기 위함**이었습니다.

이스라엘 백성이 애굽에 있을 때 애굽 사람들처럼 우상을 섬기기도 했습니다. 그리고 조상을 통해 그들에게 무슨 약속을 한 신이 있다는 말은 들었지만 그 신이 누구인지 알지 못했습니다. 따라서 그들의 하나님을 섬길 줄도 몰랐습니다.

이제 하나님은 그들이 **우상의 소굴인 애굽에서 나와서 하나님이 준비해 놓으신 땅에서** 하나님을 제대로 알고 섬기게 하시겠다는 것입니다.

이것을 위해 하나님은 **모세**(예수 그리스도)**를 통해 그들에게 율법을 주시고** 하나님이 어떤 분이신지, 어떻게 하나님을 섬겨야 하는지 알게 하시고, 여러 절기를 지키며 구체적으로 섬기게 하셨습니다.

우리가 또 주시해야 할 말씀은 "그들이 광야에서 절기를 지키게 하리라"는 말씀입니다.

하나님께서는 이스라엘 백성들을 '젖과 꿀이 흐르는 땅'으로 가기 전에 '**광야**'로 가게 하셨습니다. 광야는 메마르고 황량하고 거친 곳으로 사람이 살기에 가장 어렵고 적합하지 못한 땅입니다.

사람의 눈으로 보면 **광야는 애굽과는 정반대로 사람이 살기에 가장 안 좋은 땅**입니다. 비록 애굽은 우상의 소굴이고 이스라엘 백성이 노예로 살던 곳이었으나 그곳은 당시 세상에서 가장 비옥하고 문명화된 땅이었습니다.

그런데 하나님은 왜 이스라엘 백성으로 하여금 그곳에서 나와서 '**광야**'로 가게 하셨을까요?

1) **애굽은 사탄**(바로)**이 지배하는 사탄의 왕국**이었기 때문입니다.

그곳이 아무리 물자가 풍부하고 잘 발달된 땅일지라도 **사탄을 섬기고 사탄이 지배하는** 곳이었습니다. 따라서 하나님은 이스라엘 백성을 우선 그 사탄의 지배에서 **벗어나게** 하셨습니다.

2) **우리 그리스도인들**(사탄의 지배에서 벗어나 하나님의 자녀가 된 자들)**에게는 이 세상**(애굽)**이 언제까지나 정착하고 살 수 있는 곳이 아니기 때문입니다.**

우리 그리스도인들은 **하나님의 뜻에 따라서**(이 땅에서 우리가 하나님의 뜻을 이루어야 하는 것) **하나님이 정하신 기한 동안 이 세상에서 살고 있지만 여기에 보물을 쌓고 도성을 쌓으려 해서는 안 됩니다.**

무엇보다도 세상 세상들(애굽 사람들)이 하는 것을 그대로 배워서는 안 됩니다. 우리는 **저들이 하는 모든 것**(모든 범죄)**을 거슬러 가야** 합니다. 그래서 우리는 **이 세상에서 무거운 짐을 지고 신음하며** 지내지 않을 수가 없습니다.

그래서 고린도후서 5장 2절에 "**참으로 우리가 여기 있어 탄식하며** 하늘로부터 오는 우리 처소로 덧입기를 간절히 사모하노라 우리는 이 천막집에 살면서 하늘에 있는 우리의 집을 덧입게 될 것을 고대하며 신음하고 있다" 했습니다.

하나님은 이스라엘 백성이 낙원이 아닌 '거칠고 메마른 광야'에서 하나님께 절기를 지키게 하겠다 하셨습니다.

하나님을 모르는 사람들은 이 세상과 육신의 안락에 모든 것을 겁니다. "어떻게 하면 좀 더 많은 것을 가지고 누릴까? 어떻게 하면 더 화려하고 큰 도시를 이룰까? 어떻게 하면 더 편리하게 살까?"하는 것이 최대의 관심사요, 목표입니다.

애굽 사람들이 그런 사람들이었습니다. 그런데 하나님은 그런 사람들에게 무엇을 진정으로 추구해야 하는지를 가르쳐주시고자 했습니다. 세상에 소망을 두지 않고 하나님께 소망을 두고, 세상이 아니라 하나님의 나라에 보물을 쌓고 건설하는 사람이 참으로 복 있는 사람이라는 사실을 깨우쳐주시려고 '광야'에서 절기를 지키게 하시는 것입니다.

하나님은 이스라엘 백성에게 젖과 꿀이 흐르는 땅을 주시겠다고 약속하셨고 그것을 미리 다 준비하고 계셨습니다. 심지어 이미 가나안 땅에 살고 있는 여러 족속을 멸하시고 그 땅을 주시겠다고 하셨고, 또 만국이 이스라엘 백성으로 하여금 복을 누리게 하겠다고까지 약속해주셨고 그 계획대로 추진하고 계셨습니다.

하나님은 사랑하는 사람들이 하나님의 은총으로 현세적인 복을 누리게 될지라도 어디까지나 "하나님과 그 나라에 소망을 두고 살아야 한다"는 것을 깨우쳐주셨습니다.

이스라엘 백성들이 하나님께 소망을 두고 하나님을 잘 섬기며 살 때 하나님이 더 큰 복을 누리게 해주셨으나 그들이 다시 세상 열락에 도취되어 우상숭배자들을 따라가 살 때마다 그 복을 다 잃어버렸습니다. 그러나 또다시 회개하고 하나님께 소망을 두고 살면 하나님은 잠시 후에 또 배반할 것을 아시면서도 여지없이 그들에게 현세적인 갖가지 복을 내려주셨습니다.

그러므로 우리 성도들은 하나님 나라에 보물을 쌓으려고 힘써야 합니다. 이 땅에서는 물론이요, '영원토록 복 받고 살기 위해' 신앙생활해야 합니다.

우리는 이 세상에서 부유해지거나 번성해지면 그만큼 교만과 불성실한 신앙생활에 빠지기 쉽다는 것을 명심해야 합니다. 부유함과 번성함 자체가 나쁜 것은 아닙니다. 그러나 인간이 워낙 부패하고 연약하므로 부와 번성을 합당하게 누릴 능력이 심히 부족하기 때문에 그 부와 번성함이 그만큼 온갖 문제를 일으키는 근원이 됩니다.

그러므로 부를 원하는 사람은 그 부를 합당하게 잘 간직하고 사용할 수 있는 '성숙한 신앙인'이 되기 위해 힘써야 합니다. 신앙은 퇴보하고 있는데 세상적인 욕심은 점점 커져 부해지고자 애쓰는 사람들은 위험한 길을 가고 있는 사람들입니다.

하나님께 부귀를 선물 받았는데 그것을 합당하게 관리하지 못하면 그만큼 하나님으로부터 무서운 추궁을 당합니다. 그러므로 부귀를 잘 관리할 줄을 모르는 사람이 부해지는 것은 복이 아니고 화입니다.

또 현세적으로 부하기를 힘쓰다 보면 현실이 가져다주는 것들 때문에 어쩔 수 없이 불합당한 자가 될 수밖에 없습니다. 밤낮을 가리지 않고 땀 흘리고 일해야 경쟁에서 이기고 성공하고 부자가 될 수 있기에 하나님의 계명들을 어기게 됩니다. 안식일도 범하게 되고, 술도 먹고, 유흥도 하고, 속임수를 쓰고, 도둑질도 하고, 심지어 하나님의 것까지 도둑질하게 됩니다. 이 세상에서 정직한 방법으로는 도저히 성공이나 부귀를 쟁취할 수 없다고 여기기 때문입니다.

바로 왕은 이스라엘 백성들을 부려가면서 화려한 도성을 쌓아 더 부강한 나라를 이루려고 했으나 점점 쇠퇴일로에 빠졌습니다. 그리고 이스라엘 백성은 하나님의 뜻에 따라 부강한 나라 애굽을 떠나서 하나님만을 섬기며 그 법에 따라 살기 위해 광야로 나가게 되었습니다. 이것은 현실적으로는 더 힘들고 어려운 처지에 빠지는 일이었으나 결과는 그렇지 않았습니다. 그들이 우상숭배의 세계와 인연을 끊고 오직 하나님만을 섬기고 하나님의 까다로운 법을 지키며 살 때 그들은 이전보다 더 강하고 복된 삶을 살았습니다.

그들이 인간적으로 특별히 잘났거나 잘한 일이 많았기 때문이 아닙니다. 40년 동안 광야의 행로에서 세상의 것들을 배우거나 얻을 것이라고는 없었습니다. 그리고 젖과 꿀이 흐르는 땅이라는 가나안 땅은 그 근방에 있는 아랍인들의 땅처럼 석유가 쏟아져 나오는 땅도 아니었습니다. 그러나 그들은 약속된 땅으로 들어가 하나님의 보이지 않는 손에 의해 돌보심을 받고 형통했으며 번성했습니다. 그들의 땅은 자자손손에게 하나님의 복이 쏟아지는 땅이었기 때문에 세계 어디에도 없는 젖과 꿀이 흐르는 땅이 된 것입니다.

그러므로 **인간적인 방법에만 나의 모든 것을 걸지 말아야** 합니다. 바로 왕과 애굽이 인간적인 방법을 잘못 써서 쇠퇴한 것이 아니요, 이스라엘 백성이 인간적인 방법을 잘 써서 성장한 것이 아닙니다. 지금 내가 처한 환경과 처지가 좋지 못하다고 성공하지 못하는 것이 아닙니다. 또한 환경이나 처지가 좋아서 성공하는 것도 아닙니다.

모든 것은 하나님의 손에 달려 있습니다. 하나님께서 함께해주시고 복을 주시는 사람이 되면 아무리 못난 인간도 위대한 인물이 되고 불가능한 일도 가능해집니다. 그러므로 먼저 나 자신이 **하나님 보시기에 합당한 사람, 하나님께 복을 받아 누릴 만한 사람**이 되어야 합니다.

지금까지 내가 개인적으로 계획한 대로 대체로 잘 되어왔다고 해서 내가 복 받은 자라고 여기지 말아야 합니다. 아무리 내 소원대로 이것저것이 잘 되었다 할지라도 하나님 보시기에 불합당한 자요, 불합당한 삶을 살면서 그렇게 되었다면 **결코 복이 아닙니다.** 불의한 씨는 반드시 불의한 열매를 맺는 법입니다. 비록 겨우 한두 개의 씨만 뿌릴지라도 **선한 씨를 뿌려야** 30배, 60배, 100배의 선한 열매를 거두게 됩니다.

만약 내가 하나님이 사랑하시는 사람이라면 하나님 보시기에 합당하지 못한 생활을 할 때 하나님은 내게 복을 주시기 전에 반드시 **채찍**과 **시련**을 먼저 주셔서 **내가 청소할 것을 청소하고 가다듬어질 것이 가다듬어진 다음에** 나를 위해 예비하신 진정한 복을 주십니다.

하나님은 **이스라엘 백성 전체**, 즉 한 사람도 빼놓지 않고 애굽에서 해방시키셨으나 **40년 동안이나** 광야에서 신앙생활을 하게 하시면서 젖과 꿀이 흐르는 땅을 차지할 자를 **가려내시고 계속 그들을 가다듬고 새롭게 하시며** 그 땅으로 인도하셨습니다.

그러나 그 숱한 시련과 채찍질을 **견디지 못해서** 걸핏하면 하나님을 **원망**하고 **배반**한 자들은 결국 가나안 땅에 들어가지 못하고 광야에서 차례로 다 죽었습니다.

하나님께서 **내게 주시는 채찍질과 불과 같은 시련을 통해** 회개할 것을 회개하고 고칠 것을 고치면서 나 자신을 골고루 속속들이 가다듬는 사람은 반드시 그 약속된 복을 누립니다.

오늘날 많은 교인들이 이 세상에서 더 가지고, 누리고, 자랑하며 살려고 온갖 정성을 쏟고 있습니다. 더 많은 물건, 더 큰 집을 가지려 하고, 이 세상에서 자자손손 부귀영화를 누리기 위해서 애를 쓰고 심지어 싸우기도 합니다. 그러느라고 성도답게 사는 일에는 실패하고 있습니다. 말씀을 주야로 읽고 묵상하는 일, 쉬지 않고 기도하는 일, 때를 얻든지 못 얻든지 전도하는 일, 성도를 사랑하며 하나가 되기를 힘쓰는 일, 내게 주신 사명부터 열심히 하려고 애쓰지 않습니다. 그리고 손해 보고 미움을 받고 핍박을 받는 것을 두려워하고 회피합니다.

이 사람은 **전혀 자기 십자가를 지지 않는 사람**이요, **예수 그리스도를 따라가는 사람이 아닙니다.** 그러면서 그는 속으로 '나도 예수 믿고 천국에 간다', '하나님이 나를 사랑하시고 복을 주고 계신다'고 생각하며 **계속 세상과 타협하며 살고 지옥으로 치닫는 거센 물결을 거슬러가지 않습니다.** 오히려 멋있는 배를 만들고 그 배를 불신자, 우상숭배자들과 같이 타고 가면서 "하나님, 저에게 이렇게 저렇게 복을 주셔서 감사합니다" 합니다.

이런 교인은 **애굽에서 나오지 않는 교인**이고, **나오기를 싫어하는 교인**이며, 그것을 **거부하고 있는 교인**입니다. 이런 사람은 결코 젖과 꿀이 흐르는 땅으로 가는 하나님의 백성이 아닙니다.

3) 그리스도인들은 하나님께서 정해주신 기한 동안 이 세상에서 살고 있는데 **애굽이 아니라 '광야'에서 하나님만을 섬기며 살아야** 합니다.

광야는 바로 (사탄)가 지배하는 세상이 아닙니다. 애굽인들(불신자, 우상숭배자들)이 없고 오직 모세(예수 그리스도)로 인해 해방된 하나님의 백성만이 함께 있는 곳입니다.

우리 그리스도인들은 이 세상에서 불신자들과 우상숭배자들과 섞여서 살고는 있지만 우리는 엄연히 **애굽에서 뛰쳐나온 사람들**입니다. 따라서 우리는 주변에 불신자, 우상숭배자들이 많이 있지만 그들과 **구별되게 살아야** 합니다. 즉 오직 성삼위 하나님만을 섬기며 살아야 합니다.

가. 그전에 알게 모르게 숭배했던 모든 우상과 그 행위들을 깨끗이 떠나야 합니다.

나. **불신자, 우상숭배자들의 규범과 제도, 가치관, 인생관을 떠나서** 하나님께서 주신 말씀을 따라 살아야 합니다.

우리 주변에 불신자, 우상숭배자들이 월등하게 많고 그들의 세파가 점점 더 거세지는 만큼 우리는 **하루도 거르지 말고, 게으름 피우지 말고, 성경을 주야로 읽고 묵상하며 틈만 있으면 열심히 배워야** 합니다.

그래서 **하나님에 대해 점점 더 잘 알고, 믿음을 더 성장시키고, 하나님의 전신갑주를 빈틈없이 튼튼하게 입고, 성도들과 하나 되기 위해 더 힘쓰고, 전력을 다해 하나님께서 내게 주신 사명을 수행해야** 합니다. 그리고 **복음을 끊임없이 전하는 일**이야말로 우리가 사탄의 세력에게 선전포고를 하여 싸워서 물리치고, 그들에게 사로잡혀 있는 하나님의 선택된 사람들을 구출해내는 일을 **아주 적극적으로 하는 일**입니다.

그러므로 복음을 열심히 전하지 않는 성도는 **영적인 싸움을 제대로 하지 않고 있는 사람**입니다. 공격은 못 하고 그저 방어만 하고 있는 것입니다. 최선의 방어는 공격이라는 말이 있습니다. 많은 성도들이 공격하는 생활은 고사하고 방어조차도 잘못하고 있습니다. 많은 목사와 교회지도자들도 스스로 하나님의 전신갑주를 제대로 갖추지 못하고 성도들로 하여금 전신갑주를 잘 갖추게 하는 일을 제대로 하지 못하고 있습니다.

제 28 강

여호와가 누구냐?

〈출5:1~2〉
1그 후에 모세와 아론이 바로에게 가서 이르되 이스라엘의 하나님 여호와께서 이렇게 말씀하시기를 내 백성을 보내라 그러면 그들이 광야에서 내 앞에 절기를 지킬 것이니라 하셨나이다 2바로가 이르되 여호와가 누구이기에 내가 그의 목소리를 듣고 이스라엘을 보내겠느냐 나는 여호와를 알지 못하니 이스라엘을 보내지 아니하리라

> 1절/ 그 후에 모세와 아론이 바로에게 가서 이르되 이스라엘의 하나님 여호와께서 이렇게 말씀하시기를 내 백성을 보내라 그러면 그들이 광야에서 내 앞에 절기를 지킬 것이니라 하셨나이다

하나님은 왜 이스라엘 백성을 애굽에서 나와서 **'광야'**로 가게 하셨을까요?

1) **애굽은 사탄**(바로)**이 지배하는 사탄의 왕국**이었기 때문입니다.
2) **우리 그리스도인들**(사탄의 지배에서 벗어나 하나님의 자녀가 된 자들)**에게는 이 세상**(애굽)**이 언제까지나 정착하고 살 수 있는 곳이 아니기 때문입니다.**
3) 그리스도인들은 하나님께서 정해주신 기한 동안 이 세상에서 살고 있는데 **애굽이 아니라 '광야'에서 하나님만을 섬기며 살아야** 합니다.

4) 하나님께서는 그리스도인들이 **'광야교회'에서 오직 하나님만을 성실히 예배하며 살게** 하셨습니다.
하나님은 이스라엘 백성으로 하여금 애굽이 아닌 **'광야'**에 **'하나님의 교회'**를 세우게 하셨습니다. 그렇게 하심으로써 **이스라엘 백성들이 애굽에서 가졌던 우상숭배적이고 반하나님적인 모든 것을 다 버리고 잊게 하신 것입니다.**
그래서 하나님은 **하나님이 임재하시고 이스라엘 백성을 만나주시고 그들의 예배를 받으실 하나님의 처소를 거대한 건물이 아니라 '장막'으로 만들게** 하셨습니다. 장막이란 한곳에 고정하여 위치하지 않고 **수시로 이동하는 것**입니다.

절대다수의 사람들이 사탄의 계략에 빠져서 **온갖 탐욕과 물질주의, 문명주의, 인본주의** 등의 세상주의에 빠져 살고 있습니다. 하나님을 믿고 섬기는 사람들은 그 거센 세파에 휩쓸리는 것이 아니라 **거슬러가야** 합니다.

우선 **예수 그리스도**를 확실하게 믿어서 사탄의 지배를 받는 사람이 아니라 **예수 그리스도의 사람**이 되어야 합니다. 그리고 **예수 그리스도를 따라서** 살아가야 합니다. 즉 예수 믿기 이전에 가지고 있던 부패한 성품에서 나온 탐욕과 포부와 계획과 생활들을 예수 앞에 다 내려놓아야 합니다(자기 부인). 그리고 이제는 오직 하나님의 말씀을 따라 살아야 합니다. 그리고 하나님께서 내게 주신 사명을 의식주를 해결하는 일보다 더 우선순위에 두고 수행해야 합니다(주의 나라와 의를 먼저 이루는 것). 그렇게 할 때 세상 사람들로부터 미움과 핍박을 받고 손해를 보게 되지만 그것들을 당연하게 여기고 그 모든 짐(자기 십자가)을 달게 지고 가야 합니다. 이것이 바로 **하나님을 주인 삼고 예수 그리스도를 따라가는 것**입니다. 우리가 이렇게 살 때 사람의 눈에는 모든 것을 다 잃어버리는 것처럼 보이지만 전지전능하시고 선하시고 의로우시고 거룩하시고 완전하신 하나님께서는 **하나님의 백성들이 이 땅에서 필요한 것들이 무엇인지를 다 아시고 시의적절하게 더해주십니다.**

이것이 **하나님의 약속**입니다.

하나님은 이스라엘 백성으로 하여금 이런 사람이 되게 하시려고 **우선 애굽에서 떠나게** 하셨습니다. 그리고 **광야로 가서** 애굽에서 물들고 오염되었던 모든 것들을 벗어버리게 하셨습니다. 또 그 광야에서 '**하나님의 교회**', '**예수 그리스도의 교회**'를 세우고 하나님을 섬기게 하셨습니다.

오늘날도 하나님은 선택된 사람들로 하여금 이 세상(애굽)에서 애굽교회가 아니라 '**광야교회**'에서 하나님을 섬기며 살게 하십니다. 그런데 **여전히 애굽을 떠나지 않고 광야로 가지 않는 사람들이 교회 안에 너무나도 많습니다.** 이들은 모세(예수 그리스도)를 따르는 사람들이 아니고 젖과 꿀이 흐르는 땅(천국)으로 가는 사람들이 아닙니다. 그들이 몸담고 있는 교회는 '**애굽교회**'이지 '**진정한 하나님의 교회**'가 아닙니다.

> 2절/ 바로가 이르되 여호와가 누구이기에 내가 그의 목소리를 듣고 이스라엘을 보내겠느냐 나는 여호와를 알지 못하니 이스라엘을 보내지 아니하리라

모세에게 하나님의 명령을 전해들은 애굽 왕 바로는 **해서는 안 될 말을 했**

습니다. 이 첫 번째 반응과 대답은 그야말로 그와 그 나라가 큰 재앙들을 당하며 몰락할 수밖에 없음을 스스로 드러내는 것이었습니다.

[1] 바로는 "여호와가 누구이기에 내가 그의 목소리를 듣고 이스라엘을 보내겠느냐?" 했습니다.

(1) 바로는 "여호와가 누구이기에 내가 그 말을 들어야 하느냐?" 했습니다.

1) 이 말은 하나님의 존귀함과 영광을 정면으로 부정하고 모욕하는 말이었습니다.

바로는 모세와의 첫 대화에서 하나님의 존재를 부정하고 말씀에 불순종할 것을 단호하게 선언했습니다.

그 말은 우주만물을 지으신 하나님을 전면 부정하는 것이고, 자신과 애굽이라는 나라가 지금까지 하나님의 일반은총을 누려왔음을 전면 부정하고 무시해버리는 말이었습니다. 또한 애굽의 존폐를 주장하시는 하나님을 대적하는 말이었습니다.

바로의 이 첫 번째 말만으로도 그와 그의 아들과 애굽이 무서운 형벌과 저주를 받기에 충분함을 드러냈습니다. 그가 얼마나 하나님 앞에서 무지몽매한 자인가를 스스로 처음부터 드러내고 있는 것입니다.

하나님을 부인하고 등진 사람은 하나님의 말을 들으려고도 하지 않고 순종하지 않습니다. 하나님의 말씀을 소중히 여기지 않고 귀담아들으려 하지 않는 마음이 하나님을 부정하는 마음이요, 하나님에게서 멀어져 있는 마음입니다.

"하나님이 누구냐? 어디 있느냐? 하나님이 어찌 우주만물을 창조했느냐? 하나님이 어찌 나를 만들고 내 인생을 마음대로 주장하느냐?" 라고 말하는 사람들이 바로와 같은 사람들입니다. 하나님의 존재와 그 영광을 정면으로 부정하는 사람들이요, 누구보다도 하나님을 모욕하는 자들입니다.

만약 이런 죄를 끝내 용서받지 못한다면 영원한 멸망(지옥의 형벌)을 당하게 됩니다.

2) 이렇게 하나님을 부정하는 것이야말로 가장 큰 교만입니다.

하나님은 교만한 자를 가장 싫어하시고 즉각 벌을 내리십니다. 그래서 교만은 "패망(멸망)의 선봉"이라 한 것입니다.

우리는 하나님의 존귀함과 영광을 잠시도 잊지 않도록 늘 깨어있어야 하며 **그것을 잊는 시험**에 빠지지 않도록 늘 기도해야 합니다. 그리고 돈, 사람, 명예에 빠져 **하나님을 잊는 교만**에 빠지지 않도록 조심해야 합니다. 만약 그러한 것들이 우리 삶 속에 있는 것을 발견한다면 **미련 없이 주저하지 말고** 그것을 멀리하고 떠나야 합니다.

그런데 내 삶에 하나님 앞에서 나를 교만하게 하는 것들이 있다는 사실을 알지 못하고 오히려 그것들을 **더 가지고, 키우는 교인들**이 있습니다. 이런 사람들이야말로 **영혼이 어둡고 잠자고 병들어 있는 사람**입니다.

그러므로 목사와 교회지도자들은 **교회 안에 이런 사람이 있는지 수시로 살피고** 발견된다면 **즉시 깨우치고 회개하게 해야** 합니다. 목사들과 교회지도자들이 이런 일을 세심하고, 적극적으로 하지 못해서 많은 교인들이 무서운 시험에 빠져가고 있습니다.

3) 바로는 **하나님과 하나님의 말씀**(명령)**을 조금도 염두에 두지 않고 묵살했습니다.**

하나님을 모르는 자들은 하나님과 그 거룩하고 엄중한 말씀(명령, 책망, 경고 등)에 전혀 관심을 두지 못합니다. 그래서 시간이 지날수록 더 크고, 많은 죄를 짓고 그만큼 더 크고 무서운 저주와 형벌을 자신의 머리에 쌓게 됩니다.

그런데 그들은 그런 사실조차 알지 못하며 누가 말해줘도 조금도 염두에 두지 않고 무관심합니다. 따라서 그들은 하나님이 정하신 온갖 형벌을 면할 수 없게 됩니다.

물질을 더 가지고 원하는 것들이 다 이루어진다 해도 하나님과 말씀에 관심을 기울이지 못하고 있다면 그것은 복이 아니라는 사실을 깨닫지 못하는 사람은 **어린아이 신자이거나 불신자**입니다.

우리 그리스도인들은 내가 창조주 하나님을 알고 그 하나님과 말씀들을 소중히 여기고 살고 있다는 것이 **얼마나 큰 복인가**부터 확실히 깨달아야 합니다. 이렇게 할 수 있는 성도라면 출애굽 당시에 세계 최고의 강자요, 권력자요, 부자였던 바로 왕보다도 영육 간에 부유한 자요, 복된 사람입니다.

그러므로 내가 하나님을 점점 더 알게 되고, 믿음이 자라고, 하나님을 주인 삼고 살고, 하나님의 일꾼으로 쓰임 받고 있다는 사실만으로도 우리 그리스도인은 **항상 기뻐하고 범사에 감사하며 살아야** 합니다. 어떠한 형편과 처지에서도 **가장 행복해하며 살아야** 합니다.

(2) 바로는 그 말을 하면서 **"왜 내가 그의 목소리를 듣고 이스라엘을 보내겠느냐?"** 했습니다.

1) 바로는 하나님께서 보내신 모세 앞에서 허세를 부리며 하나님의 명령을 **처음부터 거절**하고 서슴없이 하나님께 도전장을 내밀었습니다.

바로의 말은 하나님께 **선전포고**를 하는 것이었습니다. 이 말을 한 다음부터 하나님은 바로와 그 나라를 상대로 싸우기 시작하셨습니다. 모세를 통해 자그마치 **10가지 재앙을 내리시면서 상당한 시간에 걸쳐서** 바로와 그 나라가 망하는 고통과 손실을 보게 하며 몰락하게 하셨습니다.

모든 성도는 **사탄의 시험에 빠져서 하나님과 겨루는 자**가 되지 말아야 합니다. 우리가 '나는 바로처럼은 하지 않는다'고 생각할 수 있지만 사실은 바로처럼 '하나님이 누구이기에 내가 그 말씀대로만 살아야 하나?' 하면서 내 생각과 방식대로 행하는 경우가 얼마나 많은지 모릅니다. 그러한 생활과 습성을 **속히 고치고 돌이키지 않으면** 모든 수고는 헛되이 될 것입니다.

어떤 사람은 "믿음이 커져야 하나님 말씀대로 이것저것 할 수 있는데 나는 아직 믿음이 약하니 너무 강요하지 마세요"라고 말합니다.

바로 왕 역시 믿음이 없었기 때문에 하나님을 부인하고 불순종한 것입니다. 그런 그를 하나님이 "그럴 수밖에 없지" 하고 가만히 놔두셨습니까?

하나님은 바로가 **하나님을 믿지 못하고 계속 불순종하며 대항하자** 10가지 재앙으로 철저히 벌을 내리셨습니다. 내가 하나님을 100% 믿게 될 때까지는 그 말씀에 전적으로 순종할 수 없다는 생각 자체가 **나는 하나님과 좀 더 겨뤄보겠다는 의사 표시**가 됩니다.

하나님의 말씀에 그저 순종하는 사람이 하나님을 믿는 사람입니다.

바로는 하나님과 하나님이 사랑하시는 백성의 **관계를 무시해버리고 끊어버리려고** 했습니다. 그래서 그는 "여호와가 누구관대 내가 이스라엘을 보내겠느냐?" 했습니다.

하나님은 바로 왕에게 **"너는 내가 여호와 하나님임을 알아라"**고만 말씀하신 것이 아니고 그것에 곁들여서 **"이스라엘 백성은 내 백성이다. 그러므로 그들이 나를 자유롭게 섬기도록 놔줘라"** 하셨습니다.

하나님은 바로 왕에게 **하나님이 이스라엘 백성과 얼마나 중요한 관계를 맺고 있는지, 그들을 얼마나 사랑하시고 돌봐주시는지를 알게** 해주셨습니다.

하나님은 때때로 하나님께서 살아계시는 것과 하나님께서 어떤 분이신지**를 여러 가지 사건들을 통해** 모든 사람이 알게 하십니다. 그러면서 동시에

하나님은 예수 그리스도를 믿는 자들과 특별한 관계를 유지하고 계시고, 그들을 특별히 사랑하고 돌봐주고 계시고, 또 그들 위주로 세계 역사를 섭리하신다는 것을 모든 사람에게 알게 하십니다.

그런데 바로는 그런 사실을 **무시하고 멸시했습니다.** "하나님이 도대체 뭐냐? 누구냐? 그들은 내 노예들인데 왜 이래라저래라 하느냐? 그들이 하나님을 섬기도록 놔주라고? 천만에, 오히려 그 하나님과 그 백성을 끝까지 갈라놓고야 말겠다" 한 것입니다.

바로의 이 어리석음과 악함 때문에 자신과 나라가 함께 망했습니다. 아무리 세상 사람들이 하나님과 우리 믿는 자들의 관계를 무시해도 **우리와 하나님 사이에 맺어진 거룩한 관계는 결코 약화되거나 손상을 입지 않습니다.** 오히려 **그러한 일을 하는 자들이 반드시 망합니다.**

그러므로 **우리는 어떤 환난이나 핍박에도 결코 하나님을 의심하거나 등지지 말아야** 합니다. 그러기 위해서 우리는 **부단히 자신을 키워야** 합니다. 또한 언제나 **하나님과 굳게 하나가 되어야** 합니다. 내가 스스로 하나님을 떠나지 않는 한 누구도 나를 하나님에게서 떼어내지 못합니다.

하나님을 떠난 자들이 흔히 말하기를 "나는 무엇 때문에, 누구 때문에 그랬습니다" 하지만 그것은 **새빨간 거짓말입니다.** 자기 자신이 **하나님을 믿지 못하고 하나님과 하나 되어있지 못해서 떠난 것입니다.**

우리 그리스도인들은 '무엇 때문에, 누구 때문에' 하지 말고, 또 누가 나를 하나님과 하나가 되게 해줄까를 기대하지 말고 **나 자신이 좀 더 적극적으로 하나님을 알기를 힘쓰고 하나님을 더욱 앙망하는 사람**이 되어야 합니다. **하나님과 하나가 되어야** 안전하고 복된 사람이 됩니다. 하나님과 하나가 되지 못해서 **부모 잃은 고아처럼 방황하는 교인들**이 많습니다.

그래서 다윗은 늘 입버릇처럼 말하기를 "하나님은 **나의 피난처요, 하나님은 나의 안식처요, 하나님은 나의 반석입니다**"라고 외치면서 살았습니다. 또 시편 146편 5절에 말하기를 "야곱의 **하나님을 자기 도움으로 삼으며 여호와 자기 하나님에게 그 소망을 두는 자**는 복이 있도다" 했습니다. 그래서 다윗은 결론으로 말하기를 시편 39편 7절에 "주여 내가 무엇을 바라리요 **나의 소망은 주께 있나이다**" 했습니다.

우리 모든 그리스도인도 이러한 기도가 날마다 순간마다 우리의 심령 속에서 뜨겁게 넘쳐나야 합니다.

하나님을 모르는 사람들, 하나님을 부정하는 자들은 서슴지 않고 하나님과 싸우겠다고 덤벼듭니다. 이것이 바로 **사탄이 원하는 일**입니다.

사탄에게 붙잡힌 사람들, 사탄에게 속한 사람들(모든 죄인)**은 사탄이 시키는 대로 끊임없이 범죄할 뿐 아니라 결국은 하나님을 대적하게 됩니다.**

그래서 이러한 사람들은 보잘것없는 세상 것들, 즉 바로처럼 권세와 부를 좀 가졌다고 하나님 앞에서 허세를 부립니다. 그것이 **또 다른 큰 죄악**이 되는데 그것을 저들은 알지도 못합니다.

그러므로 **하나님을 모르는 것**이 **모든 어리석음의 근본**이 됩니다. 그러나 하나님을 아는 것은 **모든 지혜와 지식의 근본**이 됩니다.

우리는 하나님께 속한 자, 하나님을 아는 자가 된 것이 **얼마나 큰 복인가를 잠시도 잊지 말아야** 합니다. 그것은 이 세상에서 부자가 되고 권력자가 되고 학자가 되고 유명한 사람이 되는 것과 **비교할 수 없는 하나님께서 주신 큰 사랑**이고 **복**입니다.

2) 바로는 자기가 천하게 여기고 노예로 부리는 백성의 하나님이라면 그 하나님도 보잘것없는 신일 것이라고 여겼습니다.

하나님이 누구신지를 모르는 사람들은 하나님을 알고 섬기는 사람들이 때리면 맞고 뺏으면 빼앗기는 것을 보면서, 또 하나님의 말씀대로 사느라 악을 악으로 갚지 않는 것을 보면서 **그 사람들이 섬기는 하나님도 나약하고 무능한 신**이라고 생각합니다. 그래서 **성도들을 업신여기며 함부로 대할 뿐 아니라 그들이 섬기는 하나님에게도** 그렇게 합니다.

그렇게 했던 바로는 결국 **오래가지 못해서** 자기가 얼마나 어리석은 자였는가를 분명하게 알게 됩니다. 그토록 업신여기던 신이 10번씩이나 무서운 재앙을 내리는데 **그들이 자랑스럽게 섬기던 신들은 그것을 조금도 막아주거나 대항할 수 없는 헛된 것들**이요, 그것들이야말로 **얼마나 나약하고 무능한 것들인지**를 눈으로 보고 경험하게 됩니다.

그런데 이스라엘 백성들은 바로나 애굽 사람들에게 조금도 어떤 물리적인 해를 가하지 않았습니다. 돌 하나도 그들에게 던지지 않았고 길거리에 나가서 데모하며 외치지도 않았습니다. 그 **천한 자들의 하나님이 갑자기 노인 하나를 보내더니 바로와 애굽 사람들을 두려워 떨게 하고 아무 조치나 대항도 할 수 없게 하신 것입니다.**

우리 그리스도인들은 그때의 이스라엘 백성들과 같이 되어야 합니다.

우리는 결코 악을 악으로 갚지 않습니다. 우상을 만들고 섬기지 않으며 이 세상에 도성을 쌓고 화려하고 풍부한 인생을 살려고 힘쓰지 않습니다. **오직 유일하신 하나님만을 섬기고 예배합니다. 하나님의 말씀을 지키고 명령을 수행하는 일**을 세상 어떤 일보다도 우선순위에 두고 열심을 다합니다.

그렇게 할 때 하나님께서 원수를 물리쳐주십니다(일곱길로 도망감). 어디로 가든지 무엇을 하든지 형통하게 하십니다. 성읍에서나 들에서나 복을 받고 살게 하십니다. 들어가도 나가도 복을 받게 하십니다. 자손들이 영육 간에 잘 되고 꾸어줄지라도 꾸지 않게 됩니다. 그 어떤 집단이나 나라와 민족보다도 뛰어나게 됩니다. 이런 모든 복을 하나님이 주셔서 **이 힘하고 슬픈 많은 세상에서도 천국에서 사는 사람들처럼 살게** 됩니다.

[2] 바로는 **"나는 여호와를 알지 못하니 이스라엘을 보내지 않겠다"** 했습니다.

(1) 바로는 다시 한번 여호와 하나님을 노골적으로 무시하고 교만을 드러냅니다.

"나는 여호와를 알지 못한다" 했습니다.

여호와를 알지 못하는 것이 **대수롭지 않은 것처럼**, 그리고 그것을 오히려 **자랑처럼** 떠들었습니다.

무지하여 하나님을 멸시하는 것이야말로 **모든 악의 바탕**이 됩니다. 하나님을 모른다는 것은 인간관계 속에서 저지르는 **어떤 악보다도 큰 악**입니다. 사람들이 저지르는 모든 악과 죄는 **하나님을 모르는 데에서 비롯**됩니다.

그래도 그 사람들 중에 똑똑했던 철학자들은 이 우주만물과 모든 현상을 볼 때 어떤 절대자(신)가 존재하는 것이 아닌가 하고 **조금이나마** 생각할 줄 알았으나 **성령에 의해 영혼이 다시 태어나지 못한 사람**은 절대자가 누구인지 도무지 알 수 없습니다. 그래서 그들 나름대로 이것도, 저것도 신이 될 수 있다고 말하고 결국 지식인이라고 하는 자들도 **범신론과 다신론**을 만들어 내고 말았습니다. 그리고 **이들보다 훨씬 무지하고 몽매한 사람들이 사탄**에 의해서 끊임없이 수많은 신을 만들고 섬기게 되었습니다.

이런 사람들이 하나님에 대해서 좀 안다고 해도 **저급하고 천박한 신으로 하나님을 둔갑시킵니다.** 그 대표적인 집단이 **로마가톨릭**이고 많은 **이단**입니다. 이 사람들은 성경을 읽어도 결코 그 진리를 깨달을 수 없고 제대로 순종할 수가 없습니다.

바로는 모세에 의해서 **유일하시고 전지전능하신 여호와 하나님을 듣게** 되었습니다. 그리고 계속해서 **하나님의 권능에 대한 증거들을** 두 눈으로 똑똑히 보았으나 그는 처음부터 내내 **"나는 여호와를 알지 못한다"** 했습니다. 즉 **"나는 네가 말하는 그 여호와를 알고 싶지도 않고 믿을 수가 없다"** 한 것입니다. 바로는 모세를 만나고 **항복할 때까지** 이런 태도와 말을 줄곧 견지했습니다. 그런데 **그가 그렇게 하면 할수록** 그 나라와 민족에게 계속해서 무서운 형벌의 재앙이 임하고 그의 권세와 나라는 무너져 갔습니다.

끝까지 하나님 알기를 싫어하고 거절하는 사람들은 다 이렇게 됩니다. 하나님을 부정하는 사람들은 **그렇게 할수록** 하나님의 일반은총을 계속해서 누리고 존재할 이유가 없게 됩니다. 하나님을 알기를 싫어하고, 부정하고, 불신하는 것은 **이러한 무서운 자리로 신속히 달려가고 있는 것**입니다.

(2) **"나는 여호와를 알지 못하니 이스라엘을 보내지 않겠다"** 했습니다.

바로는 이스라엘을 보내지 않는 이유가 **자신이 하나님을 부정하기 때문이**라고 서슴없이 말하고 있습니다. 바로의 말은 **바로와 그 백성과 모든 우상숭배자에게 여호와가 누구이신가를 확실하게 보여주게 만드는 결정적인 구실**이 되었습니다.

"너 나를 알지 못하니까 내 존재를 전적으로 부정하고 내 백성을 안 보내겠다고 말하느냐? 그렇다면 내가 누구인가를 네게 똑똑히 보여주겠다" 하시게 된 것입니다.

바로가 1절에서 한 말에 더하여 여기 2절에서 한 말은 참으로 **하나님을 진노하게** 하고 **그와 그 나라를 멸망하게** 하는 일이 되었습니다.

1) 불신자, 우상숭배자들도 **하나님에 대해 함부로 말해서는 안 됩니다.**

그들이 비록 사탄에게 사로잡혀 있어서 그랬다 할지라도 그들이 내뱉은 악한 말은 **결코 용납되지 않아** 어떤 죄악보다도 하나님을 진노하게 하여 무서운 형벌을 당하게 됩니다. 그러나 저들은 그것을 알 수조차 없습니다. 그러니 저들이 **얼마나 불쌍한 사람들**입니까?

그러므로 우리 하나님의 사람들은 저들이 아직 이 땅에 생존하고 있는 동안 '**듣든지 아니 듣든지**' 하나님을 알게 해줘야 합니다.

2) 우리 그리스도인들도 **하나님에 대한 생각과 말을 조심해야** 합니다.

하나님을 어느 정도 알고 섬긴다는 사람이 **하나님에 대해 걸핏하면 의심하고 불신하고 원망하고 불평한다면 그 사람은 불신자, 우상숭배자들보다도 더 하나님을 진노케 하는 사람**이 됩니다.

천신만고 끝에 애굽에서 해방된 이스라엘 백성들 대부분이 가데스바네아 앞에 이르기까지(하나님이 정하신 마지막 순간까지) **하나님을 의심하고 불신하고 원망하고 불평했습니다**. 계속해서 그러자 하나님은 그렇게 한 자 모두를 **한 사람도 빠짐없이 40년** 동안 광야를 맴돌게 하면서 차례로 다 죽게 하셨습니다.

그러므로 우리 그리스도인들은 **어떤 형편과 처지에서도 하나님을 의심하거나 불신하거나 원망하고 불평하는 시험에 빠지지 않도록** 자신을 끊임없이 훈련하고 치료하고 성숙시켜야 합니다.

우리 앞에 일어나는 모든 불행한 일은 우리가 하나님 앞에서 잘못했기 때문에 생기는 것이지 하나님께 문제가 있는 것이 결코 아닙니다. 이것을 잘 알지 못하는 사람은 **불신자**이거나 **어린아이 신자**입니다.

그래서 우리는 **여호수아와 갈렙처럼 끝까지 모세**(예수 그리스도)**를 잘 따르고 하나님을 전적으로 의지하고 순종하는** 사람이 되기 위해서 **주야로 말씀을 읽고 묵상하고 배우고 기도해야** 합니다. 이것 외에 다른 방법이 없습니다.

그런데 많은 교인이 **세상일을 핑계하며** 이 거룩한 일을 게을리하거나 아예 하지 않고 있습니다. 이런 사람은 **사탄의 세력에게 참패를 당하고 있는 사람**입니다. **하나님께서 정하신 때까지 돌이키지 않는다면** 그 젖과 꿀이 흐르는 약속된 땅에 들어가지 못합니다.

출애굽기는 이런 중대한 가르침을 우리에게 **구체적이고 사실적으로** 주고 있습니다.

바로처럼 하나님을 알지 못하고, 알려고도 하지 않는 사람들은 **결코 승리할 수 없습니다**. 왜냐하면 그는 **하나님을 무시하고 모욕하고 대적하는 자**이기 때문입니다.

그러므로 우리 그리스도인들은 **이러한 사람들이나 권세를 두려워해서 이들 편에 서지 않도록** 조심해야 합니다.

제 29 강

우리 하나님께 제사를 드리러 가도록 허락하소서

〈출5:3~5〉
3그들이 이르되 히브리인의 하나님이 우리에게 나타나셨은즉 우리가 광야로 사흘 길쯤 가서 우리 하나님 여호와께 제사를 드리려 하오니 가도록 허락하소서 여호와께서 전염병이나 칼로 우리를 치실까 두려워하나이다 4애굽 왕이 그들에게 이르되 모세와 아론아 너희가 어찌하여 백성의 노역을 쉬게 하려느냐 가서 너희의 노역이나 하라 5바로가 또 이르되 이제 이 땅의 백성이 많아졌거늘 너희가 그들로 노역을 쉬게 하는도다 하고

> 3절/ 그들이 이르되 히브리인의 하나님이 우리에게 나타나셨은즉 우리가 광야로 사흘 길쯤 가서 우리 하나님 여호와께 제사를 드리려 하오니 가도록 허락하소서 여호와께서 전염병이나 칼로 우리를 치실까 두려워하나이다

〈더 정확한 번역〉
> 그들이 이르되 ⇒ 모세와 아론이 말했다.

모세와 아론이 또다시 **"히브리인의 하나님"**라는 말부터 하고 있습니다. 여호와 하나님이 히브리인의 하나님이라는 말에 대해서는 3장 18절과 5장 1절에서 이미 자세히 설명을 했습니다.

(1) 모세가 바로 왕에게 한 이 말은 **매우 겸손하고 정중했습니다.**

애굽 왕 바로가 첫 번째 하나님의 명령을 단호하게 거절하자 모세는 다시 말하기를 **"히브리인의 하나님이 우리에게 나타나셨은즉 우리가 광야로 사흘 길쯤 가서 우리 하나님 여호와께 희생을 드리려 하오니 가도록 허락하소서"** 했습니다.

모세는 분명히 바로에게 **"허락하소서"** 라고 매우 예를 갖춰서 간청하듯이 말했습니다. 하나님께서 모세를 통해서 이렇게 겸손하고 정중하게 말하게 하신 것은 그래도 바로와 애굽을 **긍휼히 여기셨기 때문**이었습니다. 즉 바로의 귀에 매우 거슬리는 말을 하기보다 부드럽고 정중하게 부탁하는 듯한 말을 듣게 하심으로써 **그가 하나님 앞에서 경거망동하지 않도록 자비를 베푸신 것**입니다.

바로가 애굽의 왕이 되고 이스라엘 백성이 오랜 세월 동안 그 통치하에 있게 된 것도 하나님의 섭리 하에 이루어졌습니다. 그러므로 하나님은 바로 왕에게도 하나님의 뜻을 최대한 정중하게 알게 하시고 그를 시험하셨습니다.

하나님은 하나님의 모든 진리를 세상 모든 사람에게 공공연하게 알게 하십니다. 그러나 대부분의 사람들이 그것을 받아들이지 못하고 믿지 않습니다. 만약 바로 왕이 하나님의 부드러운 권면에 순응했다면 그와 그 나라는 비참한 나락으로 떨어지지 않았을 것이고 오히려 계속해서 번영할 수도 있었습니다.

하나님은 때때로 불신자들, 우상숭배자들도 시험하십니다. 그런데 그들에 대한 시험은 하나님의 사람들과 연관이 있습니다. 그때 불신자나 우상숭배자들이라도 하나님의 사람(백성)을 도우면 은혜를 베풀어주십니다.

미국의 많은 시민들이 정상적인 신앙생활을 하고 있지 않지만 교회에서 목사님이 자기에게 헌금하라고 통지하면 인색하지 않고 헌금을 보낸다고 합니다. 그리고 한국에서는 자기 집 근처에 교회를 짓는다고 하면 주민들이 반대하지만 미국 사람들은 비록 신앙생활은 정상적으로 하지 않아도 매우 좋아하고 교회 진입도로를 만들라고 자기 땅을 서슴없이 헌납하기도 한다고 합니다. 불신자이지만 이렇게 하나님과 하나님의 사람들을 돕는 자들은 상당한 은혜를 누리게 됩니다.

그러므로 불신자나 우상숭배자들도 때때로 하나님께로부터 무슨 명령을 듣게 될 때 신중하게 처신해야 합니다. "나는 하나님을 모른다", "다른 신을 섬긴다"고 하면서 하나님을 업신여기고 하나님의 명령에 불순종하고 대적한다면 그러한 사람들은 불신자로서 계속해서 받아 누릴 수 있는 은총을 스스로 차버리는 것이 됩니다. 불신자, 우상숭배자라 할지라도 하나님은 하나님의 명령과 뜻에 순응하느냐 아니하느냐에 따라 엄격하게 갚으십니다.

(2) 모세는 바로에게 자신이 세운 계획이 아니라 히브리인의 하나님 여호와께서 세우신 것이고 친히 명령하신 것임을 다시 한번 분명히 밝혔습니다.

바로는 하나님을 모르기 때문에 히브리인들을 애굽에서 내보내라고 하는 하나님의 명령에 자기는 이스라엘 백성을 보낼 수 없다고 말했습니다. 그러나 그가 하나님을 알든지 모르든지, 하나님을 믿든지 안 믿든지 간에 우주만물을 통치하시는 하나님으로서 그가 불순종한다면 엄하게 대할 수밖에 없었습니다.

모세가 바로에게 두 번째로 한 말이 바로 그러한 뜻입니다.

"당신은 아직도 하나님께서 내 입을 통하여 하신 말씀을 그저 인간의 말로 듣고 있습니다. 당신이 하나님을 알지 못하고 믿지 못한다고 하나님의 명령에 불순종할 때 오게 될 엄청난 징벌을 당신은 알아야 할 것이오. 그때가 반드시 오게 되어있소" 하고 말하는 것입니다. 그러나 무지몽매한 바로는 이 말을 제대로 알아듣지 못하였습니다.

죽은 영혼이 성령에 의해 다시 살아나지 못한 사람들은 전지전능하신 창조주 하나님의 명령을 인간의 말이나 있지도 않은 신들의 말처럼 여겨 잘못 처신하게 되는데 그때 그들은 인생 노정에서 막바지에 다다라 피할 수 없는 엄청난 불행을 당하게 됩니다.

모든 불신자, 우상숭배자는 때가 되면 하나님의 시험에서 탈락하여 그동안 누리던 일반은총도 잃어버리게 되고 오히려 하나님을 무시하고 불순종하고 대적한 만큼 무서운 징벌을 받게 됩니다.

하나님은 시대마다 시시때때로 불신자, 우상숭배자들을 이렇게 다스리심으로써 하나님을 대적하는 악한 자들이 언제까지나 마음대로 악을 저지르지 못하게 하십니다. 하나님의 엄위하신 통치 덕분에 힘없고 멸시 천대를 받는 사람도 생존할 수 있는 것이며 하나님의 백성들이 절대다수인 악인들에 의하여 멸절되지 않고 하나님의 거룩한 뜻을 이루어갈 수가 있습니다.

하나님의 사람들은 이런 하나님의 놀라운 은총을 알아야 하며 이에 대해 감사하고 찬송을 올려 드려야 합니다.

(3) 모세는 말하기를 "만약 우리가 사흘 길쯤 광야로 가서 여호와께 희생을 드리지 않으면 여호와께서 우리에게 전염병이나 칼로 치실까 두려워한다" 했습니다.

모세는 바로와 모든 불신자, 우상숭배자에게 아주 무서운 경고를 하고 있습니다. 히브리인들은 하나님의 백성으로 그들이 만약 하나님께서 정하신 곳(사흘 길쯤 되는 광야)에서 하나님께서 명하시는 대로 하나님이 받으시기에 합당한 희생을 드리지 않는다면 무섭게 벌받을 것입니다. 그러므로 히브리인들이 하나님께 희생 드리는 것을 방해하거나 막는다면 더 무서운 벌을 받게 될 것임을 간접적으로 깨우쳐주고 있습니다.

여기서 우리가 깨달아야 할 것이 있습니다.
1) 하나님께서 만세 전에 선택하시고 성령으로 거듭나게 하시고 예수 그

리스도를 믿어 하나님의 자녀, 백성이 된 사람이 하나님께서 정하신 곳에서, 하나님께서 합당하게 여기는 예배를 드리지 않는다면 반드시 하나님의 징벌을 당하게 됩니다.

더구나 그 징벌은 무서운 전염병이나 칼, 즉 전쟁과 같은 대란으로 말미암아 수많은 사람이 학살을 당하게 되는 무서운 징벌입니다. 옛날 이스라엘 백성들이 그랬습니다. 옛날 이스라엘 백성들이 하나님을 제대로 섬기지 않고 경거망동할 때 무서운 징벌을 끊임없이 당했습니다.

그러므로 모든 성도는 하나님이 정하신 때에 하나님이 정하신 방법으로 하나님께서 받으시기에 합당한 예배를 잘 준비하여 정성을 다해서 드려야 합니다. 그러나 오늘날 교회들은 예배가 매우 예배답지 못하게 되어가고 있으며 너무 인본주의적이고 세상적인 예배를 드리고 있습니다. 하나님께 드리는 예배가 아니라 자기들끼리 축제를 하고 잔치를 하는 것 같은 헛된 예배들이 너무나도 많습니다. 계속해서 그렇게 한다면 옛날 이스라엘 백성들에게 하셨던 것처럼 하나님은 헛된 예배를 드리는 사람들에게 전염병과 칼로 징벌하실 것입니다. 이미 그러한 일들이 세계 도처에서 끊임없이 벌어지고 있습니다.

2) 불신자나 우상숭배자들은 그래도 이 땅에서 안녕을 누리려면 하나님의 백성들이 하나님 앞에 드리는 예배를 방해하지 말아야 하며 오히려 그 일을 잘 도와야 합니다.

아무리 우상숭배를 하고 악을 행하는 족속이라도 하나님을 알고 섬기는 자들을 멸시하거나 핍박하지 않고 그들이 하나님께 예배드리는 것을 방해하지 않는다면 하나님은 그들에게 긍휼과 자비를 베풀어주십니다. 불신자와 우상숭배자들이 하나님 앞에서 끊임없이 악을 저지름에도 불구하고 이 땅에서 여유 있게 살며 풍부함을 누리는 것은 그들 주변에 예수 그리스도를 믿는 사람들이 있고 그들이 이곳저곳에서 하나님께 예배하며 하나님을 섬기고 있기 때문입니다. 만약에 그들의 땅에 하나님의 백성이 한 사람도 발을 디디고 있지 않다면 그 땅은 조만간 모든 은총을 몰수당할 위기에 처해 있는 것입니다.

예수께서 재림하시고 심판하시는 마지막 때 예수 믿는 사람이 단 한 사람도 이 땅에 남지 않고 그 당시 살아 있는 사람들조차 신령한 육체로 변화하여 하늘로 올라가게 됩니다. 그때 이 지구를 비롯하여 우주만물은 다 불타서 재가 되어 사라져버립니다.

이 세상만물이 아직도 건재하는 것은 **지구상 곳곳에 예수 그리스도를 믿는 사람들이 있고 그들이 하나님께 예배드리고 있기 때문입니다.** 그러므로 우리 그리스도인들이 불신자, 우상숭배자들에게 **얼마나 큰 은혜를 끼치고 있는지를 잊지 말고 영적인 긍지와 자부심을 가져야** 합니다. 그러기 위해 우리는 **성도답게 살고, 예배다운 예배를 드리고, 주님이 불러가시는 날까지** 이 세상에서 **그리스도의 향기가 되고 소금이 되고 빛이 되고 편지가 되어야** 합니다. 예수 믿는 사람이라고 하지만 만약에 이렇게 하지 못한다면 하나님께서 인정하시는 그리스도인이 그 땅에는 없는 것입니다. 따라서 그 땅은 하나님의 사람이 있음으로써 누릴 수 있는 은혜들을 누릴 수 없게 됩니다. 불신자, 우상숭배자들의 생존에 우리 그리스도인의 존재와 그리스도인답게 사는 것이 **얼마나 중요한 연관성이** 있는지를 그리스도인들은 물론이요, 불신자, 우상숭배자들도 알아야 합니다.

(4) 모세는 "우리가 광야로 **사흘 길쯤 가서** 우리 하나님 여호와께 예배를 드려야 한다"고 말했습니다.

이 말씀에 매우 중대한 의미가 담겨 있습니다.

"**사흘 길쯤 가서**" 라고 했는데 이스라엘 백성이 가서 하나님께 희생을 드려야 할 호렙산은 애굽에서 지름길로 간다고 해도 열흘이나 보름은 걸려야 했습니다. 그런데 왜 사흘 길을 가게 하라고 했을까요?

이 말은 "**희생을 드리겠다**"라는 말씀과 관련이 있습니다.

장차 예수 그리스도께서 인간의 몸을 입고 이 땅에 오셔서 죄인들을 대속하기 위해 온갖 고난을 당하시고 십자가에 못 박혀 죽으실 것과 "사흘 만에 다시 살아나심으로써" 그를 믿는 자마다 하나님과 단절되었던 관계가 회복될 것을 의미하는 것이었습니다.

과연 이스라엘 백성이 애굽에서 나온 후에 하나님의 가르치심에 따라 여러 가지 희생 제사를 드리며 신앙생활을 했는데 **그것이 바로 이 예수 그리스도의 죽으심과 부활로 죄인이 죄사함을 받고 하나님의 자녀가 되는 것을 의미해줍니다.**

그런데 당시 바로 왕에게 이 말을 전하고 있는 모세와 아론, 그리고 장로들도 이런 의미를 모르고 있었습니다. 하나님은 자신이 하는 말의 의미도 모르는 사람들의 입에 그 말씀을 친히 넣어주셔서 말하게 하신 것입니다.

하나님은 이렇게 그 누구도 알아차리지 못하고 있을 때에도 놀랍고 신비한 섭리를 계획하시고 추진하십니다.

하나님은 **우리가 상상도 하지 못하고 생각도 하지 못하는 것을 단독으로 계획하시고** 지금 이 순간에도 **쉴 사이 없이 우리를 위해 진행시키고** 계십니다. 또한 모든 일을 그 누구와 의논하지 않으시고 **오직 전적인 하나님의 탁월한 지혜와 능력으로** 처리해 나가십니다.

그러므로 **하나님께서 합당하게 여기시고 복 주시는 사람이 되면 그 누가 방해할지라도 그의 장래는 확실하게 형통하고 영광스럽게** 됩니다.

여기서 또 우리가 주목할 것은 모세와 아론과 장로들도 그 **말씀의 뜻도 모른 채** 하나님께서 말하게 하신 대로 바로 왕에게 말했다는 사실입니다.

우리는 **하나님의 말씀에 순종함에 있어서 다 이해가 되고, 동의하고, 깨달아져야만 순종하려고 해서는 안 됩니다.**

내가 하나님의 말씀에 순종하지 못하는 것은 **하나님의 말씀이 잘못되어서가 아니고 내가 부패하고, 자기중심적이고, 현세적이며 어리석기 때문**입니다. 흔히 하나님의 말씀이 강하게 마음에 부딪혀 올 때 내 이해관계에 그 말씀을 슬쩍 비춰봐서 나의 생각, 나의 계획과 일치하지 않다고 여겨질 때 그 말씀에 불순종합니다. 그러나 그런 판단은 어디까지나 부패하고 치우친 내 영혼의 판단일 뿐 **언제나 하나님의 말씀이 옳은 것**입니다.

그러므로 **우리는 언제나 완전하고 선하신 하나님의 말씀에 내가 지금 이해가 되고 안 되고를 따지지 말고 그저 순종해야** 합니다. 내 생각과 당장은 맞지 않으니, 현실에 적합하지 않으니 순종할 수 없다고 하는 것은 그야말로 **자기모순**에 빠지는 것이고, 문제를 해결하는 것이 아니라 **스스로 또 다른 문제를 만드는 것**입니다.

우리는 **내가 하나님께 반발하고 거역한다고 해서 하나님의 정의와 섭리가 굽혀지지 않는다는 것과 그것은 언제나 나에게 불리하도록 문제를 악화시키게 될 뿐**이라는 사실을 명심해야 합니다.

여기서 우리가 또 알아야 할 것이 있습니다.

1) **하나님은 사람에게 은총을 내려주시기 앞서서 우선 죄사함 받을 것을 요구하신다**는 사실을 이스라엘 백성과 바로 왕에게 가르쳐주신 것입니다.

하나님은 모세로 하여금 바로에게 "이스라엘 백성을 낙원에서 살게 하겠다"가 아니라 **"하나님께 희생을 드리게 하겠다"**고 말하게 하셨습니다. 게다가 불신자들처럼 의미 없는 제사가 아니고 **"희생을 드린다"**, 즉 동물을 죽여 피를 흘리는 제사를 드린다는 말을 사용하게 했습니다.

　이것은 **하나님으로부터** 진정한 복을 받기 원하는 사람들은 우선 **죄인의 죗값을 치러주기 위해 피흘려 죽으신 예수 그리스도를 믿어 죄사함을 받아야 한다**는 사실을 깨우쳐주시고자 한 것입니다.

　예수 그리스도를 믿지 않아서 죄사함을 받은 확신이 없는 사람은 **결코 하나님의 특별한 은총, 즉 영원한 은총을 맛볼 수 없습니다.** 이 사실이 얼마나 중요했던지 하나님은 이렇게 **구약시대에도** 기회 있을 때마다 사람들에게 깨우쳐주셨습니다. 더욱이 이스라엘 백성들을 애굽에서 해방시키려고 하실 때부터 그것을 깨우쳐주신 것입니다.

　2) **하나님은** 이스라엘 백성들이 희생을 드리게 하시는데 **"이스라엘의 하나님 여호와께 드리게 하겠다"** 하셨습니다.

　사람의 죄를 사해줄 수 있는 신, 희생 제물을 받을 수 있는 신은 오직 아브라함과 이삭과 야곱에게 약속을 주시고, 이스라엘 백성을 선택하여 그들로 하여금 세계 만민이 복을 누리게 하시는 **여호와 하나님 한 분뿐**이라는 말입니다. 하나님 외에 다른 신은 없고, 인간에게 희생 제물을 받고 그들의 죄를 용서해주고 영생 얻게 해주는 신은 없다는 말입니다.

　그러므로 이 하나님과 함께 마리아나 어떤 특별한 사람들을 동등하게 여기고, 하나님과 그 사람들을 겸하여 섬기는 것은 **결코 하나님을 섬기는 것이 아닙니다.** 옛날 이스라엘 백성이 이런 식으로 하나님을 섬기다가 멸망당했습니다. 중세 교회가 하나님과 사람을 동시에 섬기다가 망했습니다. 지금의 천주교 역시 그 잔재가 남아있습니다.

　우리는 인간을 만드실 때 이 땅에 강림하셨던 **성삼위 하나님만을** 섬겨야 합니다. 그때 마리아나 공자나 석가모니나 마호메트는 이 세상에 존재하지도 않았습니다. 하나님과 다른 것을 겸해서 섬기는 것은 **하나님을 버리고 우상만 섬기는 일보다 더 악합니다.** 그것은 **이미 하나님을 버렸을 뿐만 아니라 더 나아가 하나님과 우상을 동등시**하며 하나님의 존귀와 영광을 **노골적으로 욕되게 하는 것**이기 때문입니다.

　그러므로 우리는 정신을 차리고 오직 성삼위 하나님만을 섬기기 위해 전력을 다해야 합니다. 하나님을 섬긴다고 하는 사람들이 동시에 우상도 섬기게 될 때 하나님은 그 사람과 가정뿐 아니라 그 사회 전체를 멸망시키십니다.

예레미야 42장 이하를 보면 바벨론에 포로로 끌려가지 않고 가데스에 피신해서 지내는 이스라엘 사람들이 있었습니다. 하나님께서 예레미야 선지자를 보내서 그들이 **회개하고 하나님께로 돌아오면 안전하게 지켜주겠다고 약속**해주시는데도 그들은 가지 말라고 하신 애굽으로 피난을 갔습니다. 따라서 그들은 애굽에서 **하나님과 우상을 겸해서 섬기게** 되었습니다. 그러자 하나님은 잘 지내던 애굽에 바벨론이 침공하게 해서 애굽을 망하게 하셨고, 극심한 가뭄과 질병을 내리셔서 이스라엘 백성뿐 아니라 수많은 애굽 사람들이 죽게 하셨습니다.

하나님을 섬긴다고 하는 이스라엘 백성이 우상도 겸해서 섬기며 살자 하나님은 그들뿐 아니라 그들이 거하고 있는 사회와 나라도 함께 멸망시키신 것입니다.

그러므로 우리 성도들은 **이중적인 신앙생활, 영적인 간음생활에서 철저히 떠나야** 합니다. 다른 종교도 괜찮다고 말하거나 그렇게 생각하는 것을 우리는 철저하게 회개하고 개선해야 합니다. 그렇게 하지 않으면 지금은 하나님께 예배하지만 잠시 후에 우상 앞에서도 예배하게 되고 **그런 사람 때문에 그 가정과 사회가 모든 것을 잃게** 됩니다.

성도들이 올바른 신앙생활을 하는 한 그 옆에 있는 불신자들이 아무리 못되게 살아도 하나님은 **그 성도들을 위주로 모든 것을 섭리**하시므로 그들이 발을 디디고 있는 사회와 나라는 반드시 복을 누립니다.

우리 대한민국이 이만큼 성장하고 있는 것은 그동안 우리 믿음의 선배들이 어려운 환경 속에서 피곤한 몸을 이끌고 성전에 나와서 **새벽부터 기도하며, 나라와 민족을 위해 기도했기 때문**입니다. 미국 역시 타락한 세대처럼 보여도 아직 보수적인 교회들이 남아있어서 **성도들이 밤늦도록 성전에 모여 진지하게 성경을 가르치고 배우고 기도하고 있고, 많은 성도가 열심히 선교사업을 돕고 있습니다.**

처음에 유대인들이 유럽과 아시아로 뻗어가면서 전도하니 하나님은 지금도 전 세계의 재정적 실권을 유대인들의 것이 되게 하셨고, 유럽인들과 미국인들이 세계 도처에 나가서 많은 돈을 투자하며 선교하니 하나님께서 그들에게 몇 갑절의 복을 주셔서 선진 부강국을 이루며 살게 해주셨습니다.

그러므로 성도들이여!
우리 한국 교회와 대한민국이 정말 부강을 누리려면 **우리 성도들이 성도**

답게 정신 똑바로 차리고 신앙생활해야** 하고 **온 정성을 다해서 전도와 선교하는 일을 해야** 합니다.

> 4절/ 애굽 왕이 그들에게 이르되 모세와 아론아 너희가 어찌하여 백성의 노역을 쉬게 하려느냐 가서 너희의 노역이나 하라
> 5절/ 바로가 또 이르되 이제 이 땅의 백성이 많아졌거늘 너희가 그들로 노역을 쉬게 하는도다 하고

〈더 정확한 번역〉

> 4절/ 백성의 노역을 쉬게 하려느냐 ⇒ 백성을 데려가서 일을 못하게 하려고 하느냐?

(1) 바로는 하나님의 명령을 듣고 오히려 이스라엘 백성들에 대해 악평했습니다.

이스라엘 백성들이 일하기 싫어서, 게을러서 애굽에서 떠나 그들의 신에게 제사 드리러 가려 한다고 생각했습니다.

그동안 이스라엘 백성은 바로와 애굽에게 충성을 다했습니다. 당시 애굽이 어느 때보다 점점 부강했던 사실은 그동안 그들이 게으르지 않았음을 입증해줍니다. 그것도 400년 동안이나 그렇게 했습니다.

그러나 바로는 **전혀 그런 생각을 하지 못하고 그들을 끊임없이 가혹하게 노예로 부렸습니다.** 그리고 이스라엘 백성들이 잠시나마 쉬는 것을 불쾌하게 여겼고 화를 냈습니다.

바로는 이로써 더 이상 하나님의 긍휼과 자비를 받을 자격이 없다는 것, 이제는 그의 악함과 잔인함에 대해 하나님이 확실하게 벌할 수밖에 없는 사람임을 **스스로 드러낸 것**입니다.

더 이상 하나님의 긍휼과 자비를 받을 수 없는 사람들은 그들이 멸망할 수밖에 없는 자리로 더 신속하게 뛰어듭니다. 모든 잔인하고 악한 압박자들, 폭군들이 한결같이 그렇게 해서 이 땅에서 망하고 사라졌습니다.

그러므로 잔인하고 악한 일을 서슴지 않고 하는 자들을 볼 때 **그들의 때가 다 되고 있다는 것을 알아야** 합니다. 또 결코 이런 자들을 본받거나 뒤따르지 않도록 조심해야 합니다. 그리고 그것을 **자손들에게 잘 가르쳐야** 합니다.

(2) 바로는 모세와 아론이 히브리인들을 '공연한 말'로 충동하여 게으르게 만들고 있다고 생각했습니다.

1) 바로는 모세가 전한 하나님의 명령을 '공연한 말'로 여겼습니다.

많은 사람이 하나님의 말씀을 그저 공연한 사람의 말, 하찮은 소리로 여깁니다. 그들은 그것 때문에 애써서 가지고 누리던 것들을 스스로 무너지게 하고 없어지게 합니다.

거룩하시고 완전하시고, 의로우시고 선하신 하나님의 말씀이 어찌 공연한 말이 될 수 있겠습니까? 가장 악한 자가 가장 거룩하고 선하시고 완전하신 하나님을 비하하고 있는 것입니다. 이것이야말로 멸망당할 죄악입니다.

2) 바로는 모세가 전해준 하나님의 명령을 자기에게 불이익을 가져다주는 말로 여겼습니다.

모세와 아론은 바로에게 가장 선한 일을 하도록 권하고 있는데 바로는 그 말이 자기에게 손해를 가져다주는 말이라고 여겼습니다.

하나님의 백성들과 하나님의 종들이 불신자들과 우상숭배자들에게 가장 선하고 복된 일을 하라고 말해줄 때 저들은 그런 일을 할 일이 없는 자들이나 게으른 자들이 할 일이라고 여기고 무시하고 비난하고 조롱합니다. 이것이 바로 그들은 사탄에게 속해 있는 자들이요, 사탄에게 지배당하고 있는 자들임을 드러내는 것입니다.

3) 바로는 이스라엘 백성이 여호와 하나님께 예배하는 일을 게으른 자들이나 하는 일이고 그것은 자기를 크게 해되게 하는 것이라고 여겼습니다.

이 세상에서 사람이 해야 할 일중에 가장 우선해서 해야 할 일, 어떤 일보다도 온 정성을 다해야 할 일이 창조주 하나님께 예배하는 것입니다. 그런데 바로는 그 일을 가장 하찮은 일이고 결코 해서는 안 될 일이라고 여기고 말했습니다.

그러므로 그는 인간이기를 포기한 것입니다. 즉 더 이상 하나님의 일반은총과 자비와 긍휼을 입을 자격이 없음을 스스로 드러내고 있는 것입니다. 따라서 그는 당시 최고의 권력과 부귀영화를 다 잃게 되고, 그 나라도 몰락하고 말았습니다.

사탄에게 속한 자들이 하나님의 백성들이 하나님께 예배하는 일을 악하게 여기고 방해한다면 다른 어떤 죄악, 즉 끊임없이 우상숭배하고 온갖 죄악에 빠져 살았던 그 모든 죄보다 더 큰 죄를 범하는 것이요, 하나님을 가장 진노하시게 하는 것입니다.

이제 바로와 그 나라가 바로 그러한 돌이킬 수 없는 최악의 죄를 지음으로써 하나님의 무서운 심판을 받을 수밖에 없게 되었음을 적나라하게 드러내고 있는 것입니다.

하나님께서 하시는 일은 한 치의 실수나 오류가 없습니다.

(3) 바로는 모세와 아론도 가서 이스라엘 백성들과 함께 노역이나 하라고 말했습니다.

이것이야말로 **모세와 아론이 하나님의 사자임을 철저히 부정하고 무시하는 말**입니다. 하나님께서 사자를 누구에게 보내신다면 그것은 **그 사람에게 마지막 기회를 주시는 것**이고, 그래도 그 사람이 멸망하지 않기를 바라시는 **마지막 자비**입니다.

그런데 그것마저 무시하고 대적한다면 그는 마지막 기회를 다 잃어버리는 것이고, 마지막 하나님의 자비도 차버리는 것입니다. 따라서 이런 사람은 **하나님으로부터 어떤 긍휼과 자비도 받을 수 없게** 됩니다.

더구나 바로는 **하나님의 사자도 자기의 노예로 부리겠다고 말했습니다.**

그러므로 그는 **더 이상 단 한 명의 노예도 가지거나 부릴 수 없는 자로 판명**되었습니다. 바로의 이 망발이야말로 **이스라엘 백성은 어린아이 하나, 짐승 한 마리도 애굽에 남아있지 않고 깨끗이 해방되어야 할 이유를 스스로가 밝히고 있는 것**입니다.

하나님의 사자들마저 업신여기고, 함부로 대하는 사람들은 그가 가진 모든 것을 잃는 자리로 나가고 있는 사람들입니다.

제 30 강

이스라엘 백성을 더 모욕하는 바로 왕

〈출5:6~18〉

6바로가 그 날에 백성의 감독들과 기록원들에게 명령하여 이르되 7너희는 백성에게 다시는 벽돌에 쓸 짚을 전과 같이 주지 말고 그들이 가서 스스로 짚을 줍게 하라 8또 그들이 전에 만든 벽돌 수효대로 그들에게 만들게 하고 감하지 말라 그들이 게으르므로 소리 질러 이르기를 우리가 가서 우리 하나님께 제사를 드리자 하나니 9그 사람들의 노동을 무겁게 함으로 수고롭게 하여 그들로 거짓말을 듣지 않게 하라 10백성의 감독들과 기록원들이 나가서 백성에게 말하여 이르되 바로가 이렇게 말하기를 내가 너희에게 짚을 주지 아니하리니 11너희는 짚을 찾을 곳으로 가서 주우라 그러나 너희 일은 조금도 감하지 아니하리라 하셨느니라 12백성이 애굽 온 땅에 흩어져 곡초 그루터기를 거두어다가 짚을 대신하니 13감독들이 그들을 독촉하여 이르되 너희는 짚이 있을 때와 같이 그 날의 일을 그 날에 마치라 하며 14바로의 감독들이 자기들이 세운 바 이스라엘 자손의 기록원들을 때리며 이르되 너희가 어찌하여 어제와 오늘에 만드는 벽돌의 수효를 전과 같이 채우지 아니하였느냐 하니라 15이스라엘 자손의 기록원들이 가서 바로에게 호소하여 이르되 왕은 어찌하여 당신의 종들에게 이같이 하시나이까 16당신의 종들에게 짚을 주지 아니하고 그들이 우리에게 벽돌을 만들라 하나이다 당신의 종들이 매를 맞사오니 이는 당신의 백성의 죄니이다 17바로가 이르되 너희가 게으르다 게으르다 그러므로 너희가 이르기를 우리가 가서 여호와께 제사를 드리자 하는도다 18이제 가서 일하라 짚은 너희에게 주지 않을지라도 벽돌은 너희가 수량대로 바칠지니라

> 6절/ 바로가 그 날에 백성의 감독들과 기록원들에게 명령하여 이르되
> 7절/ 너희는 백성에게 다시는 벽돌에 쓸 짚을 전과 같이 주지 말고 그들이 가서 스스로 짚을 줍게 하라
> 8절/ 또 그들이 전에 만든 벽돌 수효대로 그들에게 만들게 하고 감하지 말라 그들이 게으르므로 소리 질러 이르기를 우리가 가서 우리 하나님께 제사를 드리자 하나니
> 9절/ 그 사람들의 노동을 무겁게 함으로 수고롭게 하여 그들로 거짓말을 듣지 않게 하라

〈더 정확한 번역〉
> 6절/ 감독들과 기록원들 ⇒ 백성의 노예 감독과 작업반장들
> 7절/ 너희는 백성에게 다시는 벽돌에 쓸 짚을 전과 같이 주지 말고 그들이 가

서 스스로 짚을 줍게 하라.
8절/ 또 그들이 전에 만든 벽돌 수효대로 그들에게 만들게 하고 감하지 말라. 그렇게 해주면 게을러진다. 그들이 "우리 하나님께 제물을 바칠 수 있게 해주십시오"라고 말하는 것도 다 게을러졌기 때문이다" 했다.
9절/ 그 사람들의 노동을 무겁게 함으로 수고롭게 하여 그들로 거짓말을 듣지 않게 하라.

바로는
(1) **하나님의 명령을 듣고 오히려 이스라엘 백성들에 대해 악평**했습니다.
(2) 모세와 아론이 히브리인들을 '**공연한 말**'로 충동하여 게으르게 만들고 있다고 **생각**했습니다.
(3) **모세와 아론도 가서 이스라엘 백성들과 함께 노역이나 하라고 말했습니다.**
(4) 이스라엘 백성의 수가 많아서 게으름을 피우고 있다고 여기고 **더욱 가혹하게 하여 그들이 죽어서 숫자가 줄게 해야겠다고 생각**했습니다.

그래서 바로는 그동안 했던 것보다 더 야만적이고 악한 명령을 내리지만 이 계획은 **성공하지 못합니다**. 이스라엘 백성의 수효를 줄일 수 없었습니다. 오히려 **하나님께서 그에게 더 크게 원수를 갚게 하는 구실을 만들었고, 이스라엘 백성을 한시바삐 해방시킬 구실만 더욱 강화시킨 것**입니다.

악한 자들이 **사탄의 사주를 받아** 하나님의 백성과 하나님을 섬기는 일을 아무리 극악하게 방해하고 핍박해도 그들은 결코 성공할 수 없으며 승리할 수 없습니다. 왜냐하면 하나님은 **사탄의 위에 계시는 분**이시기 때문입니다. 오히려 저들이 그렇게 할수록 **더 큰 참패와 수욕**을 당할 뿐입니다.

그러므로 우리 하나님의 백성들은 **사탄의 사람들이 하는 어떤 유혹과 핍박도 결코 두려워하거나 겁먹지 말아야** 합니다. 따라서 우리는 그 어떤 일보다도 먼저 **강하고 담대한 믿음**을 소유해야 하고 **하나님의 전신갑주**를 빈틈없이 갖추어 입되 더 튼튼히 입는 일을 부지런히 해야 합니다. 즉 **하루도 거름이 없이** 말씀을 읽고 묵상하고 회개하고 기도하는 일을 잘하는 **훈련을 끊임없이 받으며 살아야** 합니다.

목사와 교회지도자들은 성도들이 이 일을 잘하도록 날마다 열심을 다해 깨우치고 훈련해야 합니다. 그런데 목사와 교회지도자들 **자신이 너무도 허약**

하고 하나님의 전신갑주를 너무도 갖추지 못한 사람들이 많습니다.

많은 성도가 세상일에 몰두하여 이런 가장 중요한 일을 뒤로 미루거나 게을리하고 있는데 그 이유는 내가 살기가 힘들어져서가 아니라 내 영혼이 어두워져 있고, 잠자고 있고, 병들어 있기 때문입니다.

우리에게는 일을 좀 더 편하게 하고 우리의 세상적인 목표가 잘 달성되기 위해 더 많은 짚이 필요하고 더 많은 벽돌을 만들어내는 것이 중요하지 않습니다. 짚을 아무리 가져도, 아무리 많은 벽돌을 쌓아도 그것들은 다 없어질 것들입니다.

우리는 예수 그리스도(모세)를 주인삼고, 어떤 환난이나 시련이 와도 예수(모세)의 말씀(하나님의 말씀)대로 철저하게 순종하는 사람이 되는 준비와 훈련을 해야 합니다. 그것이 바로 우리에게 약속된 낙원에 가기 위해 필요한 짚과 벽돌을 잘 준비하는 것입니다.

많은 성도가 아직도 애굽에 머물면서 더 많은 짚을 달라고 구하고, 더 많은 벽돌을 만드는 일을 힘쓰면서 그것을 위해 기도하고 있습니다. 그것은 바로(사탄)에게 노예살이하고 있는 것이고 바로(사탄)을 기쁘게 할 뿐이며 나에게는 아무 유익도 없습니다.

(5) 바로는 이스라엘 백성으로 하여금 더 고되게 일하게 해서 모세의 거짓말을 귀담아 들을 틈이 없게 하라고 명령했습니다.

1) 바로는 모세가 한 말을 '거짓말'이라고 했습니다.

하나님을 모르는 자들은 가장 완전하시고 선하시고 의로우시고 거룩하신 분의 말씀을 다 거짓말이라고 여깁니다. 이것이야말로 그들이 얼마나 어리석고 몽매무지한 자인지, 또 얼마나 그들의 주인처럼 악한 자, 거짓말하는 자, 거짓말에 속는 선수들인가를 드러내고 있는 것입니다.

하나님의 말씀이 진리이고 참된 것임을 아는 만큼 그 사람의 영혼은 치료되고 변화되고 있는 것입니다. 하나님의 말씀을 수시로 읽고 들으면서 그것을 그대로 진리와 참으로 받아들이지 않는 사람은 그만큼 어둡고 잠자고 병들고 있는 사람입니다. 또한 그만큼 하나님에게서 멀어져 있는 사람입니다.

따라서 그는 결코 진정한 안식과 기쁨과 평안을 맛볼 수 없습니다. 이러한 교인들이 교회 안에 너무나도 많습니다.

2) 바로는 이스라엘 백성이 게을러져서 모세의 거짓말을 듣는 것이라고 생각했습니다.

사탄은 예나 지금이나 사람들을 **세상의 헛된 일에 몰두하게 하고 지치게 만들어서** 하나님을 찾지 못하게 하고 있습니다. 세상 일에 바쁘고 지친 사람들, 세상 것들에 점점 더 관심이 많고, 더 가지고 더 누리려고 하는 사람들은 하나님과 하나님의 말씀, 그리고 경고에도 관심을 기울이지 않습니다. 그래서 사탄은 세월이 흐를수록 사람들이 **더욱더 세상에 빠지게** 만듭니다.

그러나 **하나님의 선택된 사람들은 성령에 의해서 그 영혼이 거듭납니다.** 따라서 세상에서 지치고 오염되었던 영혼이 **우선 예수 그리스도를 알고 자신의 구주로 영접하게** 합니다. 그리고 예수 그리스도를 확실하게 믿은 성도에게 **성령이 들어오셔서** 그 잠자고 어둡고 병들어 있는 영혼이 **점점 밝아지고 깨어나고 치료되게** 하십니다. 따라서 자신이 그동안 사탄에게 사로잡혀서(바로에게 지배당하여) 온갖 세상 일에 빠져서 그것에 노예가 되어 왔음을 깨닫고 **점점 하나님과 하나님의 말씀에 눈과 귀를 열어 보고 알게** 됩니다. 따라서 **점점 세상 일**(바로의 지배)**에서 빠져나와 모세**(예수 그리스도)**를 주인으로 삼고 하나님의 나라로 나아가게** 됩니다.

그런데 그렇게 해야 할 사람 중에는 도무지 모세(예수 그리스도)를 알아보지 못하고, **여전히 애굽에 남아서** 더 많은 짚을 달라고 하고 더 많은 벽돌을 만들려고 하는 교인들이 많습니다. 심지어 처음에는 모세(예수 그리스도)를 믿고 순종해서 애굽에서 해방되었으나 **가나안**(천국)**으로 가는 도중**(이 세상에서의 신앙생활) **여러 가지 사탄의 유혹을 받아** 조금만 힘들고 괴로우면 **모세**(예수 그리스도)**를 버리고 새 대장을 세우고 애굽**(바로의 지배, 사탄의 세계)**으로 가려는 사람들**이 있습니다. 옛날 그렇게 했던 이스라엘 백성이 어찌 되었습니까?

당신은 **아직도 모세의 말**(예수 그리스도의 말씀)**을 거짓말이라고 여기는 구석**이 남아 있지 않습니까? **사탄**(바로)**의 말이 더 진실이라고 여기고 있지는 않습니까? 정신 똑바로 차리고 자신을 살펴보시기 바랍니다.

> 10절/ 백성의 감독들과 기록원들이 나가서 백성에게 말하여 이르되 바로가 이렇게 말하기를 내가 너희에게 짚을 주지 아니하리니
> 11절/ 너희는 짚을 찾을 곳으로 가서 주우라 그러나 너희 일은 조금도 감하지 아니하리라 하셨느니라
> 12절/ 백성이 애굽 온 땅에 흩어져 곡초 그루터기를 거두어다가 짚을 대신하니

〈더 정확한 번역〉

> 10절/ 백성의 감독들과 기록원들 ⇒ 백성의 노예 감독과 작업반장들
> 12절/ 백성이 애굽 온 땅에 흩어져 짚으로 쓸 마른 줄기를 찾아 다녔다.

여기에 **잔악한 바로의 도구 노릇을 하는 자**들이 나오는데 그들은 **노예 감독**들이고 **작업반장**들이었습니다. 이들 중 대부분은 **이스라엘 사람**들이었습니다. 그런데 그들이 그 악한 **바로 왕의 잔악한 명령에 복종하고 있는 것**입니다.

잔악한 자들에게는 언제나 **그들의 도구가 되는 사람들**이 있습니다. 이 사람들은 잔악한 자들의 악의와 악한 정책과 명령들을 받아서 많은 사람을 짓밟고 괴롭힙니다. 이 세상은 언제나 이런 무리가 나타나서 많은 사람을 괴롭히고 죽게도 하였습니다.

그래서 데살로니가후서 3장 2절에 **"우리를 부당하고 악한 사람들에게서 건지시옵소서 하라"** 했습니다. 이 말씀을 더 잘 번역하면 **"우리를 악한 자들에게서 보호해달라고 기도해달라"** 입니다.

사도 바울과 그 제자들이 거룩한 사역을 수행할 때 어디에나 **이런 악한 자들이 진을 치고 있어서 몹시 괴롭혔던 것**입니다.

그런데 바로의 명령에 따라 동족들을 극심하게 괴롭히는 일을 앞장섰던 이 노예 감독들과 작업반장들 또한 **결코 무사하지 못했습니다**(13절).

이스라엘 백성들은 벽돌을 만들 짚을 더 이상 찾을 수 없으므로 애굽 온 땅에 흩어져서 짚 대신에 쓸 마른 줄기를 찾아다녔다고 했습니다.

이 사실에 대해 근대의 고고학자 중에 카일 교수는 말하기를 "비돔성의 아랫부분들은 짚을 섞어 구운 벽돌로 건축되었고 가운데 부분들은 마른 줄기를 섞어서 구운 벽돌로 건축되었고 윗부분들은 아무것도 섞지 않고 흙으로만 구운 벽돌로 건축되었다" 했습니다.

당시 이스라엘 백성들이 처음에는 짚을 섞어서 벽돌을 굽다가 그 다음에는 더 이상 짚이 없어서 마른 줄기를 섞어서 벽돌을 구웠고 그마저도 없으므로 나중에는 흙으로만 벽돌을 구워서 성의 건축을 완성했던 것입니다. 그러니 이스라엘 백성들이 그 성을 건축함에 있어서 얼마나 극심한 노역과 고통을 겪었을지 짐작해볼 수 있습니다. 또한 **노예 감독들과 작업반장들 또한 얼마나 잔인하게 이스라엘 백성들을 재촉하며 혹독하게 다루었겠는가를 알 수 있습니다. 그들 또한 말할 수 없는 괴로움을 겪었던 것입니다.**

> 13절/ 감독들이 그들을 독촉하여 이르되 너희는 짚이 있을 때와 같이 그 날의 일을 그 날에 마치라 하며
> 14절/ 바로의 감독들이 자기들이 세운 바 이스라엘 자손의 기록원들을 때리며 이르되 너희가 어찌하여 어제와 오늘에 만드는 벽돌의 수효를 전과 같이 채우

지 아니하였느냐 하니라

〈더 정확한 번역〉
13절/ 독촉하여 이르되 ⇒ 계속 몰아붙이며 말하기를
14절/ 기록원들 ⇒ 작업반장들

이스라엘 백성들은 아무리 힘쓰고 애써도 짚을 정상적으로 공급받았던 때와 같이 벽돌들을 만들 수 없었습니다. 그러자 노예 감독들과 작업반장들은 계속해서 백성들을 몰아붙였고, 노예 감독들은 이스라엘 사람인 작업반장들을 때렸습니다. 동족을 배신하고 괴롭혔던 작업반장들은 **자기 동족이 아닌 애굽인들에 의해 매질을 당한 것입니다.** 참으로 **더 큰 부끄러움과 고통을 겪게** 된 것입니다.

여기서 우리가 깨달을 것이 있습니다.
(1) **자유와 권리를 빼앗긴 사람은 참으로 불쌍한 존재입니다.**

우리가 현재 자유와 권리를 빼앗기지 않고 그 누구에게 압제 받지 않고 있는 '**자유자**'라면 우리는 그것만으로 하나님께 감사드리지 않을 수 없습니다. 독재자 수하에서 일을 해야 하고 자유와 재산까지 그에게 바쳐진 자들에게는 사유재산을 가진다는 것과 인간의 기본권과 자유를 누린다는 것이 어떤 보석보다도 값진 것이 아닐 수 없습니다. 오늘날도 많은 족속이 자유와 기본적 권리를 악한 독재자에게 빼앗기고 인간으로서 기본적으로 누릴 수 있는 것마저 다 잃어버리고 고통과 압제 속에 신음하고 있습니다.

그러므로 신자, 불신자를 막론하고 악한 자들에게 압제 받지 않고 인간의 기본권을 누리며 자유를 누리고, 힘쓰고 애쓴 바에 따라 자기 재산을 소유할 수 있는 것에 대해 하나님께 감사해야 합니다. 그러나 **많은 사람이 이런 하나님의 은혜에 대해 대부분 잊어버리고 감사할 줄 모릅니다.**

우리 성도들도 **하나님께서 주신 이 귀한 은총을 잊지 말고 감사할 뿐만 아니라 그것을 하나님의 거룩한 뜻에 따라 선용해야** 합니다. 그것을 악한 일에 사용하거나 낭비하지 말아야 합니다. 그리고 **하나님이 주신 그 귀한 것들을 잘 보전하기 위해 방비할 것은 방비하고 지켜내야만** 합니다.

(2) **우리 성도들에게 하나님께서 큰 희망을 주신 후에도 종종 실망에 부딪히는 경우들이 많습니다.**

당시 이스라엘 백성들이 비로소 해방의 꿈에 부풀어있을 때 그동안보다도 **더 큰 실망과 고통**이 닥쳤습니다.

그러므로 우리 모든 성도는 이런 인간 역사들을 알고 **하나님의 섭리란 이 땅에서는 결코 세상적으로 기쁘고 즐거움만 있는 것이 아님을 미리 알고 있어야** 합니다. 그리고 그것에 대해서도 **믿음 안에서 잘 대비해야** 합니다. 즉 하나님의 약속과 은총을 눈앞에 바라보면서도 어떤 어려움이 닥쳐올 때 우리는 결코 하나님을 원망하거나 낙심하거나 믿음을 잃어버리지 않도록 **우리 자신을 잘 간수하고 성장시켜야** 합니다.

(3) **하나님께서는 선택하신 사람들을 구원함에 있어서 때로 인간의 눈으로 볼 때 매우 이상한 절차를 밟아서 하신다**는 것입니다.

하나님께서 구원자 모세를 애굽에 보내시고 보다 본격적으로 바로 왕에게 이스라엘 백성들을 해방시키라고 명령하시는 바로 그때 **이스라엘 백성들은 더 큰 어려운 상황에 직면하게** 되었습니다. 이것 또한 우연이 아니요, **하나님의 섭리**입니다.

만조가 되기 전에 간조가 오고, 안개가 많이 낀 아침이 있는 날 흔히 더 맑은 날이 됩니다(신32:36).

하나님께서 우리를 보다 더 구체적으로 도우시는 그때에 사탄은 우리에게 최악의 상황에 처하게도 합니다. 그것은 사탄이 이 세상에 존재하는 한 얼마든지 그렇게 됩니다. 그런데 **하나님의 섭리는 하나님의 백성들에게 사탄이 외적으로 나쁜 상황을 가져다줄수록 더 귀하고 복되며 영광스러운 결과를** 가져다주십니다.

땀 흘리지 않고 얻은 소득보다 많은 땀을 흘리고 얻은 소득이 더 달고 기쁜 것입니다. 하나님께서는 종종 사탄이 하나님의 백성들에게 끊임없이 어려운 상황을 가져다주게도 **허용**하시지만 하나님은 결국 **그럴수록 사탄은 더 참패하게** 하시고 **하나님의 백성들에게는 참으로 합력하여 선을 이루게** 하십니다.

그러므로 **하나님을 믿고 의지하고 따르는** 사람들은 아무리 어려운 상황에서도 **결코 낙심하거나 두려워 떨지 말아야** 합니다. 우리 앞에 어렵고 고된 상황이 벌어질수록 하나님은 그것을 통해 우리에게 더 크고 놀라운 복을 만들어주고 계심을 **영의 눈을 떠서 바라보며** 그야말로 **항상 기뻐하며 범사에 감사하며 전진해나가야** 합니다.

> 15절/ 이스라엘 자손의 기록원들이 가서 바로에게 호소하여 이르되 왕은 어찌하여 당신의 종들에게 이같이 하시나이까
> 16절/ 당신의 종들에게 짚을 주지 아니하고 그들이 우리에게 벽돌을 만들라 하

나이다 당신의 종들이 매를 맞사오니 이는 당신의 백성의 죄니이다
17절/ 바로가 이르되 너희가 게으르다 게으르다 그러므로 너희가 이르기를 우리가 가서 여호와께 제사를 드리자 하는도다
18절/ 이제 가서 일하라 짚은 너희에게 주지 않을지라도 벽돌은 너희가 수량대로 바칠지니라

〈더 정확한 번역〉
15절/ 기록원들 ⇒ 작업반장들
16절/ 이는 당신의 백성의 죄니이다 ⇒ 그러나 잘못은 왕의 백성에게 있습니다.
17절/ 바로가 이르되 "너희가 정말 게으르다. 너희가 일하기 싫으니 이곳을 떠나 여호와께 제물을 바치러 가려고 그러는 것이다"

모세가 바로 왕을 만난 후에 이스라엘 백성이 더욱 심한 학대를 받게 되자 가장 먼저 작업반장들이 바로 왕을 찾아가 호소했습니다.

인간의 눈으로 볼 때는 당연하게 보이지만 그들의 이런 행동은 **믿음이 전혀 없고 어리석은 처사**였습니다. 그 행동은 만사만물을 홀로 임의로 주장하시는 하나님을 전혀 염두에 두지 않음으로써 비롯된 것입니다.

이스라엘 백성들은 **극심한 고역을 당하게 되었을 때** 하나님께서 모세를 바로 왕에게 보내서서 이스라엘 백성을 해방시키라고 하셨기 때문에 발생된 일이었음을 깊이 생각했어야 했습니다. 따라서 그들은 **하나님을 먼저 찾아서 모든 상황을 말씀드리고 호소했어야** 했습니다. 그런데 그들은 **곧바로** 자기들을 학대하기만 하는 잔인한 인간 바로를 찾아가 호소했습니다.

그 결과가 어떻게 되었습니까?
(1) 그들은 **이방나라의 왕으로부터 인격적인 모욕을 더 당하게** 되었습니다.

바로는 말하기를 "너희는 정말 게으르다" 했습니다. 이 말은 **경멸에 가득 차 모욕을 주는 말**이었습니다.

하나님께 속한 자들이 악한 자들(마귀에게 속한 자들)**에게 모욕과 수치를 당하는 것은 굉장히 부끄러운 일이요**, 더욱이 그것은 **하나님의 이름을 욕되게 하는 일**이 됩니다.

하나님을 섬기고, 하나님을 의지하고, 하나님께 순종해야할 사람이 **하나님이 아닌 다른 것을 섬기고, 의지하고, 따라가면** 결국에는 이렇게 **모욕과 수치를 당하게** 되고 나아가서 **하나님의 영광을 가리게** 됩니다.

그러나 **어떠한 고통이나 손해를 당하더라도 하나님만 섬기고, 하나님께만**

순종할 때 그러한 사람을 조롱하고 해되게 한 자들은 반드시 하나님에 의해 벌을 받게 되고 동시에 나는 그 하나님으로부터 영광과 복을 받아 누리게 됩니다.

(2) **그들이 바라던 소망은 전혀 성취되지 않았습니다.**

바로는 "이제 가서 일하라"고 말했습니다. 더 이상 잔말하지 말고 당장 돌아가서 시키는 대로 일하라는 말입니다. 그리고 "짚은 앞으로도 안 주겠다. 그러나 벽돌은 할당된 대로 어김없이 만들어 내라"고 했습니다.

작업반장들이 바로에게 가서 호소한 것은 **조금도 수확이 없었습니다.**

그러므로 우리 성도들은 **하나님께 기도하라고, 호소하라고 어려움이나 환난을 주시는 경우들을 만날 때** 인간들, 더욱이 불신자들이나 우상숭배자들을 찾아다니고, 돈이나 찾아다니면 이렇게 됩니다. 그때 온 백성이 일심으로 하나님을 찾아 부르짖어 기도했다면 하나님께서는 어떻게 해서든지 그 극심한 고역, 즉 짚을 더 주지 않고 할당된 벽돌을 만들어내는 고역도 막아주셨을 것입니다.

하나님께 나아가서 부르짖어 기도할 생각은 하지 않고 그 시간마저 다 들여서 사람을 만나고 돈을 버는 일에 여념이 없는 성도들이 많습니다. 이런 식으로 애써서 땀 흘리고 10시간 고생하는 것보다 **단 한 시간 하나님 앞에 엎드려 땀 흘려 기도하는 것이 훨씬 좋은 결과를 얻게** 됩니다.

작은 어려움, 짧은 어려움으로 하나님을 찾지 못한다면 하나님은 그 사람에게 복을 주시기 위해서라도 보다 큰 어려움이나 긴 어려움을 주실 수밖에 없습니다. '하나님이 내 소원을 왜 빨리 안 이뤄주시나?' 의아해하거나 불평하지 말고 **서둘러서 무엇보다도 하나님을 찾고 그 손을 붙잡으며 모든 사정을 아뢰고 호소해야** 합니다. 그러면 하나님께서 내 소원을 빨리 이뤄주시고 예비하신 복을 주십니다.

제가 지금까지 목회하면서 많은 성도를 볼 때 안타까운 것은 **지금 영육간의 형편이 어렵다는 것을 본인들이 잘 알고 있으면서도 영육 간에 형편이 좀 나은 사람들보다도 오히려 기도하기를 게을리하는 것입니다.**

여러분, 분명히 기억하시기 바랍니다.

무엇보다도 내가 얼마나 하나님을 뜨겁게 사모하고 의지하는지, 얼마나 하나님을 찾아 기도할 줄 아는 사람인지에 비례해서 내가 누릴 복이 결정

됩니다. 하나님은 우리 성도들에게 주실 여러 가지 좋은 것들을 **우리가 생각하고 상상하는 이상의 것으로 충분히 마련해놓고** 계십니다. 그러나 내가 그 하나님을 찾고, 하나님께 간절히 호소하지 않는 한, 즉 **진정으로 하나님 중심의 사람이 되지 못하는 한** 그것들이 내게 주어지는 일은 보류됩니다.

모든 위대한 역사는 **하나님을 철저하게 신뢰하고 그 하나님과 모든 것을 상의하고, 하나님께 부르짖어 기도하는 사람들**에 의해 이뤄집니다.

역사에 기록될 만한 중요한 전쟁에서 승리를 쟁취한 사람들을 보면 그 사실을 알 수 있습니다.

블레셋 군대 앞에서 풍전등화와 같은 이스라엘을 승리로 이끈 **다윗**은 **하나님만 믿고 기도하는 사람**이었습니다. 또 세계 제2차 대전에서 독일의 우월한 무기에 의해 대서양에 가라앉을 위기에 처해있는 영국과 유럽을 살려낸 **처칠 수상**은 **매일 하나님 앞에 엎드려 기도하는 사람**이었습니다. 또한 이 나라가 완전히 공산 세계가 될 뻔했을 때 지금과 같은 대한민국이 있도록 싸워서 이겨준 **맥아더 장군**이 그런 사람이었고, 아메리카의 흑인을 해방시키기 위해 남북전쟁을 승리로 이끈 **링컨 대통령**이 **하루에도 수십 번씩 하나님 앞에 엎드려 기도한 사람**이었습니다.

잘났건 못났건 하나님을 전적으로 신뢰하고 하나님께 항상 기도하는 사람이 있는 가족과 이웃과 나라와 교회에 하나님께서는 긍휼과 복을 베풀어 주십니다.

제 31 강

모세와 아론을 원망하는 이스라엘 백성

〈출5:19~6:1〉
19기록하는 일을 맡은 이스라엘 자손들이 너희가 매일 만드는 벽돌을 조금도 감하지 못하리라 함을 듣고 화가 몸에 미친 줄 알고 20그들이 바로를 떠나 나올 때에 모세와 아론이 길에 서 있는 것을 보고 21그들에게 이르되 너희가 우리를 바로의 눈과 그의 신하의 눈에 미운 것이 되게 하고 그들의 손에 칼을 주어 우리를 죽이게 하는도다 여호와는 너희를 살피시고 판단하시기를 원하노라 22모세가 여호와께 돌아와서 아뢰되 주여 어찌하여 이 백성이 학대를 당하게 하셨나이까 어찌하여 나를 보내셨나이까 23내가 바로에게 들어가서 주의 이름으로 말한 후로부터 그가 이 백성을 더 학대하며 주께서도 주의 백성을 구원하지 아니하시나이다 1여호와께서 모세에게 이르시되 이제 내가 바로에게 하는 일을 네가 보리라 강한 손으로 말미암아 바로가 그들을 보내리라 강한 손으로 말미암아 바로가 그들을 그의 땅에서 쫓아내리라

▎19절/ 기록하는 일을 맡은 이스라엘 자손들이 너희가 매일 만드는 벽돌을 조금도 감하지 못하리라 함을 듣고 화가 몸에 미친 줄 알고
▎20절/ 그들이 바로를 떠나 나올 때에 모세와 아론이 길에 서 있는 것을 보고
▎21절/ 그들에게 이르되 너희가 우리를 바로의 눈과 그의 신하의 눈에 미운 것이 되게 하고 그들의 손에 칼을 주어 우리를 죽이게 하는도다 여호와는 너희를 살피시고 판단하시기를 원하노라

〈더 정확한 번역〉

▎19절/ 화가 몸에 미친 줄 알고 ⇒ '이제 큰일났구나' 하고 생각했다.
▎20절/ 모세와 아론이 길에 서 있는 것을 보고 ⇒ 모세와 아론을 기다리고 있는 길에서 만났다.
▎21절/ 下 여호와가 너희를 내려다보시고 심판하시기를 바란다.

바로를 만나고 나온 이스라엘의 패장들은 모세와 아론을 만나 원망합니다. 그 이유는 모세와 아론이 바로에게 이스라엘 백성들을 해방시키라고 말한 것이 오히려 화근이 되어 바로가 더 악한 마음을 품고 자기들을 더 고통스럽게 할 것이라 생각했기 때문입니다. 저들의 이와 같은 태도는 **그들이 신앙이 없다는 증거**를 생생하게 드러내는 것이었습니다.

우리는 교회 안에서 이러한 사람들을 얼마든지 볼 수 있습니다.
영혼이 근본적으로 치료되고 변화되고 성숙하지 못하고 하나님이 누구신지를 분명히 알지 못하고 믿지 못하는 사람들은 자기들이 원하는 대로 되고 있다고 여겨질 때는 열심히 하나님을 섬기는 것 같다가도 조그마한 어려움이나 사탄의 시험이 오면 언제 그랬느냐 싶게 **그동안 하나님이 주신 은혜와 감동들을 새까맣게 잊어버리고 하나님과 하나님의 사람들을 미워하고 대적하며 심지어 배반하고 떠나버립니다.** 이들이 바로 이때의 이스라엘 백성들과 같은 사람들입니다.

그들은 모세와 아론에게 "**여호와가 너희를 내려다보시고 심판하시기를 바란다**"고 말했습니다.

그들의 이런 태도와 말은 **매우 부당**했습니다. 모세와 아론은 이스라엘의 자유를 위해 애쓰고 있다는 증거를 **말뿐 아니라 하나님의 능력을 나타내보이면서 충분하게** 그들에게 알게 해주었습니다. 그러나 모든 일이 **그들이 바라던 대로** 순탄하게 진행되지 않고 오히려 어려움이 닥칠 것이라고 추측하자마자 모세와 아론이 자기들을 더 비참한 노예로 만드는 나쁜 사람들이라는 식으로 비난했습니다.

그들은 마땅히 **하나님과 하나님의 사람들 앞에서 겸손해지고** 그동안 하나님 앞에서 범죄했던 것들을 **부끄러워했어야** 했습니다. 그러나 그들은 오히려 그들에게 가장 큰 사랑과 호의를 베풀고 있는 하나님의 사람들에게 **순식간에 정면으로 반항**하며 그들과 **다투었습니다.** 그 이유는 그들이 하나님께서 그들을 해방시키시는 일에 있어서 **아직 눈앞에 나타나지도 않은 어려움과 장애물을 생각했기** 때문입니다.

당시 이스라엘 백성들에게 가장 큰 문제는 그들에게 닥치리라 예상되는 큰 어려움이 아니라 자신들이 **하나님의 백성으로서 영광스러운 해방을 차지할 수 있는 사람답게 깨어지고 치료되고 변화되고 성숙하지 못한 것**이었습니다.

오늘날도 교회 안에 이러한 사람들이 많습니다.

하나님을 잘 알지 못하고 신앙다운 신앙을 가지지 못한 사람들, 하나님께 그저 순종하고 충성할 수 있도록 깨어지고 치료되고 변화되고 무장하고 성숙하지 못한 사람들은 시대나 민족을 불문하고 다 이와 같이 합니다.

여기서 우리가 또한 깨달을 것이 있습니다.

하나님과 하나님의 선택된 자들을 위한 거룩한 사명을 위해 부르심을 받은 사람들은 **시련을 겪을 각오를** 해야 한다는 것입니다. 그 시련은 **사탄**으로부터 직접적으로 오는 것뿐만이 아니라 **자신들이 상대하고 구원해내야 할 하나님의 선택된 자들** 때문에 오는 것입니다. 즉 도무지 하나님 앞에서 변화되지 못하고 성숙하지 못한 선택된 사람들이 무시하는 것과, 터무니없는 불친절, 비난, 반발이 우선 가장 큰 시련이 됩니다. 그러므로 **부름을 받은 사람들은 이 두 가지 큰 시련을** 당당히 받아들이고 거룩한 사명을 끝까지 잘 수행할 수 있도록 **자신들이 더욱더 깨어지고 치료되고 변화되고 무장하고 성숙해야** 합니다. 그런데 그것은 인간적으로 결심만으로 되는 것이 아니고 **말씀과 믿음과 성령의 충만한 사람**이 되어야 합니다.

> 22절/ 모세가 여호와께 돌아와서 아뢰되 주여 어찌하여 이 백성이 학대를 당하게 하셨나이까 어찌하여 나를 보내셨나이까

〈더 정확한 번역〉
> 모세가 여호와께 돌아와서 아뢰되 주여 어찌하여 주의 백성에게 이런 고통을 주셨습니까? 도대체 무엇 때문에 저를 이곳에 보내셨습니까?

(1) 모세는 이런 커다란 시련을 당하며 여호와께 나아가 모든 사정을 고했습니다.

모세가 지금까지 말하고 행한 모든 것은 하나님의 지시였습니다. 따라서 모세는 그 때문에 비난을 받는다면 그것은 **하나님께 대한 비난**이라고 생각했습니다. 그래서 **모든 것을 하나님 앞에 내어놓고 호소했습니다.**

우리가 거룩한 사명을 수행하다가 곤란과 좌절을 당하게 되면 **무엇보다도 하나님을 의지하고 하나님께 모든 사정을 아뢰며 기도해야** 합니다.

(2) 모세는 하나님께 이렇게 질문합니다.

1) "**어찌하여 주의 백성에게 이런 고통을 주셨습니까?**" 했습니다.
하나님은 그 백성을 복된 길로 인도하시면서도 그들로 하여금 자기들의 사태가 더 악화되고 있다고 생각하게 되는 특별한 방법을 쓰셨습니다.
그들이 도움을 구할 때 좀 더 **구체적인 도움의 방편은 숨겨지는 것 같고** 자기들에게 오리라고 믿었던 것은 오히려 올가미가 된 것입니다.
하나님께서 이런 **특이한 시험**을 허락하신 것은 우리가 **인간을 신뢰하는 것을 끊어야 한다는 사실을 배우고, 다른 것에 대한 의존을 중단하게 하기 위**

함입니다. 따라서 우리 하나님의 백성들은 **하나님께로부터 불친절한 대우를 받고 있다고 생각될 때 하나님께 나아가 기도함으로써 그 시련이 더 좋은 은총을 만나게 되는 관문으로 변화시켜야** 합니다.

하나님은 이스라엘 백성들에게 이러한 **거룩한 가르침**을 주고 계십니다.

모세의 이 기도에는 다소 항의하는 듯한 느낌이 배어있는데 모세 역시 **아직 하나님의 오묘한 섭리를 이해하지 못했고 전적으로 하나님을 신뢰하지 못하는 면이 있음**을 발견할 수 있습니다.

우리도 **하나님과 하나님의 섭리를 좀 더 잘 알지 못하고 하나님을 철저하게 신뢰하지 못할 때 지금 내 주변에서 하나님께서 나를 위해 행하시는 일들을 오해하고 오히려 하나님을 원망하게** 됩니다.

이것이 얼마나 어처구니없는 일입니까?

그러므로 우리는 **하나님의 말씀을 통해서** 하나님의 섭리를 분명하게 구분할 수 있는 **영적 통찰력**을 길러야 하고, 어떤 일이 있어도 하나님은 내 편이요, 앞으로뿐 아니라 지금도 나에게 반드시 유익과 복을 베푸신다는 사실을 **굳게 믿어야** 합니다.

모세의 기도는 이때만 해도 이렇게 **어설픈 구석**이 있었으나 그는 **누구보다도 먼저 하나님을 찾고 의지하며 기도할 줄 아는** 사람이었습니다. 이런 사람이 이스라엘 백성 가운데 한 사람이라도 있었기에 하나님은 그 어리석고 믿음 없는 백성들을 위해서 계속 일을 추진해나가신 것입니다.

우리가 아직 큰 믿음은 가지지 못했고, 성경지식을 충분히 갖추지 못했다 하더라도, 또 기도할 때 잘못 구하는 경우가 있다 하더라도 우리는 **하나님을 제일로 삼고, 매사에 하나님을 찾아 의논드리고, 간곡히 호소해야** 합니다.

하나님은 잘나고 완벽한 사람만 부르시지 않습니다. **못나고 부족한 사람이라도 하나님을 제일로 삼고 하나님께 나아올 때** 그가 아직 철없는 말을 할지라도 그 사람을 붙잡아주시고 지도해주시고 사용해주십니다.

2) "도대체 무엇 때문에 저를 이곳에 보내셨습니까? 내가 바로에게 들어가서 주의 이름으로 말한 후로부터 그가 이 백성을 더 학대하며 주께서도 주의 백성을 구원하지 아니하시나이다" 했습니다.

모세는 자기가 한 일의 결과로 오히려 이스라엘 백성들에게 큰 어려움이 닥친 것을 보면서 "**이제 나는 어떻게 해야 합니까?**" 라고 간구한 것입니다.

하나님의 일을 하는 사람들은 자신의 노력이 사람들에게 좋은 결과를 보여주지 못하고, 오히려 **결과적으로 사람들에게 해가 될 경우**를 만납니다. 또한 죄인들의 회개를 위한 노력에도 불구하고 **오히려 그들이 더 타락할 뿐 아니라 고집이 더 세어지고 완악해지는 것을 보는 경우**들이 많습니다. 이럴 때는 그도 인간이므로 괴롭지 않을 수가 없습니다. 그래서 에스겔 선지자의 말과 같이 **하나님의 충성된 사역자들은** 자신의 영혼의 고통 속에서 **하나님의 일을 하게** 됩니다(겔3:14).

하나님께 부르심을 받은 일꾼들은 그 수고에 실망스러운 상황이 나타날 때 **결코 하나님을 의심하거나 하나님에게서 멀어져서는 안 됩니다.** 그리고 왜 나를 보내셨는가에 대해 깊이 생각해야 하며 그것을 잠시도 잊지 말고 죽기를 불사하고 감당해내야 합니다. 또한 그렇게 할 수 있는 사람으로 **자신이 철저하게 깨어지고 치료되고 변화되고 무장하고 성숙해야** 합니다.

6장

> 1절/ 여호와께서 모세에게 이르시되 이제 내가 바로에게 하는 일을 네가 보리라 강한 손으로 말미암아 바로가 그들을 보내리라 강한 손으로 말미암아 바로가 그들을 그의 땅에서 쫓아내리라

〈더 정확한 번역〉

> 여호와께서 모세에게 이르시되 이제 내가 바로에게 하는 일을 네가 보리라. 내가 큰 능력을 보여주면 바로가 그들을 보내리라. 나의 능력을 보고 바로가 그들을 그의 땅에서 쫓아내리라.

하나님은 모세를 이스라엘의 해방자로 보내시기 위해 또다시 그와 실랑이를 벌이십니다.

모세가 비로소 하나님을 믿고 그 명령에 순종하여 아론과 함께 애굽으로 가서 바로 왕에게 담대하게 하나님의 말씀을 전달했는데 **첫 번째 난관**을 만나게 된 것입니다.

하나님은 한 사람을 부르시고 사용하시기 전에 모세와 같이 훈련, 치료, 성장시켜 주시는데 어느 누구도 완전하지 못하므로 하나님이 부르시고 그 명령을 수행하는 사람은 이와 같이 **시시때때로 하나님과 실랑이를 벌이고 한바탕의 소통이 벌어지기도** 합니다. 참으로 하나님 앞에서 완전하거나 자기를 자랑할 사람이 없습니다.

그러므로 우리 하나님의 일꾼들은 내가 충성스럽게 일하고 있더라도 나 역시 어리석게 하나님과 실랑이를 벌이려고 하고 하나님과 더불어 한바탕 소

동을 일으키는 일들을 많이 했음을 알아야 합니다. 그리고 **결코 하나님 앞에서 자기를 나타내거나 자랑하지 말아야** 합니다. 존귀하신 하나님이 나 같은 한심한 사람을 부르시고 용납하시고 나와 실랑이까지 벌이시며 **계속 사용해주신 은혜에 참으로 감사, 감격해야** 하며 **죽도록 충성해야** 마땅합니다.

(1) **하나님은 모세에게 "그 후에야 그가 이스라엘 백성들을 보내리라"는 말씀을 반복하셨습니다.**

하나님은 말씀하신 일이 반드시 성취된다는 사실을 모세에게 다시 확신시켜주심으로써 그가 더 이상 어리석은 불평을 하지 못하게 하셨습니다.

모세가 하나님의 명령대로 애굽에 갔으나 일이 오히려 악화되어 어찌할 바를 모르고 있을 때, 즉 자기 할 바를 도무지 몰라서 당황하고 있을 때 여호와께서는 그에게 **같은 말씀을 반복**하심으로써 흔들리는 마음을 진정시켜주셨습니다.

(2) **하나님은 모세에게 "내가 하는 일을 네가 보리라"고 말씀해주셨습니다.**

모세는 그동안 온 힘을 다해 하나님의 명령대로 순종하고 노력했지만 사람의 눈으로 보기에 아무 성과가 없었습니다. 오히려 상황이 더 악화되어 바로의 교만은 더 극에 달했고 이스라엘 백성들은 낙심에 이어 원망불평하기에 이르렀습니다.

그러나 그 상황은 하나님께서 **보다 더 적극적으로 도우시고 그 능력으로 약속을 이루어주시는 과정**이었습니다. 인간적으로 볼 때 극단적인 상황은 하나님께서 도우시고 구해주시는 결정적인 기회가 됩니다. 그러나 사람들은 하나님께서 이렇게 섭리하시는 것을 도무지 알아차릴 수가 없습니다.

그런 모세에게 하나님은 "이제 내가 바로에게 하는 일을 네가 보리라"고 말씀해주십니다.

"자! 이제야말로 너는 내가 하는 일을 보게 될 것이다. 내가 이 교만한 자를 상대하는 것을 한번 보아라(욥40:12~13)" 하신 것입니다.

그리고 "**내가 큰 능력을 보여주면 바로가 그들을 보내리라**" 하셨고, "**나의 능력을 보고 바로가 그들을 그의 땅에서 쫓아내리라**" 하셨습니다.

하나님께서 **권능의 손으로 역사하실** 그때 교회의 구원이 이루어집니다. 하나님의 '**강한 손**', 즉 권능의 손으로 바로에게 역사하여 "**그가 너희를 보내리라**" 하고 말씀하고 계시는 것입니다.

하나님의 권능의 손을 믿고 의지하여 기꺼이 하나님께서 명하신 일을 하는 사람들은 사람의 그 어떤 것이 아니라 **하나님께서 친히 강권으로 역사하심으로** 인해 그 의무를 완수할 수 있게 됩니다. 그러나 하나님을 전적으로 신뢰하지 않고 하나님께 굴복하지 않는 사람들은 그 하나님의 권능으로 인해 멸망을 당합니다.

하나님께서 이 말씀을 **거듭하여** 모세에게 말씀하고 계십니다.

하나님께서는 **아주 강퍅한 자들을 굴복시킬 필요가 있을 때 여지없이 큰 권능을 행사하십니다.** 우리는 **이 하나님을 믿고 의지하며 그의 모든 명령에 그저 순종하고 복종할 수** 있습니다.

출애굽기는 아브라함의 자손들이 어떻게 생성되며 그들이 애굽에서 오랜 세월 동안 종살이를 하다가 해방되어 약속된 땅 가나안으로 들어가게 되는 약 500여년의 역사를 보여주는데 동시에 여기에는 **하나님과 그의 선택된 백성들,** 그리고 **하나님을 불신하고 우상을 숭배하는 자들과의 상관관계와 하나님께서 그 여러 상황 속에서 섭리해나가시는 모습**을 아주 분명하게 보여주고 있습니다.

지금까지는 바로 왕이 하나님의 명령을 무시하고 이스라엘 백성들에게 더 큰 고역을 시키자 이스라엘 백성들이 모세와 아론을 원망했고 모세가 하나님께 안타깝게 기도하는 것을 보았습니다.

여기에서 우리는 알아야 할 것이 몇 가지 있습니다.

(1) **하나님은** 이스라엘 백성들의 원망하는 소리에 **당장은 아무런 반응을 하지 않으셨다**는 사실입니다.

바로 왕의 학대가 더 심해졌다고 해서 이스라엘 백성들이 하나님을 원망한 것은 **큰 잘못**이었습니다. 그들은 하나님의 종을 통해서 하나님께서 그들을 애굽에서 해방시켜주실 것이라는 말을 들었을 때 그 수많은 노예가 갑자기 해방되려면 **그에 따르는 상당한 수고와 진통을** 어느 정도 예상하고 웬만한 **고통쯤은** 기꺼이 참아야 했습니다. 그런데 이스라엘 백성은 처음으로 당하는 시련, 그것도 그들 중 몇 사람을 죽이는 것도 아닌데도 참아낼 줄 모르고 **시작단계에서부터 하나님을 원망**했습니다.

오늘날 우리들도 하나님께서 우리의 억만 죄 가운데에서 독생자 예수 그리스도의 보혈의 은총으로 구속해주시고 영원히 하나님의 자녀요, 천국의 상

속권자가 되게 해주셨는데 하나님은 우리가 예수를 믿은 후에는 **옛날 이스라엘 백성들처럼 우상과 죄악의 세계를 떠나게 하시고 한걸음, 한걸음 낙원으로 인도**해주십니다.

따라서 우리 성도들도 이 죄악 세상 속에서 한걸음씩 빠져 나와서 하나님의 세계로 들어가는 과정 속에 있고 그 과정 속에서 **많은 수고와 고통**을 겪지 않을 수 없습니다. 만약 예수 믿는 사람이 이 세상에서 도무지 갈등도 느껴보지 않고, 고통도 당해보지 않고, 아무런 수고도 없이 신앙생활을 하고 있다면 그는 애굽에서 빠져 나오고자 하는 사람이 아닙니다.

만약 신앙생활하고 있다는 사람이 신앙생활 때문에 당하게 되는 수고와 고통 때문에 하나님이나 하나님의 종들을 원망한다면 지금 이 이스라엘 백성들의 모습과 꼭 같습니다.

그런데 하나님은 **그들의 그런 불신앙적인 행실에 대해 당장 반응을 나타내지 않으셨습니다**. 만약 그렇게 하셨다면 그들은 종래 애굽에서 해방되지 못했을 것입니다.

그러므로 우리가 여기서 꼭 알아야 할 것이 있습니다.

하나님은 그 당시 그들의 원망에 대해 곧바로 보응하지는 않으셨지만 **그들의 그 태도와 말을 분명히 보고 기억하고 계셨습니다**. 그리고 그들을 **광야 길로 가게 하시면서 계속 그들의 믿음을 시험**해보셨습니다.

그런데 시작단계에서부터 믿음없이 원망하던 그들은 **어려움이 있을 때마다** 하나님과 하나님의 종을 원망했습니다. 그러자 하나님께서는 그들을 결국 **광야생활 중에 다 죽게 하셨고 믿음 좋은 여호수아와 갈렙, 그리고 20세 미만의 자손들만 가나안에 들어가게 하셨습니다**.

만일 이스라엘 백성들이 모세를 처음 만났을 때부터 이미 좋은 신앙을 가지고 있고, 어떤 고통도 참아낼 줄 알며, 하나님의 명령에 끝까지 순종하는 사람들이 되어 있었다면 하나님은 그들을 광야 길이 아닌 지름길로 가게 하셨을지 모릅니다. 또 훨씬 편안하게 가나안에 도착하게 해주셨을지 모릅니다.

아직 애굽을 빠져 나오기도 전에 하나님과 하나님의 종을 원망하던 이스라엘 백성들에게 고된 광야생활은 **불가피**했습니다.

그러므로 모든 성도여!

당장 우리 눈앞에 있는 문제만을 해결하기 위해 기도하고 노력할 것이 아니라 우리가 예수 그리스도를 믿은 이후에 아무리 어려운 환난과 시련을 만난다고 할지라도 결코 **하나님과 하나님의 종들을 원망하지 않을 수 있는 정도로** 철저하게 깨어지고 치료되고 변화되고 무장되고 성장해야 합니다. 그렇게 되지 않으면 하나님께서 우리에게 무슨 은혜를 베풀어주셔도 걸핏하면 원망하고 불평하다가 비참한 길로 가게 됩니다. 우리의 장래를 비참하게 만드는 것은 돈이나 그 누가 그렇게 만드는 것이 아니라 걸핏하면 원망하고 불평하는 우리의 자세입니다.

　하나님은 나의 원망과 불평에 대해 당장은 묵인하시지만 그것을 아주 모른 척하지는 않으십니다. 이스라엘 백성이 원망했어도 하나님께서 당장 보응하시지 않고 그들을 애굽에서 해방시켜 주셨는데 그것은 다름이 아니라 언제든지 하나님을 원망하지 않고 하나님과 하나님의 종들을 신뢰하고 따르는 **소수의 사람들**을 위해서였습니다.

　여호수아와 갈렙같은 사람들이 그 무리 속에 있었기에 하나님은 믿음 없는 사람들의 원망을 잠시 **묵인**하시고 그들도 **해방**시켜 주신 것입니다. 그러나 때가 되자 계속해서 그렇게 원망하고 불평하던 자들은 마치 **채소밭에서 잡초를 뽑아 버리듯이** 뽑아 버리시고 **끝까지 하나님을 신뢰하고 원망 대신에 감사할 줄 아는 사람들만을 골라서** 가나안에 들어가게 하셨습니다.

제 32 강

너는 내가 바로에게 하는 일을 보리라

〈출6:1~5〉
1여호와께서 모세에게 이르시되 이제 내가 바로에게 하는 일을 네가 보리라 강한 손으로 말미암아 바로가 그들을 보내리라 강한 손으로 말미암아 바로가 그들을 그의 땅에서 쫓아내리라 2하나님이 모세에게 말씀하여 이르시되 나는 여호와이니라 3내가 아브라함과 이삭과 야곱에게 전능의 하나님으로 나타났으나 나의 이름을 여호와로는 그들에게 알리지 아니하였고 4가나안 땅 곧 그들이 거류하는 땅을 그들에게 주기로 그들과 언약하였더니 5이제 애굽 사람이 종으로 삼은 이스라엘 자손의 신음 소리를 내가 듣고 나의 언약을 기억하노라

> 1절/ 여호와께서 모세에게 이르시되 이제 내가 바로에게 하는 일을 네가 보리라 강한 손으로 말미암아 바로가 그들을 보내리라 강한 손으로 말미암아 바로가 그들을 그의 땅에서 쫓아내리라

〈더 정확한 번역〉

> 여호와께서 모세에게 이르시되 이제 내가 바로에게 하는 일을 네가 보리라. 내가 큰 능력을 보여주면 바로가 그들을 보내리라. 나의 능력을 보고 바로가 그들을 그의 땅에서 쫓아내리라.

여기에서 우리는 알아야 할 것이 몇 가지 있습니다.

(1) **하나님은 이스라엘 백성들의 원망에** 당장은 아무 반응도 하지 않으셨습니다.

(2) **하나님은 이스라엘 백성들의** 합당치 못한 처신에도 불구하고 **하나님의 명령을 무시하고 하나님이 사랑하시는 사람들을** 괴롭게 하는 바로를 상대로 싸우셔서 반드시 패배시키십니다.

"이제 내가 바로에게 하는 일을 네가 보리라. 바로가 이스라엘 백성들을 보내리라. 그가 그들을 그 땅에서 쫓아내리라" 하셨습니다.

지금은 바로가 하나님을 무시하고 고집을 부리고 있으나 결국 그 고집은 꺾이고, 하나님께서 바로로 하여금 이스라엘 백성들을 서둘러서 내쫓듯이 내보내게 하실 것이라는 말씀입니다.

바로가 하나님께 정면대결을 하겠다고 나서자 하나님은 말씀하시기를 "**내가 바로에게 하는 일이 어떤 것인지 네가 보리라**" 하셨습니다.

하나님은 하나님을 상대로 싸우고자 하는 자들을 철저히 패배하게 하실 뿐 아니라 그가 어떻게 패배 당하는지를 **주변 모든 사람이 다 보고 알게끔** 하십니다. 이렇게 해서 하나님은 **사람들이 어리석게 하나님을 대적하지 못하도록** 가르쳐주십니다.

여러분, "나는 바로처럼 하나님을 대적하는 일이 없다"고 장담하고 있지는 않습니까? 바로가 왜 이렇게 하나님께 버림을 받고 패망하게 되었습니까? 그가 **하나님을 무시하고 하나님의 명령에 복종하지 않았기 때문**입니다. 그런데 이것을 인간적인 면에서 생각해보면 바로는 그럴 수밖에 없었다고 말할 수 있습니다. 그는 날 때부터 우상만 알고 섬겼으니 하나님이 얼마나 놀라우신 분이신가를 알 턱이 없습니다. 게다가 자기 나라를 부강하게 하는 일에 큰 역할을 감당하고 있는 노예들을 무조건 해방시키라니 그에게는 말이 안 되는 일이었습니다. 따라서 그는 모세와 아론을 무시할 수밖에 없었고 이스라엘 백성들이 게을러져서 쓸데없는 소리를 한다고 여기고 더 고되게 했던 것입니다.

우리는 어떻습니까?

우리는 **이미 하나님을 알고 섬기고 있는 사람**입니다. 그런데 하나님께서 때때로 우리에게 명령하실 때 얼마나 무조건 복종했습니까? 하나님을 알고 섬긴다는 내가 갑자기 하나님께서 나에게 지키기 어려운 명령을 주셨을 때 얼마나 자기 본위로 생각하고 하나님의 명령을 지키기를 거부했습니까? 자칫하면 우리는 바로보다 **더 악한 불순종의 죄**를 저지르게 됩니다. 그래서 **하나님을 대적하게 되고 하나님으로 하여금 나를 상대로 싸우시게 하는 어처구니없는 생활**을 하기도 합니다. 우리는 참으로 이것을 조심해야 합니다. 그동안 내가 이렇게 했던 일이 있다면 **결코 그냥 지나치지 말고 반드시 회개하고 사함을 받아야** 합니다. 우리가 이런 것을 제대로 하지 못함으로 하나님을 섬기며 산다고 하면서도 **원치 않는 고통**을 당하기도 합니다.

(3) 하나님의 손은 능력의 손입니다.

1절에 "**내가 큰 능력을 보여주면**"이라는 말씀이 반복해서 나옵니다.

이는 **하나님의 손은 강력하다**는 사실을 강조해주는 말씀입니다. 아무리 그 당시에 애굽 왕의 권력이 세계 제일이라고 하지만 **그것과는 비교도 할 수 없는 능력이 하나님께 있다**는 말입니다. 이제 그것을 하나님은 **모든 사람에게 보여주시겠다**는 것입니다.

이 하나님의 능력의 손은 **두 가지 방면**에 동시에 작용하는 손입니다.

"내가 큰 능력을 보여주면 바로가 그들을 **보내리라. 나의 능력을 보고** 바로가 그들을 그의 땅에서 **쫓아내리라**" 하셨습니다.

하나님의 큰 능력의 손이 역사함으로 나타나는 두 가지의 결과는

1) 바로가 이스라엘 백성을 내보내되 **서둘러서 보내게 된다**는 것입니다.
2) 이스라엘 백성들은 **손 하나 까딱하지 않고** 세계 제일의 권력에서 깨끗이 해방된다는 것입니다.

하나님의 손은 **불가능이 없는 만능의 손**인데 그 손이 이 세상에 역사할 때 우선은 하나님을 무시하고 대적하면서 하나님의 일을 방해하고 하나님의 사람들을 괴롭게 하는 자들을 패망시키고, 동시에 그 사랑하시는 자들은 **고통과 슬픔에서 완벽하게 해방**하고 **불의와의 싸움에서 반드시 승리를 차지하게** 합니다.

지금도 **이 강력한 하나님의 손**은 하나님의 사람들을 승리하게 하고 악한 자들은 패배하도록 쉬지 않고 움직이고 있습니다. 그러므로 **이 하나님의 손이 내 편이 될 때** 나는 도무지 두려워하거나 염려에 사로잡힐 이유가 없습니다. 그래서 **이 손이 나를 항상 붙들어주고 있음을 확신하는 사람**은 아무리 험하고 두려운 일을 만나도 안심하며 지낼 수 있고 기뻐하며 하나님의 일을 할 수 있습니다. 그리고 자기가 받은 사랑과 은총이 너무 크다는 것을 점점 더 깨달아서 다른 사람들은 시련과 걱정에 점점 더 사로잡혀서 꼼짝도 못하고 있을 때 더욱더 활발하게 나서서 하나님과 교회를 위해 활기차게 일합니다.

우리는 스스로의 힘으로 무엇을 하려 해서는 안 됩니다.

그 자체가 하나님 앞에서 **교만**이요, **불신앙**입니다. 하나님의 능력의 손을 찾고 소유해야 합니다. 그 손이 나와 함께해주시고, 나를 이끌어주시도록 날마다, 때마다 하나님께 부르짖어야 합니다.

〈고후10:4~5〉
4절/ 우리의 싸우는 무기는 육신에 속한 것이 아니요 오직 어떤 견고한 진도 무너뜨리는 하나님의 능력이라 모든 이론을 무너뜨리며

> 5절/ 하나님 아는 것을 대적하여 높아진 것을 다 무너뜨리고 모든 생각을 사로잡아 그리스도에게 복종하게 하니

〈더 정확한 번역〉
> 4절/ 우리의 무기는 세상의 무기가 아니라 강한 요새도 파괴하는 하나님의 능력이다. 우리는 모든 이론을 파괴하고 하나님을 아는 지식에 대항하는 온갖 교만한 생각들을 물리쳐
> 5절/ 우리는 복종하지 않는 모든 행위들을 벌할 준비가 되어있다. 그때가 되면 너희는 온전히 순종하게 될 것이다.

내 힘, 내 지혜, 내 경험을 가지고는 사탄이 첩첩이 쌓아놓은 장벽을 무너뜨리지 못합니다. 그러나 사탄의 그 어떤 요새도 파괴하는 하나님의 능력의 손은 그 어떤 것도 눈같이 녹이고 모래처럼 부서뜨립니다. 우리는 반드시 이 하나님의 능력의 손을 힘입는 사람이 되어야 합니다. 그렇지 못하면 하나님의 일을 한다고 하면서도 번번이 사탄의 세력에게 패배를 당하게 됩니다.

그런데 이 강력한 하나님의 손이 과연 어떤 사람에게 함께하실까요?
하나님의 도, 즉 말씀을 지켜 행하는 사람입니다. 아무리 하나님의 능력이 나와 함께해주시기를 간절히 구해도 내가 하나님의 말씀을 지켜 행할 자세와 믿음과 하나님이 합격하실 만큼 순종하는 것이 없다면 아무 소용이 없습니다. 왜냐하면 하나님의 도를 지킬 줄 모르는 사람에게 하나님의 능력이 함께하면 미치광이에게 폭탄을 들려주는 일이 될 것이기 때문입니다.
하나님의 말씀을 그대로 받아들이고 지켜 행할 때 하나님의 능력이 임하고 역사합니다.

하나님의 능력의 손은 성령의 역사를 말합니다. 그런데 성령은 언제나 하나님의 말씀과 함께 역사합니다. 그러므로 말씀을 무시하고 불순종하는 사람은 성령을 무시하고 거부하는 것이나 다름이 없으므로 그러한 사람에게는 결코 하나님의 능력이 임하지 않습니다.

그러므로 내 기도가 능력 있는 기도가 되려면 지금까지 내가 알고 있고 배운 말씀을 당장 하나님께서 합격하실 만큼 지키고 행해야 합니다. 하나님의 말씀도 안 지키는 사람이 "하나님! 이렇게 해주실 줄로 믿습니다. 아멘!" 한다면 하나님은 대답하시기를 "얘야, 너는 내 말을 조금도 믿고 행할 줄 모르는데 뭘 믿는다는 말이냐? 너는 내 말도 못 믿으면서 네 욕심대로, 네 마음대로 한 네 말을 어떻게 믿는다는 말이냐?" 하십니다. 하나님의 말씀을 지

켜 행하는 사람에게 하나님은 능력의 손으로 함께하십니다.

고린도전서 1장 18절에 "십자가의 도가 멸망하는 자들에게는 미련한 것이요, 구원을 받는 우리에게는 하나님의 능력이라" 했습니다.

또 신명기 7장 8절 이하를 보면 "여호와께서 다만 너희를 사랑하심으로 말미암아, 또는 너희의 조상들에게 하신 맹세를 지키려 하심으로 말미암아 자기의 권능의 손으로 너희를 인도하여 내시되 너희를 그 종 되었던 집에서 애굽 왕 바로의 손에서 속량하셨나니 그런즉 너는 알라… 그를 사랑하고 그의 계명을 지키는 자에게는 천 대까지 그의 언약을 이행하시며 인애를 베푸시되 그를 미워하는 자에게는 당장에 보응하여 멸하시나니 여호와는 자기를 미워하는 자에게 지체하지 아니하시고 당장에 그에게 보응하시느니라. 그런즉 너는 오늘 내가 네게 명하는 명령과 규례와 법도를 지켜 행할지니라" 했습니다.

여기 '하나님을 미워하는 자'란 하나님을 섬긴다고 하면서 하나님을 미워하는 사람을 말하는데 이런 자는 지체하지 않으시고 당장 보응하신다고 했습니다. 그런데 하나님을 미워한다는 것은 하나님을 사랑하지 않는 것을 의미합니다. 하나님을 사랑하는 사람은 하나님의 계명을 지키는 사람이라 하셨으니 하나님을 사랑하지 않는다, 즉 하나님을 미워한다는 것은 하나님의 계명을 지키지 않는 것입니다.

하나님의 계명을 지켜야할 줄 알면서도 그 계명을 지키지 않는 사람이 바로 하나님을 미워하는 사람입니다. 그런데 그런 사람에게는 하나님께서 당장에 보응을 받게 하겠다고 하셨습니다.

저와 여러분은 이제 사나 죽으나 하나님의 말씀을 떠나거나 모른 척하며 살 수가 없습니다. 선택된 사람들은 들어서 알게 된 말씀을 그저 순종하고 당장 지켜야 합니다. 그렇게 하지 않으면 하나님의 강력한 손이 결코 함께해 주지 않을 것이고, 나도 모르는 사이에 하나님을 미워하는 생활을 함으로써 나도 모르는 사이에 이런저런 쓰라린 보응을 치르게 됩니다.

그러나 인간적인 계산을 다 버리고 하나님의 말씀을 앞세우고 성실하게 지켜 행하면 나도 모르는 사이에 하나님의 강력한 손이 내 안팎에서 역사하여 형통하고 승리하게 해주십니다.

능력의 사람이 되고 형통한 삶을 차지하는 비결은 그저 하나님의 말씀을 하나라도 더 잘 알고, 그대로, 지금, 지켜 행하면서 살아가는 것입니다.

2절/ 하나님이 모세에게 말씀하여 이르시되 나는 여호와이니라
3절/ 내가 아브라함과 이삭과 야곱에게 전능의 하나님으로 나타났으나 나의 이름을 여호와로는 그들에게 알리지 아니하였고

[1] 하나님께서는 모세와 이스라엘 백성들이 하나님께서 하시는 일의 결과를 희망할 수 있는 용기를 가지도록 더 많은 지시를 모세에게 주셨습니다.

(1) 하나님은 여호와라는 하나님의 이름 자체에서 위안을 받게 하십니다.

하나님은 "나는 스스로 있는 자다", 즉 존재와 모든 복의 근원이요, 무한한 완전자라는 뜻을 지닌 "나는 여호와다"라는 말씀으로 시작하십니다. 족장들은 이 이름을 알고 있었으나 그 이름의 뜻은 알지 못했습니다.

'여호와'란 거룩한 이름은 모든 거짓과 신들과 대조되는 참 하나님의 고유명사입니다. 그 이유는 하나님께서 이 거룩한 이름으로 자신을 소위 신이라 말하는 모든 것들과 대조시키셨기 때문입니다(사41:21~24, 43:11~12, 44:6~8, 45:21).

또 "여호와"란 이름은 말씀하신 것을 변함없이 그대로 성취하시는 하나님, 영원불변의 존재자이심을 뜻합니다. 하나님은 일찍이 '엘샤다이'라는 명칭으로 전능하신 하나님, 권능의 하나님이셨음을 나타내셨습니다(미7:20).

그런데 오래 전에 맺으셨던 계약을 이루시는 하나님은 출애굽 운동을 통해 전능하신 하나님이심을 뚜렷이 드러내십니다. 하나님은 아브라함과 다른 족장들에게 계약하신 것(창15:12~21)을 500여년 후 이제 이루십니다.

하나님께서 이렇게 '여호와'란 성호를 특별히 모세에게 알려주신 이유는 하나님은 약속하신 바를 이행하시며 그 약속에 대한 확신을 주시는 분임을 보여주신 것입니다. 또한 시작하신 것을 완성하시며 그 일을 끝내시는 분이심을 깨우쳐주신 것입니다.

창조의 역사에 있어서도 하늘과 땅이 다 만들어지기 전에는 하나님은 여호와라고 불리지 않았습니다. 하나님은 성도들의 구원이 영생으로 완성될 그 때에야 그 이름이 여호와로 알려지기를 원하셨습니다(계22:13).

그러므로 구원받는 사람들은 어려울 때 강한 힘과 의지가 되어주시는 하나님을 발견하게 됩니다. 모든 것에 풍성하시고 언제나 그렇게 하시는 하나님, 즉 엘샤다이의 하나님이심을 발견하게 됩니다.

이제 모세에게 용기와 확신을 갖게 해주시는 하나님의 말씀에서의 중심은 바로 "하나님은 '여호와'라는 이름의 소유자이시다"는 것입니다. 하나님은

아브라함을 비롯한 족장들에게 약속하신 대로 성취하십니다.

하나님의 백성들이 이러한 하나님과 관계를 맺는 유일한 방법은 그 하나님을 믿는 믿음뿐입니다.

(2) 하나님은 하나님의 계약으로부터 위안을 받으라고 말씀하십니다.

> 4절/ 가나안 땅 곧 그들이 거류하는 땅을 그들에게 주기로 그들과 언약하였더니

⟨더 정확한 번역⟩
> 나는 또 그들과 언약을 세워서 그들이 나그네처럼 살고 있던 가나안 땅을 그들에게 주겠다고 약속했다.

"나는 또 그들과 언약을 세워서 그들이 나그네처럼 살고 있던 가나안 땅을 그들에게 주겠다고 약속했다" 하셨습니다.

우주만물을 창조하시고 주장하시는 하나님께서 약속(계약)하셨음을 말씀해 주십니다. 그 하나님께서 그 능력과 진리로써 친히 세우셨으므로 그것은 확고한 계약이 됩니다. 그러므로 우리는 이 확고한 하나님의 계약을 바탕으로 우리의 모든 것을 걸고 거룩한 모험을 할 수가 있습니다.

원망하는 이스라엘 백성들에 대한 하나님의 두 번째 반응이 2절 이하에 나오는데 그것은 하나님께서 그들의 조상 아브라함과 이삭과 야곱에게 하신 언약을 기억하시고 그대로 이루고야 마시겠다는 말씀입니다.

여기서 또 우리가 주목할 것은 지금 이 말씀은 이스라엘 백성이 하나님을 믿지 못하고 원망한 직후에 하신 말씀인데 그들은 하나님을 믿지 못해서 원망하고 있지만 하나님은 그들의 조상들과 약속하신 것을 기억하시며 그것을 반드시 이루어주시겠다고 말씀하고 있다는 사실입니다.

오늘날의 성도들도 하나님이 우리를 위해 세심히 섭리하고 계시는 것도 모르고 생활 중에 이런저런 어려움을 겪게 되면 너무 쉽게 하나님을 원망하고, 할 일도 하지 않으며 불순종합니다. 그런데 우리 하나님은 우리가 그렇게 한다고 해서 우리를 위해 하시던 일을 중단해버리지 않으시고 계속해서 우리에게 유익하도록 섭리해주고 계십니다.

우리는 너무나도 쉽게 하나님을 대적하고 하나님의 영광을 땅에 떨어뜨리며 살아가는데도 하나님은 여전히 우리 편이 되어주시고 우리를 위해 말없이, 소리도 없이 섭리해 나가십니다. 우리 성도들은 이러한 복을 항상 누리

고 있는 사람들입니다.

 그러므로 우리가 예수 때문에, 신앙 때문에 이런저런 고통이나 손해를 당한다고 해서 **조금도 섭섭해 해서는 안 됩니다.** 우리는 겨우 몇 가지를 통해, 겨우 몇몇 사람들을 통해 수모를 겪고, 또 따지고 보면 내게 그만한 잘못이 있기 때문에 당하는 것인데 우리 하나님은 불신자들과 우상숭배자들로부터 얼마나 참지 못하실 도전과 수모를 항상 당하고 계시는지 모릅니다.

 더욱이 우리 믿는다는 사람들로부터 얼마나 많이 배반당하고 계시며 원망을 듣고, 우리 때문에 얼마나 하나님의 영광이 더럽혀지고 있는지 모릅니다. 그런 것도 모른 채 내가 당하는 몇 가지 어려움 때문에 하나님 앞에 어찌 섭섭하다고 생각하거나 말할 수 있겠습니까? 더욱이 그 하나님 예수 그리스도는 나 때문에, 나를 대신하여 십자가에 못 박혀 죽지 않으셨습니까? 그런데 무슨 염치로 조금만 어려움이 오면 하나님을 원망할 수가 있겠습니까? 이것이 바로 **어린아이 신앙**임을 스스로 드러내고 있는 것입니다.

 (3) 하나님은 이스라엘 백성들에 대한 하나님의 동정심으로써 위안을 받으라고 하십니다.

> 5절/ 이제 애굽 사람이 노예처럼 다루고 있는 이스라엘 백성들의 부르짖음을 내가 듣고 나의 언약을 기억하노라

 "나는 이스라엘 백성들의 부르짖음을 들었다" 하셨습니다.

 하나님은 그 백성들이 최근에 당하게 됐던 고통에 의해 **부르짖는 신음을 알고** 계셨습니다. 하나님은 하나님의 백성의 비극이 가중된다면 **그것을 분명히 알고** 계시며 그 원수들이 날로 심한 횡포를 부리는 것을 **관찰하고** 계십니다.

 하나님은 **"이제 애굽 사람이 노예처럼 다루고 있는 이스라엘 백성들의 부르짖음을 듣고 나의 언약을 기억한다"** 하셨습니다.

 이 말씀에는 심오한 뜻이 담겨 있습니다.

 하나님께서 아브라함과 이삭과 야곱에게 약속하신 언약을 이제 이루어주시겠다고 말씀하시는 것인데 **"내가 이제 이스라엘 백성들의 부르짖음을 듣고"** 라는 말씀 앞에는 **"애굽 사람이 노예처럼 다루고 있는"** 이라는 삽입구가 들어있습니다.

 하나님께서 이스라엘 백성이 애굽에서 종살이를 하며 부르짖는 소리를 들으시고 그 언약을 기억하신다고 했는데 이스라엘 백성이 종살이를 오랫동안

하는 가운데서 세상에 소망을 두거나 인간의 힘을 의지하고 살아서는 안 된다는 사실을 깨닫게 하신 것입니다. 따라서 하나님은 그들로 하여금 비로소 하나님께 부르짖어 기도하게 하셨고 그들이 그렇게 하니 이제 그들이 약속된 복을 누릴 때가 되었다고 여기신 것입니다.

하나님은 야곱의 자손들에게 그저 복을 주어 세계만민이 그들로 인해 복을 누리게 해주시는 것이 아니라 그들이 과연 하나님의 특별한 복을 누릴 수 있도록 우선 그들이 창조주 하나님을 알고 섬기게 하고, 매사를 하나님께 의뢰하며, 하나님과 더불어 행하는 사람들이 되게 하신 다음에 그들을 가나안으로 인도하신다는 말씀입니다.

오늘날도 하나님은 우리 성도 개개인과 가정과 교회가 우선 하나님께서 준비해놓으신 풍성한 복을 누릴만하도록 섭리하십니다. 그런데 그 방법에 있어서 대개는 환난과 어려움을 사용하십니다.

예나 지금이나 인간은 나면서부터 타락했기 때문에 모든 것이 뜻대로 잘되고 배가 부르면 금방 교만에 빠지고 세상에 치우치고 방탕으로 흐릅니다. 따라서 하나님은 우리가 어느 정도 성숙되기까지는 끊임없이 도전을 받고 시련을 겪게 하셔서 그 가운데서 자기 자신을 발견하게 하시고, 교만과 자만을 버리게 하시고, 세상과 사람에게 두었던 소망을 창조주 하나님께 두도록 치료되고 변화되게 하십니다.

이스라엘 백성이 애굽에서 살기 시작한 첫번째 계기는 요셉이 형들에 의해 애굽에 팔려 종살이를 하다가 하나님이 복을 주셔서 애굽의 총리대신이 된 것입니다. 그리고 두번째 계기는 가나안에 극심한 가뭄이 든 것입니다. 그래서 야곱의 가족이 스스로 애굽에 이민을 오게 되었습니다. 그러나 그것은 이스라엘 백성을 애굽에서 훈련하고 연단해서 과연 가나안 땅의 복을 누릴만한 백성이 되게 하시려는 하나님의 놀라운 섭리였습니다.

이와 같이 오늘날도 우리 성도들이 스스로 이것저것 선택하고 살아가는 것 같지만 사실은 그 모든 것이 하나님께서 특별한 섭리 가운데 우리가 깨어지고 치료되고 변화되도록 이끄시는 것입니다. 하나님은 우리가 하나님께서 약속하신 것들을 받을 수 있을 만하기까지 영육 간에 성숙되도록 계속해서 우리를 훈련하시고 연단하십니다. 그런데 이런 것을 전혀 알지 못하고 "왜 내가 신앙생활을 열심히 하고 있는데 하나님께서 원하는 대로 해주시지 않는가? 왜 나에게 약속하신 것들을 신속히 이루어주시지 않는가?" 의아해하고 심지어 원망 불평해서는 안 됩니다. 그렇게 하는 것은 그 **하나님의 약속이 나에게 성취될 만큼 나 자신이 깨지고 치료되고 변화되고 무장되고 성숙하지 못했다는 사실**을 스스로 드러내는 것입니다.

이러한 하나님의 거룩하신 섭리를 확실히 알 때 우리 성도들은 어떤 시련 속에서도 진정으로 하나님께 감사와 영광을 돌려드리면서 살아가게 됩니다.

또한 이스라엘 백성들이 애굽에서 해방될 수 있었던 것은 그들이 무엇을 잘하거나 믿음이 훌륭해서가 아니라 그들 조상들 덕분이었습니다. 그들은 모세가 애굽으로 갔을 때만해도 **하나님을 원망하는 사람**이었습니다. 그러나 하나님은 그들 조상의 신앙과 그 조상들과 맺은 언약 때문에 정하신 때가 되자 그들을 애굽에서 해방시키셨습니다.

그러므로 우리 모든 신앙 부모들은 나 자신만 염두에 두고 신앙생활할 것이 아닙니다. 내가 어떤 고생이나 어떤 손해를 보더라도 하나님 앞에서 인정되는 신앙을 가지고, 충실한 일꾼이 되면 비록 내가 죽을 때 큰 재산이나 명예를 자손들에게 물려주지 못한다 해도 **성경 말씀을 통해 약속된 온갖 복이** 내 자손들에게 반드시 내려집니다.

비록 내 자식들이 한두 가지 어리석음을 저질러도 하나님은 그 부모의 신앙과 충성됨을 기억하시고 약속하신 복을 어김없이 그들에게 내려주십니다.

그러므로 하나님의 말씀과 자기 사명을 소홀히 해가면서 돈을 더 벌어 자식들에게 주겠다고 애쓸 것이 아니라 우선 부모 자신부터 하나님의 말씀을 잘 지키고 맡겨주신 사명부터 최선을 다해서 감당하는 일을 열심히 해야 합니다. 그리고 그 일에 점점 발전이 있어야 합니다.

이것이 바로 **자기를 부인하고 자기 십자가를 지고 주님을 성실히 따라가는 것**이고 그것은 곧 먼저 주의 나라와 의를 열심히 이루는 것입니다. 신앙 부모가 이것을 잘하는 것만큼 그 자신과 그 자손들에게 하나님의 약속된 복이 반드시 임하게 됩니다.

제 33 강

내가 약속했던 땅으로 너희를 인도해내리라

〈출6:6~9〉
6그러므로 이스라엘 자손에게 말하기를 나는 여호와라 내가 애굽 사람의 무거운 짐 밑에서 너희를 빼내며 그들의 노역에서 너희를 건지며 편 팔과 여러 큰 심판들로써 너희를 속량하여 7너희를 내 백성으로 삼고 나는 너희의 하나님이 되리니 나는 애굽 사람의 무거운 짐 밑에서 너희를 빼낸 너희의 하나님 여호와인 줄 너희가 알지라 8내가 아브라함과 이삭과 야곱에게 주기로 맹세한 땅으로 너희를 인도하고 그 땅을 너희에게 주어 기업을 삼게 하리라 나는 여호와라 하셨다 하라 9모세가 이와 같이 이스라엘 자손에게 전하나 그들이 마음의 상함과 가혹한 노역으로 말미암아 모세의 말을 듣지 아니하였더라

> 6절/ 그러므로 이스라엘 자손에게 말하기를 나는 여호와라 내가 애굽 사람의 무거운 짐 밑에서 너희를 빼내며 그들의 노역에서 너희를 건지며 편 팔과 여러 큰 심판들로써 너희를 속량하여
> 7절/ 너희를 내 백성으로 삼고 나는 너희의 하나님이 되리니 나는 애굽 사람의 무거운 짐 밑에서 너희를 빼낸 너희의 하나님 여호와인 줄 너희가 알지라

〈더 정확한 번역〉
> 6절/ 그러므로 이스라엘 자손에게 말하기를 **나는 여호와라.** 나는 애굽 사람들이 너희에게 강제로 시키는 힘겨운 일에서 너희를 구해주겠다. **큰 능력으로** 너희를 애굽 사람들의 노예 생활에서 **풀어주어 자유로운 몸이 되게** 할 것이다. 그리고 애굽 사람들에게는 **무서운 벌을 내릴 것이다**"
> 7절/ 너희를 내 백성으로 삼고 나는 너희의 하나님이 되리니 나는 애굽 사람들이 너희에게 **강제로 시키는 힘든 일에서 너희를 구해낼** 너희의 하나님 여호와인 줄 너희가 알지라.

하나님께서는 "이스라엘 백성들을 애굽에서의 노예생활에서 빼내어주실 것인데 그 일을 위해 애굽 사람들에게 무서운 벌을 내리시면서 이스라엘 백성들을 풀어주어 자유로운 몸이 되게 할 것이다. 그리고 애굽 사람들에게는 무서운 벌을 내릴 것이다"고 말씀하셨습니다.

여기서 *참으로 놀라운 하나님의 섭리*를 구체적으로 언급하십니다.

하나님은 이스라엘 백성들을 '**속량**'하심으로 해방시키겠다고 하셨습니다.

히브리 원어로 **속량**은 '**까알**'인데 이 말은 **다른 생명을 대신 희생시키고 구원한다**는 뜻입니다.

이 속량이라는 말을 분명하게 설명해주는 말씀이 있습니다.

> 〈사43:3~4〉
> 3절/ 대저 나는 여호와 네 하나님이요 이스라엘의 거룩한 이요 네 구원자임이라 내가 애굽을 너의 속량물로, 구스와 스바를 너를 대신하여 주었노라
> 4절/ 네가 내 눈에 보배롭고 존귀하며 내가 너를 사랑하였은즉 내가 네 대신 사람들을 내어 주며 백성들이 네 생명을 대신하리니

〈더 정확한 번역〉
> 3절/ 왜냐하면 나 여호와가 너희의 하나님, 곧 이스라엘의 거룩한 자이며 너희를 구원할 구원자이기 때문이다. 내가 **애굽을 속량물로 삼아** 너희를 구했고 구스와 스바를 **몸값으로 넘겨주어** 너희를 내 것으로 삼았다.
> 4절/ 너희가 **내게는 소중하므로 다른 사람들의 목숨과 너희를 바꾸어 그들로 너희 대신 죽게 하겠다.** 내가 너희를 사랑하므로 너희가 또한 영화롭게 될 것이다.

하나님은 "**나는 너희를 구원할 구원자이다**" 하시면서 **이스라엘 백성들을 구원하기 위해** "**애굽을 속량물로 삼았다**" 하셨습니다. 또한 "**구스와 스바를 몸값으로 넘겨주어 너희를 내 것으로 삼았다**" 하셨습니다.

4절에서도 "**다른 사람들의 목숨과 너희를 바꾸어 그들로 너희 대신 죽게 하겠다**" 하셨습니다.

하나님께서 이스라엘 백성들을 이렇게까지 하여 구원하신 이유는 **하나님은 이스라엘 백성들을 구원할 구원자**이시기 때문이며 그들을 **소중하게 여기셨고 사랑하시기 때문**이라는 것입니다.

하나님은 여기 출애굽기 6장 6절에서 "**속량하여**" 이스라엘 백성들을 애굽에서 빼내겠다고 처음으로 말씀하셨습니다.

하나님은 이사야서를 통해 '**속량**'이라는 말에 대해 보다 구체적으로 설명해주십니다. 즉 이스라엘 백성들을 구원함에 있어서 "**애굽을 속량물로 삼겠다**" 하셨습니다. 뿐만 아니라 "**구스와 스바를 몸값으로 넘겨주어 너희를 내 것으로 삼는다**"고 하셨고 더 분명하게 표현하시기를 "**다른 사람들의 목숨과 너희를 바꾸어서 그들로 너희 대신 죽게 함으로 구원하겠다**(4절)"고 하셨습니다.

이 말씀은 **장차 오실 메시야 예수 그리스도의 대속의 죽음을 통해 하나님**

께서 선택하신 사람들이 모든 죄를 사함 받고 사탄과 죄의 억압에서 해방되게 하실 것을 예표하는 말씀입니다.

그런데 이스라엘 백성들을 애굽에서 해방시킴에 있어서 하나님은 애굽 사람들을 속량물로 삼으셔서 그들의 목숨과 이스라엘 백성들을 바꾸어 그들이 이스라엘 백성들 대신 죽게 하신 것입니다.

이스라엘은 **하나님의 선택된 백성**이었고 하나님은 그 조상들에게 그들을 애굽에서 해방시켜서 젖과 꿀이 흐르는 땅으로 인도하시겠다고 **약속하셨습니다**. 이스라엘 백성들은 그들의 속량물이 되는 백성들과 특별히 다른 것이 없고, 어떤 면에서는 오히려 **더 못한 죄인들**이었지만 하나님께서는 **그들 대신에 다른 많은 백성을 희생제물로 삼으시며 그들을 구원해주셨습니다**.

지금 하나님께서 모세를 바로 왕에게 보냄으로 더 큰 어려움을 만나게 되었다고 원망, 불평하는 이스라엘 백성들에게 바로 이런 말씀을 해주신 것입니다. 그들은 당시 이 말씀을 도무지 제대로 알아차릴 리가 없었으나 **하나님께서는 보잘것없는 백성들에게 어떤 말로도 표현할 수 없는 신비롭고 놀라운 사랑과 긍휼과 자비**를 베풀어주고 계셨던 것입니다. 이토록 이스라엘 백성들은 어떤 민족들보다 하나님으로부터 **형언할 수 없는 사랑을 입은 사람들**이요, 하나님께 '**소중한 사람들**'이었던 것입니다.

하나님께서는 이렇게 하심으로써 이스라엘 백성들을 "**영화롭게 하겠다**" 하신 것입니다.

오늘날 만세 전에 선택받고 거듭나서 예수 그리스도를 자신의 구주로 확실하게 믿고 하나님의 자녀가 된 모든 사람도 바로 **이러한 사랑과 긍휼과 자비를 받은 사람들**입니다.

그런데 어찌 이러한 사람들이 먹을 것, 입을 것, 쓸 것, 거할 것이 부족하다고, 그 부패한 욕심대로 되지 않는다고 순간마다 하나님을 불신하고 원망하고 불평하며 온갖 죄악을 지으며 살 수 있겠습니까?

그러므로 구원받은 사람이라고 하면서 그렇게 사는 사람은 **누구보다도 하나님을 진노하게 하는 사람**입니다. 그러나 하나님은 **이런 성도들을 당장 멸망시키시거나 관계를 끊어버리지 않으시는 또 다른 긍휼과 자비와 사랑**을 베풀고 계십니다.

우리가 섬기는 하나님은 바로 이러한 하나님이십니다.

(4) **하나님은 이스라엘 백성들에게 다시 한 번 큰 위로를 주십니다.**

> 8절/ 내가 아브라함과 이삭과 야곱에게 주기로 맹세한 땅으로 너희를 인도하고 그 땅을 너희에게 주어 기업을 삼게 하리라 나는 여호와라 하셨다 하라

〈더 정확한 번역〉
> 내가 아브라함과 이삭과 야곱에게 손을 들어 약속했던 땅으로 너희를 인도하리니 나는 그 땅을 너희에게 줄 것이다. 나는 여호와라 하셨다 하라.

하나님은 이스라엘 백성들에게 다시금 그 조상들에게 약속하신 땅으로 인도하여 다른 족속들이 차지하고 있는 땅을 주시겠다고 **확인시켜주십니다.**

그렇게 하시면서 다시 한 번 **"나는 여호와라"** 하셨습니다.

스스로 존재하시는 하나님, 영원 전부터 영원까지 계시는 하나님, 변치 않으시는 하나님께서 이스라엘 백성들에게 다시 한 번 확실하게 약속을 이행하시겠다고 확인시켜주신 것입니다.

이렇게 하심으로써 **"너희는 내가 여호와임을 알게 되리라"** 하신 것입니다. 하나님은 스스로 계시는 분으로서 **인간들의 의사와 상관없이** 그 세우신 거룩한 목적을 권능으로 이루십니다. 선택하신 백성들에게 **하나님이 정하신** 뜻과 약속에 따라 반드시 온갖 은총이 임하게 하십니다. 그들에게 **최선의 유익이 되는 목표와 목적을 정하시고 이루시고 그들을 통해 영광을 거두십니다.** 참으로 이스라엘 백성들은 **알게 모르게 하나님으로부터 특별한 은총을** 누리고 있는 것입니다.

그런데 그들은 그것의 100분의 1도 제대로 알지 못했습니다. 그만큼 그들은 때가 되어 하나님의 특별한 은총을 누리게 되었음에도 불구하고 **너무나도 깨지지 못하고 치료되지 못하고 변화되지 못하고 성숙하지 못했던 것**입니다. 그 결과 그들 중 **하나님의 의도대로** 정하신 **그 최선의 목표와 목적성취의 은택을 끝까지 받아 누리지 못하는 자들이 대부분**이었습니다.

그러므로 만세 전에 선택함을 받고 말로 다할 수 없는 은혜를 입어 하나님의 백성이 된 사람들도 이 출애굽기를 통해 **얼마나 자신을 가다듬고 성장시켜야 할 것인가**를 절실히 깨달아야 합니다. 그래서 하나님께서 이 출애굽기를 우리에게 주신 것입니다.

[2] **그러나 이스라엘 백성들은 이 모든 하나님의 말씀과 조치에도 불구하고 하나님의 약속을 염두에 두지 못했습니다.**

> 9절/ 모세가 이와 같이 이스라엘 자손에게 전하나 그들이 마음의 상함과 가혹한 노역으로 말미암아 모세의 말을 듣지 아니하였더라

⟨더 정확한 번역⟩

> 모세가 이와 같이 이스라엘 자손에게 전하나 그들이 용기를 잃어버린데다가 너무나 고된 노예생활을 했기 때문에 **모세의 말을 듣지 않았다.**

지금까지 하나님께서 그들에게 하신 말씀과 위로들은 이스라엘 백성들에게 곧바로 용기를 되찾아주고 어리석은 생각을 잊어버리게 하기에 충분했음에도 불구하고 그들은 이 말씀과 약속을 **도무지 염두에 두지 않았습니다.** 그 이유는 그들이 "**용기를 잃어버린데다가 너무나 고된 노예생활을 했기 때문**"이었습니다.

(1) 그들이 **그동안 겪은 자신들의 고통에 심하게 상처를 입어서** 하나님과 말씀과 약속과 위로들을 거들떠보지도 못했습니다.
(2) 더욱이 하나님께서 모세를 보내서서 그들을 해방시키려 하실 때도 **더 큰 난관을 만나자 좌절해서** 모세를 믿는 마음도 곧바로 사라져버렸습니다.
(3) 그들은 바로의 권력과 진노에 **그동안보다 더 큰 공포를 느꼈고** 그로 인해 바로와 애굽에서 해방시켜주겠다는 하나님의 약속조차 도무지 염두에 둘 수 없었습니다.

많은 성도가 시시때때로 하나님으로부터 위안을 받고 특별한 은총을 누리지만 때때로 오는 슬픔이나 고통을 만날 때 그들은 전에 받았던 **모든 것을 쉽게 잊어버립니다.** 그리고 간간이 오는 시련들은 그동안 하나님께서 그들에게 주셨던 **위안들과 약속들을 너무나도 쉽게 그들의 머리에서 지워버립니다.**

우리가 **우리 죄 때문에 오는 고통과 하나님께서 시시때때로 허용하시는 고난이 주는 괴로움에 점점 빠져버리고 그것에서 헤어나지 못하면** 하나님께서 주시는 말씀과 복된 섭리로부터 오는 위로와 은총들은 무용지물이 되어 버립니다.

그러므로 우리 성도들은 시시때때로 오는 고통과 고난 때문에 **우리의 영혼이 너무 상하지 않도록 날마다 말씀과 기도로써 우리 영혼을 잘 간수해야** 합니다. 오히려 더 큰 어려움과 고난이 올지라도 **그것을 끝까지 견디고 이길 수 있을 정도로** 더 치료되고 변화되고 무장되고 성장되는 일에 결코 게을리하거나 실패해서는 안 됩니다.

이스라엘 백성들이 바로의 학대로 인해 모세를 원망하자 하나님께서는 모세를 통해 이스라엘 백성들에게 말씀하시기를 "**내가 바로에게 어떻게 하는**

지를 너희가 보리라. 내가 큰 능력으로 역사함으로 바로가 너희들을 급히 내 쫓게 될 것이다. 그래서 내가 너희를 너희 조상들에게 약속한 대로 가나안 땅으로 인도하고 그 땅이 너희의 기업이 되게 하리라" 하셨습니다.

그런데 그들은 "**모세의 말을 듣지 않았다**" 했습니다.

그들이 그렇게 한 이유는 첫째, 그들이 **용기를 잃어버렸기 때문**이고, 둘째, **너무나 고된 노예생활을 했기 때문**이라고 했습니다. 그들이 용기를 잃어버렸다는 것은 **내적인 시련**이 **컸다**는 것이고 고된 노예생활은 **외적인 시련**이 **컸다**는 말입니다.

인류의 시조인 아담과 하와가 범죄함으로써 모든 인간에게 **계속해서 시련이 임하게** 되었는데 하나는 내적인 시련, 즉 **정신적이고 영적인 시련**이고 다른 하나는 **외적인 시련**, 즉 **생활과 환경에서 오는 시련**입니다.

사람은 **누구나 사탄과 악령들에 의해** 영적, 정신적으로 끊임없는 시련을 당합니다. 동시에 **이 세상에 몸을 담고 사는 한** 생활과 환경으로부터 끊임없이 시련을 당합니다. 이것은 가진 자나 못가진 자나 마찬가지입니다.

이렇게 사람이라면 누구나 시련이나 환난을 당하는 것은 누구나 **죄인**이기 때문입니다. 예수 믿고 구원을 얻은 신자도 **아직 죄악된 성품이 남아있기 때문에** 계속해서 시련을 당하는 것입니다.

여기서 우리가 알아야 할 것이 있습니다.

신자나 불신자나 모두 계속해서 시련과 환난을 당하는데 그것에는 **근본적으로 큰 차이**가 있다는 사실입니다.

신자가 당하는 시련은 어디까지나 그 사람에게 유익과 복이 주어질 목적이 있고, 불신자가 당하는 시련은 그들 죄악에 대한 형벌일 뿐이요, 나아가서 그들의 세상이 **하나님의 진노의 형벌을 당할 것에 대한 예표**이기도 합니다.

하나님은 성도들에게 **이 땅에서 유익과 복을 누리게** 하고 저 천국에서 더 큰 상급을 누리게 하시려고 성도들을 **시의적절하게, 끊임없이 시련과 환난을 통해 수리하고 가다듬으십니다.**

성경을 자세히 보면 하나님으로부터 남달리 인정받고 많은 복을 누린 사람들은 **한결같이 남다른 연단을 받았던 사람들**입니다.

아브람이 이미 하나님의 여러 가지 시험에 합격을 해서 그 이름이 아브라함이 된 이후 어느 날 하나님께서는 "**아브라함을 시험하시려고**(창22:1)" 그 독자 이삭을 제물로 바치라고 하셨습니다.

하나님은 **이미 성숙한 하나님의 사람**이 되어 있을 때도 **그가 더 큰 유익과 복을 누리게 해주시려고** 또 다른 시험, 더 큰 시험을 치르게 하십니다.

아브라함은 그 더 큰 시험에도 **믿음으로 합격**했습니다. 그 당시 아브라함이야말로 하나님의 명령을 받으면서 겪게 된 정신적인 갈등과 고통은 말로 다 할 수 없었을 것입니다. 이삭은 100세가 되어서야 겨우 얻은 아들이요, 그의 소유 전부와도 바꿀 수 없는 가장 소중한 보배인데 그 아들을 아비의 손으로 죽여서 제물로 바치라니 그것이야말로 **내적으로, 외적으로 가장 기가 막힌 시련**이었습니다. 그런데 **이런 시험도 아브라함은 이겼습니다.**

그래서 아브라함이 **믿음의 조상**이요, **가장 행복한 사람**이 된 것입니다. 바로 **이 아브라함의 자손으로 예수님이 이 땅에 오시게** 되었습니다.

또 욥기 1장을 보면 12절에 분명히 이르기를 "**여호와께서 욥을 사탄의 손에 붙여 시험하여 가산을 망하게 하셨다**" 했습니다. 그런데 "**욥이 범죄하지 아니하고 하나님을 원망하지 않았다**" 했습니다. 아브라함이나 욥은 누구보다도 큰 시험을 받았으나 우선 마음속으로도 하나님 앞에서 범죄하지 않았고 행실로도 범죄하지 않았습니다. 그들은 **내적인 시련과 외적인 시련이 아무리 컸어도 그 모든 것을 완전히 이겼습니다.** 그러자 그들은 **그런 시험을 당하기 이전보다 더 큰 복을 받아 누렸습니다.**

그러므로 '나는 도무지 시험을 당하지 않았으면' 하고 바라면 안 됩니다. **시험이 올 때 그것을 끝까지 통과하고 이기게 해주시도록 기도해야** 합니다. 성도가 당하는 시험은 **반드시 유익과 복을 누리게 할 목적으로 오는 것**입니다. 그렇다면 우리에게 시험이 온다는 것은 **또 다른 유익, 더 큰 복을 누릴 사람이 분명하다는 것**이고 **실제로 그런 과정을 거치고 있다**는 것을 알아야 합니다. 따라서 성도는 **시험을 달게 받아야** 합니다.

그리고 곁들여서 기억해야 할 것은 **시험을 주관하시는 분은 하나님**이신데 **시험을 구체적으로 우리에게 가져다주는 일은 많은 경우가 사탄과 악령이 한다**는 사실입니다. 아브라함처럼 하나님께서 어떤 명령을 주심으로 하나님께서 직접 시험해보시는 경우도 있지만 그 외에는 **대부분이 사탄과 악령에 의해서** 옵니다. 그런데 **시험을 당하는** 우리가 **하나님이 허락하셔서 온 시험을 통과하기 전에는** 사탄에 의한 시험은 계속해서 온다는 것을 알아야 합니다.

누가복음 4장 13절을 보면 예수님도 마귀에게 시험을 당하셨는데 "**마귀가**

시험을 다한 후에야 떠나갔다" 했습니다.

마귀가 예수님에게 **세 가지 시험**을 했습니다.

처음에는 40일 금식기도한 예수님에게 **돌이 떡덩이가 되게 하라는 시험**을 했는데 예수님께서 그것을 이기자 두 번째는 **자기에게 절하면 온 천하를 주겠다**고 했습니다. 예수님은 그것도 이기셨습니다. 그러자 세 번째는 **성전 꼭대기로 데리고 가서 뛰어내리라**고 했습니다. 예수님은 그것도 이기자 **그다음에야** 마귀가 예수님을 떠났습니다.

이런 원리는 **오늘날 우리에게도** 그대로 적용되고 있습니다. 우리 각자가 **거쳐야 할 시험을 다 거치고 통과해야** 진정한 자유와 평안을 누리게 됩니다.

정욕의 유혹을 이겼다고 해서 다 된 것이 아니라 그 다음에 오는 명예의 유혹을 이겨야 하고 그 이후에는 물질의 유혹을 이겨야 합니다. 우리 성도들은 지금도 계속해서 **하나의 시험에서 다른 시험으로 옮겨가면서 거칠 단계를 거치고 있는 것**입니다. 그 시험들을 **그때마다 꼭 이기고 지나가야** 합니다. **불합격하면 그 시험을 다시 싸워서 이겨야 다음 단계로 넘어갑니다.**

그리고 내가 시험을 당하지 않고 발전되지 않겠다고 해서 내가 거쳐야 할 단계를 안 거칠 수도 없습니다. 그러므로 우리는 **오고 오는 시험들을 반드시 이겨야** 하고, 그래서 **하나님께서 정하신 만큼의 그릇이 되어야** 하며, 그래서 **하나님께서 원하시는 만큼의 열매를 맺어야만** 합니다.

그래서 야고보서 1장 12절에 "**시험을 참는 자가 복이 있다**" 했습니다.

그리고 감사한 것은 "예수께서 시험을 받아 고난을 당하셨은즉 **그 예수님이 시험 받는 자들을 능히 도우신다**(히2:18)" 했습니다.

우리 성도들은 홀로 외롭게 시험을 당하는 것이 아니라 **모든 시험을 이기신 예수께서 우리와 함께하고 계심을 믿어야** 합니다. 이 말은 **우리도 기어코 그 시험들을 이기게 해주신다**는 말입니다.

내가 참으로 **예수 그리스도와 한 몸이 되기만 하면** 반드시 이깁니다. 그러나 내가 예수와 하나 되지 못하고 예수를 떠나 살면 결코 시험들을 이기지 못합니다. 예수를 떠나 사는 성도는 **반드시 정욕에 사로잡히고 여러 가지 시험을 받게** 됩니다. 그 이유는 **그의 어리석은 생활을 청산하게 하시기 위함**입니다.

야고보서 1장 14절에 "오직 각 사람이 시험을 받는 것은 **자기 욕심에 끌려 미혹됨이라**" 했습니다. 우리는 오로지 **예수 그리스도에게 미쳐야** 합니다. 세상 욕심에 미치면 아무리 발버둥을 쳐도 진정한 평안을 누릴 수 없습니다.

이스라엘 백성들은 바로 왕이 그들의 일을 더 고되게 했다며 하나님의 말씀을 듣지 않았다고 했습니다. 그들의 마음에는 해방이나 가나안 땅은 고사하고 '지금 당하고 있는 고통이 사라지고 내 마음이 평안하면 그만이다' 했던 것입니다.

그들이 그러한 마음을 먹는다고 해서 그 고통은 사라지지 않습니다. 또 그들이 하나님의 말씀은 들으려고도 하지 않고 그저 마음 편하게 지냈으면 좋겠다고 간절히 원한다고 해서 그들의 마음이 편해지는 것도 아닙니다.

오늘날에도 살아가기가 너무 힘들고 마음이 상해서 도무지 하나님의 말씀이 들려지지도 않고 들으려고도 하지 않는 성도들이 많습니다. 또한 많은 성도가 위의 이스라엘 백성들과 같은 **어리석음**에 빠져있습니다.

우리가 신앙생활을 제대로 하느라고, 즉 말씀을 지키고 행하느라고 고통을 당할 때 그 신앙생활을 중단하면 모든 고통이 사라질 것이라 여기는 사람이 많은데 **그것은 참으로 어리석은 생각**입니다.

애벌레가 고치가 된 다음에 갖은 고통과 노력을 기울여서 그 허물을 말끔히 벗어 버려야 나방이 되어서 자유롭게 날아다닐 수 있는 것처럼 **우리 각자가 고칠 것을 고치고, 벗을 것을 벗기 위해 갖은 노력을 다 기울이고 온갖 고통을 다 겪고 난 후에야 진정한 자유와 평안을 누리게** 됩니다.

여기 9절에서 또 깨달을 것은 이스라엘 백성들이 하나님의 말씀을 듣지 않게 된 결정적인 요인은 **너무 고된 노예생활 때문에 용기를 잃어버렸기 때문**이라는 것입니다. 그토록 그들은 마음이 상하고 병들었던 것입니다.

내 영혼이 쉽게 멍들고, 병들어버리면 생활과 환경이 더 어렵게 보이고 더 고통스럽게 받아들여지게 됩니다.

그러나 아무리 우리의 생활과 환경이 어렵고 비참해도 내 **영혼이 살아있고 건강하다면** 문제될 것이 없습니다. 어려울수록 더 강해지고 괴로움 속에서 하나님의 사랑과 복을 더 체험하면서 하나님과 더 가까워지고, 하나님과 더 하나가 됩니다.

그러므로 우리 성도들은 **시련과 환난을 당했을 때** 마음 상하고 하나님의 말씀에 귀를 닫아버릴 것이 아니라 내 영혼의 건강관리부터 서둘러서 해야 합니다. 즉 더 열심히 말씀을 읽고 배우고, 더 열심히 기도하고, 더 열심히 내가 할 일을 감당해야 합니다. 그래야 내 영혼이 건강을 유지하고 오고 오는 시험을 이길 수가 있습니다.

성도 여러분!

우리는 기쁠 때나 어려울 때나 '**내 영혼의 건강관리**'부터 잘 합시다.

일이 잘 되어가고 기쁠 때 우리는 영혼의 건강이 상하기 쉽습니다. 형편이 좀 나은 성도들은 이런 점에서 또한 자기의 영적 건강관리를 잘해야 합니다.

경제적으로나 육적으로나 형편이 좋은 사람이 그렇지 못한 사람보다 영혼의 건강관리를 잘못해서 당하는 손실이 **크다**는 사실을 기억하시기 바랍니다.

제 34 강

애굽 왕 바로에게 가서 내 말을 전하라

〈출6:10~13〉
10여호와께서 모세에게 말씀하여 이르시되 11들어가서 애굽 왕 바로에게 말하여 이스라엘 자손을 그 땅에서 내보내게 하라 12모세가 여호와 앞에 아뢰어 이르되 이스라엘 자손도 내 말을 듣지 아니하였거든 바로가 어찌 들으리이까 나는 입이 둔한 자니이다 13여호와께서 모세와 아론에게 말씀하사 그들로 이스라엘 자손과 애굽 왕 바로에게 명령을 전하고 이스라엘 자손을 애굽 땅에서 인도하여 내게 하시니라

> 10절/ 여호와께서 모세에게 말씀하여 이르시되
> 11절/ 들어가서 애굽 왕 바로에게 말하여 이스라엘 자손을 그 땅에서 내보내게 하라

〈더 정확한 번역〉
> 11절/ 들어가서 애굽 왕 바로에게 이스라엘 백성을 이 땅에서 내보내야 한다고 말해라.

하나님은 모세에게 **이전과 동일한 명령**을 바로에게 전하라고 말씀하십니다.
이스라엘 백성들은 하나님의 말씀을 듣지 않았는데 하나님은 **그것에 대해서는 전혀 말씀하시지 않고** 모세에게 다시 바로에게 가서 이스라엘 백성을 해방하게 하라고 말씀하십니다.

여기에서 우리는 몇 가지 깨달을 것이 있습니다.
(1) **하나님은 이스라엘 백성들이 그럴 것이라는 사실을 이미 알고** 계셨습니다.

그래서 그 믿음 없는 이스라엘 백성들이 아니라 **오직 하나님의 손에 붙들림을 받아 하나님의 능력으로 역사할 모세**를 바로 왕에게 보내신 것입니다.
하나님은 이미 **이스라엘 백성들의 신앙상태를 간파**하셨고 아예 **다른 방법을 계획**하셨기 때문에 그들이 하나님의 말씀을 듣지 않아도 그 **계획대로 추진해나가신** 것이었습니다.

이것은 전적으로 하나님께서 아브라함과 이삭과 야곱에게 하신 **약속** 때문에 하시는 일입니다.

오늘날의 성도들도 믿음이 없어서 하나님의 말씀도 잘 받아들이지 못하고 어리석고 악하게 행동하지만 하나님은 **이미 예수 그리스도와 맺어주신 약속**, 즉 영원히 우리를 하나님의 자녀요, 왕 같은 제사장이요, 천국의 상속권자요, 하나님의 영광을 드러내게 할 자가 되게 하겠다는 약속을 이루시기 위해서 여전히 우리를 버리지 않으시고 끊임없이 사랑해주시고 돌봐주시는 것입니다.

여기서 곁들여 알 것은 하나님은 세우신 뜻을 이루실 때 **내가 그것을 이룰 믿음이 없다면 다른 사람을 통해서라도 반드시 이루고야 마신다**는 사실입니다. 그러므로 하나님께서 일거리를 주셨을 때 **주저하지 말고 믿음으로 해야** 합니다. 머뭇거리거나 명하신 일을 하지 못하면 **더 약해지고 더 불순종하는 자로 전락하게** 됩니다.

(2) 하나님은 계획하신 일의 우선순위에 따라 일처리를 하십니다.

하나님은 이스라엘 백성들이 하나님의 말씀을 무시하고 듣지 않았다고 해서 당장 그들을 책망하거나 벌을 내리지 않으셨습니다.

10절과 11절을 자세히 보면 하나님은 모세에게 다짜고짜 "**너는 다시 바로에게 들어가서 이스라엘 자손을 보내라고 말하라**" 하셨습니다.

하나님께서 아브라함과 이삭과 야곱에게 약속하신 대로 이스라엘 백성을 가나안 땅에 정착시킬 때가 되었기 때문에 그들을 바로의 손에서 해방시키시는 일이 급선무였던 것입니다. 그래서 하나님은 거두절미하고 모세에게 다시 같은 명령을 하신 것입니다.

그러나 그 이스라엘 백성들의 불손한 행동에 대해 **아예 눈을 감으신 것은 아니었습니다.** 하나님은 그들이 애굽을 벗어나기도 전에 하나님을 믿지 못하고 잘못된 행동을 하는 것을 보시고 그들이 홍해를 건넌 다음에 **40년 동안이나 광야생활을 하게** 하셨습니다.

하나님은 언제나 **완전하신 지혜로 일의 우선순위를 가려서** 섭리해 나가십니다.

이것은 우리 개개인에 대해서도 마찬가지입니다.

우리는 지금도 '첫째는 무엇이, 둘째는 무엇이 이루어졌으면' 하고 바라는 것들이 많이 있지만 하나님은 **나도 모르고 있는 것들을 살펴보시면서 무엇이 먼저고 나중인지 판단하시고** 그 우선순위에 따라서 **일을 이루어주십니다**. 하나님께서 이렇게 해주시기에 우리 하나님의 자녀들이 **조금씩이나마 성장하고 승리하는 것입니다**. 만약 우리의 그릇된 욕심대로 모든 것이 이루어진다면 이 세상은 **엉망진창**이 되어버릴 것입니다. 왜냐하면 **우리의 생각과 욕심은** 다 치우친 것**에 불과하기 때문**입니다.

여기서 우리는 하나님께서 **우리의 실수와 죄에 대해 아무 반응이 없으시다고 해서 우리가** 계속 실수하고 죄짓는 것을 고집해서는 안 된다는 사실을 깨달아야 합니다.

하나님께서 만약 악한 자들의 악행에 대해 그때그때 벌을 주신다면 그들이 결코 계속해서 악을 저지를 수 없을 것입니다. 우리가 악을 행하고 그릇된 생각을 해도 별 탈 없이 지나간다고 해서 계속해서 악을 행하고 그릇된 생각을 하면 **결국은 반드시 내가 치워야 할 바윗덩어리들을 내 앞에 자꾸만 쌓는 것이 됩니다**. 자기 위치에 서야 할 사람이 자기 멋대로 돌아다니면 **결국은 내 위치에 돌아와야 할 때 그만큼 힘들고 괴로움을 당하게 됩니다**. 내 할 일을 안 하고 자꾸 게으름을 피우고 지나간다면 **내가 할 일이 없어지는 것이 아니라 더 커지고 힘들어지게 되고 그것을 내가 반드시 하게 됩니다**.

하나님의 섭리를 조금이라도 거스르는 자는 그만큼 손실과 고통을 당하게 됩니다.

그러므로 **하나님의 섭리를** 분별할 줄 알고 그 섭리에 순응하며 살아야 합니다.

> 12절/ 모세가 여호와 앞에 아뢰어 이르되 이스라엘 자손도 내 말을 듣지 아니하였거든 바로가 어찌 들으리이까 나는 입이 둔한 자니이다

〈더 정확한 번역〉

> 나는 입이 둔한 자니이다 ⇒ 더구나 저는 말이 능숙하지 못합니다.

(1) 모세는 낙심하며 하나님께 이의를 제기하고 **자기 사명을 포기하고 싶은 의사를 내비쳤습니다.**

1) 모세는 바로가 하나님의 명령을 들을 가망이 없다고 말했습니다.

"하나님을 섬기는 백성도 하나님의 사자의 말을 듣지 않는데 어떻게 하나님을 노골적으로 대적하는 사람이 하나님의 말씀을 듣겠습니까?"라고 말한 것입니다.

그리스도인이라고 자칭하는 사람들의 **완고함**과 **완악함**이 하나님의 종들을 종종 낙망시킵니다. 따라서 이것 때문에 무신론자들과 세속자들을 상대로 사역하는 사역자들은 그들에 대한 일이 성공을 거두지 못할지도 모른다는 절망감에 쉽사리 빠지게 됩니다.

하나님의 종들은 하나님의 백성들을 단합시키고 그들을 정화하며 위로하고 그들의 마음을 화평하게 하는 사역을 하기를 원합니다. 그런데 '그들이 그 모든 것을 이해하고 받아들여주지 않는다면 어떻게 계속해서 그들을 위해 사역할 수가 있겠는가?'라고 생각하기 쉽습니다. 그러나 **그것은 우리의 생각일 뿐** 하나님은 모든 것이 가능합니다.

2) 모세는 또다시 자신의 결함을 반복해서 말하고 있습니다.
"더구나 저는 말이 능숙하지 못합니다" 했습니다.

모세의 이 말에 대하여는 하나님께서 이미 충분히 해답을 주셨습니다. 따라서 모세가 다시 그것을 핑계 삼을 수 없었습니다.

하나님의 능력과 은혜는 우리의 천성적인 결함을 능히 보완할 수 있습니다. 우리는 우리의 결점으로 인해 하나님 앞에서 겸손해져야 하지만 **그것이 하나님께 대한 순종에 최선을 다하지 못하게 하는 핑계가 되게 해서는 안 된다**는 것을 잊지 말아야 합니다.

하나님의 은혜와 능력은 **우리의 약함 속에서 모든 것을 완전하게 이루십니다.**

이 모세의 자기변명은 그가 **기억해야 할 것을 잊어버리고 있음**을 드러내고 있습니다.

첫째, 바로가 끈덕지게 하나님의 명령을 듣지 않다가도 결국 굴복하리라는 **말씀**입니다(3:19~20).

둘째, 모세가 말이 능숙하지 못하다고 할 때 하나님께서 아론을 대언자로 세워주셨다는 **사실**입니다(4:10~16).

모세가 이 두 가지 사실을 **명심하고 있었다면** 하나님의 명령 앞에 또다시 이런 자세를 취하지 않았을 것입니다.

불신앙이나 연약한 신앙은 종종 진리와 사실에 대한 건망증을 불러일으킵니다.

우리 하나님의 사람들이 하나님의 명령을 수행함에 있어서 종종 용기를 잃어버리고 낙심하게 되는 원인은 하나님이 계시지 않고 하나님의 능력이 부족해서가 아니라 그 명령을 받은 내가 하나님을 전적으로 믿지 못하는 것입니다.

그러므로 우리 하나님의 일꾼들은 하나님의 일을 시작하기에 앞서서, 하나님께서 무슨 명령을 주시기 전에 전적으로 하나님을 신뢰하는 사람으로 자신을 가다듬고 성장시켜야 합니다. 많은 일꾼이 이것을 제대로 하지 못하여 중차대한 사명과 명령을 받았으나 "이것이 문제입니다. 저것이 문제입니다" 하면서 자꾸 하나님 앞에 말대꾸를 하고 하나님의 명령수행을 회피합니다. 때가 되기 전에 그것을 회개하지 못한다면 하나님은 그러한 사람을 계속해서 거룩한 일에 사용하지 않으십니다.

그러므로 우리 하나님의 일꾼들은 부정적인 면들을 보는 눈은 점점 감겨야 하고 나와 함께하시는 하나님을 보는 눈이 점점 밝아져야 합니다.

이 모세의 대답에서 우리는 알아야 할 것이 있습니다.
(1) 사람들은 하나님의 통찰력을 의심하는 습관이 있습니다.

모세는 이스라엘 백성들이 하나님의 말씀을 듣지 않고 있다는 사실을 하나님께서 이미 다 알고 계심을 알았어야 했습니다. 그리고 하나님께서 모세에게 바로 왕을 다시 만나라고 하셨을 때는 하나님의 탁월한 계획이 있으심을 알고 그 전지전능하심과 통찰력을 믿고 그저 "순종하겠습니다" 해야 했습니다.

아브라함은 하나님의 통찰력을 조금도 의심하지 않고 하나님의 밑도 끝도 없는 명령들을 그저 순종했습니다.

이 당시 모세의 영적인 수준은 그 조상인 아브라함에 너무 못 미침을 알 수가 있습니다. 말 잘하고 지식이 많은 것이 중요한 것이 아니라 하나님이 누구이신가를 제대로 알고 그 하나님을 전적으로 신뢰하는 믿음을 갖추는 것이 무엇보다도 중요합니다.

하나님의 일꾼들은 하나님의 갑작스럽고 단도직입적인 명령을 듣게 될 때 그때마다 하나님의 전지전능하심과 통찰력을 의심하며 보잘것없는 인간의 생각을 앞세우면서 하나님의 명령에 불복하는 생각이나 말을 종종 하게 됩니다. 이런 사람들은 애쓰고 수고해도 선한 결과를 만들어내지 못합니다.

(2) 우리는 인위적인 비교논리로 매사를 판단해서는 안 됩니다.

하나님을 섬기는 이스라엘 백성들도 하나님의 말씀을 듣지 않으니 불신자요, 우상숭배자인 바로 왕은 더 듣지 않을 것이라는 식의 **인위적인 비교논리로 판단하지 말아야 합니다.**

 하나님은 그 어떤 것에도 제약을 받지 않으시며 그 분께는 어떤 난관도 있을 수 없습니다. 그러므로 세상 사람들이 다 안 된다고 하는 일이라도 **하나님께서 하라고 하시면 될 줄을 믿고 하는 것이 성도의 기본자세**입니다.

 인간적인 사고방식으로 비교하고 계산하면서 하나님의 일을 하려는 사람들이 많습니다. 이러한 사람들은 결국 하나님의 일다운 일을 하지 못하고 큰 일을 하다가도 중단하거나 하나님을 기쁘시게 하지 못하고 **오히려 하나님의 영광을 가리게** 됩니다. 왜냐하면 그 사람의 계산은 첩첩으로 닥쳐오는 난관 앞에서는 언제나 마이너스의 결론이 나오기 때문입니다. 인간의 계산으로는 마이너스로 보이는 것이 **하나님의 계산으로는 플러스가 되는 것이** 얼마든지 있다는 사실을 알아야 합니다.

 (3) 인간 상식으로는 불가능한 일도 믿음 안에서는 가능합니다.

 하나님의 일 앞에는 언제나 **상반되는** 주장이 나오는데 하나는 **불가능하다**는 것이고 다른 하나는 도저히 불가능해보이지만 믿음으로 하면 가능하다는 주장입니다.

 그래서 교회가 큰 일을 할 때는 믿음 있는 사람과 믿음 없는 사람 사이에 **커다란 의견 대립**이 되어서 교회가 소란스러워지기도 합니다. **아무리 불가능해보이는 것도 하나님을 제대로 알고 믿으면 가능하다고 믿을 수 있고 또 가능해집니다.** 사람들 모두가 다 안 된다고 해도 그것은 **어디까지나 그 사람들의 생각이지 하나님의 생각**은 전혀 다른 것입니다.

 모세는 이때만 해도 큰 믿음을 갖추고 있지 못했습니다. 하나님께서 친히 선택하시고 부르시고 이스라엘 백성들의 해방자로 세운 선지자도 **처음에는 이렇게 허약한 믿음**을 가지고 있었습니다.

 여러분, **나의 믿음**은 어느 정도인가를 살펴보시기 바랍니다.
 내 믿음의 크기가 곧 나의 크기요, 그 **크기만큼** 형통함과 신령한 복이 결정됩니다. 그러므로 **하나님을 향한 믿음의 크기와 강도를 높이시기** 바랍니다. 재수가 없어서 안 되는 것이 아니고, 인물이 안 좋고 학벌이 안 좋아서 안 되는 것이 아니라 **믿음이 없거나 시원찮아서** 안 되는 것입니다. **큰 믿음을 갖기 전에는** 멋있는 형통과 큰 복을 결코 누릴 수 없습니다.

■ 13절/ 여호와께서 모세와 아론에게 말씀하사 그들로 이스라엘 자손과 애굽 왕 바로에게 명령을 전하고 이스라엘 자손을 애굽 땅에서 인도하여 내게 하시니라

〈더 정확한 번역〉

■ 여호와께서 ⇒ 그러나 여호와께서
■ 인도하여 내게 하시니라 ⇒ 인도하여 내라고 명령하셨다.

이제 하나님은 모세와의 쟁론을 끝맺으시고 모세와 아론에게 **다시 엄숙하게 명령**하셨습니다.

모세는 부끄러운 변론을 계속하려 했으나 하나님은 그와 더 이상 논쟁하지 않으셨습니다. **하나님의 권위는 어떠한 이의에도 충분한 해답을 주시고 하나님의 일꾼들로 하여금 불평이나 논쟁이 없이 복종하도록 만드신다**는 것을 알 수 있습니다. 모세는 **하나님의 명령을 받을 뿐**이었습니다.

하나님께서는 이스라엘 백성들을 애굽에서 해방시키는 거룩한 사명수행에 있어 용기가 너무나도 **없었던** 모세와 아론을 기어이 이스라엘 백성들을 애굽에서 해방시키는 일에 사용하셨습니다. **보잘것없는 사람들을 부르시고 용기를 주셔서 거룩한 일을 하게 하시는 분이 바로 하나님**이십니다.

그러므로 여기서 우리는 **모든 죄인의 구원은 하나님께서 홀로 이루신다**는 **사실**을 잊지 말아야 합니다(계7:10).

5장에서 모세는 이미 바로 왕을 만나서 하나님의 백성 이스라엘을 보내라는 하나님의 말씀을 전했습니다. 그러나 바로는 그 명령을 거절했고 이스라엘 백성에게 더 극심한 고역을 시켰습니다. 그러자 이스라엘 백성들은 하나님과 모세를 **원망**했습니다. 그리고 모세도 하나님께 안타까워하면서 기도하자 하나님은 **그 믿음 없는 이스라엘 백성들에 대해서는 더 이상 말씀하지 않으시고** 그저 모세로 하여금 하나님께서 시키시는 대로 바로 왕을 만나서 **일을 하라고 명령**하셨습니다.

하나님은 그 권능의 손으로 바로 왕을 쳐서 굴복시키기 전에 **이스라엘 백성들의 믿음을 시험해보신 것**입니다. 바로 왕이 이스라엘 백성을 해방시키라는 모세의 말을 선뜻 받아들일 리는 만무했습니다. 하나님은 우선 모세를 바로 왕에게 보내서 바로 왕이 더 완악해져서 이스라엘 백성들에게 더 극심한 고역이 가해지도록 **섭리**하신 것입니다. 그러자 이스라엘 백성들은 **여지없이 하나님을 원망**했습니다. 하나님은 그들의 신앙상태가 그렇다는 것을 **이미 다 알고 계셨지만 그들 스스로가 자신들의 신앙상태가 얼마나 보잘것**

없는지를 **실증적으로 나타내며 알게** 하신 것입니다.

그러나 하나님은 그러한 일이 있은 다음에 모세를 바로 왕에게 **다시 보내시고 그 권능의 손으로 본격적으로 역사**하셔서 이스라엘 백성들을 해방시키셨습니다.

이렇게 해서 **하나님은**
(1) **선택하신 백성들이 하나님 보시기에 합당하지 못한 점이 많다 하더라도 그들의 편이 되어주시고 그들에게 특별한 은총을 베푸시고 돌보아주신다는 사실을 알게** 해주셨습니다.

(2) **한번 약속하신 것을 때가 되면 반드시 성취시켜 주시고야 만다는 사실을 알게** 해주셨습니다.

하나님은 아브라함과 이삭과 야곱이라는 이스라엘 백성들의 조상들에게 약속하시기를 "**네 자손이 번성하여 바닷가의 모래알 같이 많아지리라**" 하셨는데 과연 우선 야곱의 가족 70명이 애굽에서 애굽 사람들보다 더 많은 인구로 번성하게 해주셨습니다.

그리고 "네 자손을 젖과 꿀이 흐르는 가나안 땅에서 대대로 살게 해주겠다"고 약속해주셨는데 이제 그 약속을 이루어주시려고 **모세를 통해** 역사하시는 것입니다.

(3) **이스라엘 백성들이 애굽에서 해방된 것은 그들의 힘이나 노력이 아니라 전적으로 하나님의 능력에 의해 이루어졌음을 만방에 알게** 하셨습니다.

이스라엘 백성들은 하나님께서 애굽에서 본격적으로 역사하시기도 전에 하나님의 약속을 **믿지 못하고 원망하는 허약하고 보잘것없는 사람들**이었습니다. 그러나 하나님은 그들의 그러한 신앙상태에 아랑곳하지 않으시고 **때가 되니 전적인 하나님의 권능으로 역사하셔서** 그들을 해방시켜주셨습니다.

오늘날도 하나님은 우리에게 큰 은혜를 베푸시기에 앞서서 우리가 **얼마나 하나님을 믿고 순종하는지를 시험**하십니다. 그래서 우리가 오랫동안 어떤 기도제목을 놓고 열심히 기도했는데 그것이 이루어지지 않고 오히려 더 괴롭고 어려운 지경을 만나기도 합니다.

이런 때에 두 가지 반응이 나타납니다.
1) **하나님을 믿는 믿음이 너무 허약해서 금방 낙심하고 원망과 불평을 늘어놓는 사람**이 있고,

2) '나의 기도를 응답해주시기 전에 나를 다시 한번 시험해보시는구나' 하고 깨닫고 **불평하지 않고 잘 참고 견디는 사람**이 있습니다.

하나님께서 처음에 모세를 바로 왕에게 보내셔서 그의 비위를 건드리게 하셨는데 그것은 이스라엘의 해방과 결코 무관한 일이 아니었습니다. 하나님은 이미 해방자 모세를 이스라엘 백성에게 보내주셨고, 바로 왕을 상대로 싸우기를 시작하게 하셨습니다. 즉 이스라엘 백성들이 **간절히 바라던 대로** 그들을 해방시키는 일에 **착수하신 것**입니다. 그러나 이스라엘 백성들은 당장 고역이 더 심해졌다고 하나님을 원망했습니다.

하나님은 결코 우리 믿음의 사람들의 기도를 헛되게 하지 않습니다. 우리가 생선을 달라고 할 때 뱀을 주시는 아버지는 결코 아닙니다. 그러나 우리에게 생선을 주시기 전에 뱀을 보내서 **우리의 믿음을 시험**해보시기도 합니다. 하나님은 결국 생선을 주시는데 그것은 우리가 잘나거나 훌륭해서가 아니라, 우리 믿음이 허약하고 보잘것없는데도 **전적으로 하나님의 긍휼과 사랑으로 주심**을 알게 해주시는 것입니다. 따라서 얻어먹는 순간에도 **하나님 앞에서 겸손한 자**가 되게 하십시오. 그리고 **응답을 구체적으로 주시기 전에 주시는 시험에서 우리가 이기느냐 지느냐** 하는 것에 대한 결과가 중요합니다.

이스라엘 백성은 처음의 그 시험에서 이기지 못했습니다. 그 결과는 **참혹**했습니다.

하나님은 그들이 홍해를 건너자마자 **지름길이 아니고 광야 길로 돌아가게** 하셔서 40년 동안이나 고생하게 하셨고 그런 가운데에서도 종래 신앙다운 신앙을 못 갖춘 자들은 가나안에 도착하기도 전에 다 걸러내셨습니다.

만약 그들이 그 시험에서 이겼다면 결코 그러한 고생, 그러한 죽음을 당하지 않았을 것입니다.

하나님은 **참으로 엄격**하십니다. 그 믿음 없는 자들을 **약속하나 때문에** 기어코 애굽에서 해방시켜주시는 **긍휼의 하나님, 자비의 하나님**이시지만 그 긍휼과 자비를 받아 누리는 자가 **그 속에서 하나님을 원망하고 범죄할 때** 하나님은 **때가 되면** 그 행위에 대해서 엄격하게 갚아주십니다.

여러분, 지금 우리에게도 크고 작은 시험이 오고 옵니다.

하나님께서 우리에게 주시기로 **약속하신** 것을 이루어주시기 앞서서 **이런 저런 시험 거리를 우리 앞에 주시고 시험해보고** 계십니다. 그 시험을 **반드**

시 이겨야** 합니다.

내 몸을 아끼고, 내 물질 좀 아끼려고 하다가 그 시험에서 실패하지 말아야 합니다. 그 시험에서 **실패하면 하나님은 그래도 내게 주실 은총의 일부는 주시지만** 내가 종래 그 은총을 끝까지 누릴 자가 되지 못함으로써 **그 은총마저 조만간 상실하게** 됩니다.

내 소원을 들어주실 것만 신경 쓰지 말고 **하나님께서 들어주시고 난 다음에 내가 하나님의 은총을 계속 유지할 수 있는 자가 되고 있는가**에 신경을 써야 합니다.

그 좋은 예가 다윗과 솔로몬입니다.

다윗은 **숱한 시련과 역경을 겪으면서 자신을 가다듬었던 사람**이어서 그는 한때 실수도 했지만 **온갖 복을 죽는 날까지 잘 간수하며 누렸습니다**. 그러나 솔로몬은 아버지 다윗 덕분에 별로 고생해본 경험도 없었으며 **아버지로부터 신앙적인 훈련을 잘 받아들이지 못한 사람**이었습니다. 그런 사람이 성전을 잘 지어서 하나님으로부터 큰 복을 받았는데 솔로몬은 **다윗만큼 그 부귀영화를 간수할 능력이 매우 부족**했습니다. 그래서 그는 나중에 크게 타락하고 부끄러운 사람으로 인생을 마치고 말았습니다.

여러분, 어서 나에게 더 큰 은총을 베풀어주시라고 갈구하기 전에 **크고 작은 시험들을 잘 이기시기** 바랍니다. 그리고 그것을 통해서 내가 **가다듬어져야 하고 더욱 깨어지고 치료되고 변화되고 무장하고 성숙한 자**가 되어야 합니다. 은총을 받고 또 받으면서 그것을 잃어버리는 자가 되기보다는 단 한 가지 은총을 받아도 **죽는 날까지 그것을 잘 간수하고 누리는 사람**이 복 있는 사람입니다.

제 35 강

이스라엘의 족보

〈출6:13~27〉
13여호와께서 모세와 아론에게 말씀하사 그들로 이스라엘 자손과 애굽 왕 바로에게 명령을 전하고 이스라엘 자손을 애굽 땅에서 인도하여 내게 하시니라 14그들의 조상을 따라 집의 어른은 이러하니라 이스라엘의 장자 르우벤의 아들은 하녹과 발루와 헤스론과 갈미니 이들은 르우벤의 족장이요 15시므온의 아들들은 여무엘과 야민과 오핫과 야긴과 소할과 가나안 여인의 아들 사울이니 이들은 시므온의 가족이요 16레위의 아들들의 이름은 그들의 족보대로 이러하니 게르손과 고핫과 므라리요 레위의 나이는 백삼십칠 세였으며 17게르손의 아들들은 그들의 가족대로 립니와 시므이요 18고핫의 아들들은 아므람과 이스할과 헤브론과 웃시엘이요 고핫의 나이는 백삼십삼 세였으며 19므라리의 아들들은 마흘리와 무시니 이들은 그들의 족보대로 레위의 족장이요 20아므람은 그들의 아버지의 누이 요게벳을 아내로 맞이하였고 그는 아론과 모세를 낳았으며 아므람의 나이는 백삼십칠 세였으며 21이스할의 아들들은 고라와 네벡과 시그리요 22웃시엘의 아들들은 미사엘과 엘사반과 시드리요 23아론은 암미나답의 딸 나손의 누이 엘리세바를 아내로 맞이하였고 그는 나답과 아비후와 엘르아살과 이다말을 낳았으며 24고라의 아들들은 앗실과 엘가나와 아비아삽이니 이들은 고라 사람의 족장이요 25아론의 아들 엘르아살은 부디엘의 딸 중에서 아내를 맞이하였고 그는 비느하스를 낳았으니 이들은 레위 사람의 조상을 따라 가족의 어른들이라 26이스라엘 자손을 그들의 군대대로 애굽 땅에서 인도하라 하신 여호와의 명령을 받은 자는 이 아론과 모세요 27애굽 왕 바로에게 이스라엘 자손을 애굽에서 내보내라 말한 사람도 이 모세와 아론이었더라

> 13절/ 여호와께서 모세와 아론에게 말씀하사 그들로 이스라엘 자손과 애굽 왕 바로에게 명령을 전하고 이스라엘 자손을 애굽 땅에서 인도하여 내게 하시니라

여기서 우리는 몇 가지 중요한 사실을 기억해야 합니다.
(1) 왜 하나님은 바로의 마음을 강퍅하게 하시고 그가 하나님의 명령을 계속 거역하도록 섭리하셨는가 하는 사실입니다.

그것은 결국 하나님이 누구이시며 어떠한 분이신지를 모든 애굽 사람들과 이스라엘 백성들이 다 알게 하시기 위함이었습니다. 그 말씀이 바로 10장

1~2절에 나옵니다.

"내가 그의 마음과 그의 신하들의 마음을 완강하게 함은 **나의 표징을 그들 중에 보이기 위함**이며 네게 내가 애굽에서 행한 일들 곧 내가 그들 가운데에서 행한 표징을 네 아들과 네 자손의 귀에 전하기 위함이라 너희는 **내가 여호와인 줄을 알리라**" 하셨습니다.

하나님은 바로의 마음을 완악하게 하셔서 그가 하나님의 명령을 계속 거절하도록 섭리하셨는데 **그러는 동안에 하나님은 애굽 땅에 11가지 이적과 기적을 행하셨습니다.** 그래서 애굽 왕과 그 신하들, 그리고 당시 세계 제일의 마술사들과 모든 애굽 사람이 **과연 하나님만이 참 신이시고 능치 못함이 없는 분이라는** 사실을 똑똑히 알게 하셨고, 뿐만 아니라 **이스라엘 백성들도** 그동안은 조상 때부터 전해 내려오는 말로만 하나님을 어느 정도 알고 섬겼었는데 이제는 자신들이 **직접 그 눈으로 하나님이 어떤 분이신지를 보게** 해주셨고 **그것을 자손대대로 전해주게** 하신 것입니다.

그래서 "너희는 내가 여호와인 줄을 알리라", 즉 "내가 바로 스스로 있는 창조주 **하나님이요, 모든 것의 주관자임을 알리라**" 하신 것입니다. 이것을 알게 하시려고 하나님은 **바로 왕을 얼마 동안 도구로 사용**하신 것입니다.

그리고 바로 왕과 그 백성들은 **이미 죄악이 극에 달했기 때문에** 하나님은 그들로 하여금 하나님 앞에서 고집을 부리다가 멸망을 당하게 하신 것입니다. 그런데 하나님은 그 일을 이스라엘 백성들에게도 하나님이 어떠한 분이신지를 생생하게 알게 하는 **도구로 사용**하셨습니다. 이것이 바로 **하나님의 섭리**입니다.

오늘날도 하나님은 우리 눈앞에서 벌어지고 있는 모든 사건을 통해서 **우선은 하나님이 살아계시다는 것과 그가 만사만물을 뜻대로 주관하신다는 것, 하나님의 능력만이 모든 것을 가능하게 한다는 사실을 신자, 불신자를 막론하고 알게** 해주십니다.

이 세상에 벌어지고 있는 모든 일들, 방송이나 신문을 통해 우리가 날마다 듣고 보는 **모든 일이 모두 말씀이 예언한 그대로 되어 가고 있음**을 보게 됩니다. 눈이 있는 자들은 이 사실을 볼 것이고 귀가 있는 자들은 이 사실을 들어 알 것입니다. 눈이 있어도 볼 줄 모르고 귀가 있어도 들어서 깨닫지 못하는 사람들은 그 홍수 같이 들려오고 보이는 뉴스들이 무엇을 의미하는지를 도무지 모릅니다.

이스라엘 백성이 430년 동안 애굽에서 살면서 수백만의 민족이 되었습니다. 그런데 요셉 이후에 바로 왕에게 극심하게 학대를 받다가 모세라는 한 사람에 의해서 그 강대국이 망하고 이스라엘이 해방되는 것…자그마치 500년이라는 기간의 당시 중동의 모든 역사가 **하나님의 섭리 속에서 온전히 이루어지고 있었던 것**입니다.

지금도 이 세상 구석구석에서 벌어지고 있는 모든 일과 우리 개개인의 삶 속에서 일어나고 있는 모든 사건이 이 하나님의 섭리 속에서 철저하게 이루어지고 있는 것입니다.

그러므로 **하나님의 섭리를 분별할 줄 알고 살아가는 것**은 참으로 중요합니다.

하나님의 섭리는 하나님에 의해서만 알 수 있습니다. 하나님이 함께하는 자가 아니면 결코 이러한 하나님의 섭리를 알 수가 없습니다.

따라서 **하나님의 섭리가 함께해주는 사람**이 참으로 복된 사람입니다. 아무리 좋은 환경 속에 있고 부자라도 하나님의 섭리가 함께해주는 사람, 섭리의 주장자이신 하나님이 함께해주시는 사람이 아니라면 그 좋은 환경이나 부귀는 **휴지조각에 불과**해집니다. 그 실례가 바로 애굽 나라와 바로 왕입니다. 이스라엘 사람들은 그 당시 힘없고 노예 생활을 하는 천민들이었으나 **하나님이 함께하고 하나님의 섭리가 그들 위주로 펼쳐져 나감으로써** 그들은 피 한 방울 흘리지 않고 승리자가 되고 젖과 꿀이 흐르는 땅을 차지했습니다.

여러분, 하나님을 찾고 소유하십시오. 하나님의 섭리가 여러분 각자를 위주로 펼쳐지도록 하십시오. 아무리 똑똑하고 부유해도 하나님을 내 하나님으로 소유하지 못하고, 하나님의 섭리가 나 위주가 아닐 때 나는 그 하나님을 소유하고 그 하나님의 섭리가 함께하는 그 어떤 사람을 **돕는 도구나 재료로 쓰이다가 인생을 마치게** 됩니다.

그리고 바로 왕이 마음을 강퍅하게 해서 하나님의 뜻을 계속 거역하자 **하나님의 능력이 역사하여** 그가 패망하게 되었다는 사실에서 깨달을 것이 있습니다.

누구든지 하나님의 뜻을 거역하며 하나님 앞에서 마음을 강퍅하게 갖는 자는 **하나님의 능력의 손에 의해서 꺾임을 당하고 실패한다**는 사실입니다.

하나님 앞에서 마음을 완강하게 갖고 고집을 피운다는 자체가 사실은 **이미 하나님의 저주 아래 있는 것**입니다.

하나님께서 바로 왕이 멸망할 때가 되니까 그 마음을 **강퍅하게** 하셨고 그로 인해서 하나님의 능력으로 **망하게** 하셨습니다. 하나님은 사람들이 하나님을 멀리하고 제멋대로 살 때 **얼마 동안은** 내버려두십니다. 그러나 때가 되면 그 사람이 어쩔 수 없이 하나님을 가까이 만나게 하시고 하나님의 명령을 듣게 하십니다. 그런데 그때에도 하나님의 명령을 거역하고자 마음을 강퍅하게 먹고 불순종한다면 그 사람은 하나님의 능력에 의해서 **반드시 쓰라림과 실패를 겪게** 됩니다.

그러므로 여러분, 하나님의 말씀 앞에서 결코 마음을 완강하게 가져서는 안 됩니다. 내가 하나님의 말씀 앞에서 마음을 강퍅하게 하면 그 즉시 하나님의 능력의 역사가 **그다음 단계에 펼쳐져서** 내가 쓰라림을 겪게 됩니다.

하나님의 말씀이 선포되고 내 귀에 들려올 때 습관적으로 듣지 말고 **신중하게 들어야** 합니다. **들어서 알고 있는데도 행하지 않았다면** 그것도 자신도 모르게 하나님 앞에서 마음을 굳게 하고 순종하지 않는 것입니다. 이런 생활을 습관적으로 하면 결코 형통하지 못합니다.

(2) **하나님은 우리의 모든 장래를 꿰뚫어 알고 계십니다.**

이 말은 **하나님께서 우리의 미래를 얼마든지 주장하실 수 있다**는 뜻입니다.

사탄과 악한 영들도 우리의 미래를 조금은 알지만 그것은 **가까운 미래에 대해서 영적 지각으로 인지하는 것뿐**입니다. 따라서 그들은 **그들이 알고 있는 우리의 장래를 결코 마음대로 주장할 수 없습니다.** 그러므로 점쟁이나 신접한 자에게 가서 점쳐보고 그가 하라는 대로 하는 것은 **참으로 어리석은 일**입니다.

모든 과거와 현재와 미래를 남김없이 꿰뚫어 아는 일은 **그 모든 것을 창조하시고, 주장하시고, 섭리하는 자만이** 할 수 있습니다. 그런 분은 **하나님 한 분뿐**입니다.

하나님은 모세에게 말씀하시기를 "**바로가 나의 여러 가지 이적과 기적을 보고도 내 말을 안 들을 것이다. 그러나 보아라, 내가 큰 재앙들을 내릴 것**인데 그때는 내 말을 들을 것이다. 그래서 이스라엘 백성이 해방될 것이다" 하셨습니다.

하나님은 바로가 장차 어떻게 나올지 **훤히 그림을 보듯이** 알고 계셨습니다. 그리고 **그에 대비한 완벽한 계획을 이미 다 마련해놓으시고** 그것을 지금 모세에게 미리 알게 해주시는 것입니다.

그리고 7장 9절을 보면 하나님께서 "모세야, 바로가 너희에게 말하기를 너희는 이적을 나타내보이라고 **말할 것이다**. 그때 너는 아론에게 네 지팡이를 바로 앞에 던지게 해라. 그것이 뱀이 될 것이다" 하셨습니다.

우리 하나님은 바로 이런 하나님이십니다.

우리가 이 시간 이후에 어디서 무슨 말을 하고 무슨 생각을 하고 무슨 좋은 일, 나쁜 일을 할지 하나님은 그림을 보듯이 **미리 훤히 보고 다 알고** 계십니다. **누가 이 하나님을 피해서 도망갈 수 있겠습니까? 누가 이 하나님을 무시하고 이 하나님과 싸워 이길 수가 있겠습니까?**

이 하나님을 나의 하나님으로 확실히 모실 때 염려할 것이 없습니다. 그래서 하나님은 하나님을 자신의 하나님으로 삼는 사람에게 "**너는 모든 짐을 내게 맡겨 버리라**" 하고 말씀하십니다. 모든 짐을 하나님께 맡긴다면 **범사가 잘 되게 되어 있고 참으로 형통하게** 됩니다.

여러분, 여러 가지 무거운 짐을 **혼자서** 지고 가느라고 주일도 안 지키고, 십일조도 안 드리고, 내 할 일을 안 하고 살지 마십시오. 그것이야말로 아무 소용이 없는 일입니다. **모든 짐을 하나님께 맡기고 하나님께서 명령하신 것을 성실히 지키고 하나님께서 하게 하신 것을 충성을 다해 감당**하십시오. 그러면 내가 나만을 위해 애쓰던 때와는 확실히 다른 인생을 보게 될 것입니다.

사람은 누구나 태어날 때부터 똑같은 인생을 사는 것이 아닙니다. 그것은 **각자에 대한 하나님의 계획**이 다르고 또 **각자가 지니는 됨됨이**가 다르기 때문입니다.

모세가 바로 왕을 만나 싸우던 때의 나이가 80세였습니다(7:7).

모세의 인생을 보면 **3단계 인생**이었습니다.

태어나면서 40세까지는 왕궁에서 **왕자의 신분**으로 살았습니다. 그때는 세상적으로 부족한 것이 없었고 전도유망했습니다. 그러나 40세 때 사람 하나를 실수로 죽이게 되어 미디안으로 **도망가서 40년 동안 양치기 생활**을 함으로써 갑자기 최저의 환경으로 옮겨져서 **시련과 연단의 생애**를 살게 되었습니다. 그것을 통해 그는 비로소 자신의 진정한 인생길에 접어들게 됩니다.

결국 80세가 되어서는 **하나님의 선지자요, 이스라엘의 해방자**로 부르심을 입고 보내심을 받아서 120세에 죽을 때까지 참으로 영광스러운 일을 수행했습니다.

하나님은 모세의 마지막 40년 동안 **그의 진정한 인생**을 살게 하시려고 처음 40년은 세상의 단맛을 다 보게 하셨고, 그 다음 40년은 세상의 쓴맛을 보게 함으로써 **하나님의 일을 수행할 재목으로 골고루 가다듬으셨습니다. 인생 1/3을 위해서 2/3를 훈련과 연단의 인생**으로 살게 하셨습니다.

여러분, 지금 나도 마지막 단계의 진정한 인생을 위해서 **다양하게 훈련받고 연단받고 있음**을 기억하십시다. 그 마지막 단계의 인생 기간이 내 인생의 1/3이 되느냐? 1/5이 되느냐 하는 것은 우리 **각자에게 달려 있습니다**.

이제 우리는 **훈련과 연단의 시기**를 지나 **본격적으로 내 인생의 가치를 발휘할 때**를 만나야 합니다. 그때가 **이미 다 된 사람**도 있고, **아직 안된 사람**도 있는데 그때가 이미 된 분들은 **주저하지 말고 내 본연의 사명을 용감하게 나서서 감당해야** 합니다.

때가 다 되었는데도 내 본연의 사명을 감당하지 못할 때 **비참하게** 되어 버립니다.

우리는 **적어도 인생의 1/3만은** 하나님께서 내게 주시는 거룩한 인생을 살게 되어야 합니다. 평균 수명을 80세로 본다면 53세부터는 그런 인생이 되어야 합니다. 그런데 53세가 아니라 20대 또는 30대 때부터 거룩한 인생을 산다면 그 사람이야말로 **참으로 복된 인생**을 사는 사람입니다.

그리고 7장 4절 하반절부터 보면 하나님께서 이스라엘 백성들을 가리켜서 "**내 군대, 내 백성 이스라엘 자손**"이라 하셨고 그들을 애굽에서 인도해내심으로 "**애굽 사람이 나를 여호와인 줄 알리라**" 하셨습니다.

재미있는 것은 **하나님은 이스라엘 백성들을 전적으로 하나님의 능력으로 해방시키시면서 그 무기력한 노예들을 일컬어 "내 군대다"** 하신 것입니다.

사람의 눈으로는 그들이 칼과 창으로 무장하거나 인간적으로 전쟁을 벌이고 있는 것이 전혀 보이지 않지만 **보이지 않는 하나님께서 그들의 대장**이 되시고, **보이지 않는 하나님의 능력으로 그들을 대신하여 싸워서 강한 힘을 가진 악한 자들이 패망하고 하나님이 누구이신지 알려지게 하고 결국 하나님의 영광을 드러내게** 하니 참으로 이스라엘 백성은 "**악의 세력을 대항하는 하나님의 군대**"인 것입니다.

오늘날도 우리 크리스천들은 세상 군대처럼 무기로 무장하지도 않고 폭력적인 수단으로 악의 세력과 싸우는 것이 아니지만 **보이지 않는 하나님의 능력을 힘입고 싸우는 하나님의 군대, 그리스도의 군대**입니다. 우리 크리스천들은 데모를 하거나 정치적 실권을 쥐고 싸우는 것이 아닙니다. 소란스럽게 떠들고 부수고 불태우고 죽이지 않습니다.

그러나 크리스쳔은 그 어떤 수단보다도 **강력하고 확실한 보이지 않는 하나님의 손으로** 싸웁니다. 그 하나님의 손이 **우리의 기도를 통해** 움직일 때 폭군은 사라지고 악한 세력이 무너지는 것입니다. 그래서 **과거나 미래나 진정한 승리는 그리스도의 군사들이 차지**하는 것이며 **진정한 교회가 차지**합니다.

그러므로 누가 뭐라고 해도 **인류 역사는 진정한 크리스쳔, 그들로 한몸을 이룬 교회가 주도**합니다.

과거의 모든 역사가 과연 그랬습니다. 지금도 크고 작은 모든 역사는 **하나님의 사람들의 기도와 그들의 모든 역사**가 주도하고 있습니다. 그래서 결국은 **하나님의 군대를 통해** 하나님께서 스스로 존재하는 유일한 창조주이시며 만사만물의 주관자이심이 증명되고 **입증되어 하나님께 영광과 찬송이 돌려지는 것**입니다.

여러분, 우리 성도들도 알고 보면 애굽에서 무력하게 종살이를 하고 있던 이스라엘 백성들과 다를 바가 없는 사람들입니다. 그러나 우리가 **하나님을 우리의 주인으로, 대장으로 삼고, 의지하고 순종하면** 하나님은 보잘것없는 우리를 **하나님의 군대**로 삼아주시고 능력의 손을 펴서 우리를 위해 싸워주시고 우리를 위주로 모든 역사를 섭리해주십니다.

"너 아무개야, 너는 내 백성이다. 너는 나의 군사이다. 나는 너의 대장이다" 하는 **하나님의 음성을 날마다 영의 귀로 확실히 듣고 믿는 사람**이 되시기 바랍니다.

> 14절/ 그들의 조상을 따라 집의 어른은 이러하니라 이스라엘의 장자 르우벤의 아들은 하녹과 발루와 헤스론과 갈미니 이들은 르우벤의 족장이요
> 15절/ 시므온의 아들들은 여무엘과 야민과 오핫과 야긴과 소할과 가나안 여인의 아들 사울이니 이들은 시므온의 가족이요
> 16절/ 레위의 아들들의 이름은 그들의 족보대로 이러하니 게르손과 고핫과 므라리요 레위의 나이는 백삼십칠 세였으며
> 17절/ 게르손의 아들들은 그들의 가족대로 립니와 시므이요
> 18절/ 고핫의 아들들은 아므람과 이스할과 헤브론과 웃시엘이요 고핫의 나이는 백삼십삼 세였으며
> 19절/ 므라리의 아들들은 마홀리와 무시니 이들은 그들의 족보대로 레위의 족

장이요

20절/ 아므람은 그들의 아버지의 누이 요게벳을 아내로 맞이하였고 그는 아론과 모세를 낳았으며 아므람의 나이는 백삼십칠 세였으며

21절/ 이스할의 아들들은 고라와 네벡과 시그리요

22절/ 웃시엘의 아들들은 미사엘과 엘사반과 시드리요

23절/ 아론은 암미나답의 딸 나손의 누이 엘리세바를 아내로 맞이하였고 그는 나답과 아비후와 엘르아살과 이다말을 낳았으며

24절/ 고라의 아들들은 앗실과 엘가나와 아비아삽이니 이들은 고라 사람의 족장이요

25절/ 아론의 아들 엘르아살은 부디엘의 딸 중에서 아내를 맞이하였고 그는 비느하스를 낳았으니 이들은 레위 사람의 조상을 따라 가족의 어른들이라

26절/ 이스라엘 자손을 그들의 군대대로 애굽 땅에서 인도하라 하신 여호와의 명령을 받은 자는 이 아론과 모세요

27절/ 애굽 왕 바로에게 이스라엘 자손을 애굽에서 내보내라 말한 사람도 이 모세와 아론이었더라

〈더 정확한 번역〉

14절/ 그들의 조상을 따라 집의 어른은 이러하니라 ⇒ 이스라엘의 각 지파의 조상은 이러하니라.

　　르우벤의 족장이요 ⇒ 르우벤의 가족이다.

16절/ 그들의 족보대로 ⇒ 그들의 순서대로

　　레위의 나이는 백삼십칠 세였으며 ⇒ 레위는 백삼십칠 세까지 살았다.

17절/ 립니와 시므이요 ⇒ 립니와 시므이요. 저들에게는 다 가족이 있었다.

19절/ 그들의 족보대로 레위의 족장이요 ⇒ 그들의 족보에 따르면 그들은 레위의 가족이다.

24절/ 이들은 고라 사람의 족장이요 ⇒ 이들은 고라의 가족이다.

25절/ 이들은 레위 사람의 조상을 따라 가족의 어른들이라 ⇒ 레위집안의 조상들이다.

26절/ 이스라엘 자손을 그들의 군대대로 애굽 땅에서 인도하라 하신 ⇒ 이스라엘 자손을 애굽 땅에서 각 무리대로 인도해내어라 하고

[1] 한 족보가 자세히 기록되어있습니다.

이 족보는 이스라엘 자손 중 **가장 위대한 두 사람 모세와 아론**에 의해 끝이 납니다.

이스라엘의 출애굽 운동에 사용된 두 지도자 **모세와 아론의 족보**가 나오는 것입니다. 여기에 르우벤과 시므온의 자손들에 대해서도 나오는데 그것

은 레위의 아들들, 즉 모세와 아론을 포함한 족보의 위치를 보여주기 위함입니다.

레위는 야곱의 셋째 아들인데 이 족보를 여기에 특별히 기록한 목적은 **하나님께서 이스라엘 백성을 구원하심에 있어서 언약한 사람들의 자손을 강력한 도구로 사용하신다**는 사실을 보여주시기 위함입니다.

여기서는 **모세와 아론이 이스라엘 백성들의 뼈 중의 뼈요, 살 중의 살임**을 보여주고 있습니다. 그리고 그들은 **예수 그리스도**와 마찬가지로 **이스라엘 백성의 제사장과 예언자와 율법수여자의 사명**을 가지고 하나님께 거룩하게 쓰인 사람들임을 보여줍니다. 따라서 그들의 족보는 이스라엘 백성들의 해방역사에 **특별히 기록되어야** 했던 것입니다.

그런데 여기에 **르우벤과 시므온과 레위**가 세 가문의 우두머리로서 기록된 것은 **크게 영예로운 일**입니다.

르우벤은 근친상간을 했고, 시므온과 레위는 세겜족의 모든 남자를 몰살시켰습니다. 그러나 모세가 여기에 이들의 이름을 기록함으로써 특별한 영예를 부여한 것은 후에 믿는 자들에게 모범을 보여주고자 함이었습니다. 즉 **회개와 용서에 대한 하나님의 놀라우신 자비**를 크게 찬양하기 위함이었습니다.

이 기록을 보면 하나님께서 이스라엘 백성을 해방하시기 위해 특별히 부르시고 사용하신 사람들의 조상이 **하나님 앞에서 결코 완벽한 자들은 아니었**다는 사실을 알 수 있습니다. 그러나 그들이 자기들의 과오에 대해 **회개함으로써** 하나님께서 **용서하시고** 그들의 자손인 **모세와 아론을 이렇게 거룩하고 영광스러운 일에 불러서 써주신 것**입니다.

그러므로 우리 모든 성도들은 **날마다 순간마다 하나님 앞에서 범죄하지 않기 위해 조심해야** 하는데 그럼에도 불구하고 범죄했다면 하나님께서 **진노를 나타내시기 전에** 회개하여 용서를 받아야 합니다. 이 **하나님의 긍휼과 자비**를 반드시 입어야 합니다. 그리고 누구보다도 **하나님께 순종하고 충성해야** 합니다. 그렇게 할 때 큰 과오를 저지른 전적이 있는 사람이라도 그와 그 자손들을 하나님께서 크고 영광스러운 일에 써주십니다.

그러므로 우리가 **하나님 앞에 진정으로 회개하여 용서받는 것**은 참으로 중요한 일입니다. 기도생활이 부실하고 회개할 줄 모르는 사람은 어린아이 신자이며 이런 은총을 누릴 수 없습니다.

여기에 처음 기록되어 있는 처음 두 사람, 르우벤과 시므온은 **모세와 아론의 선조인 레위를 언급하기 위해 쓰여진 것입니다.** 이 레위족은 유대교회의 모든 제사장이 되는 지파로서 일찍부터 구별되었던 것입니다.

(1) 모세와 아론, 그리고 모든 제사장들의 혈통이 유래된 고핫은 레위의 아들들 중에서도 나이 어린 동생이었습니다(6절).

하나님의 은총은 나이의 많음이나 출생의 순서에 따라 주어지는 것이 아닙니다. 오히려 하나님의 주권은 종종 연소자에게 임하여 그 손을 잡으시고 사용하시기를 즐겨하십니다.

그러므로 우리는 먼저 믿고 나중 믿는 것, 나이가 많고 적음, 세상지식을 가지고 못 가진 것을 중요하게 여길 것이 아니라 **하나님께서 합당하게 여겨주시고 긍휼과 자비를 베풀어주시며 권능의 손으로 붙잡아 사용하시는 사람이 되기를 중요하게 여겨야** 합니다.

(2) 모세의 부친과 조부와 증조부들의 수한이 기록되어 있습니다.

아므람, 고핫, 레위의 나이가 나옵니다. 레위는 130세, 고핫은 133세, 아므람은 137세까지 매우 오랫동안을 살았습니다.

그에 비해 모세는 그 조상들의 수명에 크게 미치지 못했고 그는 인생의 일반적인 나이를 70이나 80으로 설명했습니다(시90:10).

하나님의 백성 이스라엘이 이제는 큰 민족이 되었으며 하나님의 계시도 모세에 의해 기록되어서 **더 이상 전승에 의하지 않아도 되었기 때문입니다.** 따라서 족장들이 장수해야 했던 이유, 즉 **하나님과 하나님의 말씀을 구언으로 전승해야 할 이유가** 사라졌으므로 이후로는 사람들이 단명하게 되었던 것입니다.

그러므로 우리 모든 성도들은 성경에 나오는 믿음의 조상들처럼 대부분 백세가 넘게 장수하지 못하지만 **그들보다 하나님과 하나님의 진리를 더 자세히 알고 있으므로 시간을 아껴서 우리 주변의 모든 사람들에게 열심히 전해주어야** 합니다. 이것이 70년이든, 80년이든, 90년이든 **우리를 이 땅에 존재하게 하신 가장 중요한 이유**인 것입니다.

(3) 모세는 그의 아버지 아므람이 그 아비의 누이인 요게벳과 결혼했다는 사실을 기록했습니다(20절).

이러한 결혼은 하나님의 법이 성문화 된 이후에 근친상간으로 금지되었습니다(레18:12).

비록 율법이전이었지만 이러한 결혼은 가문의 수치로 여겨질 수 있는 일이었습니다. 그러나 모세는 이것을 숨기지 않았습니다. 그는 그 일이 자기의 명예를 실추시킬 수 있다 할지라도 진실을 성실하게 기록한 것입니다.

우리 모든 성도들도 나 자신과 가문의 오점들에 대해 그것을 다르게 말하거나 아름답게 포장하거나 숨기려하지 말아야 합니다. 내가 비록 오점들이 있는 사람이지만 **하나님께 큰 은혜를 입어 하나님의 사람과 일꾼이 되었다는 것을 증거**하며 참으로 좋으신 하나님이심을 증거하는 일에 성실해야 합니다. 이것을 잘하지 못하는 사람들은 하나님 앞에서 **아직도 깨지지 못하고 변화되지 못하고 정직하지 못한** 사람입니다. 하나님은 그런 사람을 더 거룩하고 귀한 일에 사용하지 않으십니다.

(4) 모세 자신은 조상들 중에 부끄러운 조상이 있긴 했지만 그가 기록하고 있는 사람들에 대해 특별한 영예를 포함하여 족보를 끝맺었습니다(26,27절).

모세와 아론의 조상들은 완벽한 사람들이 아니었습니다. 그럼에도 불구하고 하나님은 이 두 사람을 이스라엘을 대신하여 바로에게 하나님의 명령을 전달할 자들로 삼으셨습니다. 따라서 이제 **이들의 조상들도 특별한 영예를 차지하게** 된 것입니다. 하나님은 이 사실을 모세를 통해 성경에 기록하게 하셨던 것입니다.

내가 하나님께 특별한 은혜를 받고 부르심을 입어 거룩한 일을 하는 하나님의 일꾼이 되었다면 그러한 **나로 인해 나의 조상들도** 하나님 앞에서 특별한 영예를 차지하게 하는 것입니다.

우리는 조상대대로 우상을 섬기고 아직 부모들조차 신앙을 가지지 못했을지라도 **나 자신이 하나님 앞에 사랑과 인정을 받아 점점 더 특별한 일에 쓰임을 받게 함으로써** 내 가문에 영예를 선사하는 사람이 되어야 합니다.

예수를 믿는 사람이 전혀 없던 가문에서 홀로 예수를 믿게 되고 더구나 하나님의 특별한 부르심을 받고 쓰임받게 된 사람이 그 **일을 소홀히 하여 하나님께 책망을 받는다면** 그 사람은 누구보다도 그 가문을 욕되게 하는 사람이 되는 것입니다.

하나님과 교제하고 하나님의 교회를 위해 봉사하는 일은 세상의 그 어떤 일보다 자신과 그 자식들에게까지 **진정한 영예를 주는 일**이라는 사실을 명심하시기 바랍니다.

우주만물을 만드시고 모든 것을 주관하시는 창조주 하나님께서 만나 교제해주시고 거룩한 일에 써주시는 사람은 참으로 위대한 사람이 아닐 수 없습니다.

모세와 아론이 바로 그러한 사람이었던 것입니다.

예수 그리스도를 확실하게 믿은 사람들은 왕직과 제사장직과 선지자직을 하나님께로부터 받았으므로 모든 진정한 성도들은 참으로 이 세상에 있는 어떤 사람들보다도 영광을 차지하고 있는 것입니다. 우리는 이 사실을 확실히 깨달으며 참으로 항상 기뻐하며 범사에 감사하며 죽도록 충성해야 합니다.

제 36 강

내가 너를 바로 왕 앞에서 하나님과 같게 하겠다

〈출6:29~7:7〉
29여호와께서 모세에게 말씀하여 이르시되 나는 여호와라 내가 네게 이르는 바를 너는 애굽 왕 바로에게 다 말하라 30모세가 여호와 앞에서 아뢰되 나는 입이 둔한 자이오니 바로가 어찌 나의 말을 들으리이까 1여호와께서 모세에게 이르시되 볼지어다 내가 너를 바로에게 신 같이 되게 하였은즉 네 형 아론은 네 대언자가 되리니 2내가 네게 명령한 바를 너는 네 형 아론에게 말하고 그는 바로에게 말하여 그에게 이스라엘 자손을 그 땅에서 내보내게 할지니라 3내가 바로의 마음을 완악하게 하고 내 표징과 내 이적을 애굽 땅에서 많이 행할 것이나 4바로가 너희의 말을 듣지 아니할 터인즉 내가 내 손을 애굽에 뻗쳐 여러 큰 심판을 내리고 내 군대, 내 백성 이스라엘 자손을 그 땅에서 인도하여 낼지라 5내가 내 손을 애굽 위에 펴서 이스라엘 자손을 그 땅에서 인도하여 낼 때에야 애굽 사람이 나를 여호와인 줄 알리라 하시매 6모세와 아론이 여호와께서 자기들에게 명령하신 대로 행하였더라 7그들이 바로에게 말할 때에 모세는 팔십 세였고 아론은 팔십삼 세였더라

> 29절/ 여호와께서 모세에게 말씀하여 이르시되 나는 여호와라 내가 네게 이르는 바를 너는 애굽 왕 바로에게 **다 말하라**

모세는 성령의 감동을 받아 자기와 아론이 속한 가문의 족보를 기록한 다음 이 말씀으로 끝맺음하고 있습니다.

(1) **하나님께서 자기에게 바로에게 하나님의 명령을 전하는 책임을 맡겨주심을 다시 한 번 기록하고 있습니다.**

하나님은 모세에게 **"나는 여호와라. 내가 네게 이르는 바를 너는 애굽 왕 바로에게 다 말하라"** 하심으로써 모세는 아브라함, 이삭, 야곱의 자손들 중에서 **가장 거룩하고 중요한 일을 맡은 하나님의 대사**가 되었음을 여기서 밝혀주고 계십니다.
하나님의 명령을 전달하는 사람은 이러한 면에서 누구보다도 가장 큰 영예와 영광을 받은 사람임을 잊어서는 안 됩니다.

그러나 모세는 또다시 말대답을 합니다.

▎ 30절/ 모세가 여호와 앞에서 아뢰되 나는 입이 둔한 자이오니 바로가 어찌 나의 말을 들으리이까

〈더 정확한 번역〉

▎ 나는 입이 둔한 자이오니⇒ 나는 말을 잘 할 줄 모릅니다.

모세는 자신이 아브라함, 이삭, 야곱의 자손 중에서 가장 큰 영예를 차지하고 있는 사람임을 **분명히 깨달았음에도** 불구하고 아직도 하나님께 말대꾸를 하고 있습니다. 하나님으로부터 가장 큰 은혜를 받은 사람이라도 **완전하지 못하다**는 것을 여기에서 분명히 보여줍니다. **그럼에도 불구하고 하나님**은 그런 모세를 계속 상대해주시며 거룩한 임무를 수행하게 해주십니다.

6장에서는 이렇게 하나님은 **당신의 선택하신 사람들에 대해 얼마나 자비와 긍휼을 베푸시는지** 분명하게 보여주고 계십니다.

모든 하나님의 일꾼들은 **자신은 모세보다 불완전하고 보잘것없는 사람임**을 알아야 하며, 또한 **내가 얼마나 어리석게 말대꾸하며 불충했는지를 깨닫**고 **날마다의 말씀과 기도생활로 더욱더 깨지고 치료되고 변화되고 무장되고 성숙되기를 힘써야** 합니다. 하나님의 일을 한다고 하면서 **이 일을 게을리하고 잘못하는 사람들은 하나님 앞에서 경거망동하다가 그 영예와 영광을 다 잃어버립니다.** 우리는 이러한 일을 얼마든지 보아왔습니다.

7장

▎ 1절/ 여호와께서 모세에게 이르시되 볼지어다 내가 너를 바로에게 신 같이 되게 하였은즉 네 형 아론은 네 대언자가 되리니
▎ 2절/ 내가 네게 명령한 바를 너는 네 형 아론에게 말하고 그는 바로에게 말하여 그에게 이스라엘 자손을 그 땅에서 내보내게 할지니라

〈더 정확한 번역〉

▎ 1절/ 내가 너를 바로에게 신 같이 되게 하였은즉⇒ 너를 바로 앞에서 마치 하나님과 같게 할 것이다. 그리고
▎ 2절/ 내가 네게 명령한 바를 너는 네 형 아론에게 말하고 그는 바로에게 모든 것을 말해주어라. 네 형 아론은 바로에게 이스라엘 백성을 그 땅에서 내보내라고 말할 것이다.

[1] 하나님은 모세에게 **또다시 용기를 불어넣어주셔서** 더 이상 망설임없이 하나님의 명령을 수행하게 하십니다.

(1) 하나님은 모세에게 **권능과 권위를 부여**해주십니다.

"내가 너를 바로 앞에서 마치 하나님과 같게 할 것이다" 하셨습니다.

여전히 변명하는 모세에게 하나님은 이전보다 훨씬 더 놀라운 말씀으로 모세에게 권능과 권위를 주셨음을 주지시키십니다.

모세는 하나님의 이름으로, 하나님을 대신하고, 하나님의 지시를 따라 말하고 행동하는 권위를 받았습니다. 그는 이제 신적권능을 부여받아서 초자연적인 하나님의 특별한 능력을 행사하게 되는 것입니다. 그리고 하나님께로부터 권위를 받아서 세계최강의 군주에게 복종을 강요하게 되며 그가 불응하면 벌을 받게 했습니다. 따라서 모세는 그 바로 왕과 모든 이방인들 앞에서 하나님과 같아보이는 자가 된 것입니다.

그러나 '하나님과 같게 되는 것'은 모세가 하나님의 명령을 받아서 수행할 때에만 가능합니다. 모세는 결코 신이 아니었습니다. 다만 하나님의 명령을 받고 수행함으로 바로 앞에서 신과 같은 자가 된 것입니다.

전지전능하시고 살아계신 하나님은 온 세상 앞에 유일한 신이십니다.

하나님께서 모세에게 '하나님과 같게 되는 것'을 허용하신 것은 하나님의 자기비하의 한 실증입니다. 하나님은 이스라엘의 출애굽 당시에도 하나님 자신이 인간의 몸으로 나타나셔서 이스라엘 백성(선택된 사람)들을 바로(사탄)와 애굽(사탄이 지배하는 세계)에서 해방시키시는 것을 예표해 보여주신 것입니다.

이렇게 하나님의 선택된 백성이라도 하나님 자신이 사람과 같이 되셔서 친히 임재하시고 역사해주셔야만 합니다. 세상의 종교들이 말하는 신들은 결코 이런 일을 할 수 없으므로 그 신들과 종교를 숭배하는 사람들은 결코 사탄과 그 세계에서 해방될 수 없는 것입니다.

여기에서 벌써 하나님은 사람의 구원이 어떻게 이루어지는지를 분명하게 보여주셨던 것입니다.

(2) 하나님은 또다시 모세에게 아론을 조력자로 지명해주십니다.

"내가 네게 명령한 바를 너는 네 형 아론에게 말하고 그는 바로에게 모든 것을 말해주어라" 하셨습니다.

하나님은 말을 잘하지 못한다고 계속 변명하는 모세에게 그의 대언자로 그 형 아론을 붙여주셨습니다.

"아론은 너를 대신하여 바로에게 말할 것이다. 즉 선지자들이 하나님을 대신해서 사람들에게 말하는 것과 같다. 너는 신과 같은 사람으로서 재앙을 내리고 또 그치게도 할 것이며 아론은 예언자로 재앙을 선포할 것인즉 그것으로서 바로가 굴복하게 될 것이다"하신 것입니다.

하나님께 부르심을 받고 거룩한 명령을 전하라고 사명을 부여받은 사람이 자기의 어떤 결함 때문에 하기 어렵다고 하면 하나님은 그 결점을 해결할 수 있는 방책을 마련해주시고 도와주십니다. 이것이야말로 하나님은 뜻하신 바를 반드시 이루시고야 마는 절대주권자이심을 입증해주는 것입니다.

그러므로 부르심을 받은 우리 모든 하나님의 일꾼들은 지금 나 자신에게 어떤 문제가 있다 하더라도, 내 주변 상황이 아무리 안 좋은 상태라 할지라도 절대주권을 가지신 이 하나님을 똑바로 인식하고 그저 순종하고 충성해야 합니다.

자신의 부족한 부분을 문제 삼아 명령수행을 주저하는 사람에게 하나님께서 해결방책을 세워주신다는 사실이야말로 우리에게 큰 위안이 됩니다. 내가 일단 하나님께 부르심과 명령을 받았다면 나에게 어떤 문제가 있다 할지라도 하나님은 얼마든지 그 문제를 해결하시고 나를 통해 이루고자 하시는 뜻이 반드시 이루어지게 하신다는 것을 알 때 우리에게는 큰 위안이 되고 안심이 될 일인 것입니다.

그러므로 하나님께 부르심을 받고 거룩한 사명을 받은 사람들은 하나님의 명령대로 그 무엇을 했다 할지라도 결코 자기 자신이 모든 것을 했다고 말할 수 없습니다. 전지전능하시고 완전하신 하나님께서 보잘것없는 사람을 부르시고 하나님의 뜻을 이루게 하시는 것이야말로 우리를 향하신 하나님의 측량할 수 없는 자비입니다. 그런데 어찌 무엇을 좀 해놓고 자기를 나타내고 자랑하고 높임을 받으려고 할 수 있겠습니까? 이런 사람이야말로 깨지고 꼬꾸라지고 치료되고 변화되어야 할 사람입니다.

> 3절/ 내가 바로의 마음을 완악하게 하고 내 표징과 내 이적을 애굽 땅에서 많이 행할 것이나
> 4절/ 바로가 너희의 말을 듣지 아니할 터인즉 내가 내 손을 애굽에 뻗쳐 여러 큰 심판을 내리고 내 군대, 내 백성 이스라엘 자손을 그 땅에서 인도하여 낼지라
> 5절/ 내가 내 손을 애굽 위에 펴서 이스라엘 자손을 그 땅에서 인도하여 낼 때에야 애굽 사람이 나를 여호와인 줄 알리라 하시매

〈더 정확한 번역〉

> 3절/ 그러나 나는 바로의 고집을 그대로 두고 애굽 땅에 많은 기적을 일으킬 것이다.

4절/ 바로가 너희의 말을 듣지 아니할 터인즉 그 땅에 내가 더 큰 능력으로 무서운 벌을 내리고 그런 다음에 내 백성 이스라엘을 각 무리대로 애굽 땅에서 인도해낼 것이다.
5절/ 내가 내 손을 펴서 이스라엘 자손을⇒ 내가 나의 큰 능력으로 애굽에 벌을 내리고 이스라엘 백성을

[2] 하나님은 앞으로 되어질 일들을 모세에게 더 자세히 알게 해주십니다.

(1) 하나님은 "바로의 고집을 그대로 두고 애굽 땅에 많은 기적을 일으킬 것이다" 하셨습니다.

즉 바로의 마음을 완악하고 강퍅한 채로 내버려두심으로써 그에 대해 큰 능력을 행사하시겠다는 것입니다.
여기서 우리가 분명히 알아야 할 것이 있습니다.
하나님께서 이런 방법으로 바로를 징벌하신 것은 결코 부당한 일이 아니라는 사실입니다. 이 일은 하나님의 거룩하심과 성결에 결코 위반되는 것이 아닙니다. 하나님께서 바로의 마음이 강퍅한 채로 고집을 부리도록 그대로 내버려두셨다는 것은 바로가 그 악한 자유의지로, 또는 사탄의 충동에 의해 그 마음이 강퍅해지게 됨을 하나님께서 그대로 버려두셨다는 것입니다. 바로가 본래 선한 마음을 가지고 있었는데 하나님께서 그의 마음을 강퍅하게 하시거나 악화시키신 것이 아닙니다.

이 세상에 존재하는 신자이든, 불신자이든 부패타락함이 있어서 사탄의 유혹과 시험에 빠져 범죄하지 않을 수가 없는데 그래도 그들이 한결같이 가장 추악하게 마음을 먹지 않고 가장 흉악한 악인들이 되지 않을 수 있다면 그것은 하나님께서 그래도 그들이 어느 정도나마 하나님을 의식하고 두려워하게 하여 더 악한 마음을 가지지 않도록 저지시켜주고 계시기 때문입니다. 만약 하나님께서 사람들이 얼마든지 사탄의 사주를 받아 범죄할 수밖에 없는 것을 아무런 도움을 주지 않으시고 내버려두신다면 그들은 그 악한 본성에 따라, 그리고 그들의 주인인 사탄의 사주를 받아 더욱 더 악한 마음을 가지고 끊임없이 더 큰 죄를 저지를 수밖에 없습니다. 불신자라 할지라도 어느 정도 양심의 가책을 받고 악한 마음을 먹고 악한 행동을 하는 것에 대해 두려운 마음을 가지도록 하나님께서 도와주시기 때문에 그들이 더 악한 마음을 먹지 않고 더 악한 죄를 저지르지 않을 수 있는 것입니다. 이것 또한 모든 인간들에 대한 하나님의 일반은총이고 하나님의 긍휼과 자비입니다.

따라서 예수 그리스도를 영접하여 하나님의 자녀가 된 사람들도 **예수 믿기 전의 본성에 따라 행동하고 사탄의 사주를 받아 시키는 대로 하지 않고 그것을 구별할 줄 알고 싸워 이길 줄 아는 각성하는 마음과 결단하는 마음을 하나님께서 주시고, 또 하나님께서 친히 도와주심으로** 성도답게 살아갈 수 있는 것입니다. 참으로 **이 땅에 존재하는 모든 사람은 단 한순간도 이 하나님의 도와주심의 은총없이는 지금과 같이 존재할 수도 없습니다.**

누구든지 하나님께서 도와주시는 은혜에서 **멀어지거나 떠나면** 필연적으로 **악한 고집을 가지고 강퍅해집니다.** 이렇게 하여 강퍅해지고 완악해진 사람을 그대로 내버려두심도 **누구도 간섭할 수 없는 하나님의 주권행위**이고 그 사람들의 죄에 대해 벌하시는 권능을 행하심도 그 누구도 간섭할 수 없는 **하나님의 주권행위입니다.**

그러므로 이와 같은 하나님의 처사는 결코 그의 거룩함과 성결함의 위엄을 위배한 것이 아니라 **오히려 더 확실하게 나타내는 것**입니다. 할렐루야!

(2) 결국은 하나님의 명령대로 성취될 것이고 이스라엘은 애굽에서 **해방될 것**이며 그렇게 됨으로써 **하나님께서 영광받으실 것**이라는 말씀입니다.

그동안 여호와가 누구인지 알지 못하던 **애굽인들도** 그 하나님을 알아야 했습니다.

하나님의 명령을 수행하는 하나님의 사자들은 그것을 순순히 받아들이지 않는 자들과 충돌과 반대에 부딪히더라도 **결국에는 하나님의 뜻대로 관철되어 만족을 얻게 되고 반드시 그렇게 된다**는 것을 명심해야 합니다. 그렇게 하여 하나님은 그 명령대로 순종하고 충성하는 하나님의 사자들의 일이 **성취되게 하심**으로써 영광을 받으시고 선택받은 사람들은 모두 구원을 받게 하시는 것입니다.

그러므로 **하나님을 전적으로 신뢰하며 그 명령대로 순종하고 충성하는 사**람들은 아무리 어려운 일을 만난다 할지라도 **결코 헛되이 수고했다고 말할 수 없는 것**입니다. 이 얼마나 감사한 일입니까?

(3) 하나님은 자신이 여호와임을 사람들에게 알리심으로써 자신을 영화롭게 하십니다.

하나님의 선택된 백성들, 즉 이스라엘 사람들은 그들에게 주어진 **약속이 성취됨으로써** 그것을 알게 됩니다. 또한 애굽인들은 **하나님이 권능으로 그**

들에게 **진노를 내리심으로써** 그것을 알게 됩니다.

그러므로 **하나님의 이름은** 구원을 받는 자들에게나 멸망을 당하는 자들에게 **다같이 존귀하게 여김을 받게** 되는 것입니다.

(4) 이 거룩한 일을 위해 하나님은 **교만한 자를 낮추시고 겸손한 자를 높이십니다.**

하나님은 **바로처럼** 자기가 누구보다도 잘나고 위대하다고 생각하는 자들이나 다른 신에 의해서 자기가 특별한 기회를 가지게 되었다고 여기는 자들을 **때가 되면 반드시 낮추십니다.** 그러나 나는 모태에서부터 죄인이었고 하나님께서 모든 것의 창조주이시며 주인이시고 그 하나님의 긍휼과 자비로 내 죄를 속량하시고 마귀의 자식이었던 나를 하나님의 자녀로 삼아주신 그 은혜에 감복하며 점점 더 하나님께 자신을 낮추는 사람들은 **하나님이 영광을 받으시면서 그에게도 영예를 주십니다.**

그런데 예수 믿고 구원받았다는 사람이 전적인 하나님의 은혜로 내가 나 된 것을 알지 못하고 어떻게 자기를 나타내고 자랑하고 높이려고 하고 대접을 받으려 할 수 있겠습니까? 더욱이 하나님의 종으로 기름 부음 받은 사람들이 어찌 그런 일을 할 수 있겠습니까? 그런 사람들이야말로 **교만하기 그지없는 사람**이요, 바로처럼 **낮추어지고 낮아지고 낮아져야 할 사람**인 것입니다. 내가 이런 사람이 아닌지 정신차리고 돌아보아야 합니다.

(5) **바로가 계속하여 고집을 꺾지 않고 완악한 마음을 가지고 하나님의 명령을 거부함으로써 그에게는 점점 더 큰 능력의 벌이 내려지게** 되었습니다.

4절에 "바로가 너희의 말을 듣지 아니할 터인즉 **그 땅에 내가 더 큰 능력으로 무서운 벌을 내리고** 그런 다음에 내 백성 이스라엘을 각 무리대로 애굽에서 인도해낼 것이다" 하셨습니다.

바로가 계속해서 고집을 부리고 강퍅한 마음을 가짐으로 거듭되는 하나님의 명령에 불복할수록 하나님은 더 큰 능력으로 더 무서운 벌을 내리시겠다고 하셨습니다.

1) **하나님께서 이렇게 하신 것은 바로와 애굽 사람들이 적당한 벌을 받고 끝날 수 없을 정도로 죄악이 극에 달했으므로 그들에게 응분의 처벌을 내리고자** 하신 것입니다.

바로 왕을 비롯한 애굽의 모든 장자와 짐승의 첫 새끼가 몰살을 당하고 애굽은 그야말로 허약하기 그지없는 나라로 전락하고 맙니다. 하나님께서 이렇게 그들을 다스릴 수밖에 없도록 **그들의 죄악이 아귀까지 찼던 것**입니다.

하나님은 또한 이런 방법으로 애굽을 벌하시는 것을 온 세상 사람들에게 보여주심으로써 **하나님이 유일하신 신이요, 전지전능하신 심판자이심을 확실하게 드러내셨습니다.**

2) 하나님의 말씀 앞에서 강퍅한 마음을 가지고 고집을 부릴수록 그 사람은 하나님의 더 큰 능력에 의한 더 무서운 벌을 끌어당기고 있음을 알아야 합니다.

모든 죄인들은 자기가 심은 대로 거두게 되고 행한 대로 하나님께서 갚아주신다는 사실을 알아야 합니다. 아무리 악한 마음을 가지고 악한 짓을 해도 당장은 별 일이 없다고 결코 안심해서는 안 됩니다. 각 개개인이 하나님 앞에 고집을 부리고 그 죄악을 회개하지 않을수록 **때가 되면** 하나님은 반드시 **점점 더 큰 능력에 의한 무서운 벌**로 그들을 다스리십니다. 이런 **하나님의 엄격하신 다스리심**이 있었기에 절대다수가 불신자요, 우상숭배자인 이 세상이 이만큼이나마 사람이 살 만한 곳으로 유지되는 것입니다.

지금도 완악함으로 하나님 앞에서 고집하며 불순종하고 하나님을 대적하는 자들에게 하나님은 **점점 더 큰 능력으로** 무서운 벌을 내리고 계십니다. 그러므로 이 사실을 아는 우리 성도들은 **우리 자신의 안일만을 구할 것이 아니라 점점 더 큰 능력의 징벌을 받고 있는 사람들에게 달려가서** 그들이 하나님을 알고 예수님을 영접하도록, 그래서 그들이 **고집을 꺾고 하나님께 굴복하도록 전력을 다해서 깨우쳐주어야** 합니다.

그런데 우리가 이런 일을 할 때 그들은 우리를 고맙게 여기는 것이 아니라 오히려 강퍅하고 악한 고집에 의해 그 일을 달가워하거나 환영하지 않으며 오히려 싫어하고 대적할 것입니다. 우리가 **그것을 두려워하여 그들에게 가지 않는다면** 우리는 사랑이 너무 부족하고 자기밖에 모르는 사람이 되는 것입니다. 참으로 **어린아이와 같은 사람**입니다. 어린아이에게 더 크고 좋은 것을 기대할 수 없고, 크고 위대한 일을 맡길 수 없는 것처럼 이런 **어린아이 성도들은 더 크고 좋은 은총을 누릴 기대를 하지 말아야** 하며 더 크고 위대한 일을 할 수 있기를 기대하지 말아야 합니다. 이런 것은 생각할 줄 모르고 내게 더 좋은 것을 더 많이 달라고 기도하고 나도 더 거룩하고 위대한 일을 하게 해달라고 기도만 하는 어리석은 사람이 되지 말아야 합니다.

(6) **하나님은 바로와 애굽에게 큰 능력으로 벌을 내리고 나신 다음에야** 바로가 이스라엘 백성들을 내보내주게 될 것이며 그로 인해 **애굽 사람들도 하나님을 여호와이신 줄 알게** 하셨습니다.

"내가 나의 큰 능력으로 애굽에 벌을 내리고 이스라엘 백성을 그 땅에서 인도하여 낼 때에야 애굽 사람이 나를 여호와인 줄 알리라" 하셨습니다.

불신자, 우상숭배자들은 **하나님의 큰 능력에 의한 무서운 벌을 당해보고 나서야** 유일하신 신, 하나님을 알게 되고 그들이 하나님 앞에서 내려놓지 않으려고 아등바등하던 것을 내려놓을 수밖에 없게 됩니다. 하나님은 그들에게 일반은총으로 이것저것을 끊임없이 내려주시지만 그들이 때가 되도록 하나님을 알기 싫어하고 범죄를 중단하지 않고 회개하지 않으면 **그들이 가지고 있던 것들을 다 내어놓게 하시고 토해내게** 하십니다.

그러나 예수 그리스도를 믿고 하나님의 자녀들이 된 사람들에게 베푸신 은총은 **결코 다시 빼앗지 않으십니다.**

하나님은 태초부터 이 세상이 완전히 멸망할 때까지 그 크신 능력으로 모든 죄인들에게 벌을 내리심으로써 **하나님이 누구이신지를 확실하게 알게** 하십니다.

큰 벌을 받고서야 하나님을 아는 자들이야말로 불쌍한 사람들입니다. 그리고 그들이 마지막에 이르러 하나님이 누구신지 좀 알았다하더라도 그들에게는 이미 기회가 없어지고 마는 것입니다.

그러므로 우리 하나님의 사람들은 기쁠 때나 괴로울 때나 **하나님의 말씀을 묵상하고 깊이 깨달음으로** 하나님이 누구신지 점점 깨달아 알아야 합니다. 하나님께서 이미 정해주신 **그 선한 방법**을 거부하고 계속해서 불순종하고 불충하는 사람에게는 또한 하나님께서 어쩔 수 없이 능력으로 벌을 내리셔야 합니다. 그래서 이런 사람은 시시때때로 내리시는 벌을 받고서야 겨우겨우 하나님을 조금씩 알아가게 되는데 이렇게 살기보다는 **하루도 거름이 없이 밤낮으로** 하나님의 말씀을 읽고 배우고 묵상하며 깊이 깨달아 알며, 또 기도함으로써 하나님이 누구신지 점점 더 알고 믿음을 성장시키는 사람들이야말로 **지혜롭고 가장 복 받고 있는 사람들**입니다.

여기서 또 우리가 알아야 할 것은 도무지 하나님 알기를 싫어하고 너무나 하나님을 모르고 자기가 무슨 죄를 지었는지 모르고 회개할 줄 모르는 사람들과 멍에를 같이 하지 말아야 한다는 것입니다.
 그 사람들이 겉으로 보기에 아무리 인격이 훌륭해보이고 나에게 잘해준다고 해도 그들은 **점점 더 하나님의 더 큰 능력에 의한 무서운 벌을 받을 수밖에 없는 사람들**입니다. 비록 인간의 눈으로 볼 때 매력적인 것이 보이지 않더라도 하나님을 알고 섬기며 말씀과 기도로 믿음을 점점 키우며 죄를 멀리하고 지은 죄를 회개할 줄 아는 사람을 가까이 하고 친구삼고 그들과 멍에를 같이해야 합니다. 결혼도 이렇게 해야 합니다.
 많은 성도들이 이것을 잘 못함으로써, 아무하고나 사귀고 아무하고나 멍에를 같이함으로써 **큰 낭패**를 당하고 있습니다.

 [3] 모세와 아론은 이제는 더 이상 말대꾸하지 않고 하나님의 명령을 수행해나갑니다.

> 6절/ 모세와 아론이 여호와께서 자기들에게 명령하신 대로 행하였더라
> 7절/ 그들이 바로에게 말할 때에 모세는 팔십 세였고 아론은 팔십삼 세였더라

 여기에서부터 모세와 아론은 **하나님이 누구신지를 확실하게 깨달아 알게** 됩니다. 따라서 과거에 했던 말대꾸와 변명을 **더 이상 하지 않고 이제부터는 철저하게 순종하고 충성하는 사람**이 됩니다. 따라서 그들은 **이제야 '여호와께서 자기들에게 명하신 대로 행하는 사람'이 된** 것입니다.
 만약에 5절까지 놀라운 사실을 말씀해주신 하나님 앞에서 계속 믿음 없이 아직도 하나님을 잘 모른 채로 말대꾸하거나 불순종했다면 모세와 아론도 더 큰 능력에 의해 더 무서운 벌을 받지 않을 수 없었을 것입니다. 우리는 이런 것을 명심해야 합니다.
 하나님께서 명하신 대로 모든 것을 순종하고 충성할 수 있으려면 이렇게 하나님이 누구이신지를 50%, 60%가 아니라 **90% 이상**, 즉 그야말로 깨지고 치료되고 변화되고 무장되고 성숙한 사람이 되어야 합니다. 이렇게 되지 못하면서 순종하겠다고 하고 충성하겠다고 할 때 6절 이전의 모세처럼 걸핏하면 말대꾸하고 변명을 늘어놓게 됩니다. **계속 그 버릇을 고치지 못하면** 그 사람 역시 더 큰 능력에 의한 무서운 벌을 면치 못하게 됩니다. 내가 지금까지 이런 사람은 아니었는지 돌아보시기 바랍니다.

 그러므로 **우리가 하나님 앞에서 큰 사명을 받고 거룩하고 영광스러운 일을 수행하기에 앞서서**, 또한 **수행하면서** 한순간도 잊지 말고 말씀과 기도로

써 나 자신이 하나님 앞에서 꼬꾸라지고 치료되고 변화되고 무장되고 성숙되는 일을 **중단없이 해야** 합니다. 더욱이 **언제나 말씀과 믿음과 성령이 충만한 사람이 되어야** 합니다.

모세와 아론이 이제 하나님께서 명하신 대로 행할 수 있는 사람이 되어 바로에게 나아갈 때 모세는 80세였고 아론은 83세였습니다.

즉 모세가 인생 초반인 40세까지는 애굽에서 왕자로 지냈고, 두 번째 인생 기간은 광야에서 목동생활을 했는데 하나님께 부르심을 받아 비로소 이스라엘 백성을 해방시키는 일을 수행할 수 있는 사람이 되었을 때가 40년이 지난 80세였던 것입니다. 모세는 그 후 **40년 동안** 그 거룩한 사명을 수행하게 되는데 **인생의 2/3를 거치고 나서야** '하나님께서 명령하신 대로 행하는 사람'이 된 것입니다. 모세처럼 탁월한 사람도 인생 2/3에 걸쳐 깨지고 치료되고 변화되고 무장되고 성숙되는 시간을 가졌는데 오늘날 나와 같은 사람들은 얼마나 철저하게 깨지고 치료되고 성숙해져야 하겠는가를 깨달아야 합니다.

모세처럼 인생의 1/3이나마 하나님 앞에서 거룩하게 쓰임을 받는 사람이 되어야 하는데 1/10, 1/20도 하나님 앞에 충성된 일꾼이 되지 못하다가 **부끄러운 구원을 얻는 경우**가 많이 있습니다.

여러분, 지금 나의 나이가 몇 살인지 생각해봅시다.

그리고 **지금 나의 모습**이 하나님께서 명령하신 대로 행할 수 있는 사람이 되었는가 생각해봐야 합니다. 만약 그렇지 못하고 있다면 나는 하나님 앞에 더 깨지고 치료되고 변화되는 과정을 거쳐야 하는 것입니다. **그 과정이 너무 오래 걸리지 않도록** 정신차리고 살아야 합니다.

제 37 강

기적을 보여주신 하나님

〈출7:8~13〉
8여호와께서 모세와 아론에게 말씀하여 이르시되 9바로가 너희에게 이르기를 너희는 이적을 보이라 하거든 너는 아론에게 말하기를 너의 지팡이를 들어서 바로 앞에 던지라 하라 그것이 뱀이 되리라 10모세와 아론이 바로에게 가서 여호와께서 명령하신 대로 행하여 아론이 바로와 그의 신하 앞에 지팡이를 던지니 뱀이 된지라 11바로도 현인들과 마술사들을 부르매 그 애굽 요술사들도 그들의 요술로 그와 같이 행하되 12각 사람이 지팡이를 던지매 뱀이 되었으나 아론의 지팡이가 그들의 지팡이를 삼키니라 13그러나 바로의 마음이 완악하여 그들의 말을 듣지 아니하니 여호와의 말씀과 같더라

〈더 정확한 번역〉
9절/ 바로가 너희에게 이르기를 너희는 이적을 보이라 하거든 너는 ⇒ 바로가 너희에게 기적을 요구할 것이니 그러면 모세는
11절/ 그들의 요술로 그와 같이 행하되⇒ 그들의 요술로 똑같은 일을 했다.
13절/ 바로의 마음이 완악하여⇒ 바로는 고집을 부리며

하나님께서는 이 말씀을 하시기 이전에는 모세로 하여금 **하나님의 명령을 전하라**고만 하셨는데 이제는 **기적을 행하라**고 명령하십니다.

(1) **하나님은 바로가 기적을 보이라고 요구할 것이라고 미리 말씀해주셨습니다.**

모세가 바로에게 들어가자마자 바로는 과연 하나님께서 말씀하신 대로 기적을 요구하여 모세는 첫 번째 기적을 행하게 됩니다.

바로가 기적을 요구한 것은 하나님의 명령에 순종하기 위해서가 아니라 그야말로 아무것도 못하기를 바라면서 말한 것입니다. 바로는 모세가 기적을 보여줄 수 없다고 생각했고 그것을 빌미로 모세가 전한 하나님의 명령을 아주 무시하려고 했던 것입니다.

그러나 바로의 이러한 **어리석은 속셈**은 그야말로 **모세가 말하는 이스라엘의 하나님 여호와가 누구이신가를** 그와 그 모든 백성들이 **똑똑히 알게 되는 놀라운 계기**가 됩니다.

하나님을 알지 못하고 믿지 못하는 사람들은 **하나님을 업신여기고** 하나님이 아무것도 할 수 없을 것이라고 속단합니다. 그러나 그러한 자들은 반드시 하나님만이 유일하신 신이시고 전지전능하신 하나님이심을 반드시 **알게 되는 때**를 만나게 됩니다.

하나님은 바로가 모세에게 기적을 보이라고 말하도록 **이끄신 것입니다.**
하나님은 **바로의 요구대로** 점점 더 크고 놀라운 기적과 재앙을 나타내시면서 바로가 그동안 섬겨왔던 우상들과는 비교할 수 없는 이스라엘의 하나님이 계심을 분명히 보고 알게 하신 것입니다. 하나님의 섭리는 참으로 **치밀하고 놀랍습니다.**

(2) 하나님은 바로가 기적을 요구하면 지팡이가 뱀으로 변하는 기적을 보이라고 말씀하십니다.

하나님은 이미 **지팡이가 뱀이 되었다가 또다시 뱀이 지팡이가 되는 기적**을 보여주셨습니다(출4:3).
이제 그 기적을 **바로에게 보여주라**는 것입니다.
하나님은 누구를 만나셔서 명령하실 때 그 **사람으로 하여금 하나님이 권능의 하나님**이시라는 것을 알게 하십니다. 하나님이 모세를 이스라엘의 해방자로 보내시기 위해 만나셨을 때 **우선 이 기적을 통해 하나님의 권능을 보여주시며 깨우쳐주신 것입니다.** 그런데 모세는 그 놀라운 기적을 눈으로 보았음에도 불구하고 **하나님이 누구이신지를 제대로 알지 못하고** 곧바로 순종하지 못했습니다. 바로 역시 그렇게 되는 것입니다.

하나님이 누구이신지 제대로 알지 못하는 사람들은 신자이든지 우상숭배자이든지 **하나님께 순종할 수가 없습니다. 하나님께** 순종을 잘하기 위해서는 **하나님이 누구이신지를 점점 더 확실하게 깨달아 알아야** 합니다. 그런데 이것 또한 사람의 노력으로 되는 것이 아닙니다. 하나님께서 모세에게 친히 역사하셔서 하나님을 더 분명히 알게 하시고 하나님의 명령대로 깨끗이 순종하는 사람이 되게 하신 것처럼 오늘날의 모든 사람들도 **하나님의 도우심에 의해**, 즉 예수 그리스도를 믿고 성령이 그 안에 오셔서 하나님이 누구이신가를 점점 더 깨달아 알게 하시는 것입니다. 이 하나님의 도우심이 없이는 아무리 지식이 많은 사람이라도, 아무리 명철한 자라도 결코 하나님을 제대로 알 수 없으며 순종할 수도 없습니다.

그러므로 내가 어느 정도나마 하나님의 말씀에 순종하고 있다면 **나는 이**

미 하나님의 권능의 도우심에 의해 하나님이 누구이신지를 깨닫는 **큰 은혜를 입었음**을 알아야 합니다. 이 은혜는 **억만금**을 가지는 것과도 비교할 수 없습니다.

이 첫 번째 기적은 **재앙은 아닙니다**. 바로에게 **하나님이 누구이신지 알게 하시고 하나님을 두려워하게 하는 기적**이었습니다. 이 기적이 바로의 마음을 움직이게 하지는 못했으나 **하나님에 대해 두려움을 가지게** 했습니다.

이것이 **죄인을 대하시는 하나님의 방법**입니다.

하나님은 점차적으로 죄인들이 하나님을 알고 두려워하게 하십니다. 하나님을 알기 싫어한다고, 하나님을 알게 해주어도 알지 못한다고 **당장 죽게 하시거나 망하게 하시지는 않습니다**. 이것 또한 **하나님의 헤아릴 수 없는 자비**입니다.

여기서 우리가 또한 알아야 할 것이 있습니다.

하나님께서는 모세에게 그가 행할 기적을 **예고하신 후에** 그 기적을 직접 나타내게 하셨습니다. 이와 같이 **하나님은 말씀하신 대로 이루시는 계약의 하나님**이십니다. 바로 **이러한 것이** 우리로 하여금 **하나님을 신뢰하게 하는** 것입니다. 하나님의 권능의 역사를 눈으로 보고 경험하면서도 하나님을 알지 못하고 신뢰하지 못하는 사람들은 참으로 **무지몽매한 사람들**이요, **불쌍한 사람들**입니다.

이 우주만물의 실재와 일정하게 움직여지는 원칙을 보면서 창조주 하나님을 알지 못하고 그 하나님을 두려워할 줄 모르는 사람들이 참으로 많습니다. 그들 중에는 학자도 있고 예술가도 있고 부자도 있고 세계적으로 명성을 떨치는 유명인들도 있습니다. 그러나 그들은 **모두 어리석은 자들**이요, **무지몽매한 자들**입니다.

그러므로 **우리 성도들이 예수 그리스도를 믿고 하나님의 존재를 알며 하나님을 신뢰하며** 살게 된 것이 **얼마나 큰 은혜요, 사랑인지를** 깨달아야 합니다. 나보다 훨씬 잘나고 똑똑한 사람들도 하나님을 깨닫지 못하고 알지 못하는데 어찌 내가 그것을 할 수 있게 되었는가 생각할 때 **지금의 형편과 사정이 어떻든** 우리는 그저 **하나님께 감사하며 찬송하며 영광 돌리며 살아야 하는 것입니다**. 예수 믿고 구원받았다는 사람이 이것을 모른다면 그 또한 **아직 몽매무지하고 불쌍한 사람**입니다.

하나님은 모든 사람과 가정과 사회의 **모든 장래를 꿰뚫어 알고 계십니다**.

이러한 사실은 **모든 존재들과 그 모든 미래를 뜻대로 주장하시는 분이 하나님**이시라는 증거입니다.

나와 여러분이 지금 하나님 앞에 예배드리고 있고 하나님을 섬기는 일을 하는 것은 **우리의 모든 과거와 미래와 현재를 통찰하시고 그 모든 것을 뜻대로 주장하시는** **하나님의 섭리에 의해** 되고 있는 일입니다.

지금 이 자리에서 예배드리고 있는 나와 여러분의 모든 삶이 어떻게 될지 하나님은 상세히 알고 계시면서 그 모든 것을 뜻대로 주관하시는데 우리가 때가 되어 차례로 이 세상을 떠난 후에도 하나님은 우리의 뒤에 살아남아 있는 사람들과 후손들, 그리고 산천초목과 짐승들과 물고기들과 새들과 벌레들이 각자 어떻게 존재하고 살아갈 것인지 **그 하나하나에 대해 치밀하고 완벽하게 계획하시고 주관**하시는 것입니다.

8절 이하에서 "너희가 바로를 만나게 되면 그가 이적을 보이라고 말할 것이다. 그때 너는 아론을 시켜서 네 지팡이를 바로 앞에 던지라고 해라. 그러면 그것이 뱀이 될 것이라" 했습니다.

그리고 10절을 보면 "모세와 아론이 바로에게 가서 **그대로 행하여** 아론이 바로와 그 신하 앞에 지팡이를 던졌더니 뱀이 된지라" 했습니다.

모세와 아론이 방금 전에 하나님의 말씀을 듣고 바로 왕을 만나러 갔더니 정말 바로가 **"기적을 보여보라"** 한 것입니다. 그래서 하나님의 말씀대로 모세가 아론을 시켜서 지팡이를 던지게 했더니 그것이 바로와 신하들 앞에서 뱀이 되었습니다.

하나님은 모세가 본격적으로 바로 왕을 상대로 싸우게 하실 때 **모세가 바로 왕을 만나러 가기도 전에 바로가 무슨 말을 할지, 그 때 모세가 취해야 할 행동이 무엇인지, 그 결과가 어떻게 될지 이미 상세하게 말씀**해주셨는데 **그대로 된 것**입니다.

또 미리 15절을 잠깐 보면 하나님께서 모세에게 말씀하시기를 **"아침에 너는 바로에게로 가라. 보라. 그가 물 있는 곳으로 나오리니 너는 나일 강 가에 서서 그를 맞으라"** 하셨습니다.

이 말씀은 "모세야, 이제 두 번째로 바로 왕을 만나거라. 내일 아침에 바로가 나일 강에 나오게 될 것이다. 너는 아침에 나일 강 가에 나가서 어느 위치에 기다리고 서 있어라. 그러면 바로가 네가 있는 곳으로 올 것이다. 그 때 거기서 바로를 만나라" 하신 것입니다.

그리고는 그 이후에도 무엇을 어떻게 할지 **세심하게 말씀**해주셨고 그때마다 그대로 되었습니다.

지금 여러분이 하나님께 예배를 드린 후에 밖으로 나서자마자 무슨 말을 언제 어디서 할 것인지, 누구와 만나게 되고, 무엇을 먹고, 무슨 일이 어떻게 될 것인지 **상세히 알고** 계십니다. 그리고 그 **모든 것을 하나님의 뜻대로 치밀하게 이끌어** 가십니다.

오래전 대학 입학시험을 치르는 날 신문에 한 어머니가 교문을 붙잡고 간절한 표정으로 기도하는 사진이 실렸는데 그 사진 밑에는 "**한 문제라도 더 맞추게 해달라고 기도하고 있는 모습이다**"라는 설명이 있었습니다. 그 어머니와 본인은 결과가 과연 어떻게 될지 몰라 안타깝게 기도하지만 하나님은 출제위원들이 아직 선정되기도 전에 어떤 문제가 출제되고, 누가 무슨 과목에서 어떤 성적을 거두게 될지 **이미 꿰뚫어** 알고 계십니다.

'내일'이 우리에게는 미래이지만 하나님께는 **이미 다 아시고 주장하시는 실재**일 뿐입니다. 이런 하나님께서 붙들어주시고, 일일이 가르쳐주시고, 이끌어주시는 사람이 있다면 그를 당해낼 자가 어디 있겠으며 그처럼 행복한 사람이 어디 있겠습니까?

출애굽기 7장 기록이 나오는 때만 해도 바로와 모세의 입장은 **하늘과 땅 차이**였습니다. 바로는 당시 세계 최강국의 왕이요, 그 제국시민들로부터 신으로 추앙되는 사람이었고 모세는 고향과 부모를 다 잃고 미개한 지역에서 살면서 그 당시 애굽 사람들이 가장 천하게 여기던 양치기나 하던 늙은 사람이었습니다. 바로 왕은 부귀영화가 있고, 막강한 군대와 무기가 있고, 용기와 패기가 하늘 높은 줄 모르게 솟아오르는 사람이었고 수많은 사람을 종으로 부리는 사람이었으나 모세는 개인적인 소망과 포부도 사라진 지 오래고, 처갓집에 더부살이나 하면서 연명하던 사람이요, 젊은 용기와 기력도 사라져버린 나약한 사람이었습니다.

그러나 **천지만물의 주인이시고, 모든 미래를 꿰뚫어 아시고 주관하시는 하나님**께서 모세를 붙들어주시고, 일일이 가르쳐주시고, 이끌어주시자 그 위세당당하고 위력 있는 애굽 왕 바로는 **고양이 앞에 쥐 신세**가 되고 **광풍 앞에 촛불 신세**가 되고 맙니다.

모든 미래를 통찰하시는 하나님이 늙고 무력한 한 사람 모세를 붙들어주시자 위세가 대단한 바로는 **모세를 만나는 것이 점점 두려워지고 도망하고 싶어지게 되는 것**입니다.

하나님께서 같이해주시고 붙들어주시는 사람에게는 어떤 사람도, 귀신들과 사탄까지도 결코 함부로 하지 못하며, 겁을 내고 도망가는 신세가 되고 맙니다.

이제 11절 이하에서부터 그 사실을 똑똑히 보여줍니다.

11절에 모세의 지팡이가 뱀이 된 것을 본 바로 왕이 자기 수하에 있는 현인들과 마술사들을 부르더니 너희도 저렇게 하라고 명령했습니다. 그러자 "그들도 그 술법으로 자기들 지팡이가 뱀이 되게 했다" 했습니다.

12절에 "각 사람이 지팡이를 던지매 뱀이 되었다" 했습니다.

모세는 겨우 한 마리의 뱀이 되게 했는데 애굽 술사들은 여러 마리의 뱀을 만들었습니다. 그 현상만으로 따지자면 모세보다 애굽 술사들의 능력이 더 크다고 할 수 있었습니다. 그런데 갑자기 모세의 뱀이 술사들의 뱀을 차례로 집어 삼켜버렸습니다. 이것은 **하나님의 능력이 악령의 능력을 압도하고 능가한다**는 실증입니다.

하나님은 능력의 원천이십니다. **모든 진정한 능력은 하나님으로부터만 나오고 주어집니다.**

애굽의 술사들은 지팡이가 뱀이 되게 하고 그 이후에도 물이 피가 되게도 하고 물에서 개구리 떼가 나오게 하기도 했습니다. 그것은 단순한 손장난이나 속임수만은 아니었습니다. 예나 지금이나 악령들의 능력을 힘입고 실제로 기적을 행하는 자들이 있습니다.

과거에 대해 세밀하게 알아맞히고, 미래에 대해 어느 정도 정확히 예고해주는 점쟁이들이 있는데 이들은 **사람의 눈에 보이지 않는 악한 영들의 힘을 빌려 하나님의 섭리에 대항하는 자**들입니다.

그 옛날 바로와 측근에 있던 술사들은 이런 자들 중 세상에서 가장 탁월한 자들이었습니다. 그러나 그들이 그런 기적을 행하도록 도운 악령의 능력도 **사실은 하나님으로부터 과거에 부여받은 것에 불과합니다.**

사탄이나 모든 악령은 **천사들이 타락하여** 나온 존재들입니다. 하나님은 천사들을 하나님의 섭리수행의 사자로 쓰시기 위해 **필요한 능력을 부여**해주셨습니다. 그런데 그들 중 타락한 사탄과 악령들이 그 **능력을 그들의 악한 본성의 도구로 악용**한 것입니다. 그래서 예나 지금이나 이 사탄과 악령들이 **사람들을 미혹하고 혼돈시키기 위해서 몇몇 사람들을 통해 놀라운 기적을 나타내기도** 합니다.

그러나 그들의 능력은 **지극히 한정되어** 있습니다. 더욱이 **타락한 능력은**

거룩한 능력이 지니는 권능을 상실했으므로 하나님과 그 능력이 함께하는 우리로서는 그런 것들이 전혀 문제되지 않습니다.

바로 이러한 사실이 바로 왕 앞에서 **입증**되고 있었던 것입니다.
하나님의 능력 앞에서의 악령의 능력은 무기력하고 헛된 것일 뿐입니다. 모세가 바로 왕 앞에서 행한 이적과 기적이 모두 열한 가지인데 처음에 행한 세 가지는 애굽의 술사들도 행했습니다. 그러나 그들은 네 번째 재앙부터 마지막 재앙에 대해서는 흉내조차 내지 못했습니다. 이것은 **그들이 힘입고 있는 사탄과 악령들의 능력이 얼마나 제한되어 있고 보잘것없는 것인가**를 드러냅니다.

더욱이 네 번째 재앙부터 마지막 재앙은 사람들에게 **극심한 고통과 손해**를 가져다주는 것인데 놀라운 것은 그 고통과 손실이 **애굽 사람들과 그 술사들에게만 임했고** 모세와 이스라엘 사람들에게는 조금도 임하지 않았다는 사실입니다.

그래서 그 열한 가지 **하나님의 능력이 나타내는 기적과 재앙 때문에 바로 왕과 그 술사들과 애굽 백성들과 그 나라 전체가 패망을 당하고** 말았습니다.
바로 왕과 애굽 사람들은 수많은 우상을 섬기면서 그 신들이 자기들을 복 주고 지켜줘서 그토록 부강한 나라가 되었다고 자부하고 있었고 또 중대한 일들을 그 술사들을 불러서 의논하고 그들이 하라는 대로 함으로써 잘되어 왔다고 여기고 있었습니다.

그러나 그 결과는 그 술사들을 포함해서 그들 모두가 **하나님의 저주를 받아 멸망**을 당한 것입니다. 더욱이 바로 왕과 그 술사들은 하나님께서 함께해주시는 한 사람과 겨루다가 **한결같이 패망**을 당했습니다.

애굽의 술사들은 스스로 능력자라고 자부하고 있었는데 **모세가 행하는 능력은 자기들의 것과는 근본적으로 다르다는 사실**을 알아차렸습니다.
8장 19절을 보면 티끌(먼지)이 모두 이가 되는 재앙을 보고 그 술사들이 바로 왕에게 말하기를 "**이는 하나님의 권능이니이다**" 했습니다.

이 말은 "**모세가 행하는 능력은 우리가 섬기고 있는 그 어떤 신도 비교할 수 없는 전능하신 신의 능력입니다**"라는 뜻입니다. 그 당시 세상에서 가장 탁월한 악령의 능력을 힘입었던 자들의 입에서 그런 말이 나왔다는 것은 그 당시 하나님께서 모세를 통해 나타내신 능력이 **얼마나 엄청난 것인지**를 알게 해줍니다.

하나님은 바로 이것을 위해서 모세로 하여금 한두 번이 아니라 **열한 가지 이적과 기적을 행하게 하신** 것입니다. 그런데도 바로의 마음은 **더 강퍅하게** 되어 그 고집을 꺾지 않고 그들의 말을 듣지 **않았다고** 했습니다.

그래서 하늘에서 큰 우박이 쏟아지는 여덟 번째 재앙까지 당하게 되었는데 그때는 바로 왕의 신하들이 바로에게 가서 이렇게 말했습니다(10:7).

"어느 때까지 이 사람이 우리의 덫이 되리이까? 그 사람들을 보내어 그 하나님 여호와를 섬기게 하소서. 왕은 아직도 애굽이 망한 줄을 알지 못하시나이까?"

그들에게는 세계 제일의 군대도 있고 좋은 무기도 있어서 마음만 먹으면 얼마든지 모세 한 사람쯤 잡아 죽이는 것이 문제가 아니었습니다. 그러나 그렇게 하지 못한 것은 **하나님의 권능의 손이 모세를 붙들어주고 계심을 알고 있었기 때문**입니다. 그래서 그들은 막강한 권세를 가지고 있었지만 그 노인 모세 한 사람에 의해 고스란히, 빤히 바라다보기만 하면서 계속 골탕을 당했습니다. 수많은 군대와 무기와 모든 인간적인 능력이 하나님의 권능의 손이 함께해주시는 노인 한 사람에게 손 하나 대지 못하고 당할 수밖에 없었습니다.

불신자들과 우상숭배자들이 **하나님의 섭리를 거스르며 하나님의 사람과 대항하는** 한 그들에게 있어서 하나님의 사람들은 수가 많고 적음에 상관없이 심각한 덫이 됩니다.

그들이 **하나님 대신 다른 것을 섬기고, 하나님을 불신하면서 교회와 성도들을 멸시하고 학대한다면** 결국은 그 하나님의 교회와 성도들 때문에 막대한 손실을 당하게 됩니다.

그리고 **하나님의 사람들을 결코 제압할 수 없습니다.** 그들이 성도들로 하여금 하나님을 섬기는 일을 방해한다면 그 때문에 심각한 고통과 손실을 당하게 됩니다.

그래서 그 신하들이 바로에게 또 말하기를 "**어서 그 사람들을 보내서 그 하나님 여호와께 예배하게 하소서**"한 것입니다.

어느 나라, 어느 민족, 어느 통치자를 막론하고 자기들 주변에 있는 하나님의 교회와 성도들을 괴롭히고 하나님께 예배하는 일을 방해할 때 반드시 망했습니다.

성도들이 하나님께 예배하는 일은 인간이 가지고 누릴 수 있는 최고의 특

권이요, **천부적인 권리**입니다. 그런데 **하나님을 알지 못하고 섬길 줄도 모르는 악인들이 그 최고의 특권과 천부적인 권리를 누리고 행사하는 성도들을 방해하는 것은 결코 용납될 수 없는 일**입니다.

그것은 마치 왕이 백성들 중에 특히 마음에 들고 사랑스러운 자들을 선별해서 그들만은 일정한 때에 왕을 알현하고 왕을 기쁘게 하는 특권을 가지게 해주었는데 그런 특권을 부여받지도 못한 자들이 그 일을 못하도록 방해한다면 그들은 왕에게 무서운 형벌을 받게 되는 것과 같습니다.

그러므로 우리는 **하나님을 섬기며 예배하는 일을 최고의 특권이요, 영광 중의 영광이요, 복중의 복**임을 알고 **자부심과 긍지를 가지고 수행해야** 합니다. 이런 남다른 특권과 영광과 복을 받은 사람이 하나님을 섬기는 일을 불신자들 앞에서 부끄럽게 여기거나, 예배드리는 일을 귀찮아하거나, 어떤 이유로 소홀히 한다면 그것은 하나님을 섬기고 예배하는 일을 방해하는 악인들의 죄보다 **더욱 질 나쁜 죄**가 되는 것입니다.

일주일 중 주님의 날에 한번 나와서 하나님께 예배드리는 것마저 친척이 찾아왔다고, 누가 결혼식 한다고, 친척이나 친구가 잔치를 한다고, 누구와 약속했다고, 몸이 좀 피곤하고, 아프다고 걸핏하면 소홀히 해서는 안 됩니다.

성도들이 주님의 날에 한자리에 모여 예배드릴 때 빠지는 일은 분명히 다른 죄보다 더 질이 나쁜 큰 죄입니다. 하나님께서 주신 최고의 특권과 영광과 복을 무가치하게 여기고 소홀히 여긴 것이기 때문입니다.

제 38 강

첫 번째 재앙-물이 피로 변함1

〈출7:14~18〉
14여호와께서 모세에게 이르시되 바로의 마음이 완강하여 백성 보내기를 거절하는도다 15아침에 너는 바로에게로 가라 보라 그가 물 있는 곳으로 나오리니 너는 나일 강 가에 서서 그를 맞으며 그 뱀 되었던 지팡이를 손에 잡고 16그에게 이르기를 히브리 사람의 하나님 여호와께서 나를 왕에게 보내어 이르시되 내 백성을 보내라 그러면 그들이 광야에서 나를 섬길 것이니라 하였으나 이제까지 네가 듣지 아니하도다 17여호와가 이같이 이르노니 네가 이로 말미암아 나를 여호와인 줄 알리라 볼지어다 내가 내 손의 지팡이로 나일 강을 치면 그것이 피로 변하고 18나일 강의 고기가 죽고 그 물에서는 악취가 나리니 애굽 사람들이 그 강 물 마시기를 싫어하리라 하라

〈더 정확한 번역〉
> 15절/ 지팡이를 손에 잡고 ⇒ 지팡이를 가지고 가라.
> 16절/ 나를 섬길 것이니라 하였으나 ⇒ 나에게 예배할 수 있게 하라고 말씀하셨으나
> 18절/ 그 강 물 마시기를 싫어하리라 하라 ⇒ 그 강의 물을 먹지 못하게 될 것이다.

하나님께서 내리신 열 가지 재앙 중 **첫 번째는 물이 피로 변하는 재앙**이었습니다.

(1) 그 **재앙은 애굽 사람들이 전에 경험하지 못했던 참으로 두려운 것이** 었습니다.

그들이 그토록 신성시하고 생명으로 여기던 나일 강과 모든 크고 작은 강이 새빨간 피가 되어 흐르는 것은 **세계 어디에서도 볼 수 없는 참으로 비참하고 공포스러운 일**이었습니다. 이 재앙으로 **모든 물고기가 죽고 물마다 악취가 났습니다.**

사람에게 있어 가장 필요한 것 중 하나는 물입니다. 사람 신체는 70%가 물로 구성되어있습니다. 물 없이는 인간도, 동물도, 식물도 생존할 수 없습니

다. 사람을 비롯한 모든 생물이 물을 쉽게 얻고 사용하며 살 수 있는 것은 **창조주 하나님의 한없는 자비의 대표적 증거**입니다.

바로 왕과 애굽 사람들이 그토록 중요하게 여기는 물과 온갖 물고기 요리를 이제 먹을 수 없게 된 것입니다. 생명의 근원이 되는 물과 그 물속의 무수한 먹을거리들이 쓸모없이 되어버린 것입니다. 노아 시대의 대홍수 심판 때도 물고기는 다 죽지 않았는데 하나님은 이때 **물고기들이 다 죽는 심판**을 내리심으로써 바로와 그 백성들에 대한 **큰 진노**를 보여주셨습니다.

당시 가장 땅이 비옥하고 모든 것이 풍부한 나라 애굽은 죽은 물고기와 피와 악취가 뒤덮어버렸습니다. 이는 **바로 왕과 애굽 사람들의 자존심과 모든 희망이 뿌리째 사라지는 것**을 의미합니다.

히브리 노예들을 붙잡아 놓고 더 부귀를 누리려 하던 그들은 하나님의 명령에 불복함으로써 곧바로 **이런 엄청난 손실과 좌절과 공포를 얻게** 된 것입니다.

하나님의 명령과 뜻을 거절하고 하나님께 대항하는 자들은 우선 이렇게 **삶의 기본부터 흔들리는 징벌**을 만나게 됩니다.

그러므로 **모든 그리스도인은 하나님을 알고, 섬기고, 그 뜻과 명령에 순종하며 사는 것이 얼마나 다행하고 지혜로운 일인지를 알아야** 합니다.

(2) 그 재앙은 정당하며 당연한 것이었습니다.

그 이유는
1) 애굽 사람들은 나일 강을 신처럼 여기고 섬겼습니다.

그들은 모든 것을 주신 하나님보다 나일 강의 혜택을 더 고맙고 보배롭게 여겼습니다. 세상의 모든 강과 샘을 만들고 주신 하나님을 **그 하나의 강보다 하찮게 여기고 외면했으니 그 죄는 큰 죄**가 아닐 수 없었습니다.

따라서 하나님은 첫 번째 재앙으로 그들이 그토록 사랑하고 숭배하고 자랑하던 나일 강부터 **아무 쓸모가 없게** 하신 것입니다.

하나님을 모르고 하나님이 주신 것들을 하나님보다 더 사랑하고 의지하고 숭배하는 것은 **아주 큰 죄**입니다. 이렇게 하는 자들은 **큰 죄를 끊임없이 짓는 것**이므로 하나님은 때가 되면 **그것들이 그들에게 아무것도 아님을 확실하게 알게** 하십니다.

그러므로 더욱이 우리 그리스도인들은 이런 어리석음을 한순간이라도 저지르지 않도록 영혼이 늘 깨어있어야 합니다. 하나님의 백성인 사람들이 하님보다 세상 것들을 더 사랑하고 있다면 **서둘러서 그것을 제거해야** 합니다. 그렇게 하지 않는다면 때가 되면 **하나님께서 그것을 제거**하시는데 그때는 **엄청난 손실과 고통을 맛보게** 됩니다.

하나님은 우리에게 **하나님과 경쟁거리로 만드는 것**이 있을 때 그것이 우리에게 **아픈 채찍이 되게** 하십니다. 이런 어리석은 교인이 교회 안에 많이 있는데 이들은 늘 아프고 고통스럽게 신앙생활을 합니다.

2) 애굽 사람들이 그 강을 **히브리인의 아이들의 피로 얼룩지게 했으므로** 하나님께서 온통 피의 강이 되게 하신 것입니다.

모세를 비롯해 수많은 히브리 아이들이 버려졌던 그 강을 하나님은 **피의 강이 되게 하셔서** 애굽 사람들이 어떤 물고기도 먹을 수 없고 그 물이 농토에도 쓸모가 없게 하신 것입니다.

하나님은 **수많은 이스라엘의 아이들이 희생된 그 강을 결코 내버려두지 않으셨습니다.**

(3) 이 재앙은 **잠시 후에 애굽 사람들의 모든 초태생과 집승의 초태생까지 파멸될 것을 예고하고 경고하는 것**이었습니다.

뿐만 아니라 계속해서 불복하는 바로가 그토록 의지하고 자랑하던 군대도 홍해에서 멸망하리라는 전조를 보여주신 것입니다. 이렇게 하여 모든 강과 우물뿐 아니라 그들의 **바다까지도 피바다가** 되게 하셨습니다.

하나님께서 내리시는 영적인 심판은 현실적이고 일시적인 심판보다 더 무서운 타격을 줍니다. 끝까지 하나님께 불순종하고 대적하는 사람들은 **하나님께서 정하신 때가 되면** 그들에게 모든 혜택을 주던 **일반은총들을 다 잃어버리게** 하실 뿐 아니라 **영원한 심판인 꺼지지 않는 지옥 불**에 떨어지게 하십니다. 그때의 공포와 고통은 이 세상에서의 어떤 것과도 **비교할 수 없고 일시적이 아니라 영원한 것**이 됩니다.

여기서 또 우리가 알아야 할 사실이 있습니다.

모세를 통해 하나님의 대적 바로와 그 나라에 내리신 첫 번째 재앙은 **물이 피가 되게 한 것이지만 우리 주 예수께서 이 세상에서 베푸신 첫 번째 기적은 물로 최상의 포도주를 만드신 것**이었습니다.

모세로 말미암아 주어진 율법은 죽음과 공포의 법이지만 **우리의 영육을 영원히 즐겁게 해주는 은혜와 진리**는 최상의 포도주와 같이 **예수 그리스도로**

말미암아 하나님의 백성된 자들에게 주어집니다.

그러므로 이 은혜와 진리의 은총을 입은 사람들, 확실히 예수 그리스도를 믿어 하나님의 백성이 되고 자녀가 된 사람들은 **세상에서 가장 복된 사람**입니다. 우리 그리스도인들은 **이 사실을 늘 기억해야** 합니다.

(4) 하나님은 바로가 어느 날 아침에 나일 강 가로 나오리라고 미리 말씀해주시고 그때 그로 하여금 항복 요구서를 내밀게 하셨습니다.

하나님은 기적을 보고도 계속 고집을 부리는 바로를 보시고 모세에게 **다음 명령**을 주셨습니다. 강 가에 나온 바로에게 다가가 그가 **계속 불복하면** 지금 서 있는 바로 그 강에 하나님의 심판이 내려질 것이라고 말하게 하셨습니다.

이것은 바로에게 내미는 **항복 요구서**였습니다.

나일 강물을 피가 되게 하는 재앙은 **실상 애굽 신에 대한 여호와 하나님의 심판**입니다. 나일 강물에 의해 풍부한 농작물을 얻었던 애굽인들은 나일 강을 신으로 숭배했습니다.

바로가 아침 일찍 거기에 나간 것도 그 강을 상대로 **종교의식을 거행하기 위함**이었습니다. 그 종교의식을 거행하는 때는 제사장들이 자기들의 신을 찬송했는데 그 가사가 파피루스에 보존되어있다고 합니다.

따라서 하나님은 제 **1차로** 애굽 사람들이 신으로 믿고 섬기는 나일 강물을 피로 변하게 하여 그 강이 이제부터는 **그들에게 전혀 복이 되지 못한다는 사실**을 보여주신 것입니다.

하나님께서는 사람들이 하나님 외에 다른 것을 믿고 섬길 때 그 죄에 심판을 내리시는데 그들이 하나님 외에 믿고 섬기는 그 대상에도 반드시 벌을 내리십니다.

하나님께서 심판을 내리시기 전에 **바로에게 그것을 미리 알게 하신 것은**
1) **재앙을 우연한 일로 여기지 못하게 하시기 위함**이었습니다.
2) **그 재앙의 원인은 바로의 완고함이라는 사실을 알게 하시기 위함**이었습니다.

하나님께서 하시는 일은 이렇게 **완전**하고 **치밀**하십니다. 사람의 눈으로 볼 때 사소해 보이는 것까지도 **아주 의미심장한 목적과 뜻**이 있습니다.

그러므로 하나님의 일꾼들은 어린아이가 엄마의 말에 단순하게 순종하듯이 단순하게 모든 하나님의 명령에 순종해야 합니다.

하나님은 **모세가 이러한 사람이 되게 하신 다음에야**(그전에는 단순하게 순종하는 사람이 아니었음) 바로 왕을 상대로 싸우게 하셨습니다.

오늘날도 마찬가지입니다. 그저 하나님의 큰 일을 하고 싶어만 할 것이 아니라 **아직도 하나님께 단순하게 순종하지 못하고 덜 준비된 내가 아닌지 살펴봐야** 합니다.

(5) 하나님은 뱀이 되어 애굽 술사들의 뱀을 삼켜버렸던 지팡이를 통해 경고하시려고 모세로 하여금 **그 지팡이를 가지고 바로에게 가라**고 하셨습니다.

1) **하나님은 심판을 시행하기 전에 그 대상자들에게 미리 알게 하십니다. 하나님의 자비뿐만 아니라 모든 심판에 대한 결과도 이미 하나님의 섭리 가운데 작정된 것입니다. 이것이 바로 하나님이 완전하시다는 증거입니다. 하나님은 대소사 간에 즉흥적으로, 또는 변덕스럽게 일하지 않으십니다.** 그러므로 **인간은 하나님을 전적으로 신뢰할 수가 있습니다.**

2) 그런데 **하나님의 심판을 피할 수 없는 악인들은 하나님과 하나님의 섭리를 듣고 보아도 깨달을 수가 없습니다.**
하나님의 긍휼과 자비를 입지 못한 사람들은 결코 그 심판을 피할 수가 없습니다.

3) **하나님은 심판하시기 전에 미리 경고하셔서 회개하게 하시는 분입니다.** 하나님은 참으로 '오래 참으시며, 어떤 사람도 멸망당하는 것을 원치 않으시고, 모든 사람이 다 회개하여 돌아오기를 기다리시는 분'입니다.
그러므로 끝까지 회개하지 않고 멸망당하는 사람들은 "**왜 그렇게도 성급하게 벌을 주십니까?**"라고 항변할 수 없습니다.

하나님은 16절에서도 바로에게 명령하실 때 "**내 백성을 보내라. 그들이 광야에서 나에게 예배할 것이다**" 하셨습니다.
바로가 이스라엘 백성을 조건 없이 해방시켜야 할 이유를 하나님께서 친히 설명하시기를 "**그들이 나에게 예배해야 하기 때문이다**" 하셨습니다.
하나님은 이스라엘 백성들이 우상의 땅에서 **나와서** 비록 애굽처럼 기름진 땅은 아니요, 문명화된 곳도 아니고 **거칠고 메마른 광야지만 그곳에서 순수하게 하나님을 섬기고, 자유롭게 하나님께 예배드리게 하시겠다는** 목적만으로 애굽 왕과 당시 세계 제일의 부강국을 멸망시켜가면서 해방시키신 것입니다. 만약 이스라엘 백성들이 하나님만을 섬기면서 예배 드려야 할 민족이 아니었다면 그들은 결코 그처럼 해방되지 못했을 것입니다.

모든 사람은 선택된 자들이 오직 하나님만을 순수하게 섬기며 하나님께 예배드리는 일이 하나님께 참으로 중요하고 가치있는 일임을 깨달아야 합니다.

만약 저와 여러분이 하나님만을 섬기며 예배 드려야 할 사람이 아니었다면 우리는 결코 마귀의 세계에서 해방되지 못했을 것입니다. 또한 지금까지 하나님께서 세심히 인도하시는 인생의 노정을 걷게 하시지 않았고 이 거룩한 교회에 오게 되지도 않았을 것입니다.

우리가 지금까지 이와 같은 환경에서 살면서 창조주 하나님을 알고 섬기고, 때마다 성전에 모여서 하나님께 예배를 드릴 수 있었던 것은 우리가 알지도 못하는 사이에 하나님께서 우리를 크고 작은 애굽과 바로의 손에서 해방시켜주시고, 모세 같은 목자들을 붙여주시고 하나님께서 세심하게 가르쳐주시고 돌봐주시고 인도해주셨기에 가능했음을 알아야 합니다.

여기서 또 깨달아야 할 것은 하나님은 바로에게 말씀하신 것과 같이 우리 성도들이 이 세상에 사는 동안은 광야에서 하나님을 섬기게 하셨다는 사실입니다.

"광야에서 나에게 예배를 드리게 하겠다"는 말씀은 하나님을 제대로 섬기려면 세상 사람들과 구별되고, 세상 욕심을 버려야 하고, 하나님의 말씀대로 순종하며 살아가야 한다는 의미가 있습니다. 그야말로 자기를 부인하고 자기 십자가를 지고 예수님의 뒤를 성실히 따라가야 하는 것입니다.

내가 부패한 존재임을 알고 하나님을 존귀하게 여기며, 앙망하고 의지하고, 하나님의 뜻에 순종하고 복종해야 한다는 사실을 항상 명심하며 사는 것이 정상적인 신앙생활입니다. 그런데 그렇게 되기 위해서는 모든 것이 만족스럽고 편안한 가운데서가 아니라 때로는 힘들고 배고프고 춥고 안타깝고 고통스러움이 있는 가운데 살아야 합니다. 그것은 고행이 아니라 세상 사람들과 구별되고 세상 욕심을 버리고 하나님의 말씀대로 순종하며 살 때 반드시 겪게 되는 것을 의미합니다.

그래서 하나님은 이스라엘 백성들로 하여금 기름지고 문명화된 애굽 땅을 차지하고 살게 해주실 수도 있지만 그토록 그들을 보내기 싫어하는 바로 왕과 애굽을 망하게 하시면서까지 해방시키셔서 거칠고 메마른 광야로 내모신 것**입니다.

그러므로 **우리 성도들이 꼭 물질적인 부를 소유하고 높아지는 것만을 복이라고 여겨서는 안 됩니다.** 그저 별일 없이 편안하게 지내는 것이 복 받고 사는 것이 아닙니다. **하나님께서 주시는 진정한 복**은 **하나님을 순수하게 신앙할 줄 알고, 그 하나님께 예배드리기를 기뻐하고, 세상적으로 이래저래 부진함과 고통 속에서도 하나님을 기쁘시게 하며 사는 것**입니다.

이런 사람과 그 자손에게는 반드시 **영광과 평강을 점점 더해주십니다.** 그리고 **이런 사람이라야** 하나님의 일을 하고, 가치 있는 열매들을 맺습니다. 자기 배만 위하고 자기 욕심, 자기 고집만 내세우느라고 여념이 없는 교인은 **결코 하나님의 일을 제대로 할 수 없으며 하나님이 원하시는 열매를 맺을 수 없습니다.**

교인들을 크게 두 가지로 분류해 볼 수 있습니다.
신앙생활의 목적이
(1) **애굽에서 더 좋은 환경을 차지하기 위함인 교인들**입니다.

이들의 관심은 '어떻게 하면 더 좋은 집을 마련할까? 어떻게 하면 더 많은 것을 장만하고 누릴까? 어떻게 하면 인생을 더 즐기고, 자식들을 잘 키우고, 많은 유산을 물려줄까? 어떻게 명성을 남길까?' 하는 것입니다.

이 사람들은 그것을 위해 예배에 참석하고, 기도하고, 봉사도 하고 헌금도 합니다. 그러나 이것은 어디까지나 **자기 자신을 위할 뿐** 하나님과 그 나라를 위해서는 아무것도 없는 신앙생활입니다. 이런 사람들은 구원을 받더라도 **부끄러운 구원**을 받게 됩니다.

(2) **애굽에서 떠나 하나님을 기쁘시게 하고 그 나라를 확장하려고 힘쓰는 성도들**입니다.

이들 역시 식량과 거할 처소와 의복과 돈이 필요하기 때문에 직업을 가지고 누구 못지않게 성실하게 일합니다. 그러나 이들은 **항상 하나님과 그 나라를 위해** 내가 할 일이 무엇이고 어떻게 할까를 **생각하고 궁리**합니다. 그리고 **그 일을 위해** 시간과 노력과 물질과 재능을 아낌없이 **사용**합니다. 따라서 이들의 삶의 **공통점**은 **언제나 바쁘다**는 것인데 그렇게 살면서도 항상 할 것을 다 못한 아쉬움과 안타까움을 지니게 됩니다. 결코 자기만족이 있을 수 없습니다.

그래서 이들은 남달리 또 하는 것이 있습니다.

그것은 바로 **위와 같이 살기 위해 필요한 것을 주시고 그릇된 것을 고쳐달라고 하나님께 매달려 기도**하는 것입니다. 그리고 **자신을 가다듬고 키우기 위해** 끊임없이 성경 말씀을 연구하고 배웁니다. 따라서 점점 더 시간의 부족함을 느끼고 자기 할 일에 쫓깁니다. 이렇게 하다 보면 하루도 영육이 한가하고 편안할 날이 없습니다. 그저 분주하고, 힘들고, 배고프고, 괴롭고, 실패를 경험하기도 합니다. 이것이 바로 **광야에서 하나님을 섬기는 생활**입니다.

여러분의 신앙생활은 어떻습니까? 스스로 잘 살펴보시기 바랍니다.

혹시 내가 해야 할 신앙생활이 이런 광야의 생활인 줄 알고 있으면서 그것을 피해 도망가고 있지는 않습니까? 도망가도 소용이 없고 도망가느라고 멀어진 거리만큼 내 발로 다시 땀 흘리며 돌아와야 하고, 할 것을 안했던 것만큼 언젠가는 다 해야 하며, 고난당하지 않았던 만큼 언젠가는 모두 당해야 합니다.

하나님은 우리가 이렇게 애굽에서 결실을 맺는 것보다 **광야에서 맺는 작은 결실을 큰 것으로 인정**해주시고 **그만큼 큰 상급을 주십니다**. 그러므로 내 신앙생활이 광야생활이라고 상심하거나 두려워하거나 열등감에 빠져서는 안 됩니다.

비록 광야이긴 해도 천국의 주인이시며 모든 것을 꿰뚫어 아시고 주장하시는 하나님이 함께하시므로 조금도 부족하다고 여기거나 부끄럽게 여길 일이 아닙니다.

인간의 눈으로 볼 때 가장 기름지고 화려하던 애굽 땅과 그 사람들은 망했지만 **거칠고 메마른 광야를 땀과 눈물을 흘리며 참고 끝까지 나간 사람들**은 결국 젖과 꿀이 흐르는 땅에 들어가고 그 주인이 되었음을 명심해야 합니다.

제 39 강

첫 번째 재앙-물이 피로 변함2

〈출7:19~8:2〉
19여호와께서 또 모세에게 이르시되 아론에게 명령하기를 네 지팡이를 잡고 네 팔을 애굽의 물들과 강들과 운하와 못과 모든 호수 위에 내밀라 하라 그것들이 피가 되리니 애굽 온 땅과 나무 그릇과 돌 그릇 안에 모두 피가 있으리라 20모세와 아론이 여호와께서 명령하신 대로 행하여 바로와 그의 신하의 목전에서 지팡이를 들어 나일 강을 치니 그 물이 다 피로 변하고 21나일 강의 고기가 죽고 그 물에서는 악취가 나니 애굽 사람들이 나일 강 물을 마시지 못하며 애굽 온 땅에는 피가 있으나 22애굽 요술사들도 자기들의 요술로 그와 같이 행하므로 바로의 마음이 완악하여 그들의 말을 듣지 아니하니 여호와의 말씀과 같더라 23바로가 돌이켜 궁으로 들어가고 그 일에 관심을 가지지도 아니하였고 24애굽 사람들은 나일 강 물을 마실 수 없으므로 나일 강 가를 두루 파서 마실 물을 구하였더라 25여호와께서 나일 강을 치신 후 이레가 지나니라 1여호와께서 모세에게 이르시되 너는 바로에게 가서 그에게 이르기를 여호와의 말씀에 내 백성을 보내라 그들이 나를 섬길 것이니라 2네가 만일 보내기를 거절하면 내가 개구리로 너의 온 땅을 치리라

19절/ 여호와께서 또 모세에게 이르시되 아론에게 명령하기를 네 지팡이를 잡고 네 팔을 애굽의 물들과 강들과 운하와 못과 모든 호수 위에 내밀라 하라 그것들이 피가 되리니 애굽 온 땅과 나무 그릇과 돌 그릇 안에 모두 피가 있으리라
20절/ 모세와 아론이 여호와께서 명령하신 대로 행하여 바로와 그의 신하의 목전에서 지팡이를 들어 나일 강을 치니 그 물이 다 피로 변하고
21절/ 나일 강의 고기가 죽고 그 물에서는 악취가 나니 애굽 사람들이 나일 강 물을 마시지 못하며 애굽 온 땅에는 피가 있으나

〈더 정확한 번역〉
19절/ 모든 호수 위에 내밀라 하라 그것들이 피가 되리니 ⇒ 모든 늪을 향해 손을 뻗으라 하라. 애굽 모든 땅에 물이 변하여 피가 될 것이다.
21절/ 애굽 온 땅에는 피가 있으나 ⇒ 애굽 모든 땅이 피로 가득 찼다.

하나님은 모세에게 그가 가지고 있는 **지팡이로 모든 늪을 향해 내밀어서**

재앙을 일으키라고 명하셨습니다. 그런데 그 일을 바로와 그 신하들이 **보는 앞에서** 행하게 하셨습니다.

하나님의 능력은 사탄의 거짓된 기적처럼 모두가 안 보는 사이에 슬쩍 이루어지는 것이 아님을 보여주십니다.

그 결과 **모든 물, 강뿐 아니라 작은 웅덩이의 물까지** 모두 피로 변해 버렸습니다.

(1) 전해오는 말에 의하면 나일 강에 홍수가 날 때 그 물이 붉어진다고 합니다. 그러나 여기서 '물이 다 피로 변한 것'은 **모세가 지팡이를 들어 모든 늪에 내민 순간에 갑자기 나타난 기적**이었습니다.

피는 심판의 표상이라고 할 수 있는데 아무리 강퍅한 죄인이라도 그것을 볼 때는 두려워하며 뉘우칠 마음이 일어날 만합니다. 하나님께서 모세를 통해 나타내신 이 기적의 목적이 바로 그러한 것이었습니다.

(2) **하나님은 모든 피조물로 하여금 처음에 가지는 성질과 모양을 지니도록 만드셨지만 권능으로써 얼마든지 다른 것이 되게도 하실 수 있음**을 보여주셨습니다.

하나님은 그 만드신 것들을 얼마든지 다른 것으로, 더 나은 것으로 **변화시키실 수 있으십니다.** 모든 물을 만드신 하나님은 그것을 피가 되게 하실 수 있음을 보여주셨습니다.

하나님께서 우주만물을 만드실 때도 처음에는 모든 것이 지금과 같지 않았고 모든 것이 **뒤섞인 혼돈**이었습니다. 하나님은 그것을 점차 더 좋고 **아름답게**, 특히 **사람이 살기에 적합하도록 변화**시키셨습니다.

세상과학은 그 과정이 수십억 년, 수백억 년에 걸쳐서 이루어졌다고 말합니다. 하나님에게는 참으로 하루가 천년 같고 천년이 하루 같습니다. **하나님은 지금 우리가 보는 모든 존재를 얼마든지 현실을 초월하여 그것을 변화시키기도 하고 운행하시고 주관하시는 분**이십니다.

오늘날 겨우 백 년 미만을 살다가 하나님께서 정하신 때에 죽는 사람이 어찌 이 하나님을 제대로 이해하고 알 수가 있겠습니까? 더욱이 부패타락한 인간이 감히 어찌 이 하나님이 있다느니 없다느니, 하나님이 여럿이라느니, 모든 것이 다 신이라느니 하는 망령된 말을 할 수 있겠습니까?

여기서 또 우리가 알아야 할 것이 있습니다.

아무리 어리석고 무지하고 천한 사람이라도 하나님은 **얼마든지 누구보다 지혜롭고 유능하고 탁월한 사람으로** 변화시키고 성장시키실 수 있다는 사실입니다. 뿐만 아니라 잘나고 유능한 자를 **가장 어리석고 추한 사람으로** 전락시킬 수도 있으십니다.

그러므로 누구든지 **이런 하나님 앞에서 잘난 체하거나 절망할 필요가 없습니다.**

죄인이 예수 그리스도를 믿고 하나님의 자녀가 되고 영생을 얻게 되는 것이야말로 **오직 창조주요, 전지전능하신 하나님만**이 하실 수 있는 일입니다.

따라서 **예수 믿고 하나님의 자녀가 된 사람들은** 하늘과 땅에 존재하는 모든 것보다도 **참으로 귀하고 모든 복을 받는 존재**가 된 것입니다. 이 하나님을 찾고 나오는 사람들은 아무리 절망적 상황에 있다할지라도 **무한한 가능성**을 소유하게 됩니다. 그러므로 **하나님을 아는 것**이 모든 지혜와 지식의 근본입니다.

그러나 예수 믿고 사는 사람들 중 많은 사람들이 이런 사실을 모르고 있습니다.

(3) 죄의 결과가 얼마나 비참한 결과를 가져다주는지를 알게 해줍니다.

나일 강과 그 비옥한 토지, 애굽 전역에서 얼마든지 풍부하게 얻을 수 있는 물이 **한순간에** 다 피가 되어버림으로써 그 강과 비옥한 토지와 수많은 가축과 마실 물… 모든 것이 **한순간에 무용지물**이 되고 **악취가 온 땅 구석구석에** 넘쳤습니다.

바로 왕이 하나님의 백성을 무참하게 학살한 것도 아니고 **단지 하나님의 명령에 불복했을 뿐인데** 그 결과는 너무도 **참혹하고 혹독했고 고통스러웠습니다.**

하나님을 대적하고 싸우고자 하는 사람, 하나님의 명령을 정면으로 거부하는 사람들은 **이런 무서운 형벌을** 당하게 됨을 명심해야 합니다.

우리 그리스도인들도 하나님께 불순종하면 그것이 사람의 눈에는 별 일 아니라 여겨질 수 있으나 그로 인해 내가 받고 누리고 있는 것들에 우리가 상상할 수 있는 이상으로 **쓰라리고 고통스러운 채찍**이 되고, 그토록 내게 소중했던 것들이 물이 피가 되어버리듯이 **무용지물**이 될 수 있다는 사실을 잊지 말아야 합니다.

우상숭배자들은 원래 하나님을 모르는 사람들입니다. 그런 사람들이 하나님을 대적하고 불복할 때도 이렇게 무서운 벌을 받았는데 하나님을 알고 섬긴다는 사람이, 예수까지 죽여서 죄 용서받게 하고 자녀 삼아주신 사람이 그렇게 한다면 그 죄악이 어찌 가볍겠습니까? 그런데 계속 하나님을 대적하고 불순종하면서 당장은 별일이 없다고 안심하고 악한 고집을 키워나가는 교인들이 많습니다. **때가 다 되기 전에** 서둘러서 회개해야 합니다.

이렇게 하지 않는 교인은 **교회 밖에 있는 어떤 악인들보다 더 큰 고통을 겪게** 됩니다. 그래서 교회 안에 가장 큰 복을 받는 사람도 있고 가장 큰 벌을 받는 사람도 있는 것입니다.

> 22절/ 애굽 요술사들도 자기들의 요술로 그와 같이 행하므로 바로의 마음이 완악하여 그들의 말을 듣지 아니하니 여호와의 말씀과 같더라
> 23절/ 바로가 돌이켜 궁으로 들어가고 그 일에 관심을 가지지도 아니하였고
> 24절/ 애굽 사람들은 나일 강 물을 마실 수 없으므로 나일 강 가를 두루 파서 마실 물을 구하였더라

〈더 정확한 번역〉

> 23절/ 그 일에 관심을 가지지도 아니하였고 ⇒ 그는 모세와 아론이 한 일을 무시해버렸다.

(1) 바로는 애굽의 요술사들을 불렀고 그들도 물이 피가 되게 했습니다.

바로는 어떻게든 모세가 전한 하나님의 명령에 따르지 않고 대적할 마음을 먹고 있었는데 다행히 애굽 요술사들도 물이 피가 되게 했습니다. 바로는 의기양양하여 "**모세와 아론이 한 일을 무시**"하고 곧바로 왕궁으로 돌아갔습니다.

바로는 하나님께서 자기의 이런 반응을 **이미 다 아시고** 모세에게도 **예고해주셨음**을 전혀 몰랐습니다. 그는 애굽의 요술사들로 인해 잠시 자신감과 안도감을 가졌으나 **그것이 앞으로 얼마나 더 심각한 해**를 가져올지 전혀 생각할 수 없었습니다.

하나님께 불순종하고 대적하는 자들은 그렇게 해도 별일이 없고 오히려 자기가 원하는 대로 잘 되는 것을 보면서 안도하며 계속 어리석음을 저지릅니다. 그들은 하나님께서 그가 그렇게 완악하여 계속 악을 저지를 것도 알고 계시고 그 후속조치로 더 강하게 다스릴 계획을 세우고 계신다는 사실을 전혀 모릅니다.

하나님을 대적하고 불순종하는 사람들은 **모두 이렇게 영혼이 어둡고 잠자게 되어서 사탄의 노예가 된 사람들**입니다.

그런데 그런 사람들 중에 하나님께서 그 어둡고 잠자고 있는 영혼을 밝히고 깨워서 계속 사탄의 노예가 되지 않도록 **도와주는 사람들**이 있습니다. 이들이야말로 억만금을 얻고, 그 부패타락한 마음이 원하는 것들을 다 가지는 것보다 **큰 복을 받은 사람들**입니다. 우리 모든 그리스도인은 이러한 **특별한 은총을 하나님으로부터 받은 사람들**입니다.

그러므로 우리가 이것저것 무엇을 가지고 누리는 것보다 **이런 크신 은총을 항상 기억하고, 항상 기뻐하고 범사에 감사하면서 하나님을 예배하며 살아야** 합니다.

(2) 바로는 요술사들이 물이 피가 되게 하는 것을 보았으나 그들이 애굽의 모든 물을 피가 되게 한 것은 아니라는 사실을 깨닫지 못했습니다.

애굽에서 사람 눈에 보이는 모든 물은 이미 모세에 의해 피가 되어버렸습니다. "애굽 사람들은 나일 강 물을 마실 수 없으므로 나일 강 가를 두루 파서 마실 물을 구하였더라(24절)" 했습니다.

땅을 파면 그래도 마실 수 있는 물을 구할 수 있었다는 말입니다. 그 술사들은 그러한 물을 조금 가져다가 물이 피게 되게 한 것뿐입니다.

그런데 그들은 **그 피를 다시 물이 되게 하지는 못했습니다.** 따라서 바로 역시 그 술사들의 요술이 아무것도 아님을 곧바로 알았을 것입니다. 그러나 그는 계속해서 고집을 꺾지 않았습니다.

하나님에 의해 나타난 기적과 애굽 술사들의 술법에 의한 결과는 **표면상으로는 유사해 보이지만 그 성질과 내용에 있어서는 아주 다릅니다.**

참된 신앙이 없는 사람들은 종종 마귀의 거짓된 기적에 속아서 거기에서 용기를 얻는다고도 하고 그것을 의지하여 산다고 합니다.

그러므로 요한일서 4장 1절에 "**사랑하는 자들아. 영을 다 믿지 말고 오직 영들이 하나님께 속하였나 분별하라**"고 했습니다. 또 모세는 말하기를 "**거짓 선지자들이 이적과 기적을 행할지라도 성도들은 그것을 따르지 말라**"고 경고했습니다(신13:1~3).

애굽 사람들은 나일 강을 생명의 근원이나 되는 것처럼 **신성시하며 숭배**했습니다. 그러나 하나님께서는 그 종 모세를 통해 **마른 지팡이로 그 물을 치**

게 하심으로써 그것을 피, 즉 죽음의 상징으로 만들어버렸습니다. 나일 강을 비롯하여 애굽에 드러나 있는 모든 물이 피가 되게 하셨다는 것은 그들이 그토록 숭상하던 나일 강조차 그들에게 고통과 멸망을 가져다주는 것에 지나지 않음을 깨우쳐주신 것입니다.

사탄이 하는 일은 그가 지배하는 사람들을 그저 미혹하고 속이는 것이며 열심히 그를 추종하는 자들에게도 진정한 유익과 복을 얻게 해주지 않습니다.

사탄이 애굽의 요술사들을 시켜서 일부분의 물을 피가 되게 한 것은 물 한 방울도 너무 귀중한 애굽 사람들에게서 그마저 마실 수 없는 물이 되게 했을 뿐입니다.

이 사탄이 아무리 사람들을 놀라게 하는 능력을 하나님을 모방하여 나타낸다고 할지라도 그것은 일시적인 속임수요, 사람들에게 해가 될 뿐이고 고통이 되게 할 뿐입니다.

그리고 사탄의 능력행사는 그들에게 속한 사람들이 바로처럼 강퍅해져서 회개하고 하나님께 돌아가지 못하도록 도울 뿐입니다. 그야말로 사탄은 그저 악 자체요, 악의 근원일 뿐입니다.

이처럼 사탄에게 속해서 사는 사람들은 참으로 불쌍한 사람들입니다. 우리 모든 그리스도인은 이런 사실도 깊이 깨달아 참으로 항상 기뻐하고 범사에 감사해야 합니다.

▪ 25절/ 여호와께서 나일 강을 치신 후 이레가 지나니라
〈더 정확한 번역〉
▪ 나일 강을 치신 후 ⇒ 나일 강을 피로 변하게 하신 지

이 재앙은 **7일 동안 계속**되었습니다.
여기서 알아야 할 것이 있습니다.
(1) **하나님께서는 이 재앙을 7일 이상 내리지 않으셨습니다.**

이것은 그 불순종하는 자들에게 **하나님께서 자비**를 베푸신 것입니다. 하나님께서는 그 재앙을 아주 오랫동안 내려서 바로와 애굽 사람들이 더 큰 고통을 당하고 죽게 하실 수도 있었습니다.

하나님은 예나 지금이나 악한 자들에게 크고 작은 징벌을 내리시지만 **그렇게 하시는 가운데서도 긍휼과 자비를 베푸십니다.** 따라서 악인들이 더 큰 고통을 당하고 더 많이 죽지 않고 생존할 수 있게 해주시는 것입니다.

그러나 악인들은 이 하나님의 선하심을 도무지 알지 못하고 계속해서 하

나님을 대적하고 범죄의 길로 치달아 갑니다. *이것이 더 고통과 불행의 길을 그들 스스로 만들어가고 있는 것*입니다.

(2) 하나님의 이러한 조치는 결코 그 악인들에게 항복하시거나 그들을 다스리는 일을 포기하시는 것이 아닙니다.

7일 이후 재앙을 중단시키신 하나님은 하나님 앞에서 계속 악한 고집을 부리며 불복하는 바로와 그 나라에 바로가 *점점 더 고집을 부리고 있는 것만큼* 점점 더 가혹한 재앙을 내리십니다. 결국 하나님께서 뜻을 세우신 마지막 재앙을 내리신 후에 바로와 그 백성은 굴복하고 맙니다.

하나님의 긍휼과 자비를 입고 여전히 생존하면서 하나님을 대적하고 불순종하는 자들이 *그렇게 하는 만큼* 그들 머리에 더 뜨거운 숯불을 쌓고 있는 것입니다.

그러나 그들은 그것을 알지 못하고 "하나님이 어디 있느냐? 무슨 벌이 내려지겠느냐?" 하면서 더욱 하나님을 무시하고 대적합니다. 저들이 이렇게 하는 것이야말로 *그들이 더 큰 징벌을 당할 수밖에 없는 저주를 끌어들이는 것*입니다.

그러므로 불의를 행하며 형통한 자들을 *부러워하지 말아야* 합니다.

*(3) 하나님께서 바로와 그 백성들에게 이렇게 하시는 이유는 그들을 벌하시는 것만이 아니라 온 세상 사람들에게 하나님이 누구이신가를 여러 번에 걸쳐서 충분하게 알게 하시는 것*이었습니다.

바로와 애굽 사람은 강과 그들의 신을 최상의 신이라고 여기고 있는데 하나님은 그런 것들과는 비교할 수 없는 신, 즉 하나님이야말로 우주만물을 지으셨고 모든 것을 지배하고 주관하시는 분이심을 친히 여러 가지 증거를 나타내 보이시며 온 세상에 알게 하시는 것입니다. 이렇게 하여 *하나님이야말로 그 누구도 당할 수 없고, 견줄 수 없는 전지전능하시며 유일하신 신이심*을 분명하게 알게 해주신 것입니다.

그러므로 모세로 하여금 여러 가지로 차례로 시행하게 하신 재앙들은 그저 아무렇게나 내려지는 것이 아니고 *하나님의 탁월하신 지혜로 친히 설계하시고 행하신 것*입니다.

이러한 하나님을 주인으로 삼고, 그 하나님의 보호와 인도하심을 받는 사람들은 오직 그 여호와 하나님만을 섬기고 삶으로써 가장 지혜롭고 복된 길

로 나아가는 자입니다. 그리고 급기야는 약속된 낙원, 가나안에서 영생복락을 누리게 됩니다.

그러므로 낙원에 들어갈 사람은 우선 바로(사탄)와 애굽(사탄이 지배하는 세상)에서 떠나야 합니다. 그리고 광야에서 살면서 오염되고 병들었던 부분들을 다 제거해야 합니다. 그것이 바로 이스라엘 백성들이 하나님의 율법을 받고 그 율법에 따라서 광야에서 하나님을 섬기며 사는 것이었습니다. 이 광야교회의 삶에서 정화되고 치료되어 여호수아와 갈렙처럼 변함없이 오직 하나님을 경외하는 자만이 그 약속된 낙원(가나안)으로 들어가고 여기에서 실패하고 불합격한 사람들은 들어가지 못하는 것입니다.

400년 동안이나 사탄과 사탄의 세상에서 온갖 고통을 당하며 살았고, 모세(예수 그리스도)를 통해 유일하신 하나님이 누구이신가를 끊임없이 보고 체험했으면서도 하나님을 경외하지 않고 불신하고, 원망불평이나 하고, 하나님을 배신한 자들(이스라엘 백성의 대다수의 사람들)은 그 젖과 꿀이 흐르는 땅에 들어갈 자격이 없다는 것을 스스로 입증한 자들입니다.

나는 지금 어떤 사람인가를 정신차리고 살펴보시기 바랍니다.

8장

8장에서는 바로가 불복하여 개구리 재앙이 있게 되었고 이어서 이 재앙과 파리 재앙이 있게 되었음을 보여주고 있습니다.

이와 파리는 작고 보잘것없는 생물이었으나 그것들이 막대한 숫자가 되자 애굽인을 크게 괴롭히게 된 것입니다.

> 1절/ 여호와께서 모세에게 이르시되 너는 바로에게 가서 그에게 이르기를 여호와의 말씀에 내 백성을 보내라 그들이 나를 섬길 것이니라
> 2절/ 네가 만일 보내기를 거절하면 내가 개구리로 너의 온 땅을 치리라

〈더 정확한 번역〉
> 1절/ 그들이 나를 섬길 것이니라 ⇒ 그들이 나를 예배할 수 있게 하여라.
> 2절/ 네가 만일 보내기를 거절하면 내가 애굽을 개구리로 벌할 것이다.

[1] **하나님은 사람에게 멸시 받는 매우 작은 생물들로도 얼마든지 죄인들에게 큰 재앙이 되게 하십니다.**

하나님은 사자나 곰 같은 맹수들로 악인들에게 벌을 주실 수도 있으나 이와 같이 멸시 받는 생물들을 택하여 얼마든지 악인들에게 무서운 고통을 주

시기도 하십니다.

(1) 이는 하나님의 능력이 얼마나 놀라운 것인가를 보여주시기 위함입니다.

하나님은 우주 만물과 모든 것을 창조하신 **창조주**이십니다. 그 손에 **모든 것을 지배하시고 원하시는 대로 사용**하시는 분이십니다. 하나님은 코끼리를 만드실 때 사용하신 능력으로 개미를 만드시기도 하십니다. 하나님의 섭리는 가장 크고 힘 있는 피조물들과 마찬가지로 **보잘것없는 작은 피조물들을 이용하셔서도 하나님의 뜻을 이루십니다.** 자비 가운데서뿐 아니라 **심판 가운데서 나타내시는 권능도 하나님의 것이요,** 결코 피조물에게 있는 것이 아닙니다.

하나님께서 원하시면 가장 작은 피조물도 우리에게 **치명적인 해를 가하는 무서운 대적**이 되게 하실 수 있습니다. 그러므로 **하나님이 나의 적이 되신다면 모든 피조물이 나에게 전쟁을 걸어올 것**입니다. 반면에 **하나님을 나의 하나님으로 삼게 되면 모든 피조물이 동원되어 나를 돕게 됩니다.**

(2) 이렇게 함으로써 하나님은 바로의 교만을 꺾으시고 그가 계속하여 하나님 앞에 저지르는 무례를 그때마다 엄벌하셨습니다.

당시 세계 최강대국의 황제였던 바로가 이러한 보잘것없는 미물들 때문에 하나님 앞에 무릎을 꿇게 되고 항복해야 하는 꼴을 드러내는 것은 **아주 치욕적인 일입니다.**

보편적으로 어린아이들까지도 이와 파리를 대항할 능력이 있는데 바로는 그렇게 할 능력이 없었습니다. 그 보잘것없는 생물의 숫자가 헤아릴 수 없이 많아져서 맹렬하게 공격할 때 세계 최강의 병마와 기병을 가진 바로는 아무것도 할 수 없었습니다.

이와 같이 하나님은 하나님을 멸시하고 하나님의 주권을 무시하며 모든 것을 지으시고 지배하시고 다스리시는 하나님의 통치권을 인정하지 않는 자들에게 반드시 이러한 **치욕**을 내리십니다. 따라서 하나님께서 원하시는 때는 **가장 보잘것없는 것들로도** 하나님 앞에서 교만하고 무례한 자들을 참으로 보기 좋게 모욕하고 짓밟으실 수 있는 것입니다.

제 40 강

두 번째 재앙-개구리 재앙

〈출8:3~13〉
3개구리가 나일 강에서 무수히 생기고 올라와서 네 궁과 네 침실과 네 침상 위와 네 신하의 집과 네 백성과 네 화덕과 네 떡 반죽 그릇에 들어갈 것이며 4개구리가 너와 네 백성과 네 모든 신하에게 기어오르리라 하셨다 하라 5여호와께서 모세에게 이르시되 아론에게 명령하기를 네 지팡이를 잡고 네 팔을 강들과 운하들과 못 위에 펴서 개구리들이 애굽 땅에 올라오게 하라 할지니라 6아론이 애굽 물들 위에 그의 손을 내밀매 개구리가 올라와서 애굽 땅에 덮이니 7요술사들도 자기 요술대로 그와 같이 행하여 개구리가 애굽 땅에 올라오게 하였더라 8바로가 모세와 아론을 불러 이르되 여호와께 구하여 나와 내 백성에게서 개구리를 떠나게 하라 내가 이 백성을 보내리니 그들이 여호와께 제사를 드릴 것이니라 9모세가 바로에게 이르되 내가 왕과 왕의 신하와 왕의 백성을 위하여 이 개구리를 왕과 왕궁에서 끊어 나일 강에만 있도록 언제 간구하는 것이 좋을는지 내게 분부하소서 10그가 이르되 내일이니라 모세가 이르되 왕의 말씀대로 하여 왕에게 우리 하나님 여호와와 같은 이가 없는 줄을 알게 하리니 11개구리가 왕과 왕궁과 왕의 신하와 왕의 백성을 떠나서 나일 강에만 있으리이다 하고 12모세와 아론이 바로를 떠나 나가서 바로에게 내리신 개구리에 대하여 모세가 여호와께 간구하매 13여호와께서 모세의 말대로 하시니 개구리가 집과 마당과 밭에서부터 나와서 죽은지라

> 3절/ 개구리가 나일 강에서 무수히 생기고 올라와서 네 궁과 네 침실과 네 침상 위와 네 신하의 집과 네 백성과 네 화덕과 네 떡 반죽 그릇에 들어갈 것이며
> 4절/ 개구리가 너와 네 백성과 네 모든 신하에게 기어오르리라 하셨다 하라
> 5절/여호와께서 모세에게 이르시되 아론에게 명령하기를 네 지팡이를 잡고 네 팔을 강들과 운하들과 못 위에 펴서 개구리들이 애굽 땅에 올라오게 하라 할지니라

〈더 정확한 번역〉
> 3절/ 개구리가 나일 강에 가득할 것이다. 그리고 올라와서 네 궁과 네 침실과 네 침상 위와 네 신하의 집과 네 백성과 네 화덕과 네 떡 반죽 그릇에 들어갈 것이며
> 4절/ 개구리가 너와 네 백성과 네 모든 신하의 몸속으로도 기어 들어갈 것이다.
> 5절/ 여호와께서 모세에게 이르시되 아론에게 명령하기를 네 지팡이를 잡고 네 팔을 강들과 운하들과 늪을 향해 지팡이를 든 손을 뻗게 해서 개구리들이 애

■ 굽 땅에 올라오게 하라 할지니라.

[1] **하나님은 사람에게 멸시 받는 매우 작은 생물들로도 얼마든지 죄인들에게 큰 재앙이 되게 하십니다.**

(1) **이는 하나님의 능력이 얼마나 놀라운지를 나타내 보이시기 위함입니다.**
(2) **이렇게 함으로써 하나님은 바로의 교만을 꺾으시고 그가 계속하여 하나님 앞에 저지르는 무례를 그때마다 엄벌하셨습니다.**

[2] **하나님은 모세로 하여금 매일 새로운 지시를 받게 하셨습니다.**

개구리 재앙이 얼마나 바로와 백성들에게 **광범위하게** 극심한 고통과 괴로움을 주게 될 것인지를 상세하게 말씀하십니다.
개구리가 나일 강에 가득하게 될 뿐 아니라 왕의 궁과 왕의 침실과 침상 위에, 또 신하들의 집과 백성들의 화덕과 떡 반죽 그릇까지 **가득하게** 될 것이라 했습니다. 뿐만 아니라 그 개구리가 바로 왕과 모든 백성과 모든 신하의 **몸속으로도** 기어 들어갈 것이라고 하셨습니다.
이것은 일상적인 **생활을** 도저히 제대로 할 수 없게 될 것을 의미합니다. 그들의 모든 음식물에 개구리가 들어가서 망쳐버릴 뿐 아니라 침실과 침상 위에도 가득하여 잠도 제대로 잘 수 없게 된 것입니다. 그뿐 아니라 바로를 비롯하여 모든 애굽 사람의 몸속으로 이 개구리들이 파고 들어가서 기어 다닌다는 것입니다. 그야말로 **한순간도 편히 쉴 수 없고** 음식을 제대로 먹을 수도 없고 일상적인 활동을 전혀 할 수 없게 된 것입니다.

(1) **바로와 애굽 사람들에게 내려진 이 저주는 그들이 있는 곳마다 철저하게 뒤쫓아다녔습니다.**

(2) **이는 누구든지 하나님의 명령과 뜻을 어기면 때가 되면 하나님의 심판이 그들 자신과 삶 전반에 속속들이 임하게 된다는 사실을 보여주신 것입니다.**

모든 불신자와 우상숭배자들은 **그들이 알지도 못하는 가운데** 그들 자신과 가족들과 그들의 모든 삶의 **구석구석에 하나님의 저주가 임하고 있다**는 사실을 알아야 합니다.
이 세상은 절대다수가 불신자, 우상숭배자이고 신앙생활한다는 사람들조차도 하나님의 명령과 뜻을 너무 어기고 있으므로 **시간이 지날수록 각종의**

저주가 사람들의 모든 삶 속에 끊임없이 내려지고 있는 것입니다.

그러므로 이러한 광범위하고도 끊임없는 저주가 줄어들려면 하나님을 알고 하나님께 순종하는 사람이 점점 많아져야 합니다. 즉 하나님의 명령과 뜻을 잘 순종하며 사는 하나님의 백성들은 교회 안에 있는 신자답지 못한 사람들과 교회 밖에 있는 모든 불신자, 우상숭배자들에게 어떠한 어려움을 무릅쓰고라도 달려가서 복음을 전해주고 그들이 예수 그리스도를 믿고 하나님의 명령과 뜻에 순종하며 살게 해야 합니다. 이것이 진정으로 이웃을 사랑하는 것이고 나라를 사랑하는 것이고 세계의 모든 사람을 사랑하는 것입니다. 이런 일을 잘하는 사람들은 하나님으로부터 특별한 사랑과 복을 누리게 됩니다.

[3] 하나님은 아론이 그 지팡이를 휘둘러서 재앙이 내려지게 하셨습니다.

지팡이가 휘둘러지는 것을 신호로 각 지역에 있던 모든 개구리가 애굽으로 들이닥쳤습니다. 그 지팡이에서 우레와 같은 소리가 들리거나 번개가 일어나지 않았는데도 중근동 각 지역에 있는 개구리들이 일제히 애굽으로 들이닥쳤습니다. 이것은 모세의 지팡이가 어떻게 움직이느냐에 따라 하나님께서 정하신 재앙이 신속하게 이루어지게 하심을 보여주신 것입니다.

바로 왕과 애굽 사람들이 그토록 자랑하던 그들의 신들도 단 한 마리의 개구리도 막을 수 없었습니다. 하나님은 이로써 그 신들이라는 것이 얼마나 헛되고 보잘것없는 존재인가를 확실하게 드러내주신 것입니다.

지팡이의 신호로 모든 개구리 떼는 애굽으로 올라와 온 땅을 덮어버렸습니다. 하나님은 그야말로 사람의 신장 정도밖에 안 되는 지팡이 하나로도 모든 생물을 뜻대로 움직이시고 하나님께 불순종하고 거역하는 자들에게 피할 수 없는 재앙을 시행하시는 분이십니다.

하나님께서 교만하고 완악하게 구는 인간들을 벌주시는 방법은 이토록 다양합니다. 마른 막대기 하나로 이처럼 무서운 심판을 내리시는데 더 큰 도구들을 사용하시면 얼마나 더 악인들을 벌하실 수 있겠습니까?

> 6절/ 아론이 애굽 물들 위에 그의 손을 내밀매 개구리가 올라와서 애굽 땅에 덮이니
> 7절/ 요술사들도 자기 요술대로 그와 같이 행하여 개구리가 애굽 땅에 올라오게 하였더라

〈더 정확한 번역〉

> 7절/ 요술사들도 자기 요술대로 그와 같이 행하여 그들도 애굽 땅에 개구리들이 생겨나게 했다.

애굽의 술객들도 "애굽 땅에 개구리들이 생겨나게 했다"고 했습니다.

그러나 그들은 얼마의 개구리들을 생겨나게 할 뿐 하나님께서 보낸 개구리들을 제거할 수는 없었습니다.

사탄은 바로와 애굽 사람들을 속이기 위해 술객들을 통해 개구리들을 내었으나 하나님은 그 속이는 자와 속는 자들을 멸망시키시려고 더 많은 개구리들을 마련하신 것입니다.

사탄이 일으키는 기적은 어디까지나 속이는 것이고 그것은 하나님의 능력 앞에서 불씨가 사라지는 것처럼 아무것도 아님을 드러내기 마련입니다.

그러므로 우리 하나님의 사람들은 사탄과 그가 속이기 위하여 나타내는 능력들을 결코 두려워하거나 놀랄 필요가 없습니다.

> 8절/ 바로가 모세와 아론을 불러 이르되 여호와께 구하여 나와 내 백성에게서 개구리를 떠나게 하라 내가 이 백성을 보내리니 그들이 여호와께 제사를 드릴 것이니라

(1) 바로는 여기서 처음으로 이스라엘 백성을 보내겠다는 말을 합니다.

바로는 먼저 모세에게 "여호와께 구하여 나와 내 백성에게서 개구리를 떠나게 하라" 했습니다.

조금 전까지만 해도 하나님과 모세를 조롱하던 바로가 하나님의 자비를 구하게 된 것입니다. 바로는 오직 모세가 그의 하나님께 기도해야만 재앙이 해결될 수 있다는 것을 깨달았습니다. 그러나 그는 아직 하나님을 단 몇 %도 제대로 알지 못했습니다.

성도들 중에도 예수 그리스도가 누구인지 어렴풋이 알고 교회를 출입하는 사람들이 많습니다. 이 사람들은 범죄생활 때문에 하나님께서 채찍질하실 때 우선은 자기의 노력이나 세상 방법으로 그것을 모면해보려고 시도합니다. 그래도 안 될 때 하나님의 종이나 다른 성도들에게 기도해달라고 부탁합니다. 그러나 자기 스스로 하나님을 믿고 회개하고 기도할 줄 모릅니다.

많은 성도들이 이러한 과정을 반복하면서 조금씩 하나님을 알게 되고, 스스로 기도하게 되고, 회개하게 됩니다. 이러한 교인들이 하나님을 80%, 90% 알고 신앙하게 될 때 비로소 하나님을 진정으로 두려워하며 순종하

게 됩니다.

그러므로 모든 그리스도인은 **어떤 일보다도 먼저 서둘러서 하나님**을 더 잘 알기 위해 힘써야 하고, 날마다 내 영혼이 깨지고 치료되고 변화되고 무장하고 성숙되는 일을 해야 합니다.

이것을 위한 가장 **정상적인 방법**은 주야로 말씀을 읽고 묵상하고 배워야 하며 동시에 쉬지 않고 기도하는 것입니다. 하나님께서 정해주신 이런 정상적이고 쉬운 방법을 **도외시함**으로써 그 영혼이 깨지고 치료되고 변화되고 무장하고 성숙되는 일을 게을리하거나 안 하는 성도들은 아무리 5년, 10년이 지나가도 하나님을 제대로 알 수가 없습니다. 죽을 때까지도 이러한 교인들이 많습니다. 이러한 사람들이 부끄러운 구원이라도 얻으면 참으로 다행이겠으나 종래 그 영혼과 삶이 깨지고 치료되고 변화되고 무장하고 성숙하지 못하여 **천국문을 통과하지 못하는 교인들**이 많습니다.

(2) 바로는 개구리 떼가 사라지자마자 모세에게 한 약속을 어깁니다.

15절에 "바로가 숨을 쉴 수 있게 됨을 보았을 때에 그의 마음을 완강하게 하여 그들의 말을 듣지 아니하였다" 했습니다.

"그의 마음을 완강하게 하여"를 더 잘 번역하면 "또다시 고집스러워져서"입니다.

"그가 또다시 고집스러워져서" 듣지 않았다고 했습니다.

바로가 이스라엘 백성을 보내겠다고 말한 것은 **하나님과 모세를 너무 모르는 채로** 위기를 모면하고자 한 말일 뿐이었습니다.

바로와 그 백성들이 점점 더 무서운 재앙을 당하게 되는 것은 우선 **바로 왕이 깨끗이 하나님 앞에 굴복할 정도로** 그 영혼이 하나님을 제대로 알지 못했기 때문입니다. 즉 그 영혼이 깨지고 치료되고 변화되고 성숙하는 것에 있어서 매우 **불충분했기 때문입니다. 이것이 바로와 애굽 사람들에게 계속해서 더 무거운 고통이 임하는 원인**이 되었습니다.

오늘날도 마찬가지입니다. 이 세상은 절대 다수가 불신자이고 우상숭배자들입니다. 저들이 **하나님을 너무나 모르고, 하나님께 굴복할 여지가 전혀 없을 정도로** 그 영혼이 깨지고 치료되고 변화되고 성숙하지 못함으로써 그들은 **끊임없이 하나님을 대적하고 불복**하는 것입니다. 따라서 그에 따라 저들과 저들의 세상에는 **점점 더 큰 재앙과 고통이 내려지는 것**입니다.

성도들도 마찬가지입니다. **특별한 하나님의 사랑을 입어** 예수 그리스도를 믿고 하나님의 백성이 되었지만 **너무나도 하나님을 모르고, 그 앞에 굴복할 수 있을 정도로 영혼이 깨지고 치료되고 변화되고 무장되고 성숙하지 못함으로써 끊임없이 하나님을 대항하고 불순종하는 사람들이** 많습니다. 이런 교인들이 저지르는 죄악은 불신자, 우상숭배자들이 저지르는 것보다도 하나님 앞에서 **더 큰 악**이 되어 누구보다도 큰 **고통**을 당하기도 합니다.

그러므로 성도들이여! 나도 지금 바로와 이스라엘 백성들 같은 사람이 아닌가 정직하게 살펴보시기 바랍니다.

> 9절/ 모세가 바로에게 이르되 내가 왕과 왕의 신하와 왕의 백성을 위하여 이 개구리를 왕과 왕궁에서 끊어 나일 강에만 있도록 언제 간구하는 것이 좋을는지 내게 분부하소서
> 10절/ 그가 이르되 내일이니라 모세가 이르되 왕의 말씀대로 하여 왕에게 우리 하나님 여호와와 같은 이가 없는 줄을 알게 하리니
> 11절/ 개구리가 왕과 왕궁과 왕의 신하와 왕의 백성을 떠나서 나일 강에만 있으리이다 하고
> 12절/ 모세와 아론이 바로를 떠나 나가서 바로에게 내리신 개구리에 대하여 모세가 여호와께 간구하매
> 13절/ 여호와께서 모세의 말대로 하시니 개구리가 집과 마당과 밭에서부터 나와서 죽은지라

〈더 정확한 번역〉

> 10절/ 왕의 말씀대로 하여 왕에게 ⇒ 왕이 원하는 대로 하여 이뤄질 것이요. 이 일을 통해 왕은
> 13절/ 밭 ⇒ 뜰

(1) 모세는 개구리 재앙이 언제 떠나도록 기도할지를 바로가 정하게 했습니다.

"**바로야, 네가 원하는 시간에 개구리가 물러가게 해주겠다**" 한 것입니다. 재앙이 물러가는 일은 어떤 천체의 변화나 우연으로 되는 것이 아니라 오직 **바로 한 사람이 원하는 때에 하나님에 의해서** 이루어진다는 사실을 보여주고자 하신 것입니다.

하나님은 바로가 또 약속을 어길 것을 *이미 알고* 계셨습니다. 그러나 그가 원하는 대로 정한 시간에 개구리가 사라지는 것을 보게 함으로써 **하나님이 누구이신지를 더 깨닫게** 하신 것입니다.

하나님은 하나님께 불순종하고 대적하는 자들이 그렇게 계속 고집을 부리는 가운데서도 **하나님이 누구신가를 점차 눈으로 보고 알게** 하십니다. 이렇게 하여 그들이 **하나님을 부인하고 대적하면서도 하나님을 두려워하게** 하십니다. 그런데 하나님께서 이렇게 끊임없이 깨닫게 해주시는데도 **계속 고집을 부리며 하나님을 대적하고 부정하는 만큼 그들은 더 뜨거운 숯불을 그들과 그 자손들에게 쌓게** 되는 것입니다.

(2) 바로는 그 시기를 '내일'로 정했습니다.

바로가 그렇게 정한 것은 '혹시 내일까지 기다려보면 개구리들이 저절로 없어지지 않을까?' 생각한 것입니다. 만약에 그것이 저절로 사라진다면 그것은 하나님이 내리신 재앙이 아니라고 여기려는 간교함이 있었던 것입니다. 그의 이런 간교함은 **그가 얼마나 어리석은 자였는지를 더 분명히 드러내게 될 뿐**이었습니다.

많은 사람이 범죄함에 따라 하나님께서 시시때때로 징벌을 내리심으로써 그것을 통해 순간적이나마 하나님의 존재를 알게 되고 두려워합니다. 그러나 하나님을 충분히 알지 못하고 그 영혼이 깨지고 치료되고 변화되고 성숙하지 못했기 때문에 그들은 **더욱더 간교함을 드러내게** 됩니다. 그러나 **그들이 그렇게 하면 할수록** 그 수고와 노력이 어리석음을 **점점 더 분명히 보게** 됩니다.

심지어 교인들 중에도 이러한 사람들이 많습니다. 하나님의 말씀을 읽고 들음으로써 하나님의 존재를 조금이나마 알게 되고 하나님의 심판에 대해 알게 되고, 또 하나님께 불순종하고 불충하는 생활 때문에 여러 가지 고통을 당하는 것을 경험하면서 하나님을 좀 더 알게 되고 하나님을 두려워하게 됩니다. 그러나 그럼에도 불구하고 간교한 생각에 빠져서 '그렇지만, 그렇지만' 하면서 인간의 정욕과 생각과 불신자, 우상숭배자들의 사고방식을 따라 끊임없이 범죄하고 불충하는 교인들이 있습니다. 이들은 **그렇게 하는 것만큼 반드시 자신이 얼마나 어리석은 사람이었는가를 똑똑히 알게** 됩니다.

그러므로 우리 모든 성도는 **모든 간교함을 신속히 제거해야** 합니다. **하나님의 말씀이라면 그저 순종하고 하나님의 뜻이라면 그저 충성하는 사람이 되어야** 합니다. 그렇게 하느라고 때로는 손해를 보기도 하고 어려움을 당하기도 하지만 그렇게 할수록 '아, 내가 참으로 잘했구나' 하는 것을 점점 경험하게 됩니다.

(3) 여기서 모세의 큰 믿음을 보여줍니다.

　모세는 하나님께서 이미 말씀해주신 대로 **확실하게 믿고** 있었습니다. 그래서 바로에게 하나님의 말씀을 **한 마디도 빼놓지 않고** 그대로 전했습니다. 그리고 바로에게 자기가 한 말이 그대로 다 이루어질 것을 **자신 있게** 말했으며 모든 것이 그대로 이루어졌습니다.
　더이상 호렙 산에서의 모세가 아니었습니다. 그는 참으로 **믿음이 충만**하고 **성령충만**한 **사람이** 된 것입니다.

　우리 하나님의 일꾼들도 성경을 통해 우리에게 말씀해주신 하나님의 말씀을 **단 한마디도 의심하지 말고 확실하게 믿는 믿음을** 가져야 합니다. 이런 사람만이 성경을 일점일획이라도 가감하지 않고 모세처럼 그대로 전할 수 있습니다. 따라서 이런 사람들의 입에서 나오는 하나님의 말씀은 **반드시 그대로 다 이루어집니다.**

　그런데 **하나님께서 더욱 가까이 해주셔서 나 개인에게 무슨 특별한 명령과 약속을 주셨는데 그것을 100% 믿지 못하여 그 말씀과 약속대로 말하고 행하지 못하는 사람들**이 있습니다. 이러한 사람이야말로 **가장 불쌍한 사람**이요, 하나님으로부터 무서운 진노를 면할 수 없습니다.
　만약 하나님께서 개구리 재앙에 대해 구체적으로 전하라고 명령해주셨는데도 모세가 바로에게 몇 마디 말만 전했다면 어찌 되었겠습니까?
　따라서 하나님은 **귀하게 들어 쓰실 사람일수록 호렙 산에서의 모세처럼 이 바로 왕 앞에서의 모세로 깨지고 치료되고 무장하고 성숙하는 과정을 거치게** 하십니다. 여기에서 **합격하는** 사람만이 계속하여 하나님의 권능의 도구와 나팔로 쓰이게 됩니다. 그러나 처음에는 이런 일을 잘하다가도 **순간적으로 사탄의 시험에 빠져서** 하나님 앞에서 깨끗하게 순종하고 충성하지 못함으로 누구보다도 **불쌍한** 자가 되어 버리는 사람들이 있습니다. 우리 하나님의 일꾼들은 내가 이런 자가 아닌지 잘 살펴봐야 하며 이런 무서운 시험에 빠지지 않기 위해 쉬지 않고 기도해야 합니다.

(4) 무서운 개구리 재앙은 모세가 하나님께 기도함으로 물러갔습니다.

　하나님이 함께하시는 사람들, 하나님의 일꾼 된 사람들이 **기도를 게을리하는 것은 큰 죄를 범하는 것**입니다. 하나님을 무시하고 기도를 무시하는 사람은 조만간 하나님과 기도가 얼마나 중요하고 필요한 것인가를 **똑똑히 알**

게 됩니다.

우리 하나님의 일꾼들은 언제나 모든 것을 실행하기에 앞서 기도해야 합니다. 그렇게 함으로써 먼저 하나님께 더 큰 영광을 돌려보내고 주변에 있는 많은 사람에게 하나님의 긍휼과 자비가 임하게 해야 합니다. 그런데 이것을 게을리하고 불충하는 것은 참으로 큰 죄악이 됩니다. 그래서 기도를 게을리 하거나 쉬다가 큰 죄를 범하여 하나님께 큰 벌을 받는 사람들이 많습니다.

우리 모든 성도와 하나님의 일꾼들은 인간인 내가 전지전능하시고 거룩하시고 완전하시고 선하신 하나님과 기도로 교통할 수 있다는 사실이 얼마나 큰 복이요, 특권인가를 잠시도 잊지 말아야 합니다. 이 복과 특권을 우리는 부지런히 사용해서 우리 주변에 있는 많은 사람에게 하나님의 은혜와 자비가 임하게 해야 하며 따라서 하나님께 점점 더 큰 영광을 돌려드려야 합니다.

여기에서 우리는 하나님을 절대적으로 신뢰하는 믿음의 사람 모세의 기도가 얼마나 놀랍게 성취되었는가를 알 수가 있습니다.

모세가 "개구리가 왕과 왕궁과 왕의 신하와 왕의 백성을 떠나서 나일 강에만 있으리이다(11절)" 하고 말한 후에 "모세와 아론이 바로를 떠나 나가서 바로에게 내리신 개구리에 대하여 모세가 여호와께 간구하매 여호와께서 모세의 말대로 하시니 개구리가 집과 마당과 뜰에서부터 나와서 죽은지라(12,13절)" 했습니다.

모세가 바로에게 "내가 왕과 왕의 신하와 왕의 백성을 위하여 이 개구리를 왕과 왕궁에서 끊어 나일 강에만 있도록 언제 간구하는 것이 좋을는지 내게 분부하소서(9절)" 했는데 그대로 이루어진 것입니다. 참으로 모세 입에서 나온 단 한마디의 말도 헛되이 되지 않았습니다.

하나님은 전적으로 하나님을 신뢰하고, 하나님께서 인정하시고 함께하시는 이의 기도가 이토록 놀랍게 성취되게 하신다는 사실을 우리에게 깨닫게 해주고 계십니다. 우리 모든 믿음의 사람은 이 모세와 같이 기도의 특권을 멋있게 사용할 줄 알아야 합니다.

그런데 이러한 놀라운 역사를 나타낼 수 있는 특권을 받았음에도 불구하고 게을러서, 다른 것에 정신이 팔려서 이 특권으로 하나님의 영광을 나타내지 못한다면 그것이 얼마나 큰 죄악이 되겠습니까?

그러므로 이런 사람은 큰 죄인이 되어 그에 상응하는 벌을 받게 됩니다. 그런데 많은 사람이 이것을 잘 모르고 있거나 새까맣게 잊고 있습니다. 이것이 바로 **영혼이 잠자고 어둡고 병들어 있다는 증거**입니다.

(5) 모세는 "당신이 말한 내일에 우리 하나님 여호와와 같은 이가 없는 줄을 알게 하리라"고 선언했습니다.

이 선언은 그대로 이루어졌습니다.
"여호와께서 모세의 말대로 하시니 개구리가 집과 마당과 밭에서부터 나와서 죽었다(13절)" 했습니다.
그 셀 수 없이 많은 개구리가 **곳곳에서 한순간에 다 죽은 것**입니다. 누가 이런 일을 할 수 있겠습니까? **하나님 외에는 없습니다.** 하나님께서 바로와 모든 애굽 사람과 전 세계 사람들에게 **이스라엘의 하나님 여호와와 같은 존재는 결코 없다는 사실**을 알게 해주신 것입니다.
이러한 놀라운 역사는 **모세가 하나님의 명령대로 순종하고 전하라는 대로 전함으로써** 이루어졌습니다.

그러므로 **전적으로 하나님을 신뢰하고 하나님의 뜻과 명령이라면 조금도 가감 없이, 주저함 없이 그대로 전하고 그대로 순종해야** 합니다. 하나님은 **이런 사람을 통해** 하나님과 같은 존재가 없다는 사실을 끊임없이 온 세상 사람들에게 증명해보이십니다.

우리 모든 그리스도인은 이 세상에서 내 신앙을 지키는 것으로 **안주하지 말고 그 신앙을 사용하여 하나님이 누구이신가를 점점 더 많은 사람에게 증거하고 확증해 보여주는 사람**이 되기 위해 더 간절히 부르짖어 기도하고 더 깨지고 치료되고 변화되고 무장하고 성숙해야 합니다. 즉 지금 여기에서의 **모세처럼 변화되어야** 합니다.

수많은 개구리들이 모든 곳에서 일제히 죽었으나 **나일 강에만 죽지 않고** 그대로 있었습니다.
하나님은 **나일 강을 어떤 신보다도 우위에 두고 극심하게 섬겨온** 애굽의 역대 왕과 그 백성들에게 그 강이 결코 신이 아님을 똑똑히 보여주고자 하신 것입니다. 그 나일 강에는 계속해서 개구리들이 들끓어서 거기서 얻었던 수확물들을 얻을 수 없게 되었습니다. 그 강에서 개구리들이 언제 다 없어졌는지는 알 수 없으나 하나님께서는 분명히 **그들이 그토록 숭상하던 나일 강에 무서운 저주와 재앙을 계속해서 내리신 것**입니다.

제 41 강

세 번째 재앙 - 이 재앙

〈출8:14~19〉
14사람들이 모아 무더기로 쌓으니 땅에서 악취가 나더라 15그러나 바로가 숨을 쉴 수 있게 됨을 보았을 때에 그의 마음을 완강하게 하여 그들의 말을 듣지 아니하였으니 여호와께서 말씀하신 것과 같더라 16여호와께서 모세에게 이르시되 아론에게 명령하기를 네 지팡이를 들어 땅의 티끌을 치라 하라 그것이 애굽 온 땅에서 이가 되리라 17그들이 그대로 행할새 아론이 지팡이를 잡고 손을 들어 땅의 티끌을 치매 애굽 온 땅의 티끌이 다 이가 되어 사람과 가축에게 오르니 18요술사들도 자기 요술로 그같이 행하여 이를 생기게 하려 하였으나 못 하였고 이가 사람과 가축에게 생긴지라 19요술사가 바로에게 말하되 이는 하나님의 권능이니이다 하였으나 바로의 마음이 완악하게 되어 그들의 말을 듣지 아니하였으니 여호와의 말씀과 같더라

■ 14절/ 사람들이 모아 무더기로 쌓으니 땅에서 악취가 나더라

(6) 하나님을 대적하며 불순종하는 것의 결과가 어떠했는가를 보여줍니다.

"사람들이 모아 무더기로 쌓으니 땅에서 악취가 나더라" 했습니다.

애굽 전역에 개구리의 사체로 이루어진 무더기가 가득했습니다. 비록 모든 개구리는 죽었으나 그 사체들은 곳곳마다 쌓여 견디기 어려운 악취가 **계속하여** 사람들을 괴롭혔던 것입니다.

하나님을 대적하고 불순종한 행위의 결과가 바로 이렇습니다. 하나님께서 하나님을 대적하고 불순종한 것에 대해 저주와 재앙을 내리시다가 그 **재앙을 중단하셔도 그 부작용은 재앙 못지않게 또 다른 재앙과 저주**가 됩니다. 하나님은 오래 참고 기다리시는데 **그 참는 시간이 길어질수록** 그 대적자들에 대한 징벌은 무서워지며 그것이 잠깐 중단된다 하더라도 그 뒤에 따라오는 부작용은 계속하여 말할 수 없는 고통과 손실을 가져다주게 됩니다. 참으로 **하나님은 모든 사람이 그 누구보다도 두려워해야 할 분**이십니다.

많은 사람이 계속 하나님을 알기를 싫어하고 대적하고 하나님께 불순종하며 온갖 죄악을 지어도 여전히 자신이 존재하고 이것저것을 가지고 누리는 것을 보면서 하나님이 어디 있느냐고 말하고 하나님을 두려워할 필요가 없다고 생각하지만 그들이 그렇게 할수록 그들에게는 이런 무서운 결과가 내려지게 됩니다. 그런데 세상의 인구가 점점 많아지면서 이런 **어리석고 악한 자들이 점점 많아지게 됨으로써** 아무리 과학 문명이 발달한다고 할지라도 세상은 점점 괴로움과 고통이 가중되는 것입니다.

그러므로 이러한 불행을 조금이나마 줄이기 위해서는 학문과 기술을 개발하고 물질을 모으고 법과 제도를 바꾸고 새로운 지도자들을 세운다고 되는 것이 아니라 **어리석고 무지한 죄인들이 예수 그리스도께 나아오고 그 예수 그리스도를 영접하고 사람이 변화되고 삶이 변화되는 일이 진전되어야** 합니다.

그런데 그 일은 죄인들 스스로는 결코 할 수 없습니다. 그 일은 바로 **예수 믿고 구원받은 사람들**, 더욱이 **하나님 앞에서 철저하게 깨지고 치료되고 변화되고 무장하고 성숙한 일꾼들**, 즉 **전도자다운 전도자들만이** 할 수 있습니다. 그러므로 이러한 전도자들이 **이 인류사회에서 참으로 소중한 존재**입니다.

> 15절/ 그러나 바로가 숨을 쉴 수 있게 됨을 보았을 때에 그의 마음을 완강하게 하여 그들의 말을 듣지 아니하였으니 여호와께서 말씀하신 것과 같더라
> 16절/ 여호와께서 모세에게 이르시되 아론에게 명령하기를 네 지팡이를 들어 땅의 티끌을 치라 하라 그것이 애굽 온 땅에서 이가 되리라
> 17절/ 그들이 그대로 행할새 아론이 지팡이를 잡고 손을 들어 땅의 티끌을 치매 애굽 온 땅의 티끌이 다 이가 되어 사람과 가축에게 오르니

〈더 정확한 번역〉
> 15절/ 그의 마음을 완강하게 하여 ⇒ 또다시 고집스러워져서
> 16절/ 티끌을 치라 ⇒ 먼지를 치라.
> 17절/ 티끌 ⇒ 먼지
>   가축에게 오르니 ⇒ 짐승의 몸속에 생겨났다.

(1) 바로는 **다시 고집스러워져서** 이스라엘 민족을 보내겠다고 한 약속을 뒤집었습니다.

그가 이렇게 한 것은 개구리를 없애주신 '**하나님의 은혜**' 때문이었습니다.

처음으로 바로 자신이 하나님께 이스라엘 백성을 내보내겠다고 하며 "제발 개구리를 없애달라"고 간청하여 응답해주신 것인데 바로는 그 은혜를 악용하고 욕되게 한 것입니다. 만약 하나님께서 개구리 재앙을 계속 내리셨다면 바로는 그가 한 약속을 지키지 않을 수 없었을 것입니다.
"숨을 통할 수 있음을 볼 때에" 바로가 하나님을 두려워하는 마음을 잃고, 하나님과 한 약속을 잊어버리게 된 것입니다.

회개하지 않는 자들은 이렇게 하나님께서 베푸신 은혜와 긍휼과 자비를 악용합니다(롬2:4~5).

먼지가 이가 되는 재앙은 개구리 재앙처럼 미리 경고가 있었던 것 같지는 않습니다. 그러나 바로가 자기와 자기 나라에 내려진 집행유예의 선고를 악용했다는 것은 그에게 또다른 재앙을 각오하라는 충분한 경고라고 볼 수 있습니다.
죄악의 결과로 온 고통이 잠깐 중단되거나 제거되었다고 하여 우리가 완악해지고 하나님의 은혜와 긍휼과 자비를 망각한다면 그 고통은 다시 돌아오거나 더 큰 고통을 당하게 됩니다.
많은 사람들이 이런 사실을 도무지 알아차리지 못합니다. 그래서 처음에 하나님이 그들의 죄에 대해 벌을 내리실 때 부르짖어 기도하다가도 그들에게 긍휼과 자비를 베풀어주시면 그전보다 더 완악한 마음을 먹고 더 질이 안 좋게 하나님을 대적하고 악을 저지릅니다. 이렇게 함으로써 하나님을 두려워할 줄 모르고 하나님께 순종하고 복종할 줄 모르는 사람들이 너무 많으므로 이 세상은 점점 더 큰 고통으로 채워질 수밖에 없는 것입니다.
그러므로 하나님께 책망을 받거나 벌을 받게 될 때 완악한 마음을 먹지 않고 굴복하는 것이 참으로 지혜롭고 복된 일입니다. 그러나 대부분의 사람들은 이것을 전혀 알아차리지 못할 정도로 심히 부패하고 타락했습니다. 이런 사람들에게 조금이나마 희망의 빛을 비춰서 그래도 그들 중에 얼마만이라도 점점 더 큰 고통의 구렁텅이에서 빠져나오게 할 수 있는 사람들은 바로 그리스도인들입니다.
그러므로 우리 그리스도인들은 저 불쌍한 사람들에게 어떤 일보다도 서둘러서 하나님과 복음을 알게 해주어야 합니다. 점점 더 큰 고통의 구렁텅이에 빠져들어가는 무수한 사람들을 보면서 자신의 의식주 문제에만 얽매어 있다면 그것은 무자비하고 몰인정한 일입니다. 현대의 많은 그리스도인들이 이런 사람들이 되고 있습니다. 나는 어떤 사람인지 정직하게 돌아보시기 바랍니다.

(2) 개구리는 물들 속에서 나왔으나 이는 땅의 먼지들에서 나왔습니다.

여기 '이'란 눈에 보이지 않을 정도로 **극히 작은 깔따구**를 말합니다.

먼지(티끌)는 그야말로 세려야 셀 수 없습니다. 그런데 **애굽 땅에 있는 모든 먼지가** 하나님의 권능에 의해 눈에 보이지 않을 정도로 작은 깔다구가 되어 애굽에 있는 모든 사람과 짐승의 몸을 쏘아서 몹시 아프게 한 것입니다.

하나님께서는 하나님을 대적하고 반역하는 자들을 다스리고자 하실 때 **하찮은 피조물로도 쓰라린 고통을 주는 매로 만들 수 있으십니다.** 하나님은 눈에 거의 보이지 않을 정도의 먼지라도 순종하게 하시는 분이며 **그 지극히 작은 먼지가** 하나님 앞에서 교만한 모든 사람들을 끊임없이 쏘아서 고통을 당하게 하실 수 있는 분이십니다.

바로와 애굽 사람들은 자신들이 세계 모든 민족 중에 가장 탁월하다고 여기고 있었습니다. 그토록 자부심이 하늘을 찌르듯이 했던 그들이 어느 나라 민족에게도 있지 않았던 고통을 겪게 된 것입니다. 이것이야말로 애굽 백성들에게 **큰 수치**였습니다.

바로 왕이 간계를 부려 하나님을 속이려 했고 하나님의 자비를 입어 유예 시간을 얻었지만 그것은 **잠시뿐**이었고 **첫 번째 화는 지나갔으나 두 번째로 더 큰 화가** 그와 그 모든 백성에게 **임한** 것이었습니다.

애굽 사람들은 애굽 땅 자체가 그들의 신들이 준 가장 큰 선물이어서 세상에서 가장 비옥한 땅이라고 자랑했습니다. 그런데 하나님께서 **그 땅의 먼지와 티끌이** 그들에게 큰 고통을 주게 하심으로써 하나님보다 다른 것을 더 의지하거나 숭배할 때에 **그것들이 도리어 그들에게 해가 되게 하신** 것입니다.

"애굽 온 땅의 먼지가 다 이가 되어 사람과 짐승의 몸에 생겨났다" 했습니다.

먼지(티끌)를 어찌 셀 수 있겠습니까? 그 많고 많은 깔따구가 사람들과 생축에게 달라붙어서 물어뜯으니 그 고통이 얼마나 극심했겠습니까? 그야말로 **머리끝에서부터 발끝까지 들러붙어서 쉴 사이 없이 물어뜯었던** 것입니다.

바로 전에 있었던 개구리 재앙도 끔찍했으나 개구리는 형체가 크기 때문에 눈에 금방 띄고 적어도 집안을 깨끗이 치우고 문을 닫아버리면 차단할 수도 있었습니다. 그러나 먼지는 없는 곳이 없으니 어디에나 깔따구가 득실거리게 되고 아무리 문을 철저히 닫아도 당시 애굽의 가옥 구조로 볼 때 그것들을 막는 일은 불가능했습니다. 따라서 모든 사람과 생축까지 개구리 재앙보다 더 극심한 고통을 당했던 것입니다.

하나님은 하나님의 섭리에 역행하는 사람, 하나님의 명령을 거스르고 대항하는 사람들에게 작은 고통에서부터 점점 더 큰 고통을 당하게 하십니다. 그런데 안타까운 일은 하나님을 대항하는 자가 그것이 자기가 하나님을 거역하고 있기 때문에 당한다는 사실을 모른다는 것입니다.

자기는 자기대로 온갖 지략과 정열을 쏟아 애써왔는데 지나놓고 보면 결과는 너무 보잘것없고 오히려 고통과 손실이 점점 많았음을 알아차리면서도 그것이 자기가 하나님을 대항하고 거역하기 때문이라는 사실을 알아차리지도 못하고, 또는 알아차렸으면서도 인정하지 못합니다. 그래서 고집을 계속 부리고 하나님과 계속 씨름을 벌여나갑니다.

그러나 알고 있는 것도, 가진 것도, 자랑할 것도 없는 연약한 사람이 하나님의 섭리를 깨닫고 하나님의 명령에 순종하며 살 때 그는 다른 사람들처럼 처절하게 애쓰고 다투지 않았으나 처음에는 작은 기쁨에서 시작하여 점점 큰 기쁨을 누리게 됩니다. 그는 지략과 능력이 부족하여 다른 사람들처럼 똑똑하게 처신하지도 못하고 그다지 힘들인 것도 없는데 결과는 생각 외로 훌륭하고 멋지게 되는 것입니다.

그래서 그는 자기가 잘나서가 아니고 하나님의 은혜요, 복인 줄을 점점 깨닫고 하나님께 늘 감사하며 살게 되고 하나님을 점점 의지하게 되고 그 믿음은 더 성숙해집니다. 그리고 그 성숙되어가는 만큼 점점 더 큰 은혜와 복을 누리게 되고 따라서 점점 더 큰 영광을 하나님께 올려드리게 됩니다. 이것이 계속 반복될 때 은혜가 충만한 자가 되고 성령충만한 삶을 살게 됩니다.

> 18절/ 요술사들도 자기 요술로 그같이 행하여 이를 생기게 하려 하였으나 못하였고 이가 사람과 가축에게 생긴지라

애굽의 술사들이 모세처럼 티끌이 이가 되게 해보려고 했으나 못했다고 했습니다. 그들은 전에 각자의 손에 들려있던 지팡이를 뱀이 되게 했었습니다. 그러나 그 뱀은 무생물이 생물이 되게 한 것이 아니라 하나의 속임수에 의한 허상이었습니다. 따라서 모세의 뱀이 그 술사들이 만든 뱀들을 모두 삼켜버렸습니다.

생명을 존재하게 하는 일은 오직 하나님의 능력만이 할 수 있습니다. 그래서 애굽의 술사들은 막대기 하나를 뱀이 되게 하는 속임수는 쓸 수 있었으나 먼지를 이가 되게 할 수는 없었습니다.

뿐만 아니라 먼지에서 이로 변한 것들 중 단 한 마리도 제거할 수 없었습니다.

따라서 이제 애굽의 술사들은 바로 왕에게 말합니다.

> 19절/ 요술사가 바로에게 말하되 이는 하나님의 권능이니이다 하였으나 바로의 마음이 완악하게 되어 그들의 말을 듣지 아니하였으니 여호와의 말씀과 같더라

〈더 정확한 번역〉
> 바로의 마음이 완악하게 되어 ⇒ 바로는 고집을 부리며

이제 그들은 자신들의 무능과 패배를 인정할 수밖에 없었고 **"이것은 하나님의 권능입니다"**라고 바로 왕 앞에 분명히 말하지 않을 수 없었습니다. 즉 "우리에게 가해지고 있는 재앙은 **하나님의 능력임이 틀림없다**"고 말하고 있는 것입니다. 이것이야말로 **하나님의 원수들의 입에서 나오는 진정한 고백**입니다. 그들도 별 수 없이 모세를 통한 하나님의 역사는 **참된 것**이라는 사실을 알게 되었습니다. 그동안 거짓으로만 기적을 나타내보였던 그들은 이제 와서는 **모세와 아론의 역사가 자기들의 것과는 성질상 정반대**임을 깨닫게 된 것입니다. 자기들의 것은 거짓이고 모세의 것은 참이라는 것을 알게 된 것입니다. 이것은 마치 시몬이 빌립의 능력행사를 보고 그것이 자기의 마술과는 **전혀 다른 것**임을 깨닫고 놀란 것과 같습니다(행8:9~13).

하나님은 사탄을 사슬에 매어두시고 **하나님께서 허락하시는 범위 안에서만** 그 거짓된 능력을 행사하도록 **제한**하셨습니다. 사탄은 그 이상은 아무것도 할 수 없습니다. 사탄의 대행자들은 **하나님이 그들에게 허락하실 동안에는** 사람들 눈에 크게 보이는 일을 할 수 있지만 **하나님이 금하시면 아무것도 할 수 없습니다.**

앞에 두 가지 기적을 행했던 술사들이 **하나님의 권능 앞에서 무능해졌습니다.** 그들은 **이제까지 그들의 상전과 사탄으로부터 허락된 일만 행했을 뿐이지** 모세를 대적할 능력은 전혀 없다는 사실을 인정한 것입니다.

그동안 그들은 이미 모세를 통해 '**엘로힘 여호와**'라는 하나님의 이름을 들

었습니다. '엘'이라는 말은 '**위엄과 권위**'를 의미하고 '**로힘**'은 '**강하고 권세 있음**'을 의미합니다.

'**엘로힘**'이라는 말은 '그 무엇과도 비교할 수 없이 최고의 권위와 힘을 가진 자'라는 말입니다. 그리고 '**여호와**'라는 말은 '스스로 존재하며 불변하는 자'라는 말입니다.

엘로힘 여호와라는 이름을 듣기만 했던 그 애굽 술사들이 이제는 **이스라엘이 섬기는 하나님이** 온 우주만물을 만드신 창조주요, 가장 강하고 능하신 신이라는 사실을 체험적으로 깨닫고 바로 왕에게 고백한 것입니다.

세상 사람들은 눈으로 보이는 이적이나 기적을 통해 하나님을 인식하려고 합니다. 그러나 **이적이나 기적이 하나님을 믿게 하는 근본적인 수단은 되지 못합니다.** 애굽 술사들은 하나님의 권능에 대해 절실하게 인식하게 됐고 하나님이 참 신이심을 그 입으로 고백했지만 그들이 우상을 버리고 하나님을 믿고 섬기게 된 것은 아니었습니다.

많은 사람들이 어떤 특별한 이적이나 체험을 바라지만 그런 것들이 신앙생활의 원동력이 되게 할 때 그 체험이 주어졌다고 해도 그 기억이 점점 사라질 때 그 신앙도 식어지고 맙니다.

예수 그리스도의 대속의 진리를 깨닫지 못하고 보혈의 은총을 확신하지 못한다면 아무리 큰 이적과 기적을 체험해도 그 신앙은 잠시 타오르는 장작불에 불과합니다.

하나님의 말씀을 계속해서 듣고 깨달음으로써 하나님과 그 섭리를 더 많이 깨닫게 되고, 그 말씀을 양식으로 삼아 날마다 말씀이 주는 은혜와 그 섭리에 대해 더 많이 깨닫게 되고, 그 말씀이 주는 힘이 시시때때로 내 속에 역사하지 않으면 결코 신앙다운 신앙으로 성장하지 못하고 신앙생활다운 신앙생활이 이루어지지 못합니다.

말씀과 거리가 먼 채 이적과 기적의 체험을 사모하는 사람들은 **쉽게 교만에 빠지고 한쪽으로 치우치고 그 생활과 인격이 언제나 수준이하일 수밖에 없습니다.** 왜냐하면 그 사람은 **하나님이 누구인지** 제대로 알지 못하고 있고 말씀으로 깨지고 치료되고 변화되고 무장되고 성숙되지 못하고 있기 때문입니다.

그 술사들이 바로 왕에게 하나님의 권능에 대해 말했음에도 "**바로는 고집을 부리며**" 모세의 말을 듣지 않았다 했습니다. 그리고 "**여호와의 말씀과 같**

더라"했습니다.

여기서 우리가 주시할 말씀은 **"여호와의 말씀과 같더라"**는 말씀입니다.

이 말씀은 먼지들이 이가 되는 재앙 후에도 "바로가 굴복하지 않더라"는 말씀 다음에 나왔습니다.

사실 다른 재앙들이 있은 후에 바로가 굴복하지 않을 때마다 **"여호와의 말씀과 같더라"**는 말씀이 계속 나옵니다.

뱀이 지팡이가 된 기적 후에도 바로가 굴복하지 않자 **"여호와의 말씀과 같더라"**했습니다(7:13). 물이 피가 되는 재앙이 있은 다음에도 마찬가지였습니다(7:22). 개구리 재앙 후에도 그랬고(8:15), 우박 재앙 후에도 그랬고, 여기 이 재앙 후에도 같은 말씀이 나옵니다(9:35). 그 이후에는 이런 기록이 나오지 않지만 그것은 생략된 것입니다.

이 출애굽기는 모세가 기록한 것인데 바로 왕이 계속 재앙을 당하면서도 하나님께 굴복하지 않을 때마다 **"여호와의 말씀과 같더라"**고 기록한 것은 무엇을 의미할까요?

모세가 하나님께서 명하신 대로 수시로 재앙들을 내렸는데 하나님은 그 전에 이미 모세에게 말씀해주시기를 바로가 여러 재앙에도 굴복하지 않을 것이고 결국 마지막 재앙을 당하고야 굴복할 것이라고 하셨는데 **과연 그렇더라**는 말입니다.

여기에서 우리는 다음 사실을 깨달아야 합니다.

(1) 하나님은 만사만물의 섭리자이시며 따라서 미래의 모든 것을 아신다는 사실입니다.

하나님은 바로와 그 나라의 **때가 다 된 것**을 알고 계셨습니다. 따라서 **그들의 노예로 살고 있던 이스라엘 백성들을 해방시키는 것을 통해 애굽을 멸망시키시기로 작정**하신 것입니다. 하나님은 바로와 그 나라를 멸망시키시기 위해서 430년 전에 이스라엘의 조상 야곱과 그 가족들이 **애굽에 이민을 오게** 하셨고 이스라엘 민족이 큰 민족을 이루게 하심으로써 아브라함과 이삭과 야곱에게 **"네 민족을 창대하게 해주리라"**하신 약속을 이루어주셨습니다.

그런데 하나님은 **못된 왕들로 하여금 이스라엘 백성을 학대하도록 허용**하셨고 그래서 **이스라엘 백성들은 애굽에 정착하려던 생각을 버리고 점점 잊혀져가던 하나님을 다시 찾고, 해방시켜달라고 부르짖게** 하셨습니다.

이때 하나님은 **해방자 모세**를 애굽 왕 앞에 보내셨고 이제 또 모세를 통해 바로 왕이 11가지 기적과 재앙을 당하도록 작정하고 계셨는데 그것을 이루기 위해서 마지막 재앙이 내려질 때까지 바로의 마음을 강퍅하게 하신 것입니다.
이 모든 것이 시대를 초월해서 주관하시는 하나님의 섭리였습니다.

그런데 하나님은 모세를 해방자로 애굽에 보내시면서 장차 모세가 할 일과, 그것이 어떻게 되어갈 것이며 어떤 결과가 나타날지 미리 다 말씀해주셨습니다. 그 말씀들은 추측이나 상상이 아니었습니다.
하나님은 모든 것을 친히 계획하십니다. 따라서 모든 미래를 꿰뚫어보시면서 그 모든 것에 대해 주도면밀하게 후속의 계획을 세우시고 섭리하시는 중에 모세에게 미리 말씀해주신 것입니다. 그러므로 그 말씀은 곧 실재였습니다.

이것은 오늘날도 마찬가지입니다.
많은 사람들이 성경에 미래에 대해 예언된 많은 말씀에 대해 마치 어느 인간이 미래에 대해 막연하게 추측하고 공상을 한 것처럼 여깁니다. 사람들의 추측이나 공상은 얼마든지 잘못될 수 있고 믿지 못할 것이지만 모든 것을 계획하고 이루시는 하나님의 예언이나 약속은 현실과 똑같은 실재입니다. 따라서 그 하나님의 예언을 실재로 받아들이고 믿는 사람들은 확실한 은총을 받아누리게 됩니다.
현재 신앙생활을 하고 있는 사람들 중에도 많은 사람들이 요한계시록이나 이사야서, 다니엘서 같은 예언적 계시들에 그다지 관심을 기울이지 않습니다.
사람들이 성경의 예언들이 과연 실재요, 진실이라는 사실을 확실히 깨닫는다면 부지런히 성경진리를 배우기 위해 애쓸 것입니다. 그런데 신앙생활을 하는 사람들마저도 성경의 여러 예언에 대해 관심을 가지지 않고 배우거나 알려고 애쓰지 않는다는 것은 일반적으로 그 사람들이 하나님의 말씀을 그다지 신뢰하지 않고 있다는 것을 입증하고 있습니다. 따라서 많은 사람들이 미래나 과거에 대해 잘 알지 못하고 너나없이 맹인이 되어 헤매고 있는 것입니다.
하루가 지나고, 한 달이 지나고, 일 년, 십 년이 지나면 무슨 일이 어떻게 될지 전혀 확실히 알지 못하고 그저 돈 버느라, 자식 가르치느라 애쓰고, 언제나 욕망을 채우기 위해 안타까워하며 괴로워하며 살아갑니다.
앞에 있는 장애물을 전혀 볼 줄 모르고 무작정 빨리 달리는 말과 기수 같은 인생들이 대부분입니다. 미래에 대해 좀 더 확실히 알기만 한다면 그 사고 방식과 생활이 180도로 달라질 것인데 도무지 모르고 있으니 아무 준비와 목표가 없는 인생길을 치닫고 있을 뿐입니다.

모든 성도들이여! 성경의 예언에 눈을 뜨시기 바랍니다.
하나님은 장래에 나타날 크고 작은 일들에게 대해 너무도 세심하게 이 성경을 통해 우리 모두에게 미리 다 알려주고 계십니다. 그것을 듣고, 믿고, 지혜롭게 준비해야 합니다.

바로 왕은 그 하나님의 예언과 명령에 불복하고 대항했습니다. 그러자 하나님은 그의 마음을 계속 강퍅하게 하셔서 점점 더 멸망을 당하게 하셨습니다.
바로가 왜 그렇게 마음을 강퍅하게 먹고 불순종하다가 멸망을 당했습니까? 그 하나님을 모르고 믿지 않았기 때문입니다. 그가 당한 모든 화의 근원은 하나님께 대한 불신앙이었습니다. 불신앙이 모든 불순종을 낳았습니다. 불순종의 원인은 불신앙입니다. 신앙은 순종의 어머니이고 순종은 신앙의 표시입니다.

순종이 제일이고 복 받는 지름길인데 왜 순종하지 못할까요?
신앙이 없거나 부족하기 때문입니다. 믿음이 없으면 순종할 수 없고 연약한 믿음은 불완전한 순종을 하는데 불완전한 순종도 분명히 죄입니다. 믿음이 도무지 없거나 약하면 불순종자가 됩니다.

8장 15절을 보면 모세가 하나님께 기도해서 모든 개구리가 죽자 "바로가 숨을 쉴 수 있게 됨을 보았을 때에" 또 다시 고집스러워져서 모세의 말을 듣지 않았다 했습니다.
하나님을 신뢰하지 않는 사람은 하나님께 순종할 수 없습니다. 고통을 당하여 한때 고개를 숙일 수는 있어도 결코 순종하지 않습니다.
바로는 개구리 재앙 때에 이미 이스라엘 백성들을 보내겠다고 말했다가 또 다시 마음이 달라져서 하나님께 불순종했는데 이후에도 계속 그런 식으로 위기를 모면하려고 합니다. 그러다가 마지막 재앙을 당하게 될 때에야 어쩔 수 없이 이스라엘을 내보내는데 그때도 또다시 마음이 악해져서 군대를 이끌고 진두지휘하며 이스라엘 백성을 쫓아왔습니다. 결국 그와 그 모든 군대는 홍해에 장사지내졌습니다.

하나님을 신뢰하지 않는 사람들은 **흉내만 낼 뿐 결코 진정으로 순종하지 않습니다.** 그때 하나님은 그런 사람들에게 천천히 채찍을 가하십니다.

그 채찍에 사람들은 **악을 굽히려 하다가도** 조금만 숨이 트이면 여지없이 또다시 반항하고 거역합니다. 그러다가 그들은 **결정적인 심판을** 당합니다.

전도서 8장 11절에 "악한 일에 관한 징벌이 속히 실행되지 아니하므로 인생들이 악을 행하는 데에 마음이 담대하도다" 했습니다.

여러분, 지금 작은 채찍을 맞고 있을 때 속히 모든 악행을 버리시기 바랍니다.

시편 50편 21절에 보면 "네가 이 일을 행하여도 내가 잠잠하였더니 네가 나를 너와 같은 줄로 생각하였도다 그러나 내가 너를 책망하여 네 죄를 네 눈 앞에 낱낱이 드러내리라 하시는도다" 했습니다.

하나님께서는 바로에게 이렇게 그 목전에서 죄에 대해 차례로 갚아주셨습니다. 하나님은 바로의 악행과 교만함을 다 아시면서 그에게 멸망을 결정하고 내리셨듯이 **성도들이** 하나님 앞에 겸손하여 말씀에 순종하는 것도 이미 다 아시고 그에게 성공과 승리를 결정하시고 주십니다.

겸손한 자가 되어 순종할 때 성공과 승리를 베풀어주심에 있어서는 하나님이 바로의 교만과 악행에 대해 시간을 두시고 차례로 갚아주셨듯이 **시간을 두시고** 차례로 베풀어주십니다.

그러므로 하나님의 복을 삽시간에 다 받아누리려고 욕심을 부려서는 안 됩니다.

하나님은 서서히 차례로 은총을 베풀어주시는 가운데 우리를 계속 가다듬으시고 하나님에 대해 충분히 알게 하십니다. 그런데 이렇게 하시는 하나님의 섭리를 거스르는 사람들이 많습니다. 그래서 그들은 **자기를 위해 예비해 두신 그 모든 은총들을 받아 누리지 못한 채로 인생이 끝나버리기도** 합니다.

제 42 강

네 번째 재앙-파리 재앙

〈출8:19~24〉
19요술사가 바로에게 말하되 이는 하나님의 권능이니이다 하였으나 바로의 마음이 완악하게 되어 그들의 말을 듣지 아니하였으니 여호와의 말씀과 같더라 20여호와께서 모세에게 이르시되 아침에 일찍이 일어나 바로 앞에 서라 그가 물 있는 곳으로 나오리니 그에게 이르기를 여호와께서 이와 같이 말씀하시기를 내 백성을 보내라 그러면 그들이 나를 섬길 것이니라 21네가 만일 내 백성을 보내지 아니하면 내가 너와 네 신하와 네 백성과 네 집들에 파리 떼를 보내리니 애굽 사람의 집집에 파리 떼가 가득할 것이며 그들이 사는 땅에도 그러하리라 22그 날에 나는 내 백성이 거주하는 고센 땅을 구별하여 그 곳에는 파리가 없게 하리니 이로 말미암아 이 땅에서 내가 여호와인 줄을 네가 알게 될 것이라 23내가 내 백성과 네 백성 사이를 구별하리니 내일 이 표징이 있으리라 하셨다 하라 하시고 24여호와께서 그와 같이 하시니 무수한 파리가 바로의 궁과 그의 신하의 집과 애굽 온 땅에 이르니 파리로 말미암아 그 땅이 황폐하였더라

> 19절/ 요술사가 바로에게 말하되 이는 하나님의 권능이니이다 하였으나 바로의 마음이 완악하게 되어 그들의 말을 듣지 아니하였으니 여호와의 말씀과 같더라

우리는 다음과 같은 사실을 깨달아야 합니다.
　하나님은
(1) **만사만물의 섭리자**이시며 따라서 **미래의 모든 것을 아십니다.**
(2) **하나님을 대항하는 자가 굴복할 때까지** 계속해서 시련을 주십니다.

하나님은 바로가 거듭 거절한다고 해서 그 뜻을 결코 굽히지 않으셨습니다. 오히려 **그에게 재앙들을 계속해서 내리셨습니다.**
우리가 기억할 것은 **내 의지에 하나님의 의지가 맞춰지는 것이 결코 아니라**는 사실입니다. 만약 내 의지가 하나님의 의지를 거스르려고 한다면 하나님은 **여지없이 내 의지를 굴복시켜서** 하나님의 의지를 따르도록 만드십니다. 그렇게 함에 있어서 **"내가 굴복할 때까지** 계속해서 시련과 고통"을 주십니다. 그리고 그 때마다 하나님께서 그 고집부리는 사람의 귀에 하시는

명령도 변함이 없습니다.

하나님은 바로가 고집을 부릴 때마다 **모세를 계속 보내셔서** 그에게 하게 하신 말씀은 늘 같은 말씀, 즉 "**내 백성을 보내라. 그들이 나를 섬길 것이니라**"였습니다.

내가 도둑질하면서 하나님을 피해 도망가고 있다면 하나님은 **때마다 시련을 주셔서** 고통을 당하게 하시면서 **그때마다** "도둑질하지 말라"고 명령하십니다.

만약 내가 내 사명을 충성되게 감당하지 않고 게으름을 피우며 엉뚱한 일에 심혈을 기울인다면 **하나님은 나에게 계속 시련을 가져다주시면서 계속해서** "네 사명을 충성되게 감당해라"고 명령하십니다.

나의 영혼의 귀에 종종 특별하게 들려오는 말씀이 있을 것입니다. 동쪽으로 가도 서쪽으로 가도, 교회에 가도 직장에 가도 똑같은 말씀이 내 영혼의 귀와 양심을 찌를 때가 있습니다. 그것을 신속하게 해결하십시오, 그렇지 않고 무심코 넘어가면 **점점 매서운 시련과 고통**을 만나게 될 뿐입니다.

(3) **하나님은 모든 것이 하나님의 예언과 계시대로 이루어지는 것을 계속 보여주심으로써 사람들이 하나님을 더 분명히 알게 하신다**는 사실입니다.

출애굽기 6장부터 세심히 살펴보면 하나님은 바로와 그 나라에 재앙을 내리시기 전이나 재앙을 내리실 때마다 "**내가 여호와인 줄 알게 하리라**", "**온 천하에 나와 같은 자가 없음을 알게 하리라**(9:14)", 또 "**세상이 여호와께 속한 줄 알게 하리라**(9:29)"하시며 하나님이 누구이심을 알게 하시겠다고 누누이 말씀하십니다. 또 "**우리 여호와 하나님과 같은 이가 없는 줄을 알게 하리라**(8:10)"하셨고, "**이 땅에서 내가 여호와인 줄을 네가 알게 될 것이라**(8:22)" 말씀하셨습니다.

하나님은 과연 열한가지 기적과 재앙들로 하나님이 **여호와 엘로힘**이요, 세상 모든 것이 하나님께 속했음을 알게 해주셨습니다.

1) 하나님께서 모세를 통해 보이신 기적은 지팡이가 뱀이 되는 것이고, 내리신 재앙 중 세 번째는 먼지가 이가 되는 것이고 여섯 번째는 재가 독종을 일으키는 세균이 되는 것인데 이것은 **무생물이 생물이 되는 것입니다.**

하나님은 흙으로 사람이 되게 하시듯이 얼마든지 **무생물이 생물이 되게 하**

시는 **능력자**이심을 보여주신 것입니다.

2) **하나님은 모든 생물의 주관자이심**을 보여주셨습니다.

두 번째 재앙이 **개구리 떼**가 물들에서 올라온 것이었고 네 번째는 **파리 떼**를 보내시는 재앙, 여덟 번째는 **메뚜기 떼**를 보내시는 재앙이었습니다.
하나님은 모든 생물을 마음대로 주장하시는 분입니다.

3) **하나님은 질병도 주관하는 분이심**을 보여주셨습니다.

다섯 번째 재앙이 **모든 생축들에 심한 악질이 발생하는** 재앙, 여섯 번째 재앙은 재 두 웅큼이 모든 사람과 짐승에게 독종을 발하게 하는 것이었습니다.
이는 질병도 주장하시는 하나님이심을 보여주시는 것이었습니다.

4) **하나님은 해, 달, 별 등을 주장**하시며 **시간과 밝고 어두움을 주장하시는 분이심**을 보여주셨습니다.

아홉 번째 재앙은 애굽 전체에 **3일** 동안 흑암만 있게 하셨는데 이스라엘 백성들이 사는 고센 땅에는 **여전히 광명이 비치게** 하셨습니다. 하나님은 해와 달과 별들을 마음대로 주장하시고 시간과 밝고 어두움을 주관하십니다.

5) **하나님은 생명의 주장자이심**을 보여주셨습니다.

첫 번째 재앙이 **물이 피가 되는** 것이었고 열 번째 재앙은 **사람과 동물의 첫 태생이 일시에 죽는** 것입니다.
이를 통해 사람과 식물들의 생명, 살고 죽는 문제가 오직 하나님께 달려있음을 보여주셨습니다.

> 20절/ 여호와께서 모세에게 이르시되 아침에 일찍이 일어나 바로 앞에 서라 그가 물 있는 곳으로 나오리니 그에게 이르기를 여호와께서 이와 같이 말씀하시기를 내 백성을 보내라 그러면 그들이 나를 섬길 것이니라
> 21절/ 네가 만일 내 백성을 보내지 아니하면 내가 너와 네 신하와 네 백성과 네 집들에 파리 떼를 보내리니 애굽 사람의 집집에 파리 떼가 가득할 것이며 그들이 사는 땅에도 그러하리라
> 22절/ 그 날에 나는 내 백성이 거주하는 고센 땅을 구별하여 그 곳에는 파리가 없게 하리니 이로 말미암아 이 땅에서 내가 여호와인 줄을 네가 알게 될 것이라

〈더 정확한 번역〉

> 20절/ 그러면 그들이 나를 섬길 것이니라 ⇒ 그들이 나를 예배할 수 있게 하

> 여라.
> 21절/ 下집집마다 파리들로 뒤덮이겠고 모든 땅에도 파리가 들끓게 될 것이다.
> 22절/ 이 땅에서 내가 여호와인 줄을 네가 알게 될 것이라 ⇒ 너는 나 여호와가 이 땅에 있다는 것을 알게 될 것이다.

이 말씀은 **파리 재앙**에 관한 말씀입니다.

바로가 또다시 이스라엘 백성을 놓아주지 않을 경우 하나님은 파리 떼를 보내시겠다고 예고하시고 그대로 실행하셨습니다.

이렇게 예고하시고 실행하시는 행동원리는 **하나님의 진실성**을 드러냅니다. 이렇게 함으로써 이 사실을 아는 사람들로 하여금 **하나님을 신뢰하게** 하시는 것입니다.

하나님은 바로 왕과 애굽에 여러 가지 재앙을 내리실 때 이렇게 먼저 예고하신 후에 그대로 실행되었다는 것을 **열 가지가 넘도록 보여주심으로써 세상 모든 사람들이 하나님은 진실하시고 그야말로 우리 모든 인간이 전적으로 신뢰할 수 있는 분이심을 깨우쳐주셨습니다.**

그런데 이렇게 **하나님이 누구이신지를 누누이 깨우쳐주시는 성경기록**을 보고 들으면서도 그 하나님을 우상이나 있지도 않은 가짜 신들과 견주거나 불신하고 대적하는 자들은 **더 이상 가망이 없습니다.**

우리 성도들은 이렇게 기록된 성경말씀을 통해 하나님이 누구이신지를 알게 되고 하나님을 신뢰할 수 있게 된 것에 대해 **감사해야** 합니다. 이것 또한 우리가 불신자, 우상숭배자들보다 월등하게 영특해서가 아니라 **하나님께서 권능으로 도우셔서 된 일들**이므로 더더욱 모든 성도는 마땅히 하나님께 감사와 찬송을 돌려드려야 합니다.

여기 기록된 '**파리 떼**'란 말은 히브리어로 '**아로브**(arob)'인데 이것은 '**떼**'를 의미하는 말입니다. 여기에 대해 여러 가지 해석이 있습니다.

페쉬토 역(peshito)과 벌게이트 역(vulgate)은 이것을 '**모기 떼**'로 번역했습니다. 그러나 70인역(LXX)은 '**개파리 떼**'로 번역했습니다. 그런데 유대 랍비들은 **해로운 동물들**(맹수들, 뱀들, 독충들의 무리)을 의미한다고 했습니다. 그러나 시마쿠스(symmachus) 헬라역은 이것을 '**여러 종류의 해로운 곤충 떼**'라고 해석했습니다.

우리는 이 해석이 가장 타당하다고 여깁니다. 여기 출애굽기에 나오는 파리 떼는 우리가 아는 파리의 무리뿐 아니라 '**여러 종류의 해로운 곤충 떼**'라고 이해해야 할 것입니다. 즉 이 '**파리 떼**'란 사람들에게 해를 끼치는 여러 종류의 곤충 떼를 말합니다.

따라서 파리 떼 재앙은 **여러 종류의 해로운 곤충의 떼가 사람들과 짐승을 괴롭게 한 것**입니다. 단지 파리 떼보다 훨씬 큰 고통과 해로움이 애굽의 모든 사람들과 가축들에게 임했다는 것입니다.

애굽에서 발견된 옛날의 비석을 통해 애굽인들이 이 곤충들 중 어떤 종류를 태양신의 상징으로 숭배했다는 사실을 알 수 있다고 합니다. 즉 그 애굽인들이 태양신으로 섬기는 곤충들은 오히려 자신들을 심히 고통스럽게 하고 막심한 피해를 가져다준 것입니다. 하나님은 바로 이것을 깨닫게 해주신 것입니다.

무지몽매한 사람들이 하나님 대신에 다른 것들을 숭상할 때 **때가 되면 하나님은 그 숭상하는 것들을 통해** 말할 수 없는 고통과 해를 입게 하심으로 그들이 저지른 모든 죄악에 대해 **엄히 징벌**하십니다.

하나님은 모세에게 "**아침 일찍 일어나서 바로 왕 앞에 서라**" 하셨습니다. 하나님께서 모세를 통해 바로와 애굽 사람들을 징벌하실 때 모세는 아침 일찍 일어나서 그 거룩한 사명을 수행해야 했습니다.

하나님과 하나님의 백성들을 위해 거룩한 일을 하고자 하는 사람은 아침 일찍 일어나서 일해야 합니다. 우상숭배자 바로도 그 우상에게 예배를 드리기 위해서 아침 일찍 일어났습니다. 하물며 **존귀하신 하나님과 하나님의 백성들을 위해 위대한 일을 하는 사람이 좀더 자고 좀더 편히 쉬기를 바랄 수 있겠습니까?**

그러므로 하나님의 모든 백성, 특히 거룩한 사명을 수행하는 사람들은 **시간을 아껴** 거룩한 사명을 수행해야 합니다. 충성된 하나님의 사람들은 시대를 막론하고 참으로 시간을 아끼며 사용했습니다.

(2) 하나님은 점점 강퍅해가는 바로를 모세가 계속 상대하게 하셨습니다.

당시 바로 왕의 위세는 세계 어느 제왕보다 대단했습니다. 그 앞에서 말 한 마디만 잘못해도 죽임을 당할 수밖에 없었습니다. 그런데 그 서슬퍼런 왕을 한번 상대하는 것도 두려운 일인데 계속해서 상대하는 것은 **인간적으로 두렵고 매우 위험한 일**이었습니다.

그러나 **하나님께 부르심을 받고 거룩한 일을 수행하는 모세는 그 어느 인간도 두려워해서는 안 되었습니다.** 그는 세상에서 가장 교만한 바로 앞에 서서 그 교만을 완전히 꺾기까지 상대하고 거룩한 싸움을 벌여나가야 했습니다.

모세는 **하나님께서 바로와 애굽에 내리는 재앙에 대해 경고하고 그 재앙을 내리는 일에 도구로 사용되어야 할 사람**이었기에 그런 일을 함에 있어서 **인정사정을 봐서는 안 되었던 것**입니다.

바로는 계속하여 하나님 앞에 불복했지만 **무수한 파리 떼는 한순간에 하나님의 명령에 일제히 순종**했습니다. 참으로 당시 바로는 **이성이 없는 파리 떼만도 못한** 존재였습니다.

이사야 7장 18절에 "그 날에는 **여호와께서 애굽 하수에서 먼 곳의 파리와 앗수르 땅의 벌을 부르시리니**" 했습니다.

하나님은 그 목적을 이루시기 위해 파리와 벌들도 부르신 것입니다.

하나님의 명령과 뜻에 불복하는 사람들은 그 파리와 벌들만큼도 못한 존재로 전락하고 있는 것입니다.

나는 어떠한 사람인지 살펴보시기 바랍니다.

> 23절/ 내가 내 백성과 네 백성 사이를 구별하리니 내일 이 표징이 있으리라 하셨다 하라 하시고
> 24절/ 여호와께서 그와 같이 하시니 무수한 파리가 바로의 궁과 그의 신하의 집과 애굽 온 땅에 이르니 파리로 말미암아 그 땅이 황폐하였더라

〈더 정확한 번역〉

> 23절/ 이 표징이 있으리라 하셨다 ⇒ 이 기적이 나타날 것이다.
> 24절/ 그 땅이 황폐하였더라 ⇒ 애굽 모든 땅이 황무지로 변했다.

(3) **하나님은 이 재앙에서도 애굽 사람들과 히브리 사람들 사이를 뚜렷이 구별되게** 하셨습니다.

"내가 **내 백성과 네 백성 사이를 구별하리니** 내일 이 표징이 있으리라 하셨다 하라 하시고 여호와께서 그와 같이 하시니 무수한 파리가 바로의 궁과 그의 신하의 집과 애굽 온 땅에 이르니 파리로 말미암아 그 땅이 황폐하였더라" 했습니다.

하나님께서는 땅위의 모든 백성들을 주장하시되 **하나님께서 택하신 백성만은 특별하게 취급하신다는 것**을 보여주셨습니다.

그러므로 우리 모든 성도는 불신자들이 처하는 괴로운 환경에 우리가 속해있을 때에도 **하나님의 특별한 보호**를 받고 있다는 사실을 잊지 말아야 합

니다. 그러한 사람이라면 **불신자들과 우상숭배자들과는 확연히 다른 성별된 생활**을 힘써서 해야 하는 것입니다. **그 어떤 희생이라도 아끼지 말고** 그 일을 해야만 합니다.

많은 성도들이 하나님으로부터 특별한 보호와 인도를 받기 원하고 그것을 위해 기도하면서도 **그런 특별한 은총을 받고 사는 사람들답게 성별된 생활을 하기 위해 힘쓰지 않습니다.** 오히려 조금만 손해볼 것 같으면 성별된 생활을 포기하고 불의와 타협합니다. 옛날 이스라엘 백성들이 오랜 세월동안 그렇게 살다가 그들에게 주어졌던 **하나님의 특별한 보호와 인도를 잃어버리고** 불신자, 우상숭배자들과 **다를 바 없는 처지**가 되어버렸습니다.

오늘날도 이러한 교인들이 많습니다.

바로와 애굽 사람들이 도무지 하나님의 특별한 보호를 받지 못하고 그 무수한 파리떼들로 인해 말할 수 없는 고통을 당하고 해를 입은 것은 **그들이 하나님을 알지 못했고 하나님께 순종하지 못했으며 오히려 온갖 우상숭배에 빠져 하나님께 범죄하는 자들이었기 때문**입니다.

그러므로 유일하시고 창조주이신 하나님을 알고 섬기며 그 말씀에 순종하며 사는 것이 **얼마나 큰 특혜인지**를 우리 성도들은 깨달아야 합니다.

하나님은 마음속의 모든 우상을 제거하고 오직 성삼위 하나님을 믿고 순종하며 사는 사람들은 불신자, 우상숭배자들에게 내려지는 많은 재앙 속에서도 반드시 보호해주십니다.

왜 불신자들이나 우상숭배자들에게 임하는 재앙과 저주들을 받는 교인들이 많을까요? 어떤 교인은 불신자, 우상숭배자들이 당하는 재앙과 저주를 그대로 다 받기도 합니다. 이런 사람들은 셀 수 없이 많은 개구리와 이와 파리가 들러붙어서 말할 수 없는 고통을 당했던 **옛날 애굽 사람들과 다를 바 없는 사람들**입니다. 그렇다면 이 사람은 **전혀 예수 그리스도를 알지도 믿지도 못한 사람**입니다.

또 그 불신자, 우상숭배자들에게 임하는 그 수많은 개구리와 이와 파리 중에 **일부분이라도 미쳐서** 괴로움을 당하는 교인들이 있습니다.

이런 사람들은 **아직 확실하게 하나님의 백성, 하나님께 속하지 않은 사람**, 즉 **하나님께서 "너는 나의 백성이다"라고 인정하실 수 없는 사람**입니다.

하나님은 **"나는 내 백성과 네 백성 사이에 구별을 두리라"** 는 말씀을 반복해서 하십니다. 하나님은 **하나님께 속한 사람들과 그렇지 않은 사람들을 명확하게 알고 계시고 하나님께 분명하게 속한 사람들**은 이 험한 세상 속에서도 **친히 따로 구별해내시고** 이 한 마리, 파리 한 마리, 개구리 **한 마리도 틈타지 못하게** 해주십니다. 지금은 애굽 사람들(불신자, 우상숭배자들)과 이스라엘 백성들이 섞여 있지만 **때가 되면 의인과 악인, 양과 염소로 확실하게 구별시키시는 것**입니다.

　나는 어떠한 위치에 있는 교인인가 살펴보시기 바랍니다.

　(5) 모세의 입을 통해 경고가 주어진 다음날에 재앙이 임하게 하셨습니다.

　"여호와께서 그와 같이 하시니", "애굽 모든 땅이 황무지로 변했다" 했습니다.

　그야말로 바로의 궁과 그 신하들과 **애굽 온 땅에** 사람들을 삼켜버릴 만큼 각양각색의 해로운 곤충의 떼가 갑자기 몰아 닥쳐왔습니다.

　앞에서 말했듯이 애굽 사람들은 곤충들 중 어떤 것들을 태양신의 상징으로 숭배해왔습니다. 하나님은 그들이 '신'이라고 자랑했던 파리와 각종의 해로운 곤충들이 무수히 그들에게 들러붙어서 **말할 수 없는 고통과 손실을 보게** 하셨습니다. 이렇게 하여 각종 곤충의 떼로 당시 세계 최고의 부강국인 애굽을 치셨고, 그들이 섬기는 신은 **거짓**이며, 오히려 애굽 사람들을 **해되게 하는 존재**임을 확실하게 입증해주셨습니다.

　"여호와께서 그와 같이 하시니" 라는 기록은 하나님께서 예고하신 말씀과 같이 애굽 사람들이 **상상할 수 없었던 무수한 곤충의 떼**를 보내셨다는 뜻입니다.

　민수기 23장 19절에 "**하나님은 사람이 아니시니** 거짓말을 하지 않으시고 **인생이 아니시니** 후회가 없으시도다 어찌 그 말씀하신 바를 행하지 않으시며 하신 말씀을 실행하지 않으시랴" 했습니다.

　우리 성도들은 우리 하나님이 이러한 하나님이라는 사실을 **확실하게 알아야** 하며 결코 잊지 말아야 합니다. 종종 하나님도 인간처럼 생각하며 **하나님의 지혜와 권능을 전적으로 신뢰하지 못하고** 의심하고 걸핏하면 불순종하고 인간의 어리석은 생각과 계획대로 하는 교인들이 많습니다. 그렇게 하는 것만큼 그들은 아무리 교회를 열심히 출입하며 정성을 다해 예배드린다 해도 하나님께서 특별히 구별하시는 백성이 될 수 없습니다.

　그러므로 **하나님을 잘 알고, 하나님을 전적으로 신뢰하는 믿음을 소유하는 것**이 얼마나 우리 자신과 삶이 복되게 할 것인가와 **직결되어있음**을 깨달아야 합니다.

"애굽 모든 땅이 황무지로 변했다" 했는데 그 해로운 곤충들이 **애굽의 모든 사람을 괴롭혔음**을 의미합니다. 이러한 재앙은 사람들을 살상하는 정도는 아니지만 **이루 말할 수 없는 고통**이었습니다.

하나님은 여기에서도 **바로와 그 애굽 사람들을 죽이지는 않으셨고** 그 재앙을 통해 **회개하도록 자비를 베푸신 것**이었습니다. 그러나 **하나님이 베푸시는 거듭되는 자비를 무시하고 악용하는 자들**은 더 큰 고통을 당하지 않을 수 없으며 **언젠가는 하나님께서 단 한 치의 자비도 내리지 않으시고 거두십니다**.

그러므로 온갖 불행과 고통을 당하는 죄인들이 할 일은 **하루 속히 회개하고 하나님께로 돌아오는 것뿐**입니다.

그런데 저들에게는 스스로 이러한 일을 할 능력이 없습니다. **누군가가 이 사람들에게 가서 어떤 핍박을 각오하면서라도 예수 그리스도를 알게 하고 회개하고 영접하도록 도와주어야만** 합니다. 이런 일을 하는 사람들이야말로 모든 인류 중에 **가장 위대한 사람**이고 **가장 위대한 사랑 실천을 하는 것**입니다.

반면에 예수 믿고 구원받았음을 확신하는 사람이 이 복음 전하는 일을 게을리하거나 안 한다면 그는 **그만큼 몰인정하고** 도무지 제대로 사랑을 제대로 베풀지 못하고 있는 사람입니다. 따라서 그는 아무리 학식이 많고 부자가 되고 성공했더라도 하나님 앞에서는 **보잘것없는 사람**에 불과합니다.

제 43 강

바로 왕의 대답과 모세의 책망

〈출8:25~32〉
25바로가 모세와 아론을 불러 이르되 너희는 가서 이 땅에서 너희 하나님께 제사를 드리라 26모세가 이르되 그리함은 부당하니이다 우리가 우리 하나님 여호와께 제사를 드리는 것은 애굽 사람이 싫어하는 바인즉 우리가 만일 애굽 사람의 목전에서 제사를 드리면 그들이 그것을 미워하여 우리를 돌로 치지 아니하리이까 27우리가 사흘길쯤 광야로 들어가서 우리 하나님 여호와께 제사를 드리되 우리에게 명령하시는 대로 하려 하나이다 28바로가 이르되 내가 너희를 보내리니 너희가 너희의 하나님 여호와께 광야에서 제사를 드릴 것이나 너무 멀리 가지는 말라 그런즉 너희는 나를 위하여 간구하라 29모세가 이르되 내가 왕을 떠나가서 여호와께 간구하리니 내일이면 파리 떼가 바로와 바로의 신하와 바로의 백성을 떠나려니와 바로는 이 백성을 보내어 여호와께 제사를 드리는 일에 다시 거짓을 행하지 마소서 하고 30모세가 바로를 떠나 나와서 여호와께 간구하니 31여호와께서 모세의 말대로 하시니 그 파리 떼가 바로와 그의 신하와 그의 백성에게서 떠나니 하나도 남지 아니하였더라 32그러나 바로가 이 때에도 그의 마음을 완강하게 하여 그 백성을 보내지 아니하였더라

> 25절/ 바로가 모세와 아론을 불러 이르되 너희는 가서 이 땅에서 너희 하나님께 제사를 드리라
> 26절/ 모세가 이르되 그리함은 부당하니이다 우리가 우리 하나님 여호와께 제사를 드리는 것은 애굽 사람이 싫어하는 바인즉 우리가 만일 애굽 사람의 목전에서 제사를 드리면 그들이 그것을 미워하여 우리를 돌로 치지 아니하리이까
> 27절/ 우리가 사흘길쯤 광야로 들어가서 우리 하나님 여호와께 제사를 드리되 우리에게 명령하시는 대로 하려 하나이다

〈더 정확한 번역〉
> 25절 下 너희는 가서 너희 하나님께 이 땅에서 제물을 바쳐라.
> 26절/ 그리함은 부당하니이다 ⇒ 그렇게 할 수 없소.
> 27절/ 제사를 드리되 우리에게 명령하시는 대로 하려 하나이다 ⇒ 제물을 바쳐야 하오. 그것이 주님의 명령이오.

바로는 또 어쩔 수 없이 모세를 불러들여서 협상했습니다. 그러나 그것은 **진정한 굴복이 아니었습니다.**

(1) 바로는 "너희는 가서 이 땅에서 너희 하나님께 제사를 드리라"고 말합니다.

그 말은 이스라엘 백성들이 광야로 가지 말고 애굽 땅에서 하나님께 제물을 드리라는 것입니다. 바로는 이스라엘을 노예로 묶어두려는 야망을 여전히 품고 있었습니다.

하나님 앞에서 강퍅한 사람들은 이렇게 그 악을 깨닫고 죄를 회개하는 일에 참으로 인색합니다. 그러한 행동은 더 무서운 하나님의 진노를 불러일으킬 뿐입니다. 그러므로 이러한 사람들이야말로 가장 어리석은 사람들입니다.

1) 하나님은 악한 원수들까지도 하나님의 백성들로 하여금 하나님께 예배드리도록 허락하게 하시는 분이십니다.

모세는 바로의 조건적인 양보를 받아들일 수 없었습니다. 그래서 "그렇게 할 수 없소"라고 단호하게 말했습니다.

모세가 바로의 제안을 단호하게 거절한 이유는

1. 여호와 하나님께 애굽의 제물로 제사 드려서는 안 되기 때문이었습니다. 그러한 제물은 하나님께서 받지 않으십니다. 하나님께 드리는 제물은 하나님 보시기에 합당한 것이어야 합니다. 불의한 제물이나, 사탄이 복을 주어서 가지게 됐다고 여기게 된 제물은 결코 하나님께서 용납하지 않으십니다. 그러므로 불신자, 우상숭배자들이 가져오는 제물과 그들 자신은 그 수가 아무리 많고, 아무리 보기 좋아도 하나님 보시기에 가증한 것입니다.

2. 애굽의 제물로 하나님께 제사한다면 애굽 사람들이 싫어하고 미워할 것이기 때문이었습니다.

애굽인들은 그들이 가진 모든 것은 그들의 신들이 그들에게 준 것이라고 여기고 있었습니다. 그런데 그것들을 히브리인들이 하나님께 드린다면 그 우상 신들이 싫어하고 노여워 할 것이므로 미워하고 싫어할 일이었습니다. 따라서 이스라엘 백성이 자유롭게 하나님께 제사 드릴 수 없고 심한 핍박을 받게 될 것입니다.

하나님은 그런 제물을 그들의 땅에서 받기를 싫어하시고 노여워하십니다. 그러므로 우리 그리스도인은 불신앙 속에서 무엇을 가지고 누리는 것과 그것으로 하나님께 감사하고 찬송드려서는 안 됩니다. 우선 나 자신이 유일하신 하나님만을 섬기고 모든 것을 그분의 법과 뜻에 맞게 생활하며 하나님께서 주시는 것들을 하나님께 드리며 감사와 찬송과 영광을 돌려드려야 합니다.

그리고 나 자신이 **애굽에서 도성을 쌓는 것이 아니라 애굽 사람들과 구별되게 살아야** 합니다. 그러느라고 어떤 고통이나 손실과 핍박을 받아도 반드시 그렇게 살며 하나님을 섬겨야 합니다. 이것이 **광야 교회에서** 하나님을 섬기는 것입니다.

이런 신자의 예배라야 하나님께서 받으십니다.

애굽 사람들과 똑같은 생활과 사고방식과 문화와 가치관에 빠져 살면서 그 애굽에서 하나님께 감사와 찬송과 기도드리는 것을 하나님은 결코 용납하지 않으십니다. 그런데 이러한 교인들이 현대 교회 안에 너무나도 많습니다.

이러한 교인들에게 하나님은 "그렇게 하는 것은 나에게 예배하는 것이 아니다. 네가 그렇게 하면 너는 불신자, 우상숭배자들에게 미움의 대상이 될 것이고 네가 원하는 대로 그들이 너를 돕지 않을 것이며 오히려 너를 수시로 괴롭히게 될 것이다. 그리고 그러한 때에 나도 너를 돕지 않을 것이다" 하고 말씀하실 것입니다.

하나님으로부터 이런 대우를 받는 목사들과 교인들이 많습니다. 이들은 결코 **하나님이 주시는 특별한 보호와 진정한 평안과 기쁨을 누릴 수 없고 힘들고 고통스러운 신앙생활 아닌 신앙생활**을 하게 됩니다.

우리 그리스도인들은
(1) **스스로를 악하고 속된 것으로부터 구별해야** 합니다.

왜냐하면 **빛과 어두움이 서로 일순간도 사귈 수가 없고 그리스도와 벨리알이 한 순간도 연합할 수 없기 때문입니다**(고후6:14이하, 시26:4,6).

(2) **세상 사람들과 놀고 즐기는 유흥을 멀리하고 그것에서 멀리 피해야** 합니다.

이스라엘 백성은 애굽 사람들 속에서 벽돌이나 구우면서 순간순간 고기를 얻어먹으며 그들과 같이 즐기며 하나님께 거룩한 예배를 드릴 수 없습니다. 그래서 우리는 "**애굽을 떠나 광야로 가서 하나님을 예배하리라**" 해야 합니다.

비록 거기에서 오랫동안 고기 한 점 먹지 못할지라도 애굽(불신세계, 우상세계)이 아니라 **광야**(자기를 부인하고 자기 십자가를 지고 오직 예수 그리스도를 따르며 사는 곳, 먼저 그의 나라와 의를 구하며 사는 곳)**로 가서 하나님을 섬겨야** 합니다.

(3) **언제나 하나님의 명령을 준행**해야 합니다.

이스라엘 백성들이 애굽에서 사흘 길쯤 광야로 들어가면 **시내 산**에 이르게 됩니다. **거기서 여호와께 희생을 드리도록 일찍이 하나님께서 명하신 바가 있습니다**(3:18).

히브리 민족이 하나님께 드리는 제사 제도는 **인간의 자율에 의한 것이 아니고** 그와 관련된 세부적인 사항까지도 **하나님의 계시에 순종하도록 된 것**입니다. 장차 모세가 그 시내 산에서 받을 율법은 이러한 사실을 더욱 명백하게 밝히고 있습니다. 이것이야말로 참 신앙의 특징이라고 할 수 있습니다. **참된 신앙은 타율의 권위**(하나님의 권위)**에 의존하고 복종하며 안식하는 것**입니다. 인간이 스스로 만든 종교의 법칙은 개인에 따라 얼마든지 달라질 수가 있고 시대에 따라 바뀔 수 있습니다. 그러한 것을 믿음의 대상으로 삼을 수 없습니다.

"사흘 길쯤 광야로 들어가서"라는 말에 대해서는 앞에서 상세하게 설명했습니다(3:18).

우리 모든 성도는 모든 불신자와 우상숭배자들 앞에서 **"사흘 길쯤 광야로 들어가서 우리 하나님 여호와께 예배해야 한다. 그것이 우리 하나님의 명령이다"**를 외쳐야 합니다. 그리고 **언제나 하나님의 그 모든 명령을 준행하며 하나님께 예배해야** 합니다.

이런 일을 **정확하게 하는 사람들**만이 하나님의 백성입니다. 이것을 **끝까지 하는 사람들**만이 약속의 땅, 즉 하나님의 약속한 복을 받고 사는 곳, 천국을 소유하게 됩니다.

이스라엘 백성들이 아직 바로 앞에서 노예로 사는 천한 신분의 사람들이었으나 하나님을 섬기는 일에 있어서는 바로의 명령이 아니라 **하나님의 명령만을 따르는** 거룩한 하나님의 선택된 백성인 것입니다. 이렇게 **하나님의 명령만을 따르는** 사람들이 진정 하나님의 백성입니다.

> 28절/ 바로가 이르되 내가 너희를 보내리니 너희가 너희의 하나님 여호와께 광야에서 제사를 드릴 것이나 너무 멀리 가지는 말라 그런즉 너희는 나를 위하여 간구하라
> 29절/ 모세가 이르되 내가 왕을 떠나가서 여호와께 간구하리니 내일이면 파리

> 떼가 바로와 바로의 신하와 바로의 백성을 떠나려니와 바로는 이 백성을 보내어 여호와께 제사를 드리는 일에 다시 거짓을 행하지 마소서 하고

〈더 정확한 번역〉
> 29절/ 떠나려니와 바로는 이 백성을 보내어 여호와께 제사를 드리는 일에 다시 거짓을 행하지 마소서 하고 ⇒ 떠날 것이오. 그러나 우리를 또다시 속일 생각은 하지 마시오. 백성들이 여호와께 제물 바치는 일을 막지 마시오 했다.

(1) 바로는 모세에게 "내가 너희를 보내리니 너희가 너희의 하나님 여호와께 광야에서 제사를 드릴 것이나 너무 멀리 가지는 말라"고 했습니다.

이것은 이스라엘 백성들을 **다시 돌아오게 하려는 속셈**으로 한 말입니다. 바로는 언제든지 그들을 다시 돌아오게 해서 노예로 부리려는 악한 마음을 품고 있었습니다.

어떤 악인들은 **하나님께서 내리시는 징벌 앞에 굴복하는 척하며 여전히 마음에 악한 계교**를 품습니다. 하나님이 자신들의 속마음까지는 모를 것이라고 생각하는 것입니다. 이들은 속마음까지 속속들이 꿰뚫어 보고 계시는 하나님과 결코 적수가 될 수 없는 자들입니다.

따라서 그들의 모든 궤계는 그들이 **그것을 만들고, 품고, 열심을 기울일수록** 철저하게 실패하고 망하게 됩니다. 이들은 하나님께서 자비를 베풀어주셔서 아주 죽지는 않는 것을 볼 때 하나님께로 돌이키는 것이 아니라 **곧바로 이전보다 더 악한 마음으로** 돌아갑니다. 그렇게 해서 멸망의 구렁텅이를 스스로 더 깊이 파고 들어갑니다.

(2) 모세는 이때에도 파리 재앙을 제거해달라는 바로의 요구를 받아들입니다.

"모세가 이르되 내가 왕을 떠나가서 여호와께 간구하리니 내일이면 파리 떼가 바로와 바로의 신하와 바로의 백성을 떠날 것이요" 했습니다.

하나님은 바로가 **멸망당하지 않고 회개하기**를 기다리고 계셨습니다.

하나님은 죄인이 회개하고 하나님께 순복할 때 **그것을 받아들일 준비를 항상 하고** 계십니다. 그러나 죄인들은 하나님께서 바라시는 대로 하기가 결코 쉽지 않습니다. 왜냐하면 **그들의 왕은 사탄**이고 그들은 **그의 종**이기 때문입니다. 그들이 하나님께서 바라시는 대로 할 수 있으려면 **하나님께서 그렇게 할 수 있도록 도와주시는 은총**을 입어야 합니다.

하나님은 바로에게 거듭해서 재앙을 내리시면서도 **그가 하나님께 굴복하기를 깨우치고** 계셨습니다. 하나님은 바로에게 한두 번의 경고와 재앙으로 모두를 죽게 하고 즉각 멸망하게 하지는 않으셨습니다.

만약 바로가 **한두 번의 재앙으로 하나님께 깨끗이 순복했다면** 그와 그 나라는 그토록 비참하게 망하거나 그의 장자까지 죽지는 않았을 것입니다. 그러나 그는 **계속해서 고집을 부림으로써** 결국 계속해서 더 가혹한 징벌을 받고 **망하고** 말았습니다.

이 모든 것은 그와 애굽 나라가 **이미 그 죄가 아귀까지 찼으므로** 응분의 처벌을 받지 않을 수 없었기 때문에 그렇게 된 것입니다. 그런데 하나님은 그 섭리의 심판을 시행하시는 가운데서도 바로와 그 백성이 회개하기를 바라시고 그렇게 할 수 있는 기회를 수시로 주셨습니다.

오늘날도 하나님은 모든 죄인에 대해 이렇게 하고 계십니다. 그들 각자의 범죄에 대해 **때가 되면 응분의 징벌**을 내리시는데 그런 가운데서도 하나님은 단 한두 번의 징벌로 그들을 끝장내버리지 않고 **열 번, 스무 번... 회개의 기회**를 주십니다. 그런데도 바로처럼 계속 악을 선택하는 자들은 **그들이 받을 응분의 징벌을 조금도 감하지 못하는 것**입니다. 아주 망하기 전에 어느 시점에서라도 회개하는 사람은 그래도 복이 있는 사람입니다.

여기서 우리 그리스도인들이 또 깨달아야 할 것은 계속해서 악을 선택하고 회개하기를 거절하는 불신자들과 우상숭배자들을 보고만 있어서는 안 된다는 것입니다.

어찌 점점 더 비참한 구렁텅이를 파고 들어가고 있는 사람들을 **빤히 보고 있으면서 그들을 위해 아무것도 하지 않을 수가 있겠습니까?** 그들이 비록 우리가 "그렇게 하지 마시오"라고 말해줄 때 **싫어하고** 못되게 굴지라도 그러한 반응이 싫고 귀찮고 무서워서 결코 우리가 그들을 위해서 할 일을 **중단하거나 포기해서는 안 됩니다.**

그래서 우리 모든 그리스도인은 불신자, 우상숭배자들이 **듣든지 아니듣든지** 복음과 말씀을 소리쳐서 듣게 해야 합니다.

> 30절/ 모세가 바로를 떠나 나와서 여호와께 간구하니
> 31절/ 여호와께서 모세의 말대로 하시니 그 파리 떼가 바로와 그의 신하와 그의 백성에게서 떠나니 하나도 남지 아니하였더라

(3) 모세는 이때에도 "내가 여호와께 간구하리니 내일이면 파리 떼가 바로와 바로의 신하와 바로의 백성을 떠날 것이오"라고 바로에게 말했습니다.

모세가 말한 그대로 되었습니다.

"여호와께서 모세의 말대로 하시니 그 파리 떼가 바로와 그의 신하와 그의 백성에게서 떠나니 하나도 남지 아니하였더라" 했습니다.

'**많은 해를 끼치는 셀 수 없이 많은 곤충의 떼**'가 애굽 온 땅을 덮었었는데 **모세가 하나님께 기도하니까** 단 한 마리도 남지 않고 다 사라진 것입니다. 하나님은 이로써 **하나님의 놀라우신 권능**을 다시 한 번 바로와 모든 사람에게 똑똑히 보여주셨습니다.

그런데도 바로는 또 약속을 어깁니다(32절). 참으로 그는 **주먹만큼의 자비도 자기와 자기 나라에 임하게 할 수 없는** 천하의 악인이요, 어리석은 자였습니다. 그동안 인류 역사에 영웅호걸이라고 하면서 이렇게 악인 중의 악인이요, 어리석은 자들이 얼마든지 있었습니다.

> 32절/ 그러나 바로가 이때에도 그의 마음을 완강하게 하여 그 백성을 보내지 아니하였더라
> 〈더 정확한 번역〉
> 이때에도 그의 마음을 완강하게 하여 ⇒ 또다시 고집스러워져서

모세는 바로의 면전에서 이미 **바로의 권위에 수치심을 주는 말**을 했습니다.

"우리를 또다시 속일 생각은 하지 마라", 뿐만 아니라 "백성들이 여호와께 제물 바치는 일을 막지 마라" 했습니다.

이전에는 모세가 이렇게까지 말하지 않았습니다. 바로는 이미 그 권위와 신용이 다 떨어졌습니다. 세계 최강 나라의 왕이 한 사람 모세로부터 마치 **거짓말쟁이로 취급되는 수치**를 당하고 있는 것입니다.

하나님 앞에 불복하고 하나님을 대적하는 자들은 결국 이와 같이 **가장 약한 자에게도 업신여김을 당하게** 됩니다.

여기서 우리가 또 알게 되는 것은 권력욕이 참으로 사람을 파렴치하게 만들고, 거짓말쟁이로 만들고, 뻔뻔한 자로 만든다는 것입니다. 누구든지 권력욕에 빠지면 이런 가장 수치스러운 감옥에 자신을 가두고 맙니다. 그런데 이런 자는 자기가 점점 더 그 감옥을 튼튼히 만들어서 스스로 거기에 갇히고 있다는 사실조차 모릅니다. 그가 거기서 나온다면 누군가가 그가 만든 권력의 틈

튼한 감옥을 철저하게 깨부숴야 나오게 되는 것입니다. 그때 그는 자신의 모든 것이 물거품처럼 되어버리고 쓰레기처럼 되어있다는 것을 알게 됩니다. 따라서 누구도 더 이상 그를 부러워하지 않고 **보잘것없는 존재**가 됩니다.

그러므로 사람들은 **권력욕에 빠지지 않도록 조심해야** 합니다. 권력욕에 빠지는 것이야말로 큰 **저주요, 불행**입니다.

더욱이 **하나님을 대적하고 하나님의 백성들이 하나님을 예배하는 것마저 방해하는 권력자는** 더 큰 수치와 욕을 당하게 됩니다. 바로가 바로 그러한 자였습니다.

그래서 모세는 여기서 **아주 특별하고 무서운 경고**를 했습니다. "너는 하나님의 백성들이 여호와께 제물을 바치는 일을 막지 마라" 했습니다.

이 경고야말로 **가장 무서운 저주와 형벌에 대한 경고**입니다. 바로가 저지른 죄악과 가장 큰 어리석음은 **그가 하나님의 백성들이 제물 바치는 일을 방해한 것**입니다. 바로의 이 혐의가 그의 맏아들이 죽고, 애굽의 모든 장자가 죽고, 짐승의 첫 새끼까지 다 죽어 애굽의 사람과 짐승의 원줄기가 사라지게 했습니다. 또한 애굽 사람들이 다 없어지는 것은 아니었으나 살아남아 있어서 **두고두고 치욕과 약함과 무기력의 저주 아래 연명하게 한** 것입니다.

그러므로 모든 불신자와 우상숭배자는 하나님과 하나님의 백성들을 대적하지 말아야 합니다. 더욱이 하나님의 백성들이 하나님께 예배하는 것을 결코 방해하는 저주의 올가미에 걸려들지 않도록 조심해야 합니다.

제 44 강

다섯 번째 재앙-애굽의 가축이 죽는 재앙

〈출9:1~7〉
1여호와께서 모세에게 이르시되 바로에게 들어가서 그에게 이르라 히브리 사람의 하나님 여호와께서 말씀하시기를 내 백성을 보내라 그들이 나를 섬길 것이니라 2네가 만일 보내기를 거절하고 억지로 잡아두면 3여호와의 손이 들에 있는 네 가축 곧 말과 나귀와 낙타와 소와 양에게 더하리니 심한 돌림병이 있을 것이며 4여호와가 이스라엘의 가축과 애굽의 가축을 구별하리니 이스라엘 자손에게 속한 것은 하나도 죽지 아니하리라 하셨다 하라 하시고 5여호와께서 기한을 정하여 이르시되 여호와가 내일 이 땅에서 이 일을 행하리라 하시더니 6이튿날에 여호와께서 이 일을 행하시니 애굽의 모든 가축은 죽었으나 이스라엘 자손의 가축은 하나도 죽지 아니한지라 7바로가 사람을 보내어 본즉 이스라엘의 가축은 하나도 죽지 아니하였더라 그러나 바로의 마음이 완강하여 백성을 보내지 아니하니라

▎1절/ 여호와께서 모세에게 이르시되 바로에게 들어가서 그에게 이르라 히브리 사람의 하나님 여호와께서 말씀하시기를 내 백성을 보내라 그들이 나를 섬길 것이니라

〈더 정확한 번역〉
▎그들이 나를 섬길 것이니라 ⇒ 그들이 나에게 예배할 수 있게 하여라.

(1) 하나님은 이전과 똑같이 모세로 하여금 바로에게 경고하게 하셨습니다.

"여호와께서 모세에게 이르시되 바로에게 들어가서 그에게 이르라" 했습니다.

하나님은 또다시 바로와 애굽의 모든 사람에게 누가 과연 진정한 신인지를 똑똑히 보여주고자 하신 것입니다. 즉 애굽의 모든 신은 거짓된 것이고 여호와만이 유일하신 참 신이심을 똑똑히 보여주고자 하셨습니다.

더욱이 "히브리 사람의 하나님 여호와께서 말씀하시기를 내 백성을 보내라. 그들이 나에게 예배할 수 있게 해라" 하셨습니다.

이 말씀은 아브라함, 이삭, 야곱의 백성을 선택하여 당신의 백성으로 삼으신 여호와 하나님만이 유일하시고 참 신이심을 알게 할 뿐만 아니라 바로와 애굽 사람들이 천하게 여기는 히브리 사람들이 하나님께서 특별히 사랑하시는 **하나님의 백성임**을 다시 한번 분명히 깨우쳐주신 것입니다. 그리고 **히브리 사람이야말로 예배할 대상을 제대로 알고 예배하게 하신다**는 것입니다.

하나님은 **처음부터 계속해서** 바로와 애굽 사람들에게 이 사실을 거듭 깨우쳐주고 계십니다. 그러나 그 **무지몽매한 영혼들**은 그 말씀의 뜻을 알아차릴 수 없었습니다.

아브라함과 이삭과 야곱의 자손들을 하나님의 선택된 백성으로 삼으신 **가장 주된 이유는 그들이 유일하신 하나님만을 예배하게 하기 위함**입니다. 그런데 그들이 그 고유하며 영광스러운 의무를 제대로 **수행하지 못하면** 그들은 **하나님의 백성으로서의 특별한 사랑과 은총을 그만큼 누릴 수 없게** 됩니다. 이스라엘의 역사가 그 사실을 분명하게 증거하고 있습니다.

그러므로 우리도 내가 그리스도인으로 이 땅에 존재하는 **가장 주된 목적은 유일하신 하나님만을 섬기며 예배하기 위함임**을 잠시도 잊지 말아야 합니다. 의식주의 문제보다도, 우리가 바라는 그 어떤 것보다도 우리가 **예수 그리스도를 믿은 이후 이 세상을 뜰 때까지 가장 영광스럽고 주된 삶으로 삼아야 할 것은 유일하신 하나님을 날마다 예배하는 것입니다.**

그런데 이 사실을 제대로 알지 못하여 하나님께서 받으실 만한 예배다운 예배를 드리지 못하는 사람들이 참으로 많이 있습니다. 만약 그들이 하나님이 정하신 때까지 그것을 고치지 못한다면 하나님의 백성으로서의 특별한 은혜를 **잃어버리게** 됩니다.

> 2절/ 네가 만일 보내기를 거절하고 억지로 잡아두면
> 3절/ 여호와의 손이 들에 있는 네 가축 곧 말과 나귀와 낙타와 소와 양에게 더하리니 심한 돌림병이 있을 것이며

〈더 정확한 번역〉
> 2절/ 억지로 잡아두면 ⇒ 계속해서 내 백성을 붙들고 있으면
> 3절/ 심한 돌림병이 있을 것이며 ⇒ 끔찍한 병이 들게 될 것이다.

(2) **만약 바로가 또 거절하면 무서운 역병**(악질)**의 재앙**을 내리겠다고 하셨습니다.

"네가 만일 보내기를 거절하고 계속해서 내 백성을 붙들고 있으면 여호와의 손이 들에 있는 네 가축 곧 말과 나귀와 낙타와 소와 양에게 더하리니 끔찍한 병이 들게 될 것이다" 하셨습니다.

바로와 애굽에 무서운 역병이 내려진 가장 주된 이유는 **하나님을 예배해야 할 백성들을 붙들고 있기 때문**이었습니다. 그들이 하나님의 백성들로 하여금 하나님께 예배드리는 것을 방해했으므로 **점점 막심한 고통과 손실을 당하고 급기야는 멸망하게 된 것**입니다.

불신자, 우상숭배자들이 참으로 조심해야 할 것은 하나님의 사람들이 하나님을 자유롭게 예배하는 일을 조금도 방해하지 말아야 한다는 사실입니다.

인류역사를 보면 하나님을 대적하고 교회를 적대시하며 하나님의 백성들이 예배하는 것을 **방해하고 핍박한 개인이나 정권은 반드시 처참하게 멸망당했습니다**. 한때 여러 나라를 정복하고 세계를 떠들썩하게 했던 나라들도 **하나님과 교회를 대적하고 하나님의 백성들의 예배를 방해하기 시작할 때 급전직하로 멸망**하고 말았습니다.

그런데도 불신자, 우상숭배자들은 그런 역사적인 사실을 염두에 두지 않습니다. 그들의 **왕은 사탄**이기 때문에 그들은 언제나 **사탄의 조종에 의해** 가장 무서운 저주와 진노를 당하게 되는 일, 즉 **하나님을 대적하며 교회를 적대시하고 하나님의 백성들이 예배하는 일을 방해하고 핍박**합니다. 여기에 걸려드는 자들은 참으로 불쌍한 사람들입니다.

그러므로 오늘날도 코로나 역병을 빌미로 하여 교회를 대적하고 성도들이 하나님께 예배하는 것을 방해하며 교회 문을 잠그게 하고 심지어 교회를 폐쇄한다는 등 어처구니없는 어리석음을 저지른 자들은 **참으로 두려워 떨어야** 합니다. 그리고 우리는 **저들을 불쌍히 여겨야** 합니다.

그런데 하나님과 교회의 예배를 대적하는 자들의 방침을 적극적으로 따라줘야 한다고 말하며 그들이 하라는 대로 하는 목사와 교회들이 있습니다. 이들은 **바로와 그 애굽 백성들과 다를 바가 없는 사람들**입니다. 이러한 사람들은 **신속하게 하나님 앞에 회개하여 사함을 받아야** 합니다. 그렇지 않으면 불신자, 우상숭배자들보다도 더 무서운 진노를 당하게 됩니다.

1) **이 모든 일을 여호와의 손이 친히 하시겠다** 하셨습니다.

그동안은 모세가 아론에게 말하고 아론이 모세가 하라는 대로 지팡이를 사용함으로써 재앙이 내려지게 했었는데 여기에서는 '**하나님의 손**'이 친히 이 악질의 재앙을 내리시겠다고 경고하셨습니다.

이것은 매우 중요한 뜻을 담고 있습니다.

당시 애굽 사람들은 **생축을 숭배**했습니다. 그들은 그들의 중요한 재산이고 그들에게 여러 가지 필요한 것들을 제공해주는 가축들을 소중히 여길 뿐 아니라 신으로 숭배했던 것입니다. 그런데 이제 그것들이 하나님의 손에 의해 악질에 걸려서 쓸모없어지고 죽게 되면 **그것들은 결코 신이 아니라는 사실이** 드러나게 됩니다. 말이나 나귀나 낙타나 소나 양이 차례차례 끔찍한 병에 들어서 시름시름 앓고 죽어갈 때마다 바로와 애굽 사람들은 그것들이 결코 신이 아니라는 사실을 수백 번, 수천 번 눈으로 보게 되는 것입니다.

하나님은 이렇게 **바로와 애굽 사람들이 숭상하는 대상들을 차례로 징벌하심**으로 그들이 숭상의 대상으로 삼았던 것들이 **얼마나 보잘것없고 하찮은 것인가를 똑똑히 알게** 하셨습니다.

오늘날에도 많은 사람들이 모든 것이 신이라고 말하면서 **범신론과 다신론**을 받아들이고 있습니다. 그리고 **초과학 문명사회**가 되었음에도 점점 더 하나님 대신에 다른 것을 더 소중하게 여기며 숭상하고 있습니다.

많은 사람이 자신은 무신론자라고 말하지만 사실은 그들도 **물질**을 숭상하고 있습니다.

여호와의 손은 하나님 외에 다른 것을 더 사랑하고 소중히 여기며 숭상하는 것들에게 **지금도 끔찍한 재앙을 내리고** 계십니다. 하나님 대신에 다른 것들을 숭상할 때 **그것들이 아무것도 아니며 오히려 그들에게 얼마나 막심한 피해를 가져다주는지를** 똑똑히 알게 하십니다. 세상의 것들을 숭상하는 일이 많고, 또 길었던 사람일수록 비참한 경험을 **더 많이, 더 길게 하게** 됩니다.

2) **애굽인들이 이스라엘 백성들보다도 더 소중히 여기고 더 귀한 재산으로 여겼던 모든 가축에게 끔찍한 병이 들게 하셨습니다.**

하나님은 애굽 사람들이 **하나님의 백성들을 멸시하고 학대하여** 쓰라린 고통을 당하게 했던 것만큼 **응분의 대가를 치르게** 하신 것입니다. 하나님은 행한 대로 철저히 갚으시는 분이십니다.

> 4절/ 여호와가 이스라엘의 가축과 애굽의 가축을 구별하리니 이스라엘 자손에게 속한 것은 하나도 죽지 아니하리라 하셨다 하라 하시고

(3) **이스라엘의 가족들이나 가축들에는 이 끔찍한 병이 틈타지 못했습니다.**

하나님은 그 재앙을 **내리시기 전에** 이스라엘에 속한 가축은 단 한 마리도

이 병에 걸리지 않을 것이라고 바로에게 **분명히 알게** 하셨습니다.

이스라엘 백성들은 생축을 신으로 숭상하지 않았으므로 그들의 생축에는 재앙이 임하지 않게 하셨습니다. 뿐만 아니라 하나님은 이 일을 통해 **이스라엘 백성뿐 아니라 그들의 생축까지도 특별하게 돌보신다**는 사실을 드러나게 하셨습니다.

이 세상에는 신자와 불신자가 **공통으로 당하는 재앙**들이 있습니다. 그러나 하나님은 **불신자들 속에서 신자들을 구별하여** 그들이 **하나님의 백성인 증거**를 나타내십니다. 이스라엘 백성 중에 애굽 사람들 속에 들어가서 그들과 똑같이 살거나, 히브리인임을 수치스럽게 여기고 애굽인으로 귀화했다면 그런 자들은 결코 하나님의 백성이라고 할 수 없으므로 그들의 가축은 끔찍한 병에 걸리는 것입니다.

오늘날 나도 신자라고 하면서 불신자, 우상숭배자들과 조금도 다를 바 없이 사는 사람들, 예수 그리스도를 믿는다는 것을 숨기고 불신자, 우상숭배자들처럼 되기 위해 열심을 기울이는 사람들이 있습니다. 이 사람들은 불신자들이 재앙을 당할 때 **하나님의 백성으로서의 특별한 보호를 받을 수 없습니다.** 왜냐하면 그들은 스스로 **하나님과 상관 없는 사람**들로 살았기 때문입니다.

하나님께서는 **가축들도 돌보십니다.** 하나님의 섭리는 **가장 미천한 피조물에게도** 세심하게 미치는 것입니다. 우리가 하나님을 믿고 하나님을 피난처로 삼으며 "천 길 낭떠러지에 다닐지라도 우리가 **해 받음을 두려워하지 않는 것은 하나님이 우리를 생각하시기 때문이다**(시91:6~7)" 했습니다.

그동안에 개구리 재앙, 이 재앙, 파리 재앙이 있었지만 그것도 역시 이스라엘 백성들의 생축에는 아무 해도 끼치지 않게 하셨습니다.

하나님은 불신자, 우상숭배자들이 소중하게 여기고 기르고 있는 가축들도 그들이 너무 쉽게 병들고 죽지 않도록 **자비와 긍휼**을 베풀고 계십니다. 그러나 **그들의 죄가 더 극심해지게 되면 하나님**의 진노로 그들의 생축에는 얼마든지 재앙이 임하여 **그 생축이 무용지물이 되게** 하십니다.

예수 그리스도를 믿고 우리 하나님을 의지하고 사는 사람들은 자신뿐 아니라 그 자손들은 물론 그들이 소유하고 있는 가축(재산)**까지도 하나님은 특별하게 돌봐주십니다.** 그러므로 믿음의 사람들에게 속한 가축들 또한 행복한 것입니다. 세상의 것들이 불신자에게 속했는지, 신자에게 속했는지에 따라 그 장래가 현저하게 달라지게 됩니다. 참으로 **진정한 하나님의 백성들**은 그들이 가까이하고 소유하고 있는 모든 것에 **특별한 은총을 받아 누리고 있음**을 깨달아야 합니다. 그리고 우리 자신이 큰 어려움을 당하지 않고 있을 때뿐 아니라 나와 관계된 모든 것, 즉 생축과 물건 하나까지도 하나님께서 특별한 보호와 은혜를 베풀고 계심을 늘 상기하고 참으로 항상 기뻐하고 범사에 감사하며 우리는 끊임없이 하나님을 예배해야 합니다.

> 5절/ 여호와께서 기한을 정하여 이르시되 여호와가 내일 이 땅에서 이 일을 행하리라 하시더니
> 6절/ 이튿날에 여호와께서 이 일을 행하시니 애굽의 모든 가축은 죽었으나 이스라엘 자손의 가축은 하나도 죽지 아니한지라

〈더 정확한 번역〉
> 5절/ 기한을 정하여 ⇒ 때를 정하시고
> 6절/ 이 일을 행하시니 ⇒ 말씀대로 하셨다.

(4) 하나님께서 "때를 정하시고" 말씀대로 시행하셨습니다.

"여호와께서 때를 정하시고 이르시되 여호와가 내일 이 땅에서 이 일을 행하리라 하시더니 이튿날에 여호와께서 말씀하신대로 하셨다. 애굽의 모든 가축은 죽었으나 이스라엘 자손의 가축은 하나도 죽지 아니한지라" 했습니다.

"내일 행하리라" 하시니 그대로 된 것입니다.

애굽 사람들의 가축이 "다 죽었다" 했습니다. 애굽 사람들이 소유하고 있던 모든 가축이 일거에 다 죽고 사라지게 된 것입니다.

하나님은 **자기들의 가축을 신으로 섬기며 숭상하던** 애굽 백성들에게 그들이 소유한 가축 단 한 마리도 남겨두지 아니하고 다 병들어 죽게 하셨습니다. 얼마나 무서운 말씀입니까?

그동안의 재앙들은 사람들과 동물들에게 큰 고통과 손실을 주었으나 다 죽게 하지는 않았습니다. 그러나 이제는 **모든 가축을 한 마리도 남기지 않고 다 죽게** 한 것입니다.

개구리 재앙, 파리 재앙, 이 재앙, 독한 곤충들 재앙을 내릴 때는 사람들과 가축들에게 큰 고통이 있게 되었고 많은 음식물과 과일이 못 쓰게 되어 버렸습니다. 애굽의 모든 사람은 일상생활을 결코 정상적으로 할 수 없었습니다. 그동안은 사람과 가축의 신체에 큰 고통을 주고 먹을 것들을 못 먹게

했는데 이제는 그 귀한 재산, 단백질, 우유, 털, 가죽 등 가장 중요한 자원들 속에 끔찍한 병이 들게 하신 것입니다. 그것들이 그냥 죽는 것이 아니라 큰 고통을 당하며 죽었습니다. 그 시체들은 결코 먹을 수 없었습니다. 참으로 **이전과는 비교할 수 없는** 심각한 타격이 애굽 전체에 있게 된 것입니다.

이 재앙은 **사람만 제외하고 모든 가축의 신체 속에 무서운 병이 생겨서 몽땅 죽게 했습니다.** 아직 애굽 사람들 대부분이 생존하고 있지만 모든 생축이 다 죽었으므로 지금 그들 눈에는 자신들만 보일 뿐이었습니다. 따라서 그들은 모든 생축을 죽이신 하나님이 자기들도 전부 죽이지 않을까 **두려워 떨지 않을 수 없게** 되었습니다. 하나님께서 뜻하신 바가 바로 이런 것이었습니다.

"유일한 하나님인 나보다 그 하찮은 짐승들을 더 소중하게 여기고 신으로 섬겼느냐? 따라서 이제 내가 그 모든 가축을 한 마리도 남기지 않고 다 죽였다. 이제 다음은 누구 차례이겠느냐?"라고 생각하게 하신 것입니다.

그런데 바로는 이러한 것을 좀 더 깊이 생각하지 못하고 계속해서 약속을 어기고 하나님 앞에서 악한 고집을 내세웁니다.

▎7절/ 바로가 사람을 보내어 본즉 이스라엘의 가축은 하나도 죽지 아니하였더라 그러나 바로의 마음이 완강하여 백성을 보내지 아니하니라

〈더 정확한 번역〉
▎바로의 마음이 완강하여 ⇒ 바로의 마음은 조금도 움직이지 않아서

바로는 사람을 보내서 이스라엘 가축들이 해를 입었는지를 알아보게 했습니다.

그는 분명히 애굽의 가축은 모두 죽었고 이스라엘 백성의 가축은 한 마리도 죽지 않았다는 보고를 들었을 것입니다. 보통 사람 같으면 이 정도면 크게 두려워하여 항복했을 것입니다. 그러나 **그 보고를 듣고도 그의 마음은 조금도 움직이지 않았습니다.**

참으로 놀라운 사건, 더욱이나 막대한 재산상의 피해를 보았으면서도 하나님께 대한 바로의 마음은 **반발심과 불신앙으로** 더욱 기울어졌습니다.

이렇게 마음이 완악해지는 사람들은 하나님이 주시는 **긍휼과 자비의 기회들을 점점 더 무시하며** 그야말로 **죽음에 이르는 행진을 더 서둘러서** 합니다.

사람의 모든 영혼은 전적으로 부패하고 타락해있으므로 **하나님의 도우심을 받기 전에는** 모두 다 이렇게 될 수밖에 없습니다. 하나님께서 점점 더 무

서운 징벌을 내리실지라도 그들 스스로는 정신을 차릴 수가 없습니다. 하나님께서 **두려운 마음을 주시고** '이제는 더 이상 어떻게 할 수 없구나' 하고 **그 강퍅한 마음을 내려놓도록 그 영혼에 직접적으로 역사하지 않으시면** 아무리 놀라운 이적과 기적을 보아도, 아무리 막심한 피해를 보아도 결코 하나님을 알지 못하며 하나님의 명령에 굴복하지 못합니다. 인류 역사상에 이런 사람들이 절대다수였습니다. 참으로 불쌍한 사람들입니다.

그러므로 남달리 지혜롭지도 못하고 착한 것도 아닌데 **하나님의 직접적인 도우심을 받아서,** 즉 **하나님의 권능에 의해** 내 영혼이 거듭나서 복음을 받아들여 예수 그리스도를 영접하고 하나님을 알고 섬기게 된 성도들은 그 은혜가 **얼마나 크고 놀라운지**를 시간이 갈수록 더욱더 절실히 깨달아 알아야 합니다. 하나님께서 이렇게 직접적으로 도와주시지 않았다면 성도 중에 단 한 사람도 예수 그리스도를 영접할 수 없었으며 유일하신 하나님을 알고 섬길 수 없었습니다.

이 은혜에 대해 무엇으로 계산할 수 있겠습니까? 모든 성도는 이제 **그 영혼이 활짝 깨어나고 치료되어서** 이러한 놀라운 은총에 대해 참으로 감사 감격하며 기뻐하며 하나님께 찬송과 영광을 돌려 드려야 합니다. 이렇게 하지 못하는 성도라면 그는 **분명히 세상 유혹과 시험에 빠져서 영혼이 잠자고 있고 어두워져 있고 병들어 있는 것**입니다. 이러한 성도들은 돈 문제, 건강 문제, 자식 문제를 해결 받기 원하기 전에 *이 큰 문제부터 해결해야* 합니다.

제 45 강

여섯 번째 재앙-종기 재앙1

〈출9:8~12〉
8여호와께서 모세와 아론에게 이르시되 너희는 화덕의 재 두 움큼을 가지고 모세가 바로의 목전에서 하늘을 향하여 날리라 9그 재가 애굽 온 땅의 티끌이 되어 애굽 온 땅의 사람과 짐승에게 붙어서 악성 종기가 생기리라 10그들이 화덕의 재를 가지고 바로 앞에 서서 모세가 하늘을 향하여 날리니 사람과 짐승에게 붙어 악성 종기가 생기고 11요술사들도 악성 종기로 말미암아 모세 앞에 서지 못하니 악성 종기가 요술사들로부터 애굽 모든 사람에게 생겼음이라 12그러나 여호와께서 바로의 마음을 완악하게 하셨으므로 그들의 말을 듣지 아니하였으니 여호와께서 모세에게 말씀하심과 같더라

> 8절/ 여호와께서 모세와 아론에게 이르시되 너희는 화덕의 재 두 움큼을 가지고 모세가 바로의 목전에서 하늘을 향하여 날리라
> 9절/ 그 재가 애굽 온 땅의 티끌이 되어 애굽 온 땅의 사람과 짐승에게 붙어서 악성 종기가 생기리라
> 10절/ 그들이 화덕의 재를 가지고 바로 앞에 서서 모세가 하늘을 향하여 날리니 사람과 짐승에게 붙어 악성 종기가 생기고

〈더 정확한 번역〉
> 8절/ 화덕의 재 두 움큼을 가지고 모세가 ⇒ 아궁이의 재를 양손에 가득 쥐어라. 그리고 모세가
> 9절/ 그 재가 먼지가 되어 애굽 온 땅에 두루 흩어져서 애굽의 모든 사람과 짐승들의 몸에 종기를 일으킬 것이다.
> 10절/ 짐승에게 붙어 악성 종기가 생기고 ⇒ 짐승의 몸에 종기를 일으켰다.

하나님께서 모세에게 아궁이의 재를 양손에 가득 쥐고 그것을 바로의 목전에서 하늘을 향하여 날리라고 명령하셨습니다.

"모세가 아궁이의 재를 양손에 가득 쥐고 바로 앞에 서서 하늘을 향하여 날리니 사람과 모든 짐승의 몸에 종기가 일어났다" 했습니다.

그 재는 먼지가 되어 애굽 온 땅에 두루 흩어져서 애굽의 모든 사람과 짐승들의 몸에 종기를 일으켰습니다.

(1) **하나님은 바로와 애굽 사람들이 그들의 모든 가축이 몰살**되었음에도 불구하고 하나님의 말씀에 순종하지 않자 **사람들과 모든 짐승에게까지 독종을 일으키시어 속살까지 썩게** 하셨습니다.

아궁이의 재를 하늘에 뿌린다는 것은 악취와 고통이 심한 독종을 **모든 애굽인들**과 가축 외의 **모든 짐승의 몸**에 발생하게 하는 무서운 전염병을 일으키는 것이었습니다. 이 먼지가 모든 사람과 짐승들의 몸에 떨어지면서 거기에 물집이 생겨나고 살이 썩어들어가며 큰 고통을 당하고 악취가 나게 되었습니다. 애굽 사람들의 가축들은 다 죽어서 그 고기를 먹을 수가 없게 되었는데 들이나 산에 있는 짐승의 고기까지도 먹을 수 없게 된 것입니다.

이 독종의 재앙은 전보다 더욱 혹독했습니다.
계시록 16장 2절에 보면 "하나님의 원수에게 이러한 재앙이 임한다" 했습니다. 바로가 **많은 재앙을 보고도 계속 하나님을 대적하고 하나님의 백성들이 하나님께 예배하는 것을 방해**했으므로 바로와 그 나라에 임하는 재앙도 더욱더 혹독해진 것입니다.

이 재앙은 특히 사람들에게 **매우 괴로운 것**입니다. 보통의 종기들은 부드럽고 섬세한 부분에만 발생합니다. 그러나 이 독종은 욥의 경우처럼 **온몸에 말할 수 없는 고통을 수반한 염증을 일으켰습니다.** 이것은 나중에 신명기에서 '애굽의 종기(신28:27)'라고 표현되는데 전에는 세계 어디에서도 결코 들어보지 못했던 무서운 독종이어서 그 이름이 특별히 그렇게 알려지게 된 것입니다.

사람들은 몸에 상처가 나거나 무슨 피부병이 날 때도 하나님 앞에서 내가 무엇을 불순종했는가를 깨달아야 합니다. 불신자, 우상숭배자들은 그렇게 할 능력이 없습니다.

그러나 우리 모든 그리스도인은 **성령을 받은 사람들이므로** 아주 작은 상처나 고통을 당할 때도 하나님 앞에서 나 자신을 살펴보고 회개할 것을 회개하고 고칠 것을 고쳐야 합니다. 그런데 많은 교인이 불신자, 우상숭배자들과 다를 바 없이 이것을 할 줄 모르고 있습니다. 그들은 **하나님이 누구신지 모르는 자**입니다.

(2) **하나님은 그렇게 하심으로써 이스라엘 백성들에 대한 가혹행위에 대해 더욱더 원수를 갚아주신 것**입니다.

바로와 애굽인들은 하나님의 백성들을 노예로 부리며 **뜨거운 풀무가마에서 벽돌을 만드는 등 온갖 고통스러운 일**을 하게 했습니다. 따라서 지금은 하나님께서 **불에 타서 재가 된 것들을 애굽의 공중에 흩날리심으로써** 애굽 사람들의 그 모든 악행에 대해 철저히 징벌하신 것입니다. 그들이 이 독종으로 말미암아 당하는 고통은 **그동안 이스라엘 백성들이 그들로 인해 당한 고통 못지않게 극심했습니다.**

하나님은 **하나님의 백성들에게 가한 불신자, 우상숭배자들의 모든 악행에 대해** 때가 되면 반드시 이렇게 **가혹하게 벌**을 내리십니다.

> 11절/ 요술사들도 악성 종기로 말미암아 모세 앞에 서지 못하니 악성 종기가 요술사들로부터 애굽 모든 사람에게 생겼음이라

〈더 정확한 번역〉

> 요술사들로부터 애굽 모든 사람에게 생겼음이라 ⇒ 요술사들로부터 애굽 사람들은 한 사람도 빠짐없이 종기가 났기 때문이다.

(3) **애굽의 요술사들까지도** 이 독종에 걸렸습니다.

성경은 이 독종이 **애굽의 요술사들에게도** 임했음을 기록하고 있습니다. 왜 하나님께서 이들에 대해 특별히 언급하셨을까요?

1) 그들은 **바로의 마음을 강퍅하게 하는 역할**을 가장 강력하게 했기 때문입니다.

그들은 **악을 행하도록 조장한 사람 중에 대표자들**이었습니다. 하나님은 때가 되자 그들이 악을 조장한 만큼 고통을 당하게 하신 것입니다.

2) 그들은 하나님께서 모세를 통해 나타내는 재앙들을 흉내내는 체하며 **하나님이 내리시는 재앙을 우롱했기 때문**입니다.

이를 나오게 하려던 그들은 **자신들의 몸에 이루 말할 수 없는 고통을 주는 독종에 시달리게 되었습니다.** 하나님께서 내리시는 재앙과 징벌을 우롱하는 것은 **하나님과 그의 심판을 우롱하는 것**입니다. 이런 자들은 반드시 **그들이 그렇게 했던 것만큼** 말할 수 없는 고통과 더불어 우롱을 당하고 멸망했습니다.

애굽의 술사들은 자기들을 우러러보며 추종하던 애굽 사람들 앞에서 **부끄러움**을 당했습니다. 재가 그들의 몸에 무서운 독종을 일으켰을 때 그들은 아무것도 할 수 없었습니다. 따라서 **그들의 술법이 얼마나 효력이 없고 보잘**

것없는 것인지를 그들 **스스로가 드러내게** 된 것입니다.

사탄은 많은 사람을 자기의 충실한 종으로 부리지만 **결코 그 자신과 자기가 부리는 자들에게 내리는 하나님의 징벌을 막을 수 없습니다.** 사탄의 사자들이었던 애굽의 술사들은 그동안 누구보다도 지혜와 능력이 있다고 자랑하며 특별한 대우를 받았지만 **여기에서 수치를 당하고 하나님과 사람들 앞에서 고꾸라지게** 되었습니다.

"요술사들도 악성 종기로 말미암아 모세 앞에 서지 못했다" 했습니다.
그들은 **왕궁에서 추방**되고 맙니다. 즉 더 이상 바로 옆에서 바로를 도우며 모세를 대적할 수 없게 된 것입니다. 그들이 **모세와 대항하기를 계속했고 바로를 불신 가운데로 몰아감으로써** 하나님께서는 마침내 그들을 부귀영화를 누리는 자리에서 **강제로 추방되게** 하셨습니다.

따라서 훗날 사도 바울은 "저들의 어리석음이 만인에게 드러나게 되었다" 했습니다(딤후3:9).
사탄의 사자가 되어 사람들을 속이며 하나님을 대적하게 하는 자들은 때가 되면 반드시 더 이상 그 자리에 서지 못하고 사라지게 됩니다.
지금 우리 주변에 **많은 거짓 종들**이 있습니다. 지금은 저들이 부귀영화를 누리는 것 같고 유명한 자로 보이지만 **때가 되면 그들은 더 이상 하나님과 하나님의 사람들 앞에 설 수 없고 사라지게** 됩니다.

> 12절/ 그러나 여호와께서 바로의 마음을 완악하게 하셨으므로 그들의 말을 듣지 아니하였으니 여호와께서 모세에게 말씀하심과 같더라

〈더 정확한 번역〉
> 완악하게 하셨으므로 ⇒ 고집스러운 채로 두셨으므로

(4) 바로는 계속 고집을 부렸습니다.

하나님께서 바로를 그 자신의 악한 마음과 타락된 생각과 헛된 망상에 **사로잡히도록 내버려두신 것**입니다. 사탄이 바로의 눈을 어둡게 하고 그의 마음을 완악하게 하여 점점 악한 고집을 부리게 하는 일을 하나님께서 **내버려두신 것**입니다.

우리는 **하나님 앞에서 고집스럽고 굳은 마음을 가진다는 것이야말로 준엄한 심판으로 벌 받고 있다는 사실**을 알아야 합니다. 하나님께서 그 사람을

더 크게 벌 받게 하시기 위해 사탄에게 내어준 바 된 것입니다.

그런데 그것은 어디까지나 그가 **그동안 저지른 온갖 악행과 죄에 따라서** 하나님께서 내리시는 심판입니다. 그러므로 그는 결코 하나님께 부당하다고 항거할 수 없습니다.

사람들이 하나님과 말씀에 때가 차기까지 자기의 눈을 가린다면 하나님께서는 그 정하신 때 그들의 눈을 더 멀게 내버려두기도 하십니다. 그것이야말로 **참으로 무서운 심판**입니다.

그러므로 우리 모든 그리스도인은 **하나님과 그 말씀 앞에서 마음이 강퍅해지지 않도록 항상 깨어 기도해야** 합니다. 하나님과 말씀 앞에서 내 마음이 강퍅해지고 있다면 나는 **이미 저주를 받고 있는** 사람입니다. 우리는 "**하나님이여! 한순간도 나로 하여금 하나님 앞에서 강퍅해지지 않도록 은혜를 베풀어 주옵소서**" 하고 기도해야 합니다.

재 두 움큼이 모든 가축과 사람에게 붙어서 독종을 발하게 하신 이 일곱 번째 재앙에서 알아야 할 것이 있습니다.
(1) **하나님은 질병을 악에 대한 응징수단으로 사용**하시기도 **합니다.**

여섯 번째 재앙 때는 모세가 재를 하늘에 날리는 것 같은 특별한 행동이 없었습니다.
의학적으로 말하면 하나님께서는 애굽 사람들의 생축에 '**세균을 동원시켜서**' 어떤 심한 병에 걸리게 하고 죽게 하셨다는 말입니다. 그런데 **이스라엘 백성들의 생축에는 그 세균이 얼씬도 못하게** 하셨습니다.
이때 애굽 사람들의 생축 중에서도 **일부만 죽게** 하셨는데 왜 그렇게 하셨는가?
그 다음의 여덟 번째 재앙과 마지막 재앙 때 죽임을 당할 가축을 **남겨두신** 것입니다. 그리고 애굽 사람 전체를 죽여 없애지 않은 것처럼 애굽의 가축 전체를 씨가 없이 없애지는 않으신 것입니다. 이것은 **하나님의 자비**입니다.

하나님은 **온갖 눈에 보이지 않는 세균들도 마음대로 사용**하실 수 있습니다. 그것들이 **어느 정도로 침투하고 감염될지에 대해서도 한계선을 친히 결정**하십니다. 만약 하나님께서 여섯 번째 재앙 때 애굽의 가축들에 사용하셨던 세균들을 애굽 사람들에게도 감염되도록 허용하셨다면 그들도 많이 죽었을 것입니다.

그래서 하나님께서 여덟 번째 재앙을 내리고자 하실 때 모세를 통해 바로 왕에게 말씀하시기를 "**내가 손을 뻗어 너와 네 백성을 무서운 병으로 쳤다면 너와 네 모든 백성은 세상에서 끊어졌을 것이다**" 하셨습니다.

아직도 바로 왕과 그 가족과 백성들이 버젓이 숨쉬고 살고 있는 것은 하나님께서 여섯 번째 재앙 때 무서운 세균들이 **사람들에게는 감염되지 않도록 그 손으로 막아주셨기 때문**이라는 말씀입니다. 비록 하나님의 손은 그들 눈에 전혀 보이지 않았으나 그 무서운 세균들이 그들에게는 얼씬도 못하게 애굽 전역에서 움직여 막아주셨기 때문에 그들이 살아남을 수 있었다고 하나님은 친히 알게 해주신 것입니다.

그러나 바로 왕과 그 백성들이 이런 사실을 알 턱이 없습니다.

2000년대 들어서 전염병으로서는 크게 **신종플루**와 **코로나 바이러스**가 전세계적으로 퍼졌는데 어느 나라가 비교적 적은 피해를 입었다면 그것은 **하나님의 긍휼하심** 덕분입니다.

우리가 무서운 병에 걸리는 일은 어디서나 아주 간단히 이루어질 수 있습니다. 내 옆에 무서운 전염병자가 30분, 혹은 더 잠깐의 시간이라도 나와 가까이에서 숨 쉬고 있다면 얼마든지 나도 그 병에 감염될 수 있습니다. 그러나 그런 상황에서도 내가 무사할 수 있는 것은 **보이지 않는 하나님의 손이 그 세균으로 하여금 결코 내게 감염되지 못하도록 막아주시기 때문**입니다.

그러므로 **하나님의 손이 우리 눈에 보이지 않는다** 하여 무엇이 잘되었을 때 그것이 내가 잘했기 때문이라고 여겨서는 안 됩니다.

여러분, 우리는 그 보이지 않는 하나님의 손이 **얼마나 시시각각으로 나를 보호해주셨는가**를 생각하면서 날마다 진실한 마음으로 하나님께 감사드려야 합니다.

(2) **재 두 움큼이 애굽 전역에 퍼지게 하시는 하나님**을 주목해야 합니다.

하나님은 마음만 정하신다면 겨우 한 사람의 손아귀에 잡히는 잿가루라도 넓디넓은 애굽 전체에 충만히 퍼지게 하실 수 있음을 보여주셨습니다.

뿐만 아니라 그 잿가루들이 **모든 애굽의 짐승과 사람들에게 달라붙어서 독한 종기가 나게** 하셨습니다. 잿가루가 언제나 독한 종기가 나게 하는 것은 아닌데 이때는 그렇게 하셨습니다. 흙이 사람이 되게 하고, 아무것도 없는 가운데에서 이 땅과 해, 달, 별을 만드신 하나님께 그 일은 **아주 간단한 일**이었습니다.

여기에서 우리가 또 알아야 할 비밀이 있습니다.

재 두 움큼으로 당시 세계 최강국 애굽의 모든 사람과 짐승들에게 독종을 일으키셔서 그것들을 꼼짝 못하게 만드시는 하나님의 능력입니다.

또 보십시다. 그 재 두 움큼이 '**모세의 손에 의해**' 하늘로 날려지게 하심으로써 그런 일이 벌어지게 하셨습니다. 하나님은 **하나님의 사람, 단 한 명의 손**을 사용해서도 세상에서 가장 강하다는 사람과 그 나라 전체를 크게 괴롭히고 꼼짝 못하게 만드실 수 있음을 보여주십니다.

이것을 강조하시기 위해 "모세가 바로 왕 앞에서 재 두 움큼을 날린다"는 말을 반복해서 기록하게 하신 것입니다. 하나님은 직접 어느 아궁이의 재들을 일으켜서 그런 일을 벌어지게 하실 수 있으나 **굳이 모세를 통해** 일하신 이유는 이러한 비밀을 우리에게 깨우쳐주시기 위함입니다.

그러므로 여러분, **하나님께서 나와 함께하는 사람이** 되기를 힘쓰시기 바랍니다. 그리고 내가 아니라 하나님께서 하심을 믿고, 그 믿음으로 모든 일을 하고 모든 시련과 싸워 이기십시다.

모세가 하나님을 믿지 못하여 "**하나님, 겨우 재 두 움큼을 바로 왕 앞에 날리는 것과 이스라엘 백성이 해방되는 일이 무슨 상관이 있습니까?**" 하며 불순종했다면 그는 더 이상 능력의 사자가 되지 못했을 것이요, 이스라엘의 해방자가 되지 못했을 것입니다.

아무리 이해가 되지 않고 말도 안 되는 명령일지라도 하나님을 믿고 "예, 하겠습니다" 하고 즉시 순종하고 행해야 합니다. 하나님은 **그러한 사람을 통해** 쓰러져가는 가정을 일으키십니다. 그러한 사람을 통해서 교회가 구실을 다하게 하고, 그러한 사람을 통해서 그 나라와 민족을 구해주십니다.

하나님은 하나님이 함께하심을 확신하고 순종을 잘하는 사람, 그 사람의 손을 들어서 쓰십니다. 그 사람의 손은 **무적의 손**이 되게 하십니다.

그런데 다른 것을 의지하고 하나님께 불순종하는 사람은 그가 아무리 인간적으로 탁월한 재능과 여건을 갖추었다고 할지라도 그의 기한은 극히 한정되어 있어서 **결코 오래 지속할 수 없고**, 머지않아 쓰러지게 됩니다.

악령에게 이끌려 인간의 탐욕에 젖어 사는 사람들은 그들이 한 때 형통하고 위력을 발휘했을지라도 얼마 안가서 그들은 자기들의 죄악 때문에 몰아쳐 오는 하나님의 채찍 앞에서 **속수무책**일 수밖에 없고 무력해지고 쓰러져서 누구보다도 가련하고 비참한 지경에 떨어지게 됩니다. 그리고 이러한 사람들을 존경하며 그들의 가르침과 행실을 본받아 살던 모든 어리석은 사람들도 얼마 지나지 않아 **똑같은 처지에 빠져버리고** 맙니다.

  얼마나 많은 사람이 **하나님을 알지도 못하고 저버린 채** 자기의 지위와 지식과 용모와 부를 자랑하고 그것을 휘두르며 살고 있습니까? 또 그렇지 못한 일반 대중들은 또 얼마나 **그러한 사람들을 부러워하고 있고 그들처럼 돼 보려고 안간힘을 쓰고 있습니까?** 이런 사람들 모두가 알 것은 **그들의 그러한 때가 결코 길지 않다**는 것과 **때가 되면** 하나님의 회초리 앞에서 낙엽처럼 떨어지고, 무력해지고, 추해지고, 비참해진다는 사실입니다.
  하나님을 저버리고 세상의 무엇을 자랑하고 나타낼수록 때가 되면 그들이 경험할 쓰라림과 무력감과 수치감은 **그만큼 커지게** 됩니다.

  그러므로 여러분, 결코 하나님을 잃어버린 채, 하나님을 멀리한 채 세상의 것들을 좇으려고 애쓰지 마시기 바랍니다. 비록 세상 사람들과의 경쟁에서 지고, 이것저것 손해를 본다 할지라도 **하나님을 철저히 나의 하나님으로 삼는 일에 조금도 양보하거나 손해보지 말아야** 합니다.
  어떤 사람은 조금만 어려움이 오고 핍박을 당하면 마땅히 지켜야 할 계명도 안 지키고, 사명도 내팽개쳐 버리는데 그것은 **황금알을 포기하고 곧 썩어버릴 달걀을 얻으려는** 어리석은 처사입니다. 잠깐 가족이나 이웃들에게 칭찬을 좀 들으려고 하나님을 저버리고 내 사명을 저버릴 때 결국에는 **하나님으로부터 책망을 듣고, 나 자신이 내 가족이나 이웃들을 원망하게** 됩니다. 잠깐 불신자들에게 미움을 사지 않으려고 하다가 결국은 **하나님께 미움을 사서 나 자신마저 버림을 받게 되지** 말아야 합니다. 잠깐 불신자와 불화를 일으키지 않겠다고 하나님과 내 사명을 포기한다면 그 불신자들과 영원히 원수지간이 되고 나 자신도 하나님과 원수지간이 되어버립니다.

  바로는 이스라엘 백성들을 **자기 종으로만 여기고 하나님의 자리를 자기가 차지하고 않으려** 했습니다. 하나님의 백성들이 자유롭게 하나님만을 섬기고, 그래서 하나님께서 그 백성을 책임지고 돌봐주심으로 그들이 진정한 자유와 평안을 누려야 할 것인데 바로 왕이 그 모든 것을 차단하고, 그래서 **하나님의 영광도 자기가 차지하고, 이스라엘 백성들이 누려야 할 복도 못 누리게 하고 있으므로 그 죄는 너무도 크고 엄청났던 것**입니다. 따라서 하나님은 그와 그 백성에게 그 **응분의 대가를 충분히 치르게** 하시는 것이고 또 그것을 통해 **온 세상에 하나님과 그 백성의 관계를 확실히 보여주시고**

제 46 강

여섯 번째 재앙-종기 재앙2, 일곱 번째 재앙-우박 재앙1

〈출9:13~18〉
13여호와께서 모세에게 이르시되 아침에 일찍이 일어나 바로 앞에 서서 그에게 이르기를 히브리 사람의 하나님 여호와의 말씀에 내 백성을 보내라 그들이 나를 섬길 것이니라 14내가 이번에는 모든 재앙을 너와 네 신하와 네 백성에게 내려 온 천하에 나와 같은 자가 없음을 네가 알게 하리라 15내가 손을 펴서 돌림병으로 너와 네 백성을 쳤더라면 네가 세상에서 끊어졌을 것이나 16내가 너를 세웠음은 나의 능력을 네게 보이고 내 이름이 온 천하에 전파되게 하려 하였음이니라 17네가 여전히 내 백성 앞에 교만하여 그들을 보내지 아니하느냐 18내일 이맘때면 내가 무거운 우박을 내리리니 애굽 나라가 세워진 그 날로부터 지금까지 그와 같은 일이 없었더라

> 13절/ 여호와께서 모세에게 이르시되 아침에 일찍이 일어나 바로 앞에 서서 그에게 이르기를 히브리 사람의 하나님 여호와의 말씀에 내 백성을 보내라 그들이 나를 섬길 것이니라

(1) **하나님은 모세에게 하나님의 명령을 계속 되풀이하여 말하게 하셨습니다.**

"히브리 사람의 하나님 여호와의 말씀에 내 백성을 보내라. 그들이 나를 섬길 것이니라" 하고 말하게 하셨습니다.

바로는 이미 6번이나 거절했지만 하나님은 모세로 하여금 **7번째로** 그 요구를 되풀이하게 하셨습니다. 그 이유는 **하나님이 누구이신가를 바로와 모든 애굽 백성에게 똑똑히 알게 하기 위함**이었습니다.

하나님을 알지 못하고 하찮은 것들을 신으로 섬기던 바로가 거듭되는 하나님의 요구에 계속 고집을 품고 거절하는 것은 그 자체가 이미 그와 그 백성들에게 **큰 형벌**이었습니다. 바로에 대해 하나님께서 계속 참으심은 **그만큼 그들의 반역에 대해 더 큰 형벌을 내리고 계시는 것**입니다.

그러므로 **악인들은 하나님께서 오래 참으신다고 결코 안심하면 안 됩니다.**

하나님은 히브리 사람들을 내보내야 할 이유를 또다시 분명히 밝히십니다.

"그들이 나를 섬길 것이니라" 하셨습니다.

400년 동안이나 마음대로 노예로 부리던 사람들을 아무 대가도 없이 내보내야 할 이유는 "그들이 여호와를 섬겨야 하기 때문"이었습니다.

즉 이스라엘 백성들이 하나님을 자유롭게 예배하는 것은 그들이 애굽에서 400년 동안이나 노예살이 한 것을 깨끗이 끝내기에 충분한 이유가 되었습니다. 거기에 무슨 다른 대가를 지불할 이유가 없었습니다.

하나님이 이스라엘 백성들을 어느 민족보다도 소중하게 여기시고 애굽의 고역에서 해방시키시는 가장 큰 이유와 목적은 그들이 그 무엇에도 제약을 받지 않고 자유롭게 하나님만을 섬기게 하기 위함이었습니다. 그러므로 하나님께서 히브리 노예들을 해방시킴에 있어서 그 누구도 무엇도, 심지어 사탄마저도 방해해서는 안 되었습니다. 만약 누구든지, 무엇이든지 하나님의 이 목적성취를 방해하거나 대적한다면 바로와 애굽처럼 온갖 재앙을 당하며 멸망하게 됩니다.

하나님의 백성들이 하나님을 예배하며 섬기는 것은 이 세상에서 가장 위대한 일이며, 이 땅의 모든 사람이 그것을 방해한다면 하나님은 그들 모두도 오직 하나님의 백성들이 하나님을 예배하는 일에 내어줄 때까지 가차없이 처벌하실 것입니다.

그러므로 모든 불신자와 우상숭배자들은 하나님의 백성들이 하나님께 예배하며 섬기는 일을 방해하는 죄를 짓지 않도록 참으로 조심해야 합니다. 그런 사람은 가장 무서운 죄악을 범하는 사람이요, 따라서 무서운 형벌을 받을 사람입니다. 그래서 인류역사상 하나님의 백성들이 자유롭게 하나님께 예배하며 하나님을 섬기는 일을 방해하고 핍박하던 개인이나 정권은 하나님으로부터 무서운 징벌을 받고 멸망했습니다.

성도들은 이 땅에 사는 동안에 하나님을 예배하며 섬기는 일보다 소중한 일이 없음을 잠시도 잊지 말아야 하며 세상의 그 어떤 일로도 이 거룩하고 위대한 일이 조금이라도 손상되지 않도록 조심해야 합니다.

지금까지 살펴본 것과 같이 하나님으로부터 특별한 은혜와 혜택을 누린 이스라엘 백성들이 애굽에서 해방된 이후 하나님의 은혜를 저버리고 하나님을 배신하며 하나님께 예배하는 일을 소홀히 했을 때, 또 그 일이 하나님 보시기에 합당하지 못하게 되었을 때 그들은 어느 이방 민족보다도 무서운 징벌을 받아 비참하게 망했습니다.

하나님으로부터 **누구보다 많이 받은 자가 적게 받은 자**, 또는 **아무것도 받지 못한 자들과 같은 악행을 저지른다면 그는 누구보다도 큰 벌을 받게 됩니다.** 이러한 교인들이 교회 역사상 참으로 많았습니다.

> 14절/ 내가 이번에는 모든 재앙을 너와 네 신하와 네 백성에게 내려 온 천하에 나와 같은 자가 없음을 네가 알게 하리라

〈더 정확한 번역〉
> 만약 그렇게 하지 않으면 이번에는 온갖 벌을 너에게 내릴 것이다. 내가 너와 네 신하와 네 백성에게 내려 온 천하에 나와 같은 자가 없음을 네가 알게 하리라.

(2) 바로가 이제도 하나님께 불복하면 온갖 벌을 내리겠다 하셨습니다.

"만약 내 백성을 보내지 아니하면 이번에는 온갖 벌을 너와 네 신하와 네 백성에게 내릴 것이다" 하셨습니다.

이 '온갖 벌'은 앞에 있었던 온역의 재앙과 구별됩니다.

앞의 재앙은 단 몇 가지의 질병이었고 여기서 말씀하시는 것은 **큰 온역**인데 그 대상은 **바로와 그의 신하와 그 모든 백성**, 즉 애굽에 존재하는 이스라엘 백성들을 제외한 **모든 사람**이었습니다. 그러므로 전에 있었던 재앙보다 이때의 고통과 피해는 **더 막심한** 것입니다. 바로와 그 백성들은 **점점 고통과 피해가 심화되는 길, 즉 멸망의 길로** 치달아 간 것입니다.

하나님을 상대로 싸우려는 자들, 하나님의 명령 앞에 마음을 완악하게 품는 자들은 **그렇게 하면 할수록** 더 큰 고통과 손실이 그들에게 임합니다. 아무리 문명이 발달하고 지식이 많아지고 인간들의 노력으로 삶의 환경을 좋게 만들어도 마찬가지입니다. 그래서 세월이 지날수록, 초과학문명시대라고 하는 **지금도 과거 어느 때보다 더 무섭고 많은 질병으로** 인해 큰 고통과 손실을 보고 있습니다.

그런데 하나님은 단 한두 가지의 재앙으로 바로와 애굽을 멸망시키지 않으시고 바로가 하나님을 상대로 계속 완악한 마음을 품도록 **내버려두시면서** 그와 그 나라가 오랜 시간동안 점점 더 쓰라린 고통과 손실을 맛보게 하며 **멸망하게** 하셨습니다.

> 15절/ 내가 손을 펴서 돌림병으로 너와 네 백성을 쳤더라면 네가 세상에서 끊어졌을 것이나

▌16절/ 내가 너를 세웠음은 나의 능력을 네게 보이고 내 이름이 온 천하에 전파되게 하려 하였음이니라

〈더 정확한 번역〉

▌15절/ 내가 손을 뻗어 너와 네 백성을 무서운 병으로 쳤다면 너는 세상에서 끊어졌을 것이나
▌16절/ 내가 너를 세웠음은 ⇒ 내가 너를 살려둔 까닭은

(3) 하나님은 바로를 죽이지 않고 계속 살려두시는 이유를 말씀하십니다.

"내가 손을 뻗어 너와 네 백성을 무서운 병으로 쳤다면 너와 네 모든 백성은 세상에서 끊어졌을 것이다" 하셨습니다.

또한 그렇게 하는 이유를 설명하십니다.

1) "온 천하에 나와 같은 자가 없음을 네가 알게 하리라" 하셨습니다.
2) "내가 너를 살려둔 까닭은 나의 능력을 네게 보이고 내 이름이 온 천하에 전파되게 하려 하였음이니라" 하셨습니다.

하나님께서 바로를 이때까지 살려두신 목적은 그에게 조금이나마 은혜를 베푸심이 아니라 **"온 천하에 나와 같은 자가 없음을 네가 알게 하리라"** 하셨습니다. 그리고 **"나의 능력을 보이고 내 이름이 온 천하에 전파되게 하려 함이다"** 하셨습니다.

하나님께서 바로와 애굽에 많은 재앙을 내리심으로써 이스라엘 백성을 해방시키셨을 뿐 아니라 어떤 면에서는 **더 큰 목적**을 성취하기 위해 그렇게 하셨습니다. 그것은 바로 **하나님이 누구이신지**를 바로를 비롯한 온 세상 사람들에게 알게 하시는 것입니다.

하나님은 **하나님을 알지 못하고 대적하며** 그 명령에 불복하는 자들에게 **때가 되면 반드시** 하나님이 누구이신지 분명히 알게 하시고 온 천하에 그와 같은 신이 없음을 알게 하시기 위해, 그리고 하나님의 능력을 보이고 그 이름이 온 천하에 전파되게 하시려고 **시대마다 세계도처에서 악인들을 징벌** 하셨습니다. 그러나 **절대다수의 사람들**은 여전히 하나님을 알지 못하고 끊임없이 하나님을 대적했습니다. 그래서 그들 또한 **고통과 손실**을 보며 점점 쇠퇴하고 멸망했습니다.

그러나 그러한 가운데서도 **하나님께서 선택하시고 사랑하시는 사람들**은 하나님이 누구신지를 **알며** 하나님의 이름을 알아 오직 하나님만을 **섬기며**

그 명령에 순종하게 됩니다. 그렇다면 하나님께서 시대마다 각 나라 민족에게 하나님과 하나님의 이름을 알게 하려고 온갖 재앙을 내리셔서 그들을 심판하신 일은 바로 이 소수의 하나님의 사람들을 위함임을 알 수 있습니다.

그러므로 예수 그리스도를 믿고 유일하신 하나님을 섬기게 된 사람들은 나를 그러한 사람이 되게 하시려고 모든 인류 역사 속에 수많은 사람과 민족들을 심판하셨음을 깨달아 알며 또한 그 하나님 앞에 감사와 찬송과 영광을 돌려드려야 합니다.

결코 돈 몇 푼 때문에, 자기 이름을 나타내려고 징벌을 받아 멸망한 자들처럼 끊임없이 욕심의 노예가 되어 범죄하지 말아야 합니다. 예수를 믿고 하나님을 섬긴다고 하면서 그렇게 한다면 누구보다 배은망덕한 사람입니다.

우리 하나님의 사람들은 우리 주변과 세계도처에서 하나님께서 이런 저런 재앙을 내리시는 것을 보며 그 모든 것을 하나님에 대해 더 잘 알고 하나님의 이름을 확실히 아는 기회로 삼아야 합니다.

목사와 교회지도자들은 누구보다도 이런 일을 잘해야 합니다.

하나님은 지금 과거에 볼 수 없었던 무서운 재앙들을 세계도처에 내리고 계시는데 목사와 교회지도자들이 성도들에게 하나님과 하나님의 이름에 대해 좀 더 잘 알도록 돕지 않고 깨우쳐주지 않는다면 그런 사람들은 악하고 게으른 죄인입니다.

하나님께서 바로를 상대하시고 놀라운 권능을 끊임없이 나타내심으로써 그 멸망해가는 사람 중에 어떤 사람들이 하나님을 알고 하나님만 섬기게 하시니 그것이 바로 하나님의 구원의 운동입니다. 우리는 이 거룩한 하나님의 구원 운동을 바라만 볼 것이 아니라 적극 동참해야 합니다.

이렇게 해서 하나님은 과연 자신이 '여호와 엘로힘'이심을 온 세상에 전파되게 하셨습니다.

하나님은 선한 자나 악한 자, 그리고 모든 생물과 만물을 통해 하나님이 창조주요, 스스로 계신 유일한 신이요, 모든 것을 마음대로 섭리, 주관하시는 분임을 알게 하십니다.

여러분은 하나님을 얼마나 알고 있습니까? 만약에 그동안의 인생 경험과 학교에서 배운 지식들을 통해 하나님을 너무 제대로 알지 못하고 있다면 그동안의 삶은 헛 것이나 다름이 없습니다.

하나님은 예수 그리스도를 믿은 사람들이 잘 먹고 잘 사는 것보다 하나님이 누구신지를 더 잘 알도록 이끌고 계십니다. 우리는 하나님의 이 교육을 성실히 받고 점점 더 하나님을 분명하게 알고 섬기는 사람이 되기를 힘써야 합니다. 하나님은 모든 것을 통해 하나님을 더 잘 알도록 깨우쳐주시는데 내가 도무지 깨닫지 못하고 살아간다면 하나님은 **어쩔 수 없이 더 적극적이고 강력한 방법으로 나를 교육하실 것입니다.** 지금 하나님께서 나를 살려두신 까닭은 하나님을 더 잘 알고 섬기도록 하기 위함입니다.

그러므로 예수 믿고 구원받았다고 하면서 **무엇보다 중차대한 이 일에 불성실하다면 나는 지금 하나님께서 주시는 말할 수 없는 은혜를 헛되고 욕되게 하는 죄인**입니다.

> 17절/ 네가 여전히 내 백성 앞에 교만하여 그들을 보내지 아니하느냐
> 18절/ 내일 이맘때면 내가 무거운 우박을 내리리니 애굽 나라가 세워진 그 날로부터 지금까지 그와 같은 일이 없었더라

〈더 정확한 번역〉
> 17절/ 네가 아직까지도 내 백성 위에서 스스로를 높이며 내 백성을 보내지 않고 있으니
> 18절/ 무거운 우박 ⇒ 끔찍한 우박
> 　　　 지금까지 그와 같은 일이 없었더라 ⇒ 지금까지 한번도 보지 못했던 우박이 될 것이다.

[1] **하나님께서 더 무서운 재앙을 내릴 이유를 친히 말씀**하셨습니다.

"네가 아직까지도 내 백성 위에서 스스로를 높이며 내 백성을 보내지 않고 있기 때문이다" 하셨습니다.

(1) 바로가 아직까지도 **하나님의 백성 위에서 스스로 높였기 때문이라** 하셨습니다.

바로를 비롯한 애굽 사람들은 노예로 부리고 있던 수많은 민족들 중에서 **이스라엘 백성들을 가장 학대하며 천대**했습니다. 그런데 그 **백성들은 하나님의 백성**이요, **하나님께서 맏아들과 같이 소중히 여기시는 족속**이었습니다. 그들은 하나님 앞에서 모든 민족 위에 **높임을 받고 있었던** 것입니다. 우주만물을 지으시고 주장하시는 하나님께서 누구를 가장 소중히 여기셔서 높여주신다면 **모든 사람은 더 말할 것 없이 그 사람을 높여야** 합니다.

바로와 애굽 사람들이 이스라엘 백성들 위에서 스스로 높였다면 **그것은 곧 하나님을 업신여기며 하나님 위에 스스로를 높이는 것**과 다름이 없습니다.

따라서 그것은 바로가 그동안 많은 나라를 정복하며 수많은 사람을 죽였던 것보다 훨씬 무겁고 큰 죄였습니다. 바로와 애굽 백성들의 죄가 그야말로 한계에 도달했으므로 하나님은 그들을 꺾으시고 낮추신 것입니다.

모든 불신자와 우상숭배자들은 하나님을 섬기는 사람들을 존귀하게 여기고 두려워해야 하며 그들을 높일 줄 알아야 합니다. 그런데 오히려 그들을 멸시하고 괴롭히고 대적한다면 그것은 곧 하나님께 하는 것이 되어 하나님은 반드시 때가 되면 그들을 꺾으시고 가장 낮은 자리로 내려가게 하십니다. 인류 역사상에 개인이든 왕이든 나라든 이러한 예를 우리는 얼마든지 봐왔습니다.

여기서 또 우리 성도들이 알아야 할 것은 하나님께서 나를 하나님의 백성, 하나님의 자녀로 여겨주심으로써 나를 어느 귀족이나 민족들보다도 위에 존재하게 하시는데 내가 그 하나님을 제대로 알지 못하고, 그 은총을 제대로 깨달아 알지 못해서 하나님을 잊어버리거나 세상 것들을 더 높이고 사랑한다면 그 죄는 바로와 애굽 사람들의 죄보다 더 크다는 사실입니다. 그런데 이런 어처구니없는 죄를 끊임없이 저지르는 교인들이 많습니다.

우리 성도들이 충실한 하나님의 백성의 자리에 서 있는 한 인간적으로 볼 때 아무리 나 자신이 초라해 보일지라도 하나님은 나를 어느 사람, 어느 민족보다도 소중히 여기시며 높여주십니다.

[2] 하나님은 "내일 이맘때" 끔찍한 우박을 내리겠다 하셨습니다.

"내일 이맘때면 내가 끔찍한 우박을 내리리니 애굽 나라가 세워진 그 날로부터 지금까지 한 번도 보지 못했던 우박이 될 것이다" 하셨습니다.

여기에서 하나님께서 우리에게 알게 하시는 것이 있습니다.

(1) 애굽 나라도 하나님께서 세우시고 지금까지 유지시켜주신 것을 알게 하십니다.

"애굽 나라가 세워진 그 날로부터 지금까지 한 번도 보지 못했던 우박이 될 것이다"는 이 말씀에서 그 나라가 언제 세워졌는지 하나님께서 정하셨고 이때까지 유지되게 하셨음을 깨달을 수 있습니다. 그리고 그 나라가 세워진 때부터 지금까지 그들의 죄 때문에 여러 가지 재앙을 하나님께서 내리셨는데 이제 내릴 재앙은 지금까지 한 번도 보지 못했던 우박이 내려질 것이라고 말씀하신 것입니다. 즉 애굽 전역에 그동안 있었던 모든 대소사간의 일과 희

로애락의 모든 일이 하나님의 섭리 가운데서 이루어졌음을 알 수 있습니다.

오늘날 우리가 세계지도를 펼쳐놓고 볼 때 어디에 어떤 나라가 어떤 국경선을 가지고 존재하는지를 보면서 **그 모든 것이 결코 우연이 아니요**, 또한 사람들에 의해서가 아니라 육지와 바다와 하늘을 지으신 **하나님이 정하신 때, 하나님의 거룩한 뜻을 따라** 경계선을 정하시고 같은 지역이라도 누가 나타나서 어떤 나라를 세우고 그가 어떻게 멸망하고 그다음에 나타날 자가 누구이며, 그래서 그 나라의 이름이 어떻게 될지도 **모두 하나님께서 주관하신다는 것을 알아야** 합니다.

그동안 인류 역사 속에서 같은 땅덩이 안에서도 끊임없이 수많은 나라가 일어났다가 멸망했는데 그 모든 것이 결코 우연이 아니라 **하나님께서 친히 섭리하시고 주장**하셨던 것입니다. 나라와 민족의 흥망성쇠가 그러했거늘 한 개인의 흥망성쇠야 더 말할 것이 없습니다.

그러므로 이 땅에서 숨 쉬고 살고 있는 모든 사람은 내가 언제 태어나서 어떻게 지내다가 어떻게 죽을지 **그 모든 것을 전적으로 하나님께서 주관하고 계심**을 알아야 합니다. 그러나 절대다수의 사람들은 전적으로 부패하고 타락한 존재들이므로 이것을 도무지 알 수가 없습니다.

그러나 하나님은 이 땅에 존재하는 모든 사람이 그것을 전혀 알지 못하도록 하신 것은 아닙니다. 우리 같은 믿음의 사람들이 하나님이 누구시며 하나님께서 어떻게 모든 것을 섭리하시고 주장하시는가를 **저 무지몽매한 사람들에게 알게** 하시는 것입니다. 저들은 **우리 하나님의 사람들의 입에서 나오는 그 말을 들음으로써** 하나님을 알 수가 있습니다. 그리고 구원을 얻을 수가 있습니다.

그런데 이러한 위대한 일을 수행해야 할 하나님의 사람들이 자신과 자신의 삶에 빠져서 그 사명을 수행하지 않고 있다면 얼마나 큰 죄가 되겠습니까?

그러므로 **우리 모든 성도는 나의 형편과 처지가 어떠하든지 사람들이 듣든지 아니듣든지** 부지런히 가서 복음을 들려주고 하나님을 알게 해주어야 합니다. 이것을 잘하는 사람들은 **성도가 수행해야 할 가장 위대한 사명을 잘 수행하고 있는 것**이므로 그와 그 자손은 **특별한 은총을 누리게** 됩니다.

2) 이전에 애굽 나라에 내린 우박은 이제 **앞으로 내릴 것에 비하면 견딜만한 것이었음**을 알게 하셨습니다.

하나님은 여기서 **또다시 바로와 애굽 사람들에게 놀라운 인내와 자비를 베**

풀고 계셨음을 알게 하십니다. 그런데 그들이 그 하나님의 인내와 자비를 묵살하고 헛되게 해버린다면 응분의 대가를 치러야만 합니다.

불신자든 신자든 범죄 때문에 하나님께서 내리시는 형벌을 당할 때 아직 내가 생존하고 있다면 하나님은 아직도 나에게 오래 참으시며 자비를 베풀고 계시다는 것을 알아야 합니다. 그러나 불신자들은 이것을 알 턱이 없습니다. 하지만 우리는 이 사실을 알기 때문에 하나님께서 견딜만한 징벌을 내리실 때 결코 "왜 이런 심한 징벌을 내리십니까?"라고 항거하거나 계속하여 고집을 부리며 악을 행하지 말아야 합니다. 그것이야말로 더 무서운 저주를 받고 있는 것입니다.

(3) 하나님은 그동안 한 번도 보지 못했던 끔찍한 우박을 내리심으로써 바로와 애굽 사람들, 그리고 세계 모든 사람에게 하나님이 누구신지를 알게 하셨습니다.

하나님께서 애굽에 여러 가지 재앙을 내리시면서 이스라엘 백성이 해방되게 하시는 것은 하나님이 어떤 분이신지, 과연 하나님만이 유일한 신이시요, 창조주이심을 온 세상에 똑똑히 알게 하기 위함이었습니다. 그러나 그들은 하나님을 제대로 알지 못했습니다. 따라서 그 오랜 애굽의 역사 속에서 한 번도 경험해보지 못했던 끔찍한 우박을 내리시는 것입니다. 그런데 놀랍게도 그들은 이것을 통해서도 하나님을 제대로 알지 못했습니다.

하나님께서 아직까지도 바로 왕을 살려 두시고 그가 여전히 애굽의 왕으로 행세하도록 남겨두신 이유는 "하나님의 능력을 바로에게 보이고 하나님의 이름이 온 천하에 전파되게 하려 함이다" 하셨습니다.

바로 왕이나 그 백성이 조금이나마 좋게 보이는 구석이 있어서가 아니라 하나님은 어디까지나 그들에게 갚으실 것을 갚으시는데 그 과정까지도 하나님께는 영광이 올려지고 그 백성들에게는 위로와 기쁨과 깨달음이 있게 하시려고 바로 왕과 그 백성을 좀 더 살려주시고, 좀 더 계속해서 불순종하는 것을 허용하신 것입니다.

불신자와 우상숭배자들은 하나님께서 그들의 범죄에 따라 점점 더 극심한 재앙을 내리실지라도 하나님을 알지 못하고 믿지 못합니다. 그것이 그들에게 내려지는 더 무서운 벌이요, 저주입니다.

하나님을 저버리고 사는 사람들은 자기들이 하나님을 무시하고 살아도 하나님과 자기들과는 상관없다고 여기고, 또 때로는 하나님이 만들어주신 선한 것들을 자기들의 더러운 욕심대로 나쁘게 사용해도 하나님은 구경만하고 있을 뿐인 것처럼 생각하고 살아갑니다. 그러나 결코 그렇지 않습니다.

하나님은 그들이 하나님을 무시한 채 하나님이 주신 선을 악용한 것에 대해서, 즉 하나님과 하나님의 것을 이용해 먹은 것에 대해 반드시 철저하게 갚아주십니다. 그런데 그들이 하나님을 이용 해먹은 것처럼 하나님은 그들을 처벌하시면서도 하나님과 그 백성들의 영광과 유익을 위해 그들과 그들의 생활과 그들이 만든 것들을 철저히 사용하십니다. 이렇게 해서 저들은 완전히 패배자가 되고 하나님과 그 백성들은 완전한 승리를 거두게 하십니다.

그러므로 하나님을 저버리고 하나님의 말씀을 무시한 채 살면서 성도들을 괴롭히고 이용하려는 자들이야말로 불쌍한 자들입니다. 저들이 만약 끝까지 하나님을 대적한 채 살기로 결심하고 그렇게 한다면 그들의 생존은 길면 길수록 그들에게는 더 큰 고통과 손실이 주어질 뿐이요, 아무리 그들이 하나님을 대적하고 하나님의 교회와 성도들을 괴롭혀도 결국은 그들이 하나님과 교회와 성도들을 위해 철저히 사용되고 그들 자신은 완전히 패망하게 되는 것입니다.

그러므로 여러분, 나의 남은 생애가 결코 바로 왕의 생애가 되게 하지 말아야 합니다. 하나님께서 하나님과 하나님의 능력이 어떤 것임을 나타내시려고 내 생애 중 어느 부분을 벌주시는 것으로 이용하는 생애가 아니라 하나님께서는 어디까지나 내 편이 되시고 언제나 나에게 유익과 복을 주시려고 모든 불신자와 세상 만물을 나를 위해 사용해주시는 그러한 나와 내 생애가 되도록 살아야 합니다. 그것은 내가 진정으로 하나님을 의지하고 언제나 그 하나님께 순종하는 자가 될 때 이루어집니다.

이 은혜와 복이 여러분과 여러분의 자손들에게 임하시기를 축원합니다.

왜 하나님께서 이번에는 이러한 끔찍한 우박의 재앙을 내리셨는가? 무섭게 번쩍거리는 번개와 천둥과 더불어 끔찍한 우박이 애굽 전역에 퍼부어져서 들판에 있는 것들은 사람이고 짐승이고, 채소 건 나무 건 다 죽거나 꺾어지거나 파괴되게 하심으로써 하나님은 모든 불순종의 죄악들에 대해 무섭게 심판하시는 분임을 보여주신 것입니다.

하나님은 이미 노아시대 때 세상의 죄악이 관영하여 이 세상을 엄청난 홍수로 심판하신 적이 있는데 그 하나님은 그러한 **물 심판**뿐만 아니라 무서운 번개가 섞인 극심한 우박, 즉 **불**로써 이 세상 죄악을 엄하게 심판하실 수 있는 분이라는 사실을 온 세상 사람들에게 알게 하시는 것입니다.

하나님께서 세상 마지막 때 불로 심판하신다는 말을 들을 때 얼른 실감있게 이해되지 않지만 하나님은 **옛날 애굽 땅에 하늘에서 무서운 번개와 천둥이 섞인 우박이 쏟아지게** 하신 일을 생각하며 하나님이 뜻하기만 하신다면 하늘에서 직접적으로 쏟아지게 함으로써도 얼마든지 이루어지게 하실 수 있음을 알아야 합니다.

애굽에 여덟 번째 재앙으로 무서운 번개와 더불어 끔찍한 우박 덩어리가 맹렬하게 쏟아지고 거기다가 무서운 우렛소리가 계속해서 일어났다는 것은 **거듭되는 하나님의 경고와 책망을 받고서도 계속 불순종하는 자들에게 임하게 될 하나님의 진노가 얼마나 큰지** 알게 해줍니다.

하나님은 어떤 사람의 죄에 대해 때가 되기까지는 참으로 **인간의 생각으로 도저히 이해할 수 없을 정도로 너무도 조용히 참고 기다려주십니다**. 그러나 때가 차기까지 그 악을 회개하고 돌이키지 않는다면 또한 인간적인 생각으로는 **상상도 못하는 맹렬하고 엄격한 심판**을 내리십니다.

그러므로 그릇된 길로 나가면서 계속해서 잘못을 저지르고 있는 사람들은 그러한 시간이 길어지고 있는데도 별다른 일이 없다고 안심하고 나아가서는 안 됩니다. 때가 되기까지는 무섭도록 인내하고 계시는 하나님은 때가 되어서 채찍을 휘두를 때도 **무섭게** 휘두르십니다. 그러나 내가 볼 때 그 채찍이 아프다 할지라도 그동안 내가 저지른 악에 비한다면 그래도 **하나님의 자비와 사랑이** 깃들어 있음을 알아야 합니다.

제 47 강

일곱 번째 재앙-우박 재앙2

〈출9:17~26〉
17네가 여전히 내 백성 앞에 교만하여 그들을 보내지 아니하느냐 18내일 이맘때면 내가 무거운 우박을 내리리니 애굽 나라가 세워진 그 날로부터 지금까지 그와 같은 일이 없었더라 19이제 사람을 보내어 네 가축과 네 들에 있는 것을 다 모으라 사람이나 짐승이나 무릇 들에 있어서 집에 돌아오지 않는 것들에게는 우박이 그 위에 내리리니 그것들이 죽으리라 하셨다 하라 하시니라 20바로의 신하 중에 여호와의 말씀을 두려워하는 자들은 그 종들과 가축을 집으로 피하여 들였으나 21여호와의 말씀을 마음에 두지 아니하는 사람은 그의 종들과 가축을 들에 그대로 두었더라 22여호와께서 모세에게 이르시되 너는 하늘을 향하여 손을 들어 애굽 전국에 우박이 애굽 땅의 사람과 짐승과 밭의 모든 채소에 내리게 하라 23모세가 하늘을 향하여 지팡이를 들매 여호와께서 우렛소리와 우박을 보내시고 불을 내려 땅에 달리게 하시니라 여호와께서 우박을 애굽 땅에 내리시매 24우박이 내림과 불덩이가 우박에 섞여 내림이 심히 맹렬하니 나라가 생긴 그 때로부터 애굽 온 땅에는 그와 같은 일이 없었더라 25우박이 애굽 온 땅에서 사람과 짐승을 막론하고 밭에 있는 모든 것을 쳤으며 우박이 또 밭의 모든 채소를 치고 들의 모든 나무를 꺾었으되 26이스라엘 자손들이 있는 그 곳 고센 땅에는 우박이 없었더라

〈더 정확한 번역〉

> 17절/ 네가 아직까지도 내 백성 위에서 스스로를 높이며 내 백성을 보내지 않고 있으니
> 18절/ 무거운 우박 ⇒ 끔찍한 우박
>   지금까지 그와 같은 일이 없었더라 ⇒ 지금까지 한번도 보지 못했던 우박이 될 것이다.
> 19절/ 다 모으라 ⇒ 안전한 곳으로 피하게 하여라.
> 21절/ 여호와의 말씀을 마음에 두지 아니하는 사람은 ⇒ 여호와의 말씀을 두려워하지 않은 사람들은
> 22절/ 여호와께서 모세에게 이르시되 너는 네 손을 들어 하늘을 가리켜라. 애굽 전국에 우박이 애굽 땅의 사람과 짐승과 들에서 자라는 모든 것들 위에 떨어질 것이다.
> 23절/ 모세가 지팡이를 들어 하늘을 가리켰다. 그러자 여호와께서 말씀하신 것

처럼 천둥소리가 나며 우박이 떨어졌다. 그리고 번개가 쳤다.
24절/ 우박이 내림과 불덩이가 우박에 섞여 내림이 ⇒ 우박이 쏟아질 때 번개도 쳤다.

[1] **하나님께서 더 무서운 재앙을 내릴 이유를 친히 말씀**하셨습니다.

(1) 바로가 아직까지도 **하니님의 백성 위에서 스스로를 높였기** 때문이라 하셨습니다.
(2) "아직까지도 내 백성을 보내지 않고 있기 때문이다" 하셨습니다.

존귀하신 하나님의 백성을 죄악투성이인 바로가 노예로 부리며 억압하고 있으니 참으로 불합당한 일이었습니다. 이제 때가 되어 하나님께서 모세를 통해 **"이스라엘 백성은 내 백성이다"** 라고 분명히 밝혀주시고 **"내 백성을 보내라"**고 명령하셨음에도 바로가 계속 고집을 부리며 불복하므로 하나님은 **이전보다 더 무서운 재앙**을 내리시겠다는 것입니다.

불신자나 우상숭배자가 하나님의 백성을 업신여기고 멸시하거나 종으로 부리거나 학대한다면 그것은 아주 큰 죄악이 됩니다. 그러나 저들이 **하나님의 백성들을 선대하고 돕는다면, 특히 하나님의 백성들이 하나님을 예배하는 것을 방해하지 않고 돕는다면** 그들이 아직 불신자요, 우상숭배자라 할지라도 **하나님께서 그들에게 은혜를 베푸십니다.**

하나님은 바로와 애굽에 재앙을 내리시기 전에 매번 말씀하시기를 "**내 백성을 보내라. 그들이 광야에서 나를 자유롭게 섬길 것이다**" 하셨습니다. 그러나 바로 왕은 6번씩이나 재앙을 당하고도 이스라엘 백성을 해방시키라는 하나님의 명령에 완전히 순종할 마음이 없었습니다.

그런데 하나님께서 바로와 그 백성들을 거세게 몰아붙이시니까 **우선 발등에 떨어진 불을 꺼야 되겠기에 슬쩍 요령을 부린 것**입니다. 하나님의 명령에 순종하는 척해서 재앙을 모면해보려고 했던 것입니다.

처음에는 이스라엘 백성을 완전히 해방시키지 않고 애굽 땅에서 하나님께 희생을 드리라고 하다가 그 다음에는 보다 큰 호의를 베푸는 것처럼 광야에 가서 희생을 드리되 너무 멀리는 가지 말라고 요령을 부렸습니다.

바로 왕은 마지막 재앙이 내려질 때까지 **하나님을 상대로 이런 줄다리기식 대결**을 벌였습니다. 그는 **자기를 붙들어 매고 당기는 하나님의 줄을 움켜잡**

고 **오히려 하나님을 자기에게로 끌려고** 했습니다. 그런데 하나님께서 때때로 고통스러운 채찍을 내려치실 때는 견딜 수가 없으므로 그 줄을 약간 느슨하게 풀며 져주는 척, 끌려가는 척했습니다. 그때마다 하나님은 **채찍질을 멈추시고 바로로 하여금 하나님의 뜻대로 따라오도록 줄을 잡아당기셨습니다.** 그러면 바로는 또다시 자기 쪽으로 그 줄을 잡아당겼습니다.

예나 지금이나 이런 식으로 **하나님과 줄다리기식의 대결을 벌이다가 낭패를 당하는 사람들**이 많습니다. 그 누구도 하나님의 손아귀에서 벗어난 채 살 수 없습니다. 하나님은 **모든 사람에게 섭리의 줄을 매달고 하나님의 섭리에 따라 주도면밀하게 그 줄을 끌고 풀면서 움직이게** 하십니다.

우상을 열심히 섬기고, 온갖 죄악 속에 살고 있는 사람이라도 하나님은 그 섭리의 줄을 잡아매시고 하나님의 뜻을 따라 이리저리 움직이게 하십니다. 그런데 사람들이 **하나님의 뜻대로 움직이려고 하지 않을 때** 하나님은 채찍질을 가해서서라도 반드시 하나님의 뜻대로 움직이게 하십니다.

하나님은 이러한 사실을 바로 왕을 통해 **온 세상에** 똑똑히 보여셨습니다.

뿐만 아니라 우리 성도들이 괴롭거나 슬플 때 **하나님께 기도하면** 하나님은 얼마든지 **그 섭리의 줄로 우리를 선하고 복된 길로** 인도해주십니다.

또 우리가 어떠한 중요한 일을 수행할 때 **우리 하나님께 도와주실 것을 기도로 요청하면 하나님은 그 섭리의 줄로 치밀하게 역사하셔서 도울 사람들이 움직이게 하시고 안 풀리던 일들이 풀리도록** 얼마든지 도와주십니다.

하나님의 섭리의 줄로 움직이지 못할 사람이 없고 해결 못할 문제가 없습니다.

그러므로 이 **하나님을 나의 하나님으로 삼고,** 그 하나님을 **확실히 내 편이 되게 한 사람**처럼 강한 사람이 없고 행복한 사람이 없습니다.

그런데 **하나님의 섭리의 줄이 나를 위해 움직이도록 하는 사람이 되기는커녕 그 줄을 오히려 싫어하고 귀찮아하면서 끊을 수 없는 그 줄을 끊어버리려** 하고, 그 줄을 자기도 움켜쥐고 **하나님의 뜻을 자기 뜻에 맞추려고 잡아당기는 사람들**이 많습니다. 이런 사람은 **반드시 참패를 당할 수밖에 없습니다.**

성도 여러분, 결코 어떤 경우에라도 하나님과 줄다리기 대결을 벌이지 마시기 바랍니다. 하나님께서 나에게 어떤 종류의 줄을 붙잡아 매고 이끄시든지 그 줄이 나에게 매여지고 나를 잡아당기고 있는 줄을 조금이라도 눈치챘다면 절대로 그 줄을 **모른척하거나 끊어버리려고 하지 말아야 합니다.**

더욱이 그 줄을 내가 붙잡고 잡아당기려고 하지 말아야 합니다. 그 줄을 끊어버리려고 시도한다면 그 줄은 내 눈앞에서 **더 두껍고 튼튼한 줄로 변할 것이고**, 내가 붙잡고 잡아당긴다면 그만큼 **더 큰 고통을 당하고 심하게 넘어집니다.**

또 한 가지 명심할 것은 바로 왕처럼 **하나님의 섭리의 줄에 순종하는 척하면서** 때에 따라서 다시 그 줄을 잡아당기지 말아야 합니다. 즉 하나님께 순종하기는 하되 '**모자라는 순종**'을 해서는 안 됩니다.

바로가 하나님과 줄다리기를 한 밧줄은 **세 마디**로 연결되어 있었습니다.

바로가 하나님께 제일 처음 양보하고 내민 마디는 "**너희 하나님께 내 땅에서 희생을 드려도 좋다**"는 것이었습니다. 두 번째 마디는 "**광야에 가서 너희 하나님께 희생을 드려도 좋다**"는 것이었습니다. 그러나 바로의 심중에 결코 하나님께 내밀 수 없고 자기가 꼭 이기겠다고 마음먹은 것이 있었습니다. 그것은 "**이스라엘 백성을 해방시키라**"는 세 번째 마디였습니다.

바로는 첫 번째와 두 번째 마디를 하나님께 내어주는 척 했으나 세 번째 마디가 하나님 손으로 넘어가려고 할 때 그 줄을 잡아당겼습니다. 바로가 이렇게 막판에 가서 또 불순종하고 하나님의 섭리의 줄을 잡아당김으로써 그와 그 집안과 애굽 전체에 지금까지 당한 재앙들보다 **더 무서운 재앙들을 몰고 오게** 했고 **더 막심한 고통과 피해를** 보게 되었습니다.

하나님의 섭리의 줄을 따라가려면 **깨끗이, 철저히 따랐어야 하는데** 어리석게 한 마디의 줄만은 자기가 차지하려 하다가 자신과 집안과 나라 전체를 잃어버리게 된 것입니다.

여러분, 지금 **여러분에게 연결된 하나님의 섭리의 줄에 어떤 태도를 취하고 있습니까?** 혹시 하나님과 줄다리기 대결을 벌이고 있지는 않습니까? 그 대결이 어떠한 것입니까? 처음부터 지금까지 단 한 마디도 하나님께 양보하지 않고 완전히 불순종하고 있지는 않습니까? 또 몇 마디는 하나님께 드리고는 마지막 한 마디만은 여전히 잡고 늘어지고 있지는 않습니까?

더 이상 그 줄을 붙잡고 하나님과 겨루지 마세요. 그리고 **하나님께서 당기시는 대로, 이끄시는 대로 순순히 응하기** 바랍니다. 그렇게 하지 않으면 당신은 제2, 제3의 바로가 됩니다.

하나님께서는 이스라엘 백성들이 **우상숭배의 소굴인 애굽 땅에서** 하나님을 섬기는 것을 원하지 않으셨습니다. 하나님은 이스라엘 백성이 **사흘 길쯤**

광야로 들어가서 "하나님 여호와께 희생을 드리라"고 명하셨습니다.

이것은 이스라엘 백성이 오직 여호와 하나님만을 섬기되 **오실 메시야**, 즉 장차 이 세상에 인간의 몸을 입고 오시고 온갖 고난을 당하시다가 십자가에 달려 죽으시고, **사흘 만에 죽음의 권세를 이기시고 부활하실 예수 그리스도를 믿음으로써** 하나님을 섬기도록 하신 것입니다.

따라서 이스라엘 백성들은 죄악의 세계인 애굽을 **떠나고** 우상숭배의 세계를 **떠나서 반드시 사흘 길쯤 광야로 들어가서** 하나님 여호와께 희생제사를 드리며 하나님을 섬겨야 했습니다.

그러나 바로 왕은 이런 놀라운 하나님의 섭리를 알 턱이 없었습니다. 그는 재앙이 두려워서 어쩔 수 없이 이스라엘 백성을 광야로 가도록 허락했지만 아주 해방시키는 것은 아니었고 자기 나라 사람들이 여러 가지 우상을 섬기고 있듯이 이스라엘이 하나님께 희생드리는 것 역시 또 하나의 종교로만 여겼던 것입니다.

바로가 말하기를 "**너희가 너희의 하나님 여호와께 광야에서 희생을 드릴 것이나 너무 멀리 가지는 말라**(8:28)" 했습니다. "**너희 하나님 여호와께**"라는 말은 이스라엘 백성이 하나님을 섬기는 것은 여러 종교 중 하나일 뿐이라는 사상을 내포하고 있는 말입니다.

즉 바로는 생각하기를 "**너희 신에게 희생을 드릴 테면 드려라. 그냥 내 나라에 종교가 하나 더 생겼다고 하자. 그런데 너희는 왜 꼭 광야에 나가서 너희 신에게 희생을 드리겠다고 하느냐?**" 하고 못마땅하게 여긴 것입니다.

예나 지금이나 불신자들이나 우상숭배자들은 우리 예수 신앙을 여러 종교 중 하나일 뿐이라고 생각합니다. 그리고 우리가 섬기고 있는 하나님도 여러 신 중에 하나일 뿐이라고 생각합니다. 이것은 저들이 저지르는 착각 중에 **가장 크고 심각한 착각**입니다.

천지만물을 만드시고, 모든 인간을 만드시고, 그 모든 것을 뜻대로 주장하고 통치하시는 신은 **오직 한 분 하나님뿐**입니다.

그리고 사람이 이 하나님을 섬기는 것도 그저 무작정 "하나님!" 하고 그 이름을 부르고 나름대로 정성스럽게 예배하면 되는 것이 아니고 **반드시 인간의 모든 죄를 대속하기 위해 하나님께서 이 세상에 희생양으로 보내주신 예수 그리스도를 믿고, 그 예수의 죽으심의 공로를 입어서 자기 죄를 깨끗이 사함 받고 하나님의 이름을 부르고, 하나님께 예배하며 섬기도록** 하셨습니다. 따라서 하나님을 섬기고자 하는 자들은 **반드시 먼저 예수 그리스도를 믿고, 그래서 죄 사함을 받고 하나님을 섬겨야** 합니다.

그러므로 예수 그리스도가 아닌 석가모니나 마호메트나 공자나 다른 어떤 사람을 믿으면서 하나님을 섬겨서는 안 됩니다. 그것은 하나님께서 **가장 싫어하시고 죄악시하는** 우상숭배의 죄요, 영적 간음죄가 됩니다. 그래서 기독교 신앙인들이 오직 예수만 믿어야 하고 다른 종교를 믿어서는 안 된다고 단호하게 말하는 것입니다.

그런데 이러한 논리가 일반적으로 사람들에게는 대단히 독선적이고 비타협적으로 보일 수밖에 없습니다. 그래서 사람들은 "왜 기독교인들은 다른 종교를 무시하고 다른 종교를 섬기는 사람들을 비판하고 죄인 취급하느냐? 종교를 믿는 사람들이 그럴 수 있느냐?" 하고 반발합니다.

인간적인 논리로는 이런 비난이 마땅합니다. 그러나 **그들은 신은 여럿이 있다고 여기는 데서부터 큰 착각**을 하고 있기 때문에 하나님께서 성경 계시를 통해 일러주신 대로 예수 그리스도를 믿음으로써만 하나님을 섬긴다는 우리 기독교의 진리에 대해 잘못된 반론을 펴고 있는 것입니다. 그러므로 우리는 **다른 종교에 대해 독선적일 수밖에 없고 비타협적일 수밖에 없고**, 그들은 이런 우리의 태도가 변하기를 바랄 것이 아니라 **그들의 착각과 오해가 속히 개선되어야** 합니다.

한 아버지의 자식들이 크게 착각을 해서 저마다 자기 아버지가 다르다고 말할지라도 그들의 아버지는 한 명임에 틀림없듯이 아무리 *세상 대부분의 사람들이 신은 여럿이요, 따라서 종교도 여럿이어야 한다고 주장해도 한 아버지이신 하나님을 아는 우리들은* **결코 저들의 주장을 받아들이고 타협할 수가 없습니다.**

오늘날 어떤 목사들은 사회의 거센 비난에 못 이겨서 다른 종교의 지도자들과 한자리에 모여서 '종교는 하나라느니, 종교일치운동을 벌이자느니' 하는 다른 종교인들의 주장에 끌려다니는 사람들이 있습니다. 참으로 정신 나간 사람이요, 자기의 명성을 위해 양심과 믿음을 팔아먹는 사람들이요, **유일하신 하나님을 여럿으로 쪼개는** 엄청난 **죄악**을 저지르는 자들입니다.

신은 오직 하나님 한 분뿐입니다. 그리고 그 하나님을 대할 수 있고 섬길 수 있으려면 **반드시 유일한 구속주이신 예수 그리스도를 믿어 죄 사함을 받아야** 합니다. 이 예수 그리스도를 믿기만 하면 모든 죄를 용서받습니다.

바로 왕은 이렇게 이스라엘을 아주 해방시키지도 않고 그들이 하나님을 광야에서 섬기겠다고 하는 것을 또 하나의 종교라고 여기면서 그 하나님께 자기를 위해 그 재앙이 사라지도록 기도해달라고 모세에게 부탁했습니다.

여기서 우리가 깨달을 것이 있습니다.

1) **하나님을 섬기지 않는 사람들은 다른 종교를 믿어도 오직 자기의 현실적 이익만을 위해 애쓸 뿐입니다.**

사업, 병 고침, 출산, 출세, 자식의 진학 등... 그저 이 세상에서 자기를 괴롭히고 있는 문제들을 해결 받고 자기 욕심을 채우겠다고 정성을 드립니다.

우리 크리스천들도 하나님께 이러한 것을 구할 수 있습니다. 하나님은 그런 우리의 요구도 들어주십니다.

그러나 **진정 하나님의 의중을 알고, 하나님의 섭리의 세계를 아는 성도는 결코 현실적인 자기 이익만을 위해 애쓰지 않습니다.** 그런 것은 내가 **하나님 마음에 합한 자**가 되고, **진정 하나님이 나와 함께하는 자**가 될 때 하나님께서 가장 적당하고도 충분하게 해결해주시는 것을 믿고 살고 과연 그렇게 됩니다.

이런 신앙을 가진 사람은 때에 따라서 무엇이 필요할 때 하나님께 그것을 구하고 응답받을 수 있습니다. 이런 신앙을 가진 사람이야말로 현실적으로 무엇이 필요하다면 즉시 하나님께 구할 만합니다. 우리가 사업이 번창하게 해달라고 기도하고, 자식이 잘되게 해달라고 기도하고, 병 낫게 해달라고 기도하는 것은 **오직 하나님께만** 해야 합니다. 그것을 이루어주실 수 있는 신은 오직 하나님 한 분뿐이기 때문입니다.

그런데 많은 사람은 **이런 하나님을 믿지도 않고 다른 여러 가지 우상들에게 가서 여러 가지 요구사항들을 가지고 기도하곤 하는데 그것은 '하나님의 진노를 살 일'**입니다.

바로는 그가 섬기고 있는 우상 신들이 과연 참 신이라고 믿는다면 자기 신에게 나가서 생명을 내걸고 기도해야했습니다. **자기가 섬기는 신들은 도저히 그 재앙들을 없앨 수 없다는 것을 알았기 때문에 하나님께 기도해달라고 모세에게 부탁한 것인데** 그렇다면 그는 우상 신들을 버리고 하나님을 믿어야 했던 것입니다. 그러나 그는 **여전히 하나님을 믿지 않고 불순종하면서 우선 급한 불을 끄고자 한** 것입니다.

우상을 섬기는 자들은 이렇게 자기를 위해서는 이 신도 좋고 저 신도 좋다는 태도를 가지고 있습니다. 그들에게는 신앙의 정절이 거의 없습니다. 그래서 **저들은 얼마든지 다른 종교들과도 하나가 될 수가 있습니다.**

그러나 **우리는 있지도 않은 신들을 믿는 것과는 결코 하나가 될 수 없습니다.** 그들이 그 우상을 버리고 하나님을 섬기기 전에는 결코 그들을 믿고 함께할 수가 없습니다.

2) 우상을 섬기는 자들은 결국에는 자기가 섬기는 신들이 거짓임을 확인할 때를 만난다는 사실입니다.

애굽의 술사들도 한동안은 악령들을 힘입어서 지팡이가 뱀이 되게 하고, 물이 피가 되게 하고, 물들에서 개구리 떼가 나오기도 했지만 모세가 하나님의 능력으로 행하는 이적이나 기적들은 흉내도 내지 못했습니다.

따라서 바로 왕은 모든 티끌이 이가 돼서 괴롭힐 때, 또 수많은 파리 떼로 고통당할 때 **자기가 섬기는 신들이 아니라 하나님께 부탁해서 그것들을 없애달라고 모세에게 간청해야** 했습니다.

당시 세계 최강국의 왕이 식민지의 노인 한 사람 때문에 온 세상 사람들 앞에서 **연거푸 망신을 당한 것입니다.**

우상을 섬기는 자들은 반드시 이렇게 자기가 섬기는 신들은 거짓이라는 사실을 알 때를 만나게 되고, 그때는 **큰 낭패**를 당하고 **수치와 욕**을 당합니다.

세계를 지배하던 것 같은 애굽의 신들은 할 수 없는 것을 **모세 한 사람이** 기도하자 그가 어느 때에 어떤 재앙이 사라지리라고 말한 그대로 깨끗이 해결되었습니다.

세상의 모든 악한 영들이 한꺼번에 달려들어도 하나님께서 함께하시는 한 사람을 절대로 이기지 못합니다. 그러므로 **진정한 하나님의 사람이 한 사람이라도 있는 가정이나 교회나 집단은 반드시 승리합니다.**

우리가 또 깨달을 것이 있습니다.

모세는 바로에게 "내가 당신 요청대로 하나님께 기도해서 내일 이 재앙이 깨끗이 없어지게 하겠습니다. 그러니 당신은 또 거짓말하지 말고 이스라엘 백성을 보내야 합니다"고 말했습니다.

바로 왕이 아직도 하나님의 명령에 순종하지 않고 슬쩍 요령을 부려서 재앙을 모면해보려고 모세에게 기도를 요청했는데 모세는 바로의 말대로 하나님께 기도했고 하나님은 그 기도를 들어주셨습니다.

그러나 바로는 재앙이 사라지면 또다시 고집을 부려 이스라엘 백성을 보내지 않았습니다. 모세는 바로가 **이럴 것을 이미 알고** 있었습니다.

때때로 하나님은 사람들의 사악한 꾀에 협력하는 듯이 움직이십니다. 그럴 때 그들은 자기가 꾀하는 일들이 앞으로도 얼마든지 잘 되리라고 **안심하며 계속 악을 행합니다.** 그러나 이런 사람들은 **얼마가지 못해서 '과거에 경험 해보지 못했던 쓰라림과 손실'**을 당하고 넘어집니다.

하나님은 사실 또 다른 재앙, 더 큰 재앙을 가하시려고 **일을 신속히 진행 하신** 것이었습니다.

하나님은 모든 사람이 행한 대로 갚아주십니다. 하나님께 불순종하고 하나님의 영광을 더럽혔다면 그 사람이 그런 일을 하기 위해 **취한 방식대로**, 그가 저지른 **악행의 정도대로** 갚아주시는데 언제나 **더 크게** 갚아주십니다.

① 지금까지는 하나님께서 **육체적으로, 정신적으로 큰 고통**을 당하는 재앙들을 내리셨습니다.

물이 피가 되어서 먹을 물이 부족했고, 개구리가 들끓고, 이가 들끓고, 파리가 들끓어서 **육체적 정신적으로 큰 고통**을 당했습니다. 그럼에도 불구하고 바로가 사악한 꾀를 부리니 하나님은 **다른 분야로** 재앙의 표적을 옮기셨습니다.

② **그들의 재산에 큰 손실**을 가하셨습니다.

사람과 모든 가축에게 독종이 발하여 독종을 앓는 생축은 모두 죽었습니다. 그 다음에는 무서운 번개와 함께 우박이 쏟아져서 수많은 가축과 채소와 나무들이 죽거나 못쓰게 되어버렸습니다. 그들의 **재산에 막대한 손실을 가하는** 재앙을 내리신 것입니다.

③ **결국은 죽음의 재앙**이 기다리고 있었습니다.

하나님께 대항하고 하나님과 겨루는 사람은 예나 지금이나 이렇게 **두려움을 당하게** 되고, 그래도 굴복하지 않는다면 육체적 정신적인 큰 고통에 시달리게 되고, 그래도 교묘히 불순종하면 가지고 있던 재산을 잃어버리게 합니다. 그래도 안 들으면 죽음이 옵니다.

여러분, 혹시 지금 교모하게 꾀를 내서 하나님의 명령을 피해 슬슬 도망가고 있지는 않습니까? 그동안 오랫동안 그래왔어도 별일이 없는 것 같고, 내 꾀대로 이것저것이 좀 되었다고 해서 안심하고 계속하지 말기를 바랍니다. 이 시간부터 **당장 방향을 하나님께로 변경하고, 당장 하나님께 무릎을 꿇**

고 깨끗이 하나님의 명령에 순종하십시오. 그러면 그동안 내 생각대로 애쓰던 것보다 훨씬 간단하게 나의 필요가 채워질 것이요, 문제가 해결될 것입니다. 만약에 이렇게 하지 않으면 **더 큰 손실을 점점 보게** 될 뿐입니다.

오직 예수 그리스도만을 믿고 죄 사함을 받아 진정으로 하나님을 섬기는 사람이 되고, 우상숭배자들을 깨우쳐서 오직 하나님을 섬기는 자들이 되게 하는 사람이 되고, 하나님의 섭리와 명령 앞에서 잘못된 것이 발견되면 즉시 하나님께 굴복하고 순종하는 사람이 되기를 바랍니다.

작은 고통으로 악한 마음을 누그러뜨리지 않는 자에게 하나님은 **보다 큰 고통**을 더하실 수 있습니다. 하나님께서 악한 자에게 **자비를 베푸실 동안**은 그가 아무리 극악한 짓을 해도 조용히 보고 계시지만 **때가 차도록 죄악을 돌이키지 않을 때** 하나님은 친히 그 사람을 상대하여 꺾으시는데 그때는 작은 채찍에서 시작하여 점점 더 큰 매로 무섭게 다스리십니다. 그때에는 그 사람이 아무리 교묘하게 하나님을 피하고 도망가려고 해도 소용이 없습니다. 하나님은 **끝까지 그를 따라다니시면서** 숨 돌릴 틈 없이 궁지로 내모시고 기어코 무릎을 꿇게 하십니다.

그러므로 하나님의 채찍으로 다스림을 받고 있는 사람은 **그것을 피하려 하거나 고집을 부리지 말고 신속히 하나님께 돌아가고 무릎을 꿇어야** 합니다.

제 48 강

일곱 번째 재앙-우박 재앙3

〈출9:19~22〉
19이제 사람을 보내어 네 가축과 네 들에 있는 것을 다 모으라 사람이나 짐승이나 무릇 들에 있어서 집에 돌아오지 않는 것들에게는 우박이 그 위에 내리리니 그것들이 죽으리라 하셨다 하라 하시니라 20바로의 신하 중에 여호와의 말씀을 두려워하는 자들은 그 종들과 가축을 집으로 피하여 들였으나 21여호와의 말씀을 마음에 두지 아니하는 사람은 그의 종들과 가축을 들에 그대로 두었더라 22여호와께서 모세에게 이르시되 너는 하늘을 향하여 손을 들어 애굽 전국에 우박이 애굽 땅의 사람과 짐승과 밭의 모든 채소에 내리게 하라

[3] "이제 사람을 보내어 네 가축과 네 들에 있는 것을 **안전한 곳으로 피하게** 하여라. 사람이나 짐승이나 무릇 들에 있어서 **집에 돌아오지 않는 것들**에게는 우박이 그 위에 내리리니 그것들이 죽으리라"고 경고하셨습니다.

(1) 이때도 하나님은 놀라우신 자비를 베푸셨습니다.

하나님은 다음으로 유래 없는 끔찍한 우박 재앙을 내리시겠다고 말씀하시면서도 그로 인한 피해를 최소화할 수 있는 **구체적인 방법**을 가르쳐주셨습니다.
그때의 우박 재앙은 건물 안에 피신하지 않고 밖에 있어서 우박이나 번개나 뇌성을 직접 맞게 되면 사람이든 짐승이든 나무이든 채소든 모두 죽거나 파괴되는 것이었습니다.
하나님은 그 피해를 줄여주시려고 미리 대피하라고 가르쳐주신 것입니다.
바로와 그 백성들의 죄악만을 고려한다면 그들 지금 다 죽고, 모든 재산이 다 없어져도 할 말이 없지만 **하나님은 애굽 사람 전체와 애굽의 재산 전체를 없애버리시지는 않으셨습니다.**

하나님은 지금까지도 **이러한 인애와 자비**를 온 세상 사람들에게 내리고 계십니다. 현재까지도 이 세상과 세상 사람들이 그 말할 수 없는 죄악 가운데서도 다 죽거나 없어지지 않고 존재하고 있습니다. 하나님의 그 놀라우신 인애와 자비 때문에 성도들과 현존하는 세상 모든 사람은 **그동안 저지른 엄청난 잘못에 비해서** 그 처벌은 최소한으로 내려지고 있음을 알아야 합니다.

그러나 **불신자 우상숭배자들은** 이러한 사실을 전혀 알지 못합니다. 이러한 사실을 아는 우리는 하나님께서 베푸시는 이 놀라운 인애와 자비에 대해 **그들에게 부지런히 가르쳐주어야** 합니다. 그리고 우리는 **우리 성도들뿐 아니라** 불신자, 우상숭배자들에게까지도 그토록 놀라우신 인애와 자비를 베풀어주시는 **하나님께 참으로 감사드려야** 합니다. 우리는 불신자, 우상숭배자들이 하나님께 드려야 할 감사까지도 **대신하고, 대표하여** 부지런히 드려야 합니다. 이것이 바로 늘 하나님을 섬기며 감사와 찬송을 돌려드릴 줄 아는 성도가 모든 세상 사람들 속에서 **주인공이고 주역**이라는 사실을 증명하는 것입니다.

여기 19절 말씀에서 우리가 눈여겨봐야 할 것이 있습니다.

하나님은 **악한 자, 불신앙자들에게도** 때때로 명령을 주셔서 그들의 **순종 여부에 따라 은총과 저주를 받게 하신다**는 사실입니다.

애굽 사람들은 하나님을 섬기지 않았지만 하나님은 어떤 일을 시행하실 때 **그들의 피해를 최소화시켜주시려고** 그들에게도 "이렇게 해라, 저렇게 해라" 하는 명령을 하셨습니다. 그리고 그들이 그 **명령에 순종하느냐 불순종하느냐에 따라** 은총을 받거나 저주를 당하게 하셨습니다.

이와같이 모든 우상숭배자나 불신자들의 생사화복도 **오직 하나님의 주관 하에** 이루어지며, 그들이 잘되고 못되는 것도 **하나님께서 세우시거나 제시하신 기준에 따라** 이루집니다.

바로 이런 엄연한 이유 때문에 사람은 **무엇보다도 먼저 하나님을 알고 섬길 줄 알아야** 하며 **하나님의 말씀에 귀를 기울이고 순종하며 살아야** 합니다. **이것이 잘 되지 못할수록** 그 사람과 그 인생, 그리고 주변에 있는 사람들에게도 막심한 불행이 임하게 됩니다.

(2) 건물에 들어오지 않는 것들과 사람들에게만 끔찍한 우박이 내리게 하셨습니다.

하나님은 자비를 베푸시되 불신자나 우상숭배자라도 **하나님의 명령대로 이행하는 사람이나 짐승은** 살아남게 하십니다. 그래서 지금까지 그 불신자, 우상숭배자들, 또 그 자손들이 이 땅에서 다 사라지지 않고 살아남게 된 것입니다.

그러므로 우리 모든 성도는 이 세상에 불신자나 우상숭배자가 절대 다수인 것을 보면서, 또 그들이 여전히 불신자, 우상숭배자로 남고자 하는 것을 보면서 하나님께서 그 선대들의 죄악에 대해 벌하시되 그들과 그 자손들을 아예 진멸하지 않으신 인애와 자비를 깨달아서 하나님께 감사와 찬송과 영광을 돌려 드려야 합니다.

어린아이 신자는 자기 자신과 가족들에게 베풀어주신 은혜와 자비만 생각하고 감사하지만 영혼이 점점 깨지고 치료되고 변화되고 무장하고 성장하는 사람일수록 불신자, 우상숭배자들에게까지도 이러한 놀라운 인애와 자비를 베푸시는 하나님을 발견하며 그 사실에 대해서도 뜨겁게 감사와 찬송과 영광을 돌리게 됩니다. 우리는 이러한 사람이 되어야 합니다.

점점 죄악이 가득차고 있는 이 시대에 여전히 인구가 불어나고, 그들이 다 먹고살게 해주시는 하나님을 잘 알고 섬길 줄 아는 우리는 그야말로 온 마음과 뜻과 정성과 생명을 다하여 하나님을 사랑해야 합니다.

[4] 하나님의 명령을 들은 자 중에 그대로 행하는 자들과 그 짐승은 살아남았습니다.

"바로의 신하 중에 여호와의 말씀을 두려워하는 자들은 그 종들과 가축을 집으로 피하여 들였다(20절)" 했습니다.

(1) 하나님의 말씀에 순종한 사람들은 비록 우상숭배자들이라도 그 종과 생축을 재앙에서 건졌습니다.

진노 중에도 긍휼을 베푸시는 하나님의 성품을 볼 수 있습니다. 여기에서도 우리가 하나님의 말씀을 주의 깊게 듣고 순종해야 함을 깨닫게 됩니다.

잠언 16장 20절에 "삼가 말씀에 주의하는 자는 좋은 것을 얻나니 여호와를 의지하는 자는 복이 있느니라" 했습니다.

여전히 불신자요, 우상숭배자로 살지만 순간적이나마 하나님의 말씀을 두려워하여 그대로 행하는 사람들은 마지못해 그렇게 할지라도 하나님은 그들과 그의 소유물을 유지, 보존하도록 해주십니다. 즉 계속해서 긍휼과 자비를 베풀어주시고 일반은총을 누리게 해주십니다.

하물며 하나님을 알고 섬기는 사람들이, 하나님의 자녀가 된 사람들이 하나님께 순종할 때 얼마나 큰 은혜와 사랑을 베푸시겠습니까? 불신자, 우상숭배자들도 순간적이나마 하나님을 두려워하여 그 말씀에 순종할 수 있는데 하나님을 알고 섬긴다는 사람이 그저 불순종한다면 그에게 돌아오는 것이 무엇이겠습니까?

신자나 불신자나 하나님을 두려워 할 줄 알아야 합니다. 그렇게 하는 것만큼 그 자신과 그들의 소유물이 보존되고 유지될 수가 있습니다.

그러나 대부분의 불신자, 우상숭배자들은 하나님이 누구인지 도무지 알지 못하기 때문에 순간적으로는 순종하더라도 계속해서 하나님을 두려워하지 못하고 불순종하고 악을 행합니다.

그런데 애굽 사람들 중에 누가 하나님의 명령대로 그들의 생축을 건물로 모아들였습니까? 순간적이나마 하나님을 두려워하는 자들이 그렇게 했습니다. 즉 하나님의 경고의 말씀을 듣고 두려워한 사람들이 그렇게 한 것입니다. 만약 하나님께서 모세를 통해 경고의 말씀을 주시지 않았다면 그들도 여전히 불순종했을 것이며 막심한 피해를 볼 수밖에 없었습니다.

그러므로 하나님의 사람들은 불신자, 우상숭배자들에게 경고하시는 말씀을 받아서 지체하지 않고 전해주어야 합니다. 그런데 만약 이 경고의 말씀을 전달하라고 명령 받은 사람이 불순종하면 그는 어찌 되겠습니까? 이러한 사람들이 교회 안에 너무나도 많습니다.

우리 성도들은 하나님을 두려워함이 얼마나 중요한 일인지 알아야 합니다. 하나님을 두려워한다는 것은 곧 그만큼 하나님을 잘 안다는 것을 뜻합니다. 모든 성도는 하나님을 잘 알아서 하나님을 두려워할 줄 알며 하나님의 말씀을 순순히 받아들이고 순종할 줄 아는 일에 진전이 있어야 합니다. 하나님을 두려워하는만큼 순종합니다.

아브라함이 독자 이삭까지 바치라는 하나님의 명령에 깨끗이 순종했던 것은 그가 그 무엇보다도 하나님을 두려워하고 사랑했기 때문입니다. 즉 하나님을 경외했기 때문입니다. 따라서 하나님은 그 아브라함에게 "이제 네가 나를 경외하는 줄 알겠다" 하시며 약속하신 복된 길을 걷게 해주셨습니다.

오늘날도 하나님은 예수 그리스도를 믿고 하나님의 자녀가 된 모든 사람이 그 누구보다도 하나님을 두려워하며 사랑하게 되도록 끊임없이 연단하고 훈련하고 계십니다. 그런데 이러한 하나님의 섭리를 도무지 깨닫지 못하고 여전히 하나님을 누구보다, 무엇보다 두려워하지 않고 사랑하지 않고 그저 현실적인 문제를 해결해달라고 매달리는 사람들이 많습니다.

하나님께서 주시겠다고 한 모든 복된 약속은 **하나님을 경외하는 사람에게 주시겠다고 약속하신 것과 일치**합니다. 즉 참으로 무엇보다도 하나님을 두려워할 줄 알며 사랑할 줄 아는 사람들이 하나님의 백성이므로 하나님께서 성경에 약속하신 온갖 은총을 베풀어주시는 것입니다.

그러므로 우리 모든 성도는 무엇보다도 말씀과 기도로써 철저히 나 자신이 깨지고 치료되고 변화되고 무장하고 성장해서 시간이 지날수록 더 하나님을 두려워할 줄 알며 사랑하게 되어야 합니다. 이것에 실패하는 사람은 신앙생활의 실패자입니다.

(2) **하나님의 말씀을 두려워하지 못하는 사람들**은 큰 벌을 받았습니다.

21절에 "여호와의 말씀을 두려워하지 않은 사람들은 그 종들과 가축을 들에 그대로 두었더라" 했습니다. 그리고 25절에 "우박이 애굽 온 땅에서 사람과 짐승을 막론하고 밭에 있는 모든 것을 쳤으며 우박이 또 밭의 모든 채소를 치고 들의 모든 나무를 꺾었다" 했습니다.

1) **하나님의 말씀을 두려워하지 않는 사람들은 그 종들과 가축들을 들에 그대로 두었습니다.**

그 결과 그들의 종들과 가축들은 다 죽었습니다.

하나님께서 그들을 우박의 재앙으로 치신 것은 바로 **그들이 생축을 신으로 섬기는 악한 행위를 끊임없이 해왔기 때문**이었습니다. 자기가 먹이고 기르고 때로는 잡아서 먹기도 하고 팔기도 하면서 그것을 신으로 섬기다니 얼마나 몽매무지한 사람들입니까? 하나님은 그 몽매무지함을 **그냥 지나치지 않으시고** 때가 되자 끝까지 하나님의 말씀을 불순종하는 자들과 그들의 생축을 다 죽이셨습니다.

2) **밭에 있는 모든 것과 모든 채소도 쳤습니다.**

이 우박 재앙이 내리기 전까지 애굽 사람들은 가축들을 키워서 재산을 늘려왔습니다. 또 들에는 여러 가지 나무도 심고 곡식이나 채소도 심어서 그 산물을 먹기도 하고 사고팔기도 하며 생활해왔습니다. 그로 인해 많은 부를 축적했습니다.

일반적인 노력으로 이렇게 삶을 영위해 온 애굽 사람들에게 **어느 날 갑자기 하나님의 명령이 주어진 것**입니다.

바로 그때 그 명령을 받아들이고 순종한 사람들은 별다른 피해를 입지 않고 여전히 재산들을 소유하고 살 수가 있었습니다. 그러나 하나님을 두려워할 줄 모르고 **불순종한** 자들, 그리고 **우상숭배하는** 자들은 **생계의 중요한 바탕이 되는 밭과 모든 식물, 즉 마지막 생계의 방편까지도 당분간 못 쓰게** 하셨습니다. 뿐만 아니라 **들의 모든 나뭇가지도** 꺾어버리셨습니다.

하나님은 평소에 불신자들과 우상숭배자들이 그들의 방식대로 살면서 재산도 모으고 명예도 얻고 지식도 얻도록 **허용**해주시지만 **때때로 하나님의 섭리에 따라서 양자택일해야 하는 중대한 기로에 서게** 하십니다. 이때 하나님 앞에서 바르게 선택한 자에게는 계속해서 윤택함을 누리게 해주시고 그릇되게 선택한 자는 많은 것을 잃거나 높은 자리에서 떨어지거나 실패하거나 죽게까지도 하십니다. 그러므로 **아무리 악한 자라도 하나님의 통치와 간섭에서 결코 벗어나 있지 않습니다.**

나는 죽어도 하나님을 믿지 않겠다고 선언하고 자기 고집대로만 사는 사람도 **어느 때인가는 하나님의 명령을 듣게** 됩니다. 그리고 그것을 따를 것이냐 따르지 않을 것이냐 **둘 중 하나를 어쩔 수없이 선택해야** 합니다. 그리고 **그 결과로 흥하거나 쇠하게** 됩니다.

하나님의 명령 따위는 생각하기도 싫다고 아예 모든 상황에서 그 명령을 무시해버린다면 그 행위는 **하나님과 하나님의 명령을 거부하고 따르지 않는 것이므로** 그의 삶은 조만간 쇠하거나 쓰러지게 됩니다.

하나님은 모든 우상숭배자와 불신자들까지도 하나님의 법과 뜻에 따라 다스리십니다.

그러므로 우리 성도들은 **저들이 듣기 좋아하든 싫어하든** 부지런히 하나님의 말씀을 전해주고 그것을 따르도록 적극적으로 권하고 가르쳐야 합니다. 이것이 바로 **이웃을 사랑하는 것**이고 **세상에서 빛과 소금이 되는 것**입니다. 성도들은 매일 성전에 모여서 말씀을 배우고 기도하며 예배하고 있습니다. 그러는 동안에 나와 피를 나눈 가족들을 비롯하여 많은 이웃이 불신자요, 우상숭배자로 살아가고 있습니다. 우리가 그들에게 적극적으로 달려가서 하나님의 말씀을 전해주는 것이 **그들을 사랑하는 일을 구체적으로 실천하는 일**인데 이 일들을 하기 싫어하고 어려워하고 안 하고 있다면 그것은 나 자신만을 생각하고 나 혼자서만 하나님을 열심히 섬기겠다고 하는 일이 됩니다. 과연 그것이 참으로 나를 위한 것이고 하나님을 제대로 섬기는 것일까요?

생업에 열중하고 공부에 열심을 기울이면서 **이러한 하나님의 거룩한 뜻을**

몰라서 엉뚱한 길로 나가는 교인이 많습니다. 우리는 또한 **이러한 사람들을 신속히 깨우치고 치료해야** 합니다. 목사들이야말로 이 일에 목숨을 걸어야 합니다.

그런데 하나님께서 애굽 사람들에게 명령을 내리시게 된 **계기와 동기가 무엇일까요?** 하나님은 불신자들에게도 하나님의 섭리를 이루시기 위해 때때로 명령을 주신다고 했는데 그 **섭리가 무엇일까요?**

그것은 이스라엘 백성들을 애굽의 속박에서 **해방시키는 일**이었습니다. 하나님은 **하나님이 어떤 분이신지를 애굽 사람들과 바로 왕이 똑똑히 알게** 하셔서 이스라엘 백성을 무조건 해방시키게 하시기 위해, 또한 **애굽 사람들이 그동안 저지른 죄악에 대해 응분의 대가를 치르게** 하려고 이 우박 재앙을 내리신 것입니다.

다시 말하면 하나님께서 **불신자나 우상숭배자들에게도 명령을 주셔서 순종 여부에 따라 보응하시는데 그것도 어디까지나 하나님의 사람들을 위해 시행하시는 일의 일환이라**는 말입니다.

이스라엘 백성을 해방시키려고 하나님께서 바로를 상대로 싸우시는 것이고, 또 그것 때문에 지금 여덟 번째까지 재앙도 내려지는 것입니다.

그런데 그 재앙이 너무 커서 **애굽 사람과 짐승과 소산물들 중 얼마는 남겨두시려고** 그들에게 명령을 주셨습니다.

여기서도 **지혜롭고 공의로우신 하나님**을 볼 수 있습니다. 즉 애굽 사람들 중에 그것을 순간적이나마 따를 정도로 일말의 인간다운 면이 남아있는 사람들은 별다른 피해를 보지 않게 하시고, **도무지 하나님의 명령을 우습게 여긴 사람들**은 심한 손해를 당하게 하신 것입니다.

여러분, 우리 하나님이 얼마나 지혜롭고 공의로우십니까? 또 우리 하나님이 하나님을 믿는 사람들을 얼마나 **특별히 사랑하며 섭리**하고 계십니까? 누가 뭐라고 해도 하나님은 지금 이 순간도 모든 크고 작은 인류 역사에 개입하셔서 철저하게 우리 믿는 사람들 위주로 통치해나가고 계십니다.

수적으로나 경제적으로나 무엇이든지 불신자, 우상숭배자들이 더 많고 강하지만 하나님은 **그들의 모든 현재와 미래를 우리 하나님의 백성들에게 유리하도록 사용**하고 계십니다.

하나님을 믿고 섬기는 사람들은 이렇게 행복하고 소중한 존재들입니다.

그러므로 우리 성도들은 인생 중에 만나게 되는 몇 가지 괴롭고 복잡한 일들 때문에 불신자, 우상숭배자들과 맞서 싸우고 괴로워해서는 안 됩니다. 우리는 언제나 저들을 불쌍히 여겨주며 어디까지나 저들을 위해 내가 가진 것을 나누어 주고 희생해야 합니다. 그리고 어떤 형편에서든지 슬퍼하며 지내거나 우울하게 생활해서는 안 됩니다. 별것도 아닌 것으로 미워하거나 불평하거나 다투지 말아야 합니다.

우리 성도들은 오히려 그렇게 하는 사람들 속에서 **그들을 중화시키는 청정제, 중화제 역할**을 해야 합니다. 참으로 상대하기 곤란한 사람이라도 나로 인해 그 사람의 병든 모습이 추방되고 사람다운 사람이 되게 해주는 역할을 끊임없이 해야 합니다.

이 여덟 번째 재앙에서 주시할 것은 지금까지의 재앙은 짐승이나 사람에게만 임했는데 이번에는 **나무와 채소까지도** 피해를 입었다는 사실입니다.

재앙을 받아야 할 주 대상은 어디까지나 바로 왕이요, 그 다음은 우상숭배하는 백성들입니다. 그런데 그들이 **거듭되는 징계**에도 고집부리고 불순종하자 재앙의 범위는 짐승들에게까지 넓어졌고, 결국은 걸어다니지도 못하는 나무나 채소까지도 재앙의 대상이 된 것입니다.

이런 현상은 창세 때로부터 이미 있어 왔습니다. 인류의 시조 **아담 한** 사람의 범죄 때문에 범죄의 여파는 그 후 모든 시대의 인간들과 세상 만물까지도 저주받는 것으로 **확대**되었습니다.

지금도 한 나라의 최고 통치자가 하나님 앞에서 악을 행하면 그 때문에 그 나라 모든 백성과 그 나라의 생물들까지 고통과 손해를 보게 됩니다. 또 한 가정의 가장이 하나님 앞에서 악을 행하고 돌이키지 않을 때 그의 처자식 모두와 재산까지도 막심한 고통과 피해를 보게 됩니다.

그러므로 가정에서는 **가장들**, 어느 집단이나 사회에서 **책임을 맡고 있는 사람들**일수록 **하나님을 알고 섬기고 하나님의 말씀을 따라 살아야 합니다.**

그러나 그들도 사람이므로 어쩔 수 없이 실수도 하고 범죄도 하는데 그것을 깨달았을 때 **주저하지 말고 신속히** 회개하고 돌이켜야 합니다.

애굽 나라가 그처럼 무서운 재앙을 당하게 된 것은 **전적으로 그 바로 왕의 계속적인 불순종** 때문이었음을 잊지 말아야 합니다.

모든 불순종이 다 어리석은 것이지만 가장 어리석은 것은 계속적으로 불순종하는 것입니다. 계속적인 불순종은 반드시 **커다란 손해**를 만납니다.

그러므로 우리는 계속적인 불순종만큼은 하지 않도록 **다듬어지고 변화되**

고 성장하는 일을 무엇보다 중요하게 여기고 해야 합니다.

때때로 불순종하나 그때마다 괴로워하고 가책을 느낄 줄 알아야 합니다. 불순종하고 또 불순종하면서도 괴로워할 줄 모르고 가책도 받지 못하는 심령이라면 어느 때 갑자기 중요한 하나님의 명령이 나에게 주어질 때 어김없이 불순종하고야 말 것입니다. 그러나 가끔 불순종했으나 그 사실을 안타까워하며 자기를 채찍질하던 사람은 하나님의 중대한 명령이 주어질 때 순순히 받고 따를 수 있습니다.

바로의 신하들 중의 일부는 여호와의 말씀을 두려워할 줄 아는 마음을 가졌고 나머지는 여호와의 말씀을 마음에 두지 않았습니다. 즉 하나님께 대해 마음을 어떤 상태로 유지하고 있는가에 따라서 선택이 결정되고 생애의 큰 격차가 생겨난 것입니다. 우리는 이 사실을 깊이 염두에 두어야 합니다.

사람은 너나없이 심히 부패하고 타락했지만 그래도 하나님 앞에서 겸손한 마음을 갖춰서 순간적이나마 그 명령을 받아들이는 사람이 있는가 하면 그것조차 못하는 사람이 있습니다. 그런 마음 상태, 그것이 바로 자신을 가장 악한 자로 만들고 비참한 인생이 되게 만듭니다.

애굽의 모든 사람들은 사실상 조상대대로 우상만 섬겨왔고 지극히 세상적인 마음을 소유한 사람들이었습니다. 그러한 그들에게 갑자기 하나님의 명령이 떨어졌을 때 그 중 일부는 하나님의 명령을 두렵게 여겼고 그들만은 별다른 피해를 입지 않았던 것입니다.

그들이 하나님을 섬긴 것은 아니었습니다. 그러나 단 한순간만이라도 하나님을 두려워할 줄 알고 그 말씀에 순종했다는 단순한 현실이 큰 불행을 모면하게 한 것입니다.

그러므로 신자나 불신자나 하나님의 말씀을 진정으로 두려워하는 마음을 소유하고 유지해야 합니다.

그래서 잠언 4장 23절에 "모든 지킬 만한 것 중에 더욱 네 마음을 지키라 생명의 근원이 이에서 남이니라" 했습니다.

여러분, 나는 지금 하나님의 말씀 앞에서 어떤 마음을 가지고 있는지 점검해 보시기 바랍니다. 혹시 내가 어떤 하나님의 명령을 들었고 알고 있는데 지금까지 내가 그것을 대수롭지 않게 여기고 있었다면 이제라도 두려운 마음이 솟아올라야 정상입니다. 만약 그렇지 않다면 내 마음이 심히 굳어져 있고 병들어 있는 것이며 앞으로도 하나님의 말씀 앞에 무관심한 사람이 될 것입니다. 이런 사람은 참으로 위험한 지경에 있는 사람입니다.

언제나 하나님의 말씀을 두려워하며 순종하는 사람은 **세 가지 보상**을 받는데 첫째는 **재물**이요, 둘째는 **영광**이요, 셋째는 **영생**입니다.

잠언 22장 4절에 **"겸손과 여호와를 경외함의 보상은 재물과 영광과 생명이니라"** 했습니다.

제 49 강

일곱 번째 재앙-우박 재앙4

〈출9:23~28〉
23모세가 하늘을 향하여 지팡이를 들매 여호와께서 우렛소리와 우박을 보내시고 불을 내려 땅에 달리게 하시니라 여호와께서 우박을 애굽 땅에 내리시매 24우박이 내림과 불덩이가 우박에 섞여 내림이 심히 맹렬하니 나라가 생긴 그 때로부터 애굽 온 땅에는 그와 같은 일이 없었더라 25우박이 애굽 온 땅에서 사람과 짐승을 막론하고 밭에 있는 모든 것을 쳤으며 우박이 또 밭의 모든 채소를 치고 들의 모든 나무를 꺾었으되 26이스라엘 자손들이 있는 그 곳 고센 땅에는 우박이 없었더라 27바로가 사람을 보내어 모세와 아론을 불러 그들에게 이르되 이번은 내가 범죄하였노라 여호와는 의로우시고 나와 나의 백성은 악하도다 28여호와께 구하여 이 우렛소리와 우박을 그만 그치게 하라 내가 너희를 보내리니 너희가 다시는 머물지 아니하리라 28여호와께 구하여 이 우렛소리와 우박을 그만 그치게 하라 내가 너희를 보내리니 너희가 다시는 머물지 아니하리라

> 23절/ 모세가 하늘을 향하여 지팡이를 들매 여호와께서 우렛소리와 우박을 보내시고 불을 내려 땅에 달리게 하시니라 여호와께서 우박을 애굽 땅에 내리시매
> 24절/ 우박이 내림과 불덩이가 우박에 섞여 내림이 심히 맹렬하니 나라가 생긴 그 때로부터 애굽 온 땅에는 그와 같은 일이 없었더라
> 25절/ 우박이 애굽 온 땅에서 사람과 짐승을 막론하고 밭에 있는 모든 것을 쳤으며 우박이 또 밭의 모든 채소를 치고 들의 모든 나무를 꺾었으되

〈더 정확한 번역〉
> 23절/ 모세가 지팡이를 들어 하늘을 가리켰다. 그러자 여호와께서 말씀하신 것처럼 천둥소리가 나며 우박이 떨어졌다. 그리고 번개가 쳤다.
> 24절/ 우박이 내림과 불덩이가 우박에 섞여 내림이 ⇒ 우박이 쏟아질 때 번개도 쳤다.

[5] 하나님은 모세가 지팡이를 들어 하늘을 가리키는 것을 통해 우박 재앙이 내리셨습니다.

"모세가 지팡이를 들어 하늘을 가리켰다. 그러자 여호와께서 말씀하신 것처럼 천둥소리가 나며 우박이 떨어졌다. 그리고 번개가 쳤다" 했습니다.

(1) **하나님께서 말씀하신 대로** 천둥소리가 나며 번개와 함께 무서운 우박이 떨어졌습니다.

하나님께서 모세에게 **단지 지팡이를 들어 하늘을 가리키게** 함으로써 이러한 일이 벌어지게 하셨다는 것은 **단비나 폭우**, 또는 **눈이나 폭설, 무서운 천둥소리와 번개**, 그리고 **벼락이 내려지는 것** 등은 **전적으로 하나님께서 그 뜻대로 하시는 일**임을 알게 해줍니다. 그것을 더 분명하게 보여주시기 위해서 사람인 모세로 하여금 지팡이를 들어서 하늘을 가리키게 하심으로써 이런 놀라운 일이 벌어지게 하셨습니다. 말하자면 **하나님께서 뜻하시기만 하면 지팡이가 하늘을 가리키는 것만으로도 얼마든지 놀라운 일기의 변화가 일어나게 하실 수 있다는** 사실을 보여주신 것입니다.

하나님은 바로와 애굽 사람들, 그리고 그것을 보는 모든 이스라엘 백성, 뿐만 아니라 **그 후 전세계 사람에게도 하나님이 누구이신가를 똑똑히 알게 하신 것입니다.**

그런데 이런 하나님 권세와 능력을 두 눈으로 똑똑히 보고 실감하고도 바로는 역시 불복합니다.

참으로 **하나님께서 그 영혼을 거듭나게 하시고 하나님이 누구인지를 알게 하시는 사람만이** 하나님을 알고 섬기며 구원받을 수 있습니다. 아무리 놀라운 이적과 기적을 보여주어도 영혼이 거듭나게 하시는 은총을 누리지 못하는 사람들은 결코 하나님을 알고 섬길 수 없으며 그 명령과 뜻에 순종할 수 없습니다.

이러한데 우리 성도들이 하나님을 섬기고 말씀을 지키는 일을 불신자, 우상숭배자들이 방해할 때 **그들의 비위를 맞추려고 적당히 타협한다고** 해서 그들이 우리가 하나님을 섬기는 일을 잘 도울 수 있겠습니까? 그러므로 우리는 불신자, 우상숭배자들이 우리로 하여금 하나님께 예배드리지 못하게 하고 성도답게 살지 못하게 하는 **어떠한 요구나 강요에도 단 한 치도, 한 보도 양보해서는 안 됩니다.**

우리는 여기서 분명히 깨달아야 할 것이 있습니다.

하나님께서 우리에게 아주 단순하고 어린아이와 같은 행동을 하라고 명령하실 때 우리는 그저 **모세처럼 순종해야** 합니다. 모세가 임의로 지팡이를 하늘을 가리킨다고 해서 위와 같은 놀라운 일들이 일어나지 않습니다. **하나님께서 하라시는 대로 순종했더니** 그러한 놀라운 역사가 이루어진 것입니다. 우리의 눈으로 보기에, 또한 사람의 생각으로 도무지 이해가 되지 않는다 할지라도 하나님이 명령하셨다면 **그것이 가장 완벽한 것**입니다.

그러므로 우리는 **하나님의 명령을 민감하고 정확하게 들을 수 있는 영의 귀**가 열려 있어야 하며 그 명령이 무엇이든지 **즉각 순종해야** 합니다. 하나님은 모세가 **이런 사람이 되도록 훈련하시고 연단하시고 성장시키신 후에** 그를 통해 놀라운 역사들을 일으키게 하셨습니다.

영혼이 도무지 깨지지 못하고 변화되지 못하고 성숙하지 못한 사람은 하나님의 거룩하고 놀라운 뜻을 이루는 일에 사용될 수가 없습니다. 그러나 아무리 어리석고 보잘것없는 사람이라도 전적으로 하나님을 신뢰하고 그 말씀을 **조금도 의심하거나 말대꾸하지 않고** "아멘" 하고 **순종하도록 깨지고 치료되고 변화되고 무장되고 성숙하기만 한다면** 얼마든지 영광스러운 일에 부름을 받고 쓰임을 받을 수가 있습니다.

그러므로 여러분, 현재 나에게 가장 중요한 것이 무엇인가를 깨닫기 바랍니다.

2) 이때 내려진 우박은 매우 특별한 우박이었습니다.

그 우박 덩어리는 짐승을 쳐서 죽일 수 있을 뿐만 아니라 굳게 서 있는 나무도 꺾어 버릴 만큼 **엄청났습니다.** 거기에 **번개**가 아울러 일어나며 **요란한 천둥소리**가 나며 벼락이 함께 떨어졌습니다.

이 재앙에서 우박은 물론이고 벼락이 **애굽의 양 떼를 전멸시켰다**고 성경에 나옵니다(시78:47,48, 시105:32,33). 다윗은 하나님께서 그 원수들을 징벌하려고 나타나셨을 때 그 적진에 **"우박과 숯불이 떨어졌다"** 표현했습니다(시18:12,18).

(2) 우박 재앙으로 인한 참상은 참으로 놀라웠습니다.

애굽 나라가 생긴 때부터 이런 우박은 없었습니다. 하나님은 천둥과 번개와 벼락으로 땅을 황폐하게 하고 공포의 도가니로 만드셨습니다.

하나님은 수시로 **구름**을 만드시는데 그것을 사람들에게 비옥한 땅이 되게 하는 **보물 창고**가 되게도 하시고, 때로는 대적을 쳐부술 수 있는 **무서운 대포를 끌어내는 병기고**가 되게도 하십니다. 이 우박 재앙은 **애굽의 온 땅을**

황폐화시켰습니다. 그것은 사람과 가축은 물론이고 곡식과 나무까지 쓰러뜨렸습니다. 땅 위에 있는 곡식은 다 못 쓰게 되었으며 아직 싹트지 않은 것만 땅속에 남아있었습니다.

하나님은 여러 가지 방식으로, 즉 은밀한 바람이나 강한 바람, 눈이나 우박에 의해 "그 시절의 곡식을 도로 찾으신다"(호2:9)는 것을 기억해야 합니다.

이로써 하나님은 애굽의 사람과 세상 모든 사람이 믿고 숭배하는 그 많은 신이 이런 일을 하는 것이 아님을 분명히 보여주셨습니다.

그러나 종래 하나님에 의해 거듭나지 못한 사람들은 이 하나님을 알 수가 없었고, 따라서 계속 불순종하게 되었고 멸망당할 수밖에 없었습니다.

그러므로 예수 믿고 구원받았음을 확신하는 성도들은 내가 그런 사람이 될 수 있도록 만세 전에 선택해주시고 거듭나게 하심으로 확실한 믿음을 가지게 하신 그 은혜를 잠시도 잊어서는 안 됩니다. 그것은 하늘을 찌를 듯한 바로의 권세보다도, 세계에서 가장 부강한 재물을 가지는 것보다도 더 월등한 복이요, 특권입니다.

그런데 이러한 사실을 깊이 깨닫지 못하고 조금만 어려움이 오면 이내 낙심하고 원망, 불평하는 교인들이 많습니다. 그것은 하나님 앞에서 참으로 불합당한 일이며 큰 잘못입니다. 그러므로 이런 성도는 무엇보다도 먼저 이 문제부터 서둘러서 해결해야 합니다. 옛날 이스라엘 백성들이 이것을 잘 할 줄 몰라서 끊임없이 하나님을 불신하고 원망, 불평하다가 가나안에 들어가지 못하고 광야에서 다 죽었습니다.

▎ 26절/ 이스라엘 자손들이 있는 그 곳 고센 땅에는 우박이 없었더라

[6] 이스라엘 백성들이 거하는 고센 땅에는 이 재앙이 임하지 않았습니다.

그 이유는
(1) 그들이 하나님의 백성, 즉 하나님의 선민이었기 때문이었습니다.

그들이 단지 하나님께서 선택하신 백성이었다는 사실이 그 모든 재앙에서 제외되는 첫 번째 이유였습니다. 그들이 애굽 사람들보다 모든 면에서 우수하거나 성품이 더 좋거나 의리있는 사람들이 결코 아니었습니다.

오늘날 예수 믿고 구원받은 사람들도 마찬가지입니다. 우리는 그 은혜와 긍휼과 자비를 누구보다도 크게 받았다는 사실을 늘 기억해야 합니다.

(2) 고센은 **하나님이 이스라엘 백성에게 정해주시고 복주시고 지켜주시는 땅이었기 때문입니다.**

고센은 애굽인들의 땅이었으나 하나님께서 **야곱과 그 자손들이 430년 동안 정착하여 번성하게 하려고** 정해주신 땅이었습니다. 그 땅은 **요셉**(장차 오실 예수 그리스도)을 통해 하나님께서 특별히 구별하여 하나님의 백성들에게 정해주신 땅이었습니다. 지금도 우리 구원받은 하나님의 백성들은 이 불신자, 우상숭배자들이 절대다수인 땅 가운데서 하나님이 **그때마다 정해주시는 땅에 거하고 있는 것입니다.**

하나님은 고센 땅을 **천군 천사들로** 겹겹이 둘러 진 치고 보호하게 하셨습니다. 따라서 이 한 마리, 메뚜기 한 마리, 개구리 한 마리, 어떤 역병의 바이러스 하나라도 그 땅에 들어오지 못했습니다.

하나님의 백성이 되고, 하나님이 거하게 하신 땅에 거하며 오직 하나님을 섬기며 사는 사람들은 천군천사들에 의해 특별하게 보호되고 지켜집니다. 그래서 이 죄가 많고 악인들이 넘쳐나는 세상 속에서도 하나님의 거룩한 뜻 가운데서 생존할 수 있는 것입니다. 우리 모든 성도는 이 사실 또한 잠시도 잊지 말아야 합니다.

(3) **당시의 이스라엘 백성들은 아직 진정한 신앙을 가진 사람들이 아니었습니다.**

그들은 **아직도** 하나님이 누구신지 제대로 알지 못하고 전적으로 하나님을 신뢰하지 못하고 있었습니다.

그들은 하나님께서 행하시는 11가지 기적과 재앙들을 눈으로 보고, 그들에게는 단 일부분의 재앙도 임하지 않는 것을 보았으며, 해방되어 홍해를 육지같이 건너는 경험을 비롯하여 전무후무한 하나님의 권능을 보고 체험했으면서도 그 대다수가 **하나님을 불신하고 걸핏하면 원망 불평하고 심지어 모세를 죽이고 새 대장을 세우고 애굽으로 돌아가자고 할 자들**이었습니다.

하나님은 이때도 그들이 그런 보잘것없는 자들이고 앞으로도 그러할 자들임을 **알고 계셨으면서도** 특별한 보호의 은혜를 베푸신 것입니다.

여기서 우리가 알 것은

1) **하나님은 선택하시고 은혜를 약속한 대상자들을 위주로** 모든 인류역사를 섭리하십니다.

하나님은 언제나 **선택하신 자들을 위주로** 인류역사를 섭리하고 계십니다.

그러기에 **인류 역사의 주인공은 영웅이나 지식 많은 자나 강력한 군대를 거느린 자들이 아니고 하나님께 선택된 자들**입니다. 뿐만 아니라 아직 예수 그리스도를 알지도 못하고 믿지도 못하고 있지만 만세 전부터 하나님께 선택된 사람들이 있습니다. 즉 하나님의 선택 받은 사람들이 누려야 할 은총을 누려야 할 사람들이 있는데 하나님은 그 사람들도 인류역사의 주인공으로 삼고 계시는 것입니다. 참으로 얼마나 놀라운 사실입니까?

2) 그 선택된 자들 중 대다수가 결국은 하나님의 약속을 다 받아 누릴 수 없는 자들이라 해도 **끝까지 믿음을 지키는 소수의 사람들을 위주로 하여** 그 불합격한 자들까지도 하나님께서 정하신 때까지는 **특별한 은혜를 함께 누리게 하십니다.**

그러므로 종래 **가나안**(약속)**을 차지할 수 없는 선민들**은 그들이 끊임없이 불순종하고 하나님을 진노하게 한 중에도 **가나안을 차지할 수 있는 사람들 덕분에 특별한 은혜를 누리고 있다는 사실을 알고 그들에게 고마워하고 선을 베풀어야 마땅합니다.**

그러나 영혼이 깨지지 못하고 치료되지 못하고 변화되지 못하고 성숙하지 못한 사람들은 이러한 사실을 알 수가 없고 **끝까지 하나님의 약속을 받아 누릴 사람들에게 내리시는 은총을 받을 수가 없습니다.** 따라서 그들은 그 자신이 저지르는 죄에 더하여 하나님의 사람들에게 행한 **배은망덕한 죄의 형벌**을 감수해야 합니다. 이런 사람들은 참으로 불쌍한 사람들입니다. 결코 이러한 교인이 되지 말아야 합니다.

3) **우리 집안과 내가 속한 교회가 고센 땅의 은총을 누려야 합니다.**
그러나 많은 성도의 집안과 교회들이 애굽 사람들에게 내려지는 온갖 형벌을 받고 있습니다. 이들은 **천군 천사들이 겹겹이 둘러친 보호막이 없는 사람들**이요, **교회들**입니다.

왜 그렇게 될까요? 진정으로 하나님을 두려워할 줄 모르고 불순종하기 때문입니다. 즉 고센 땅을 떠나지 않고 그 안에 거해야 하는데 선민인 사람이 **그 스스로 천사들의 보호막을 젖히고** 애굽 사람들이 있는 곳으로 들어가기 때문입니다. 그 목적은 그들이 가지고 누리는 것을 자기도 가지고 누리려 하는 것입니다.

이런 교인과 교회가 점점 더 많아지고 있습니다.

▪ 27절/ 바로가 사람을 보내어 모세와 아론을 불러 그들에게 이르되 이번은 내가

> 범죄하였노라 여호와는 의로우시고 나와 나의 백성은 악하도다
> 28절/ 여호와께 구하여 이 우렛소리와 우박을 그만 그치게 하라 내가 너희를 보내리니 너희가 다시는 머물지 아니하리라

〈더 정확한 번역〉
> 27절/下 여호와는 옳으시다. 나와 내 백성은 잘못했다.
> 28절/ 너희가 다시는 머물지 아니하리라 ⇒ 너희는 더 이상 여기에 머물지 않아도 된다.

[1] 바로는 여기에서 처음으로 참회하는 말을 합니다.

(1) "내가 범죄하였다. 나와 내 백성이 잘못했다" 했습니다.

그런데 **"이번은"** 이라고 말했습니다. 바로는 지금까지도 하나님 앞에 범죄했다는 것을 모르고 있었습니다.

이것은 그가 받는 **극심한 벌을 모면해보려는 마음으로** 한 말에 불과했습니다. 진정으로 자신과 그 백성들이 하나님 앞에서 잘못했음을 시인하고 고백한 것이 아니었습니다.

(2) "여호와는 옳으시다" 했습니다.

하나님께서 그동안 여러 가지 재앙을 자신과 애굽에 내리신 것은 **결코 부당한 일이 아님을 비로소** 시인한 것입니다.

그러나 바로가 한 이런 말들은 **하나님만이 유일하신 창조주이심을 확실히 알고 그 하나님의 조치에 진심으로 굴복한 것이 아니었습니다.**

세상 사람들도 하나님께서 내리시는 재앙이나 자신에게 내려진 불행들을 당하면서 **순간적으로** 신의 존재를 느끼고 두려운 마음을 가집니다. 그리고 순간적으로 자신과 자신의 행위가 잘못되었음을 **어렴풋이나마 인식하고 반성**하기도 합니다.

그러나 **사람이 근본적으로 그 영혼이 다시 태어나고**(중생) 예수 그리스도를 확실히 믿고 알기 전에는 그 어떠한 무서운 재앙과 불행을 당해도 진정으로 하나님 앞에서 자신이 죄인이고 모든 삶이 악이었음을 깨닫지 못합니다. 따라서 **진정한 회개를 할 수 없으며 진정으로 하나님께 회귀**(우상숭배하는 모든 것을 버리고 하나님께로 돌이키는 것)**를 할 수가 없습니다.**

도저히 견디기가 어려운 재앙과 고통을 당할 때 순간적으로 하나님을 느끼고 두려워하고 뉘우칠 뿐이지 그들은 **다시 숨 쉴 여지가 생기면 곧바로 하**

나님을 더 멀리하고 더 깊은 죄악의 구렁텅이로 파고 들어갑니다.

하나님이야말로 "**옳으신 분**"이고 다른 신들은 없고, 자신과 모든 행위가 더럽고 추한 죄악일 뿐이라는 사실을 아는 일은 **하나님께서 능력으로 도와주셔야 가능합니다.** 이런 일은 **천하를 다 차지하는 것보다도 크나큰 하나님의 은혜, 사랑, 복을 받는 것**입니다.

그러므로 아무리 부귀영화를 누려도 이런 은혜를 못 받는 자들은 **극히 가난한 자**입니다. 하나님으로부터 이러한 은혜를 받은 자에 비하면 참으로 아무것도 가지지 못하고 누리지 못하는 가련하고 비참한 죄인일 뿐입니다.

그러나 하나님으로부터 말로 다할 수 없는 은혜를 입은 사람들, 즉 창세 이전에 하나님께 선택을 받고, 성령의 능력에 의해 영혼이 거듭나고, 나를 구원해주시기 위해 예수 그리스도가 인간의 몸을 입고 이 땅에 오셔서 내 모든 죄를 대신 짊어지고 죽어주시고, 그 예수 그리스도를 나의 구주로 확실히 믿은 사람, 그래서 그 안에 오신 성령에 의해서 하나님을 점점 더 알게 되고 더 확실한 믿음을 가지게 된 사람, 그리하여 오직 하나님만을 섬기고, 하나님의 말씀을 배우고 깨닫고, 날마다 사람이 변화되고 삶이 변화되며 점점 거룩해져가는 사람, 따라서 죽을 때 그 영혼이 완전히 거룩해져서 천국에 들어가 영생 복락을 누리는 사람은 **이 세상에서의 처지가 어떻든지 항상 기뻐하고 범사에 감사하며 하나님을 예배하는 삶을 하루도 거름이 없이 해야** 합니다.

"**나는 하나님 앞에서 범죄했습니다. 나는 끊임없이 하나님 앞에서 잘못한 사람입니다. 나는 죄인입니다**" 하며 하나님 앞에 꼬꾸라져서 뜨거운 눈물을 쏟으며 진정으로 회개하는 자야말로 천하제일의 부귀영화를 누리고 있으나 이러한 고백을 진심으로 할 수 없던 멸망한 바로와 **비교할 수 없는 복을 받은 사람**입니다.

[2] 바로는 오직 모세가 여호와께 기도하여 재앙을 그치게 해달라고 간청할 수밖에 없었습니다(28절).

(1) "여호와께 구하여 이 우렛소리와 우박을 그만 그치게 하라" 했습니다.

바로가 그때 할 수 있는 일은 이렇게 **모세에게 간청하는 것뿐이었습니다.** 그는 그와 애굽이 살아남고 그동안처럼 생존활동을 할 수 있는 방법은 하나님의 사람이 대신 하나님께 기도하는 것뿐이라는 사실을 알았습니다.

모든 시대의 모든 불신자, 우상숭배자들은 그들이 **온갖 악을 저지르고 있**

음으로써 온갖 형벌을 당하고 있는데 그 가운데서도 다 죽지 않고 자신과 생축과 밭과 산에 있는 모든 소산물이 생존할 수 있는 것은 **그들 가운데, 또 옆에 하나님을 제대로 알고 섬기는 사람들이 있기 때문**이고 **그들이 자기들을 위해 기도해주기 때문**임을 알아야 합니다.

소돔과 고모라 성이 불과 유황으로 타고 땅이 꺼져내려서 한 사람도 남지 않고 멸망했는데 그들이 그렇게 된 가장 중요한 이유는 **그들 중에 의인, 즉 하나님을 제대로 알고 섬기는 자들이 단 10명도 없었기 때문**이었습니다. 그리고 롯이라는 의인 한 사람마저 그 땅에서 빠져나오자마자 그 모든 사람이 죽고 성 전체가 불타고 사라져버렸습니다.

그들은 이미 그렇게 멸망당할 수밖에 없었는데 **한 사람의 의인** 롯이 그들 중에 함께 있다는 것 때문에 그동안 생존할 수 있었던 것입니다. 그들의 가축과 곡식과 채소와 재산 모든 것도 마찬가지였습니다.

우리 모든 그리스도인은 내가 불신자, 우상숭배자들과 **함께 살고 있으므로 그들과 그들의 모든 것이 유지되고 있다는 사실**을 잊지 말아야 합니다. 따라서 **나 한 사람이 수백, 수천, 수만 명과 그 소유를 지켜주고 있다는 사실도** 명심해야 합니다.

그러므로 직장과 가정과 학교와 각종 삶의 터전에서 그리스도인답게 사는 것이 **참으로 중요하며 큰 사랑실천이라는 사실**을 잊지 말아야 합니다.

신자라는 사람이 불신자, 우상숭배자들 속에 살면서 저들과 경쟁해서 이기고 더 가지고, 높아지고 자랑하려고 할 것이 아니라 **하나님 앞에서 신자다운 신자, 목사다운 목사**가 되기를 힘써야 합니다. 이 거룩하고 위대한 사명을 저버리고 있으면서 불신자나 우상숭배자들처럼 더 가지고, 더 누리고, 더 높아지려고 애쓰는 성도는 저들보다도 **더 악하고 게으르고 불충한 종이 되는 것**입니다. 그래서 교회 안에 있는 이런 성도들은 **결코 진정한 평안을 누릴 수가 없고, 하나님으로부터 상 받고 복 받는 삶을 살지 못합니다.**

(2) 바로는 "내가 너희를 보내리니 너희는 더 이상 여기에 머물지 않아도 된다" 했습니다.

바로는 **아직도** 이스라엘 백성을 자기의 의도대로, 또 자기의 권력으로 마음대로 할 수 있는 것처럼 생각하고 말하고 있습니다.

이스라엘 백성이 해방되는 것은 **하나님께서 하시는 일**이지, 바로의 의지에 의해 되는 일이 아닙니다. 하나님을 너무도 모르고, 누구보다도 추악한 죄인인 바로는 **하나님께서 하시는 일을 자기가 하는 것처럼 행세하고 있었**던 것입니다. **아직도 그가 가지고 있는 교만이** 그와 그 나라를 완전히 망하게 했습니다.

하나님께서 이러한 사실을 바로와 모든 애굽 사람, 그리고 이스라엘 백성들과 온 세상 사람들에게 **알게 하시는 것입니다.**

우리 모든 그리스도인은 나의 모든 것, 즉 내 영혼, 육체, 가족, 재산, 지식, 건강…**모든 것이 하나님의 것**이고 **하나님께서 주신 것임을** 잠시도 잊지 말아야 합니다. 이 사실을 잘 모르고 있다면 **그만큼 그 성도는 아직도 하나님처럼 행세하고 있는 사람**이고, **하나님의 것을 도둑질하고 있는 사람**입니다. 이것이 어찌 작은 죄악이겠습니까?

그런데 신기한 것은 나와 나의 모든 것이 하나님의 것임을 알고 하나님의 거룩한 뜻과 명령 수행을 위해서 기꺼이 사용하고 나누어 주는 사람은 **하나님으로부터 필요한 것을 더 많이 받게** 됩니다. 하나님과 다른 사람들을 위해서 쓰고 나누어 주었더니 궁색해지거나 불쌍한 인생을 결코 살지 않게 됩니다.

그래서 "너희는 먼저 그의 나라와 그의 의를 구하라. 그리하면 너희가 먹을 것, 입을 것, 쓸 것, 거할 것들을 더해주겠다" 하신 것입니다.

이 하나님의 약속을 굳게 믿고 그렇게 사는 사람이 진정한 그리스도인이요, **성숙한 그리스도인**입니다. 구원의 확신은 있어도 이 사실을 아직 잘 모르고 있거나 실행하지 않는 성도는 **어린아이 신자**입니다. 어린아이에게는 **어린아이에게 필요한 것만 주어지고 어린아이 구실만 하게** 됩니다.

제 50 강

일곱 번째 재앙-우박 재앙5

〈출9:29~35〉
29모세가 그에게 이르되 내가 성에서 나가서 곧 내 손을 여호와를 향하여 펴리니 그리하면 우렛소리가 그치고 우박이 다시 있지 아니할지라 세상이 여호와께 속한 줄을 왕이 알리이다 30그러나 왕과 왕의 신하들이 여호와 하나님을 아직도 두려워하지 아니할 줄을 내가 아나이다 31그 때에 보리는 이삭이 나왔고 삼은 꽃이 피었으므로 삼과 보리가 상하였으나 32그러나 밀과 쌀보리는 자라지 아니한 고로 상하지 아니하였더라 33모세가 바로를 떠나 성에서 나가 여호와를 향하여 손을 펴매 우렛소리와 우박이 그치고 비가 땅에 내리지 아니하니라 34바로가 비와 우박과 우렛소리가 그친 것을 보고 다시 범죄하여 마음을 완악하게 하니 그와 그의 신하가 꼭 같더라 35바로의 마음이 완악하여 이스라엘 자손을 내보내지 아니하였으니 여호와께서 모세에게 말씀하심과 같더라

〈더 정확한 번역〉
> 29/ 내 손을 여호와를 향하여 펴리니 ⇒ 여호와께 손을 들어 기도드리겠다.
> 세상이 여호와께 속한 줄을 왕이 알리이다 ⇒ 이것은 이 땅이 여호와의 소유라는 것을 왕에게 가르쳐주려는 것이다.
> 32절/ 그러나 밀은 이삭이 늦게 나오기 때문에 해를 입지 않았다.
> 34절/ 마음을 완악하게 하니 ⇒ 또다시 고집스러워졌다.
> 35절/ 바로의 마음이 완악하여 ⇒ 바로가 또다시 고집스러워져서

[3] 모세는 우박 재앙을 어떻게 중단시킬지 바로에게 미리 말해주었습니다.

(1) 모세는 바로를 떠나 성에서 나갔습니다(33절).

이는 모세가 **하나님을 만나고 대화할 수 있는 장소**로 나간 것을 말합니다. 세상에서 가장 극심한 우상숭배자들이 온갖 우상을 잔뜩 모아놓은 바로의 궁성은 **하나님을 찾고, 만나고, 기도할 장소가 아니었습니다.** 즉 그 궁성은 **하나님께서 가장 더럽게 보시는 장소**였기에 하나님께서 모세를 만나시고 그의 기도를 들으실 만한 장소가 못되었습니다. 그 성은 크고 화려했으나 **하나님 앞에서 누추한 움막보다도 합당치 않은 곳**이었습니다.

우리 그리스도인들은 **불신자, 우상숭배자들처럼 하나님을 멀리하고, 잊어버리고,** 내 안과 밖에 여러 가지 우상을 만들어 놓고 하나님 보시기에 합당하지 못한 방법으로 재물을 모으고 집을 짓고 먹고 마셔서는 결코 안 됩니다. 값싼 가구를 갖추고 보잘것없는 밥상을 차려놓고 먹을지라도 **하나님께서 합당하게 여기시는 것들**을 사용하고 먹고 마시며 살아야 합니다.

오직 하나님만 섬기고, 하나님의 말씀부터 지키고, 주신 사명을 무엇보다 우선순위에 두고 살면서 하나님께서 주시는 것이 무엇이든지, 얼마이든지 감사하게 받고 사용하며 하나님께서 부르시는 날까지 살다가 **부르시면 모든 것을 미련없이 다 놔두고** 하나님께로 가야 합니다.

하나님에게서 멀어져 가면서, 하나님의 말씀과 사명도 점점 잊어버리고 돈, 명예, 자식 우상 등을 내 안팎에 점점 크게 만들면서 더 가지고 누리고 자랑하고 산다면 하나님께서 죽으라 하실 때 애써서 모으고 쌓은 것들이 **많을수록** 그것을 한순간에 다 놔두고 가야 하는 것이 너무 아깝고 슬퍼서 뜨거운 눈물을 흘려야 합니다. 그리고 하나님을 멀리하고 말씀과 사명을 저버리며 하나님의 것을 도둑질하고, 하나님을 대적하며 살았던 것만큼 **하나님께 벽력같은 책망과 저주와 형벌**을 받고 지옥에 떨어지면서 이를 갈면서, 울부짖게 됩니다. 그리고 그 고통을 **영원히** 지옥 불에서 겪으며 살아야 합니다.

(2) 모세는 바로의 궁성에서 나가 "여호와께 **손을 들고, 여호와를 향해 손을 펴고**" 기도했습니다.

이 단순하고 순간적인 행동이 우박 재앙을 순식간에 그치게 했습니다.
33절에 "모세가 바로를 떠나 성에서 나가 여호와를 향하여 손을 펴매 우렛소리와 우박이 그치고 비가 땅에 내리지 아니하니라" 했습니다.

이 상황을 하늘에서 내려다본다면 무서운 우박 재앙이 바로의 궁성과 애굽 전역(이스라엘 백성이 거하는 고센 땅은 제외)이라는 **"거대한 재앙의 감옥"**에 가두어 놓은 상태에서 **모세만 그 문을 열고 나온 것입니다.** 그리고 **모세와 하나님만이 만날 수 있는 별도의 장소**(들판)**에 나와서 하나님께 손을 들고**(펴고) 기도한 것입니다. 그러자 하나님은 그 순간 애굽 전역을 드리웠던 우박 재앙의 감옥을 제거하셨습니다.

이러한 사실을 소재로 영화를 만든다면 사람들은 하나님이 얼마나 놀라운 분이시며 온갖 우상을 숭배하고 세계 제일의 부강국을 이루고 살던 바로와 애굽 사람들이 얼마나 불쌍한 존재인지를 실감있게 보며 알게 될 것입니다.

여기서 우리가 깨달아야 할 것이 있습니다.

1) 지금도 모든 불신자와 우상숭배자들은 하나님께서 내리시는 온갖 재앙의 거대한 감옥(육신의 눈으로는 보이지 않는)에 갇혀서 살고 있습니다.

그 속에서 저들이 죽을 지경이 되어서 잠시나마 하나님을 두려워하며 울부짖으면 하나님은 그들 옆에 있는 하나님의 사람들(성도들)의 기도를 들으시고 그 감옥을 제거해주십니다. 그러나 저들은 진정으로 하나님께 돌아오지 않고 계속해서 불순종하고 대적합니다. 그러면 하나님은 또 다른 재앙의 감옥에 저들을 가두십니다. 인류역사는 지금까지 이렇게 점철되어 오고 있습니다.

2) 하나님은 이러한 역사 속에서 재앙의 거대한 감옥 한 쪽에 "고센 땅"을 만드시고 하나님만 섬기는 사람들을 거기에 살게 하시며 재앙을 면하게 하십니다.

이때 하나님의 사람들은 불신자, 우상숭배자들이 재앙으로 신음하고 고통스러워하는 것을 보며 하나님께 기도합니다. 그러면 하나님은 저들에게 자비를 베푸셔서 그 재앙의 감옥을 열어주십니다.

이 출애굽기는 바로 이 세상의 인류역사를 하나님께서 이렇게 섭리, 주장하고 계심을 그림처럼, 영화처럼 보여줍니다. 그런데 이것을 볼 줄 아는 성도와 교회가 많지 않습니다. 즉 재앙의 거대한 감옥인 애굽에서 하나님의 거룩한 보호를 받고 있는 교회와 성도가 많지 않다는 말입니다.

나와 내가 속한 교회는 지금 고센 땅에 있는지, 애굽 땅에 있는지 살펴보기 바랍니다.

3) 목사들과 성도들은 하나님과 불신자, 우상숭배자들 사이에서 중재자가 되어 저들이 살 수 있는 여지를 마련해주어야 합니다.

우리도 모세와 아론처럼 저들에게 가서 하나님과 하나님의 명령을 말해주어야 합니다. 그런데 저들이 받아들이지 않고 바로처럼 고집을 부리고 악을 행하면 하나님은 저들에게 이런저런 재앙을 내리십니다. 그때 우리는 모세처럼 저들을 불쌍히 여겨주시기를 하나님께 호소해야 합니다. 그렇게 해서 그들의 숨통이 트이면 그들은 또 하나님을 대적하고 악을 행합니다. 그래서 때가 되면 하나님은 그들에게 더 큰 진노를 발하십니다. 그때 우리는 또 하나님께 호소해서 저들에게 긍휼과 자비가 내려지게 해야 합니다.

이런 일을 계속 반복하면서 우리는 **하나님이 누구이시고, 하나님의 명령이 무엇인지를** 저들에게 끊임없이 외쳐야 합니다.

이런 반복적인 인류역사는 **예수님이 재림하실 때까지** 이어질 것입니다.
그러므로 모든 그리스도인과 특히 목사들은 이 **중재자**(중보자가 아닙니다. 중보는 예수 그리스도만 하시는 것입니다)**의 역할을 충실히 수행해야** 합니다. 우리가 이 땅에서 우리에게 필요한 것을 더 얻고 누리는 일보다 **이러한 사명을 우선순위에 두어야** 합니다. 이런 사람이 잠에서 깨어난 사람이고, 어둠 속에서 헤매지 않고 밝음 속에 있는 사람이고, 병든 심령이 치료된 사람입니다.

4) **성도**(하나님 편에 확실히 서 있는 사람)**의 기도는 참으로 중요하고 위대합니다.**

모세 한 사람의 기도가 애굽 사람 전체와 그들의 소유를 생존하게 했습니다.
모세의 **단순한 행동, 즉 하나님을 만나는 곳으로 가서 하나님께 손을 들고 기도한 것**이 수많은 우상숭배자들과 그 소유를 생존하게 했습니다.
그러므로 우리 성도들이 불신자와 우상숭배자들을 위해 기도하는 것은 **결코 헛되지 않을 뿐 아니라 저들에게 매우 중요하고 절실합니다.**
성도가 그들을 위해 기도하지 않는다면 그 거룩하고 위대한 사명을 수행하지 않는 것이고 수천, 수만, 수백만의 사람들이 **생존하게 하는 것을 전혀 하지 않는 무서운 죄**가 됩니다.
우리 그리스도인은 나와 내 가족과 내가 속한 교회만을 위해 기도해서는 안 됩니다. 우리에게 주신 **"기도의 특권"**을 땅에 파묻어 두지 말고, 좀 더 넓게, 크게 사용하지 못하는 어린아이같은 기도생활을 속히 바꾸어야 합니다.

'내가 저 모든 사람을 위해 기도한다고, 세계 모든 교회를 위해 기도한다고 하나님께서 얼마나 들어주시겠나?' 하는 생각이 **믿음 없는 것이고 기도의 특권**을 모르고 있는 것입니다. 또한 **하나님께서 내 기도를 통해 더 많은 사람에게 은혜 베푸시는 일을 못하게 하는 죄를 범하는 것**입니다.

5) 우리는 **하나님을 만나고 하나님의 지시와 인도를 받고 일하는 사람이 되어야** 합니다.

하나님은 모세로 하여금 **바로 왕을 상대하게 하셨고, 하나님의 명령을 전달하게** 하셨습니다. 또한 모세로 하여금 **하나님께서 무슨 명령을 내리시든지**

그대로 순종하는 사람이 된 후에 그 위대한 사명을 수행하게 하셨습니다.

지금도 하나님은 우리 모든 그리스도인이 이렇게 모세와 같이 **하나님께 친히 부르심을 받고, 명령을 받고, 전적으로 순종하고 복종하는 사람으로** 만들고 계십니다. 바로 **이를 위해** 모든 그리스도인에게 **성령 하나님**을 주시는 것입니다.

그러므로 우리 그리스도인은 하나님께서 **나로 하여금 깨지고 치료되고 변화되고 무장하고 성숙하게 하시는 일에 잘 순응해서 전적으로 나의 전부를 하나님께 드리고, 맡기고, 순종하고 복종하는 사람**이 되어야 합니다.

이런 사람이야말로 **의인 중의 의인**, 즉 하나님 손에 붙잡혀서 하나님의 대언자가 되고 능력자가 되어 선택된 수많은 사람을 가나안으로 이끌게 되고, 더 나아가서 불신자, 우상숭배자들에게도 하나님의 은혜를 입히게 됩니다.

그러므로 **나와 내 가족, 내가 속한 교회에만 머물고 안주하는 신앙생활을 속히 넘어서야** 합니다. 우리 **영의 시야를 점점 더 넓게 가져야** 합니다. **하나님을 중심한 하나님의 나라는 참으로 광대**하고 **위대**합니다.

[4] 하나님께서는 모세를 통해 **우박 재앙이 걷히게 하시는 이유를 사전에 밝히게** 하셨습니다.

"**이것은 이 땅이 여호와의 소유라는 사실을 왕에게 가르쳐주려는 것이다**(29절)" 했습니다.

하나님께서 모세를 통해 재앙들을 차례로 내리시는데 바로는 계속 고집을 부리며 순종하지 않음으로써 더 큰 재앙을 당하게 하시는 것, 그리고 그때마다 모세를 통해 하나님께 호소하게 하심으로 그 재앙들이 걷혀지게 하신 것은 바로와 모든 애굽 사람으로 하여금 **세상 모든 것이 여호와의 소유임**을 깨닫게 하시기 위함이었습니다. 즉 하나님은 세상 만물을 **창조하시고 다스리신다**는 것과 그 모든 것은 **하나님의 지배를 받고** 있으며 하나님은 그 모든 것을 **하나님의 목적대로 사용하신다**는 사실을 깨닫게 하신 것입니다.

재앙이나 심판을 내리시거나 그것을 거두시는 것은 오직 한 가지의 목적, 곧 **여호와 하나님의 창조와 그것을 지배하시고 통치하심**을 모든 사람으로 알게 하는 것입니다.

우주 만물이 일정한 원칙에 의해 움직이고, 하나님께서 인간들의 범죄에 따라서 시시때때로 심판을 내리시고, 사람마다 때가 되면 태어나고 때가 되면 죽는 것이 결코 저절로 되는 것이 아니라 **하나님의 거룩한 뜻에 따라 엄격하게 이루어지는 것임**을 사람들이 얼마든지 보고 알고 있습니다. 그런데도 그 모든 것의 주체이신 하나님을 알지 못하고, 알기를 싫어하고, 있지도 않은 신들을 만들어 섬기고, 끊임없이 하나님을 거역하며 대적하는 사람들이 얼마나 많습니까? 그 중에는 탁월한 지식을 가지고 있고 엄청난 일을 해내는 지혜와 기술을 가진 사람들도 많습니다.

그러므로 **하나님을 모르는 사람은 가장 몽매하고 무지한 사람**입니다. 저들이 아무리 공부를 많이 하고 연구하고 수많은 건물을 짓고 도로를 닦고 편리하고 좋은 물건들을 만들어낼지라도 **그들은 하나님이 주신 것들을 누구보다도 많이 오용하고 도용**했으므로 그들에게는 **점점 더 무서운 하나님의 저주와 심판**이 내려지게 됩니다. 따라서 세상은 **아무리 과학문명이 발달하더라도 선진국, 후진국할 것 없이 점점 더 많은 저주와 심판**이 내려지게 됩니다.

이러한 사실을 아는 사람들은 **하나님을 알고 섬기는 사람**뿐입니다. 그런데 이러한 사람들의 수는 **극소수**입니다. 하나님은 **이 사람들을 통해** 하나님께서 이 세상에 저주와 심판을 내리시는 이유를 끊임없이 저들에게 외쳐서 알게 하십니다.

그러므로 우리 그리스도인들이 불신자, 우상숭배자들에게 그들이 계속 하나님을 알기를 싫어하고 대적하고 불순종한다면 아무리 노력할지라도 점점 더 무서운 저주와 심판이 내려질 것임을 **중단없이**, 그리고 **세계 땅끝까지 외쳐야** 합니다. 그러나 우리가 그렇게 할 때 저들은 오히려 **싫어하고 우리를 미워하고 대적**하게 될 것입니다.

그러므로 세월이 지나갈수록 우리가 해야 할 이 거룩한 일은 **점점 더 어려워지게** 될 것입니다. 그럼에도 불구하고 하나님은 우리 극소수의 그리스도인들에게 **주님이 오실 때까지 이 일을 하라**고 명령하고 계십니다. 이 일은 단지 우리의 결심과 노력만으로는 안 되고 **모세처럼 전적으로 하나님의 명령에 순종하고 충성할 수 있도록** 우리 영혼과 삶이 더 철저하게 깨지고 치료되고 변화되고 무장되고 성숙해져야 합니다. 따라서 속한 시일 내에 **말씀과 믿음과 성령 충만한 사람**이 되어야 합니다. 이런 사람만이 죽으면 죽으리라 하고 이 거룩한 사명을 세상 떠나는 날까지 수행할 수 있습니다.

[5] 바로는 모세의 기도에 의해 우박 재앙이 걷힘을 보았으나 여전히 **말을 바꾸고 하나님의 명령에 불복**했습니다.

그가 그렇게 했던 **이유**가 성경에 설명되고 있습니다.
31절~35절에 "그 때에 보리가 이삭이 나왔고 삼은 꽃이 피었으므로 삼과 보리가 상하였으나 밀은 이삭이 늦게 나오기 때문에 해를 입지 않았다" 했고 그 결과 "바로가 또다시 고집스러워져서 이스라엘 자손을 내보내지 아니하였으니 여호와께서 모세에게 말씀하심과 같더라" 했습니다.

그리고 "바로가 비와 우박과 우렛소리가 그친 것을 보고 다시 범죄하여 또다시 고집스러워졌다. 그와 그의 신하가 꼭 같았다" 했습니다.

모세가 하나님께 기도하여 우박 재앙을 그치게 했으나 바로의 마음은 변하지 않았습니다. 바로는 무서운 재앙과 심판이 무서워서 순종하는 듯이 하다가 **그 재앙이 끝나자마자** 그 결심은 사라지고 약속 또한 잊어버렸습니다. 고통으로 인한 자기반성과 약속은 신임할 수 없습니다. **하나님의 무서운 심판을 받고서도 개선되지 않는 사람**은 자비를 베풀어줄수록 더 악화됩니다.

하나님께서 근본적으로 깨지고 치료되고 변화되고 무장하고 성숙하게 해주셔서 하나님이 누구신지를 알고, 전적으로 순복하는 사람이 되게 도와주시지 않으면 아무리 큰 재앙과 심판을 내리셔도 하나님께로 돌이킬 수 없습니다.

그러므로 이 험악한 세상에서 **예수를 확실히 알고 믿어 구원받았음을** 확신하는 사람은 **내가 얼마나 큰 은혜를 입었는지를** 잠시도 잊어서는 안 됩니다. 그것은 억만금을 주고도, 세상 모든 것을 주고도 얻을 수 없습니다.

결코 돈 몇 푼 때문에, 부패한 내 욕심이 원하는 대로 이루어주시지 않고 채워주시지 않는다고 섭섭해하고 근심, 걱정해서는 안 됩니다. 그야말로 우리는 **항상 기뻐하고 범사에 감사해야** 합니다.

바로는 인류 역사상 없었던 무서운 우박 재앙을 당하고 나서야 처음으로 "이번엔 내가 범죄했다. 하나님은 옳으시고 나와 내 백성이 잘못했다" 말했습니다. 그리고 "여호와께 구하여 이 우박 재앙을 그치게 하라. 내가 이스라엘 백성들을 보내리니 여기에 더 이상 머물지 않아도 된다" 했습니다.

여기서 우리가 알 수 있는 사실이 있습니다.

(1) **부패한 인간들은 큰 고통과 손실을 당하고 나서야** 자기가 하나님 앞에서 범죄했음을 깨닫게 됩니다.

인간들은 누가 내 죄악을 지적하고 책망할 때 신속하게 그것을 인정하고 깨닫지 못합니다. 내 잘못을 깨닫고 인정하더라도 **진정으로 하나님 앞에서 범죄했음을 깨닫지 못합니다**. 점점 큰 손실과 고통을 겪고 나서야 겨우 "내가 죄를 지어서 이렇게 된 것인가?" 하고 어렴풋이 생각할 뿐입니다.

(2) 사람들은 자신의 범죄를 어느 정도 인정하고 깨달을 수는 있으나 그 죄를 하나님 앞에서 진정으로 회개하고 용서받을 줄 모릅니다.

왜냐하면 그들은 하나님을 모르기 때문입니다. 그저 '신이 있나 보다, 신이 나를 벌주나 보다' 하고 생각할 뿐입니다. 그래서 순간순간 자기 잘못을 뉘우치기도 하고 반성도 하지만 여전히 모든 죄가 그에게 남아 있습니다.

(3) 사람들은 하나님을 어느 정도는 인식할 수 있으나 거듭나기 전에는 하나님을 결코 자세히 알 수 없습니다.

바로 왕은 "하나님은 옳으시고 나와 내 백성은 잘못했다"라고 말했으나 이 말도 하나님을 알고 한 말이 아닙니다. 그는 아직도 하나님을 전혀 모르고 있었습니다. 그래서 그는 우박이 그치자마자 다시 마음을 고집스럽게 했고 그 신하도 똑같이 했습니다.

하나님은 이것을 이미 다 알고 계셨습니다. 그래서 모세는 바로 왕이 범죄했다고 인정하고 우박을 그치게 해달라고 간청할 때 이렇게 말합니다.

"이 땅이 여호와의 소유라는 것을 왕에게 가르쳐주려는 것이오. 그러나 왕과 왕의 신하들이 여호와 하나님을 아직도 두려워하지 않을 줄을 내가 아나이다" 했습니다.

하나님께서 천지 만물을 창조하시고 모든 것을 뜻대로 주관하시고 다스리신다는 사실을 진정으로 알고, 그 하나님을 무엇보다 두려워하며 섬기려면
 1) 우선 성령에 의해 그 영혼이 거듭나야 합니다.
 2) 유일한 구세주 예수 그리스도를 나의 구주로 확실히 믿어야 합니다.
 3) 따라서 그 사람 속에 성령이 오셔서 거하시고, 그 성령에 의해서 치료되고 변화되어 하나님이 누구이신지 점점 깨닫게 되어야 합니다.

그리고 그동안 내가 얼마나 부패하고 더러운 죄인이었는지를 진정으로 깨닫고 하나하나 회개하게 되고 변화되고 치료되어야 합니다. 이것을 중단없이 지속하게 될 때 진정 하나님을 섬기는 사람이 되고, 하나님의 사람으로서 점점 거룩해져가는 것입니다. 아무리 악한 사람도 새사람이 됩니다. 그러므로 사람이 진정으로 자기 죄악을 회개하고 용서받으려면 우선 그 사람이 거듭나야 하고, 예수 그리스도를 확실하게 영접해서 성령세례를 받아야 합니다.

(4) 이렇게 진정으로 예수 그리스도를 믿고 변화되고 성장하지 못하는 사람은 순간순간 자기 죄를 깨닫는 것 같아도 진정으로 회개하지 않고 또다시

죄를 짓게 되고 결국 **점점 더 큰 징벌**을 당합니다.

그러므로 여러분, 서둘러서 **하나님에 의해 치료되고 성장하기**를 **힘쓰기** 바랍니다.

하나님을 대적하며 계속 불순종하기를 고집하는 바로 왕에게 하나님은 **점점 더 특별한 방법으로** 벌을 내리셨습니다. 바로 왕의 **고집이 큰 만큼** 하나님은 그 고집을 이용하여 결국 바로와 그 나라는 계속적인 재앙을 당하게 하심으로 각 방면에 걸쳐서 철저하게 패망하게 됩니다.

그와 동시에 하나님은 **이스라엘 백성들로 하여금 바로와 그 나라가 하나님을 대적함으로써 당하는 파멸을 똑똑히 보게 하심**으로써 그 선택된 백성들은 **자손대대로 오직 하나님만을 섬기며 하나님께 잘 순종하며 살도록 교육**시키신 것입니다.

우리는 우리 주변에서 불신자, 우상숭배자들이 끊임없이 하나님께 불순종하고 하나님을 대적함으로써 점점 더 무서운 재앙과 저주를 당하는 것을 보면서 **하나님이 누구신지**를 더 깊이 깨달아 알아야 합니다. 그리고 **오직 그 하나님만을 나의 주인으로 삼고** 하나님께 순종하고 충성하며 사는 사람으로 **나를 교육시키는 기회**로 만들어야 합니다. 많은 성도가 이것을 제대로 할 줄 몰라서 하나님을 섬긴다고 하고 신앙생활을 한다고 하면서도 **불신자, 우상숭배자들과 다를 바 없이 불행하게** 살고 있습니다.

제 51 강

너희는 내가 여호와인 줄을 알리라

〈출10:1~2〉
1여호와께서 모세에게 이르시되 바로에게로 들어가라 내가 그의 마음과 그의 신하들의 마음을 완강하게 함은 나의 표징을 그들 중에 보이기 위함이며 2네게 내가 애굽에서 행한 일들 곧 내가 그들 가운데에서 행한 표징을 네 아들과 네 자손의 귀에 전하기 위함이라 너희는 내가 여호와인 줄을 알리라

〈더 정확한 번역〉
1절/ 완강하게 함은 나의 표징을 그들 중에 보이기 위함이며⇒ 고집스럽게 하였으니 그것은 나의 놀라운 기적들을 그들에게 보여주기 위함이다.
2절/ 또 네 아들과 네 후손들에게 내가 애굽 사람들에게 행한 것과 내가 그들에게 보여준 기적에 대해 이야기할 수 있도록 하기 위함이다. 이 일로 내가 여호와라는 것을 너희가 알게 될 것이다.

[1] **하나님께서는 바로와 그 신하들을 고집스럽게 하신 이유를 다시 한 번 말씀하십니다.**

여호와께서 모세에게 이르시되 **"바로에게로 들어가라. 내가 그의 마음과 그의 신하들의 마음을 고집스럽게 하였으니"** 하셨습니다.

바로와 그 신하들은 **원래 선한 마음을 가지고 있는데 하나님께서 악한 고집을 만들어주셨다는 뜻이 아닙니다.** 다만 **그들의 마음이 패역해짐을 막지 않으셨다**는 뜻입니다. 하나님께서는 그들이 하나님 앞에서 고집을 부리는 것을 **내버려두셨습니다.** 이것은 **하나님의 주권**입니다. 결코 하나님께서 잘못하시는 것이 아닙니다.

하나님은 어떤 사람에게는 사탄의 충동에 의해 악한 마음을 고집하지 못하도록 **막아주시기도** 합니다. 그러나 어떤 자들에게는 그렇게 하는 것을 도와주지 않으시고 내버려두십니다. 만약에 이렇게 하신다면 그 사람은 분명히 **하나님 앞에서 그가 그동안 저지른 죄악에 따라 징벌을 받고 있는 것**입니다.

하나님 앞에서 고집을 부리지 못하도록 도와주시기도 하고 도와주시지 않기도 하는 것은 **모든 것을 창조하시고 주관하시는** 하나님의 절대주권입니다. 결코 **하나님의 주권 행사 앞에서 죄인인 사람들이 가타부타할 수가 없습니다.**

하나님 앞에서 악한 마음을 가지고 고집을 부리도록 **내버려두지 않으시고 그런 마음을 꺾게 하시고 순종하게 하시는 은총을 입은 사람들은 참으로 억만금보다도** 큰 은혜를 입은 것입니다.

오늘날 하나님을 알고 예수 그리스도를 믿으며 하나님의 명령과 뜻에 고집을 부리지 않고 순종하며 사는 성도들은 *이런 놀라운 은총을 하나님으로부터 받아누리고 있는 것입니다.* 이 은총은 무엇으로도 계산할 수가 없습니다. 그러나 이것을 제대로 아는 성도가 많지 않습니다.

하나님께서 바로와 신하들의 고집스러운 마음을 내버려두신 이유는
(1) **"나의 놀라운 기적들을 그들에게 보여주기 위함이다"** 하셨습니다.

유일하신 하나님, 전지전능하신 하나님, 창조주 하나님께서 바로와 그 신하들에게 하나님만이 내리실 수 있는 놀라운 기적들을 보여주기 위함이었습니다.

하나님은 때때로 **하나님만이 나타내실 수 있는 놀라운 기적들을 통해** 하나님을 알기 싫어하고 부인하며 온갖 죄악에 빠져 살고 심지어 우상숭배하는 자들에게 **하나님만이 유일하시며 전지전능하신 신이심**을 보여주십니다. 이 놀라운 능력 행사를 보고 들으면서도 하나님을 알지 못하고 섬기지 못하며 오히려 우상을 섬긴다면 그런 사람들은 가망이 없습니다. 왜냐하면 그들이 존재한다고 믿고 있는 온갖 우상 신들이 결코 흉내 낼 수 없는 **"참으로 놀라운 기적들"**을 보고서도 하나님을 알아보지 못한다면 그들은 하나님을 알고 섬길 수 없기 때문입니다.

하나님께서는 바로와 그 신하들에게 하나님이 누구신가를 충분히 알게 해 주십니다. 그런데도 불구하고 계속해서 하나님을 부정하며 우상을 숭배한 그들은 **영원히 하나님께 버림을 받을 수밖에 없게** 되었습니다. 오늘날도 이러한 사람들이 참으로 많이 있습니다.

(2) **이스라엘 백성들과 그 후손들에게도** 하나님이 어떤 분이신지를 가르치기 위함이었습니다.

2절에 "또 네 아들과 네 후손들에게 내가 애굽 사람들에게 행한 것과 내가 그들에게 보여준 기적에 대해 이야기할 수 있도록 하기 위함이다" 하셨습니다.

하나님께서는 **"놀라운 기적들"**을 언제나 행하시는 것이 아닙니다. 하나님은 그 놀라운 기적을 한 번 행하심으로써 그 시대 직후의 사람들에게 하나님이 누구신가를 알게 하셨습니다.

하나님은 창세 때부터 성경이 기록될 때까지 얼마나 놀라운 기적들을 이 땅에 보여주셨는지를 성경을 통해 분명하게 알게 하셨습니다. 뿐만 아니라 이 성경에는 성경이 기록된 이후의 시대들 속에서 나타난 하나님의 권능에 대해서도 충분히 알게 하셨습니다. 그러므로 하나님을 알고 섬길 줄 아는 사람들, 그리고 성경이 하나님의 말씀임을 믿고 받아들이는 사람들은 인간들이 역사로 기록한 것 외에 **성경에 기록되어 있는 하나님의 놀라운 능력들을 끊임없이 읽고 배움으로써** 하나님을 점점 더 분명히 알고 믿음을 성장시켜야 합니다. 그런데 예수 믿고 구원받았고 하나님을 섬긴다는 사람이 성경을 읽고 배우지 않는다면 그는 **하나님이 과연 누구신가를 알려는 마음이 없는 사람**이고 하나님이 얼마나 놀라우신 분이신가를 구체적으로 충분하게 깨우쳐주는 것을 **멀리하고 있는 사람**입니다. 하나님께서 주신 놀라운 은혜를 **헛되게 하고 욕되게 하는 사람**입니다.

내가 바로 이러한 사람이라고 생각된다면 그것이 **얼마나 어리석고 악한 것인가**를 깨닫고 진심으로 회개해야 합니다. 그러나 날마다 주야로 말씀을 읽고 배움으로써 하나님이 누구신지를 점점 더 분명히 알게 되고 더 튼튼한 믿음을 가지게 되는 성도들은 **내가 놀라운 은총을 받아 누리고 있다는 사실**을 깨닫고 그 은혜에 대해 감사와 찬송과 영광을 돌려드리며 항상 기뻐해야 합니다.

하나님은 여기서 모세에게 **중요한 지시**를 내리셨습니다.

"너는 네 아들들과 후손들에게 내가 애굽 사람들에게 행한 이 놀라운 기적들에 대해 끊임없이 말해주어라" 하셨습니다.

하나님은 모세에게 이스라엘은 해방될 것이고 하나님 자신의 이름이 널리 전파되는 것이 하나님의 계획임을 다시 한 번 분명히 확인시켜주십니다.

하나님은 애굽에 내리실 10가지 재앙에 대한 **모든 것들을 이스라엘 백성들의 자자손손에게 말해주게 하심**으로써 하나님께서 어떻게 애굽을 징벌하시고 이스라엘을 해방시키셨는지에 대한 **증거를 분명하게 전하게** 하셨습니다.

1) **이스라엘 백성들은 세상 만물에 대한 하나님의 통치권을 알아야** 했고 **끊임없이 자손들에게 가르쳐야** 했습니다.

이스라엘 백성은 모든 피조물을 거룩하신 뜻대로 사용하시는 **하나님의 절대주권과 권위를 자자손손이 확실히 알아야** 했습니다.

2) 이스라엘 백성들은 **하나님께서 사탄이 지배하는 사람과 나라들에 대해 어떻게 하시는지**를 알아야 했습니다.

즉 악을 억제하고, 하나님과 교회를 대적하는 자들의 오만하고 불손함을 징벌하시는 하나님의 권능에 대해 알고 있어야 했습니다. 이 재앙들은 **하나님의 위대하심과 교회에게 주시는 특별한 은총, 그리고 죄악의 심각성을 분명하게 드러내는 영원한 기념비들**이 되는 것입니다. 그리고 **모든 세대의 자손들에게 하나님을 노하시게 하거나 질투하시게 하거나 하나님과 무모하게 다투는 어리석음을 저지르지 못하도록 확실한 충고**가 됩니다.

하나님을 섬기는 사람들은 **하나님이 주시는 이 거룩한 교훈을 결코 잊어서는 안 됩니다.** 하나님의 백성들은 자식들에게 세상 학문을 가르치고 기술을 배우게 하여 육신적으로 잘 먹고 잘 살게 하는 것을 삶의 주된 목표로 삼지 않고 **하나님의 권능과 절대주권에 대해 철저하게 가르치고 훈련해야** 합니다. 내 자식이 하나님의 절대적인 통치권과 사탄이 지배하는 사람들과 나라들을 징벌하시는 권능을 제대로 알지 못한다면 **나는 무책임하고 게으르고 불충하고 무능한 부모**입니다. 그러한 사람이 어찌 책망받지 않겠습니까?

(3) 하나님은 "이 일로 내가 여호와라는 것을 너희가 알게 될 것이다" 하셨습니다.

하나님께서 바로와 애굽에 재앙들을 내리신 **가장 주된 목적은 이스라엘 백성으로 하여금 대대로 여호와 하나님을 알게 하기 위함**이었습니다.

하나님이 우주 만물을 지으신 분이요, 스스로 계신 신이요, 영원히 변함없는 분이요, 그 **하나님이 이스라엘 백성을 선택하시고 그들의 하나님이라는 것**을 분명히 알게 하시려고 기적과 10가지의 재앙을 보여주셨습니다. 그렇게 하시려고 바로와 신하들이 계속 고집을 부리도록 내버려두신 것입니다.

그야말로 바로와 그 신하들과 모든 애굽 사람, 그리고 가축들, 짐승들, 채소, 과일, 산의 나무들까지 **희생제물이 되게 하시며** 여호와 하나님이 이스라엘의 하나님이라는 사실을 알게 하신다는 것입니다.

지팡이가 뱀이 되고, 티끌이 이가 되고, 재 두 움큼이 모든 사람에게 독종을 일으키는 병원균이 되었다는 것은 **무생물이 얼마든지 생물이 되게 하시는 하나님**이심을 보여준 것입니다. 그리고 물에서 개구리 떼가 쏟아져 나오고, 애굽 천지에 파리 떼가 들끓게 하고 그 후에는 메뚜기 떼를 끌어들이신 것은 하나님은 **생물들을 만드시고, 그것들을 마음대로 부리시는 분**이라는 사실을 보여주신 것입니다.

또 가축들에게 갑자기 심한 질병이 나서 죽고, 사람이 재에 의해서 독한 종기가 생겨 죽은 일을 통해 하나님은 **병균을 얼마든지 이용하실 수 있고, 병으로 얼마든지 짐승이든 사람이든 간단히 처치할 수 있는 분**임을 알 수 있습니다.

그리고 앞으로 애굽 전체가 3일 동안 흑암의 세계가 되는데 그것은 **해와 달과 별들의 세계, 우주 만물을 마음대로 만드시고 움직이시는 분**이 바로 하나님이라는 사실을 알게 해줍니다. 하수물이 모두 피가 되고, 마지막 재앙으로 애굽의 모든 장자와 짐승들의 첫 새끼까지 한꺼번에 죽는 재앙이 내려지는데 이것은 **생명의 근원이 하나님**이시요, 사람과 짐승의 나고 죽는 모든 **일이 하나님 손에 달려있다**는 사실을 똑똑히 보여주신 것입니다.

그 거듭되는 하나님의 표징들은 과연 하나님만이 스스로 계시는 창조주이심(여호와)을 온 세상에 보여주신 것입니다.

하나님은 우주 만물을 창조하셨고 모든 것을 운행하시므로 하나님이 누구신가를 사람들이 알게 하시기 위해 **그 모든 것을 사용할 권한과 권리**가 있으십니다.

생물이든 무생물이든 **하나님이 누구신가를 알게 하는 일에 사용된다면** 그야말로 **영광스럽게** 되고 **존재가치가 최고조로 나타나게** 됩니다.

우리 성도들은 **하나님이 누구신가를 모든 사람에게 알게 할 의무와 사명**이 있습니다. 그것은 **우리 자신의 안녕과 행복보다 우선되어야 할 일**이요, **가장 영광스러운 일**입니다.

그 일에 나와 내가 가진 것들, 내 삶이 사용된다면 나는 그것을 무엇보다도 영광으로 여기고 하나님께 감사하고 기뻐해야 합니다. 그런데 이것을 **안 하거나, 잘못하거나, 게을리한다면** 그만큼 나와 내 인생의 가치는 떨어지고 하나님 앞에서 게으르고 불충한 사람이 되는 것입니다.

그러므로 나는 지금 얼마나 사람들에게 하나님을 잘 알게 하는 사람으로 존재하고 있는가를 깊이 점검해봐야 합니다. 그리고 먹고 입고 쓰고 거할 곳을 위해 애쓰기보다 이 일을 더 많이 하고 더 잘하기 위해서 애써야 하며 그 무엇보다도 이 일을 위해 더 기도해야 합니다.

하나님이 누구신지를 잘 알게 하는 개인이나 집단이나 나라나 교회가 **하나님 앞에서 우등생**이 됩니다. 그 외의 것들은 아무리 많이 하고 잘해도 결코 자랑하거나 상 받을 일이 못 됩니다.

그러므로 모든 성도는 **어떻게 하면 하나님을 더 잘 알게 하는 사람이 될 수 있는가**를 끊임없이 연구하고 실력을 키워야 합니다. 또 그것을 위해서 **날마다 간절히 기도해야** 합니다. 교회도 그런 교회가 되어야 합니다.

그런데 오늘날 교회들은 이것도 너무도 잘못하고 있습니다. 오히려 거꾸로 가고 있습니다. 즉 사람들이 **하나님을 더 잘 알게 하는 일을 방해하고** 있습니다. 성도가 성도답지 못하게 살고 있고 목사와 전도자들이 그 거룩한 사명을 제대로 수행하지 못하고 있습니다. 건물이나 크게 짓고 교인 숫자나 늘리고 자기 자신과 자기 교회를 나타내고 자랑하고 행세하고 오히려 사람들에게 위화감이나 느끼게 하여 **하나님과 교회에 대해 거부감을 가지게 하고** 있습니다. 이 얼마나 **큰 잘못**인지 모릅니다.

여기서 우리가 눈여겨봐야 할 말씀이 있습니다.

하나님은 "**애굽에서 행하신 놀라운 기적들**"을 "**네 아들과 네 자손의 귀에 전하게 하려 함이라**" 하시면서 "**너희가 나를 여호와인 줄 알리라**" 한 말씀입니다.

여기 "**네 아들과 네 자손**"은 그 당시로는 이스라엘 백성들의 어린 자식들과 그 후손들을 의미하지만 그것은 후에 하나님을 섬기고 따르는 모든 믿는 자를 포함합니다.

하나님은 출애굽 당시 이스라엘 성도들과 그 자손들뿐만 아니라 후에 예수 그리스도를 믿어 하나님의 자녀가 될 모든 사람에게도 애굽에 내리시는 재앙을 통해 하나님이 과연 누구신가를 분명히 알게 해주려는 것이었다는 말입니다.

즉 옛날 하나님이 애굽에 여러 가지 재앙을 내리시면서 이스라엘 백성들을 구해내셨던 놀라운 사실들은 **오늘날 우리와도 관계가 있는 사실들**이고, 하나님이 어떤 분이신지 지금 우리로 하여금 똑똑히 보고 알게 해주시려고 약 **3500년** 전에 애굽 땅에서 하나님께서 일하셨던 것입니다.

하나님께서는 지금 우리가 이렇게 하나님에 대해 공부하게 될 것을 **이미**

계획하시고 수천 년 전에 놀라운 표징들을 애굽 땅에 나타나게 하셨고, 그것을 모세가 글로 기록하게 하셔서 우리가 성경을 통해 그 권능의 표징을 보면서 하나님을 분명히 알고 섬기도록 해주신 것입니다.

이렇게 **놀라운 하나님의 섭리**는 시대를 초월하여 시종일관하게 이루어지고 있습니다.

하나님은 옛날 이스라엘 백성들의 어린 자식들이 부모들이 들려주는 이야기를 들으면서 '하나님이 그런 분이시구나' 하고 생각하는 모습을 내다보고 계셨듯이 **그 눈과 그 마음으로 지금 우리들을 보고 계십니다.**

그러므로 만약 이 출애굽기를 배우는 우리 중에 누군가가 "나는 이 성경 기록대로 하나님을 믿지 못하겠다"고 한다면 그것은 마치 옛날 이스라엘 자손 중에 부모가 전해주는 말을 듣고 "나는 그것을 못 믿겠습니다" 하는 사람과 같은 사람입니다.

여러분, 이 출애굽기에 기록된 말씀이 그저 옛날 애굽에서 있었던 일이요, 나와는 별 상관이 없는 말이라 생각하면 안 됩니다. **하나님은 이 말씀을 통해 우리에게 바로 지금 놀라운 표징들을 보여주고 계신 것**입니다. *여기 기록된 모든 말씀들은 지금 우리 눈앞에 나타나고 있는 하나님의 권능의 표징들*입니다. 우리는 *이 말씀들을 들음으로써 하나님이 누구신가를 똑바로 알고 그 하나님을 섬기며 순종하는 사람이 반드시 되시기* 바랍니다.

만약 이런 말씀들을 통해 권능의 표징들을 보고서도 하나님을 못 미더워하거나 세상의 크고 작은 유혹이나 시련 앞에서 걸핏하면 하나님을 원망하고, 등을 돌리고, 여러 우상숭배의 삶으로 나간다면 **그것은 옛날 하나님의 표징들을 똑똑히 보고서도 걸핏하면 하나님을 원망하고, 하나님께 등을 돌리고 우상을 끌어들여 섬기다가 가나안에 들어가지 못하고 사라져버린 이스라엘 백성들과 같은 사람이 되는 것입니다.**

만약 이 출애굽기에 나오는 하나님의 권능의 표징들을 보고서도 하나님의 말씀과 계명에 철저히 순종하지 않고 여전히 세상의 사고방식과 부패한 생각대로 살아간다면 **하나님의 표징들을 보고서도** 하나님의 인도를 저버리고 메마른 광야를 헤매고 돌아다니는 **방랑자**입니다.

옛날 이스라엘 백성 가운데 어떤 사람들은 첫 번째, 두 번째, 세 번째.. 계속해서 나타나는 하나님의 권능의 표징들을 **보면 볼수록 하나님에 대한 인식이 분명해지고 하나님께 대한 신앙심이 뜨거워졌듯이** 그동안 계속해서 하나님의 종인 목사의 입을 통해 보이는 하나님의 표징들을 보고 들은 여러분들도 반드시 그런 사람이 되어야 합니다.

여호수아와 갈렙 같은 사람들은 표징들을 계속 봄으로써 하나님께 대한 믿음이 굳어지고 커졌습니다. 그러나 다른 족장들을 비롯해서 많은 장년 백성들도 같은 환경에 있었음에도 불구하고 하나님에 대한 믿음이 자라지 못했습니다.

그 결과가 어떻게 되었습니까? 홍해를 건너서 죽을 고생을 다 참아가며 겨우 바란 광야까지 왔을 때 믿음이 자라지 못했던 족장들과 백성들은 가나안 사람들이 키가 크고 강하다고 생각하며 모세와 하나님을 배반하고, 저주하고, 다시 애굽으로 돌아가자고 떠들다가 가나안에 들어가지도 못하고 광야를 맴돌다가 다 죽고 말았습니다.

하나님의 표징들을 볼 때 그 믿음이 점점 자라났던 여호수아와 갈렙만이 젖과 꿀이 흐르는 약속의 땅을 차지했습니다.

우리가 바라고 소원하는 것들을 과연 가지고 누리기 위해서는 하나님과 말씀을 중요시하지도 않고 돈이나 명예 따위나 중요시하며 애씀으로 되는 것이 아니고 하나님에 대한 믿음이 점점 자라나서 말씀과 계명을 잘 따르고 순종함으로 된다는 사실을 명심해야 합니다.

출애굽기는 이러한 사실을 아주 사실적으로 보여줍니다.

여러분, 이 하나님의 표징들을 영의 눈으로 봄으로써 하나님이 여호와인 줄을 확실히 알게 되기를 바랍니다.

그리고 "이 놀라운 하나님의 표징들을 너와 네 자손의 귀에 전하며 내가 여호와인 줄을 알게 하라"는 말씀에서 꼭 짚고 넘어가야 할 사실이 있습니다.

하나님께서 그 엄청난 표징들을 여러 가지로 나타내 보이신 것은 지금 이 자리에 있는 우리 어른뿐 아니라 우리 자손 대대로 그 하나님의 표징들이 알려져서 자손 대대로 하나님이 여호와인 줄을 알게 하시기 위함이라는 사실입니다.

아마 옛날 그 당시에도 이스라엘 백성의 부모들은 자기 아이들이 될 수 있는 대로 애굽의 발달된 문명을 잘 배워서 그들도 애굽 사람들처럼 잘 살기를 바랐을 것입니다. 따라서 자녀들이 애굽의 지식을 공부하도록 재촉하고 간섭했을 것입니다.

그런데 출애굽기 어디를 봐도 하나님께서 그 부모들에게 "네 자녀들에게 애굽의 문명을 부지런히 가르쳐주어라" 한 말씀은 없습니다. 오히려 "나의 표징을 네 자손의 귀에 들려주어라. 그래서 내가 천지 만물의 주인이요, 주관자임을 **알게 하여라**"고 분부하셨습니다.

우리 자녀들이 세상 지식을 갖추는 일도 필요합니다. 신앙 학생들은 공부하는 일에 있어서 믿지 않는 자들에게 모범을 보여야 합니다. 그리고 우리는 세상에서 각계각층의 사람들과 환경들을 접하면서 하나님의 일을 해나가야 하므로 세상이 어떤 곳이고 사람들이 어떠한지를 알기 위해서라도 **많이 배우고 공부해야** 합니다.

그런데 **하나님이 여호와인 줄은** 도무지 모르고 아무리 세상지식을 많이 가지고 있어봐야 그 자신과 다른 사람들에게 **진정한 유익이 되지 못합니다.** 하나님이 여호와인 줄은 모르고 세상 지식과 물질을 열심히 추구하던 이스라엘의 많은 족장과 대부분의 장년들은 목적지에 도착하지도 못하고 광야에서 죽고 그 시체마저 날짐승들의 밥이 되었습니다.

그런데 모세는 애굽 왕궁에서 공주의 아들의 신분으로 자라면서 애굽의 온갖 지식과 무예를 잘 익히고 지냈었습니다. 말하자면 당시 전 세계에서 지식으로나 무예로나 최고 수준에 있는 유망한 젊은 왕자였습니다.

그런데 하나님은 그 모세를 어떻게 쓰셨나요?

모세가 40세에 사람 하나를 때려 죽임으로 **광야로 도망하게 해서 40년 동안 양치기 생활**을 하게 하셨습니다. 그동안 그 **많은 지식이 다 묻혀버리게** 하셨고 80세가 되어서 이스라엘의 해방자로 애굽으로 보내졌을 때는 **칼이나 주먹 한번 휘둘러보지도 못하게** 하셨고 애굽에서 배운 많은 학식을 써먹지도 못하게 하셨고 겨우 마른 막대기를 가지고 들었다 놨다 하는 어린애도 할 수 있는 일만 하는 **하나님의 명령에 순종하는 사람이 되게** 해서 이스라엘 백성들을 해방시키게 하셨습니다.

또 아브라함을 생각해보겠습니다.

성경 어디에도 그가 세상적인 지식이나 무예로 충만한 사람이라는 기록은 없습니다. 그러나 그는 **누구보다도 하나님이 여호와인 줄을 잘 알고, 그 하나님을 누구보다도 신뢰하고 순종함**으로써 이스라엘의 조상이 되고 백전백승했고 멋지고 형통한 삶을 살았습니다.

여러분, 여러분의 자녀들이 학업에 열심을 기울이게 하는 것은 좋습니다. 그런데 **그 이상으로** 여러분은 자녀들이 이 성경을 통해 하나님의 표징들을 부지런히 듣고 보도록 하는 일에 **더 신경을 쓰고 세심히 간섭해야** 합니다. 참으로 자식을 사랑하고 내 자식의 장래를 염려하는 부모라면 자식이 **학**

교 공부 못지않게 성경을 공부하도록 세심히 신경 쓰고 가르쳐야** 합니다. 만약 우리 아이들이 성경공부를 하기 위해서 믿지 않는 아이들보다 몇 시간씩 학교 공부를 못해도 괜찮습니다. 어차피 둘 다 해야 한다면 **이쪽저쪽의 시간을 나누어 사용**해야 합니다. 우리 아이들이 성경을 공부하느라고 전적으로 학교 공부만 하지 못해서 세상 아이들과 경쟁해서 다소 손해를 본다고 해도 괜찮습니다.

성적과 학벌이 내 자식을 성공시키고 행복하게 하는 것이 결코 아닙니다. 내 자녀가 하나님이 천지 만물의 주관자이심을 확신하고 그 말씀을 언제나 깊이 명심하며 순종하며 살게 될 때 **영광스럽고 복된 자식이 되는 것**을 잊지 말아야 합니다. 이것을 잊는 사람은 **믿음이 없는 사람**입니다.

이스라엘 백성들이 강대국 애굽에서 상처하나 안 입고, 닭 한 마리 잃어버리지 않고 고스란히 해방된 것이나, 그들이 가나안 7족을 멸하고 그 땅을 영원한 기업으로 차지한 것이나 지금도 결코 세계가 얕보지 못하고 오히려 그들이 세계의 경제적 실권을 쥐고 흔들게 된 것은 **그들이 옛날 애굽의 지식을 열심히 공부했기 때문이 아니요, 무예가 뛰어났기 때문도 아니고, 좋은 기술을 배웠기 때문이 아니라 오직 그들이 하나님을 여호와인 줄 알고 그래도 세계 어느 민족보다 하나님을 섬기며 따랐다**는 그 사실 때문입니다.

여러분, 언제 어디서나 하나님의 표징들을 자녀들에게 부지런히 가르쳐주고 보여주십시오. **교회가 할 일 중 가장 중요한 일**은 자라나는 청소년들에게 성경을 통해 하나님의 표징을 부지런히 보게 해주는 일입니다. 여기에 더해 **부모**가 신앙생활하며 하나님께서 체험하게 하신 놀라운 능력들을 보고 듣게 해준다면 금상에 첨화가 될 것입니다.

한국 교회는 어린아이들과 청소년들에게 성경을 세심하게 가르치는 일을 **서둘러서 해야 하고 전력을 다해서 해야** 합니다. 어찌 된 노릇인지 청소년들이 드리는 예배는 있지만 그들에게 성경공부 시키는 일을 우선하는 교회가 너무 없습니다. 이것은 한국 교회의 장래와 성도들 가정의 장래에 **커다란 어두움**입니다. 하나님은 지금도 저와 여러분에게 이렇게 명령하고 계십니다.

"너는 나의 표징들을 네 자손의 귀에 들려주어라. 그들이 나를 여호와인 줄 알게 하라"

제 52 강

모세가 메뚜기 재앙에 대해 예고함

〈출10:3~6〉
3모세와 아론이 바로에게 들어가서 그에게 이르되 히브리 사람의 하나님 여호와께서 말씀하시기를 네가 어느 때까지 내 앞에 겸비하지 아니하겠느냐 내 백성을 보내라 그들이 나를 섬길 것이라 4네가 만일 내 백성 보내기를 거절하면 내일 내가 메뚜기를 네 경내에 들어가게 하리니 5메뚜기가 지면을 덮어서 사람이 땅을 볼 수 없을 것이라 메뚜기가 네게 남은 그것 곧 우박을 면하고 남은 것을 먹으며 너희를 위하여 들에서 자라나는 모든 나무를 먹을 것이며 6또 네 집들과 네 모든 신하의 집들과 모든 애굽 사람의 집들에 가득하리니 이는 네 아버지와 네 조상이 이 땅에 있었던 그 날로부터 오늘까지 보지 못하였던 것이리라 하셨다 하고 돌이켜 바로에게서 나오니

> 3절/ 모세와 아론이 바로에게 들어가서 그에게 이르되 히브리 사람의 하나님 여호와께서 말씀하시기를 네가 어느 때까지 내 앞에 겸비하지 아니하겠느냐 내 백성을 보내라 그들이 나를 섬길 것이라

[1] **하나님께서는 바로와 그 신하들을 고집스럽게 하신 이유를 다시 한 번 말씀하십니다.**
[2] **하나님은 모세로 하여금 바로에게 이전과 똑같은 명령을 하게 하셨습니다.**

"모세와 아론이 바로에게 들어가서 그에게 이르되 히브리 사람의 하나님 여호와께서 말씀하시기를 네가 어느 때까지 내 앞에 겸비하지 아니하겠느냐 내 백성을 보내라 그들이 나를 섬길 것이라" 했습니다.

하나님께서는 이번에도 무슨 재앙을 내리실지를 바로에게 **예고하시고** 그대로 행하셨습니다. 예고하시고 그대로 행하신다는 것은 **하나님의 신실성**을 드러내고 있는 것입니다.

하나님은 성경을 통하여 성경에 기록된대로 순종하는 자에게는 어떠한 복을 주시고 반면에 불순종하는 자에게는 어떠한 징벌을 하시겠다고 모든 시대의 모든 사람에게 예고하고 계십니다. 하나님은 **그 예고하신 대로 반드시**

이행하십니다. 이것이야말로 **우리 하나님은 진실하신 분임을 끊임없이 모든 사람에게 보여주고 있는 것**입니다.

이 하나님의 진실하심은 영원히 변치 않습니다. 그러므로 우리는 **이 하나님을 절대적으로 신뢰**할 수가 있습니다. 이 하나님을 절대적으로 신뢰하지 못하고 불순종하는 것은 **하나님을 그만큼 모르고 있기 때문**입니다. **하나님의 진실하심을 믿고 그 하나님의 말씀대로, 뜻대로 순종하는 사람이야말로 가장 지혜로운 사람**입니다.

여기에서도 하나님은 바로에게 "**나는 히브리 사람의 하나님이다**" 라고 분명하게 밝히고 말씀하십니다.

이 호칭은 모든 이방인이 섬기는 신들이라는 것이 거짓됨을 드러내며 하나님만이 참 신이심을 밝히는 호칭입니다. 당시 세계 최강국이요, 부강한 나라인 애굽에 10가지 재앙을 내리셨는데 그것을 그 어떤 신이나 우상도 막을 수 없었으며 해소할 수 없었음을 하나님은 **끊임없이 확실하게 보여주신 것**입니다. 그렇게 하여 애굽에 10가지 재앙을 내리신 하나님만이 유일하신 참 신이심을 거듭거듭 사람들에게 알게 하셨습니다.

그런데 그 하나님은 그 당시 온갖 우상을 섬기며 신들을 섬기고 있는 제왕과 백성들이 **가장 비천하게 여기던 히브리 사람의 하나님**이셨습니다.

이것이야말로 또한 모든 이방인이 놀라지 않을 수 없는 일입니다. 왜 참 신이신 하나님은 비천한 히브리 사람의 신이신가? 히브리 사람보다도 모든 면에서 월등한 사람들이 얼마든지 있는데 하필이면 왜 그들의 하나님이 되신다는 말인가? 그들은 아무 힘과 능력이 없는 노예들인데 하나님이 그들의 편이 되시고 그들의 하나님이 되셔서 모든 신과 우상들의 세력을 무가치하게 하시고 그 히브리 사람들을 세계 어느 민족보다도 가장 높은 자리로 세워 주셨다니 놀라지 않을 수 없는 일이었습니다. 사람의 상식으로는 도무지 이해되지 않는 이상한 일이었습니다. 하나님은 그런 일을 행하시며 **세상에서 가장 비천한 노예들인 히브리 사람의 하나님**이 되신 것입니다.

그러므로 그 히브리 사람들은 유일하시고 참 신이신 하나님으로부터 그런 특별한 대우를 받고 있음에 대해 **영원히 감사와 찬송과 영광을 돌려 드려야** 했습니다. 그런데 **그들 중 대부분이** 시대를 이어가면서 하나님을 저버리고 하나님의 이름을 욕되게 했습니다. 오히려 수많은 우상과 있지도 않은 신들을 섬기고 있는 **이방인들보다도 하나님 앞에서 더 악하게** 굴었습니다.

하나님은 그들이 그런 사람들임을 모르실 리가 없었음에도 불구하고 **단지**

아브라함과 이삭과 야곱을 선택하시고 그들에게 약속하신 것 때문에 세상에서 가장 못나고 보잘것없는 그들의 하나님이 되어주셨습니다. 이 하나님의 놀라운 **자비하심**과 **진실하심**을 우리는 잊지 말아야 합니다.

오늘날도 이것은 마찬가지입니다.

나를 포함하여 예수를 믿고 구원받은 사람들의 면면을 자세히 살펴보면 **아직도 하나님을 모르고 온갖 우상을 숭배하고 있는 교회 바깥에 있는 사람들과 비교하여 하나님이 나의 하나님이 되실 만큼 우월한 것이 결코 없습니다.**

그러므로 오늘날의 모든 성도도 가장 못나고 비천하고 악한 나를 만세 전에 하나님의 백성으로 선택해 주시고 나를 하나님의 자녀가 되게 하기 위해 하나 밖에 없는 아들 예수를 인간의 몸으로 이 땅에 보내시고 내 죄를 대신 그에게 짊어지게 하시고 희생되게 하시면서 나를 구원해주신 **하나님의 진실하심과 자비하심과 긍휼하심을 하루 한순간도 잊어서는 안 됩니다.** 내가 어떻게 하나님의 자녀가 되었는가를 **깊이 깨달으며 형편과 처지가 어떠하든지** 그 하나님 앞에 늘 감사와 찬송과 영광을 돌리지 못하는 성도라면 그는 아직도 자기가 알아야 할 것 중에 **가장 중요한 것을 단 몇 퍼센트도 제대로 알고 있지 못한 사람**입니다. 그야말로 교회 밖에 있는 사람들보다 **더 무지몽매한 사람**입니다.

하나님께서는 더 무서운 재앙을 내릴 수밖에 없는 이유를 바로에게 또다시 분명히 밝히십니다.

"네가 어느 때까지 내 앞에 겸비하지 않겠느냐? 내 백성을 보내라. 그들이 나를 섬길 것이니라" 하셨습니다.

세상에서 아무리 강한 힘을 갖고 위대하다고 칭송을 받는 사람이라 할지라도 **하나님 앞에서는 반드시 자신을 낮춰야** 합니다. 그 이유는 그가 불신자요, 우상숭배자이면서도 그러한 자리에 있게 된 것도 **하나님의 허용하심**이 없이는 불가능하기 때문입니다.

그런데 그들은 그것을 알 턱이 없습니다. 그들이 하나님의 존재를 부정한다고 해서 하나님이 안 계시는 것이 아닌 것처럼 그들이 하나님께 특별한 은혜를 입었음을 모르고 부인한다고 하여 그 사실이 아닌 것은 아닙니다.

남보다 더 가지고 더 높은 자리에 있고 더 큰 권세를 가진 사람이 하나님 앞에 자기를 낮추기를 거부한다면 **때가 되면 그가 한 만큼 반드시 엄한 벌을 받게** 됩니다.

벨사살 왕이 하나님 앞에서 자기를 낮추지 않았고(단5:22), 시드기야 왕이 예레미야 선지자 앞에서 겸비하지 않았습니다(대하36:12). 따라서 저들은 **하나님에 의해 강제로 낮춰지고 멸망**했습니다.

바로는 거듭되는 재앙으로 때때로 겸비한 체 하였으나 **진정으로 하나님 앞에서 자신을 낮추는 것이 얼마나 중요한 것인지를 깨닫지 못했습니다.** 왜냐하면 그는 **하나님이 누구신지를 제대로 알지 못했기 때문**입니다.

그러므로 **하나님이 누구신지를 조금이나마 아는 것이야말로 참으로 큰 복**입니다.

내가 예수 그리스도를 믿어 하나님의 자녀가 되었을 뿐 아니라 **끊임없이 하나님에 대해 자세히, 더 많이 알고 있다면 나는 큰 복을 받은 사람**이라는 사실을 깨달아야 합니다. 따라서 **형편과 처지가 어떠하든지 누구보다도 하나님을 기쁘시게 해야** 합니다.

바로는 모세를 통해 **"네가 어느 때까지 하나님 앞에 겸비하지 아니하겠느냐? 하나님의 백성을 보내라. 그들이 하나님을 섬길 것이다"**라는 엄한 명령을 또다시 듣게 되었음에도 불구하고 **오기를 부리고 계속 하나님을 대적**했습니다. 하나님은 바로가 그동안 저질렀던 우상숭배의 죄, 간음 죄, 도둑질한 죄, 살인한 죄, 그 외의 무수한 죄악보다도 **이 사실을 주목**해보셨습니다. 그리고 **그 대가**로 지금까지의 어떤 재앙보다 더욱 무섭고 무자비한 재앙을 내리셨습니다.

메뚜기가 애굽 온 하늘과 땅에 뒤덮이게 하시고, 바로 이전 우박 재앙 때 **간신히 남게 된 채소나 곡식들과 식물들을 모조리 먹어치우게** 하시며, 모든 집안에는 메뚜기로 들끓게 하셨습니다(14, 15절).

하나님의 책망과 징계에도 불구하고 자신을 겸손히 낮추지 않는 자에게는 점점 더 극심하고 무서운 벌이 내려집니다.

바로 왕이 거듭되는 재앙에도 불구하고 하나님 앞에서 겸손히 낮추지 않음으로써 저지른 **또 다른 큰 죄악**이 있습니다. 그것은 **하나님의 백성으로 하여금 하나님을 자유롭게 섬기지 못하게 한 것**입니다. 하나님은 바로 **이것이 그 무서운 메뚜기 재앙의 원인**이라는 사실을 바로에게 분명히 알게 하셨습니다.

여러분, 내가 하나님 앞에서 자신을 겸손히 낮추지 않고 계속 하나님의 뜻을 거스르고 있는 사람이 아닙니까? 지금 **당장 그러한 사고방식과 삶을 중**

단해야 합니다.

하나님은 계속해서 겸비하지 않는 자에게 점점 무서운 형벌을 내리시지만 아무리 악행을 저질렀던 자라도 **진정으로 하나님 앞에서 자신을 낮추고 회개하면** 하나님의 그 진노를 늦추시거나 중단시키십니다.

열왕기상 21장 27절 이하를 보면 아합 왕이 우상숭배와 악을 저질러서 하나님께서 엘리야 선지자를 보내서 무서운 형벌을 내리시겠다고 경고할 때 아합이 즉시 자신을 낮추고 회개했습니다. 그랬더니 하나님께서 엘리야 선지자에게 말씀하시기를 "**아합이 내 앞에서 겸비함을 네가 보느냐? 그가 내 앞에서 겸비하므로 내가 재앙을 저의 시대에는 내리지 아니하고 그 아들의 시대에야 그의 집에 재앙을 내리리라**" 하셨습니다.

아합이 그동안 못된 짓을 많이 했는데도 하나님 앞에서 딱 **한번 낮추고 회개했더니** 하나님은 당장 내릴 벌을 미뤄주신 것입니다.

또 역대하 7장 14절을 보면 "**내 이름으로 일컫는 내 백성이 그 악한 길에서 떠나 스스로 겸비하고 기도하며 내 얼굴을 구하면 내가 하늘에서 듣고 그 죄를 사하고 그 땅을 고칠지라**" 하셨습니다.

하나님을 믿는 사람도 **시시때때로 범죄하는데** 그 사람이 계속 악한 길로 나가다가도 **한 순간 그 길을 중단하고 겸손하게 되어 하나님을 찾아 용서해달라고 기도하면** 하나님은 그 죄를 어김없이 **사해주시고** 저주받은 인생을 **복된 인생으로 고쳐주신다**는 말입니다.

아무리 악한 자요, 그릇된 길로 나가던 자라도 **하나님 앞에 겸비하여 회개할 때 하나님의 진노는 약화되거나, 연기되거나, 아주 사라져 버립니다.**

하나님 앞에서 겸비하여 회개하는 것은 이렇게 좋고 위력이 있습니다.

시편 101편 5절에 "**눈이 높고 마음이 교만한 자를 내가 용납하지 아니하리로다**" 했습니다.

하나님 앞에서 계속 교만하고 불순종하면 그가 저지른 죄에 대해 **조금도 긍휼함을 입지 못해서** 그만큼 무서운 형벌을 당하게 됩니다.

하나님은 내가 **교만하게 되는 원인을 가려내셔서 분쇄**해버리십니다.

돈이 나를 교만하게 한다면 바로 왕에게 남은 채소와 식물을 깨끗이 빼앗아 버리셨듯이 나에게 남은 **재물까지 모두 잃게** 만드십니다.

옛날, 사람들이 흩어지지 않고 하나로 뭉쳐서 살면서 그 힘을 자랑하고 바벨탑을 쌓으려 할 때 하나님은 그들의 교만의 원인이었던 **뭉쳐지려는 현실을 분쇄시켜서** 언어를 다르게 만들고 세계 도처에 흩어버리셨습니다.

여러분, 크고 작은 하나님의 경고나 징계 앞에서 **신속히 겸비하기를** 바랍니다. 그리고 **성경을 통해 하나님의 표징을 많이 보고 앎**으로써 하나님만이 참 신이시며 그분이 만사 만물을 주관하심을 믿고 전적으로 그 하나님께 순종하기 바랍니다.

성경을 보고 배울수록 하나님을 향한 믿음이 날로 자라나기를 바랍니다. 만약 이것이 안 되고 있다면 성경을 보고 배우는 것이 잘못되고 있는 것입니다. **내가 형식적으로 성경을 보고 배우는 것이 아닌지, 잘못된 선생에게 배우고 있는 것이 아닌지** 살펴봐야 합니다.

그리고 나 자신만 하나님의 표징을 알고 지나가지 말고 **가정에서 부지런히 자녀들에게** 하나님의 표징들을 들려주고, 될 수 있는 대로 **교회가 누구보다도 먼저 청소년들에게** 하나님의 표징들을 하나라도 더 알게 해주어야 합니다. 많은 교회가 장년 성도들에게는 하나님이 누구이시며 하나님이 얼마나 놀라운 권능을 행사하셨는가를 말해주고 아이들과 청소년, 청년들에게는 상세하게 더 많은 시간을 가지고 가르치지 않고 있습니다. 이것 또한 부모들과 교회지도자들이 **지혜롭게 하지 못하는** 것입니다.

우리 모든 가정과 교회는 아이가 **태어나면서부터 어느 정도 머리가 자라기 전에** 기회를 놓치지 말고 하나님과 그 권능에 대해 끊임없이, 자세하게 **가르쳐야** 합니다. 현대 교회는 이것을 너무 소홀히 하고 잘못함으로써 예배당은 점점 크게 짓고 성도들의 겉모습은 훌륭해 보이는데 **점점 교회는 비어가고** 성도들은 불신자, 우상숭배자들에게 업신여김과 손가락질을 당하고 있습니다.

[3] 하나님께서는 바로가 이번에도 거절한다면 어떻게 징벌하실지 미리 경고하게 하셨습니다.

> 4절/ 네가 만일 내 백성 보내기를 거절하면 내일 내가 메뚜기를 네 경내에 들어가게 하리니
> 5절/ 메뚜기가 지면을 덮어서 사람이 땅을 볼 수 없을 것이라 메뚜기가 네게 남은 그것 곧 우박을 면하고 남은 것을 먹으며 너희를 위하여 들에서 자라나는 모든 나무를 먹을 것이며
> 6절/ 또 네 집들과 네 모든 신하의 집들과 모든 애굽 사람의 집들에 가득하리니 이는 네 아버지와 네 조상이 이 땅에 있었던 그 날로부터 오늘까지 보지 못하였던 것이리라 하셨다 하고 돌이켜 바로에게서 나오니

(1) 하나님은 "내일 메뚜기를 애굽 전역에 들어가게 하겠다" 하셨습니다.

중동 지방에는 평소에도 메뚜기가 많이 있었는데 그것이 **무수히 날아와서 모든 농작물과 식물을 파괴하는 일**이 있었습니다. 그런데 이때에는 하나님께서 **'특별 간섭으로'** 중근동 일대의 메뚜기들을 애굽으로 일거에 몰아오시겠다고 하신 것입니다.

하나님은 메뚜기와 같은 일종의 곤충들도 시시때때로 각 지역에 번성하게 하여 **사람들의 죄악에 대한 징벌의 도구로 사용**하시기도 합니다. 그런데 이제 바로와 애굽의 죄악이 **아귀까지 차게 됨**으로써 그동안 애굽의 역사상 없었던 엄청난 메뚜기 재앙으로 그들을 치신 것입니다.

"네 집들과 네 모든 신하의 집들과 모든 애굽 사람의 집들에 가득하리니 이는 네 아버지와 네 조상이 이 땅에 있었던 그 날로부터 오늘까지 보지 못하였던 것이리라" 하셨습니다.

그러므로 이때 내려진 이 메뚜기 재앙은 그동안에도 간간이 메뚜기들이 와서 농작물에 피해를 입혔던 것과는 **전혀 다르게 중근동 일대의 메뚜기들을 애굽으로 몰아오게 하신 것입니다.**

앞에서의 우박 재앙이 애굽 땅위의 모든 초목을 꺾어 넘어지게 했는데 이제 **역사상에 볼 수 없었던 셀 수 없이 많은 메뚜기**가 들이닥쳐서 조금이나마 남아있던 것들을 다 갉아 먹어버리게 하셨습니다. 또 앞의 재앙 때의 벌레들이 피해를 입히는 대상이 한정되어 있었으나 이 메뚜기 재앙은 **애굽 전역을 덮쳤습니다.** 이것은 이제까지 알려졌던 어떤 재앙보다도 **더욱 지독했습니다.**

1) **"메뚜기가 지면을 덮어서 사람이 땅을 볼 수 없게 하겠다" 하셨습니다.**
5절에 "메뚜기가 지면을 덮어서 사람이 땅을 볼 수 없을 것이라" 하셨습니다.

메뚜기 떼가 너무 많아서 사람이 앞을 내다 볼 수 없을 정도라는 것입니다.

2) **"메뚜기가 네게 남은 것들을 다 먹어치우게 하겠다" 하셨습니다.**
"메뚜기가 네게 남은 그것 곧 우박을 **면하고 남은 것**을 먹으며 너희를 위하여 **들에서 자라나는 모든 나무**를 먹을 것이다" 하셨습니다.

먹을 것이라고는 찾아 볼 수 없을 정도로 메뚜기가 **애굽 구석구석에 있는 모든 식물을 다 먹어 치우게** 하신 것입니다.

3) **"모든 집에 메뚜기가 가득하게 하겠다"** 하셨습니다.

6절에 "또 네 집과 네 모든 신하의 집들과 모든 애굽 사람의 집들에 가득하리라" 하셨습니다.

버젓한 건물이든 허접한 건물이든 창고든 간에 그 모든 것 속에 메뚜기가 가득해서 먹을 수 있는 것은 다 먹게 하셨습니다. 사람이 앞을 볼 수 없을 정도로 많았으니 그 메뚜기들은 닥치듯이 갉아 먹음으로써 **그것들이 먹을 수 없는 것만 남고** 그야말로 쓸 수 있는 것은 아무것도 없게 된 것입니다. 참으로 하나님께서는 **사람이 먹을 것은 물론이고 일상적으로 사용하던 옷이나 물건들까지도 다 사라지게** 하셨습니다.

이렇게 함으로써 그들이 그동안 들이나 산에서 많은 것을 먹을 수 있었고 옷가지를 비롯하여 온갖 생활필수품들을 얼마든지 만들어 사용할 수 있었는데 그 모든 것이 그들이 신으로 섬기는 나일강이나 그 무수한 우상들이 만들어 준 것이 아니라 하나님에 의해 존재하는 것이라는 사실을 바로와 애굽 사람들이 **똑똑히 알게** 하신 것입니다. 중근동 일대에 있는 모든 메뚜기조차 어떤 우상 신이 아니라 **유일하신 하나님 여호와의 명령에 따라** 바로와 애굽 전역에 엄청난 재앙이 되게 하셨음을 똑똑히 보여주셨습니다.

오늘날의 사람들도 내가 지금 먹고 입고 사용하고 살고 있는 그 모든 것이 **유일하신 하나님에 의해** 재료가 만들어지고 내가 그것을 소유하고 사용할 수 있도록 **허용하셨음을** 알아야 합니다. 그리고 **그분께** 감사하고 **그분만을** 섬겨야 합니다. 그런데 많은 사람들이 그렇게 하기는커녕 **하나님 알기를 싫어하고** 말도 못하고 눈도 깜빡거릴 줄 모르는 우상들을 만들고 섬기면서 그것들이 그 모든 것을 주었다고 생각하고 그것들에게 절하고 온 정성을 드리고 있습니다. 그것은 **창조주 하나님께서 보시기에 부당하고 악한 짓**입니다.

저들이 종래 이런 사실을 알지 못하고 계속 하나님 알기를 싫어하고 온갖 우상숭배를 하며 죄악에 빠져 살면 그들은 일생 동안 **그렇게 한 것만큼이나** 그 모든 도둑질과 하나님의 영광을 빼앗고 욕되게 한 것에 대한 **징벌을 이 땅에서도 여러 가지 재앙으로** 당할 뿐 아니라 **지옥에 떨어져서** 영원히 말할 수 없는 고통을 겪으며 살아야 합니다.

[4] 모세는 바로에게 예고한 후 **돌이켜 바로 앞에서 나왔습니다.**

"오늘까지 보지 못하였던 것이리라 하셨다 하고 돌이켜 바로에게서 나왔다" 했습니다.

모세는 바로에게 하나님의 메시지를 전달하고는 만족할 만한 대답도 기다리지 않은 채 곧바로 '**몸을 돌이켜**' 바로에게서 나왔습니다.

예수 그리스도는 제자들에게 "**너희를 영접하지 아니하는 악한 자들이 있으면 너희 발의 먼지를 떨어버리라**"고 말씀하셨습니다. 이렇게 함으로써 그 제자들을 하나님을 반대하고 대적하는 자들과 **따로 구별**해내셨습니다.

사무엘상 15장 27절 이하를 보면 **여호와의 종들에게서 정당히 버림을 받는 자들에게는 멸망이 그리 멀지 않음**을 알 수 있습니다.

모세가 바로의 대답을 듣지도 않은 채 곧바로 몸을 돌이켜 바로에게서 나왔다는 것이야말로 모세의 발에서 먼지를 떨어버리고 돌아선 것이나 다름없는 행위였습니다. 그리고 **바로와 애굽에는** 그야말로 **멸망이 멀지 않았음을 예고한** 것입니다.

하나님께서 보내신 종들의 말을 듣지 않고 대적하는 자들은 때가 되면 이렇게 그 종들의 발에 먼지가 떨어짐과 같이 **더 이상 그들에게는 먼지 한 알의 은총도 못 누리게 되는 상황**을 만나게 됩니다. 따라서 그들의 멸망은 결코 멀지 않음을 알아야 합니다.

그러므로 모든 불신자, 우상숭배자는 **하나님께서 보내신 사람들을 박대하거나 대적하지 말고**, 또 **그들이 한 말을 흘려버리거나 외면하지 말고 순순히 받아들여야** 합니다. 그것만이 그들이 살 수 있는 길입니다.

하나님이 함께하시고, 하나님께서 보내시는 사람들은 이토록 이 세상에서 중요하고 존귀한 자들입니다. 절대다수의 불신자와 우상숭배자들은 이러한 사람을 알아볼 줄 모르고, 오히려 싫어하고 미워하고 박대하지만 하나님으로부터 부르심을 받고 보내심을 받은 사람들은 **저들이 그럴수록 저들을 더 불쌍히 여기고 될 수 있는 대로 더 부지런히 더 서둘러서** 달려가 하나님을 알게 하고 하나님의 말씀을 선포해야 합니다. 이러한 하나님의 사람들과 그들의 입에서 나오는 하나님의 메시지만이 점점 더 무서운 재앙을 당할 수밖에 없고, 영원한 지옥 형벌을 당할 수밖에 없는 자들에게 **유일한 희망**인 것입니다.

제 53 강

바로 왕이 "너희 장정만 가서 여호와를 섬기라"함

〈출10:7~11〉
7바로의 신하들이 그에게 말하되 어느 때까지 이 사람이 우리의 함정이 되리이까 그 사람들을 보내어 그들의 하나님 여호와를 섬기게 하소서 왕은 아직도 애굽이 망한 줄을 알지 못하시나이까 하고 8모세와 아론을 바로에게로 다시 데려오니 바로가 그들에게 이르되 가서 너희의 하나님 여호와를 섬기라 갈 자는 누구 누구냐 9모세가 이르되 우리가 여호와 앞에 절기를 지킬 것인즉 우리가 남녀 노소와 양과 소를 데리고 가겠나이다 10바로가 그들에게 이르되 내가 너희와 너희의 어린 아이들을 보내면 여호와가 너희와 함께 함과 같으니라 보라 그것이 너희에게는 나쁜 것이니라 11그렇게 하지 말고 너희 장정만 가서 여호와를 섬기라 이것이 너희가 구하는 바니라 이에 그들이 바로 앞에서 쫓겨나니라

> 7절/ 바로의 신하들이 그에게 말하되 어느 때까지 이 사람이 우리의 함정이 되리이까 그 사람들을 보내어 그들의 하나님 여호와를 섬기게 하소서 왕은 아직도 애굽이 망한 줄을 알지 못하시나이까 하고

〈더 정확한 번역〉
> 바로의 신하들이 그에게 말하되 어느 때까지 이 사람이 우리를 괴롭게 하는 덫이 되어야 합니까? 그 사람들을 보내어 그들의 하나님 여호와를 예배하게 하소서. 왕은 아직도 애굽이 망한 줄을 알지 못하시나이까 하고

[5] 바로의 신하들이 바로에게 이스라엘 백성을 보내라고 **강력하게 권합니다.**

(1) "어느 때까지 이 사람이 우리를 괴롭게 하는 덫이 되어야 합니까?" 했습니다.

바로의 신하들은 바로에게 **상황의 심각성을** 알게 하고 이스라엘 백성들을 보내주자고 담대하게 간청합니다.

그 이유는 그들은 모세가 바로 왕과 애굽 사람들을 '괴롭게 하는 덫'이 되고 있다는 사실을 분명히 알았기 때문이었습니다. 모세가 말하는 대로 해주지 않으면 모세가 바로 왕과 애굽 모든 사람에게 **큰 불행을 당하게 하는 올가미**가 될 것을 알았습니다.

모세가 바로 앞에 서게 되면서부터 이스라엘 백성들은 애굽인들에게 올가미가 되고 거치는 돌이 되어 **막대한 고통과 손실**을 당하게 된 것입니다.

불신자, 우상숭배자들이 하나님을 섬기는 자들을 억압하고 불이익을 끼칠 때 **때가 되면** 그들이 하찮게 여기고 함부로 대하던 하나님의 사람들이 그들을 괴롭게 하는 덫이 됩니다. 그들은 그동안 하나님의 사람들이 그들 옆에 존재함으로써 여러 가지 은총을 받아 누렸는데 그것을 알지 못하고 고마워하지도 않으며 오히려 하나님의 백성들을 억압하고 고통을 준다면 **그들이 그렇게 하는 만큼** 때가 되면 하나님께서 **영육 간에 괴로움**을 당하게 하시는 것입니다.

인류 역사상 세계 곳곳에서 하나님을 섬기는 소수의 사람들을 알아보지 못하고 그들을 박대하고 그들의 것을 빼앗는 군주와 나라들은 **때가 되면 이렇게 그 하나님의 사람들이 올가미가 되고 덫이 되어 큰 괴로움과 손실을 보며 심지어 멸망**을 당했습니다.

그러므로 **하나님을 섬기는 사람들은 불신자, 우상숭배자들에게 온갖 은총을 가져다주는 복의 통로**가 되기도 하고 그 반대로 **온갖 괴로움과 고통과 손실을 가져다주는 심판의 통로**가 되기도 합니다.

이것 또한 인류 역사의 주인공은 재물이 많고 군사력이 있고 지식이 있고 강한 권력 있는 사람들이 아니라 **하나님을 알고 섬기는 사람들**임을 인류 역사가 끊임없이 증명해주고 있습니다. 불신자, 우상숭배자들은 하나님을 섬기는 사람들이 그들에게 온갖 은총을 전달해주는 복의 통로가 되게 하든지 그들을 괴롭게 하는 덫이 되게 하든지 **둘 중 하나를 선택해야** 합니다.

또한 우리도 이런 사실을 불신자, 우상숭배자들에게 **부지런히 깨우쳐줘야** 합니다.

(2) "그 사람을 보내어 그들의 하나님 여호와를 예배하게 하시오" 했습니다.

이 신하들은 모세가 바로의 앞에 온 것과 지금까지 벌어진 온갖 고통스러운 일들이 **오직 모세와 이스라엘 백성들로 하여금 하나님 여호와를 예배하게 하려고 이스라엘의 하나님 여호와가 심판을 내리고 계심**을 알았습니다. 하나님께서는 우리 하나님을 섬기는 사람들이 **하나님을 자유롭게 예배하**

도록 그 누구도 무엇도 방해하지 못하게 하시며 모든 삶을 지키시고 돌보십니다.

그러므로 우리는 **항상 하나님 앞에 감사와 찬송과 영광을 돌리는 예배를 중단 없이 해야** 합니다. 그것이 **우리 성도 한 사람 한 사람이 이 땅에 존재하는 가장 주된 목적**이고 **하나님께서 우리에게 영육 간에 온갖 은혜를 베푸시는 이유**이기도 합니다.

그런데 예수 믿고 구원받았다는 사람이 무엇을 먹을까 마실까 입을까를 늘 생각하며 불신자, 우상숭배자들과 다를 바 없이 하나님이 주신 모든 은혜를 낭비하고 날마다 순간마다 온 정성을 다해 하나님께 예배드리는 일을 게을리하거나 뒷전으로 미루거나 중단한다면 그것은 **그 성도의 존재 이유와 가치를 스스로 짓밟아버리는 일**이 됩니다. 성도로서 이 땅에 존재하는 모든 이유와 가치를 상실하고 있는 어리석음과 죄악을 저지르는 것입니다. 나는 지금 어떤 사람인가 정신차리고 돌아보시기 바랍니다.

(3) **"왕은 아직도 애굽이 망한 줄을 알지 못하십니까?"** 했습니다.

바로의 신하들은 그동안의 재앙들로 인해 애굽이 **이미 망했다는 것을 알아차렸습니다.** 그러나 당시 세계에서 가장 강력한 권세와 부를 가졌고 그의 백성들로부터 신으로 추앙받던 바로는 이것을 **깨닫지 못하고 있었습니다.** **세상의 권력과 부가 이토록 사람을 눈멀게 하고 돌덩이처럼 굳은 심령이 되어버리게** 합니다. 돈이나 권력을 열심히 좇아가는 사람들은 다 바로와 같이 됩니다.

바로 왕의 신하들도 그러한 자들이었으나 그래도 그들은 이 우박 재앙을 통해 **사태를 어느 정도나마 파악했던 것입니다. 이런 신하들이 있다는 것은 애굽 사람들에게 참으로 다행한 일이었습니다.** 이들이 어리석은 바로에게 **목숨을 걸고** 이스라엘 백성들을 내보내야 한다고 간하는 일이 있었기에 그나마 애굽이 전멸을 당해 지구상에서 사라지지 않았던 것입니다.

불신자, 우상숭배자들 속에도 그들이 당하는 **온갖 저주와 심판을 통해** 어렴풋이나마 하나님을 두려워하고 조금이나마 뉘우치고 하나님을 섬기는 사람들에게 함부로 대하던 것을 중단하거나 중단하자고 외치는 자들이 있습니다. 하나님은 **이런 사람들을 보시고** 여전히 절대다수의 불신자, 우상숭배자들이 지구를 차지하고 있지만 그 모든 악인과 지구를 **남겨두시는 것입니다.** 참으로 **하나님의 긍휼과 자비는** 우리 사람의 심령으로는 도무지 헤아릴 수가 없이 놀랍고 한이 없으십니다.

우리 모든 성도는 크고 작은 환난을 당하거나 내가 범죄하여 채찍을 맞게 될 때 나의 전후좌우를 살펴보며 내가 지금 망해가고 있지 않은가 살펴볼 줄 알아야 합니다. 아직 완전히 망하기 전에 즉각 잘못된 길로 나가는 것을 중단하고 원래의 위치로 돌아와야 하며 하나님께 순종하고 충성해야 합니다. 그렇게 할 때 망해가던 우리의 처지가 **점점 되살아나게** 되며 나아가 **이전보다 더 큰 사랑과 복을 받게** 됩니다.

그런데 **하나님께서 이 모양 저 모양으로 나를 다스리고 계시는데도 그것을 알아차리지 못하여 회개하고 돌이킬 줄 모르는 성도들이 많습니다.** 그래서 그들은 기본적인 신앙은 가지고 시시때때로 예배당에 나와서 예배를 드리면서도 **오히려 점점 망해가는 인생을 살게** 되는 것입니다.

그러므로 우리 목사와 교회지도자들은 우리 교회 안에 있는 성도들이 혹시 **이러한 사람이 없는지 세심히 봐야** 하며 조금이라도 그런 것이 보이면 만사를 제쳐두고서라도 즉각 그 사람에게 그 사실을 **알리고 책망하고 경고하고 돌이키게** 해야 합니다. 이렇게 하지 않고, 또 그렇게 할 줄을 전혀 모르고 그저 사람 수와 교회 시설만 늘리려고 하는 목사나 교회지도자라면 **그들이야말로 누구보다도 망해가는 사람입니다.**

> 8절/ 모세와 아론을 바로에게로 다시 데려오니 바로가 그들에게 이르되 가서 너희의 하나님 여호와를 섬기라 갈 자는 누구누구냐
> 9절/ 모세가 이르되 우리가 여호와 앞에 절기를 지킬 것인즉 우리가 남녀노소와 양과 소를 데리고 가겠나이다
> 10절/ 바로가 그들에게 이르되 내가 너희와 너희의 어린아이들을 보내면 여호와가 너희와 함께 함과 같으니라 보라 그것이 너희에게는 나쁜 것이니라
> 11절/ 그렇게 하지 말고 너희 장정만 가서 여호와를 섬기라. 이것이 너희가 구하는 바니라 이에 그들이 바로 앞에서 쫓겨나니라

〈더 정확한 번역〉

> 9절/ 모세가 이르되 젊은 사람과 노인들, 우리의 아들 딸, 우리의 양과 소가 다 갈 것입니다. 그것은 우리 모두가 여호와의 절기를 지켜야 하기 때문입니다.
> 10절/ 바로가 그들에게 이르되 내가 너희와 너희의 어린아이들을 보낸 것이나 마찬가지로 너희 주님이 너희와 함께 하기를 바란다. 그러니 그렇게 하지 마라.
> 11절/ 절대로 안 된다. 여호와를 예배하려면 남자들만 가거라. 너희가 원하는 것이 그것이 아니냐? 그리고 나서 바로는 모세와 아론을 왕궁에서 쫓아냈다.

[1] 바로는 "가서 너희의 하나님 여호와를 섬기라 갈 자는 누구누구냐?" 했습니다.

(1) 바로가 "가서 너희의 하나님 여호와를 섬기라" 이 말 역시 진심으로 한 말이 아니었습니다.

(2) "갈 자는 누구누구냐?" 한 것은 그가 소수의 사람만 가게 하려는 마음에서 한 말이었습니다.

여기에서 바로는 **남자들만 가서 여호와를 섬기라고 말했습니다.**
이것은 이스라엘의 연소자들을 볼모로 잡아 두어서 애굽을 떠난 이스라엘 백성들이 그 자녀들 때문에 다시 돌아오게 하려는 **심산**이었습니다.
바로는 **멸망할 때까지 끊임없이** 하나님 앞에서 꼼수를 부렸습니다.
우주 만물을 창조하시고 사람을 나게도 하시고 죽게도 하시고 흥하게도 하시고 망하게도 하시는 하나님, 사람의 심령을 꿰뚫어보시는 **하나님을 도무지 몰랐기 때문에** 이런 어처구니없는 장난을 한 것입니다. 이것이야말로 바로가 하나님을 **아주 무시하고 있음**을 드러내는 것입니다.
하나님의 명령을 받아들이지 않고 불신하는 사람들은 **끊임없이 하나님 앞에서 어리석은 꼼수를 부리려고 애를 씁니다.** 그러나 그들이 **그렇게 하는 것만큼** 점점 무덤을 파고 들어가게 됩니다.
그러므로 **하나님을 모르는 것이야말로** 그 어떤 지혜나 지식도 없다는 것을 의미합니다.

[2] 모세는 대답합니다.

"젊은 사람과 노인들, 우리의 아들 딸, 우리의 양과 소가 다 갈 것입니다. 그것은 우리 모두가 여호와의 절기를 지켜야 하기 때문입니다(9절)" 했습니다.

모세는
(1) "이스라엘의 모든 사람이 다 갈 것이다" 했습니다.
(2) "모든 양과 소 등 기르던 가축들도 다 갈 것이다" 했습니다.
(3) 그 이유는 **"그 모든 이스라엘 사람과 가축들이 다 하나님을 예배하며 섬겨야 하기 때문**이라" 했습니다.

1) 이스라엘의 모든 사람, 즉 남녀노소 모두가 애굽에서 나가서 하나님을 예배하며 섬겨야 한다는 것입니다.

① 하나님께서 크신 능력으로 이스라엘 모든 사람을 애굽에서 다 해방시켰기 때문입니다.

하나님은 이스라엘 백성 중 어떤 사람들만이 아니라 이스라엘 사람이라면 잘났든 못났든 어른이든 아이이든 모두 다 애굽에서 해방시키시기 위해 크신 능력을 행사하신 것입니다. 그러므로 이스라엘 백성 모두는 그 하나님을 예배하며 섬겨야 했습니다.

② 그들 모두가 하나님의 선택된 백성이기 때문입니다.

2) 그들의 가축은 하나님께 제물을 드리는 데에 사용되기 때문입니다.

"그 가축들도 여호와의 절기를 지킬 것이다" 했습니다.

모든 이스라엘 백성이 하나님께서 정하신 제물을 준비하여 하나님께 예배드려야 했습니다.

모세는 "우리가 하나님께 예배드리려 한다. 그런데 하나님께 영광을 돌리기 위하여 온 이스라엘 사람이 다 제사에 참여해야 할 뿐만 아니라 우리의 가축들이 그 제사의 제물이 되어야 한다"한 것입니다.

하나님을 예배하고 섬기는 자들은 그들이 가지고 있는 모든 것으로 하나님을 예배하고 섬겨야 한다는 사실을 명심해야 합니다.

① 하나님이 그의 백성에게 가축이나 재물을 주시는 것은 그것으로 하나님께 감사와 속죄의 제물을 드리기 위함입니다.

하나님께서 이스라엘 백성들이 무엇을 소유하게 하시는 것에는 분명히 하나님께 드릴 것을 포함시켜서 주십니다.

② 하나님은 그들이 생계유지를 위해 필요한 것들도 주십니다.

그러므로 하나님의 백성은 내게 소유하게 하신 것 중에 하나님께 드릴 것을 가장 소중하게 여겨야 하며 그것부터 항상 따로 구분(준비)해놓고 하나님께 드리기를 소홀히 하거나 잊지 말아야 합니다.

또한 내가 이 땅에서 가지고 누릴 것보다 하나님께 드려야 할 것을 우선순위에 두고 살아야 합니다.

하나님께 드릴 것마저 내 것이라 여기고 감추거나 나와 내 가족만을 위해 사용하거나 다른 것을 위해 사용하는 사람들은 모든 것이 하나님께서 주신 것이고 내가 하나님을 알고 섬기게 된 것 등 **모두가 하나님께서 주셨다는 사실을 모르는 사람**이고 **인정하지 않는 사람**이며, 더욱이 **하나님의 것조차 도둑질하는 사람**이고 **배은망덕한 사람**입니다.

이러한 행위는 **불신자, 우상숭배자들**이 행하는 것보다 **더 악한 것**입니다. 그런데 이렇게 하고 있으면서 하나님께 더 달라고 구하고, 자기 욕심을 채우는 삶이 더 잘 되게 해달라고 구하는 교인이 많습니다.

십일조와 **안식일**을 하나님께 드리는 삶은 참으로 중요합니다.

옛날 이스라엘 백성들이 점점 불신자, 우상숭배자들과 교류하며 신앙을 잃어버리고 우상을 섬기며 안식일을 지키지 않고 십일조를 비롯하여 하나님께 드릴 것을 제대로 드리지 않는 생활을 490년 동안이나 했습니다. 그러자 하나님은 그들로 하여금 490의 **1/7인 70년 동안** 바벨론에 **멸망을 당하고 모든 집이 불타고 재산을 다 빼앗기고** 머나먼 바벨론까지 끌려가 **노예살이를 하게** 하셨습니다. 그들이 그 오랜 세월동안 십일조와 하나님께 드릴 것을 안 드림으로써 **그렇게 한 것만큼** 모두 소유를 다 잃어버렸고 자유마저도 빼앗겼습니다. 그들이 490년 동안 안식일을 더럽혔기 때문에 70년 동안 **지독한 고역을 당하며 이방인들에게 노예살이를 했던 것입니다.**

그러므로 **하나님께 드릴 것을 성실히 드리는 사람**이 하나님의 사람이고, 하나님께서 더 복 주실 사람입니다. 바로 이 사람들이 **인류의 주인공**입니다.

③ 당시 이스라엘 백성이 소유한 가축 중에 **어느 것이 하나님께 드려야 할 것인지 모르기 때문에** 단 한 마리도 남기지 않고 다 데리고 가야 했습니다.

이스라엘 백성의 생계를 위한 것도 불신자, 우상숭배자들의 생계를 위한 것보다 소중하고, 하나님께서 이스라엘 백성에게 **특별히 선물과 복으로 주신 것**이므로 한 마리도 놔두고 가서는 안 되었습니다.

하나님은 이렇게 하나님을 섬기는 사람, 섬겨야 할 사람들뿐 아니라 그 소유까지도 모든 불신자, 우상숭배자의 것보다 소중하게 여기시고 특별하게 구별해주십니다. 그리고 **사람뿐 아니라 그 소유까지도** 지켜주시고 돌봐주시고 복을 주셔서 번영하게 하십니다.

[1] 바로는 "너희와 너희의 어린아이들을 보낸 것이나 마찬가지로 너희 주님이 너희와 함께하기를 바란다" 하며 복을 빌어주는 듯한 말을 했습니다.

이 또한 거짓이었습니다.
(1) **바로는 장정들과 어린아이들까지 보내려는 마음이 없었습니다.**

11절에 보면 그러한 사실이 곧바로 드러납니다.

(2) **바로는 하나님이 어린아이들을 포함한 이스라엘 백성 모두와 함께하시는 것을 원치 않았습니다.**

그렇게 되면 자기와 그 나라가 누리는 최강의 지위와 부를 이스라엘에게 빼앗길 것이기 때문이었습니다.
1) **불신자나 우상숭배자들이 하나님의 사람들에게 선심을 쓰는 것은 결코 하나님의 사람들을 위함이 아닙니다.**
그것은 **자기들의 욕심을 더 채우기 위한 의도로 한 것**일 뿐입니다.
바로가 이스라엘 백성들을 위해 한 이 말은 **처음**이면서 결코 이스라엘 백성이 잘되기를 바라서 한 말이 아니었습니다.
그러므로 우리 하나님의 사람들은 불신자, 우상숭배자들이 우리에게 하는 좋은 말과 선행을 그대로 받아들여서는 안 되고 **그것을 믿거나 기대해서도 안 됩니다.** 왜냐하면 그들은 **하나님을 섬기는 사람들이 아니고, 사탄에게 속하여 사탄을 섬기는 사람들**이기 때문입니다.
사탄은 단 한 순간도 티끌만큼도 그 누구에게, 자기 사람들에게까지 진정한 유익과 선을 줄 수 없는 존재입니다.
그런데 어찌 하나님의 사람이 그러한 불신자, 우상숭배자들의 입에서 나오는 말을 그대로 믿거나 선하게 여길 수 있겠습니까? 어찌 그것을 듣기를 원하고 받기를 좋아하거나 기대할 수가 있겠습니까?
그러므로 우리 그리스도인들은 불신자, 우상숭배자들과 결코 **영적으로뿐 아니라 육적으로도 멍에를 같이 지면 안 됩니다.** 특히 **결혼**에 있어서 그렇습니다. 많은 그리스도인이 불신자, 우상숭배자들과 결혼함으로써 **처음부터** 하나님 앞에 **큰 잘못**을 저지르는 것이고 그로 인해 이루 말할 수 없는 고통과 손실을 당하고 있습니다.

2) **불신자나 우상숭배자들이 우리 하나님의 사람들을 위해 복을 빌어주는 것은 결코 좋아할 일이 아닙니다.**
어떤 그리스도인은 불신자나 우상숭배자들이 자기에게 그 신들의 이름을 부르며 복을 빌어 줄 때 "고맙습니다" 하고 말합니다. 참 어처구니없는 처사입니다.

그 사람들이 우상이나 있지도 않은 신, 결국 사탄에게 나에게 복을 내리라고 구하는 것이 고맙다니 그런 사람은 한구석이나마 그들의 신이 하나님이고, 그것들이 내게 무엇인가 좋은 것을 줄 수 있다고 여기고 있는 사람입니다. 이것은 **하나님께서 진노하실 죄악**입니다.

우리 모든 그리스도인은 **불신자, 우상숭배자들에게 하나님께서 복을 내려주시라고 기도해서도 안 됩니다.** 하나님은 결코 저들의 하나님이 아닙니다. 저들의 하나님은 우상이고 가짜 신들이고 죽은 자들입니다. 그러므로 저런 사람들에게 하나님께서 복을 내려달라고 기도하는 행위는 **하나님을 여러 신 중에 하나라고 여기는** 것이 되어 버립니다. 그야말로 **하나님께서 진노하실 일**이 아닐 수 없습니다.

우리는 하나님께서 **저들에게도 깨닫는 영과 회개의 영을 주셔서** 그 모든 죄를 회개하고 예수 그리스도를 영접하게 해달라고 기도해야 합니다. 그리고 저들이 끊임없이 온갖 죄악을 저지르고 있으나 **당장 멸하지 마시고 예수를 믿을 수 있도록 자비를 베풀어주셔서** 회개하고 돌이키게 해달라고 기도해야 합니다. 결코 저들에게도 이것저것 잘되게 해달라고 기도해서는 안 됩니다.

그러므로 가족이나 친구 중에 불신자나 우상숭배자들이 있다면 무조건 그들도 건강하게 살고 사업이 잘 되고 성공하고 무병 무탈하게 해달라고 기도해서는 안 됩니다. 그리고 **겁먹지 말고, 포기하지 말고 그들이 예수 믿도록 열심히 기도하고 전도해야** 합니다. 그것만이 그들에게 살길을 가르쳐주고 유익을 주는 것입니다.

제 54 강

여덟 번째 재앙-메뚜기 재앙1

〈출10:10~13〉
10바로가 그들에게 이르되 내가 너희와 너희의 어린 아이들을 보내면 여호와가 너희와 함께 함과 같으니라 보라 그것이 너희에게는 나쁜 것이니라 11그렇게 하지 말고 너희 장정만 가서 여호와를 섬기라 이것이 너희가 구하는 바니라 이에 그들이 바로 앞에서 쫓겨나니라 12여호와께서 모세에게 이르시되 애굽 땅 위에 네 손을 내밀어 메뚜기를 애굽 땅에 올라오게 하여 우박에 상하지 아니한 밭의 모든 채소를 먹게 하라 13모세가 애굽 땅 위에 그 지팡이를 들매 여호와께서 동풍을 일으켜 온 낮과 온 밤을 불게 하시니 아침이 되매 동풍이 메뚜기를 불어 들인지라

> 10절/ 바로가 그들에게 이르되 내가 너희와 너희의 어린 아이들을 보내면 여호와가 너희와 함께 함과 같으니라 보라 그것이 너희에게는 나쁜 것이니라
> 11절/ 그렇게 하지 말고 너희 장정만 가서 여호와를 섬기라 이것이 너희가 구하는 바니라 이에 그들이 바로 앞에서 쫓겨나니라

[1] 바로는 "내가 너희와 너희 어린아이들을 보낸 것이나 마찬가지로 너희 주님이 너희와 함께하기를 바란다"며 복을 빌어주는 것 같은 말을 했습니다.

[2] 바로는 곧이어 말합니다.

(1) "그렇게 하지 마라" 했습니다.

즉 "이스라엘의 모든 사람과 모든 가축도 다 함께 가지 말라" 한 것입니다.

(2) "절대로 안 된다" 했습니다.

사탄은 하나님을 섬기는 사람들이 그들의 자녀로 하여금 하나님께 봉사하도록 하는 일을 방해하기 위해 **전력을 다한다**는 것을 우리는 기억해야 합니다. 사탄은 어릴 적 신앙이 얼마나 자기 왕국의 세력에 치명적인지를 잘 알고 있기 때문에 어린 신앙인들에게는 철천지원수 노릇을 합니다. **어린아이들이 예수 그리스도를 믿고 하나님의 자녀가 되는 것에 대해서는 이를 갈며 방해**합니다.

우리는 사탄의 각종 방해가 우리 자녀들이 하나님을 섬기고 하나님께 봉사하는 일을 가로막는다면 **사탄의 손길이 미쳤음을** 알고 **단호하게 대처하고 물리쳐야** 합니다.

(3) "여호와를 예배하려면 남자들만 가라. 너희가 그것을 원하는 것이 아니냐?" 했습니다.

이 말도 "애굽에서 나가서 여호와를 예배하려면 남자들 외에 다른 사람들까지도 다 가는 것을 너희가 원하면 안 된다" 라고 말하는 것입니다.

그러므로 이 말은 "절대로 안 된다" 라는 말에 더 분명한 경고를 더한 것입니다.

"너희들 분수에 넘게 내 뜻과 맞지 않는 것을 원한다면 그것은 너희들에게 큰 불행을 가져다줄 것이다. 너희는 내 소유이므로 내 뜻에 국한되어서 무엇인가를 원해야 한다. 그것을 넘어선다면 내가 너희를 가만두지 않을 것이다" 라고 한 것입니다.

이것 또한 바로가 **아직도 이스라엘과 함께하시는 하나님을 도무지 모르고 있음**을 드러내고 있습니다. 그리고 그 **하나님 앞에서 극도로 교만함**을 드러내고 있습니다. 그는 참으로 **더 속도를 가하여** 멸망의 낭떠러지로 달려가고 있는 것입니다.

불신자나 우상숭배자들이 우리 그리스도인들이 하나님을 섬기는 것과 우리 자녀들이 하나님을 섬기게 되는 것을 방해하거나 우리에게 위해를 가하려고 달려든다면 우리는 그것을 **두려워할 것이 아니라** 저들이 전력을 다해 멸망의 낭떠러지로 뛰어가고 있다는 사실을 알아야 합니다. 잠시 후에 멸망의 낭떠러지로 떨어질 사람들을 우리가 왜 두려워하고 그 앞에 굴복하며 도망가야 합니까? 우리는 우리의 하나님 여호와를 전적으로 믿고 의지하고 그들이 우리에게 어떤 협박을 하고 위해를 가할지라도 **결코 굴하지 말고 우리의 신앙을 지키며 마땅히 할 바를 더 열심히 해나가야** 합니다. 그런데 많은 성도가 이것을 잘 못하고 있습니다.

만약 그 당시 이스라엘 백성 중에 바로의 경고와 협박을 두려워하여 "나는 애굽에서 나가지 않겠습니다" 하고 애굽에 머물기를 시도한 사람들이 있었다면 그들이 어떻게 되었겠습니까? 아마 그들이 **바로보다도 먼저 비참한 지경에 빠지고 말았을** 것입니다.

[3] "그리고 나서 바로는 모세와 아론을 왕궁에서 쫓아냈다" 했습니다.

전에는 바로 앞에서 스스로 걸어나갔던 모세와 아론이 이제는 바로에 의해서 **강제로 쫓겨나게** 되었습니다.

하나님은 **하나님께서 멸망시키고자 하는 사람들을 어리석음에 버려두십니다.** 바로처럼 자신을 파멸로 이끄는 큰 어리석음에 빠졌던 사람은 흔하지 않았습니다.

하나님이 누구이신지를 분명히 깨닫지 못하는 사람은 하나님을 아주 부인하지는 않는다 하더라도 결코 굴복하지 않습니다. 그리고 하나님의 계획과 명령 앞에서 끊임없이 자기의 욕심을 앞세우며 하나님을 대항하게 됩니다.

애굽의 바로 왕은 그동안 8가지 재앙을 당함으로써 나라가 이미 망한 상태가 되어버렸는데도 그런 현실을 도무지 볼 줄 몰랐습니다. 그러자 신하들이 보다 못해서 "당신은 아직도 애굽이 망한 줄을 알지 못합니까?"라는 말을 하자 그제야 모세와 아론에게 말하기를 "가라. 그리고 너희 하나님 여호와를 섬기라" 했습니다. 그러면서도 묻기를 **"그러나 갈 자가 누구누구냐?"** 했습니다.

모세가 "남녀노소와 가축들까지 다 데리고 가겠나이다. 그 이유는 우리가 하나님 앞에 절기를 지켜야 할 것이기 때문이오" 라는 말을 듣기 직전까지만 해도 바로 왕은 이스라엘 백성의 일부만이라도 해방시켜 줄 의사를 가졌습니다. 그러나 그것은 하나님의 명령에 100% 순종하는 것은 아니었습니다. 그동안 여러 가지로 재앙을 당해서 정말 그 강대국 애굽이 엉망진창이 되고 말았음을 어느 정도나마 알았기 때문에 **하는 수없이, 억지로** 하나님 앞에서 조금 무릎을 꿇어 보이는 시늉을 한 것뿐이었습니다.

그런데 모세의 입에서 나오는 대답은 그러한 **바로의 속셈에 대해서 정면으로 도전**하는 것이었습니다. 모세가 하도 괴롭히고 귀찮게 하니까 마지못해서 하나님 앞에서 좀 굴복해보이려 하고 있는데 모세는 다짜고짜로 **"너는 완전히 무릎을 꿇어라"** 하고 있으니 바로는 또다시 화가 치밀어 오른 것입니다. 그래서 또다시 하나님의 명령을 **전면 거부**했습니다.

바로가 왜 그렇게 화를 내며 다시 하나님과 대결을 벌이게 되었을까요?
(1) **아직도 하나님이 누구이신지를 제대로 깨닫지 못했기 때문**입니다.

그는 이미 8가지 재앙을 당했지만 아직도 하나님이 누구인지를 몰랐습니다. 그리고 **여전히 자기가 가지고 있는 권세와 명예와 부귀를 하나님 앞에**

내세우며 겨루고자 했습니다.

"내가 누군데 그까짓 약소민족의 신에게 굴복한단 말이냐? 내가 좀 더 버텨나가다보면 그 신도 별 수 없을 것이다" 하고 생각했던 것입니다. 하나님이 누구인지를 알지 못하고 있는 사람들은 하나님으로부터 오는 이런저런 채찍과 경고를 수시로 접하면서도 자신의 지위나 재물이나 건강 등을 의지하면서 **그것들이 아직 자기에게 남아있는 한** 쉽게 그 하나님의 채찍과 경고 앞에 굴복하지 않습니다.

하나님은 얼마든지 단번에 사람들이 하나님이 누구신지를 똑바로 알게 해주실 수가 있습니다.

우리가 전도를 할 때 간간이 이런 생각을 해봅니다.

'하나님께서 저 사람들에게 무서운 일을 나타내 보이시면 저들이 서둘러서 회개하고 예수를 받아들일 텐데 왜 이렇게 미련스러워 보이는 전도를 통해서 당신에게로 이끌고 계시는가?'

만약 하나님께서 사람들이 일시에 회개하고 돌이키려고 하신다면 그때는 그 사람들에게 **막대한 손실**이 입혀질 것입니다.

바로 왕이 하나님 앞에 무조건 굴복하게 될 때 무슨 일이 있었습니까? 바로와 모든 애굽 사람의 장자가 일시에 다 죽었고 짐승들의 첫 새끼까지도 일시에 다 죽었습니다. 그러한 **막대한 손실을 입고 나서야** 바로가 모든 이스라엘 백성을 해방시켰습니다.

그러므로 오늘날도 하나님께서 사람들로 하여금 꼼짝없이 굴복하고 나오게 하려 하신다면 **그때는 모든 사람이 슬피 울지 않으면 안 되는 무서운 상황이** 벌어져야만 합니다. 그러나 하나님은 **오래 참으시며** 그 숱한 죄인들에게 **이러저러한 사소한 채찍**을 가하셔서 그들이 될 수 있는 대로 **작은 피해와 쓰라림을 당하면서 깨닫고 돌이키기를** 원하고 계십니다.

그런데 무지한 사람들은 **하나님의 채찍과 경고를 대수롭지 않게 여기고**, 자기들이 당장 거지나 불구자가 되지는 않음을 보면서 **그것을 무시하고 더욱 교만을 부리고 악을 저지릅니다.**

바로 왕이 이렇게 하다가 멸망을 당했습니다. 그가 하나님이 누구신지 지금 9번째 재앙이 내려지기 전에만 깨달았어도 그 세계 제일의 농경지가 황폐되지 않았을 것이고, 수많은 장자와 짐승의 첫 새끼들이 그렇게 허무하게 죽지 않았을 것이며, 그 많은 군사와 바로 왕 자신도 죽지 않았을 것입니다.

바로가 **하나님을 도무지 몰랐다는 사실 때문에** 바로 자신과 그 집안이 몰락하고 수많은 양민과 군사들이 죽어야 했고 애굽의 부귀영화가 물거품처럼 사라졌습니다.

그러므로 **하나님을 아는 것**이 지혜의 근본이 아니고 무엇이겠습니까?

하나님을 똑바로 알고 살아가는 것이 진정으로 출세하는 길이고, 돈 버는 길이고, **건강하게 사는 비결**이요, 자식들이 잘되는 비결입니다. 이것은 그동안의 인류 역사가 확실히 증명해주고 있습니다. **일찍이 하나님을 알고 섬겨왔던 민족들**은 지금도 세계에서 선진 문명을 모든 면에서 월등하게 누리고 있습니다. 그러나 **조상대대로 우상이나 열심히 섬겨오던 민족들**은 지금도 가난하게 살고, 자기들끼리 싸우며 살고 있습니다.

(2) **욕심이 그를 지배했기 때문**이었습니다.

그는 그토록 재앙을 당하고도 "그래, 너희들 전부 가라" 하지 않고 "누구누구가 갈 것이냐?" 하고 물었습니다. 결코 자기 노예들을 다 잃지 않겠다는 것입니다. 그런데 모세가 "**남녀노소 전부가 가야겠고 가축들까지도 데리고 가겠소**" 하니 그의 **욕심은 화산처럼 폭발**했던 것입니다.

욕심에 사로잡혀 있으면 하나님의 모든 명령이 귀에 거슬리고 귀찮게 여겨집니다. **그것이 지속되면** 의도적이고 감정적으로 반항하고 분노합니다.

사탄은 **욕심이라는 종**을 사람들에게 파견해두고 그 종을 통해서 이렇게 하나님과 하나님의 말씀을 사람들이 싫어하고 거스르게 만듭니다.

그래서 이 욕심을 품으면 **반드시 죄를 낳게** 되고, 여전히 욕심을 품고 있는 자는 죄가 **점점 커지고 많아집니다**. 욕심이 그렇게 하도록 사람을 움직이고 있기 때문입니다. 그래서 결국은 **실패와 멸망의 쓴잔**을 마시게 됩니다.

욕심이 바로 속에 잉태된즉 불순종의 죄를 낳았고, 그 욕심을 여전히 버리지 않고 욕심의 조정대로 행동하니까 **점점 더 큰 불순종의 죄를 저지르게 되었으며**, 따라서 바로는 결국 그 욕심 때문에 자신과 자식들, 국민들과 가축들까지 죽게 만들었습니다.

"**욕심이 잉태한즉 죄를 낳고 죄가 장성한즉 사망을 낳느니라**(약1:15)"는 말씀이 이 바로를 통해 **아주 사실적으로 입증**된 것입니다.

여러분, 나는 지금 과연 어떤 사람인가 판단해 보시기 바랍니다. 아직도 하나님이 누구이신지를 너무나 모르고 있지 않습니까? **그것이야말로 가장 큰 문제**요, **손실**입니다.

하나님을 알게 해달라고 날마다 **기도**하십시오. 그리고 **하나님을 알게 해주는 일**, 즉 **말씀 공부에 구체적으로 시간과 노력을 투자**하세요. 그리고 내가 바로 욕심에 사로잡혀서 이제까지 살아오지는 않았는지 **정직하게 살펴보시기** 바랍니다. **그 욕심을 내쫓고 하나님을 내 중심에 모셔 들이지 않는 한** 결코 죄악과 슬픔의 올가미에서 벗어나지 못할 것입니다.

바로 왕은 거듭되는 재앙 때문에 이스라엘 백성 중 일부라도 해방시키려고 생각했습니다. 그것은 하나님의 명령에 100% 순종하려는 것이 아니었고 **단지 재앙들 때문에 마지못해서 순종하는 척한** 것이었습니다.

그의 중심은 아직도 하나님보다는 **악령에게 사로잡혀** 있었습니다. 그러므로 일부라도 이스라엘 백성을 해방시키려고 마음먹었던 것마저도 **다시 '악령의 조종에 따라'** 원 상태로 돌아가버린 것입니다.

많은 사람이 순간 생각하기를 '이렇게 살아서는 안 되겠다. 이제부터라도 내 생활을 바꿔야겠다. 이제부터 신앙생활을 다시 잘하자' 생각합니다. 그러나 그렇게 깨닫고 결심하고서도 그 주일부터 만사를 제쳐두고 예배에 참석하고, 그때부터는 어떤 일이 있더라도 주일을 범하지 않는 **결단 있는 행동을 하지 못하기 때문에** 한순간의 깨달음과 결심이 물거품이 되어버리는 사람들이 많습니다.

'나도 무엇을 해야 되는데…' 하고 깨달아질 때 즉시 **100% 순종하고 지키겠다고** 마음먹고 당장 실천으로 옮기지 않는다면 그 깨달음도 헛되이 되어버리는 것입니다.

'우선 무엇부터 해결하고 나서 하자' 라든가 '지금 당장이 아니라 한 달 후부터 하자' 하게 되면 십중팔구 못하게 됩니다. 그 마음속에 '우선 무엇부터 하고 나서 한다', 또는 '얼마 후부터 한다'라는 마음이 자리잡고 있다는 것은 그가 **아직도 전적으로 하나님께 돌아오는 마음을 못 가지고 있다는 증거**입니다. 좀 더 분명히 말하면 그는 **아직도 자기의 부패성을 타고 자기가 주인노릇하게 하려는 악한 영의 유혹을 알아차리지 못하는 사람**이고, **그것을 물리치지 못하고 있는 사람**입니다.

이런 상태에서는 순간적인 깨달음이 주어져도 어쩔 수 없이 하나님께 불순종하는 생활을 계속할 뿐입니다. 정작 하나님의 명령에 구체적으로 순종하려고 하면 그때마다 악한 영이 불러일으키는 '인간적이고 이기적인 생각들'에 사로잡혀서 제대로 무엇을 순종하지 못합니다. 그것은 그가 **아직도 전적으로 하나님을 의지하고 있지 않고** 오히려 아직도 **악령의 유혹을 뿌리치지**

못하고 있기 때문입니다.
거듭되는 반항이나 불순종의 배후에는 반드시 악령의 역사가 있습니다.

그러므로 우리 그리스도인들은 언제나 지금 내가 하고 있는 생각이나 말이나 행동이 성령에 의해 이루어지고 있는 것인지 아니면 악령에 의해 이루어지고 있는지를 때마다 깊이 생각할 줄 알아야 합니다. 그것을 생각하며 행동하려고 할 때 하나님은 우리를 도우셔서 구분할 수 있게 해주십니다.

우리는 언제나 성령의 인도 아니면 악령의 인도 둘 중 하나 속에서 모든 것을 합니다. 그러므로 나는 언제나 악령과 싸우고 있는 중이라는 사실을 명심하고 하루하루를 살아야 합니다.

'이렇게 해서는 안 되는데' 하고 알면서도 계속 불순종하는 길로 나가고 있는 사람은 자기가 악령의 유혹에서 못 벗어나고 있음을 발견하고 서둘러 벗어나야 합니다. 여러 가지 변명을 하지 말고 지금 당장 과감히 순종해야 합니다. 그렇게 할 때 악령은 견디기 어려운 시련을 가져다줄 것이지만 잠시만 꾹 참고 순종해나가면 악령의 올가미는 끊어지고 성령의 지배를 받아 생동력있는 삶이 전개됩니다.

이러한 숙제를 해결해야 할 사람들이 교회 안에 많습니다. 이 숙제를 해결하지 못하면 결코 신앙이 성장하지 않고 육적으로도 결코 성장이 안 됩니다. 왜냐하면 **계속 불순종의 생활을 살고 있기 때문**입니다.

불순종자에게는 결코 형통의 복을 주시지 않습니다.

> 12절/ 여호와께서 모세에게 이르시되 애굽 땅 위에 네 손을 내밀어 메뚜기를 애굽 땅에 올라오게 하여 우박에 상하지 아니한 밭의 모든 채소를 먹게 하라
> 13절/ 모세가 애굽 땅 위에 그 지팡이를 들매 여호와께서 동풍을 일으켜 온 낮과 온 밤에 불게 하시니 아침이 되매 동풍이 메뚜기를 불어들인지라

〈더 정확한 번역〉

> 12절/ 애굽 땅 위에 네 손을 뻗어라. 그러면 메뚜기들이 와서 애굽 모든 땅에 퍼져 우박에도 해를 입지 않고 남은 것까지 다 먹어버릴 것이다.
> 13절/ 동풍 ⇒ 강한 동풍

[1] 모세에게 주신 하나님의 명령이 나옵니다.

(1) **"애굽 땅 위에 네 손을 뻗어라"** 하셨습니다.

모세는 하나님의 명령대로 했습니다.

13절에 "**모세가 애굽 땅 위에 그 지팡이를 들었다**" 했습니다.

1) 모세는 **애굽 땅 위에서** 지팡이를 들었습니다.

모세의 지팡이는 애굽 땅만이 아니라 그 너머의 땅도 가리켰습니다. 그러나 그 지팡이의 영향은 다른 나라에는 미치지 않았고 **오직 애굽 땅에만 미쳤습니다**. 그리고 애굽 땅 안에 위치한 **고센 땅**은 제외되었습니다.

하나님의 분노의 시선과 심판의 손은 **오직 애굽 땅에만 드리워지고** 있었습니다.

모든 국경과 경계는 하나님이 정하셨습니다. 바로와 애굽 사람들에게만 재앙이 임하게 하는 것도 **하나님만 하실 수 있는** 일입니다. 그런데 **하나님은 사람 눈에 보이지 않는 막을 애굽 땅에만 드리우셨습니다**. 메뚜기가 애굽 경내로 들어오자마자 그 보이지 않는 막을 **애굽 국경을 따라 치신 것**입니다. 그 막이 **얼마나 치밀한지** 그 수많은 메뚜기 중의 한 마리도 다른 나라로 빠져 나가지 못하게 하셨습니다. 또 애굽 한쪽에 있는 고센 땅은 **별도의 막**으로 덮으셨습니다. 그래서 그 수많은 메뚜기 중 단 한 마리도 고센 땅에 못 들어가는 것입니다.

그 조그마한 생물들이 어떻게 눈으로 보이는 막도 없는데 애굽 국경을 한 마리도 넘지 않았단 말인가? 또 그 조그마한 생물이지만 엄청난 떼로 몰아붙인다면 웬만한 건물도 부서질 텐데 어찌 그 강력한 메뚜기 떼의 힘이 애굽 국경을 넘지 못했단 말인가?

2) 하나님께서 주신 모세의 지팡이는 **하나님이 의도하신 대로 하나님의 능력이 나타나게 하는** 지팡이였습니다.

모세가 그 지팡이를 한 쪽을 향해 들고 말했을 뿐인데 하나님은 **그 단순한 움직임에 따라서** 놀라운 기적이 나타나게 하셨습니다.

하나님께서 어떤 사람에게 무슨 명령을 주셔서 그가 그대로 말하거나 행동할 때 이러한 **하나님의 능력이 나타나는 것**입니다. 즉 하나님께서 그의 손에 들려주신 것이 막대기든, 돌멩이든, 무엇이든지 **하나님의 의도하심과 품으신 뜻대로 놀라운 이적과 기적이** 나타납니다.

하나님과 성경의 예언을
정확히 알고 싶은 분들을 위한 책

사도행전 강해설교
1권~6권 각권 22,000원

예수 그리스도의 영인
성령께서 하시는 일에 대해
상세히 알게 해줍니다

하나님은 누구시며 진리는
무엇인가를 알게합니다

정확한 번역과 해석으로
과거와 현재와 미래에 대한
창조주의 섭리를 알게 합니다

요한계시록 강해설교

1권~3권
각권 18,000원

성막 강해설교

1권
25,000원

성막에 숨겨놓은 하나님의 비밀과
선택된 자들을 구원하시는
하나님의 구원의 섭리에 대한
모든 진리와 비밀을 알게 합니다

구입안내
김정은 간사: 010-5732-9009

송금계좌
기업은행: 469030-672-04018
농협은행: 017-12-077384
국민은행: 825-21-0082-437
우리은행: 146-08-237723
(예금주/김승석)